빅히스토리

빅 희스토리

ⓒ 박정근, 2025

초판 1쇄 발행 2025년 1월 21일

지은이   박정근
펴낸이   이기봉
편집   좋은땅 편집팀
펴낸곳   도서출판 좋은땅
주소   서울특별시 마포구 양화로12길 26 지월드빌딩 (서교동 395-7)
전화   02)374-8616~7
팩스   02)374-8614
이메일   gworldbook@naver.com
홈페이지   www.g-world.co.kr

ISBN   979-11-388-3939-6 (03900)

박정근 지음

빅

희스토리

빅픽쳐는 누구나 그립니다, 처맞기 전까지는.
　　그래서 저도 그려봤습니다, 빅 픽쳐.

희한하게 600페이지에 그림 한 점 없는데
　　하룻밤 사이에 다 읽을 수 있을 것만 같은

스타일 애매하고 드립이 난무하는 가운데
　　작가가 써놓은 말이 하도 많아서 읽다 보면

토나올 것 같지만 너무 재미있는 나머지
　　하루만에 기필코 다 읽을 수 있을 것만 같은 책!
　　여기 당신의 뇌를

리노베이션 해줄 책이 왔다.
　　교양과 지식과 '빅히스토리'라는
　　장르에 관한 비전공자의 서사시!

좋은땅

| 차례 |

7   마지막 준비

8   지성의 서막

철없는 인연을 만나 오늘도 몸 고생 마음 고생하는
My Angelic Significant other,
글을 시작할 수 있도록 동기와 목적이 되어 준 당신에게
존경과 감사와 사랑을 전합니다.

언제나 사랑하는 아들을 생각하며
희생의 역사를 반복하시는 나의 부모님께
이 책을 바칩니다.

1.

샤워를 하고, 넥타이를 매고,
생각을 하고

"Call me Salary man."

'Salary man'에 대한 사실.

영어권에서는 직장인을 'salary man'이라고 부르지 않습니다. 이 표현은 주로 일본식 영어의 영향권 아래 있었던 나라들에서 남겨진 잔재로서 활용하죠. 하지만 월급, 임금, 보수는 영어로 'salary'가 맞습니다. 'Salary'의 어원은 고대 로마에서 시작됐습니다. 그 시절까지만 해도 오바 조금 해서 소금이 금보다 더 귀한 물질이었기 때문에, 로마는 병사나 임금 노동자들에게 말하자면 월급으로 소금을 줬거든요. 'Salary'의 어원이 라틴어 'salsalt, 즉 소금'인 이유가 여기 있습니다.

소설 《모비 딕》의 첫 문장"Call me Ishmael."을 패러디한 위의 문장처럼 저는 직장인입니다. 위장과 입맛이 워낙 유치해서 커피는 써요. 와인은 독해요. 한국 직장인들의 출근길 클리셰인 아메리카노나 라테로 카페인을 채울 기호적 여유도 갖지 못하지만, 회의에 참석하고 고객을 만나기 위해 넥타이는 매야 되죠. 그런데 역설적이게도 눈코 뜰 새 없이 바쁜 출근 시간에 하루 중 잠깐이나마 사유할 수 있는 시간이 주어지는 때는 샤워를 하고 넥타이를 매는 시간입니다. 길어야 20~30분이지만 그 시간은 작게나마 생각의 가지를 뻗어내어 반복되는 하루를 시작하는 저에게 교양인이라는 페르소나를 쓸 수 있게 해 주는, 너무나 소중한 시간입니다.

생각의 가지를 뻗는다고 했지만, 그것이 공상적인 경우는 드물고, 대부분은 어떤 작은 주제에서 파생된 제 지식의 한계를 넓혀 가고자 하는 사색이 대부분입니다. 주로 전날 읽은 책이나 최근 발생한 어떤 중요한 사건에 대한 생각이 떠오르면, 그 주제에 저의 지식을 더해 생각을 확장해 보고자 하는 시도라고 할 수 있죠. 그리고 이런 생각의 작은 봉오리는 가족, 직장 동료, 고객, 친구, 그리고 사랑하는 사람들과 함께 있을 때 어김없이 즐거운 대화로 활짝 꽃을 피웁니다. 그 시간에는 역시나 위장과 입맛이 유치한 저를 위한 와인 따위는 없지만, 즐거운 대화를 위해 팟타이나 스테이크, 육회, 간장게장, 그리고 티라미수에 우유나 물 한 잔이면 사람들과 주고받는 대화나 지식이 스펀지를 물에 빠뜨린 것처럼 빠르게 흡수되곤 합니다.

사실 저와 식탁에 마주앉아 본 사람들에게 그런 대화들은 그저 맛있는 음식을 먹기 위한 저의 핑계로 보일 수도 있지만, 반은 맞고 반은 틀리다고 말할 수 있습니다. 그 말이 전적으로 틀리다고 하기에는 세상에 맛있는 음식이 너무 많잖아요. 독일의 대문호 괴테는 "맛없는 와인을 마시기엔 인생은 너무 짧다."고 말했다지만, 제가 더 영감을 받은 명언은 오목교 어느 식당 입구 벽을 수놓은 "맛없는 음식을 먹기엔 인생은 너무 짧다."라는 문구였습니다. 덧붙이자면, 책으로만 와인을 배운 저는 책으로는 알 수 없는 와인의 풍미와 마리아쥬"캬, 이렇게 기막힌 맛의 조합은 여기저기 다 말해야쥬?"의 마리아쥬가 아닙니다. 일단 충청도 방언도 아니고 프랑스어입니다. 음식과 와인의 궁합을 일컫는 말인데, 영어로는 '페어링(pairing)'이라고도 하며, 결혼을 뜻하는 영어 'marriage'가 여기서 유래했습니다.를 느낄 줄 아는 사람이 너무 얄밉고 부러워요. 어쨌든 훌륭한 와인이 맛있는 음식에 가치를 더하듯, 제 눈에 음식은 즐거운 대화와 새로운 지식이 함께 할 때 비로소 제 짝을 찾는 것처럼 보입니다.

이따금 길에서, 혹은 어느 식당에 앉아 주문한 음식을 기다리거나 커피숍에 앉아 사색할 때, 묘하게 매력적으로 편안한 느낌을 뿜어내는 사람들을 관찰하게 되는 경우가 있습니다. 그들이 입은 옷은 저마다 다릅니다. 두껍고 푸근한 체크무늬 남방에 뿔테 안경을 쓴 전형적인 nerd의 기운을 뿜어내는 이도 있고, 풍성한 머리칼에 옷맵시가 충분히 살 만큼 건강한 몸매를 가꾸는 게 일상이라는 걸 단번에 알 만한 이도 있고, 또 어떤 경우는 편안한 느낌을 주기에는 너무 어리다고 단정 지을 수밖에 없는 교복 차림에도 깊은 눈과 곧은 입술로 그 안에는 누가 자리 잡고 있을까 궁금증을 자아내는 학생도 있습니다. 잠깐 스치며 판단하기에는 너무 짧은 시간을 공유하며 느낀 이들의 유일한 공통점은, 그들의 말에서 교양의 냄새가 난다는 것입니다.

교양이라는 것은 무엇일까요? 어려운 주제에 전문적인 어휘를 쓰는 사람을 보거나 와인잔을 기울이며 라흐마니노프나 어니스트 헤밍웨이를 소환하는 사람을 볼 때, 우리는 교양을 느낄까요? 교양은 보통 사람들이 말하는 고상함이나 따분한 이미지와는 다른 차원의 것입니다. 물론 위에 말한 라흐마니노프나 어니스트 헤밍웨이가 실제로 따분하거나 제가 말하고자 하는 교양과 거리가 있다는 말은 아닙니다. 어니스트 헤밍웨이에 대해 조금 더 알아보면 그가 얼마나 재미있는 일화를 많이 갖고 있는 사람인지 알 것입니다. 그중 한가지로 헤밍웨이는 《노인과 바다》같은 위대한 세기의 작품헤밍웨이는 1954년 이 작품으로 노벨 문학상을 수상하죠. 참, 한강 작가님, 축하드려요. 아시아 여성 최초의 노벨 문학상 수상을!을 쓰고도 원고료를 제때 받지 못했는데, 와인을 너무나도 좋아했던 그는 그렇게 힘들게 받은 원고료를 하룻밤 사이에 샤또 마고Chateau Margaux, 까베르네 소비뇽과 메를로라는 대표적인 적포도 품종을 블렌딩(재료가 되는 두 가지 이상의 용액을 일정 비율로 섞는 것)해 발효시킨, 브루고뉴 지방의 슈퍼 1등급 레드 와인입니다. 마시는 값으로 날리기도 했다죠. 그리고 샤또 마고에 대한 사랑이 엄청나서 손녀의 이름에 이 술의 이름을 붙여줬는데, 그 손녀가 바로 1980년대를 풍미했던 유명한 영화배우 마고 헤밍웨이Margaux Hemingway. 철자가 똑같습니다.랍니다. 혹시 모르는 분들은 검색창에 찾아보세요. 엄청난 미인입니다.

잠깐 이야기가 샜네요. 앞으로도 이 책은 계속 이런 식으로 전개될 테니, 미리 익숙해지시는 게 좋을 거예요. 어쨌든, 우리가 어디에 있든 무슨 일을 하든 무얼 먹고 무얼 마시든, 혼자 있거나 혹은 여러 사람과 어울려 대화할 때, 지식의 가지를 뻗어 중심을 가진 생각을 하고 그것을 말로 나누는 과정에서 새로운 지식과 교양은 싹을 틔웁니다. 마치 우리 뇌를 꽉 채운 1,000억 개의 뉴런이 서로 가지를 뻗어 1,000조 개의 시냅스뉴런의 접합부를 통해 시속 400km의 속도로 전기신호를 전달해 사고 과정을 확장하고 우리가 행동하게 만드는 것처럼 말이죠. 꼭 어려운 주제의 토론이나 정치적,

경제적, 전문가적 용어가 빗발치는 대화가 아니더라도, 누군가로부터 도움이 되는 새로운 지식을 전달받거나 묵직하고 중심이 분명한 언어를 목격할 때, 우리는 교양을 경험합니다.

인류의 조상은 700만 년 전에 침팬지와 다른 길을 걷기로 마음먹은 이후 실제로 그때부터 정말 다른 길을 '걷게' 될 운명이었죠! 어렵게 생존해 왔고, 4만 년 전에 독특한 발성구조를 선물 받은 우리는 그때부터 함께 모여 수다를 주고받으며 이른바 집단지식을 쌓고 그를 통해 집단지성을 이루어 지구를 지배하게 되었습니다. 물론 2차 세계대전이 끝나고도 한참이 지난 현대까지 이어지는, 자연과 우리 스스로에 대한 개념 없는 파괴가 동반된 지배라는 것이 전혀 멋지거나 훌륭하지 않다는 것을 오늘날 우리는 너무 잘 알지만, 어쨌든 인류가 언어를 통한 집단지성으로 지구라는 행성의 먹이사슬 꼭대기에 올라앉은 것은 분명한 사실이죠. 때때로 후원자들에게 보여 주기 위한 퍼포먼스의 일환으로 정치색이 짙은 무지성의 환경론자들이 내는 의견에 전적으로 동의하는 것은 아니지만, 많은 매체의 외침과 날카롭게 오가는 논쟁들로 인해 환경오염의 피해자는 지구가 아니고 환경보호의 수혜자는 다름 아닌 우리 인류라는 것이 보편적인 사실로 받아들여지는 오늘날, 적어도 우리 스스로를 위해 환경을 보호하는 지배자로 서서히 변해 가는 인류의 움직임을 볼 때마다 "역시, 수다와 집단지성이 우리를 또 살아남게 만드는 것인가!" 하고 무릎을 치게 됩니다.

물론 환경론자들의 분석과 환경 운동가들의 실천을 균형 있는 시각으로 받아들이는 태도 역시 중요합니다. 예를 들어, 미세 플라스틱이 아직 인체에 직접적으로 해를 끼친다는 명확한 연구 논문이 한 건도 출간되지 않았음에도 불구하고, 제조와 분해 과정에서 발생하는 독성물질 등 충분히 인체에 이질적이라고 생각할 여지가 있는 이 입자가 지금 이 순간에도 어마어마하게 생성되고 있다는 사실은 명백하죠. 전 세계 바다에 분포하고 있는 플라스틱 섬은 인간이 배출한 플라스틱 쓰레기들이 한 데 뭉쳐 생겨난, 순수하게 인간이 만들어 낸 인공 섬인데, 크기가 생각보다 조금 큽니다. 동태평양의 플라스틱 섬은 2018년을 기준으로 한반도 면적보다 7배 크고, 부피는 8만t을 돌파한 상태였죠. 2022년 이 섬으로부터 채취한 표본을 분석한 결과, 일본과 중국에서 유래한 플라스틱 쓰레기가 각각 약 30%씩을 차지하고 있었습니다. 부끄러운 사실은 이들 두 나라에 이어 세 번째로 많은 플라스틱 표본의 출신지가 바로 한국이었다는 것입니다.

통계마다 차이가 있지만, 가장 규모가 큰 통계를 기준으로 봤을 때 전 세계를 떠다니며 뭉쳐 있는 플라스틱을 모두 합하면 그 무게가 1억 5천만t을 넘고, 그로부터 분해되어 발생하는 미세 플라스틱의 수는 우리 은하에 있는 별의 개수보다 500배 이상 많다고 하니, 말 그대로 천문학적인 규모가 되고 말았죠. 이 대목에서 또 한 번 부끄러운 과거를 이야기하자면, 2015년부터 2017년까지의 통계에서 한국은 연간 1인당 플라스틱 사용량이 67~137kg으로 전 세계 1위 수준이었습니다. 한국은 잘하는 것이 참 많은 나라인데, 이 분야에서는 발을 살짝 빼면 어떨까 싶네요. 비약을 다소 섞어 보자면, 이 글을 쓰는 순간에도 플라스틱으로 만든 안경을 쓰고 플라스틱으로 만든 모니터를 들여다보며 플라스틱으로 만든 키보드를 두드리고 있는 제가 그런 말을 할 자격이 있는지 의구심이 드는 것도 사실입니다. 문명은 편리를 추구하고 편리의 역사는 오염으로 완성됩니다. 다만, 사회화와 집단지성을 통해 기술을 발전시킨 인간이 편리의 역사에 관한 시나

빅희스토리

리오를 쓸 때 어떤 결말을 적어낼 수 있을지는 집단지성을 어떤 방향으로 발달시킬 것인지가 관건이 되겠죠.

맞습니다. 인간은 사회적 동물입니다. 소크라테스가 기원전 5세기에 그 말을 해서 그런 게 아니라소크라테스는 그리스 고전기 폴리스의 역할을 강조하며 "인간은 정치적 동물이다."라고 말했고, 후기 스토아 학자인 루시우스 세네카가 이것을 "인간은 사회적 동물이다."라고 번역한 것이지만, 어쨌든 그리스 고전기 폴리스 간 소통과 오늘날 전 지구적 소통이 생존의 방식으로서 시대를 관통하는 보편이라고 받아들여지는 걸 보면 그 말이 그 말인 거겠죠. 그리고 보니 세네카와 역사상 가장 인기 있는 셀럽인 예수님이 동갑이라는 것도 재미있는 사실입니다. 두 인물 모두 추정하기로 기원전 4년 출생입니다. "예수님이 태어난 연도가 기원 아니었어?"라고 혼잣말을 하고 계신 독자 분은 교양을 쌓을 기회가 여전히 많이 남아 있다는 사실에 기뻐하세요. 인류는 그야말로 갈라진 진화의 가지 앞줄기에서 탄생할 때부터 살아남기 위해 집단생활을 했습니다. 산업화와 전쟁, 그리고 4차례의 혁명을 거치며 사회적 분위기가 바뀌고, 최근 코로나 19 팬데믹이 앞당긴 디지털 혁신digital revolution과 뉴 노멀new normal의 영향으로 인류는 혼자 있는 시간을 더 많이 갖고 또 그것을 전혀 불편하게 생각하지 않게 되었지만, 그래도 여전히 인류는 생존을 위해 집단지성을 필요로 합니다.

그런데 이 집단지성이라는 것이 비단 살아남기 위해 인류가 억지로 쌓아 올린 것이 아니라는 의견도 많이 있습니다. 《총, 균, 쇠》로 유명한 이 시대의 석학 제러드 다이아몬드와 인기 면에서 어깨를 나란히 하는 이 시대의 또 다른 석학 유발 하라리는 '뒷담화가 인류사회를 발전시킨 가장 큰 원동력'이라고 평가했는데, 이 평가는 의도하지 않은 수다를 통한 집단지성이 사회를 발전시키고 있음을 시사합니다. 또 《권력과 진보》의 저자 대런과 사이먼은 그 책에서 "인간은 본래 자신이 알고 있는 것을 과시하고 싶어 하기 때문에 그들이 모이면 자연히 지식이 확산된다."고 언급합니다. 이 지점에서 우리가 왜 교양을 쌓아야 하는지 분명히 드러납니다. 그렇게 수다 떨기 좋아하고 아는 것을 말하고 싶어 입이 근질근질한 인간으로서 우리는 요즘 그런 지식을 어디서 많이 얻을까요? 무엇인가 새롭게 알게 될 때, 그 지식의 출처는 어디일까요? 많은 연구와 조사가 말해 주듯 오늘날 사람들이 얻는 지식의 많은 출처가 소셜 미디어입니다. 페이스북, 유튜브, X트위터'가 전신, 인스타그램을 폄훼하려는 의도는 없습니다. 이 채널들은 분명히 넘쳐 나는 정보의 바다에서 무엇보다 빠르게 우리가 지식에 노출되고 많은 정보를 얻을 수 있게 해 주는 효과적인 수단이니까요. 하지만 그 정보 중에 검증되지 않은 사실과 의도적으로 날조된 거짓 혹은 대안적 사실들이 무분별하게 섞여 있는 것도 사실이죠. 물론 개인적인 차원에서 잘못 알고 넘기는 데서 그치는 경우가 많지만, 그것이 개인을 넘어 어떤 집단과 사회를 파괴시키고 병들게 만든다면, 우리는 스스로 "이거 큰일이구나."라고 느껴야 합니다. 그러지 않는다면 오늘날 우리의 집단지성은 올바르게 형성될 수 없고 우리는 올바른 교양을 쌓음으로써 병들어 가는 우리의 사회와 역사를 각자의 자리에서 구해낼 수 있는 기회를 계속해서 놓치게 될 것입니다. 그 대표적인 예가 미얀마와 미국에서 일어난 적 있죠.

• 로힝야족을 죽이다

미얀마 민주화의 상징 아웅산 수 치 여사를 아시나요? 영국과 일본의 식민지였던 조국 버마미얀마의 옛 이름를 구한 영웅인 아웅 산 장군의 딸이었던 그녀는 미얀마의 민주화를 위해 국민들과 손을 잡았고, 10년이 넘는 감금생활을 이겨 내고 미얀마의 민주화 영웅이 되었습니다. 1991년 노벨평화상을 수상했는데, 군부정권의 가택연금 조치로 직접 수상하러 가지도 못했고, 2012년이 되어서야 비로소 자유의 몸이자 국회의원의 신분으로 21년 만에 노벨상 수락 연설을 한 일화도 유명하죠. 그런데 민주화의 상징이자 미얀마 국민의 영웅이었던 아웅산 수 치 여사가 최근에는 그간 수상했던 여러 인권상을 박탈당하고 국제적인 비난까지 받고 있습니다.

모든 일은 로힝야족이라고 하는 미얀마의 소수민족으로부터 시작합니다. 로힝야족은, 기록에 따라 차이는 있지만 8~9세기로힝야족의 주장입니다. 또는 19세기버마족과 미얀마 정부의 주장입니다.부터 버마 땅에서 살아온 약 200만 명 규모의 소수민족입니다. 두 집단이 주장하는 뿌리의 차이가 천년 정도……. 조금 많이 나지만, 어쨌든 그렇답니다. 문제는 이들이 이슬람교를 믿는 무슬림이라는 것입니다. 얼핏 생각해도 동남아 국가에서 무슬림으로 사는 게 그리 순탄해 보이지는 않습니다. 게다가 미얀마는 인구의 89%가 불교를 숭배하는 국가입니다. 당연히 로힝야족에 대한 시선이 곱지 않겠죠. 더구나 앞서 말한 버마 독립의 영웅 아웅 산 장군을 몰아내고 1962년 네윈이 집권한 뒤로는 정부 차원에서 반 무슬림 선전을 통한 로힝야족 탄압이 시작되었고, 탄압을 피해 방글라데시 등 주변국으로 피신하는 난민도 10만 명 단위로 발생하곤 했습니다. UN의 중재와 아웅산 수치 여사의 집권 등 로힝야족 입장에서는 긍정적인 상황도 있었지만, 수세기 동안 개선되지 않은 채 불편한 균형을 유지해 오던 미얀마의 민족 문제가 2017년 결국 제대로 터집니다. 미얀마 군부를 중심으로 한 로힝야족에 대한 탄압과 집단 살상이 본격적으로 행해지면서 많은 로힝야족이 또다시 이를 피해 난민이 되고 만 것이죠.

그런데 지식의 바른 출처에 대한 이야기를 하다가 왜 갑자기 미얀마 역사 문제가 나왔을까요? 바로 2017년의 로힝야족 탄압이 페이스북의 가짜 뉴스로부터 시작되었기 때문입니다. 시스템상 페이스북은 참여 기반 알고리즘을 사용해 뉴스 피드, 랭킹, 추천, 그룹 게시물 등을 강화하고, 사용자가 페이스북 상에 오래 머물수록 페이스북을 소유한 기업인 메타가 타겟형 광고를 더 많이 팔아 수익을 얻는 구조로 이루어져 있습니다. 쉽게 말해, 고객이 페이스북의 게시물들을 보는 시간이 늘어나거나 어떤 게시물의 조회 수가 많아지면 고객들은 그만큼 자신의 성향에 맞춘 메타의 광고에 많이 노출될 수 있다는 것이죠. 이런 구조로 인해 페이스북에는 접속시간을 늘리거나 조회 수를 늘릴 목적으로 말초적이고 자극적인 게시물이 범람하고 있는데, 메타는 이를 관리할 생각이 없어 보였습니다. 오히려 그게 기업의 이익을 늘려 주니 비용을 들여 애써 관리할 필요도 의무도 없다고 생각했을지도 모르죠. 아니면 본인들도 주체 못 할 만큼 정보와 게시물이 흘러넘치고 있는 게 문제일 수도 있지만, 진실은 그들만이 아는 걸로. 어쨌든 기업의 입장에서 생각해 보면 어느 정도 이해가 가는 부분이긴 하지만, 문제는 우리 대부분은 정보를 올바로 받아들일 능력이 부족하고, 특히 이제 막 정보망이 구축된 동남아시아의 작은 나라 미얀마의 국민들은 불교 극단주의자들과 군부 세력이 지능적으로 퍼뜨리는 로힝야족에 대한 자극적이고 부정적인 가짜 뉴스를 선별해서 받아들이거나 걸러낼 수 있는 상황은 더더욱 아니었다는 것이죠. 미얀마는 2014년까지 인터넷 접속 인구가 1% 미만이었는데, 2016년에는 인구 5,300만 명 중 1,400만 명 이상이 페이스북을 사용하면서 남아시아 최대의 페이스북 사용 국가가 됩니다. 실제로 2017년 8월 이전에 페이스북에서 10건 이내였던 로힝야족 혐오 조장 게시물은 '아라칸 로힝야 구원군ARSA'이 미얀마 경찰 초소를 공격한 직후 250건으로 솟구쳐 올랐고, 미얀마 국민 중 많은 이들이 페이스북을 통해 알게 된 거짓 사실이 입에서 입으로 퍼져 나가 미얀마 군부의 로힝야족 탄압에 정당성을 부여해 주었다는 추측은 어느 정도 신빙성이 있어 보입니다. 그런데 정권의 정상에 있던 아웅산 수 치 여사는 어째서인지 군부의 로힝야족 탄압에 별다른 움직임을 보이지 않으면서 국제사회의 신뢰를 잃었고, 메타의 CEO 마크 저커버그는 복수의 매체를 통한 인터뷰에서 미얀마 사태에 페이스북이 의도적으로 이용되었으며 이에 대해 일정 부분 책임을 인정한다고 말했습니다.

우리는 책상 앞과 버스 안, 학교나 식당, 직장에서 스마트폰과 SNS를 통해 빠르게 정보를 얻어내지만, 그것들의 진위 여부를 구분하는 능력은 아직 부족합니다. 이럴 때 필요한 것이 바로 집단지성이고 교양입니다. 혼자 알고 있는 지식은 틀릴 수 있습니다. 하지만 한 명보다는 두 명이, 두 명보다는 열 명이 함께 그 지식과 주제를 가지고 대화하고 고민해 보면, 빠르게 얻을 수 있지만 진위가 분간되지 않는 내 안의 지식들을 보정하고 올바르게 확산시킬 수 있습니다. 그 지식들을 올바르게 보정하고 확산시키는 교양 있는 대화의 재료와 채널은 SNS 하나보다는 책이나 신문, 강의나 전문가의 논문 등 많을수록 좋은 것은 당연하겠죠.

• 코밋 핑 퐁을 죽이다

이 부분에서는 두 가지 가능성을 두고 글을 전개해 보겠습니다. 사람 일 어떻게 될지 모르잖아요? 출구전략베트남 전쟁에서 발을 빼며 미국 국방부에서 가장 먼저 사용한 용어로, 작전지역이나 전장에서 인명과 장비의 피해를 최소화하면서 철수하는 전략을 의미하는데, 경제학적으로는 경기를 부양하기 위하여 취하였던 각종 완화정책을 경제에 부작용을 남기지 않게 하면서 서서히 거두어들이는 전략을 말합니다. 그러니까, 리스크를 최소화해 보겠다는 겁니다.을 써 보겠습니다. 전 잘못했다고도 말하지 않을 거지만, 그래도 미국 대통령 기분을 불쾌하게 하고 싶진 않아요. 무섭잖아요. 트럼프 전 대통령이 이 책을 읽을 가능성은 희박하지만, 그래도 혹시 모르죠. X'트위터'의 현재 사명랑은 친하니까. 누군가 "트럼프까지 까는 정신 나간 책이 있다."며 올린 게시물을 그가 목격하게 되면 곤란하잖아요. 열린 미래를 두고 글을 써 놓을 테니 상황에 맞춰 읽어 봅시다. 이런. 책이 완성되기 직전에 결국 당선되었군요. 하지만 출구전략의 중요성을 기억하기 위해 그대로 글을 전개해 보겠습니다.

1. 도널드 트럼프가 미국 제47대 대통령이 되었을 경우

대통령님, 당선 축하드려요! 이번 내용은 여기서 끝내겠습니다. 다 건너뛰고 '• 공부합시다? '빅히스토리'부터……'로 넘어가 주세요. 참, 뉴스에서 당신이 몰고 올 "제2의 미국우선주의 폭풍"이라든가 "10배로 뻥튀기 될 방위분담금" 같은 무서운 말들을 하는데, 걱정을……, 하고 있어야 될까요……?

2. 도널드 트럼프가 미국 제47대 대통령이 아닐 경우

　미국에서는 어떤 일이 일어났을까요? 2016년 12월, 에드거 웰치라는 한 남성이 자동소총으로 중무장을 한 채 워싱턴 D.C.의 코밋 핑 퐁Comet Ping Pong이라는 작은 피자가게에 들어섭니다. 두 딸의 아버지인 그는 지금 미국 최고위층 정치가들의 악마 같은 손아귀에 감금되어 착취당하는 아동들을 구하겠다는 굳은 사명감에 사로잡혀 있습니다. 피자가게로 위장한 아동 인신매매 본부의 문을 박차고 들어간 그는 수집한 정보대로 아이들이 감금된 지하창고를 재빨리 수색합니다. 상대는 고위 정치인이니 한 치의 실수도 없어야 됩니다. 그런데 이상했습니다. 가게가 너무 작았어요. 지하실이라고는 입구도 찾을 수 없는 구조였습니다. 속았습니다. 정보가 쓰레기 같았던 거예요. 그의 고귀한 사명감이 농락당했습니다. 결국 지하실도 아이들도 찾지 못한 그는 자신의 무지함과 방향을 잘못 잡은 사명감을 탓하며 자수했고 징역형을 선고받습니다. 어맛, 이게 무슨 난리람……

　시계를 아홉 달 전으로 돌려볼까요? 2016년 3월, 클린턴의 대통령 선거운동 책임자인 존 포데스타가 개인 이메일 계정을 해킹당했습니다. 그리고 그해 대통령 선거 직전인 11월, 위키리크스WikiLeaks. 익명의 정보 제공자가 제공하거나 자체적으로 수집한 사적 정보 또는 비밀, 미공개 정보를 공개하는 국제적인 비영리기관는 포데스타의 이메일 일부를 공개했는데, 음모론자들은 이 이메일의 내용을 요상하게 짜깁기하고 잘못 해석해 클린턴을 비롯한 민주당 고위 당직자들의 메일함에서 워싱턴 D.C.에 있는 피자가게를 거점으로 인신매매 및 아동 성매매를 벌인 정황이 담긴 암호 메시지가 발견됐다는 뉴스를 발 빠르게 온라인에 퍼뜨렸습니다. 응? 클린턴? 네, 맞습니다. 미국

정치계의 가장 뜨거운 감자인 도널드 트럼프 전 대통령의 대항마였던 힐러리 클린턴이요. 선거 일주일 전 이메일이 공개되고 가짜 뉴스가 퍼진 게 우연인지 혹은 상대 진영의 그 흔한 정치공작이었는지는 모두가 짐작만 하고 있지만, 어쨌든 실제로 이 시점에 클린턴과 트럼프의 지지 저울은 그 추가 한쪽으로 기울기 시작했죠.

'피자 게이트 음모론'으로 잘 알려진 이 사건에 대해 진실과 올바른 지식을 갖추고 교양 있는 대화를 나눌 시간이 부족했던 미국인들은 그렇게 본인들의 4년 역사를 결정했습니다. 물론 그 4년이 그들에게 혹은 세계에 어떤 역사로 기억되는지는 각자가 판단하겠지만, 언제나 트위터X의 옛 이름. 현재 기업명은 2023년부터 사용했으니, 이 당시 트럼프가 만지작거리던 것은 트위터였습니다.를 만지작거리는 대통령이 당선된 선거에 왜곡된 뉴스와 날조, 그리고 속아 버린 대중의 역할이 아주 없다고 말할 수 있는 사람은 없을 것입니다. 그리고 피자 게이트 음모론을 퍼 나르던 유튜버나 정치 평론가들이 극우 대중들을 편견과 자극에만 사로잡혀 가짜 뉴스에 흥미를 보이는 바보들로 평가했고, 유튜브나 트위터, 심지어 폭스와 같은 이름있는 뉴스 채널조차 도그들의 의도와는 별개로 이런 눈 가리는 거짓이 기생하고 성장해 통신망의 혈관을 타고 확산되는 토대를 마련해 준 숙주 역할을 했다는 데 반론할 수 있는 사람도 없을 것입니다. 여기서 잠깐! 책을 쓰는 이 순간 저는 특정 정치인이나 정당, 혹은 방송 매체나 기업을 단순하고 맹목적인 진영 가르기의 차원으로 지지하거나 비방하는 태도는 지양할 것입니다. 트럼프 전 대통령얼마 전 유세 중에 있었던 저격 사건으로 2025년에는 다시 '현 대통령'이 될 가능성이 더 높아진 듯해 보입니다만.과 네거티브 전략, 로힝야족의 일화는 잘못된 정보에 의존하는 결정 과정에 대한 경각심을 심어 주기 위한 장치에 불과합니다. 그런 의미에서 피자 게이트 음모론은 수백 건의 협박과 수많은 공격으로 유리창과 벽이 성할 날 없이 멍든 코밋 핑 퐁과 가짜 뉴스에 사명감을 유린당한 에드거 웰치, 그리고 미국과 세계의 수많은 사람들에게 상처와 손해를 준 가짜 뉴스 피해의 최종 집합체였습니다. 물론 세계 인구 또는 미국 경제 규모의 절반 이상이 될 수도 있는 누군가는 이로 인해 결과적으로 웃었을 것이고 올바르지 못한 정치 생리에 기대어 "다들 그런다.", "왜 나만 갖고 그래." 식의 변명을 늘어놓는 이들을 우리 주변에서도 늘 볼 수 있지만, 많은 이가 행한다고 해서 그것이 옳은 방법이 되는 것도, 또 당시에 보편적이라고 해서 그것이 늘 진리나 진실이 되는 것도 아닙니다. 환경 파괴, 난개발, 마녀 사냥, 노예 거래, 제국주의, 홀로코스트, 우생학, 나치즘, 인종 차별, 성 차별, 종교 갈등, 이데올로기 전쟁. 마음먹고 열거하자면 한 페이지도 더 채울 수 있을 만큼 무수히 많은 우리의 얼룩진 역사가 이 사실을 방증해 주고 있잖아요. 무지했던 근대까지의 서구 사회와 이기적인 열강들의 사상이 대부분이니 우리와 상관없을 것 같다고 좋아할 필요가 없습니다. 인간성과 교양이 결여된 집단은 너무나 어리석고 이기적이라 상대적 강자가 되면 어김없이 자신을 짓밟던 기존 강자들의 잘못을 되풀이하거든요. 대대로 평화주의자 성향이라 침략과 식민지배의 피해자 역할이 대부분이던 우리 한국도 베트남전에서는 입에 담을 수 없는 만행을 저질렀고, 일제 침략하에 있던 인도네시아는 늘 약해 보였지만 그 일제의 지배 수단이었던 힘의 논리를 똑같이 배워서 역시 못된 짓은 더 빨리 배우죠. 자기들보다 더 아래 계단에 있어 보였던 동티모르를 해방 일주일 만에 정복하기도 했죠. 이렇게 회상해 보니 달에 착륙해 인류의 도약을 향해 위대한 발자국을 남긴 암스트롱에겐 민망스럽게도, 도약을 거듭해 왔던 인류의 발걸음 뒤엔 항상 쓰레기 더미와 만행의 유산이 남겨져 있었네요. 우리에게 교양이 필요한 또 한 가지 중요한 이유가 되겠습니다. 옛날엔 사회 자체가 무식했으니 잘못된 인식에 대한 변명이라도 있었죠. 지금은? 정보가 너무 많아 진위 여부를 가리기 어렵다는 핑계는 교양을 갖춘 호모 사피엔스의 길을 걷는 데 1초도 투자할 마음이 없다는 뜻 외에는 달리 해석할 여지가 없을 것 같습니다. 그렇다면 우리는 스마트폰을 든 4만 년 전 원시인에 지나지 않을 것입니다. 어떤 방법이 옳은 것인지, 또 어떤 것이 진리이고 진실인지 알 수 있는 방법은 교양 있는 대규모의 대화를 통한 집단지성뿐입니다.

저 역시 혼자 생각하는 것을 좋아하지만 분명히 그 생각을 남과 나눌 때 즐거움을 느끼고, 또 날마다 대화와 소통으로 이익을 창출하는 사회적 업무를 수행합니다. 물론 혼자 있는 시간이 좋은 것을 이해합니다. 나만의 편안함을 만끽하는 것만큼 즐거운 일도 없죠. 하지만 대부분의 사람들은 회사와 학교, 사회, 그리고 가정에서도 어느 순간에는 타인과 대화하고 소통해야 합니다. 그것을 즐기든 즐기지 않든, 언어라는 도구로 오늘날을 이뤄낸 인류의 현재진행형 후손으로서 우리는 소통해야 합니다.

• 공부합시다? '빅히스토리'부터……

우리 대부분은 어떤 형태로든 노동의 무게에 짓눌려 있는 단조로운 삶을 살지만, 동시에 그 안에서 다채롭게 대화하고 다양한 지식을 나누며 즐거운 시간을 영위할 권리를 가지고 있습니다. 전문가적 자격과 전문지식이 없는 평범한 사람 중 한 명으로서 저는 이 책이 그런 권리를 행사할 수 있도록 다양한 가치와 지식을 함양하는 데 필요한 수많은 방법 가운데 하나로 쓰인다면 얼마나 행복할까 하는 상상으로 가벼운 지식들을 샤워하거나 넥타이 매는 시간 동안 조금씩 모아 봤습니다.

사실 저는 이래저래 호기심도 많고 흥미를 느끼는 분야도 많아서 잡지식이 어느 정도 있는 편인데, 전문가도 아니거니와 실전에서는 살짝 허술한 면이 있어 간혹 지인들과의 즐거운 자리에서 이런저런 이야기를 늘어놓고 집에 가서 이불 킥을 하는 경우가 종종 있습니다. 예를 들면 이런 거죠.

"친구야, 방금 전 네가 터뜨린 샴페인이 펑펑 터지는 이유가 뭔지 아니? PV=nRT. 바로 아드보가트의 법칙이지." 아보가드로의 법칙입니다. 아드보가트는 2006년 독일 월드컵 때 한국 대표팀을 이끈 감독이었죠.

아니면 이런 경우는 어떤가요? 대학생 시절 혼자 라면을 끓여먹으며 상식 TV 프로그램 퀴즈를 풀고 있었습니다. 스튜디오에 가곡이 흘러나왔고 MC가 이 가곡의 제목을 문제로 냈죠. 작곡가와 가곡 제목 첫 글자의 초성이 같다는 힌트와 함께 말이죠. 고향집에서 가져온 배추김치로 라면 면발을 가득 싸잡아 목구멍으로 넘긴 뒤, 저는 혼잣말을 내뱉었습니다. "베토벤의 〈붕어〉." 슈베르트의 〈송어〉입니다. 이쯤에서 '작가 이거 못 배운 놈. 송어가 아니라 숭어지. 으이그, 여기서 책 덮자.' 하시는 분들은 다시 펴세요. 맞아요. 저희 어릴 적에는 슈베르트의 〈숭어〉라고 배웠어요. 그런데, 이 제목은 일제강점기 때 잘못 번역된 것을 1980년대까지 그대로 쓰고 있었던 것에 불과합니다. 이 가곡의 독일어 제목은 〈Die Forelle〉, 즉 〈송어〉입니다. 슈베르트는 오스트리아인이고 그의 고향에는 바다가 없죠. 노래에서도 물고기를 낚는 곳은 개울인데, 숭어는 바다물고기이고 송어는 민물고기예요. 자, 방금 전까지 숭어라고 우기셨던 분이 계시다면, 당신 잘못이 아닙니다. 잘못된 교육이 전달한 지식이 문제였지만, 방금 당신이 읽은 이 문단이 집단지성을 통해 바로잡아 주었어요. 이제 함께 공부합시다?

가끔씩 실언을 뱉어낸 뒤 뒤늦게 깨닫고 수정하는 불상사가 계속 있었지만, 뭐 어때요? 그렇게 공부해 가며 나사 빠지고 구멍 나서 질질 새는 바가지를 때우면 되죠. 그런데, 심각한 문제는 여기서 발생합니다. 가끔씩, 아니 자주 그런 일이 있어요. 제가 나사 빠진 이야기를 해도, 듣는 사람 중 아무도 제가 나사가 빠졌다는 걸 몰라요. 제가 틀린 걸 몰라요! 물론 아드보가트나 붕어 같은 심각한 발언은 이내 알아채고 놀려 대겠지만, 애매한 건 다 같이 그냥 웃으며 음식과 술에 흘려보내곤 합니다. 제가 잘못 전달한 지식은 어느 순간 누군가에게는 재미있고 유익하다고 굳게 믿는 이정표가 될지도 모릅니다. 자신이 잘못된 이정표를 따라가고 있다는 것도 모른 채 말이죠. 그래서 우리는 여러 매체와 수단을 통해 더 배우고 더 공유하고 함께 학습해서 집단지성을 쌓아 가야 합니다.

앞서 이따금 보이는 교양의 냄새가 나는 사람들에 대해 이야기했죠? 저는 일상에서 그런 이들을 볼 때마다 뭔가 행복하고 편안하고 포근한 어떤 날을 떠올립니다. 너무 멋지고 포근해서 어린 시절의 향수와 전혀 일어나지 않았던 비현실적인 장면이 경계 없이 섞여 그 낭만 속에 푹 잠기게 되는, 그런 날 말이죠. 대개 그럴 때는 마음의 귀에 시티팝이나 재즈가 들려오고, 안개 낀 공원이나 낙엽 진 풍경이 창 너머로 보이는 식당의 노란 백열등 조명 아래 천소파에 앉아 담요를 덮고 있는 제가 보입니다. 어린 시절 제 고향은 비교적 시골이라 생일이나 중요한 날이면 가족 모두가 동네에 두세 개 밖에 없던 경양식집 중 가장 맛이 훌륭한 곳에서 돈가스를 썰어 먹곤 했는데요, 교양의 냄새를 풍기는 사람들을 볼 때면 그런 행복감과 뒤섞인 듯한 멋진 느낌이 피어오릅니다. 중요한 것은 이런 멋진 느낌을 주는 그 사람들의 교양이 한두 마디 말 안에 소소하게 들어 있다는 것입니다.

제 글을 읽고 교양을 쌓는 분들이 모두 누군가에게 시티팝이 되고 재즈가 되고, 천소파에 걸쳐 있는 담요가 되어 주었으면 하는 바람에서 이 글을 쓰기 시작했습니다. 전문가도 아니고 전문지식을 전달할 만한 자격이 있지도 않으므로 저는 올바른 판단과 교양 있는 대화와 집단지성의 가장 첫걸음에 가벼운 도움이 될 정도의 소소한 지식과 이야기들을 모으는 데 목적을 갖고 책을 썼습니다. 적어도 제대로 알지 못하고 로힝야족의 탄압에 동조하거나 코밋 핑 퐁을 공격하거나 웰치처럼 애먼 곳에 총탄을 퍼붓는 사람이 없도록 말이죠. 샤워를 하고 넥타이를 매는 시간에 소소하게 떠올리는 만큼 그 안에는 우주, 지구, 생명, 역사, 종교, 전쟁, 음식, 언어, 의학, 정치, 경제, 영화 등 다양한 주제와 소재가 뒤엉켜 있겠지만, 재미와 진실을 함께 담아 보고자 노력했습니다.

우주가 생겨난 시점부터 여러분이 제 글을 펼쳐 들고 읽어 내려가는 지금 이 순간까지의 시간들이 어떻게 존재하는지를 이야기할 수 있는 드라마적 서사를 학문적으로 '빅히스토리'라고 정의합니다. 이 길고 긴 드라마의 서사 안에서 우리는 우주가 만들어 놓은 무대 위에서 탄생하고 살아가고 번영하고 멸종하고 끝내 다시 일어서는 많은 우주의 배우들을 목격하게 될 것입니다. 여러분은 이 드라마의 어느 부분에서인가 분명히 아는 사실들을 마주하게 될 것이고 또 자신의 전공 분야에 대한 이야기에서는 그 얕은 깊이에 만족하지 못할 수도 있을 것입니다. 하지만 이 책에서 저는 새로운 지식을 파헤치는 전문가이기보다 일반적인 상식을 꾸려서 재미있게 전달하는 이야기꾼 역할을 하고자 했습니다. 이 책에서 한 가지라도 새로운 사실을 접하는 독자가 있기를, 혹은 이 책을 발판 삼아 더 깊이 있는 다른 지식의 세계로 자신의 위치를 확장하는 독자가 있기를 희망하면서 말이죠.

또한 객관적으로 검증된 과학적, 혹은 역사적 사실 외에 상충된 여러 가설이나 기록이 존재하는 경우에는 관련된 많은 내용을 균형 있게 다루고자 노력했습니다. 흩어져 있는 진실의 조각들을 근거 없는 이야기들 사이에서 찾아내고 토론하며 제대로 된 집단지성으로 쌓아 올리는 역할은 저와 독자들을 포함한 우리 모두의 권리이니까요. 그러니 제가 담은 내용들이 모두 맞는 것이라고 확신하지 마시고, 계속해서 의문을 갖고 질문하시고 틀렸다고 생각되는 내용이 있다면 언제든 돌을 던지세요. 실은 제가 더욱 더 환영하는 것은 저에게 돌을 던지는 그 누군가에게 또 돌을 던져 줄 누군가입니다. 돌을 던질 주소는 영국 런던시 베이커가 221B……. 아, 여긴 셜록 홈즈 주소네요. 아서 코난 도일이 셜록 홈즈의 주소를 소개할 때만 해도 베이커가에 실제로 존재하던 번지수는 85번지까지밖에 없었거든요. 코난 도일 경은 '이 정도 뚝 떨어져서 만들어 놓으면 문제 없을 듯.'이라는 생각이었겠지만, 과거의 창작자들이 '이 정도면 되겠지.' 하고 누가 봐도 현실과 동 떨어진 발상으로 꾸며 놓은 미래가 현실과 조우하는 날은 반드시 오고야 말죠.

영화 〈터미네이터 2: 심판의 날〉이 지목한, 지구 인구 중 30억 명이 핵전쟁의 피해자가 되는 심판의 날인 1997년 8월 29일은 실제로 아무 일도 일어나지 않고 민망하게 지나간 것처럼 말이죠. 베이커가도 마찬가지였어요. 이미 247번지를 넘어갈 정도로 발달한 도시의 규모 덕에 독자들이 호기심에 적어 보낸 사건 의뢰 편지를 집주인가장 가까운 지번에 위치한 애비 내셔널 뱅크가 수령했다고도 하고, 건물주가 편지에 답장했다는 일화도 있죠. 이건 일화니까 집단지성까지는 아니고 그냥 재미로 알고 있자고요! 이 실제로 받게 되는 지경까지 왔죠. 결국 베이커가 221B는 셜록 홈즈라는 인물이 탄생한 지 100년째 되던 1987년, 아예 셜록 홈즈 박물관으로 리모델링 하게 되었죠.

그러니까 저 주소 말고, 서울시……. 개인 정보니까 여기서 그만. 왠지 〈아이언맨 3〉에서 토니 스타크가 공개적으로 집 주소를 발설했다가 말리부 해안 절벽에 있는 입이 떡 벌어지게 멋진 저택을 입이 쩍 벌어지게 통째로 날려 먹은 장면이 떠오르네요. 무서워요. 물론, 생명 다양성의 역사가 시작된 이래 5억 4,100만 년 동안 뭔가 심하게 날려 버릴 만큼 엄청난 돌이 지구 땅에 날아든 사건은 열 손가락 안에 꼽힐 정도로 거의 일어나진 않았지만, 재수가 엄청나게 없었던 백악기 말에는 누군가 우주에서 에베레스트산만 한 돌멩이를 던져서 공룡이 멸종한 적도 있었으니까요. 그리고 우리 집은 토니 스타크네 집보다 훨씬 작거든요. 그러니까 돌은 언젠가 기회가 되면 온라인상에서 던지는 걸로. 어쨌든, 적어도 제가 아는 한, 확신하고 있던 상식에 누군가 돌을 던질 때 집단지성은 업그레이드되어 왔으니까 말이죠.

이 책을 비롯해 다양한 서적과 신문, 강의와 전문지식, SNS로부터 올바른 지식을 흡수하고 함께 수다를 떨며 모든 사람들이 생각의 가지 안에 소소한 교양을 품고 집단지성의 진화를 위해 돌을 던지며 대화하는 나라. 돌을 던지며 대화하다니. 우연찮게 표현이 과격해졌지만, 집단지성을 위한 물음표를 그 돌에 실어 던진다면 제가 하고자 하는 표현은 정확합니다. 한국이 그런 이들의 터전이라면 그만큼 낭만적이고 멋진 일이 또 어디 있을까요?

• 현재, 2024. 우리는 어떻게 지금 여기 있을까?

우리는 지금 대한민국이라는 나라에서 크든 작든 어떤 일을 하고 많든 적든 어떤 것들을 누리며 살아가고 있습니다. 이른 아침 잠에서 깨고 싶어 알람을 5개씩 설정해 놓지만 늘 마지막 다섯 번째 알람을 끄고 나서야 잠자리에서 겨우 일어나면 느긋하게 씻고 싶은 마음과는 달리 양치질을 할 시간조차 없는 날이 생기기도 하고 출근길 교통지옥에 시달리며 겨우 도착한 회사에서는 회의도 하고 영업도 하고 협상도 하고 틈틈이 은행 업무도 보고, 또 커피 한 잔으로 피곤함을 달래다 보면 달콤한 퇴근과 그것보다 더 달콤한 저녁식사가 기다리는 시간이 되곤 합니다. 그렇게 열심히 일해서 집도 사고 차도 사고 즐기기도 하고, 그러다가 COVID-19 같이 치명적인 말썽꾸러기를 몇 번 만나기도 하고, 그렇게 인생은 계속됩니다.

샤워하고 넥타이를 매며 이런 일생을 죽 떠올려 보면 궁금한 게 참 많이도 생깁니다. 사람은 왜 자야 되는 걸까? 왜 양치질을 하지 않으면 입에서 냄새가 나는 바람에 매일 우린 양치질에 시간을 쏟아야 되는 걸까? 샤워할 때 우리 몸을 깨끗하게 해 주는 비누는 언제부터 쓸 수 있었을까? 오늘 아침 내가 잡은 바퀴벌레는 언제부터 있었던 걸까? 지금은 몇 마리나 있지? 넥타이는 누가 처음 맸을까? 지하철, 버스, 자동차……. 얘네들을 만든 철은 어디서 온 걸까? 회사는 왜 생겼을까? 영업이나 은행 업무는 왜 생겼을까? 커피는 누가 어디서 언제부터 만들어서 마셨고 왜 우리는 커피를 마시는 거지? 커피 말고도 우리가 끊을 수 없는 것들은 뭐가 있을까? 오늘 점심으로 먹은 육회비빔밥은 언제부터 먹을 수 있었던 걸까? COVID-19 같은 녀석들은 어떻게 생겨나서 왜 몇 년, 아니면 몇 십 년 동안 우리 일상을 빼앗고 심지어 다른 형태로 바꿔 놨을까? 내 국적은 어떻게 대한민국이 되었을까? 국가는 왜 있을까? 우리는 어떻게 태어나게 됐을까? 아니, 그 전에 지구는? 태양은? 밤하늘 별과 우주는? 우리는 아무런 고민 없이 당연하게 이 세상을 살아가고 있지만, 사실 조금만 생각해 보면 불편하지 않은 당연한 일상이 어떤 원리로 일어나고 있는지 궁금해지는 부분이 한두 가지가 아니죠. 잠깐 동안 제가 써 내려간 여러 가지 질문들 중 많은 것에서 뭔가 '얘랑 대화하면 기 빨리고 토할 것 같은' 기운이 느껴지지만, 이들에 대한 소소한 해답이 모여 우리 일상과 대화를 다채롭게 만들어 주고 집단지성에 살을 보태 줍니다. 소소한 해답을 하나씩 찾아가는 여행의 시작점에서 위에 말한 질문 중 우선 쉽게 설명할 수 있고 나름 재미있는 것 한 가지만 이야기해 볼까요?

육회

저는 육회비빔밥을 너무 좋아합니다. 정확히는 육회가 저를 미쳐 버리게 만들죠. 그런데 이 육회는 누가 언제 만들었을까요? 세종대왕이나 태조 왕건, 아니면 단군 할아버지도 육회를 드셨을까요? 이순신 장군님이 난중일기를 탈고하시는 동안 "캬, 고뇌하는 내 모습. 역시 고뇌는 칼을 차고 해야 제 맛이지. 필사즉생, 생즉필사. 근데 원균은 아까 왜 또 시비를 건 거야? 아, 직장 동료만 아니면 나랑 겸상도 못할 놈이. 어쨌든 나 지금 왜놈들 때려잡을 생각에 너무 쫄리지만 너무 흥분돼!"라며 막걸리 한 잔에 육회 한 젓가락 드시는 모습은 픽션이었을까요, 논픽션이었을까요? 아니 우선, 육회가 우리나라 음식이 맞는 걸까요? 결론부터 말하면 육회는 우리나라 음식이 맞습니다. 정확히는 외래 음식을 토대로 우리나라에서 개발된, 라이선스가 우리나라에 있는 퓨전 요리라고 하는 게 맞겠네요. 이 육회의 시작점이 된 음식은 놀랍게도 만인이 사랑하는 햄버거와 그 뿌리가 같습니다. 비주얼을 봐도 맛을 봐도 육회와 햄버거가 같은 조상을 갖고 있다는 게 도저히 믿어지지 않겠지만, 칭기즈 칸과 그 후예들이라면 이런 일도 가능해 보입니다. 네, 몽골제국의 위대한 정복자들 말이죠. '위대한'이라는 단어가 이 정복자들에게 어울리는지 아닌지는 식민사관과 민족사관, 기타 역사관 간의 토론에 맡기기로 하고 우리는 우선 육회가 '거대한' 나라였음은 분명한 몽골과 무슨 상관인지부터 알아보겠습니다.

칭기즈 칸이 여러 부족을 병합하고 '예케 몽골 올로스ᠶᠡᠬᠡ ᠮᠣᠩᠭᠣᠯ ᠤᠯᠤᠰ 또는 Yeke Mongγol Ulu. 대몽골국 또는 몽골 제국의 몽골어 명칭입니다. 직역하면 '큰 몽골 백성 연합'이라고 할 수 있는데, 오늘날까지 몽골의 정식 명칭은 '몽골 올로스'입니다.'를 세운 이래, 후대 칸들에 이르기까지 몽골제국은 정복을 통해 전성기 때 서쪽으로는 오스트리아 빈, 동쪽으로는 사할린, 남쪽으로는 인도네시아 자바섬에 이르는 대제국을 건설했죠. 이들이 이렇게 거대한 영토를 정복할 수 있었던 비결 중 하나는 바로 기동력에 있었습니다. 몽골인들은 유목민, 즉 이동하며 목축을 주로 하던 사람들이었고, 정복 전쟁을 할 때도 말을 타고 움직이며 이동식 텐트인 게르요즘 몽골 여행 체험 상품으로 인기가 높죠.에서 먹고 잤습니다. 이동 중에 병참부대가 습격을 당해 먹을 것이 없어지자 칭기즈 칸이 쓰고 있던 투구를 벗어 물을 끓이고 얇게 썬 양고기를 데쳐 먹도록 병사들을 독려한 것이 훠궈와 샤브샤브의 기원이라는 얘기는 유명하죠. 전투식량이 대중음식이 된 대표적인 예인데, 이보다 더 대중적인 햄버거 역시 몽골의 전투식량이 기원입니다.

몽골인은 먼 길을 이동할 때 요리에 할애하는 시간도 줄이고 고기의 육질을 부드럽게 하기 위해 말 안장 밑에 잘게 썬 양고기나 말고기를 깔고 다녔습니다. 자기 등에 자기 가족의 고깃덩이를 얹고 다닌 말의 입장은 적잖이 난감했겠지만, 이렇게 말 안장의 부드러운 쿠션감을 만끽하며 이동하다 보면 고기는 잘 치대져서 부드럽게 변해 있었고, 몽골인들은 이 부드러운 숙성 고기를 육포처럼 그냥 씹어 먹으면서 단백질을 보충했죠. 역시 힘쓰는 데는 단백질! 어쨌든 칭기즈 칸의 손자 바투 칸도 이렇게 고기를 질겅질겅 씹어 먹으면서 1237년 킵차크며 랴잔이며 키이우며 러시아 땅에 흩어져서 각자 나름 잘 살고 있던 공국들을 죄다 쓸어버릴 기세로 무릎 꿇린 후 모스크바에 입성했고, 러시아인들은 자기들도 소싯적에 뭐 좀 씹어 본 어깨들이었지만 고기 씹으면서 말 타고 넘어오는 더 큰 덩치의 몽골인들과 그 덩치와 자기 가족의 고깃덩이를 태운 채 불 같은 콧김을 뿜어내며 달려오는 말을 보고 다 내려놨죠.

그렇게 200년간 지속될 '타타르의 멍에몽골의 러시아 지배를 일컫는 말'가 시작되었고, 미운 정도 정인 데다가 음식이라는 게 더욱 정붙이기 좋은 소재인지라 이때부터 러시아인들도 몽골의 숙성고기를 그냥은 못 먹고 더 숙성시키고 돈가스 망치 같은 걸로 두들기고돈가스 망치는 확인된 바 없습니다. 허브도 넣고 향신료도 뿌리고 올리브도 넣고 계란 노른자도 얹어서 더 모양내고 향도 내서 세련되게 요리해 먹기 시작합니다. 러시아식 타타르 스테이크의 탄생이었죠. 칭기즈 칸 때부터 몽골에 병합된 부족을 통칭해 타타르라고 했는데, 유럽인들은 기독교 세계를 위협하는 칭기즈 칸 부대를 가리켜 그리스신화 지옥의 신 타르타로스를 연상케 하는 타타르라는 명칭을 곧잘 사용했습니다. 결국 러시아인들은 칭기즈 칸도 씹고 바투 칸도 씹던

빅희스토리

숙성 고기를 퓨전 요리로 만들어 먹으면서 타타르인의 스테이크라고 이름 붙인 것이죠. 이 전통요리는 몽골 기마의 등에 업혀 아랍 문화권에도, 그리고 독일의 함부르크에도 전달됐습니다. 함부르크Hamburg에서는 기존에 덜 익혀 먹던 타타르 스테이크를 완전히 익혀 먹는 요리법을 사용했는데, 1800년대 중반에 미국으로 넘어간 독일 이민자들은 미국인들이 빵 사이에 다짐육인 패티를 끼워 먹는 것을 보고 "아니, 이것은 우리가 함부르크에서 먹던 스테이크랑 비슷하잖아!"라고 외쳤죠. 그렇게 함부르크의 이름을 딴 햄버거가 먼 길을 돌아 탄생하게 됐습니다.

이쯤 되면 "그런데, 육회는 왜?"라며 고개를 갸우뚱하는 독자보다 "아, 그래서 육회가……."라며 고개를 끄덕이는 독자가 더 많을 것 같습니다. 네, 맞습니다. 우리나라도 고려 말 몽골의 침입을 받았죠. 변두리에서 이리 치이고 저리 치이고 힘들게 버텨 내며 살아남아 세계 10대 강국으로 거듭난 대한민국. 국민의 한 사람으로서 자랑스럽습니다.

어쨌든 예상하시는 것처럼 몽골 침략은 우리에게 뼈아픈 역사를 남겼지만 불교 숭배의 영향으로 고기를 잘 먹지 않던 고려인들이 이때부터 "음? 고기는 생으로 먹어도 맛있네? 이 정도면 나 타락해 버릴 수 있을 것 같아."라는 깨달음을 얻게 되었고, 그 배경이 된 침략의 역사에 슬퍼만 하기에는 너무 맛있는 육회라는 요리가 탄생했습니다. 우리나라에는 말보다는 소가 많았고, 그래서 육회의 재료는 몽골과 달리 말고기가 아닌 소고기로 대체되었습니다. 말이 많은 제주도에는 아직도 말 육회가 있지만, 아무튼 그렇습니다. 타락해 버린 우리 조상님들은 여기에 갖은 양념과 계란 노른자를 얹어 즐겨 먹었는데요, 저 아시아 서쪽 끝 모스크바에서도, 여기 아시아 동쪽 끝 고려에서도, 몽골의 다진 고기 위에 노른자를 얹어 먹겠다는 생각을 한 걸 보면, 지구인의 미각세포는 오묘하게 닮아 있나 봅니다.

덧붙이자면, 조선 초기까지 육회에는 고추장 양념이 들어가지 않았어요. 임진왜란 전까지 우리나라에 고춧가루는 없었거든요. 김치도 그 전까지는 슴슴한 양념의 '진채딤채라는 명칭으로도 불렸습니다. 결국 진채, 딤채, 김치는 다 같은 대상의 시대별 명칭인데, 그러고 보면 김치냉장고 이름 참 잘 붙였군요.'라는 숙성채소 무침이었죠. 비주류 문헌상 그보다 오래 전부터 고춧가루를 사용했다는 설도 있지만아직까지 학계 주류 논거는 아닙니다만, 최근 몇몇 과학자들이 유전자 분석을 통해 일본에서 전래된 콜럼버스 고추가 174만 년 전 분기된 한국 고추와 품종이 달랐다는 것을 밝혀냈다고 하죠., 공식적으로는 임진왜란 전까지 맛보지 못했던 고춧가루의 맛을 알아 버린 '불닭과 함께 볶은 면', '동대문의 엽기적인 떡볶이'의 민족은 압축해 놨던 화끈한 포텐을 터뜨리기 시작합니다. "단군 할아버지! 어머니 웅녀 할머니는 왜 마늘만 열심히 드시고 고추는 재배 안 하셨습니까? 몰라. 4,000년 동안 참은 만큼 화끈하게 타락해 버릴 거야! 여러분! 캡사이신, 김치에도 넣고, 떡볶이에도 넣고, 육회에도 넣고, 그냥 먹을 수 있는 거엔 다 넣읍시다!"라면서 화끈한 백의민족의 정체성을 확립하며 캡사이신 숭배 신호탄을 쏘아 올립니다.

육회 이야기가 조금 길어졌네요. 단군 할아버지랑 태조 왕건 할아버지는 공식적으로 맛볼 수 없었지만, 고기라면 환장하셨던 세종대왕 할아버지조선 왕조 최고의 육식맨이셨던 세종대왕님은 '고기'라는 단어와 세트로 묶여 조선왕조실록에 공식적으로 400번 넘게 언급되고 있습니다. 아버지였던 태종도 붕어(崩御)하기 전에 곰곰이 생각하다가 대신들에게 "얘들아, 우리 도(祹_세종의 휘, 즉 생전의 본명)가 고기를 엄청 좋아하잖니? 나 없이는 살아도 고기 없이는 안 될 것 같아. 그냥 나 죽어도 고기 먹으라고 해. 우리 막동이(莫同_세종의 아명, 즉 어릴 적 부르던 이름. 세종은 셋째 아들이었기 때문에 '막둥이'라는 뜻을 담아 막동이라는 아명으로 불렸다고 합니다.)는 고기 없이 3년 절대 못 버텨."라는 유언을 남겼다는 일화가 전해져 내려올 정도입니다. **와 고독하게 난 중일기를 써내려 가던 이순신 장군님은 육회를 드실 수 있었어요! 물론 상황이 가능했다는 것이고요, 개인 취향 존중.**

육회 이야기, 재미있었나요? 몽골제국에서 러시아, 함부르크, 미국, 그리고 한국에 이르기까지, 음식 하나에도 이렇게 역사와 시공간이 얽힌 채 담겨서 숨은 진실을 드러낼 준비를 하고 있습니다. 한 꺼풀만 장막을 벗겨내면 진실이 보이는 세상에서 우리는 그 한 장을 벗겨낼 호기심을 올바른 방향으로 발산하고 있는지 돌아볼 필요가 있어 보입니다. 육회 한 점을 먹으면서도 마주앉아 교양을 쌓을 수 있는 작은 이야기들이 우리 주변에는 많습니다. 수많은 궁금증을 차근차근 풀어 봅시다. 우선, 모든 것의 시작, 우리가 살고 있는 이 세상은 어떻게 생겨났는지부터 알아볼까요?

2. 우주

_____

"빛이 있으라."

• 빅뱅, 138억 년 전

우리는 빅히스토리를 이야기할 때 늘 빅뱅을 먼저 이야기합니다. 당연하죠. 우주의 역사가 시작된 사건이니까요. 그런데 식탁에 마주앉아 빅뱅을 말할 기회가 생기면 우리는 대개 "한 138억 년 전 즈음에 아무것도 없는 공간에서 우주가 펑 하고 생겨났대! 그리고 태양이 생기고 지구가 생기고 공룡이 나타났다가 멸종되고 인류가 탄생해서 우리가 여기 살고 있는 거야."라는 두어 마디로 대화를 마무리하고 초조하게 손바닥을 비비며 방금 시킨 아귀찜이 언제 나오는지 두리번거리곤 합니다. 아귀찜, 저도 참 좋아하는데요. 맛있겠네요.

어쨌든 그렇게 서로 '나 이거밖에 모르는데, 어떡하지?' 하면서 초점 없이 허공으로 시선을 돌리며 이미 물병 하나가 다 비워져 음식은 나오기도 전에 위장을 물로 다 채우는 시간 동안 어느새 대화의 주제는 연예계 가십으로 넘어가고 맙니다. 어떤 과정으로 아무것도 없는 공간아무것도 없었던 그곳을 공간이라고 부를 수 있다면에서 물질과 에너지가 생겨났는지, 우주가 138억 년 전에 생겨난 것을 누가 어떻게 밝혀냈는지, 태양이나 지구, 달이 어떻게 생겨났는지, 공룡 같은 생물이 어떻게 생겨났는지, 왜 멸종했는지, 우리가 인류라고 말하는 존재가 언제부터 어디서 어떤 과정으로 진화해 온 생명체인지, 어떻게 인류는 옷을 입고 테이블에 마주앉아 고춧가루와 전분에 쫀득하게 버무린 아귀찜 같은 요리를 돈 내고 사 먹으며 연예계 가십을 스마트폰으로 읽을 수 있게 되었는지 생각해 보는 것은 바쁜 요즘을 살아가는 데 별로 도움도 안 되고 귀찮으니까요.

그런데, 연예계 가십과 비교해서 삶에 더 도움을 주는 정보는 무엇일까요? 물론 사회적 관계를 위해서 가벼운 가십이 필요할 수도 있지만, 가십만이 필요한 정보가 되는 사회적 관계라면 그 관계 자체를 조금 더 가치 있는 지식으로 일부 채우는 시도를 해 보는 것도 재미있지 않을까요? 그래서 저는 우리의 과거와 현재, 미래를 이어 주는 거대한 지식 체계인 빅히스토리에 얽힌 이야기를 들려 드리고자 합니다. 우리의 일상을 조금 더 풍요롭게 만들어 주고 통찰력을 부여해 주는 빅히스토리가 바쁜 요즘을 살아가는 데 별로 도움도 안 되는, 재미없고 귀찮은 지식으로 치부되지 않도록 가급적 자주 얼빠지게 보일 수도 있는 드립을 가미한 재미있는 표현들과 버무려서 말이죠. 우주의 시작부터 인류의 탄생, 문화와 혁명과 전쟁 따위의 지식을 시대순으로 다루는 빅히스토리가 재미없는 것은 사실이지만, 살면서 한 번쯤 알아볼 가치가 있는 지식이니까요. 자, 그럼 우선 빅뱅 이야기부터 시작해 봅시다.

성경에는 하나님이 세상을 창조하시던 첫째 날에 말씀을 통해 빛을 가장 먼저 만드셨다고 기록되어 있습니다. 그런데 과학의 영역에서 보면, 우리가 흔히 알고 있는 빅뱅 첫날부터 빛이 있지는 않았다고 해요. 우선, 어떤 이들은 성경은 과학적이지 않고 입증되지 않은 일들로 가득 차 있어서 믿을 수 없다는 입장을, 또 어떤 이들은 과학 역시 우주를 비롯한 많은 현상들도 제대로 입증되지 않은 가설과 이론만 붙들고 있지 않냐는 입장을 갖고 있을 텐데요. 저는 글을 쓰기 앞서 반대로 성경도 일부 과학적으로 입증할 수 있는 종교적 신비를 담은 가치 있는 기록물이고, 과학 역시 종교계가 공격할 만큼 허술하지 않은 수학적 진리를 담고 있으니 서로 사이좋게 지냈으면 하는 입장입니다. 물론 양 진영의 일부 세력들이 자신만의 이

익을 좇기 위해 상대를 의도적으로 공격하는 행위는 어느 경우든 비난받아 마땅하다는 입장도 덧붙이겠지만, 쟤네는 우리랑 다르다는 이유 같지 않은 이유로 싸우지 맙시다, 여러분! 아무튼, 다시 빅뱅 이야기로 돌아와 볼까요?

빅뱅을 비롯한 우주 이야기는 시간적으로나 공간적으로나 어마어마하게 거대한 규모라 말이나 글로 정리한다 해도 말 그대로 바닷가의 모래보다도 미미한 존재인 우리 인간의 입장에서 실감하기 버거운 것이 사실입니다. 그래서 신비롭고 전적으로 이해할 수 없는데도 불구하고, 이 진실을 말해 주려고 시도하는 책들이 쉬지 않고 출판되나 봅니다. 지금 제가 말할 내용들도 그런 것들을 담고 있지만, 저는 지식이 바닷가의 모래보다도 미미한지라 그냥 저 같이 평범한 사람들이 우리 세계는 이렇구나 정도만 느낄 수 있게 이야기해 볼까 해요.

바닷가의 모래보다 미미하다는 말은 그저 우리가 보잘것없다는 비유가 아니라 수학적으로 표현이 가능한 사실입니다. 우주에 있는 별지구나 목성 같은 행성은 스스로 빛을 낼 수 없기에 우리가 말하는 별이 아닙니다. 우리가 별이라고 말할 수 있는 항성은 태양계에서는 태양 하나뿐이죠.은 그 개수가 셀 수 없이 많은데, 말 그대로 일일이 셀 수 없을 정도로 압도적인 수를 자랑합니다. 우선 우리 은하에만 5,000억~6,000억 개 정도의 항성이 있습니다. 우리 은하와 가장 가까운 은하인 안드로메다에는 약 1조 개의 항성이 있죠. 이런 은하가 수백 개에서 수천 개 모이면 은하단이 되는데, 단순 계산만 해 봐도 우리가 속한 은하단의 항성 개수는 많게는 1,000조 단위가 되네요.

여기서 끝이 아닙니다. 은하단이 100개 이상 느슨하게 연결된 범위를 초은하단이라고 부릅니다. 참고로 우리 은하가 속한 초은하단인 라니아케아 초은하단에는 약 10만 개 정도의 은하가 모여 있습니다. 즉, 이 초은하단에만 10경 개 정도의 항성이 있다는 계산이 가능합니다. 단순 계산해서 오류가 있을 수 있는데, 결론적으로 현재까지 관측 가능한 우리 우주의 초은하단은 1,000만 개 정도 있다고 하고, 우리 우주의 별, 즉 항성의 수는 최소 경 단위 이상으로 추정되고, 호주의 천문학 자료에서는 관측할 수 있는 별만 $7*10^{22}$개로 파악된다고 합니다. 영국 BBC는 여러 자료들을 토대로 우주에 있는 별의 개수는 지구의 모래보다 10배 정도 많다고 발표하기도 했습니다. 폭스 뉴스도 잘못된 뉴스를 내보내는 판에 BBC의 발표가 무조건 옳다고 볼 수는 없지만, 일단 천문학과 수학, 그리고 여러 객관적인 발표들이 공통된 사실을 가리키는 걸 보아하니, 우주에 우리 지구 같은 행성을 뺀 별만 해도 지구의 모래보다 많은 것은 분명해 보이네요. 집계에서조차 빠진 행성인 지구 위에서 살아가는 우리는 결국 모래보다도 미미한 존재가 맞죠.

이쯤 되면 경 단위를 넘어선 수의 단위는 결국 우주를 논하기 위해 만들어진 것이 아닐까 하는 합리적 의심마저 듭니다. 아이러니한 것은 천문학이 발달하기 훨씬 전부터, 그것도 베다 사상우리가 흔히 힌두교라고 이야기하는, 아리아인이 인도를 정복할 때 가져온 경전인 《베다》를 다양하게 해석하고 여러 신을 숭배하는 사상입니다. 실제로 인도인들은 자신의 종교를 힌두교라고 부르지 않습니다. 이 명칭은 영국이 인도를 통치할 때 정치적 혹은 종교적 목적으로 임의로 갖다 붙인 말인데, 인더스강을 가리키는 산스크리트어 '신두'에서 차용했죠.이나 불교의 세계관에서 우주보다 심오한 깨달음의 경지를 표현하기 위해 만진법이만체진이나 화엄경 수사가 만들어졌다는 것인데, 아무래도 동양의 신비와 서양 과학은 이래저래 통하는 게 있나 봅니다. 만진법을 들여다보면 만 단위로 만, 억, 조, 경, 해, 자, 양, 구, 간, 정, 재, 극, 항하사, 아승기, 나유타, 불가사의, 무량대수, 겁, 훈공10^{96}까지 이어지는데, 이를 빌어 우주의 별 개수를 표현하면 700해 개 정도가 되겠네요. 저는 이 만진법을 어려서 잠깐 본 적 있는데, 정작 제대로 파악한 경로는 모바일 게임의 전투력 표시 단위였으니, 역시 잘만 활용하면 우리는 게임을 하면서도 교양을 쌓을 수 있겠다는 생각이 듭니다.

우리 우주의 크기도 함께 생각해 보면 우리가 얼마나 더 어마어마하게 보잘것없는지 하염없이 느낄 수 있습니다. 아주 간략히 이야기하자면 현재 관측 가능한 규모의 우주만 그 직경이 930억 광년입니다. 빛의 속도로 쉬지 않고 날아가도 930억 년이 걸린대요! 철이야. "메텔! 메텔!" 하면서 은하철도 999 타고 그렇게 애타게 다니더니 그 끝이 겨우 안드로메다? 우리 은하와 가장 가까운 은하인 안드로메다는 우리 은하로부터 250만 광년밖에(?) 떨어져 있지 않습니다. 자, 잘 들으셔야 돼요. 저는 지금 볼 수 있는 우주만 얘기한 겁니다.

그런데 알다시피 지금 우주는 빛보다 빠른 속도로 팽창하고 있으니까, 점점 커지는 이 무한한 우주의 벽은 빛의 속도로 930억 년을 날아가도 절대 건드릴 수 없게 됩니다. 만진법으로도 가늠되지 않을 만큼 무지막지하게 커져 버린 우주 공간을 잉글랜드의 물리학자 제임스 진스는 더 계산하고 말하기 귀찮았는지 단 한마디의 수사를 통해 극적으로 표현합니다. "큰 성당에 모래 세 알을 넣으면 이 성당의 밀도는 수많은 별들을 포함하고 있는 우주의 밀도보다 높게 된다." 아무튼, 이렇게 수학적으로도 보잘것없는 우리 입장에서 아무리 파고들어도 이해할 수 없을 것 같은, 우리가 살고 있는 이 세계의 기원을 우리는 그저 가볍게 부담 없이 파악해 보는 게 여러모로 맞는 것 같습니다. 우선 우리가 살고 있는 이 세계는 언제 생겼을까요? 최근 업데이트된 자료에 따르면 우리 우주의 빅뱅은 137.98억 년 전에 일어났다고 합니다. '우리 우주'의 '빅뱅'? 하나씩 개념을 정리해 볼까요?

• 다중우주

우리 우주는 약 138억 년 전에 만들어졌습니다. 그런데 왜 '우리 우주'라고 표현할까요? 그것은 우리가 살고 있는 세계, 즉 우주가 하나가 아니기 때문입니다. 제가 다중우주 개념을 처음 접한 경로는 〈백 투 더 퓨쳐Back to the future〉라는 영화입니다. 마이클 제이 폭스Michael J. Fox라는 배우는 이 영화로 헐리웃 최고의 스타로 자리매김했는데, 영화의 인기가 어마어마해 1985년 1편으로 시작된 영화가 1990년 3편까지 후속작을 개봉했습니다. 한편 1991년 파킨슨병을 진단받은 마이클 제이 폭스는 3편 촬영 당시부터 파킨슨병 초기 증세를 보였지만 꿋꿋이 연기를 이어 가 박수를 받았죠. 파킨슨병에 대해서는 나중에 또 이야기할 기회가 있을 것 같습니다.

어쨌든 이 영화에서는 여러 과학적 오류이 오류들은 영화 〈어벤저스: 엔드게임〉이 열심히 바로잡아 주려고 노력하죠.에도 불구하고 물리학, 특히 양자역학 이론에서 끊임없이 강조하는 '관찰자가 개입하면 입자와 파동, 물질의 운명이 바뀐다.'는 개념을 충실히 반영한 영화입니다. 타임머신시간을 거슬러 올라가는 기계는 이론상 발명하기 어렵다는 게 현재 과학계의 주류 의견이지만, 발명한다고 해도 사용하는 게 옳은 일인지는 모르겠습니다.을 개발한 브라운 박사는 현재의 오류를 바로잡기 위해 주인공 마티를 과거로 보내며 "정해진 일 외에는 아무것도 손대지 말고 과거의 너를 마주치지 말아야 한다. 그렇지 않으면 수많은 미래가 뒤틀리게 되어 세계가 위험해져!"라며 친절하게 설명해 주지만, 역시 주인공은 혈기왕성하고 상황은 막장이어야 영화가 제맛이죠. 궁금하신 분들은 한번 보세요. 꽤 재미있고 스토리도 탄탄합니다.

영화에서 브라운 박사가 경고하는 일들이 바로 여러 우주가 존재한다는 개념을 바탕으로 일어날 수 있는 일인데, 이를 다중우주multiverse 이론이라고 합니다. 영화나 만화에서 자주 등장하는 이 개념은 공상이 아니라 생각보다 촘촘한 계산과 공식으로 무장한 이론이죠. 그런데 문제는 세상에 똑똑한 사람들이 너무 많다는 것이었습니다. 과학자들은 시공간으로 동시에 존재하는 여러 우주에 대한 이론을 저마다 펼쳐 내기 시작했고, 하고 싶은 말이 너무 많아 안 그래도 심오하고 신비하고 철학적인 이 이론은 실제 많은 물리학자들이 우주에 대한 연구를 할수록 베다 경전 중 하나인 〈우파니샤드〉가 다루는 종교적이고 신비한 이야기들이 많은 우주의 현상과 이론을 관통한다는 인식을 갖고 있습니다. 제가 앞서 과학과 종교, 서로 싸우지 말자고 했죠? 과학은 알면 알수록 신비의 영역에 들어서게 되는 것 같습니다. 그래서 안개 속을 걷는 것같이 모호한 종교적 표현이 일정 부분 심오한 과학의 영역을 대변하고 있지 않을까 하는 생각도 듭니다. 《베다》나 〈우파니샤드〉에 대해서는 앞으로 이야기할 기회가 있을 거예요. 과학자들 머릿속에서조차 정리가 안 되는 지경이었죠. 그래서 맥스 테그마크라는 스웨덴 출신 미국인 물리학자가 "에이, 우리 다 알 만한 사람들끼리 이러는 거 아니에요." 하고 과학자들이 늘어놓은 중구난방 우주 이야기를 체계적으로 정리하는 시도를 했습니다. 그렇게 정리된 다중우주론은 level 1부터 level 4까지로 정리됩니다.

level 1

우선 level 1 우주를 이해하기 위해서는 앞서 말한 빅뱅에 대해 알아야 합니다. 물리학은 일반인에게 어렵다는 의견을 편견이라고 말할 수가 없습니다. 어려워요. 그런데, 물리학과 관련된 일화는 재미있는 것들이 많아요. 저는 그런 이야기를 하려고 합니다.

"윌슨, 오늘은 우리 안테나에 비둘기 똥이나 닦아 봐야겠어."

"아니, 펜지어스 형! 저도 그 생각을 하고 있었는데, 역시 그게 원인이 맞겠죠? 그럼 얼른 닦고 〈빅뱅이론〉 보러 가자고요! 드라마 〈빅뱅이론〉은 2007년 CBS에서 처음 방영했고, 펜지어스와 윌슨은 1963년쯤 안테나의 비둘기 똥_아니, 정확히 말하면 비둘기 똥이 뒤덮인 안테나죠. 비둘기 똥을 집어 들고 일일이 닦으려면 얼마나 힘들겠어요. 똥이 뒤덮인 안테나를 닦는 게 더 문법에도 맞고 쉬우니까, 비둘기 똥이 뒤덮인 안테나. 어쨌든._을 닦고 있었으니까 윌슨의 말은 픽션입니다."

안테나를 뒤덮은 비둘기 똥, 아니 비둘기 똥이 뒤덮인 안테나를 닦던 이 둘은 얼마 안 있어 노벨상을 받게 됩니다. 응? 얘네 뭐 돼? 아이, 그럼요. 얘네 뭐 됩니다. 이론으로만 존재하던 빅뱅의 증거인 우주배경복사를 발견하게 되거든요. 뭐라는지 모르겠다 하시면 차근차근 얘기해 볼게요.

빅뱅이론은 우리 우주가 138억 년 전 아주 작디작은 한 점이 점의 지름까지 계산한 물리학 공식도 있지만, 이 이야기를 하면 물리학자들은 너무 변태 같다거나 사회생활 가능하냐는 등의 오해가 있을 수 있으니 이건 그냥 넘어갈게요.에 응축되어 있던 에너지의 대폭발로 생겨나 그 뒤로 지금까지 끊임없이 팽창하고 있다는 개념을 담은 이론입니다. 아인슈타인 아시죠? "니들이 뭘 알겠니, 인간들아. 그냥 내가 얘기해 주면 감사합니다 하고 받아 적어."라고 말하듯이 혀 내밀고 있는 할아버지 사진 안 보신 분 없죠?

저는 아인슈타인 선생님을 무척 좋아합니다. 물론 과학적 업적이 독보적인 분이라는 것도 이유지만, 이 분은 프로메테우스적인 지식을 갖고 있었음에도 히틀러나 피사로 같은 오만한 정복욕과 파괴 본능을 품지 않았거든요. 어쩌면 두뇌와 본능이 있는 모든 존재에게 상황만 허락한다면 필연적으로 발생할 만한 그 거대한 욕구를 말이죠. 물론 우리 대부분은 "히틀러나 피사로는 미쳤던 겁니다."라고 반응하겠지만, 과연 히틀러나 피사로의 입장에 여러분이 서 있었다면 그들과 판이한 행로를 보였을지 솔직히 의문입니다. 영화 〈닥터 모로의 DNA〉나 〈혹성탈출〉의 지능이 발달한 유인원 집단이 인류의 시스템을 전복시키고 자신들의 우위를 점하기 위해 반란을 꾀하는 묘사는 어찌 보면 우리 인류가 고도의 지능과 지식을 바탕으로 자연을 정복하고 생태를 파괴하고 인접국이나 이데올로기적 대립국을 침략하거나 해하는 행위에 정당성을 부여하기 위한 시도가 아닐까 하는 생각도 듭니다. "이것 봐라. 우리만 잔인하고 이기적인 집단이 아니다. 다른 종들도 자격이 되고 여건만 되면 똑같은 짓을 일삼을 것이다."라고 말하면서 말이죠. 어찌 보면 틀린 말은 아닌 것 같습니다. 지능과 본능, 그리고 감정과 목적이 있는 생명체는 모두 잔인하고 이기적인 야만의 존재이니까요.

백악기 말 칙술루브에 떨어진 우주의 거대한 돌덩이는 아무런 감정도 본능도, 그리고 목적도 없었습니다. 그저 물리적 섭리에 의해 우주에서 생겨나 떠돌다가 자신의 경로에 겹쳐 있던 어느 행성에 부딪힌 것뿐이었죠. 그럼에도 불구하고 이 돌은 인류가 분명한 목적을 갖고 만들었고 어떠한 이유였든 한 도시를 의도적으로 뿌리째 매장했던 원자폭탄의 1억 배가 넘는 파괴력을 지구에 퍼부었습니다. 우주적 규모에서 일어나는 맹목적인 천체물리학적 사건들은 우리 인류는 분명한 목적을 갖고 미치광이가 되어서도 실현할 수 없는 결과를 아무렇지 않게 현실로 소환합니다. 그리고 가장 고등한 동물이라고 자처하는 인류조차 꿈에도 상상 못할 어마어마한 파괴가 일어난 뒤의 세계는, 또다시 시간을 담보로 어마어마한 회복력을 보이며 망가진 것처럼 보이는 세계를 재건하죠.

사실 우주나 행성의 입장에서 이런 일들은 망가진 것도, 또 재건하는 것도 아닙니다. 어떤 기준도 조건도 목적도 없이 그저 우주의 물리적 활동이 연속적으로 일어날 뿐이죠. 이런 당연한 일상을 두고 멸망이니 재건이니 하며 호들갑 떠는 것은 행성 위에 잠깐 살다 갈 것이 분명한 지적 생명체들 뿐이죠. 이 모든 섭리를 알고 있었던 듯, 인류 가운데 가장 어떤 것을 그럴듯하게 우주적 반열에 올려놓을 수 있을 만한 인물이었던 아인슈타인 박사님은 결코 욕심 부리지 않고 자신의 두뇌와 지적 능력을 한 방향으로만 봉인했죠. 지식의 추구 그 자체에 말입니다. 미국의 핵개발 계획인 '맨해튼 프로젝트'를 제안했던 편지라든가 시오니즘을 지지했던 일들은 다른 시각에서 세계 평화와 자민족을 위한 것이었다고 예외를 둔다면 말이죠. 그런 의미에서 복부 내출혈로 생사의 기로에 섰을 때 사실 쓰러질 때도 이스라엘 건국 7주년 기념행사 연설 준비 중이었다니, 유대인으로서 열심히 뛰셨죠. "아, 이제 갈 때 됐어. 기술로 삶을 연장하는 건 왠지 쫌 천박해 보여서……. 이 정도면 나 할 일 다 한 거 같으니까 수술 안 받고 박수칠 때 우아하게 떠날게."라며 뒤도 안 돌아보고 먼 길 떠나신 부분은, 정말이지 낭만 합격입니다. 어쨌든, 어쩌면 버튼을 누르지 않았을 때 가장 큰 힘을 지닌다는 핵무기는 아인슈타인의 두뇌를 표현하는 말이 아니었을까 싶습니다.

아인슈타인 박사님이 등장하니까 또 심각해졌네요. 조금 분위기를 바꿔 보자면, 제가 아인슈타인 박사님을 좋아하는 가장 큰 이유는 무엇보다 이 분이 저처럼 키가 훤칠하지 않은 친구들에게 아주 기쁜 소식을 들려줬다는 것 때문입니다. 바로 일반 상대성 이론이 우리에게 반가운 뉴스였죠!

"키랑 뭔 상관?" 하시는 분들은 이미 키가 큰 사람들! 살짝 솔깃하셨던 분이라면 제 말을 듣고 지푸라기라도 잡아 봅시다. 이 이론의 어렵고 지금 당장 몰라도 될 다른 가지들은 다 쳐내고 한 가지만 쉽게 말해 보면, '중력이 강하게 작용하는 곳에서는 시간이 더 느리게 흐른다.'는 것입니다. 거짓말 아니에요! 공식적인 기관에서 연구해서 입증도 됐다 이 말입니다. 2010년 미국 국립표준기술연구소 연구팀은 두 개의 원자시계지구상에서 가장 높은 정확도를 자랑하는 원자시계의 오차는 최소 3,000만 년의 1초 정도입니다.를 각각 바닥면과 바닥에서 33cm 높은 곳에 두고 시간 차이를 측정했습니다. 결과는? 중력이 더 강하게 작용하는 바닥면의 시간이 더 느리게 흘렀어요! 브라보! 그러니까 저는 저보다 키가 33cm 큰 친구에 비해 동안일 확률이 높은 겁니다. 높이를 잃는 대신 시간을 벌고, 키를 내어 주고 동안을 취할 수 있는 거예요. 측정값의 차이는 80년 가운데 900억 분의 1초입니다……. 죄송합니다.

어쨌든, 모든 말이 진리였을 것 같은 이 천재 과학자도 자신의 오류를 인정한 적이 있습니다. 바로 이 빅뱅이론에 대해서 말이죠. 1927년, 조르주 르메트르라고 하는 벨기에의 예수회 수사 겸 물리학자종교계와 과학계에 동시에 종사했다니! 이분의 삶은 전혀 부럽지가 않아요.가 천재 아인슈타인이 얼마 전에 내놓은 일반상대성 이론을 연구하다가 '우주는 엄청나게 거대한 폭발로 탄생했고, 지금도 계속 팽창하고 있다.'는 외로운 결론에 도달하게 됩니다. 여러모로 외로운 결론이었는데요, 우선 그 당시 르메트르의 결론의 기초가 된 가설을 처음 내놓았던 소련의 알렉산드르 프리드만이 너무 일찍 죽는 바람에 이 결론은 르메트르가 혼자 떠안게 되었죠. 게다가 종교계와 과학계가 동시에 격노할 수밖에 없는 진리를 혼자 알게 되었다니, 역시 힙함의 최정점을 찍으셨지만 전혀 부럽지가 않아요. 아니나 다를까, 아인슈타인 박사님은 사진처럼 혀를 내두르며 "이 사람 보게. 우주가 팽창을 해? 예수회 수사라더니, 헛소리를 신성하게 하네. 계산만 잘하면 다야? 물리학의 '물'자도 모르는 소리 하고 있네?물론 이렇게 쇼 미 더 머니 배틀 스타일로 말씀하지는 않으셨지만, 어쨌든 골자는 그랬죠." 하고 우선 질렀습니다. 몇 년 뒤에 꼬리 내리실 줄 모르고요. 기고만장하던 이 천재의 꼬리를 에드윈 허블이 뒤에서 조용히 내려 드렸죠. 네, 천체물리학을 모르는 사람도 알만 한 허블 우주망원경을 만든 그 허블이요.

월슨산 천문대에서 근무하던 허블은 위대한 발견을 한 지긋한 과학자라는 우리의 일반적인 예상과는 달리 약간 관종 끼가 있는 자유로운 영혼이었다고 해요. 초기에 부모님의 뜻에 따라 시카고 법대를 나와 변호사 일을 했지만, 천문학에 더 흥미를 느끼던 그는 결국 "엄마, 아빠. 저 법은 별로에요. 역시 남자는 우주죠. 무한한 우주 저 너머로!물론 아직 빅뱅이론이 구축되기 전이라 버즈 라이트이어의 이 대사를 외치기는 아직 이른 시기였지만. 참, 〈토이 스토리〉의 최고 인기 캐릭터인 버즈 라이트이어의 이름에 대해서도 잠깐 이야기해 보자면, 이 친구의 이름은 정말이지 매우 우주스럽습니다. 그의 이름 'Buzz'는 1969년 아폴로 11호에 승선해 닐 암스트롱 다음으로 달에 발자국을 남기고 인류 최초로 달에서 술을 마셨던 버즈 올드린(본명은 Edwin Buzz Eugene Aldrin Jr.)의 이름에서 따왔고, 그의 성 'Light-year'는 우리에게 친숙한 천문학 단위로 '진공 상태에서 1율리우스년(365.25일) 동안 빛이 이동한 거리', 즉 광년을 뜻하죠."라고 커밍아웃하며 천문학자의 길을 걷게 됩니다. 근무지에서 상사와의 관계도 그리 좋지 못했던 그는 홀로 망원경을 통해 은하철도 999가 철이를 태우고 향하던 밤하늘의 안드로메다까지 상상의 나래를 펴던 중, 아니, 실제로 안드로메다 성운을 올려다보던 중, 세페이드

빅히스토리

변광성을 발견하게 됩니다. 변광성이라는 게 천문학에서는 의미가 조금 큰 별인데요, 쉽게 말하면 말 그대로 빛의 밝기가 계속 변하는 별입니다. 이게 왜 의미가 있냐면, 이렇게 밝기가 변하는 별의 변광주기를 분석하면 우리 눈에서부터 그 별까지의 거리를 계산할 수 있기 때문이죠. 허블이 세페이드 변광성을 관측해 보니, 당시 사람들이 알고 있던 우리 은하의 크기인 10만 광년을 아득히 넘어선 150만 광년이라는 거리가 나왔죠. 그런데, 이 값은 틀렸어요! 에드윈 허블, 어떡할 거예요? 그런데 괜찮아요. 실제로는 더 머니까. 250만 광년이에요. 철이야, 아직도 가고 있니?

이제 사람들이 알던 우주는 최소 15배 이상 확장되었습니다! 우주의 크기를 열 배 이상 확장시킨 허블은 물리학계 최고의 스타가 됩니다. 외부 은하의 변광성으로 스타별로 별이 되었네요가 되었으니 허블은 여기에 더 몰두하게 됩니다. 바로 은하의 분광이었죠. 우리 은하 밖에 안드로메다도 있고 얘도 있고 쟤도 있고, 얼마나 신나요! 그러니까 "저 별은 나의 별, 저 별도 나의 별." 하면서 신나게 은하들을 관측한 거죠. 자, 이제 아인슈타인의 꼬리를 끌어내릴 때가 가까워졌습니다. 그는 분광 연구 중 거의 모든 은하에서 적색편이 현상을 관측하게 됩니다. 적색편이는 어떤 별이 우리로부터 멀어질 때 빛의 파장이 길어져 스펙트럼 상에서 붉은빛을 띠는 현상입니다. 당시에는 이 현상을 두고 "아, 도플러 효과 때문이네."라고 말하는 이들이 주류였지만, 이때의 적색편이는 별의 운동속도보다는 공간의 팽창 자체에 의한 현상이었죠. 반대로 만약 어떤 별이 우리에게 가까이 다가오면 파란 빛을 띠는데, 이를 청색편이라고 하죠.

모든 은하가 우리로부터 멀어진다? 그럼, 우리가 우주의 중심? 그랬다면 종교계에서 두 손 들고 절도 하고 우상 숭배라도 할 수 있을 만한 발견이었겠지만, 모두 알다시피 결론은 그렇지 않았죠. 결론은 '우리 우주는 계속 팽창한다.'는 것이었습니다. 아인슈타인에게 직접 말한 건 아니겠지만, 허블은 "저기요. 우주가 계속 팽창하는 게 맞거든요. 다름 아닌 바로 제가 발견했거든요."라며 르메트르의 이름과 자신의 이름을 함께 담아 허블-르메트르 법칙을 발표합니다. 이를 들은 아인슈타인 박사님은 "뭐라고! 이것들이 천재인 나를 다 같이 짜고 놀려? 트루먼 쇼인가?" 하고 허블의 본거지 윌슨산 천문대로 뛰어올라갑니다. 그러고는 "어디 보자, 이놈아. 너까지 나를 능멸해? 우주가 팽창한다고? 내가 우주상수까지 만들어 줬잖아! 어? 이거 보게? 빨간색? 빨간색? 어? 팽창하네? 미안." 하고 본인의 실수를 쿨하게 인정합니다. 오히려 자신이 과거에 계산적 오류를 바로잡기 위해 우겨서 구축해 놓은 우주상수를 버리고 빅뱅의 개념을 포함한 새로운 우주론을 뚝딱 만들어 버린 아인슈타인. 이것이 천재의 여유인가. 인정!

이후 조지 가모프가 빅뱅 우주론을 도출함으로써 우주에 대한 우리의 상식은 180도 뒤집혀 버리죠. 여러분, 혼자 하는 생각이 이렇게 무섭습니다. 만약에 아인슈타인이 "응, 나 천재니까 내가 다 맞아. 난 혼자 계산이나 할 거야." 했으면, 우리의 우주관은 천재의 매몰과 더불어 후퇴의 길을 걸었을 수도 있었겠죠. 하지만 아인슈타인 같은 천재조차 자신보다 역량이 부족함이 분명한 다른 지성들과 끊임없이 반론하고 말을 섞은 결과, 자신이 잘못 생각하고 있던 세계관을 수정하고 진리에 가까운 새로운 모델을 만들어 낼 수 있었습니다. 교양 있는 대화를 통한 집단지성의 완성은 과학에만 국한되지 않습니다. 상식과 경험, 역사는 이렇게 즐겁고 치열한 교류를 통해 쌓입니다. 어쨌든 약간의 소동이 있었지만 우리는 이제 모두 우주가 팽창하고 있다는 집단지성을 얻게 되었습니다. 여기서 level 1의 우주가 발생합니다. 맥스 테그마크는 우리 우주가 계속해서 빠르게 팽창inflation 하므로 어느 시점부터 우주의 팽창속도가 빛의 속도를 능가했다는 이론에 근거해, 쉽게 말해 빅뱅 이후 현재까지 빛이 도달해 관측할 수 있는 범위 밖의 공간을 level 1의 또 다른 우주로 분류합니다.

그런데, 이 시점에서 문득 궁금해지네요. 안테나를 뒤덮은 비둘기 똥, 아니 비둘기 똥이 뒤덮인 안테나를 닦던 윌슨과 팬지어스는 왜 뜬금없이 노벨상을 받게 된 거죠? 그것은 허블이 우주의 팽창을 관측한 것과 더불어 이들이 우주가 순식간에 대폭발을 함으로써 탄생했다는 빅뱅이론의 가장 중요한 단서를 찾아냈기 때문입니다. 바로 우주배경복사입니다. 과학자들은 우리 우주가 빅뱅으로 만들어질 당시 엄청난 고온과 에너지를 발산하며 폭발했다는 당연한 상상을 구체화할 수 있는 증거를 찾고자 했습니다. 이게 심증은 있는데 물증이 없어서 답답한 게 꼭 소화가 안 돼 얼굴을 찌푸리고 있는 유명한 게비스코 모델 아저씨 같은 상황이었던 거죠.

빅뱅의 연대는 여러 기준으로 나뉘는데, 가장 공통적으로 제시되는 빅뱅의 첫 단계는 플랑크 시대로 매우 짧습니다. 얼마나 짧냐면, 잘 들어 보세요? $10^{*}-43$제곱10^{-43}초였어요. 그러니까 소수점 뒤에 0을 43개 쓰고 그 뒤에 1을 붙이고 초 단위를 붙이면 됩니다. 만약 누군가 이 시간 단위만큼 엄청나게 빠른 속도로 여러분의 뺨을 후려친다면 여러분은 1초 만에 10,000 ,000,000,000,000,000,000,000,000,000,000,000만진법으로 1,000정대의 뺨을 맞는 셈이죠. 상상만 해도 알싸하네요. 아무튼 이 짧디짧은 시간 동안 우리 우주의 모든 물질과 에너지는 눈에 보이지도 않는 작은 공간에 응축돼 있다가 순식간에 폭발하며 팝콘처럼 터져 나왔습니다. 그런데 뺨

맞는 사람이 더 힘든지 때리는 사람이 더 힘든지 생각조차 하기 괴로울 만큼 짧디짧은 이 시간을 왜 시대라는 이름까지 붙여 가며 분류하는 걸까요? 정확히 정의하면 우주의 일생 중 오직 플랑크 시대에만 우주를 운행하는 4가지 에너지인 중력, 전자기력, 강력강한 핵력, 약력약한 핵력이 모두 합쳐져 있었기 때문입니다. 이 짧은 시기를 지나자 중력, 강력 순으로 이 에너지들이 차례로 분리돼 나와 우주를 운영하게 되었습니다.

플랑크 시대가 지나고 중력이 분리돼 나왔으니, 이후 10*32제곱10^{-32}초까지 초인플레이션으로 인해 우주의 크기가 무지막지하게 커지게 됩니다. 얼마나 커졌냐면, 양성자보다 까마득히 작았던 게 사과 정도 크기로 커졌습니다. "우와! 사과라니! 엄청 큰데!"라며 비웃는 분들을 위해 숫자로 설명하자면 0.000,000,000,000,000,000,000,000,000,01초 동안 10*50제곱10^{50} 배만큼 커졌습니다. 10 뒤에 0을 50개 붙이는 건 자신 없으니 생략할게요. 10*26제곱10^{26}℃로 들끓던 이 사과는 1초 뒤에 양성자와 중성자, 렙톤 같은 입자들을 만들어내며 100억℃까지 식어 겨우 진정했는데, 참고로 핵융합이 일어나는 데 필요한 온도가 1억℃니까, 우주는 1초 만에 급격하게 식었어도 오만 군데에서 핵폭탄 100개가 한꺼번에 터지고 있었다고 보면 되겠죠? 이후 우주는 3분 만에 현재 크기의 10,000분의 1배까지 급팽창했고, 이때 양성자와 전자가 결합해 중성자를 만들고, 중성자와 양성자가 융합해 헬륨 원자핵과 리튬을 만들어 냈죠. 자, 여러분은 지금까지 우주가 "펑! 응애!" 하고 만들어진 뒤 3분간의 역사를 봤습니다. 컵라면 익을 만큼 짧다면 짧고 길다면 긴 시간 동안 우주는 아주 역동적으로 폭발했고, 커졌고, 짜게 식었습니다.

우주배경복사는 이 3분 이후 지루하게 아무 일도 일어나지 않은 채 계속

빅히스토리

커지기만 하고 식어만 가던 우주의 크기가 지금의 1,000분의 1배까지 커지고, 온도가 3,000℃까지 낮아진 38만 년 후 생겨납니다. 이전까지는 전자가 이미 만들어져 있던 원자핵과 결합해 원자를 만들기에는 온도가 너무 높아서 혼자 우주 공간을 방황하며 다녔어요. 우주 공간 전체를 전자가 엄청난 속도로 자기들끼리 부딪히며 채우고 있었으니 혼자라고 말하긴 민망하지만 말이죠. 그래서 연약한 광자들은 이 전자의 행동망 안에 갇혀서 숨죽이고 있었습니다. 그러다가 드디어 우주의 온도가 3,000℃까지 적당히 낮아져 전자와 원자핵이 결합해 원자를 만들자 전자 밀도가 낮아지면서 갇혀 있던 광자들이 초속 30만km의 속도를 뽐내며 미친 듯이 날아다니기 시작합니다. 뿌옇고 까맣던 암흑 우주의 가시거리가 늘어나게 된 겁니다. 종교적 표현에 살짝 기대어 말하면 태초에 하나님이 "빛이 있으라."고 말씀하셨음에도 38만 년 동안 "싫은데요. 제가 왜요? 네? 왜요?"를 반복해서 외치는 사춘기를 겪으며 끈기 있게 반항하던 이 우주에 드디어 빛이 생겨난 거죠.

우주배경복사는 바로 이 시기에 내달리기 시작해 우주와 함께 팽창해 나간 광자의 흔적입니다. 이 발견이 왜 중요하냐고요? 그것은 바로 이 우주배경복사를 통해 우주의 나이를 계산할 수 있기 때문이죠. 현재 이 우주배경복사의 평균 온도는 약 -270℃정확히는 2.725K인데, 과학자들은 이걸 가지고 허블상수와 ΛCDM람다 차가운 암흑물질 모델이라는 측정법에 대입해 우주의 나이를 측정해 냈습니다. 아마도 안경 쓰고 스웨터 입고 사다리에 매달려서 칠판 한가득 클링온어 같은 거 잔뜩 써 놓고 이래저래 만져 보고 고쳐 보고 했겠죠. 웃기려고 쓴 말이지, 물리학자는 모두 nerd라는 편견에 동조하는 건 절대 아니고요, 열정적으로 계산하는 행위를 nerd로 치부하는 편견에는 더더욱 동조하는 거 아니고요, 저는 신비를 수학으로 밝혀내는 물리학자들을 진심으로 존경합니다. 세상을 바꾸는 건 괴짜들의 무리입니다. 그중에서도 천체물리학이야말로 천재 우주 덕후들의 덕력이 쌓아 올린 최강의 집단지성 양성소입니다. 천체물리학자들은 숫자와 입자와 파동으로 100억 년도 더 전의 우주를 조각해 냅니다. 그것도 꽤나 정확하게 말이죠. 그리고 요즘 그렇게 소매에 분필가루 묻히면서 칠판에 계산하는 건 더더욱 아닙니다. **어쨌든 우리가 우주의 나이가 138억 년 정도라는 것을 알 수 있는 게 바로 우주배경복사, 얘 때문이라니까요!**

앞에서 펜지어스와 윌슨이 비둘기 똥에 뒤덮인 안테나를 닦다가 우주배경복사를 발견해 노벨상을 받았다고 했죠? 사실 비둘기 똥만 닦다가 이걸 발견한 건 아닙니다.

때는 1961년, 폴란드에서 반유대주의의 희생양이 될 뻔한 어린 시절을 겪고 가족들과 함께 미국으로 건너와 생계를 위해 물리학을 전공하던 아노 펜지어스는 뉴저지의 벨연구소로 발령 받게 됩니다. 역시 전화 만들던 기업이라 그런지 연구소에 돈 안 되는 줄 뻔히 아는 전파천문학자를 고용해서 앉혀 놓고 연구하라고 월급을 줬다지 뭐예요. 실제로 벨연구소는 당시 신입 전파천문학자를 고용한 세계 유일의 기업 연구소였다고 해요. 어쨌든 연구도 하면서 틈틈이 기업에 돈 될 만한 건 뭐라도 해 보라는 자비 넘치는 이 연구소에서 운도 실력도 좋았던 펜지어스는 텔스타라는 능동적 통신위성의 상업화를 성공시켜 능력을 인정받게 되죠.

순수과학자 고용이 기업의 성공으로 연결되는 아름다운 결말이 있고 1년쯤 뒤, 외로운 순수과학자 펜지어스는 후임을 받게 됩니다. 1963년, 안테나 덕후 로버트 윌슨이 벨연구소에 들어온 거죠. 입사하자마자 그는 3년 전에 개발에 실패하고 벨연구소 부지 구석에 방치돼 있던 에코 풍선 위성

빅히스토리

안테나에 반해 덕질을 하기 시작합니다. 펜지어스 형도 꼬드겨서 이 버려진 안테나를 갖고 놀 수 있게 회사에 정식으로 허가까지 받죠. 크기가 집채만 하고 반쯤 뚫린 나팔 같이 생겨서 온 우주의 기운을 받아 낼 수 있을 것만 같은 이 안테나는, 그들 눈에는 정말로 우주의 전파를 모조리 담아낼 수 있을 것만 같았거든요. 문제는 이 자애로운 안테나가 우주의 전파뿐만 아니라 잡음과 비둘기 둥지, 그리고 비둘기 똥까지 모조리 품에 안아 줬다는 거죠.

비둘기의 보금자리가 된 이 안테나는 무슨 이유인지 방향을 이리 돌리고 저리 돌려도 계속해서 직직거리는 잡음을 들려줬기 때문에 펜지어스와 윌슨은 제대로 된 전파를 탐지하기 위해 우주정거장 같이 생긴 비둘기 덫도 만들고 저도 사진을 보고 처음에는 정말로 우주정거장인 줄 알았습니다, 비둘기도 잡고, 비둘기 똥도 닦고, 배선도 만지고, 알루미늄 테이프로 안테나 연결부를 모조리 감싸 보기도 하고, 남들이 보면 천문학자가 할 것 같은 일 빼고는 다 해 봤죠. 찰리 채플린의 말을 빌리자면, 그들은 멀리서 보면 청소부였지만, 가까이서 보면 순수전파천문과학자였으니까요. 아무튼, 이렇게 1년 동안 갖은 고생을 해 봤지만 계속해서 안테나를 타고 직직거리던 잡음은 바로 빅뱅 38만 년 후 자유를 찾아 날아오른 광자, 즉 빛의 흔적이었습니다. 앞서 설명한 것처럼 우주는 그 후 1,000배 정도 더 팽창했고, 당시 0.001mm 길이였던 이 빅뱅의 메아리, 즉 전파 역시 1mm까지 늘어나 펜지어스와 윌슨에게 청소를 시킨 잡음이 되었습니다. 1963년 말에 펜지어스는 몬트리올의 한 천문학회에 참석해 MIT의 버나드 버크에게 잡음에 대해 이야기했는데, 버나드는 얼마 안 있어 프린스턴 대학에서 디키와 피블스가 우주배경복사 이론을 예측하고 있었다는 걸 알게 됩니다. 디키와 피블스는 심중은 있는데 물증이 없었고, 펜지어스와 윌슨은 물증을 찾았지만 그게 그렇게 중요한 건지 모른 채 비둘기 똥만 닦고 있었던 것이죠.

사실 이 우주배경복사는 앞서 허블 일화에서 잠깐 언급했던 가모프를 비롯해 앨퍼, 허먼 등이 이미 1948년 빅뱅이론의 증거로서 예측했는데, 워낙 찾을 가능성이 낮다 보니 거의 폐기된 예측으로 10년 이상 지나 천문학계에서 먼지만 쌓인 채 방치되어 있었습니다. 그 우주배경복사의 존재를 15년 뒤에 1년 동안 포기하지 않고 비둘기 똥을 닦던 후배들이 실제로 발견했고, 그렇게 우리 우주는 138억 년이라는 나이를 얻게 되었습니다.

지성인들이 서로 다른 시대에서 비슷하게 예측 가능한 실체를 찾기 위해 일생을 바치는 동안 어느 장소에서는 그 실체를 놓고도 가치를 가늠하지 못했고, 또 누군가 다리를 놓아 주어 자칫 묻혀 버릴 뻔했던 신비가 세상에 드러날 수 있었습니다. 집단지성은 이렇게 시대를 가로질러 쌓이고 쌓여 우리 앞에 우주 탄생 신화의 실체와 나이를 드러내 주었습니다. 가모프, 앨퍼, 허먼, 디키, 피블스, 펜지어스, 윌슨, 그리고 버나드까지. 이들 중 어느 한 명이라도 없었다면, 어느 한 명이라도 제 역할을 하지 않았다면, 그리고 이들이 축적된 역사를 놓고 서로 소통하고 연결되지 않았다면, 우리는 우주 탄생의 신비를 밝혀내기 위해 얼마나 더 기약 없이 증거를 찾아 헤맸을까요?

level 2

테그마크의 분류로 다시 돌아와 간단히 정리해 보겠습니다. level 1의 우주가 급팽창에 의해 분리되는 시공간 차원에서 실질적 측정이 가능한 영역을 표현한다면, level 2의 우주는 급팽창 직전의 빅뱅이 일어나는 원인 자체에 초점을 둡니다. 앞의 빅뱅과 급팽창에 대한 이야기를 읽으면서 여러분은 "왜?"라는 의문을 가졌을 것입니다. 네, 맞아요. 모든 펑 터지는 것에는 원리가 있고 이유가 있습니다. 영화관에서 팝콘이 펑 터지는 데도 기름이 끓으면서 생기는 강한 압력이 옥수수의 내배유 사이에 있는 수분에 가해지며 겉껍질이 터진다는 원리와 영화 자체에 대한, 혹은 함께 즐기는 대상을 향한 우정, 사랑, 유대감으로 인한 떨림을 진정시키거나 증폭시키기 위함이라는 이유가 존재합니다. 수류탄이 펑 터지는 데도 안전핀을 제거한 후 클립을 놓으면 눌려 있던 격철이 튀어 올라 뇌관을 눌러 기폭제를 점화시킨다는 원리와 적군을 손쉽게 제거하기 위함이라는 이유가 존재합니다. 우주 안에서 생겨난 물체와 생명 하나하나에 이렇게 원리가 있고 이유가 있는데, 우주 자체가 자신의 탄생을 둘러싼 원리를 갖고 있지 않다는 건 도무지 말이 되지 않겠죠. 그 심오한 원리를 우리는 확률상 가장 이성적으로 사유하고 계산하고 검증할 수 있는 범위 안에서 과학적으로 추측할 뿐입니다.

최근까지의 연구에 의하면 우주의 탄생이라는 이 신비한 현상의 과정을 정의함에 있어 빅뱅이론이 유력한 사실로 떠올랐고, 이 빅뱅은 양자요동 quantum fluctuation이라는 개념으로 가장 뚜렷하게 설명할 수 있게 되었습니다. 양자물리학자들은 이 양자요동이라는 현상을 하이젠베르크의 불확정성 원리로부터 일어나는 무작위한 지점물리학에서는 이 지점의 지름까지도 10^{27}분의 1m라고 계산해 놨습니다. 미국 MIT의 물리학자 앨런 거스는 이 계산을 실행에 옮김으로써 물리학의 변태성과 사회생활 불가에 대한 편견의 장을 빅뱅만큼 순식간에 광활한 수준으로 넓혀 놨고 말이죠.에서의 일시적인 에너지량 변화로 정의하고 있는데요, 우리는 전문가가 아니므로 교양 있는 범위 내에서 아주 쉽게 살펴보도록 하죠.

이 이론에 따르면 우리 눈앞의 텅 빈 공간으로 보이는 곳 마저도 소립자+와 반입자가 끊임없이 생성과 소멸을 반복하고 있다고 합니다. 끈 이론테그마크가 분류한 우주에서 level 4의 범주에 속하는 이론인데, 뒤에 언급하겠지만 형이상학적이라고 느껴질 만큼 너무 고차원적인 이론이라 이 책에서는 그냥 이름만 말하고 끝낼래요……의 대표주자인 물리학자 브라이언 그린은 변화무쌍한 이 에너지의 분포를 인플라톤장inflaton field이라고 불렀습니다. 오해의 소지가 있을 수도 있지만 어쨌든 쉽게 말하자면, 공간 전체에 골고루 분포된 이 양극의 에너지들이 0에 수렴하는 균형을 이루고 있다가 0에 한없이 가까운, 전혀 일어날 것 같지 않지만 영원에 필적하는 무한한 시간 중 언젠가 한 번 정도는 일어날 정도의 확률브라이언 그린은 이 확률을 비유적으로 동전 100개를 하염없이 뿌리다 보면 언젠간 모두 앞면이 나오는 기적적인 순간이 나올 확률 정도라로 표현하기도 하고, 또 끓는 물의 표면이 어느 순간에는 평평한 상태로 포착될 수도 있는 그 찰나의 확률이라고 표현하기도 하죠. 아무튼 그냥 대충 "평생 안 일어나니 꿈도 꾸지 말라." 정도로 이해하면 되겠네요.로 순간적인 불균형을 이루었을 때 빅뱅이 일어나게 되었다고 해요. 우리 우주도 이런 영겁 가운데 순간에 지나지 않는 확률로 빅뱅을 맞아 탄생했고 말이죠.

그런데 이런 인플라톤장은 모든 공간 전체에 고루 분포하고 있다고 했잖아요. 그러니 지금 이 순간에도 10^{27}분의 1m의 모든 공간은 빅뱅이 일어날 수 있는 확률을 '없다고 생각해도 무방할 만큼 미미하게' 지니고 있는 것이죠. 빽빽하게 채워진 모든 공간에 0에 가까운 확률을 지닌 가능성이 존재한다……. 정말 경이롭고 공포스러우면서도 전혀 무서워하지 않아도 될

빅희스토리

일이네요. 하지만 언젠가는 어디선가 이런 일이 생기지 않겠습니까? 어쨌든 동전 100개를 138억 년 이상 던지다 보면 언젠가는 모두 앞면이 나올지도 모르니까요. 볼펜 똥보다도 작은 어느 공간에서 그런 일이 일어나면 또 하나의 우주가 탄생하는 거죠. 우리 우주 말고도 모든 우주를 포함하는 모든 공간실제로 그 공간에 한계가 있어서 공간이라고 정의할 수 있다면에서 최소 138억 년 이상의 시간이 흐른다면 그런 우주는 무한대로 생성된다는 상식적인 상상이 가능합니다.

이렇게 합리적인 상상으로 유추할 수 있는, 불확정성 원리에 의해 한없이 생성되는 우주를 테그마크는 level 2의 다중우주로 분류했죠. 이런 우주들을 마치 비누방울을 불면 그 가장자리 표면에 계속해서 생겨나는 무수히 많은 작은 거품들에 비유해 '거품우주'라고도 부릅니다.

level 3

Level 2의 다중우주가 하이젠베르크의 불확정성 원리에 의해 생겨나는 '원리로서의 다중우주'라면, level 3의 우주는 슈뢰딩거의 고양이 사유실험으로 대표되는 확률적 세계관에 의한 '결과로서의 다중우주'라고 할 수 있습니다.

우리 대부분은 들어본 적 있는 것 같은 유명한 고양이가 나왔네요. "그런데 슈뢰딩거가 누구길래 이 사람의 고양이가 이렇게 유명한 겁니까?"라고 말하고 싶다면, 교양의 세계에 오신 것을 다시 한번 환영합니다. 슈뢰딩거의 고양이 실험은 그 명칭 때문에 두 가지 오해를 불러일으킬 수 있는데요, 이 실험은 '슈뢰딩거가 키우던 고양이'를 가지고 한 실험도 아니고, '실제로 고양이를 가지고 한' 실험도 아닙니다. 뭐죠, 이 "신성로마제국은 신성하지도 않았고, 로마도 아니었으며, 제국도 아니었다."는 밈이 떠오르는 이유는? 이 실험은 고전물리학과 양자역학의 길고 긴 싸움에서 양자역학의 손을 들어 주어 종지부를 찍었다고 해도 누가 뭐랄 수 없는 유명한 실험인데요, 오스트리아의 물리학자 에르빈 슈뢰딩거가 제안한, 가상의 고양이를 대상으로 한 사유실험이었습니다.

아이작 뉴튼이 흑사병을 피해 고향에서 놀고먹다가 뜬금없이 "사과는 왜 떨어지는 걸까?"라며 먹을 것을 앞에 두고 이리저리 계산하고 줄 긋고 하더니 만유인력 공식을 완성시킨 일화는 모두 알고 계시죠? 품종 개량이 없던 시대라 아쉽게도 사과가 그렇게 맛있지는 않았을 테지만, 그 덕에 뉴튼은 떨어진 사과에 우악스럽게 달려드는 대신 "가만있어 보자. 저 맛없는 사과를 먹고 싶은 건 아닌데 왜 떨어진 거야?" 하고 여유 있게 생각하는 시간을 보낼 수 있었다는 이야기가 정설로 전해 내려오고 있지만, 뉴튼과 사과 사이의 드라마 같은 일화가 사실인지에 대한 객관적인 증거는 없다고 해요. 고, 결국 인류는 제대로 된 고전물리학의 세계로 뛰어들 수 있었습니다. 인생은 맛없는 음식을 먹기엔 너무 짧지만, 맛없는 것을 앞에 두고 인류를 도약시킬 만한 생각에 잠길 만큼은 충분히 긴 것 같습니다. 어쨌든 세기를 통틀어 몇 안 되는 천재 뉴튼과 맛없는 사과의 만남 이후 갈릴레이가 피사의 사탑에서 깃털실제로는 깃털처럼 가벼운 추**과 쇠공**실제로 쇠공을 동시에 떨어뜨려 보기도 하였다는 얘기도 지배적으로 전해져 내려오지만 이 역시 뉴튼의 일화와 마찬가지로 갈릴레이의 직접적인 행동이 있었는지에 대한 의견은 분분합니다. 며 **인간계 최고의 천재 아인슈타인**숫자에 약했던 그의 결핍을 아내가 채워 줬다는 이야기도 있지만, 대외적으로는 아직까지 그가 최고죠.의 전성기가 도래하기 전까지 인류는 고전물리학의 시대를 걷게 됩니다. 우주의 삶과 물체의 운동, 세계의 질서가 F=ma뉴튼의 제2법칙인 가속도 법칙 공식 같은 공식으로 설명 가능한 시대가 도래한 것이죠. 이 고전물리학은 쉽게 말해 큰 단위의 운동과 물질, 공간의 현상을 주로 다루는 학문이라는 의미로 거시세계 물리학이라고도 합니다. 왠지 그 반대도 있을 것 같다는 생각이 들지 않나요?

네, 있습니다. 문제는 이 세계를 공식과 정의 그대로 받아들이지 않고 물질을 쪼개도 보고 들여다보고 뭐가 그리 정해진 게 없는지 인생은 불확정성의 법칙 가운데 있으니 순간순간 선택 똑바로 하라는 뜻깊은 교훈을 주려고 하는 듯한 변태 같은 집단이 생기면서 시작됩니다. 이것도 웃기려고 쓴 거지, 진심으로 양자역학을 변태 취급하는 것은 절대 아닙니다. 그런데 솔직히, 자꾸 쪼개 보고 들여다보고 어디까지 쪼개지나 보자, 동전 100개 던져서 앞면이 언제 싹 다 나오는지 두고 보자 하는 건, 못 배운 사람 입장에서 보면 조금 변태 같은 건 사실이잖아요. 바로 물질의 기본 입자, 양자 단위의 영역에서 일어나는 현상과 운동을 연구하는 학문인 양자역학, 즉 미시세계 물리학의 등장이었습니다. 아인슈타인의 특수상대성 이론, 하이젠베르크의 불확정성 원리, 슈뢰딩거의 파동역학 등이 양자역학 세대를 이어 가는 대표 이론들이었어요. 여기에 더해 보어, 파인먼, 다이슨, 오펜하이머 등 이름만 들어도 영화 몇 편은 뚝딱 만들어질 만한 걸출한 인물들이 대표적인 양자역학 물리학자들이죠. 유명한 천재들의 이름이 이 시대에 많이 불린다는 것은, '이 시대의 기준으로 볼 때 그 이론이 얼추 들어맞았다.'라고 봐도 무방하다는 것이겠죠.
양자역학의 우세가 형성되기까지 많은 논쟁이 있었겠지만, 슈뢰딩거의 고양이 사유실험은 이런 고전물리학과 양자역학의 대표적인 정면충돌이라고 볼 수 있겠습니다. 사실 이 두 진영의 충돌에 앞서 양자역학 진영 내부에서도 자기들끼리 숱하게 싸웠습니다. 생각해 보세요. 이론부터가 '불확정성' 원리에 '특수' '상대성' 이론이니 얼마나 자기들끼리 할 말이 많았겠습니까? 양자역학은 일단 그 이름에서 알 수 있듯이 이 이름은 독일의 물리학자 막스 보른이 처음 언급했는데요, 독일어 'quanten mechanik'이 영어 'quantum mechanics'로 번역되고 우리나라에서는 일본의 표현을 그대로 한자어로 옮겨 '양자역학'이라고 읽게 됩니다. 독립된 양quantum=quantity으로 드문드문 존재하는 물질, 즉 전자나 소립자 같은 미시세계 물질에 외부의 힘mechanics이 개입될 때 일어나는 운동을 연구하는 학문입니다. 깊이 들어가면 더 복잡하고 불확정성이 뭔지 막 깨달을 것 같은 수준의 세계인데, 일단 표면적으로 생각해 봐도 이 작은 세계에서 F=ma의 질량이 뭐, 간에 기별이나 가겠어요? 당연히 소립자, 이 조그만 애들이 운동을 규칙적으로 할 수 있는지, 그걸 제대로 관찰이나 할 수 있는지 의심스럽겠죠?

실제로 아인슈타인은 초반에 양자역학의 이 불확정성과 확률적 해석을 신뢰하지 않았다고 해요. 천재에게 풀기 애매하고 모호한 뭔가가 있다? 확률로 존재하는 무엇인가가 확정되어 있지 않다? 자존심 문제죠. 그래서 절친인 닐스 보어불확정성 원리를 제기한 양자론자이자 오펜하이머의 지도 교수(까지는 아니었지만 그에게 깊은 깨달음을 준 스승)님이었던 분와 알버트 아인슈타인은 몇 차례 심오한 논쟁을 벌였는데요, 안 봐도 알 것 같습니다. 뭐라는지 도무지 모르겠는 엘프어를 주고받으며 미천한 호빗들은 알아듣기 어려운 주문으로 상대방의 자존심에 상처 주는 간달프와 사우론 같았겠죠. 물론 이들은 절친이었고, 실제 논쟁은 매우 신사적이고 차분하게 진행되었다고 합

빅희스토리

니다. 이 논쟁의 현장은 두 천재의 명언 제조 공장과도 같았습니다. 아인슈타인이 "이 양반아, 신이 왜 주사위 놀이 따위를 하겠나?"라고 점잖게 확률론을 까내리자 보어 역시 "아니, 당신이 뭔 상관? 그럴 시간에 그분이 왜 주사위 놀이를 하시는지 곰곰이 생각해 보라고." 하며 신사답게 응수했다고 하죠. 그래도 여전히 그들의 대화가 엘프어 같았겠다는 제 의견은 철회하지 않겠습니다. 어려운 물리학 용어를 써 가며 천재들끼리 영어로 치고받고 했을 거잖아요. 어쨌든 많은 논쟁 끝에 아인슈타인도 한 발짝 물러나서 사나이답게 인정할 건 인정하고 양자역학은 "우주의 모든 운동과 운명은 미시세계의 불확정성 가운데 아무리 작은 확률이라도 그것이 존재한다면, 조건에 따라 무한한 가능성으로 정해진다." 정도로, 어찌어찌 설명은 할 수 있을 것 같은데 왠지 이긴 사람은 없는 것 같은 찝찝한 어떤 지점에서 정립됩니다.

어쨌거나 그렇게 집안 싸움은 마무리되었고, 이제 고전물리학과의 한판이 남았죠. 고전물리학과 양자역학은 서로 다루는 세계가 달라 처음에는 어떤 벽을 사이에 둔 것처럼 섞이지 않는 각자의 영역을 존중했습니다. 몸에 그림 그린 아저씨들이 '깍두기는 일반인의 세계에 넘어오지 않는다.'는 철학을 갖고 있는 것처럼 서로 건드리지 말자는 식이었죠. 그런데 이 고요한 외면을 불가능하게 만든 사람이 바로 슈뢰딩거였습니다. 슈뢰딩거는 아인슈타인과 약간 포인트는 달랐지만, 역시나 양자역학의 확률론에 회의감을 갖고 있었습니다. 자신이 구상한 파동함수가 확률과 불확정성을 내포하고 있다는 막스 보른앞서 소개한 '양자역학'이라는 명칭을 처음 제시한 과학자의 말에 발끈했던 그는, 본인도 양자 이론 물리학자이면서 양자역학이 불완전하다는 것을 증명하기 위한 동족상잔적인 발상에서 고양이 사유실험을 제기하게 됩니다. 역시나 가재는 게 편이었던가요. 양자역학의 확률론과 불확정성에 전적으로 동의할 수 없었던 아인슈타인과 슈뢰딩거는 펜팔이 되어 편지로 서로를 응원합니다. 당대 최고의 천재 두 명이 서로를 추켜세워 줬으니, 이제 다음 단계는 함께 저 바깥 세상의 어리석은 양자역학자들에게 깨달음을 주는 것이었죠. 슈뢰딩거는 1935년 독일의 과학 발간지에 퀴즈를 하나 냅니다.

"자, 어리석은 중생들아. 잘 봐, 내가 쉬운 문제를 하나 줄게. 자, 여기 철제 박스가 하나 있어. 아쉽게도 고양이가 죽고 못 사는 종이 박스가 아니긴 하지만, 어쨌든 박스니까 그래도 고양이가 어떻게든 좋아하겠지. 그래서 고양이가 들어갔어. 그런데 그 박스 안에는 방사선 검출기가이거 계수관와 아주 미량의 방사성 원소, 그리고 시안화수소HCN. 맹독성 액체 혹은 기체 물질로서 소량으로도 호흡기와 신경계에 치명적인 손상을 주어 생물을 사망에 이르게 합니다.로 가득 찬 작은 유리병이 들어 있네? 나 슈뢰딩거가 고양이가 들어간 것을 확인하고 그 상태로 상자를 밀봉했지. 한 시간 뒤에 방사성 원소의 원자가 붕괴할 예정이야. 그런데 워낙 미량이라 붕괴할 확률이 반반이지. 즉, 50% 확률로 붕괴될 수도 있고 안 될 수도 있어. 어때, 너희가 말하는 확률론이 막 떠오르는 상황이지? 만약 원자가 붕괴하면 가이거 계수관이 이걸 감지해서 스위치가 작동할 거야. 그러면 연결된 병이 깨지면서 시안화수소가 새어 나올 거고. 한 시간이 지났어. 자, 이제 상자를 열기 전에 맞혀 봐. 고양이는 살았게? 죽었게? 너네 실험실에 큰 칠판이랑 사다리랑 분필 하나씩은 있지? 이제 체크무늬 남방 앞주머니에 걸어둔 안경을 꺼내 쓰고 빛나는 골덴 바지를 잡아맨 멜빵을 튕기면서 분필 잡고 사다리에 올라서 열심히 계산해 보라고. 행운을 빌어! 참, 담배 파이프는 안 물 텐가?"

퀴즈를 본 아인슈타인은 흡족해했다고 합니다. "역시 슈뢰딩거 내 영혼의 단짝! 고양이가 죽었으면 죽었고 살았으면 살았지, 자기네들이 뭐라고 할 거야? 잘했어, 내 친구!" 물론 퀴즈 원문이 저렇게 보는 사람이 "이씨! 나 멜빵 안 맸어! 그리고 골덴 바지가 얼마나 편한데!" 하며 분필 집어던질 만큼 짜증을 유발하는 문체도 아니었고 아인슈타인도 저런 식으로 편협하게 흡족해하진 않았겠지만, 일단 슈뢰딩거와 아인슈타인은 불확정성과 파동함수의 확률론에 일침을 가하고자 한 시도에 성공했다고 믿었죠. 하지만, 굳이 가려내자면 기나긴 토론 끝에 승자는? 양자역학의 불확정성과 확률론이었습니다. 즉, 퀴즈의 답 중 가장 설득력 있는 것은 고양이가 '죽었다.', 혹은 '살았다.'가 아니라 '죽었거나 혹은 살았거나 중첩된 확률로 존재한다.'였던 것이죠. 결국 소립자 단위의 미시세계에서는 고전물리학의 이론이 적용되지 않고 확률에 따라 결과가 중첩되어 존재한다는 설명이 가장 설득력 있었던 거예요.

여기에서 테그마크가 정리한 level 3의 다중우주가 파생됩니다. 즉, 확률에 따라 결과와 세상, 즉 우주는 다양한 경로로 중첩되어 존재할 수 있게 되는 것입니다. 물론, 본질적으로 〈백 투 더 퓨처〉의 브라운 박사님 말씀처럼 덩치 큰 우리의 선택이 다른 우주를 만들어 낼 수 있다는 것은 아니지만, 미시세계 영역 안에 있는 소립자 단위 물질의 존재가 파동이냐 입자냐, 얘네가 운동을 어느 방향으로 어떻게 하느냐, 혹은 관찰자의 수단이 어떻게 개입하느냐와 같은 문제들로 인해 우리 우주는 각기 다른 결과의 확률을 포함하며 여러 갈래로 중첩되어 존재하게 됩니다. 이런 개념으로 따라가 보면 level 3의 다중우주는 초 단위로 수없이 파생되어 존재하게 되니, 단순히 다중우주라는 표현이 초라할 만큼 엄청나게 다양한 세계가 되겠죠.

level 4

마지막 level 4의 우주는 끈 이론더 이상 쪼갤 수 없는 원자나 쿼크 같은 입자들 마저 더 미세한 끈의 집합체라는 개념에서 출발하는 물리 이론, M 이론, 브레인 이론과 같이 우리는 이름만 겨우 들어 봤거나 들어 보지 못했을 수도 있는 잡동사니 이론을 모아 놓은 것이라고 할 수 있는데, 이 이론들은 level 1~3의 다중우주에 명료하게 포함되어 있지 않다 뿐이지 사실은 잡동사니가 아닙니다. 이 이론들은 현 시점 천체물리학 분야에서 가장 활발히 연구되거나 복잡한 우주를 명확하게 꿰뚫고 있는 이론들이라고 합니다. 7차원이니 11차원이니 하는, 생각만 해도 멀미가 세게 오는 표현을 단순한 표현에서 그치는 게 아니라 세심하게 파고들어 계산하고 연구하는 학문이니 우리는 그냥 자기가 쓴 책 한두 권쯤은 우습게 펼쳐 들고 체크무늬 남방을 입고 멜빵을 튕기며 안경을 슥 고쳐 쓰곤 하는 곱슬머리 혹은 2 대 8 가르마의 그분들이 하는 얘기에 "우와, 짝짝짝!" 하고 박수만 쳐 주면 될 것 같아요. 물리학은 고지식하다, 그들은 권위의식에 찌들었다, 책을 쓴 사람들은 권위의식에 찌들었을 것이다, 그들의 성별은 남자이거나 패션은 한결같다, 그런 패션이 촌스럽다, 촌스러움은 물리학과 연결된다. 한 문장 안에 편견과 클리셰가 몇 개인지 모르겠는데 거듭 말씀드리지만, 웃기려는 의도밖에는 없습니다. 계속해서 이런 시도를 할 건데, 웃기지도 않기까지 하면 낭패입니다. 우주의 심오한 구조와 세계를 밝히는 것은 그들에게 맡기고 우리는 약간은 더 평범한 교양을 계속 쌓아 나갑시다.

우선 이번 장에서 기억해야 할 것은, 우리 우주가 얼마나 상상도 못 할 만큼 엄청난 과정의 결과로 생겨났고 얼마나 크고 얼마나 긴 세월을 지나 왔는지에 대한 경이뿐입니다. 아무런 생각이 없던 과거와 달리 과연 그 경이를 한낱 인간이 어떻게 온전히 느낄 수 있을까 하는 의심만이라도 생기셨다면, 우주와 세계의 본질에 대한 교양의 깊이는 한 치한 자(1척)의 10분의 1. 즉, 3.03cm라도 더 깊어졌다고 할 수 있겠습니다.

3.   지구

_____

지구는 달 때문에 상처를 받았고,
상처로부터 삶이 시작됐다.

• 태양계

　이제 우주 이야기는 끝이 났습니다. 거대하고 심오한 이 세계에 태어나 살고 있다는 사실 자체가 빅뱅의 확률만큼 기적적이라고 생각하지 않으세요? 어리석게도 우리는 모두 기적적으로 태어나 기적적으로 숨 쉬며 살고 있다는 사실을 잊은 채 더 큰 기적을 욕심 내곤 하지만 말이죠. 자, 그럼 이제 이야기의 무대를 무한대에서 확 좁혀서 지름 90억km의 상대적으로 아기 수준의 공간을 살펴볼까요? 태양계라고 불리는 이곳은 우리가 태어나 먹고 살고 죽는 순간까지 모든 것을 가능하게 해 주는 태양이라는 별과 그 주변을 빙글빙글 공전하는 8개의 행성이 옹기종기 모여 사는 우주 변두리의 아주 작은 공간이랍니다.

　앞 장에서 별의 개수를 셈해 보면서 우주의 크기가 상상하기만도 벅찰 정도로 크다는 것은 알게 되었죠? 이 무한한 공간 속 1,000만 개의 초은하단 중 하나인 라니아케아 초은하단이 초은하단에는 또 10만 개의 은하가 존재합니다. 안에 있는 처녀자리 초은하단 안에 있는 처녀자리 은하단 안에 있는 국부 은하군 안에 있는 우리 은하 안에 있는 오리온자리의 팔쯤에 조그맣게 위치한 것이 좁디좁은 태양계입니다. 5억 2천만 광년 너비의 라니아케아 초은하단 입장에서는 뭐, 90억km면 왔다 갔다 하는 동네인데, 이건 아기가 아니라 거의 배아 수준이죠. 그런데도 인류는 우주선 타고 바로 옆 동네 행성도 겨우 갈까 말까 한 수준이니, 아무리 과학이 발달해도 신이 있지 않고서야 이 모든 게 설명이 될까 싶으면서 또 한편으로는 이런 무지막지한 공간에 신이 있는 게 무슨 소용인가 싶기도 하고, 알면 알수록 유신론이나 무신론이나 내가 맞네 네가 틀렸네 하면서 싸우는 게 별 의미 없어 보이

　　　　　　　　　　　　　　　　　　　　　　　　빅희스토리

죠? 어쨌든, 이 광활한 우주에서 우리가 살아갈 수 있는 고마운 조건들을 아낌없이 주는 태양이 자리 잡고 있는 이 조그만 동네로 교양의 폭을 확 줄여 보자 이겁니다. 너무 크면 머리 아프잖아요. 자, 그럼 우선 우리가 잠시 빌려 발 딛고 살아가는 이곳, 지구에 대해 먼저 이야기해 볼까요?

지구, 45억 4천만 년 전

우주는 138억 살인데, 지구는 몇 살일까요? 네, 많은 사람들이 알고 있습니다. 지구의 탄생 시기는 약 45.4억 년 전. 지구는 46억 살쯤 된 거죠. 그런데 우주의 나이는 뭐 우주배경복사에 람다 어쩌고저쩌고 계산식을 갖고 사다리 타고 칠판 도배하던 물리학자들이 계산해서 알아냈다고 합시다. 그럼 지구나 태양, 달의 나이는 어떻게 알아낼 수 있었을까요? 우선 지구 나이를 어떻게 알아냈는지 살펴볼까요?

지구나 달 같은 행성의 나이를 측정할 때는 보다 실질적인 지표를 사용합니다. '람다 어쩌고'보다 훨씬 더 '손에 잡히는' 방법이니 걱정하지 마세요.

혹시 방사성 동위원소라는 말 들어 보셨나요? 세상의 모든 물질은 원소로 이루어져 있잖아요? 우리 몸도 마찬가지고요. 빌 브라이슨은 자신의 저서 《바디》에서 2013년 왕립화학협회가 제시한 아주 흥미롭고 비교적 정확도가 높은 계산 값을 인용해 우리 몸을 구성하는 원소의 종류와 양, 그리고 각 원소들의 시장가를 버무려 우리 몸을 만드는 데 얼마의 비용이 드는지 소개했습니다. 그에 따르면 우리 몸은 이것저것 다 합해서 약 59종의 원소로 구성되어 있는데요, 그중 산소O, 탄소C, 수소H, 질소N, 칼슘Ca, 인P의 6

가지 원소가 우리 몸의 99.1%를 이루고 있습니다. 그중 산소가 61%, 수소가 10%로, 서로 결합해 물의 형태로 우리 몸 70% 이상을 구성하고 있죠. 이건 어찌 보면 당연한 건데, 지구에 있는 물질의 구성 비율도 거의 이것과 일치하거든요. 지구의 구성 요소가 인체의 구성 요소와 비슷하다는 건 신기하기도 하고 당연하기도 한 사실이죠. 하지만 지구의 구성 요소는 우주 전체의 구성 요소와 꽤 차이를 보입니다. 그 이유는 나중에 설명해 드릴게요. 우선은 우리 몸에 집중해 보겠습니다.

24가지 필수 원소를 뺀 나머지 35가지 원소는 왜 우리 몸에 있는지 알 수 없거나 심지어 독성이 강하다는 특징을 빼면 내세울 게 아무것도 없는 카드뮴처럼 해로운 것도 있다고 해요. 왜 있는지 모르거나 해로운 것들까지 값을 매겨 총액을 산출해 보면 약 96,546파운드, 그러니까 지성이나 외모, 경력, 전공, 사회적 위치, 출신 배경 같은 상징적인 것을 모두 벗어 놓은 자연인으로서 우리 각자의 몸값은 1억 6천만 원 정도 되는 것이죠. 조금 억울하다면 당신의 자기애에 박수를 보냅니다.

우리 지구에도 원소가 많이 있습니다. 지금까지 자연에서 발견된 지구상의 천연 원소는 분류 방법에 따라 91~94종류이고, 핵융합이나 여러 합성 과정을 통해 20여 종류 이상의 인공 원소가 존재합니다. 원소까지 만들어 내고 생명도 창조하는 경지에 도달했으니, 인간이 스스로를 신이라고 착각할 만도 합니다. 그런데 이런 원소들 중에 약간 뭔가 다른 친구들이 있습니다. 왜, 사람들도 100명 모아 놓으면 그중에 한두 명씩 어떤 시각으로 보느냐에 따라 긍정적으로든 부정적으로든 뭔가 다른 이들이 있잖아요. 원소도 똑같습니다. 뭔가 다른 녀석들이 있는데, 이 친구들 자체가 좋은 것도 아니고 나쁜 것도 아니지만 어쨌든 뭔가 다릅니다. 예를 들어 수소 원자들은 모두 핵에 양성자 1개가 있고 약 99.985%에 해당하는 대부분은 중성자를 갖고 있지 않아 보통 질량수가 1입니다. 그런데 아주 드물게 핵에 중성자가 1개 있어 질량수가 2인 녀석들이 전체 수소의 0.015%를 차지하는데, 이 친구들을 우린 중수소라고 불러요. 그런데 얘네보다 더욱 드물게 중성자를 1개 더 갖고 있는 친구들이 0.001% 미만의 비율로 자연계에 존재해요. 질량수가 3인 이 녀석들은 삼중수소라고 불리는데, 0.001% 미만이라는 건 뭐 그냥 없다고 봐도 무방할 만큼 미미하게 존재한다는 겁니다. 일부러 만들어 내지만 않는다면 말이죠.

그런데 우리 모두 알다시피 인류의 자기파괴적인 본능은 1만 년이 넘도록 멈추지 않고 진행 중에 있습니다. 제임스 카메론 감독님도 그걸 아니까 괜히 스카이넷 만들어서 지구를 무대로 핵전쟁을 보여 주고 2029년에 존 코너를 통해 1984년으로 아버지를 보내고 2029년에 수호자를 1995년으로 한 번 더 보내고, 난리가 나지 않았겠어요? 혹시 영화 〈터미네이터〉 시리즈를 보지 않으셨다면 이 부분은 머리에서 지우셔도 좋지만, 인류의 파괴본능과 생존본능이 양립하는 상황에서 인류가 머지않은 미래에 맞이할 절망적인 운명을 극복하고자 하는 서사시를, 40년 전임을 감안하고 보더라도, 제법 소름 끼치는 특수효과와 컴퓨터 그래픽으로 그려낸 제임스 카메론 감독의 역작이라는 이야기는 꼭 하고 싶습니다! 인류는 유용한 자원을 만들어내는 대신 부차적으로 발생하는 위험 요소를 통제하기 위해 발버둥 치곤 합니다. 이런 상황이 얼마나 빈번하게 일어나는지 'benefit-risk ratio'라는 용어도 이미 존재하죠. 물론 인류의 생존을 위해 유익한 자원 활용은 언제든 허용할 수 있겠지만, 보다 풍요롭거나 사치스러운 일부의 삶을 위해 만에 하나 있을, 인류 전체에게 돌이킬 수 없는 심각한 수준의 위험 요소를 통제하겠다는 자신감은 가능하면 자제하는 게 낫지 않을까 생각합니다.

뭐, 맞는 말인 것 같기도 하고 애매한데 왜 이 이야기를 갑자기 꺼내는지 궁금하실 겁니다. 그건 바로 조금 앞서 이야기한, 자연 상태에서는 있는지도 의심스러울 만큼 소량 존재하는 삼중수소 같은 녀석들 중 대부분이 바로 우리 인류가 만들어 낸 인공원소이기 때문입니다.

인공원소는 자연 상태에서 존재하는 원소가 아니라 인위적인 합성을 통해 만들어진 원소를 말하는데요, 테크네튬, 프로메튬, 프랑슘 등이 대표적이고, 우리가 많이 들어본 플루토늄 같은 원소가 여기에 해당합니다. 삼중수소는 이런 원소들처럼 주기율표에 속하지는 않아요. 수소의 동위원소이기 때문이죠. 엄밀히 말해 주기율표에 속하는 인공원소는 아니지만 자연 상태에서 극미량 존재하는 삼중수소는 주로 인공적인 핵융합을 통해 만들어집니다. 중수소 2개를 핵융합 시키면 삼중수소와 양성자가 발생하는데, 이를 이용해서 헬륨가스나 헬륨 3 같은 친환경 에너지를 얻을 수 있다고 해요. 문제는 삼중수소가 만들어 내는 에너지의 베타 입자가 섭취하거나 흡입하게 되면 위험하다는 데 있습니다.

이 삼중수소 문제는 최근 후쿠시마 원전 사고 이후 일본이 그 오염처리수를 해양에 방류하면서 불거졌죠. 이론상 다핵종제거설비약자로는 ALPS, 알프스네요. 알프스 청정수를 떠오르게 하려는 의도가 있는 것인가 하는 의구심은 제 개인적인 차원에서 저에게만 제기하겠습니다.를 통해 정화 처리하면 세슘을 포함한 60여 종의 방사성 물질을 제거할 수 있다고 하는데, 문제는 그럼에도 삼중수소와 탄소 14 등의 핵종이 제거되지 않는다는 것입니다. 일본은 IAEA국제원자력기구에 보고하고 검증을 받아 2023년 8월부터 이 처리수를 방류하기 시작했는데, 당시까지 발생해 보관된 오염처리수가 137만 톤에 이른다고 하죠. 솔직히 무시하기에는 양이 너무 많은 것 같지 않나요? 삼중수소는 기준치 미만으로 희석해 방류한다고 하는데, 과학계와 정계는 이것이 인체에 무해한지 유해한지를 두고 첨예하게 대립하고 있습니다. 일단 이 삼중수소가 그 양에 따라 유해한지 무해한지, 또는 삼중수소를 합성하는 것을 두고 이를 이용한 인류의 윤택한 삶과 후쿠시마 원전 사고 같은 재앙이 발생했을 때의 폐해그것이 폐해라는 결론이 난다면를 저울질할 만한 가치가 있는지는 앞으로 과학계가 밝혀내고 정계가 합의에 이른 후 우리 각자가 균형 잡힌 시각으로 판단하면 될 것 같습니다.

지구의 나이와 방사성 동위원소 이야기를 하다가 진지한 주제로 잠깐 다녀왔습니다. 다시 정신 차리고 진도를 나가 볼게요. 수소가 중수소와 삼중수소를 동위원소로 갖고 있는 것처럼, 지구에 있는 많은 원소들이 자신과 닮은 동위원소를 갖고 있습니다. 예를 들어 질소는 15종의 동위원소그 중 질소 14와 15가 자연계에 존재를 갖고 있고, 우라늄은 25종의 동위원소234, 235, 238이 자연계에 존재를 갖고 있습니다. 원소 주기율표에 있는 원소들이 갖고 있는 동위원소는 모두 합쳐서 약 3,600종 정도 된다고 해요. 이 동위원소들 중에 방사성을 나타내는 녀석들이 있는데, 이것들을 우리는 방사성 동위원소라고 부릅니다. 대표적으로 우라늄 238, 토륨 232, 루비듐 87, 칼륨 40, 탄소 14가 있죠. 지금 말씀드린 이 친구들이 바로 지구와 생명의 나이를 밝히는 열쇠가 됩니다.

자연 상태에 존재하는 방사성 동위원소의 원자핵은 불안정하기 때문에 둘 이상의 구조로 분리되기 쉬워요. 지질학이나 화학의 관점에서는 이런 분리를 '붕괴'라고 부르며, 그중 알파α, 베타β, 감마γ 복사 활동을 동반하는 붕괴를 '방사성 붕괴'라고 부릅니다. 복사 활동은 어렵기도 하고 별로 중요하지 않으니 잊어버립시다. 우리에게 중요한 것은 방사성 붕괴 그 자체입니다. 이렇게 붕괴하는 방사성 원소들은 반감기를 갖는데요, 반감기란 쉽게 말해 그 물질이 반만 남는 데 걸리는 시간이라고 생각하면 됩니다. 방사성 원소는 반감기를 거쳐 붕괴하면서 다른 원소로 변하게 되는데, 이때 반감기를 통해 반만 남게 되는 원래 원소를 어미원소母元素, 그리고 붕괴되어 새롭게 만들어지는 원소를 딸원소라고 합니다. 우리가 잘 알고 있는 우라늄 238로 예를 들어 보겠습니다. 우라늄 238은 반감기가 45억 년입니다. 우라늄 238 1g이 0.5g만 남게 되는 데 걸리는 세월이 45억 년이라는 말이죠. 세상에, 45억 년이라니! 그런데 이 정도로는 놀라기 민망합니다. 앞서 소개한 방사성 동위원소 중 루비듐 87은 반감기가 470억 년이거든요.

어쨌든, 우라늄의 반감기가 45억 년이라는 말은 45억 년이 지나면 우라늄 238 1g 중 0.5g이 남고 나머지 0.5g은 딸원소인 납 206이 된다는 말입니다. 즉, 생겨난 지 45억 년이 된 우라늄 238은 우라늄 238과 납 206을 1:1로 갖고 있는 것이죠. 만약에 어떤 지질학자가 우라늄 238이 포함된 질량 1kg의 암석 하나를 발견했는데 그 암석의 구성 원소를 측정해 보니 우라늄 238이 500g, 납 206이 500g이었다고 하면, 그 암석의 나이는 45억 살이겠죠.

문제를 하나 더 내 보겠습니다. 이 지질학자가 암석을 주웠는데 그 암석이 우라늄 238 250g, 납 206 750g으로 구성되어 있다면 이 암석의 나이는 몇 살일까요? 답은 90억 살이겠죠. 원래 우라늄 1kg이던 것이 반감기를 한 번 거쳐 우라늄 500g과 납 500g이 되었고, 또 반감기를 한 번 더 거쳐 우라늄이 그 반인 250g이 되고 나머지가 납으로 변해 총 750g이니까요.

이렇게 어미원소와 딸원소의 비율을 계산해 보면 반감기를 통해 쉽게 동

빅희스토리

위원소의 나이를 알 수 있죠. 이런 측정법을 방사능 연대 측정이라고 합니다. 상대적으로 반감기가 긴 방사성 원소인 우라늄 238 45억 년, 딸원소는 납 206, 토륨 232 140억 년, 딸원소는 납 208, 루비듐 87 470억 년, 딸원소는 스트론튬 87 등은 행성이나 지질의 나이를 측정하는 데 유용합니다. 우리 지구의 나이도 바로 이 방법을 통해 알아낼 수 있었어요! 과학적으로 돌을 주워 가며 명확하게 밝혀낸 덕에 지구는 케이크에 45억 4천만 개의 초를 꽂을 수 있게 된 거죠.

지구야, 축하해! 촛불을 한번에 불어서 끄면 소원이 이루어진대. 무슨 소원을 빌고 싶니? 내년부터 촛불 불지 않게 해 달라든가 그런 거 있잖아.

태양, 46억 년 전

이제 우리는 지구나 화성이나 달의 나이를 이렇게 알게 되었습니다. 마리 퀴리 여사님, 감사해요! 마리 퀴리 부부가 우라늄으로부터 라듐을 분리함으로써 뢴트켄이 발견한 x선과 베크렐이 발견한 우라늄의 방사능을 함께 활용해 방사능 연대 측정이 가능해졌거든요. 방사능에 대한 지식이 미미하던 때 라듐을 냉면집 바구니에서 집어온 사탕처럼 가운 주머니에 대충 넣고 다니며 연구했던 마리 퀴리는 생각보다는 오래 버텼지만 결국 방사선 피폭으로 인한 악성 빈혈과 건강 악화로 66세에 사망합니다. 그녀가 사망한 1934년 당시 인류의 평균 수명을 보면, 네, 40세 정도. 음, 뭐죠? 방사능으로 수명 연장? 미스테리가 하나 더 늘었네요.

자, 그럼 태양처럼 온도가 엄청나게 높은 태양의 표면 온도는 5,778K, 약 5,800℃ 항성의 나이는 어떻게 알아냈을까요? 태양에서 들끓고 있는 물질을 채취할 만큼 녹는점이 높은 도구도 없고, 일단 태양에 착륙해도 녹지 않고 견딜 수 있는 우주선이나 방열복도 없을 텐데요. 아니, 애초에 그 정도 도구를 만들 기술이 이미 있었다면 뭣하러 태양까지 가겠어요. 그쯤 됐으면 지구에 가만히 앉아서도 태양 나이를 직접 측정할 만한 무엇인가를 만들고도 남았을 텐데. 아쉽게도 우리 인류에게는 아직 그만한 기술이 없지만, 대신 이런 부족한 현실을 대체할 만한 지성이 있습니다. 특히 그 지성을 우주에 집중시켰던 과학자들은 태양의 나이를 측정할 수 있는 여러 가지 방법을 찾아냈죠. 수많은 방법 중 세 가지 정도가 가장 일반적으로 활용되는데요. 하나씩 이야기해 볼까요?

우선 태양과 같은 항성들은 시기에 따라 고유의 화학 조성을 이루고 있습니다. 태양 역시 내부의 핵융합 활동으로 인해 현재는 주로 수소와 헬륨이 99% 정도를 이루고, 그 외 탄소나 질소, 산소나 네온, 철 등의 중원소무거운 원소가 1% 미만 존재하죠. 중요한 점은 이런 원소들의 종류와 비율이 항성의 수명에 따라 변한다는 것입니다. 정확한 계산은 과학자들에게 맡기고 우리는 우주의 역사 속에서 그 원리만 잠깐 배워 볼까요?

빅뱅 이후 우주가 팽창하면서 몇 분 만에 원시의 입자들이 우주 전체로 흩뿌려졌습니다. 그런데 하나님이든 아니면 이 입자들을 퍼뜨린 에너지든 여러분이 마음속에서 둘 중 무엇을 선택하든 그 존재는 이 입자들을 모든 공간에 균일하게 흩뿌리기에는 계산 능력이나 실행 능력이 아주 조금 부족했나 봅니다. 이렇게 아주 약간의 오차로 바로 옆 동네보다 조금 더 많은 입자가 모여 살게 된 동네에서 역사는 시작되었습니다. 바로 중력이라고 하는 힘이, 단지 조금 더 옹기종기 모였을 뿐인 입자들의 동네에 필연적으로 개입해 그들의 운명을 결정 짓게 되었죠. 입자들이 사람이었다면 미국이나 호주보다 방글라데시가 더 강력한 태양 후보가 됐을 거예요.

입자들은 보통 그 작은 미시세계에서 나름대로 거리두기를 하며 서로 밀어내는 힘을 갖고 있는데, 얘네들이 옹기종기 모이게 되어 거리가 좁아지면, 어느 순간 밀어내는 힘보다 서로 잡아당기는 힘이 더 커지게 됩니다. 중력이 더 크게 작용하게 되는 거죠. 그렇게 만난 입자들은 핵융합을 일으킵니다. 쉽게 생각해 보세요. 약간 은유가 섞인 표현일 수도 있겠지만, 입자들은 모두 핵을 가지고 있고 이 핵은 모두 에너지를 가지고 있습니다. 에너지가 중력에 의해 계속 모이고 뭉치게 되면 당연히 온도도 높아지고 압력도 높아지겠죠? 이렇게 계속 온도와 압력이 높아지다가 이 핵들이 융합 반응을 일으킬 만큼 충분히 임계점을 넘는 순간 별이 탄생하게 되는 겁니다. 고요히 퍼진 입자의 구름 속에서 아주 약간의 오차만으로 이 드넓은 우주의 모든 공간을 밝히는 수많은 별들이 '탄생할 운명'으로 선택된 순간은 100억 년이 넘는 우주 역사에서 사진을 찍듯 순식간인 딱 그 '흩뿌려진' 순간뿐입니다.

이렇게 만들어진 별은 수백 년에서 몇십억 년, 심지어 100억 년이 넘도록 핵융합을 반복하며 빛을 내고 빛을 잃고 커졌다 작아졌다 하다가 어떤 것은 너무 커지기도 하고적색거성 결국 펑 터지고초신성폭발, 그렇게 터지면서 믿을 수 없을 만큼 단단하고 무거운 알맹이백색왜성만 남기기도 하며 저마다의 생을 마감합니다중성자별. 그런데 별들은 그 종류에 따라, 또 정해진 기간마다 하는 활동이 비슷하고 만들어 내는 원소도 비슷합니다.

별의 크기와 질량에 따라 기간은 다르지만, 보통 별은 처음에 수소를 융합하여 헬륨을 만들어 내고, 그 헬륨이 융합해 탄소와 산소가 생성됩니다.

이렇게 만들어진 탄소 원자핵으로부터 또 나트륨과 네온이 생성되고, 그 후에 마그네슘, 황, 실리콘, 그리고 철이 만들어집니다. 이때까지는 별이 몸집을 계속 키웁니다. 몇억 년 동안 성장한다니, 키가 별로 크지 않은 저로서는 부럽기 그지없는 녀석들이에요. 하지만 철이 만들어지면서 별은 별안간 성장을 멈추게 됩니다. 앞서 이야기했듯이, 원소들은 중력에 의해 뭉치면서 핵융합을 하는데, 이 핵융합을 통해 발생하는 에너지는 중력보다 크게 작용해 에너지를 외부로 방출합니다. 그 에너지의 화살표가 외부로 향해 있는 동안에 별은 계속해서 팽창하고 또 에너지를 빛의 형태로 분출하며 반짝반짝 빛나죠. 하지만 철이 만들어지고 나면 상황은 다르게 흘러갑니다.

철은 양성자 26개와 중성자 30개가 뭉쳐 있는 원소인데요. 문제는 이 비율이 지나치게 황금비율이라는 것이죠. 나르시시스트인 철은 자신의 완벽한 상태에 만족해 더 이상 변하기를 거부합니다. 더 이상 핵융합을 일으키지 않는 것이죠. 원자핵이 있으니 중력은 계속해서 별의 원소들을 뭉치려고 하는데, 원소들은 더 이상 핵융합 에너지를 내지 않게 됩니다. 그럼 별은? 이제 에너지의 화살표가 자체 중력의 방향인 반대편으로 돌아서서 수축을 시작합니다. 강력한 중력을 이겨 낼 에너지를 생성하는 것을 포기했으니 안으로 붕괴, 즉 짜부라지게 되는 거죠. 이제 별 안에 있는 원소의 밀도가 더 높아졌습니다. 그럼 온도는? 높아집니다. 높아진 온도가 의미하는 것은? 그건 바로 엄청난 에너지. 압축되는 원소들의 부딪히는 충격파가 바깥쪽으로 튀면서 반작용으로 별의 중심핵은 더 압축돼요. 마치 몸무게가 많이 나가는 친구가 점심시간에 급식 대신 짜장면을 먹으려는 포부를 품고 담을 넘기 위해 힘없는 두 친구를 포개어 엎드리게 한 후 있는 힘껏 두 친구의 등을 밟고 도움닫기를 하는 순간 불쌍한 두 친구가 무너지며 더욱 납작하게 포개어지는 것과 같은 상황이죠. 온도와 압력이 더 높아지면서 별의 중심부가 압축될 대로 압축되면, 그때부터 이 별은 철보다 무거운 원소를 만들어 냅니다. 간혹 철보다 무거운 원소는 수명을 다한 중성자별들이 충돌하면서 만들어지기도 합니다. 우리 몸을 구성하는 원소들은 모두 이렇게 어떤 별의 내부에서 만들어졌고, 그 별들이 폭발하거나 충돌해 우주에 흩뿌려지면서 시작한 여정의 끝에 우리에게 도착한 거죠. 문학적 표현이 아니라 실제로, 당신 옆에 있는 그 사람은 '별에서 온 그대'입니다.

앞서 별들은 빅뱅 이후 흩뿌려진 입자들이 뭉치면서 만들어졌다고 했죠? 비슷한 과정으로 별이 만들어졌다면, 태양을 비롯한 별들 모두 나이가 비슷해야 하지 않을까요? 하지만 우주의 별들은 모두 나이가 다릅니다. 게다가 우리 우주의 나이는 138억 년인데, 그걸 감안하면 46억 살인 태양의 나이가 너무 어리게 느껴집니다. 별들의 나이가 저마다 다르고 태양이 젊은 이유는 할머니 별, 아버지 별, 아이 별이 다른 이유로 다른 시대에 만들어졌기 때문입니다. 할머니 세대 별은 앞서 이야기한 양자요동과 인플레이션의 결과로 빅뱅 이후 빠르게는 약 1억 년 만에 탄생한 별들로 '1세대 별'이라고 부릅니다.

대개의 경우 태초의 것, 원시의 것은 늘 덩치가 큽니다. 1세대 별은 대부분 질량이 태양의 수백 배에서 수천 배에 달했는데, 크기가 크면 에너지도 엄청났겠죠? 일반적으로 높은 체급은 더 큰 에너지를 의미하잖아요? 즉, 물리적으로 더 세다는 겁니다. 아무리 파퀴아오나 메이웨더가 기술이 뛰어나고 빠르다고 해도 타이슨과 싸우는 건 불가능하죠. 판토자UFC 플라이급 챔피언가 존 존스UFC 헤비급 챔피언를 향해 날아오를 수는 있어도, 착지는 마음대로 할 수 없을 겁니다. F=ma. 간단하지만 거의 변하지 않는 진리죠. 1 세대 별들은 슈퍼 헤비급으로 엄청나게 무거워서 대개는 무지막지한 에너지를 뿜어내며 타오르다가 짧고 굵게 생을 마감했습니다. 그중에 가장 무거운 별들은 자체 중력이 너무 센 나머지 빛까지 빨아들이는 블랙홀이 됐습니다. 상대적으로 덜 무거운 별들은 초신성 폭발로 최후를 맞으면서 갖고 있던 무거운 원소들을 멀리 흩뿌렸는데, 바로 이 원소들이 초신성 폭발의 충격파로 밀도가 변화된 지역에서 뭉쳐서 2세대 별로 재탄생하게 됐죠. 이런 과정이 반복되면 3세대 아이 별도 생겨나겠죠? 태양이 바로 3세대 별이랍니다.

　과학자들은 태양에서 나오는 에너지 형태 중 빛을 분광기라는 장비를 이용해 스펙트럼에 나타나는 흡수선과 그 선의 명암도를 관찰하는 방법으로 태양의 구성 성분과 그 성분들의 비율을 측정함으로써 태양이 3세대 별이라는 것과, 또 태양의 나이가 약 46억 년이라는 것을 알아냈습니다. 유레카! 태양아, 너도 축하해. 초를…… 꽂기 전에 다 타겠구나. 그럼 소원도…… 못 빌겠구나. 그 점은 애석하지만, 어쨌든 너는 초 46억 개 안 불어도 되잖아. 축하해!

　태양과 같은 항성의 나이를 알아내는 방법은 이 외에도 대표적으로 두 가지 정도가 더 있는데, 그중 하나는 별이 진화 과정에 따라 방출하는 에너지량에 차이가 있다는 점에 착안해 태양의 에너지 방출량을 측정하는 것이고, 다른 하나는 별의 진화모델을 사용해 비슷한 과정에 있는 별을 동일 나이대로 추정하는 것입니다. 특히 이 마지막 진화모델은 천체물리학 역사가 각자의 영역에 흩어져 축적되어 오던 지식들을 끌어 모아 만든, 그야말로 집단지성의 올바른 예시라고 볼 수 있습니다.

아주 먼 옛날부터 우리 조상들은 하늘을 올려다보며 별을 마주했습니다. 그 행위는 직립보행을 자유롭게 할 수 있는 호모 에렉투스 시절에 더 수월했을 것이고, 오랜 시간이 흐른 뒤 마침내 메소포타미아와 이집트, 인더스, 그리고 황하 문명 단계에 접어들며 이 행위는 점성술로 발전했습니다. 특히 바빌로니아인들은 TV도 스마트폰도, 심지어 책도 쉽게 볼 수 없던 그 시절에 무엇이든 말하고 싶어 근질근질하던 입으로 눈앞에 펼쳐진 무언가 신비로운 현상에 대해 이야기하고 싶어 했죠. 그들에게 밤하늘을 가득 메운 반짝반짝한 별을 보는 것은 엄청난 오락거리였을 겁니다. 그들은 별이 보이는 구도대로 별자리의 이름을 짓고 12궁도를 만들고실제로는 14궁도로 구성되게끔 별들의 집단이 분포되어 있지만, 바빌로니아인들이 6진법을 벗어나는 것을 싫어해 6의 배수인 12궁도로 정립했다는 설도 있습니다. 하지만 제가 지향하는 교양은 검증된 사실만을 토대로 하기 때문에 이 이야기는 재미로만 생각해 봅시다., 그 별을 통해 신화와 점술까지 만들어 냈죠. 바빌로니아인들은 별을 절대적인 길잡이로 생각했습니다. 밤하늘의 별은 그들이 믿고 싶어 한 신화와 점술뿐 아니라 실제 그들의 삶에 절대적인 도움을 주는 계절, 방향, 기후, 환경을 예측하거나 기준을 잡을 수 있게 해 줬기 때문이죠. 오죽하면 '재앙'을 의미하는 영어 단어 'disaster'가 '밤하늘에 별이 없다.'는 말에서 비롯됐을까요?바빌로니아어로 'dis'는 '없다'를, 'astro'는 '별'을 뜻합니다.

이렇게 별을 보는 관점이 점성술이라는 학문으로 계속 정립되어 오다가 과학이 발전하고 인간 사고의 패러다임이 전환하며 천문학과 공존하는 과도기를 겪은 후, 근대에 이르러 완전한 천체물리학의 시대가 문을 열게 됩니다. 그 역사에는 노스트라다무스, 에라토스테네스, 프톨레마이오스, 케플러, 뉴튼, 갈릴레이, 아인슈타인, 허블 등 무수히 많은 지성들이 개입했죠. 그중 덴마크 물리학자 헤르츠스프룽과 미국의 물리학자 러셀은 천체물리학의 여러 역사에서 별의 진화모델에 대한 집단지성에 마침표를 찍은 인물이라고 할 수 있습니다.

이 둘은 비슷한 시기에 각자 같은 생각을 했습니다. 천문학적 관측기구가 발전된 이래 100년이 넘게 세계 전역에서 수많은 과학자들은 자신들이 관찰한 별에 대해 각자의 기록을 구축했는데 헤르츠스프룽은 1911년, 러셀은 1913년이라는 비슷한 시기에 약속이라도 한 것처럼 이렇게 산개해 있던 100년간의 집단 지식을 한데 모아 도표로 완성해 보자는 생각을 한 것이죠. 집단지성은 데이터가 방대할수록 견고하게 형성됩니다. 헤르츠스프룽-러셀 다이어그램은 100여 년간 축적된 별에 대한 방대한 데이터를 집단지성으로 완성시키며 탄생했습니다.

쉽게 말하면 이 그림은 별의 색깔과 크기, 빛의 세기와 온도에 따라 별들을 죽 분포해 놓은 그림입니다. 그래프의 왼쪽 위에는 상대적으로 뜨겁고 밝은 별이, 오른쪽 아래에는 상대적으로 차고 어두운 별이 위치합니다. 주로 별들은 종류와 주기에 따라서 이 방향에 맞춰 줄을 서 있는데, 이렇게 우하향의 분포선 안에 위치하는 대부분의 별을 주계열성이라고 하죠. 그런데 앞서 말했듯이 별들은 생애 주기에 따라 핵융합 활동을 하기도 하고 멈추기도 하면서 뜨거워졌다가 식기도 하고 커졌다가 작아지기도 하고 색깔이나 빛의 세기가 변하기도 합니다. 그 특성에 따라 주계열성의 범위를 벗어나 분포하기도 하죠. 그래프의 오른쪽 맨 위에 있는 상대적으로 차갑고 4,000℃ 크고 붉은 적생거성이나 왼쪽 맨 아래에 있는 뜨겁고 30,000℃ 작고 하얀 백색왜성, 그리고 초거성 같은 별들이 정도를 벗어난 예가 되겠습니다.

수 세기에 걸친 과학자들의 업적과 지식이 모인 결과, 별들은 지구의 작지만 지성을 가진 존재들에게 수학적으로는 가늠도 되지 않는 자신들의 나이를 알려 줄 수 있게 되었습니다. 태양도 적당히 뜨겁고6,000℃ 적당히 크고 적당히 노란 빛을 내는 청년기에 주계열성의 정중앙에 자리를 잡으면서 우리에게 "나 46억 살!"이라고 선언할 수 있게 되었죠. 비슷한 시대에 살며 비슷한 생각을 할 수 있지만, 그것을 표현하고 토론하고 검증하면 그것은 동시대의 지성이 되고 역사를 거쳐 집단지성이 됩니다. 헤르츠스프룽과 러셀의 실행으로 알차게 모인 집단의 지성이 손에 닿지 않는 신적인 존재의 나이도 알려 줄 수 있게 되었다는 것을 기억합시다!

태양계 가족들

자, 이제 우리는 우주와 태양, 지구가 언제 어떻게 태어났는지 알게 되었습니다. 이번엔 태양계 안에 모여 사는 행성과 위성들에 대해서도 잠깐 알아볼까요? 수성, 금성, 지구, 화성, 목성, 토성, 천왕성, 해왕성과 같은 우리 태양계의 행성 역시 태양처럼 입자들의 밀도 차이와 중력으로 생겨났습니다. 그런데 여러분, 혹시 왜 수성, 금성, 지구, 화성처럼 태양과 가까운 행성은 작고 목성, 토성, 천왕성, 해왕성처럼 태양에서 멀리 떨어진 행성은 큰지 생각해 본 적 있으신가요? 이상하리만큼 딱 나눠서 반은 작고 반은 크잖아요. 무슨 이유가 있는 게 분명해 보입니다.

그 이유를 알기 위해서는 이 행성들이 어떤 과정으로 생겨났는지 살펴봐야 합니다. 태양에 가까운 행성들이 태양이 뜨겁고 겁나서 기를 못 펴고 쪼그라들어 있고, 멀리 있는 행성들은 가까운 친구들이 방패막이 해 주니까

기 좀 펴고 몸집 키운 건 아닐 거잖아요. 뭐, 그들만의 리그에서 크고 작아 봤자 다 합쳐도 크기나 질량이나 태양의 100분의 1도 안 되지만 말이죠.

앞서 빅뱅 이후 1세대 별이 탄생하고 그들이 죽으면서 2세대 별을 탄생 시키고, 또 3세대 별이 생겨났다고 했죠? 태양이 3세대 별인 것도 알았고 요. 태양이 생겨나고 핵융합을 하며 뜨거운 열기와 에너지를 바깥으로 뿜 어냈습니다. 이런 에너지의 폭발적인 흐름은 플라즈마의 형태로 바람처럼 주변의 입자들을 밀어냈습니다. 태양풍이라고 불리는 이 에너지로 태양이 자기 앞에 있는 물질들을 후 불어서 날려 버린 거죠. 이때 원소들 중에 질 량이 무거운 녀석들은 그리 멀리 날아가지 못했고, 상대적으로 가벼운 녀 석들은 멀리멀리 날아가게 되었습니다. 책상 위에 같은 크기의 별사탕과 종이를 섞어 놓고 입으로 후 불면 별사탕은 몇 바퀴 구르다가 멈춰 서고 종 이는 더 멀리 날아가 책상 아래로 떨어지겠죠? 이와 같은 원리입니다. 우 주 공간은 중력이 거의 작용하지 않기 때문에 물질들이 훨씬 더 멀리 날아 가죠. 그렇게 날아간 입자들은 밀도 차이가 생긴 각각의 영역에서 중력으 로 소용돌이치며 뭉쳐 행성이 되었습니다. 상대적으로 태양과 가까운 곳 에서 생겨난 수성, 금성, 지구, 화성은 그렇게 무거운 원소들을 주로 포함 하며 암석으로 이루어진 행성이 되었죠. 이런 행성들을 지구형 행성, 또는 암석형 행성이라고 부르는데, 이 친구들은 무거운 입자들이 중력으로 똘 똘 뭉쳐 있어서 크기가 작고 밀도가 높은 특징을 갖고 있습니다. 상대적으 로 태양으로부터 먼 곳에서 가벼운 원소들을 주로 포함하며 생겨난 목성, 토성, 천왕성, 해왕성은 목성형 행성이라고 하는데, 이 친구들은 수소와 헬 륨 같은 가벼운 기체들 위주로 이루어져 있어 잘 뭉치지 않고 대기 조성이 희박하게 퍼져 있기 때문에 크기가 크고 밀도가 낮은 특징을 갖고 있어서 가스형 행성이라고도 불립니다.

　태양계 가족 구성원이 어떻게 생겨났고 왜 크기와 구성에 차이를 보이는지 아시겠죠? 그리고 앞서 지구의 구성 성분 비율이 우주의 그것과 조금 다르다고 한 것을 기억하시나요? 우주는 수소 약 74%, 헬륨 약 24%로 구성되어 있고 나머지 물질이 2% 정도인 반면, 지구는 암석형 행성이기 때문에 산소, 철, 규소, 마그네슘 등 상대적으로 무거운 원소의 비율이 훨씬 높답니다. 우리 인체에도 산소와 수소가 수분의 형태로 70% 비율로 존재하는데, 그중 산소의 비율이 60%를 차지한답니다. 특이한 점은 생명체의 구성 성분 중 산소 다음으로 많은 비율을 차지하는 것이 탄소인데, 이를 이용해 탄소의 동위원소를 통한 방사능 연대측정으로 생명체의 화석 연대를 효과적으로 계산할 수 있죠.

　생물은 살아 있을 때 광합성과 호흡을 통해 대기 중의 탄소를 교환하기 때문에 이때 우리 몸 속에 있는 탄소의 비율은 대기 중의 탄소의 비율과 정확하게 일치합니다. 그런데 생물이 죽은 후에는 탄소 교환이 멈추기 때문에 이때부터 탄소는 사체 안에 보존되면서 방사성 붕괴를 시작합니다. 이쯤에서 잠깐 퀴즈! 탄소는 유기체에 존재해서 생물의 연대 측정에 유용하다고 했는데요, 탄소의 반감기는 얼마나 될까요? 정답은 약 5,500~5,700년 정도입니다. 탄소 14는 약 반만 년의 반감기를 갖는 거죠. 만약에 단군 할아버지가 고조선을 건국하실 때 기력 보충을 위해 생고기 다짐육물론 반만 년 전이면 인류는 지구 어떤 곳에서든 유행처럼 화식을 하던 때였지만, 단군 할아버지 취향을 그 누가 정할 수 있단 말입니까?을 드시다가 땅에 떨어뜨리셨는데 이게 땅속에 묻혀 썩지 않고 보존이 잘되었다고 가정했을 때, 올해 어떤 과학자가 그 고깃덩이의 흔적을 발견해 여기 포함된 탄소 표본을 측정한다면 이 다짐육 화석의 탄소 14는 오늘 만든 다짐육의 탄소 14의 절반 정도 양이 되겠죠? 탄소의 반감기를 고려할 때, 열 번의 반감기를 거치고 나면 탄소 시료가 1,024분의 1, 즉 0.1% 정도 밖에 남지 않아 그 이상의 연대에 대한 측정은 어렵다고 합니다. 하지만 이 정도로 측정할 수 있는 연대는 58,000년 정도이기 때문에 우리 인류의 존재 양상을 알아내는 데 탄소 14는 충분히 훌륭한 표본이 되어 준답니다.

달, 45억 년 전

자, 다시 지구의 탄생 시점으로 돌아와 이야기를 계속해 볼까요? 이렇게 지구는 무거운 원소들을 끌어 모아 탄생했습니다. 지구 역시 태어났을 당시에는 태양 같은 별만큼은 아니지만 중력으로 뭉친 입자들이 용해된 형태로 뜨거운 열기를 뿜어냈죠. 중력으로 소용돌이치면서 주변 물질들을 끌어당기자 이들끼리 서로 부딪히며 몸집을 키웠고, 그러는 동안 주변에서 날아와 충돌해 오는 소행성들과 반감기가 짧은 원소들의 붕괴도 초기 지구를 들들 볶으며 못살게 굴었겠죠? 그렇게 지구를 향해 돌진하던 바위 덩어리들 중에 유난히 큰 녀석이 있었습니다. 지름이 6,000km에 이르는 화성 정도 크기의 이 행성을 과학자들은 테이아Theia라고 부릅니다.

지구가 만들어지고 1억 년도 안 되었을 무렵에 이 큰 친구가 날아와 지구에 부딪혔죠. 다행인지 아닌지는 45억 년 후에 태어날 인류가 판단할 만큼 가벼운 일이 아닌데, 어쨌든 테이아와 지구가 정면 충돌한 것은 아니고 비스듬히 부딪혀서 지구는 반 토막 나거나 쪼개지지 않고 주로 지표면 위주로 뜯겨져 나갔다고 해요. 자, 80년대생 여러분! 어릴 때 친구들하고 장난 많이 쳐 봤죠? 머리를 주먹으로 세게 훑으며 "고속도로!"라고 외치면 친구의 찌그러지는 이목구비와 주먹에 묻어나는 머리카락을 동반하며 전리품처럼 뒤따르던 그 쾌감 어린 손맛은 아마 그 시절 우리를 살게 하는 많은 이유 중 하나였을 겁니다.

지구는 테이아로부터 이 '고속도로 벌칙'을 꽤나 심하게 당했습니다. 조금 잔인하게 들릴 수도 있겠지만 지구를 우리 머리에 비유한다면 두피가 뜯겨져 나간 셈이죠. 지구에게 45°로 벌칙을 수행한 테이아의 주먹은 상태가 더 심각했습니다. 테이아의 주먹뼈는 지구의 머리뼈와 섞여 지구의 머릿속에 파묻혔습니다. 산산히 부서진 테이아의 표피와 벗겨져 나간 지구의 두피는 지구 주변에서 뱅글뱅글 돌며 지구와 마찬가지로 자체 중력을 통해 공 모양으로 뭉쳤는데, 이것이 달입니다. 테이아의 구성물질 중 무거운 것은 지구와 섞여 들어갔고, 지구와 테이아에서 부서져 나간 가벼운 암석 물질이 달이 된 것이죠. 이 일련의 과정을 추측한 모델을 거대충돌 가설이라고 하는데, 몇몇 사소한 이론적 결점보다 신빙성 있는 굵직한 근거들이 훨씬 많은 관계로 오늘날 가장 유력한 달 탄생 가설로 받아들여지고 있습니다. 그리스 신화 세계관에서 테이아는 대지의 여신 가이아Gaia의 딸이며 달의 여신 셀레네의 어머니입니다. 우리는 원시 지구를 가이아라고 부르는데, 과학자들은 센스 있는 작명을 통해 테이아가 가이아와 함께 살점을 떼어 셀레네에게 생명을 주는 시나리오를 신화의 가계도와 일치시켰습니다.

거대충돌 이론을 뒷받침하는 신빙성 있는 굵직한 근거들이 몇 가지 있습니다. 우선 지구 지각의 구성물질과 달의 구성물질이 유사하다는 것입니다. 달나라에 간 닐 암스트롱과 버즈 올드린이 첫 발자국을 딛고 술병을 깄을 때, 그들은 그냥 뛰어다니고 술만 마시다 온 게 아니었습니다. 아폴로 달 착륙 임무 중 하나로 이들은 월석을 지구로 가지고 왔는데, 이 월석의 화학조성과 산소 동위 원소 함량이 지구의 것과 거의 일치하는 것을 알 수 있었죠. 월석의 연구 결과는 지구의 지각이 떨어져 나가 달이 형성되었다는 가설을 물질적 차원에서 뒷받침하고 있는 것입니다.

이 밖에 일반 위성보다 큰 달의 크기, 유난히 큰 달의 각운동량, 충돌 시 발생이 예상되는 고열로 인한 토양 변성의 흔적, 전체 구조에 비해 유난히 큰 지구의 맨틀과 핵의 크기 등 많은 증거들이 거대충돌 이론을 뒷받침해 주고 있습니다.

지구의 자전축이 기울어져 있다는 것도 이 이론의 증거 중 하나입니다. 지구본을 보면 축이 $23.5°$ 기울어서 고정되어 있죠? 이거 공장에서 잘못 만들고 나 몰라라 하고 판 게 아닙니다. 원래대로라면 자체중력으로 수평하게 일정한 회전을 해야 할 지구가 $23.5°$ 기울어진 채 돌고 있는 것이죠. 이거, 가이아가 테이아에게 고속도로 벌칙을 받으면서 고개가 꺾인 거예요. 지구 자전축의 기울기가 $23.5°$가 아니었다면, 지구는 지나치게 뜨겁고 지나치게 차가운 구역만이 존재해 생명 활동의 모든 시나리오에는 착오가 생겼을 겁니다. 아마 적어도 지금 이 순간 제가 이런 글을 쓰거나 여러분이 이 글을 읽는 일은 일어나지 않았을 거예요. 그러니까, 달이 지구를 아프게 했지만, 상처 입고 꺾여 버린 지구는 그때부터 생명을 품을 준비가 되었다는 뜻이었죠. 이 이야기는 나중에 기회를 봐서 더 나눠 보도록 할까요? 지금은 우선 초기 지구의 뜨거운 열기로 다시 시선을 돌려 봅시다.

지구 내부의 높은 온도는 맨틀의 마그마층을 형성해서 암석과 지각이 잠깐 만들어진다 해도 이내 맨틀의 마그마에 녹아 들어갔을 겁니다. 쉽게 말해서 지구 전체가 후후 불어도 절대 삼킬 수 없는 마그마로 된 뜨거운 죽 같은 상태였던 겁니다. 이 용암 상태의 지구는 뜨거운 온도와 높은 산성 때문에 생물이 생기기 적합하지 않은 환경이었습니다. 더구나 현대 과학 기술에 토대한 시뮬레이션에 따르면 당시 대기층은 지금보다 훨씬 두텁고 이산화탄소의 비율이 무려 90%에 육박해서 지구 표면과 내부의 열을 밖으로 나가지 않게 막아 주고 있었죠. 마그마 수프를 가득 담고 있던 지구라는 그릇은 아직 공생할 작은 동반자들을 맞이하기에는 너무 뜨겁고 척박했지만, 점점 자신을 식혀가며 내부의 열병을 다스리던 지구의 기다림은 몇억 년 후 드디어 생명과의 조우를 통해 보상 받을 것이었습니다.

4. 생명

생명의 시대는 어떻게 열렸을까?

• 명왕누대 이야기, 45억 년 전

지질학적으로 지구의 시대를 네 단계로 나누는데, 그 첫 분류 단위를 누대Eon라고 합니다. 이 단위를 나누는 기준은 정확히 말하면 암석, 화석처럼 식별이 가능한 지질학적 표본의 유무입니다. 우선, 마그마로 들끓고 있는 초기 지구의 시대를 명왕누대Hadean Eon라고 합니다. 왠지 모르겠지만 뭔가 약간 마왕의 시대라든가 염라대왕의 시대라든가 하는 느낌이 드는 명칭 아닌가요? 명왕누대의 영어 명칭인 Hadean Eon을 잘 뜯어 보면 왜 그런 느낌이 들었는지 알게 될 겁니다. 직역하면 'Era of Hades', 즉 '하데스의 시대' 정도가 될 텐데, 하데스는 그리스 신화에 나오는 저승의 신을 말합니다. 왜, 있잖아요. 게임이나 만화에 나오는 머리 세 개 달린 지옥의 개 케르베로스. 그 개의 주인입니다.

그런데 왜 이 저승의 신에게 명왕이라는 이름이 붙었을까요? 그것은 신화에서 저승 세계를 가리켜 명계라고 했기 때문입니다. 명왕은 명계를 다스리는 왕이라는 뜻이죠. 1990년대 말과 2000년대 초까지 스크린에서 활발하게 활동하시던 명계남 아저씨, 뭔가 이름이 웅장하시네요! 한때 우리 태양계의 식구였던 명왕성 아시죠? 아쉽게도 카이퍼 띠Kuiper Belt, 해왕성 궤도 바깥쪽 황도 면 부근에 천체가 밀집한 원반 모양의 영역으로 이 띠에 있는 천체들의 무게를 모두 합해도 지구 질량의 10%에 불과합니다. 에서조차 독보적인 존재감을 보여 주지 못해명왕성 (지름 2,376km)은 카이퍼 띠에서 막 무지막지하게 큰 천체도 아니고 중력도 주변 물질의 운명을 바꿀 만큼 그리 강한 편이 아니어서 결국 2006년, 행성의 지위에서 내려오게 되죠. 우리와는 작별하게 되었지만, 과학계의 주장에 의하면 명왕성은 그곳에서도 잘 살고 있다고 합니다. 어쨌든 이 명왕성도 영어로 'Pluto플루토'인데,

플루토는 하데스의 로마 신화 버전 이름이죠. 명왕이라는 이름은 천체물리학에서 이렇게 쓰입니다. '플루토'라는 이름을 들으니 뭔가 떠오른 게 또 있지 않나요? 20세기 가장 쓸모 있었으면서도 가장 없었으면 좋았을 물질, 플루토늄. 바로 이 명왕의 이름을 딴 물질이랍니다. 하데스의 시절을 거친 지구가 수십억 년이 지나면서 플루토의 물질을 인간에게 주었네요. 명왕의 입김은 지질학과 천체물리학, 그리고 양자물리학에도 미치는군요. 중간에 아프로디테의 장난이 개입되긴 했지만, 하데스는 수확의 여신 데메테르의 딸 페르세포네에게 푹 빠져서 자신이 다스리는 명계로 보쌈해 오는 패악질을 부리기도 하죠. 하데스는 제우스의 형입니다. 나중에 말할 기회가 있겠지만, 그리스의 신들은 대부분 망나니였어요. 아무래도 신화가 만들어질 당시의 시대 의식 자체가 도덕적 경계가 희미하고 야만과 문명의 중간 지점쯤이었기 때문이 아니었을까요?

　여기서 잠깐. 하데스의 장모님인 데메테르 이야기를 해 볼까요? 데메테르는 하데스의 장모님이잖아요. 그런데 데메테르는 하데스와 남매 관계입니다. 하데스가 제우스의 형인데 데메테르가 제우스의 동생이니 이 셋은 모두 남매 사이죠. 이들은 모두 태초의 그리스의 신 크로노스와 레아 사이에서 태어난 신들인데, 부모 세대와 가치관이 달라 부모 세대를 전복시키고 왕좌에 앉아 그들의 역할을 이어받게 됩니다. 이 이야기는 나중에 신화와 종교를 다룰 때 더 자세하게 이야기하겠습니다. 태종 이방원이 왕자의 난을 일으키고, 수양대군이 조카를 죽인 후물론 공식 기록인 실록에는 없는 이야기입니다. 세조가 되는 조선의 피비린내 나는 막장 역사는 모두 알고 계실 겁니다. 역사는 자극적이어야 기억에 남습니다. 제우스가 왜 신화의 주인공이 되었는지 생각해 보세요. 형제들과 협동해 부모 세대를 몰살시키고 왕좌에 앉았고, 동기나 친척, 자녀 세대 그 누구도 가리지 않고 성gender이 다르면 우선 건드리고 보는 신계 최고의 호색한이었습니다. 신화가 더 재미있게 회자되는 이유는 역사보다 자극적인 픽션이 가미되어 있기 때문이죠.

어쨌든, 이런 복잡한 가계도 속에서 딸을 오빠에게 시집보내게 된 데메테르가 딸을 되찾기 위해 한 일은 무엇이었을까요? 바로 파업! 머리에 띠 두르고 제우스에게 가서 "나 농사 안 지어. 내 딸 데리고 와." 했습니다. 예나 지금이나 경영의 근원은 농업입니다. 먹고살아야 되는데 대지의 여신, 수확의 여신이 파업했으니 당장 굶어 죽게 생겼죠. 제우스는 형에게 "어떡할 거야. 책임져. 왜 조카를 건드린 거야. 이러다 다 죽어, 형." 하며 자신의 여성 편력을 망각한 채 중재에 나섭니다. 여러분, 데메테르는 권력형 페미니즘의 시초라고 할 수 있습니다. 그녀는 막강한 자신의 지위와 권력을 딸을 되찾는 데 활용했죠. 이런 행위의 옳고 그름을 명확히 규정할 수는 없을 것 같습니다. 더구나 바퀴나 종이도 없던 야만의 시대에 공인의 직업정신까지 논하는 건 너무 우습잖아요. 어쨌든, 자신의 권력을 적절히 행사한 데메테르는 일 년 중 반을 딸과 함께 지낼 수 있도록 중재를 이끌어 내는 데 성공합니다.

갑작스럽게 미친 반전을 하나 더 얘기해 볼까요? 페르세포네의 아버지는 제우스였습니다. 제우스는 데메테르의 오빠였는데, 이 둘은 정을 통했고, 그 사이에서 페르세포네가 태어난 것이었죠. 즉, 제우스는 페르세포네의 삼촌이자 아빠, 하데스는 페르세포네의 삼촌이자 남편, 데메테르는 하데스의 동생이자 장모님……. 뭐야, 무서워, 이거. 이런 족보는 K-드라마에도 없어요.

한편, 데메테르가 파업을 할 때 그녀에게 도움을 준 음료가 있었습니다. 딸을 오빠에게 시집보냈으니 음식이 입에 들어나 갔겠어요? 더구나 농사가 자기 일인데 농사를 안 지었으니 먹으려 해도 뭐 먹을 게 있어야죠. 먹지도 자지도 못하고 말라 가던 데메테르에게 다행히 구원의 손길을 내민 이가 있었습니다. 바로 잠의 신 휘프노스. 휘프노스는 잠들 수 있게 도와주는 모든 걸 갖고 있었는데, 그중에서도 데메테르의 불면증을 치료해 줄 수 있을 거라고 확신했던 것은 바로 마약이었습니다. 응? 마약? 포스트 모더니즘과 히피의 상징, 그거 맞아요? 네, 그거 맞습니다. "아니, 신이 마약을?"이라며 놀라는 분이 계시다면, 묻겠습니다. 언제부터 마약이 불법이었죠? 모르긴 몰라도 그리스 신화 시대에는 불법이 아니었던 게 확실합니다.

자, 야만의 시대에 법적인 논쟁은 제쳐 두고 왜 휘프노스가 잠 못 드는 데메테르에게 마약을 건네주었는지가 관건 아니겠습니까? 마약에 대한 잘못된 이해라든가 특정 기업의 마케팅의 효과'데메테르'라는 향수 회사가 있는데, 언젠가 대마초, 즉 마리화나 향을 내는 향수를 생산해 마케팅한 적이 있어, 사람들은 데메테르와 대마초를 직접적으로 연관 짓곤 하죠.가 빚어낸 탓인지 더러는 이 마약이 대마초포스트 모더니즘과 히피의 상징인 그 마약였다고 와전되어 전해지곤 하지만, 휘프노스가 데메테르에게 준 것은 정확히는 대마초가 아니라 양귀비 음료였다고 합니다. 나중에 마약에 대해서도 이야기할 기회가 있겠지만, 우선 대마와 양귀비는 다른 식물이에요. 양귀비는 양귀비과에 속하는 식물로 그 덜 익은 열매에 상처를 내면 우유처럼 하얀 즙이 나오는데, 이걸 열심히 모아서 말리면 하얀 가루가 됩니다. 이게 아편이에요. 또 이 아편을 열심히 정제하면 주성분만 남는데, 이것이 모르핀입니다. 아편은 흡연용으로도 제조되고 의약용으로도 제조되는데, 의약용 아편은 과거에 통증

완화와 불면증 치료에 쓰이기도 했답니다.

휘프노스의 처방이 통했던 걸까요? 데메테르가 휘프노스가 준 양귀비 음료를 마시고, 또 마시고, 시리얼Cereal_곡물로 만든 식사 대용의 이 바삭한 친구 의 이름은 바로 곡물의 여신 데메테르의 로마 버전 이름인 'Ceres'에서 유래했습니다. 도 말아먹고 했는지는 모르겠지만, 효과가 있었던 걸로 추측됩니다. 이후 데 메테르가 머리에 양귀비꽃을 꽂고 동네를 돌아다녔던 걸 보면 말이죠. 아, 죄송합니다. 데메테르를 비 오는 날에만 꽃 꽂고 돌아다니는 동네 꽃분이 이미지로 오해할 수 있는 표현이었습니다. 정확히는 자신의 머리에 쓰는 애착 화관에 초록 열매를 품은 새빨간 양귀비 꽃을 포인트 주어 예쁘게 장 식하고 다녔죠. 머리에 꽃 한 송이만 꽂은 것도 아니고 무려 화관이라니, 왠지 쓸데없이 변호해서 오해가 더 극심해지는 것 같은 분위기지만, 그때 그리스 트렌드가 그랬겠죠. 참고로 휘프노스도 양귀비 왕관을 쓰는 모습 으로 묘사되곤 한답니다. 마약 화관이 트렌드였다니 조금 기괴하게 느껴 질 수도 있겠지만, 실제로 양귀비꽃을 보면 예쁘다는 표현이 절로 나올 거 예요. 새빨갛고 풍성한 꽃잎을 보면 왜 당 현종이 나라를 송두리째 갖다 바친 여인의 이름이 양귀비인지 이해를 하실 겁니다. 그간 역사에서는 대 부분 양귀비를 경국지색으로 묘사하며 당나라를 망하게 한 요물로 치부하 곤 했지만, 개인적인 관점으로는 이게 현종의 문제가 더 큰 건지 양귀비의 문제가 더 큰 건지 모르겠습니다. 어쨌든, 데메테르가 화관에 양귀비꽃을 꽂은 뒤로, 이 꽃은 데메테르의 상징들 중 하나가 되었습니다.

자, 이제 신화 이전의 지구로 다시 돌아옵시다. 과학자들은 생각했어요. 방사성 연대측정법을 통해 지구 나이가 46억 살 정도라는 걸 알긴 했는데,

암석 표본도 쉽게 존재할 수 없을 만큼 뜨겁고 척박했던 38억 년 전까지의 끓어오르던 지구를 뭐라고 불러야 할지 말이죠. 빠르게 소용돌이치는 행성은 마그마로 부글거리고 거기에 닿는 물체가 무엇이라도 있다면 형체도 없이 녹아 버려 자욱한 산성의 연기를 내뿜는 그 광경을 표현할 수 있는 말을 말입니다. 지옥, 저승 세계 말고 다른 어떤 말이 어울릴까요? 과학자들은 무릎을 탁 치며 외쳤겠죠. "아니, 이것은 저승 그 자체!" 그렇게 이 시대는 명왕누대가 되었습니다.

우주도 생겼고 별도 생겼고 태양도 생겼고 지구도 생겼지만, 사방이 온통 불바다라 우리 생명의 조상이 도무지 생겨날 것 같지 않은데, 이거 뭔가 변화가 필요해 보입니다. 다행히 지구는 백날 천날은 변함없이 들끓었지만, 몇억 년의 세월 동안 변하지 않고 버티는 것은 불가능했나 봅니다. 4,000℃의 체온으로 자신의 삶을 시작한 지구 여기저기서 빈틈없이 폭발해 대던 화산이 조금씩 활동을 멈춰 갔죠. 그래요, 인생 뭐 있겠습니까? 몇억 년 동안 열받았으면 이제 좀 식힐 때도 되었죠.

그렇게 불 같은 유년기를 보낸 지구는 태어난 지 5억 년 정도 지나면서는 서서히 열을 식히며 지표면의 온도가 100℃까지 내려갔습니다. 이제 어떤 일이 생길까요? 네, 짜잔! 물 한 방울 없던 지구에 드디어 물이 생겨납니다! 대기의 구름 안에 숨어 있던 수증기가 드디어 비가 되어 내리기 시작했고, 이 비는 단단하게 굳어 가는 지표면의 주름진 세월의 흔적에 모여 드디어 굴곡 없이 지옥 같던 지구에 뭔가 풍경이라고 할 만한 볼거리가 되어 주었죠. 아, 물론 이때 눈이라는 구조가 있는 생명체가 있었다면 그것을 풍경이라고 인식했겠지만, 아쉽게도 아직은 조금 이른 시기였죠. 눈이 생길 때까지는 조금만 더 기다려 봅시다, 우리. 한 35억 6천만 년 정도?

4.   생명

• 은생누대 이야기, 38억 년 전

지금으로부터 38억 년 전부터 5억 4천 1백만 년 전까지의 이 시대를 은생누대隱生累代_Cryptozoic Eon라고 합니다. 은생누대는 세부적으로 시생누대와 원생누대로 나누기도 하는데, 생명의 진화 측면에서 어느 정도 의미가 있지만 이 책에서는 은생누대로 묶어 이야기하겠습니다. 명왕누대의 마그마 수프가 사라졌으니 이제 생명이 탄생했을 것이라는 추측은 과학계가 밟을 당연한 수순이었죠. 그래서 바로 다음 누대의 이름에 생명을 의미하는 한자어 '生'이 들어가 있는데, 그 앞에 '은隱'이 의미하는 것은 뭘까요? 이는 은생누대의 다음 누대인 현생누대를 통해 짐작할 수 있습니다. 생명이 나타나긴 했는데, 명왕누대 바로 다음 시대에는 그 흔적이 드러나지 않고 그 다음 시대부터 그 흔적이 드러나 보인 것이죠. 그 흔적이 무엇일까요?

그것은 바로 화석입니다. 다시 말해 화석이 많이 발견되어 생명의 존재와 양상, 활동을 명확하게 파악할 수 있는 누대를 현생누대라고 하고, 생명이 있었던 것으로 추정되기는 하는데 화석이 거의 발견되지 않아 안개에 가려진 것처럼 그 양상이 명확하지 않은 누대를 은생누대라고 하는 것이죠. 사실, 비밀은 아닌데요. 최근 과학계는 분자 시계라는 개념을 적용해 꽤나 정확하게 지구 생명의 첫 출현 시점을 40억 년 이전으로 조심스럽게 수정하고 있습니다. 분자 시계 개념은 뒤에서 조금 더 말할 기회가 있을 거예요. 방금 말했지만 은생누대를 시사하는 화석은 거의 없었습니다. 바꿔 말하면, 아예 없는 것은 아니었다는 말이죠.

빅희스토리

0과 100은 없다

제가 아끼는 후배가 늘 입에 달고 다니는 말이 있는데, 저는 이 말을 처음 듣는 순간 그 안에 세상의 모든 이치가 담겨 있는 것만 같아 머릿속에서 종이 '대앵' 하고 울리는 느낌이 들었죠. 그것은 바로 "세상에 0%와 100%는 없다."는 말입니다. 그 후배는 세상에는 쉽기만 한 것도 어렵기만 한 것도 없고 전적으로 희망적인 상황도 또 반대로 전적으로 절망적인 상황도 없다는 뜻으로, 방심하거나 절망하지 말라는 말을 하고 싶었던 거겠죠? 하지만 사실 집단지성의 관점에서 보면 누군가 돌을 던졌을 때, 그 돌은 던지는 사람이 아니라 맞는 사람에게 훨씬 중요하게 작용합니다. 말이라는 것은 말하는 사람이 아니라 듣는 사람에게 더 큰 의미가 되는 법이니까요. 심지어 누군가 말하지 않았어도 대중은 필요에 따라 자신이 그 사람의 입을 통해 어떠한 말을 들었다고 믿으며 자기 안에서 불꽃을 키웁니다. 마리 앙뚜아네뜨는 빵 이야기를 하지도 않았지만, 프랑스 시민들의 가슴에 지펴진 불길은 그들의 귀에 빵에 대한 환청을 들려주어 마리 앙뚜아네뜨의 머리를 땅에 떨어뜨렸습니다. 철인정치에 대한 플라톤의 확신은 그의 스승 소크라테스에게 죽음을 준 독배가 땅에 떨어지는 순간의 회의감으로부터 시작되었고 말이죠. 재미있는 사실은 앞의 마리 앙뚜아네뜨 처형과는 정반대로 소크라테스를 죽인 최후 재판은 재판부와 청중이 소크라테스의 최후변론에 귀를 닫기로 결정하면서 막을 내렸습니다.

플라톤의 《대화》 중 〈변명apologia, 본래 뜻은 법정에서의 변론입니다.〉 편에서 소크라테스는 최후변론을 할 기회를 얻게 되는데, 이때 쇠파리의 비유를 통해 자신의 역할을 피력합니다.

"아이고, 동네 사람들! 지금 아테네는 잠들어 있는 준마와 같다는 걸 알고는 있소? 그걸 모른다면 훌륭한 우리의 조국 아테네가 깨어 달릴 수 있도록 내가 쇠파리처럼 여기저기 달라붙어 귀찮게 하고 있다는 것도 모르시겠구려. 내 지금껏 델포이의 신탁에 따라 나의 천재성과 지혜를 갈아 넣어 가정은 챙기지 않았을지언정 조국만은 멍청해지지 않도록 부지런히 앵앵대며 돌봐 왔단 말이오. 뭐, 여러분이 결국 나에게 사형을 선고한다면 나는 목숨을 구걸하지 않고 당당하게 신념에 따라 끝까지 나의 일을 계속할 것이외다. 나의 일은 지속적인 대화를 통해 어리석은 아테네와 당신들의 무지를 일깨우는 것이니, 만일 여러분이 자신이 멍청하다는 것을 깨닫기 위한 기회를 원한다면 우선 나를 살려만 두시라니까요?"

지금까지 이런 변론은 없었다. 이것은 변론인가 분노 유발인가? 수원 왕갈비통닭처럼 정체성을 도무지 알 수 없는 이 희한하게 설득되는 것 같으면서도 빡치는 감정이 밀려오는 변론의 결말은 우리 모두 아는 것처럼 사형이었습니다.

결국 말을 하는 것도 중요하지만 듣는 이가 어떻게 받아들이느냐 하는 것이 올바른 집단지성의 형성에 훨씬 중요하게 작용합니다. 앞의 두 극단적인 예시는 역사에서 실제로 일어났으며, 잘못된 환청을 듣고자 한 집단과 올바른 직언을 외면하고자 한 집단으로 인해 프랑스 혁명은 작은 오점을 남겼고 그리스와 세계는 멋진 스승의 가르침을 들을 수 있는 무수한 기회를 날려버렸죠. 이처럼 말이라고 하는 것은 우리가 듣고자 할 때 집단지성을 쌓아 올리는 또 하나의 초석이 되어 모든 현상을 관통합니다. "세상에 0%와 100%는 없다."는 후배의 말은 저의 귀에 "은생누대의 화석에게도 이 원칙을 적용해 봐."라는 말로 들렸습니다.

명왕누대 이후에 은생누대가 시작되었다는 것을 알 수 있게 해 주는 화석이 다행스럽게도 미약하게나마 발견되었는데, 우리는 그것을 스트로마톨라이트stromatolite라고 부릅니다. 스트로마톨라이트는 남세균 문에 속하는 미생물이 남긴 흔적이 얕은 물의 모래와 섞여 얇은 카펫과 같은 구조로 층층이 퇴적되어 만들어진 구조물입니다. 방사성 연대측정법을 통해 측정된 가장 오래된 스트로마톨라이트는 지금으로부터 약 38억 년 전의 것이었기 때문에 이때를 기점으로 명왕누대와 은생누대가 나뉘게 되었죠. 이 스트로마톨라이트를 구성했던 미생물인 남세균이라는 친구에 대해 알면 우리는 지구 생명의 기원을 찾을 수 있을 것만 같습니다. 이제 우리 최초의 조상님을 만나 볼까요?

여러분, 남세균이 어떻게 탄생했고 어떤 삶을 살았는지 알고 싶으면 과학적 추론을 해 봐야 합니다. 자, 우선 이 친구가 최소 38억 년 전에 살았다는 건 이제 알았습니다. 그럼 이 친구가 어디서 어떻게 태어났는지를 알기 위해서는 당시 지구 환경을 생각해 볼 필요가 있습니다. 앞서 이야기했듯 이 지구는 마그마 수프 그릇 신세를 겨우 면했는데, 화산활동이 멈추며 물이 생겨났죠. 그렇다면 최초의 생명이 생겨날 만한 가능성이 가장 큰 곳은 어디였을까요? 이제 겨우 구토를 멈춘 화산? 아니면 뜨겁게 달궈져 있다가 이제 겨우 식기 시작한 땅속?

과학계는 희박한 가능성까지도 외면하지 않으려 하지만 아무래도 확률을 무시하면 안 되겠죠? 일단 우주의 탄생부터 확률에 의지했으니까요. 다시 말씀드리지만 세상은 0~100%의 확률 안에 존재합니다. 종교는 0에 수렴하는 상황에서도 기적을 기도하고, 과학은 100에 수렴할 때 비로소 확정을 한다는 점이 다르지만 말이죠. 어쨌든 과학계도 완벽하게 증명하지 못하지만 가장 높은 확률로 최초의 생명이 탄생한 곳을 물이라고 추정하고 있습니다. 여러 논점이 존재하지만, 간략하게 정리하자면 세포의 시작점인 원자와 원소의 지속적인 활동과 결합이 가능한 곳은 어쨌든 액체의 내부이기 때문이죠.

《종의 기원Origin of spieces》으로 유명한 진화론자 찰스 다윈은 모든 생명체가 한 뿌리의 나무로부터 가지 쳐서 나간 형태로 진화했다고 주장하며 '생명의 나무the tree of life' 이론을 제시했는데놀랍게도 그의 이론은 현대 생물학의 관점에서 봐도 매우 정확했습니다., 이 나무의 가장 아래 기둥, 즉 진화의 시작점에 놓인 모든 생명의 공동 조상을 과학자들은 '루카LUCA, last universal common ancestor'라고 부릅니다. 여러 요소를 검토해 볼 때 이 LUCA에 가장 가까운 생명은 아무래도 스트로마톨라이트에 존재를 낙인한 남세균과 크게 다르지 않을 것 같아요. 과학계가 남세균의 첫 탄생지로 물가의 거품, 물기가 있는 바위 틈새 같은 곳을 지목하고 있는데, 최근 주목받고 있는 곳은 열수 분출구입니다. 열수 분출구는 지각판 사이에 존재하는 심해 화산 근처에서 뜨겁고 검은 물기둥을 내뿜는 공간으로 주로 호열성 세균들이 살고 있죠. 1979년 미국의 잠수선 알빈 호가 멕시코 근해 태평양 심해를 조사하며 채집한 열수에 다량의 원시 박테리아가 살고 있었습니다.

그 시절 먹거리

명왕누대 때부터 지구의 대기에 짙은 농도로 분포하던 이산화탄소는 남세균을 비롯한 최초의 단세포 생명체들의 생존 방식을 결정했습니다. 아직 핵산과 아미노산, mRNA의 역할만이 필요해 보이던 이 원핵생물들은

빅희스토리

살기 위해 대사보다 더 중요한 활동을 해야 했습니다. 우리는 살기 위해 먹고 마십니다. 다시 말해 생존을 위해 섭취가 필요하다는 것이죠. 하지만 남세균을 비롯한 고세균들은 그런 거 필요 없었어요. 시대를 거슬러 올라가면 갈수록 먹을 게 없어지죠.

만약에 여러분이 맛있는 스팸구이를 먹다가 목에 걸려서 누군가 뒤에서 하임리히법을 실시하기 전에 잠깐 삶과 죽음의 애매한 경계에 가서 100년 전 조상님을 만났다면 그 분은 "뭐? 스팸구이? 그 귀한 돼지를 갈아서 철통에 넣어? 일단 돼지를 어떻게 가는 거니? 나 때는 구경도 못 해 봐서 뭐라고 말도 못 하겠다. 스팸은 1937년 미국 호멜 식품회사에서 개발한 중저가 통조림입니다. 돼지고기를 가공하고 남은 어깨살을 소량의 햄과 함께 갈아 만들기 때문에 호멜의 극소수 중역들만 알고 있다는 'SPAM'이라는 상표명의 진짜 뜻과는 별개로 많은 사람들이 이를 'Shoulder of Pig and Ham'의 줄임말이거나 초기 스팸 제품이 'Spiced Ham'이라는 버전으로 출시되어 그런 것이라고 이야기들 하죠. 우리나라에 스팸이 소개된 것은 2차 세계대전 이후라 100년 전 조상님은 스팸의 존재를 알 수 없었을 겁니다. 그런 걸 고이고이 잘라서 동네 사람들하고 다 같이 나눠 먹는 것도 아니고 혼자 통째로 꿀꺽하다가 여기를 와? 말세로다. 제사상에서도 구경도 못 해 본 걸. 어?" 하셨겠죠?

그 조상님이 살아 계시던 100년 전에 삶은 계란을 꿀꺽하시다 또 목에 걸려 이젠 하임리히법도 없으니 그대로 10,000년 전 조상님을 만났다면, 그 조상님은 또 "뭐? 계란? 계란을 삶아? 그게 어디서 나서? 나 때는 응? 길에 뭐라도 떨어져 있으면 주워 먹기 바빴지. 농사인지 뭔지 시작해서 일년 내내 풀이나 씹고 그러는데, 뭐? 계란? 통째로? 말세로다." 하셨겠죠?

그 조상님이 또 농사짓고 겨우 밥 한 술 뜨려다가 그 밥이 목에 걸리고……. 아무튼 이제 너무 멀리 와서 정리가 안 되니 조상님의 조상님까지 죽 만나서 38억 년 전의 이 남세균까지 만났다고 합시다. 남세균은 뭐라고 했을까요? 입이 없으니 말은 못 했겠지만, 어쨌든 할 수 있었다면 정황상 이 정도로 말했겠죠.

"먹을 거? 봐 봐. 뭐 있니? 뭐 굳이 따진다면, 난 저 밝고 투명한 빛을 먹고 살아. 그게 어떻게 가능하냐고? 노래 〈풀잎사랑〉을 들어 봐."

여러분, 〈풀잎사랑〉이라는 노래를 아시나요? 1986년 발표된 노래로 풀잎, 이슬, 햇살이라는 연결고리로 사랑을 표현해 광합성을 연상하게 하는 유사과학 러브송이었죠. 유사과학이라는 건 농담이지만, 가사가 참 아기자기하고 예쁘답니다.

어쨌든, 38억 년 전에는 먹을 게 없었고 그걸 먹고 소화시킬 수 있는 생명체도 없었습니다. 오로지 이제 겨우 열을 식힌 지구라는 행성과 원시 생명체, 그리고 내리쬐는 햇빛만이 있었죠. 살기 위해 뭐라도 해야 했던 이 원핵생물은 당시 지구의 대기질을 고려해 무엇이든 존재하는 것은 에너지로 치환할 목적으로 치열하게 꿈틀거렸죠. 아직 뇌라는 사고 구조체를 갖추고 있지는 않았지만, 때로는 살아남기 위해서는 머리보다 가슴이, 가슴보다 본능이 우리를 유리한 방향으로 이끌곤 하는 것 같습니다. 간단한 예를 들어 볼까요?

편도체, 본능

위험한 상황이나 공포와 마주치게 되면 등골이 서늘해지고 피부에 소름이 돋고, 털이 쭈뼛쭈뼛 서는 것을 경험해 보신 적 있죠? 왜 그럴까요? 위

빅희스토리

험한 상황에서 우리는 살기 위해 두 가지 선택을 해야 합니다. 위험으로부터 도망쳐서 회피하든 위험과 맞서 대항하든. 어느 쪽이 나은 대안인지는 우리 대뇌가 적당하게 저울질해서 판단해 줄 테니 거기 맡기면 됩니다. 그런데 이건 둘째 문제죠. 살아남기 위한 첫 번째 필요조건은 바로 도망치든 싸우든 행동할 준비가 되어 있는가 하는 것입니다. 여기서 인간의 뇌는 살아남기 위해 본능을 선택합니다.

공포를 마주한 뇌는 생존을 위해 편도체amygdala에게 우선권을 줍니다. 편도체라는 표현이 뭔가 익숙하죠? 요즘 건강에 좋다며 하루에 두세 개씩 씹어 먹는 아몬드 있잖아요? 그거 맞습니다. 'Almond'라는 단어는 아몬드 열매를 뜻하는 그리스어입니다. 그게 그대로 영어권에서 차용해 단어로 정착했는데, 때마침 우리 뇌의 변연계 구조 안에 있는 어떤 부위가 딱 이 아몬드처럼 생긴 거예요. 그래서 과학자들이 "에라, 모르겠다. 뇌만 해도 다른 데 이름 붙일 게 얼마나 많은데, 그냥 아몬드라고 해."라고 해서 이곳을 아몬드를 어원 삼아 부르게 되었다는 합리적 의심은 저만 드는 겁니까? 편도는 아몬드의 한자어 표현입니다. 그래서 우리도 아몬드 같은 이곳을 한자 표현을 차용해 그대로 편도체라고 부르는 것이죠. 학문은 참 알다가도 모르겠습니다. 그렇게 심오하게 무엇인가를 몇 세기에 걸쳐 탐구하는데, 정작 결과물은 "에라, 모르겠다. 비슷하게 생긴 걸로 이름 붙여, 대충!" 이런다니까요? 물론 정말로 나 몰라라 막 짓지는 않았겠죠. 대중들이 이해하고 전달하기 편리하도록 배려를 담아 그렇게 했을 법도 하고요. 그럴 수도 있겠네요! 쓰다 보니 어쩌면 편도체라는 이름은 대중의 집단지성을 위해 연상하기 쉽게 뜻을 담은 표현일 수 있겠다는 생각이 듭니다.

자, 다시 편도체와 생존이라는 근본적인 문제로 돌아와 보겠습니다. 편도체는 변연계를 구성하는 뇌의 부위 중 공포와 폭력의 본능을 관장하는 곳입니다. 공포나 위협에 맞닥뜨렸을 때 우리 몸에서 반응해야 하는 부위의 우선순위를 정해 주죠. 지금부터 편도체가 지정해 주는 이 부위들은 우리가 살아남기 위해 반드시 필요한 곳들입니다. 우선 동공이 커집니다. 빛을 최대한 받아들여 뭐라도 봐야 피하든 때리든 살아남을 확률이 높아지니까요. 또 심장에 혈류를 마구 집중시켜 줍니다. 중요한 기관들로 더 많은 혈액을 보내 줘야 그 기관들이 살아남기 위해 열심히 일을 하겠죠? 어디일까요? 무기를 들고 휘두르거나 붙잡고 버텨야 하는 팔과 빨리 달려서 도망치거나 한 대라도 더 힘차게 걷어차야 하는 다리 같은 곳이죠.

이런 이유 때문에 살아남는 데 당장 필요하지는 않아서 상대적으로 찬밥이 되는 부위는 어디일까요? 우선 당장 먹지 않아도 되니 위장의 활동이 멈춥니다. 맛없는 음식을 먹기엔 인생이 너무 짧다고 생각하는 제 입장에서는 먹다 죽은 귀신이 때깔도 좋다는 희대의 명쾌한 속담을 진지하게 생각해 봐야 할 순간이 되겠네요. "그냥 먹고 죽어?" 이렇게 말이죠. 다음으로 필요 없는 것은 성욕입니다. 지금 죽겠는데, 성욕이 무슨 소용입니까? 그래서 극한의 공포 상황에서는 발기가 되지 않습니다. "생존의 최종 목적은 번식과 종족 유지인데 무슨 소리냐?"라든가 "네가 30~40년 넘게 한을 빚어 사리를 쌓고 마법사가 되어 버린 나의 심정을 아느냐!"라는 비난의 돌은 달게 맞겠습니다. 지금 제가 말하는 상황은 바로 당장 죽을 수도 있는 극한의 상황이라는 것만 다시 강조할게요. 자, 성욕 부분은 계속 돌 맞을 것 같으니 빨리 다음으로 넘어가겠습니다. 변연계의 다른 부위들 중 장기적으로 생존에 유리하게 작용하기 위해 식욕과 성욕을 담당하는 부위들도 있으니까 돌 그만 던지세요.

빅희스토리

당장의 생존을 위해 필요 없는 곳은 또 있습니다. 바로 피부입니다. 자, 왜 무서울 때 소름이 돋고 그 옛날 우리 조상님들이 왜 무더운 한여름에 시냇물에 수박 담가 놓고 원두막에서 공포특급 시리즈로 배틀을 붙곤 하셨는지 그 이유가 나왔습니다. 심장이 자신의 불수의근을 있는 힘껏 짜내서 팔다리 같이 활동이 필요한 부위로 혈액을 퍼 나르는 동안, 쓸모없는 피부는 피 한 방울도 아까워서 주고 싶지 않은 심장의 눈 밖에 나게 됩니다. 뭐, 어쩌겠습니까? 살겠다는데, 조용히 있어야죠. 그렇게 받아들일 수 있는 혈류량이 눈에 띄게 줄어든 피부 조직은 느끼는 온도가 평소와 다르게 낮아지면서 우리 몸에 춥다는 신호를 보내기 위해 닭살처럼 변하게 되는 것이죠. 그래서 우리는 정말로 무섭거나 위험한 상황에 맞닥뜨릴 때 배고픔도 잊고 섹스를 망각하며 마법사분들, 잠깐만요. 극한의 상황, 당장 죽을 수도 있겠다는 위급한 상황입니다. 소름이 끼치고 털이 곤두서게 되는 겁니다.

광합성

이렇게 진화를 거듭한 최신 버전인 우리 인간의 뇌조차도 생존을 위해서 본능을 통해 몸을 조종하는데, 38억 년 전 원핵생물은 오죽했겠습니까? 남세균의 본능은 내리쬐는 햇빛을 주시했습니다. 앞서 38억 년 전 지구의 대기조성에 대해 이야기한 적 있죠? 현재 지구의 대기에는 크게 나눠 약 78%의 질소와 21%의 산소, 그리고 아르곤과 이산화탄소가 아주 조금, 나머지는 더 조금 자리 잡고 있습니다. 하지만 먼 옛날, 화산이 이제 막 잠들기 시작한 원시 지구는 대기 성분의 이런저런 작용들로 인해 최종적으로는 이산화탄소를 다량 포함하고 있었고, 산소는 거의 없었습니다. 시간을 역순으로 뒤집으니 뭔가 보이는 것 같지 않으세요? 그 많던 이산화탄소는 누가 먹었을까? "싱아를 누가 다 처먹었니?"라며 독자들에게 섬세하고 서정적인 표현의 극치를 선사해 주시던 박완서 선생님이 문득 그리워집니다. 이산화탄소가 많던 과거 대기를 누가 산소로 바꿔 버렸을까?

그 해답은 앞서 이야기한 스트로마톨라이트가 가지고 있었습니다. 스트로마톨라이트 화석을 포함한 암석층은 우리에게 많은 것을 이야기해 주는데, 20억 년 전의 것으로 측정되는 암석층이 붉은색을 띠는 것을 토대로 이때까지 쉬지 않고 개체 수를 늘려댄 남세균의 활동으로 인해 대기에 산소 함유량이 엄청나게 증가했다는 과학적 계산이 가능합니다. 맞아요! 남세균은 살기 위해 본능을 발휘해 빛과 이산화탄소를 가지고 뚝딱뚝딱 뭔가를 만들어 살아남고자 했죠. 바로 광합성입니다.

광합성은 독립영양생물의 고유한 생존방식인데요, 그 과정에서 빛에너지를 이용해 이산화탄소와 물로부터 탄수화물주로 육탄당, 즉 여섯 개의 탄소를 가진 당류과 산소를 만들어 냅니다. 이 광합성은 엽록체라고 하는 부위에서 일어나는데, 엽록체의 부위들 중 틸라코이드 막이라고 하는 부위에서는 엽록소라고 하는 색소가 태양의 빛에너지를 받아들여 작용하는 명반응이, 그 주변을 감싸고 있는 스트로마라고 하는 액체 부분에서는 빛에너지 없이 무엇인가를 뚝딱뚝딱 해내는 암반응이 일어납니다. 명반응과 암반응은 자세히 파고들면 공부해야 할 양이 많기 때문에 기본 교양을 위한 이야기는 여기까지만 하겠습니다.

남세균을 포함한 독립영양생물은 광합성을 위해 자신을 구성하는 원자 배열을 잘 만져서 천연 솔라 시스템solar system을 구축했습니다. 태양광 전지판처럼 넓적한 구조로 원자를 배열한 것이죠. 명반응과 암반응을 통해

빅희스토리

탄소를 기본으로 하는 당과 더불어 산소를 만들어 내며 생존한 남세균으로 인해 우리 지구는 이제 산소를 활용해 몸의 구성과 호흡이 가능한 더 복잡하고 더 크고 서로가 더 많은 생명들의 먹이가 될 수 있는 존재들로 가득 찰 때를 맞이할 준비를 합니다. 아, 그 시대를 말하기 전에 독립영양생물과 광합성, 종속영양생물과 섭식에 대해 잠깐 이야기해 볼까요?

명칭에서 추측할 수 있듯이 독립영양생물은 무엇인가 유기 화합물를 섭취하지 않아도 단순한 에너지 무기물를 통해 생존할 수 있는 생물입니다. 광합성을 하는 식물이 대부분 여기에 속하죠. 반면, 종속영양생물은 무엇인가를 섭취해야 에너지를 얻어 생존할 수 있는 생물을 말합니다. 명확하지는 않더라도 쉽게 분류하자면, 주로 동물이 여기에 속하겠죠? 재미있는 것은 광합성이 탄소고정이라는 과정을 원리로 한다는 것입니다. 탄소고정은 무기 탄소가 유기 화합물로 전환되는 과정인데요, 앞서 말한 광합성을 생각하면 됩니다. 독립영양생물이 광합성을 통해 만들어 낸 이 탄소 구조의 유기 화합물은 종속영양생물의 먹이가 됩니다. 쉽게 말해 동물이 식물을 먹으면 식물에 있는 탄소 구조가 동물에게 흡수되어 에너지를 얻을 수 있게 해 주는 것이죠. 동물이 탄소를 흡수하고 활동하다가 죽게 되면 그때부터 탄소는 더 이상 활동하지 않고 붕괴되기 시작합니다. 그렇게 붕괴되는 탄소의 반감기를 따라 유기체, 즉 생물의 나이를 측정하는 방사능 연대측정법이 오늘날 과학에서 유용하게 활용되는 것이죠. 동물의 나이를 알아내는 데 왜 탄소 연대 측정법이 주로 사용되는지 이제 아셨죠?

• 현생누대 이야기, 5억 4천 1백만 년 전

자, 이제 숨은 그림 찾기는 끝났습니다. 지금으로부터 5억 4천 1백만 년 전까지 고생물학자들과 지질학자들을 괴롭혔던 델타포스 급의 은폐 엄폐의 시대는 막을 내린 것입니다. 그 숨바꼭질의 끝에서 우리를 맞이해 준 것은? 짜잔! 엄청나게 많은 삼엽충의 화석이었습니다. 삼엽충은 현생누대 Phanerozoic Eon의 시작을 알린 무척추동물의 상징으로서, 이때부터 화석으로 발견되는 생물의 종과 개체수가 폭발적으로 증가합니다. '누대'라는 단위를 세분하면 '대'라는 단위가 되고, '대'라는 단위를 더 세분하면 '기'라는 단위가 되며, '기'라는 단위를 더 세분하면 '세'라는 단위가 됩니다. 앞으로 있을 '쥐라기 공원'급으로 다이내믹한 생명 등장의 전개를 위해 기억해 두시면 좋을 거예요. 학창시절에 선캄브리아기라는 말은 많이 들어 본 기억이 있을 겁니다. 선先캄브리아기는 현생누대 이전, 즉 명왕누대와 은생누대를 통칭하는 표현입니다. 현생누대의 첫 기인 캄브리아기의 이전 시대라는 표현으로 이해하면 되는데, 과학자들도 "뭐, 화석도 없고 지질 상태도 잘 모르고 그냥 이래저래 장님 코끼리 만지는 것 같던 시대니까, 명왕누대나 은생누대나 그게 그거니까 대충 선캄브리아기라고 부르자."고 했을 수도 있겠죠?

삼엽충은 현생누대 고생대 캄브리아기에 출현한 대표적인 생물입니다. 학창시절 교과서에서 많이 봤던 수염 달린 살찐 해양 바퀴벌레갯강구의 별명이 바다의 바퀴벌레인데, 갯강구를 보면 이마를 탁 치며 동의하실 겁니다. 따라서 같은 해양 갑각류인 삼엽충의 화석을 보면 살찐 해양 바퀴벌레라는 표현 역시 이마를 탁 치며 동의하실 거라고 생각합니다. 같이 생긴 화석을 모두 기억하실 겁니다. 이 녀석을 필두로 우리 지구에는 이제 엄청나게 많은 생물이 등장하게 됩니다. 그래서 우리는 이것을 캄브리아기에 폭발적으로 생명체가 늘어났다는 뜻으로 '캄브리아기 대폭발'이라고 부릅니다. 우리 지구가 다양한 생명과 더불어 푸르고 아름답게 진화하는 시작점이라고 할 수 있으니, 이 사건은 우리 교양의 포켓 속에 살짝 넣어 줍시다. 이 시기에 폭발적으로 등장한 생물들은 현재 지구상에 살고 있는 생물 문의 시작점이 됩니다.

여기서 잠깐 '문'이라는 개념을 정리해 볼까요? "똑똑똑, 저기 혹시요, 제가 지금 저녁 회식으로 고량주와 함께 마라탕에 향라소스와 고추기름장을 풀어서 안주로 먹고 퇴근하는 길에 과민성 장 증후군이 재발해서 급한데 혹시 안에 누구 계신지 모르겠지만 빨리 나와 주실 수 있을까요?" 하면서 문고리 부여잡고 두드리는 그 문이 아닙니다. 오늘날 지구를 살아가는 수많은 생물이 최종적으로 '종'이라는 기본 단위로 구분됩니다. 우리 사람을 예로 들어 보자면 우리는 사람'종'입니다. 앞서 이야기한 다윈의 생명의 나무 밑동부터 죽 올라가서 가지의 맨 끝에 대롱대롱 매달린 사람이라는 생물을 지칭하는 최종 분류 단위인 것이죠.

자, 모든 생명은 이렇게 가지 끝에 매달려 분류되는데요, 이 가지를 거꾸로 타고 밑동 쪽으로 갈수록 그 특성의 공통점에 따라 경계가 사라지며 더 큰 단위로 묶이게 됩니다. 그 끝에 가서 모든 생물은 세균, 고균, 진핵생물이라는 세 가지 이름으로만 분류되는데, 이 생명의 나무 밑동에 해당하는 대분류 단위를 '역'이라고 합니다. 오늘날 평범한 세포를 지닌 생물은 대부분 진핵생물역에 속한다고 보면 됩니다. 이런 대자연의 족보는 최종 갈래에서부터 역순으로 종, 속, 족, 과, 목, 강, 문, 계, 역이라는 단위로 합쳐집니다. 학창 시절 배운 것 '같은' 기억이 조금 나는 것 '같은' 느낌이 드는 것

'같죠?' 교양이라는 게 그렇죠. 학창시절 수업시간에 잠만 안 잤어도 우리는 모두 꽤 수준 높은 교양인이 될 수 있었습니다. 이 족보의 각 단계는 그 사이에 또 '상'이나 '아', '소'라는 중간 단위를 붙여 생명을 세세히도 구분합니다.

이런 생물의 계통 분류는 칼 폰 린네Carl Von Linne라고 하는 스웨덴의 식물학자가 만들어 냈습니다. 얼마 전까지 이른바 성공한 덕후를 꿈꾸는 사람들이 많았죠. 하지만 최근에는 덕후가 성공할 수 있는 세상이 왔습니다. 조금 더 옛날로 돌아가면 덕후는 성공과는 거리가 먼 잉여인력 취급을 받는 서러운 시대가 꽤 오랜 세월 동안 있었죠. 그런데, 제 개인적인 관점으로는 덕후들의 침체기가 시작된 것은 18세기 중엽의 산업혁명 때부터가 아니었을까 합니다. 증기기관, 분업, 노동력의 톱니바퀴가 서로를 채찍질하며 바빠지자, 덕질의 시간이 도무지 생길 수 있는 구조가 아니었던 것이죠. 하지만 과학계는 다행히도 그 영역에서 살짝 벗어나 있던 건지, 아니면 린네 선생님이 운 좋게도 산업혁명 바로 직전에 활동을 했던 덕인지, 그의 엄청난 식물 덕질은 오늘날까지 그의 이름을 기억하게 할 만큼 큰 성공을 거두었습니다. 여러분, 덕질을 수치로 취급하고 숨기지 마세요. 덕질은 집단지성과 교양에도 영양가 높은 밑거름이 됩니다!

린네 선생님은 이런 덕질의 산물로 라틴어로 된 속명과 종명을 붙여 학명을 만드는 이명법을 창안했습니다. 그래서 우리 사람의 학명은 이명법으로 '호모(속) 사피엔스(종)homo sapiens, 라틴어로 '슬기로운 사람'이라는 뜻. 입니다. 아종명까지 반영한 정식 명칭은 '호모 사피엔스 사피엔스'예요. 이명법 이후 계통분류학이 발전하며 종, 속, 과, 목, 강, 문, 계, 역과 같은 많은 분류 단계가 만들어지게 됩니다. 자, 그럼 이제부터 린네가 창시하고 후대의 수많은 생물학자들이 닦아 놓은 이런 계통 분류에 따라 사람의 정확한 종명을 읊어 볼게요. 잘 들어 보세요. 진핵생물역, 동물계, 진정후생동물아계, 후구동물상문, 척삭동물문, 척추동물아문, 유악하문, 사지상강, 포유강, 수아강, 진수하강, 영장상목, 영장목, 직비원아목, 원숭이하목, 협비원소목, 사람상과, 사람과, 사람아과, 사람족, 사람아족, 호모(속), 사피엔스(종), 사피엔스(아종). 네, 이것이 바로 사람입니다. "린네 선생님, 도대체 저 이름은 뭐예요? 나한테 왜 그랬어요? 당신 밑에서 개처럼 일해 온 건 아니지만 어쨌든 나에게 모욕감을 주셨어요!"라고 대사 한번 쳐 보고 싶었습니다.

어쨌든, 이렇게 린네 선생님이 학명을 창시하고 계통이라는 개념을 구체화한 이후 우리가 나중에 조금 더 자세히 다뤄 볼 인물인 다윈이 《종의 기원》이라는 핵폭탄을 들고도 미심쩍은 발걸음으로 소심하게 등장했고, 그 후 계통분류학은 점점 발전해 오늘날 우리의 종명을 저렇게 만들었습니다. 우리는 4만 년 전부터 그냥 자자손손 더불어 살아왔던 누군가였는데 린네 선생님이 이름을 불러 주는 순간 100글자에 가까운 이름을 갖게 된 것이죠. 김춘수 시인의 꽃은 누군가 이름을 불러 주어 비로소 꽃이 되었다는데, 이런 식이면 저희 인간은 절대 인간이 될 수 없을 것만 같네요. 누가 저걸 불러 줘요……. 저기, 린네 선생님, 그렇게까지 하실 필요는 없었는데요. 아무튼 감사합니다.

이 이야기를 왜 했죠? 그렇죠, 바로 '문'이라는 개념을 정리해 보기 위해서였죠? 자, 이렇게 간단히(?) 정리해 본 우리 지구촌 생물의 가계도 중 거의 밑동에 위치한 '문'이라는 단위에 해당하는 거의 모든 생물들이 앞서 말한 삼엽충의 시대에 등장했습니다. 캄브리아기 대폭발은 그 규모가 어마어마했던 것이죠. 그런데 사실 이토록 다양하고 수많은 생물들이 다 같이 숨죽여 있다가 캄브리아기 때 "요이, 땅!" 하고 일제히 생겨난 건 아닐 거잖아요? 그럼 왜 캄브리아기부터 많은 생물들의 화석이 발견될까요? 우선 캄브리아기라는 이름은 애덤 세지윅Adam Sedgwick이라는 영국의 지질학자가 지어 준 이름인데요, 당시 그가 지층을 연구하던 웨일즈 지역의 라틴어 별칭이 '캄브리아'였다고 해요. 맞습니다. 지질시대를 나누는 단위 중 '기'라는 단위는 대부분 화석이 발견된 지역의 이름을 붙인 경우가 많습니다. 같은 음절로 잠시 다른 얘기를 하면, 중국 요리 중 '기'라는 글자가 들어간 것들이 꽤 있습니다. 이때 '기'는 닭을 뜻하는 한자 '계鷄'의 중국어 발음입니다. 그래서 중식당에 갔을 때 탕수육이 너무 지겹다면 이 글자가 들어간 요리를 시켜 먹으면, 맛있어요! 유린기, 깐풍기, 라조기 등등. 나중에 요리 이야기를 할 기회가 있으면 더 자세히 살펴보겠습니다. 다시 캄브리아기로 돌아와 볼까요?

캄브리아기에 많은 생물 화석, 특히 삼엽충 같은 화석이 발견되는 이유는 그들이 단단한 외골격을 갖추고 있었기 때문입니다. 여러 연구를 통해 오늘날 우리는 선캄브리아기에 이미 생물군이 존재하고 있었다는 것을 알고 있지만, 먹고 먹히는 먹이사슬 경쟁에서 살아남기 위해 골격이나 외피가 발달한 생물들이 화석을 통해 "나 삼엽충, 여기 살다 묻히다……."라고 존재를 새길 수 있었던 시기가 바로 캄브리아기였던 거죠. 따라서 '캄브리아기 대폭발'은 엄밀히 말하면 '캄브리아기 뇌관과 폭심, 그리고 탄피의 흔적' 정도가 될 수 있겠네요. 하지만 모든 문에 해당하는 다양한 생물이 이 캄브리아기에 생겨났다는 건 분명합니다. 이러한 대폭발의 원인으로는 산소와 오존 농도 증가, 해수의 칼슘 증가, 혹스 유전자 같은 스위치 유전자로 인한 변이, 여러 생태학적 원인에디아카라기 말 대멸종으로 인한 공백 메우기, 포식자의 출현, 눈의 진화, 플랑크톤의 증가 등 많은 주장이 활발히 제기되고 있습니다. 뭐, 과학적으로 이렇게나 많은 원인과 주장이 펼쳐지고 지지를 받는데는 다 이유가 있지 않겠습니까? 이 주장들은 여러 과학적인 근거를 토대로 펼쳐지는 근거 있는 자신감이니 하나씩 들어나 볼까요?

산소와 오존, 그리고 자외선

자, 우선 첫 번째 질문입니다. 산소와 오존의 농도가 증가한 것이 왜 생명 다양성의 원인이 될 수 있을까요? 먼저 산소의 정체부터 살펴볼까요? 모두 학창시절 화학 수업시간에 산소를 O_2라고 쓰는 걸 본 적 있으시죠? 아마 수업에 별 관심이 없어서 그냥 화학책을 베개 삼아 잠만 잤더라도 이마나 볼에 묻어나는 잉크 자국이 O_2였을 가능성이 가장 높을 정도로 이 화학식은 화학 과목의 대명사입니다. 제 친한 친구가 대학생 때 학번에 애칭을 부여받았는데, 당시 그 친구의 동기들은 모두 '산소 학번'으로 불렸죠. 이해 못하신 분은 그냥 넘어가셔도 되고요, 이건 제 이야기가 아니라 친구 이야기라는 걸 잊지 마세요! 제 학번은 비밀! 제 책에서 다시 본론으로 돌아가겠다는 표현이 꽤나 많이 나올 겁니다. 네, 이 책은 원래 그렇게 읽는 겁니다. 흘러가는 대로 의식과 지식의 흐름에 몸을 맡기세요. 자, 그런 의미에서 다시 본론으로!

이 산소라는 녀석은 자꾸 주변 원자들의 전자를 빼앗거나 서로 뭉치려고 하는 성질이 있어요. 화학 용어 중에 옥텟 규칙Octet rule이라는 게 있습니다. 원자는 대개 가장 바깥쪽 전자껍질에 전자 8개를 채워야 자신이 가장 안정된 상태라고 느낀다는 규칙입니다. 옥텟 규칙의 옥텟은 숫자 8을 뜻하는 그리스어 'Octa'에서 유래했어요. 원자는 자신의 핵 주위에 전자가 도는 층을 여러 개 가지는데, 가장 안쪽 층에는 2개, 그다음 층에는 8개, 또 그 바깥 층에는 8개의 전자를 채울 수 있습니다. 원소주기율표 상 16족에 속하는 원소인 산소는 가장 안쪽 2개, 그 다음 8개를 채운 후 남은 전자 6개가 바깥껍질에 존재하고 있는데, 옥텟 규칙에 따라 전자 2개만 더 바깥 껍질에 채워 넣으면 안정감을 느끼게 되죠. 그래서 산소는 주변에 있는 전자는 다 끌어당기고 싶어 하죠.

여기서 퀴즈! 우리 지구에서 가장 많이 볼 수 있는 물질은 뭘까요? 어딜 봐도 있고, 우리 몸 속에도 있는 그것은 바로? 물입니다! 우리 몸의 70%, 그리고 지구 전체 물질의 70%를 구성하고 있는, H_2O라는 화학식으로 표현되는 이 액체는 오늘날 우리의 삶에만 필요한 게 아니었어요. 단세포 원핵생물들의 지루한 향연이 이어지던 메마른 지구의 선캄브리아기 말이 지나면 광합성의 결과물로 산소가 만들어지고, 이 산소들은 수소의 전자를 잡아먹고 물이 되어 지구를 적시기 시작합니다. 그렇게 지구에는 강과 호수, 바다가 서서히 생겨났고, 이 수중 공간은 다양한 생물의 탄생이 이루어지는 역사의 현장이 되었죠. 물에 대한 자세한 이야기는 조금 더 뒤에서 해 볼까요? 우선은 물을 만든 것 외에 또 다른 산소의 역할을 살펴봅시다.

산소는 주변 원자와 결합하고 싶은 욕망이 강한 녀석이라고 했죠? 이 녀석은 물불 안 가리고 끌어당깁니다. 심지어 동족끼리도 마구마구 뭉치곤 하죠. 산소는 원자 두 개로 이루어진 이원자 분자입니다. 그런데 이것도 모자라 동족 원자까지 끌어당겨 새로운 분자를 만들어 냅니다. 그것이 바로 O_3, 즉 산소 원자 세 개로 이루어진 분자인 오존입니다. 오존의 역할은

빅희스토리

지구에 아주 중요해요. 자외선으로부터 지구 생명체를 보호해 준답니다. 자, 그럼 이쯤에서 자외선이 무엇이고 생명체에 어떤 영향을 미치는지 한 번 살펴볼까요?

태양광선

태양이 뿜어내는 빛은 전자기파의 형태인데, 파장의 길이에 따라 종류가 나뉘게 됩니다. 대부분 우리에게 익숙한 이름들인데, 스펙트럼 내에서 파장이 짧은 순으로 엑스선, 자외선, 가시광선, 적외선, 마이크로파, 라디오파로 구분되죠. 약간 어렵다고 느껴지면 가시광선을 중심으로 생각해 보면 됩니다. 가시광선은 왜 이름이 가시광선일까요? "아, 햇빛이 너무 따가워! 가시 같은 이 광선! 울고 있는 나의 모습……. 태양이 싫어, 태양이 싫어!" 지성의 탑 꼭대기층에 있는 과학자들이 이런 식으로 대충대충 이름을 짓는 수준에 그쳤다면 적어도 지금의 고도화된 과학기술은 우리 몫이 아니었을 겁니다. 가시광선可視光線은 '눈으로 볼 수 있는, 즉 눈으로 지각되는 파장 범위를 가진 빛'이라는 뜻의 용어입니다.

사람의 눈은 사실 생각만큼 발달된 기관은 아니라서 일정 범위 안에 있는 길이의 파장380~780nm만큼만 색채로 인지할 수 있습니다. 어린 시절 우리는 비가 온 뒤 맑게 갠 하늘을 보며 여러 색깔로 층을 이루어 아름다운 원형을 그려내는 무엇인가를 넋을 잃고 바라보곤 했죠. 이름하여 무지개! 햇빛은 인간의 눈으로 볼 때 아무런 색깔이 없어 보이지만, 프리즘을 통과할 때는 굴절되는 정도에 따라 다양한 색깔로 보이게 됩니다. 무지개는 햇빛이 공기 중의 물방울에 부딪히며 굴절되어 다양한 가시광선으로 나뉘어 보이는 현상인데, 이때 물방울이 프리즘 역할을 하는 것이죠. 비 온 뒤 쏟아지는 햇빛 속에서 무지개가 많이 보이는 이유는 이 때문입니다. 무지개를 보면 가시광선의 색깔 분포를 알 수 있죠. 빨주노초파남보. 무지개의 양 끝에 보이는 빨간색과 보라색은 그 바깥으로 이웃한 햇빛의 전자기파를 이름 짓는 데 유용하게 쓰이죠.

　적외선infrared, infrared ray, infrared radiation, infrared light 등으로 표기은 가시광선 중 가장 긴 파장인 빨간색보다 더 긴 파장을 지닌 채 이웃해 있는 전자기파인데, 이름 그대로 '빨간색 밖에 있는 광선'이라는 뜻을 갖습니다. 적외선은 열작용이 다른 전자기파보다 뛰어납니다. 쉽게 말해 뜨겁다는 뜻이죠. 그래서 적외선 레이저가 의료용, 공업용으로 많이 쓰이기도 하고, 반사율을 이용해 위조지폐나 위조문서를 감별하는 데 활용되기도 합니다.

자외선

　자, 이제 드디어 자외선 이야기를 할 차례입니다. 자외선UV, Ultraviolet은 전자기파 중 가시광선의 보라색, 즉 자색보다 파장이 짧은 '보라색 밖에 있는 광선'입니다. 정확히는 엑스선과 가시광선 사이쯤 되는 길이의 파장이죠. 이 자외선은 형광작용과 살균작용을 하기 때문에 형광등과 살균소독기 같은 도구에 유용하게 활용되기도 하죠. 하지만 자외선에 과다하게 노출되면 생명체에는 좋지 않은 일이 일어나곤 합니다. 태양은 끊임없이 에너지를 빛과 열의 형태로 뿜어내는데, 이때 전자기파의 형태로 고온의 물체에서 저온의 물체로 에너지가 직접 전달되는 이동경로를 복사라고 합니다. 뭐, 느낌적으로는 어떤 노래의 "태양을 피하고 싶었던" 주된 원인이 "뜨거워서"라고 한다면 작사가 분은 복사를 잘 이해한 것이라고 보면 되겠습니다.

과학자들은 자외선 복사를 파장 길이에 따라 UV-A, UV-B, UV-C, NU-V Near ultraviolet, 근자외선, MUV Middle ultraviolet, 중자외선, FUV Far ultraviolet, 원자외선, VUV Vacuum ultraviolet, 진공자외선, 그리고 EUV 또는 XUV, Extreme ultraviolet, 극자외선로 또 분류를 합니다. 나누고 또 나누고, 나눈 걸 또 나누고. 과학자들의 취미는 참 한결같죠? 덕분에 오늘도 우리는 종류별로 잘 골라서 UV 차단제를 듬뿍 바르고 외출할 수 있습니다. 지구의 대기, 더 정확히는 성층권에 분포한 오존층이 이 UV를 일부 또는 전부 흡수해 주는데, 이 중 우리에게 중요한 것은 UV-A, UV-B, 그리고 UV-C입니다.

1987년 9월 16일, 캐나다 몬트리올은 당시 세계에서 가장 영향력 있는 23개국 대표들에게 만남의 광장이 되었습니다. 그로부터 약 21년 전인 1966년에 남극을 탐험하던 영국 탐사대가 하늘을 올려다보며 "Oh, my god."이라고 할 만한 발견을 했는데, 약 2,000년 전쯤 동방박사들도 마찬가지로 하늘을 올려다보며 같은 말을 했지만 느낌이 꽤나 달랐던 것 같아요. 영국 탐사대원들이 발견한 오존층의 구멍은 사실 남극에서는 여름철 연례행사 같은 거였습니다. 8월부터 10월까지 남극 상공의 오존층이 심하게 얇아져서 계절성 부분 탈모처럼 보이게 되는 거죠. 그런데 1985년에 영국남극연구소 연구진이 다시 남극의 오존층을 들여다보니 남극의 오존층은 여름이 지나도 자라나지 않는 영구 원형탈모 같은 상태가 되어 버렸습니다. 이덕화 선생님이 "아, 이런, 이런!" 하며 탄식할 만한 사건이었죠. 오존층이 얇아지면 무슨 일이 벌어질까요? 앞서 잠깐 이야기했듯이 성층권의 오존층은 자외선을 거의 흡수해 지구 생명체에게 일어날 수 있는 불상사를 상당 부분 막아 줍니다.

오존은 산소 원자 세 개로 이루어진 분자라고 이야기했죠? 이 친구들은 신기한 녀석들이에요. 구조가 불안정하고 독성이 강해서 공기 중에 조금만 섞여 있어도 경우에 따라 치명적일 수 있습니다. 오존이 어떻게 우리가 들이마시는 공기 중에 들어앉아 있는 걸까요? 삼원자 분자라고 하니 산소와 달리 불안정하고 생성이 까다로워 보이잖아요. 대개의 경우 공기 중에 분포하는 오존은 우리가 편하자고 만든 녀석들 때문에 만들어집니다. 오늘날 도심에 사는 사람 대부분은 매일 이 녀석들을 이용하고 있죠. 바로 자동차입니다. 자동차는 우리를 어디든 편하게 데려다 주는 고맙고 편리한 존재지만 우리를 싣고 다니면서 힘겹게 내뱉는 이 친구들의 날숨에는 많은 문제가 있어요. 우리가 배기가스라고 부르는 이 날숨은 대부분 일산화질소NO의 형태로 배출되는 질소산화물입니다. 이 가스가 일련의 과정을 통해 발생기산소O와 결합하면 이산화질소NO_2가 되죠. 이 이산화질소가 햇빛에 노출되면 일산화질소와 산소원자로 광분해 되는데, 이때 만들어진 산소원자가 대기 중의 산소를 만나게 되면 앞서 이야기한 옥텟 규칙에 따라 욕심꾸러기 산소와 결합해 오존O_3이 만들어지게 되는 거죠. 이 과정의 반은 자동차의 배기구에서 시작되고 나머지 반은 공장이나 발전소의 굴뚝에서 시작됩니다. 일단 듣고 보니 뭔가 인위적인 과정이 많이 들어가고 만들어지면 안 될 것만 같은 것이 인간의 개입에 의해 만들어지게 된 것 같지 않나요? 이런 경우 열에 여덟아홉은 우리에게 안 좋은 영향을 끼칩니다.

우리나라를 비롯해 많은 선진국에서 오존경보제를 도입하고 대기 중 오존의 농도를 세 단계로 표시해 경각심을 주고 있는 상황인데요. 다행히 건

빅히스토리

강한 사람은 가장 낮은 단계인 오존주의보공기 중 오존 농도 0.12ppm일 때 3시간 이상 밖을 활개치고 다녀야 겨우 기침이나 숨찬 증상을 느낍니다. 두통이나 시력 장애를 경험하려면 2주를 꼬박 돌아다녀야 하죠. 문제는 천식 등 호흡기 환자나 어린이, 노인입니다. 특히 천식 환자는 오존주의보 상황에서도 발작이 심해지고, 오존경보공기 중 오존 농도 0.3ppm나 중대경보공기 중 오존 농도 0.5ppm 이상 상황에서는 노인의 사망률이 평소보다 최고 5배 증가한다는 보고도 있습니다. 이렇게 우리 곁에 있을 때는 치명적일 수 있는 오존은 우리와 멀리 떨어져 있을 때 비로소 좋은 일을 해 줍니다. 뭐, 조금 멀리 떨어져 있을 때 말이죠. 한 15~30km 정도? 성층권에 있어야 제 역할을 해 줍니다.

성층권에 있는 오존층은 자외선을 그런대로 효율적으로 차단해 줍니다. UV-A는 오존층에 거의 흡수되지 않지만, UV-B는 약 90% 이상이 흡수됩니다. 즉, UV-A는 90% 이상, UV-B는 10% 이하가 지표면에 도달해 우리에게 영향을 미치는 거죠. 우리가 외출할 때 얼굴에 듬뿍듬뿍 바르는 자외선 차단제는 이 UV-A와 UV-B로부터 우리를 보호해 줍니다. UV-A는 생명체에 가장 덜 치명적입니다. 장기간 노출될 때만 주름과 피부 노화를 유발하죠. 에너지가 상대적으로 더 강한 UV-B는 우리에게 조금 더 심각한 영향을 주는데요, 장기간 노출될 때 유기체의 피부를 태워 화상을 입히고 심할 경우 피부 조직을 뚫고 들어가 피부암을 일으키거나 백내장을 유발하기도 합니다. 무섭죠? 그러니까 본인이 마초적이라고 자부하는 남성분들도 "선크리~임? 남자가 무슨 선크림! 자고로 남자는 구릿빛이지!" 하지 마시길 바랍니다. 씻기 싫어서 그러는 거 다 알아요. 나이 들어 후회 안 하려면 자외선 차단제 듬뿍듬뿍 바르시고 귀가하면 깨끗하게 세안하세요!

자외선 중 가장 에너지가 큰 UV-C가 남았는데요, 이 녀석은 오존층이 100% 흡수해 줍니다. 생물체에 가장 치명적이지만 지표에 도달할 수 없죠. UV-C는 자외선 중 에너지가 가장 큰 편에 속해서 주로 바이러스나 박테리아를 살균하는 데 활용됩니다. 살균기를 보면 은은한 푸른빛이 돌잖아요? UV-C가 열심히 일한다고 생각하시면 됩니다. 살균 작용은 우리를 질병으로부터 지켜 주는 고마운 일이지만, 단세포 유기물의 입장에서 보면 UV-C가 자연 상태를 그대로 관통한다는 것은 문자 그대로 이들의 죽음을 의미합니다. 또한 생명체의 염색체를 변이시키거나 눈의 각막을 상하게 하기도 하죠. 소설이나 영화에서 UV-C를 포함하는 자외선이 해치우는 것은 단세포 생물만이 아닙니다. 많은 SF 호러 영화에서 보셨을 거예요. 뱀파이어나 드라큘라가 햇빛을 보면 피부가 타들어 가며 죽는 장면을 말이죠. 말이 나온 김에 뱀파이어와 드라큘라의 차이를 간단히 살펴볼까요?

뱀파이어와 드라큘라

뱀파이어는 중세 때부터 동유럽 민담에서 주로 다뤄 온 괴물로 사람의 피를 빨아먹는 것이 특징입니다. 우리나라에서는 흡혈귀라는 이름으로 불리고 있죠. 우리 모두 알고 있지만, 민담이나 괴담만큼 현상을 토대로 가짜 지식을 퍼뜨리는 것은 없습니다. 다시 말해, 민담이나 괴담 자체는 허무맹랑하지만, 그것이 만들어지고 구전되는 이유는 분명 어떤 현상이 목격되거나 발견되었기 때문이죠. 흡혈귀 괴담을 만들어 낸 이슈는 꽤나 다양한데, 우선 몽골의 쥐 떼가 시발점이라고 여겨지는 페스트의 창궐이 있습니다. 흑사병으로도 알려져 있는 페스트는 일단 유럽권에서는 흉흉한 이야기를 꺼낼 때 믿고 들을 수 있는 소재가 되곤 합니다. 흡혈귀 괴담도 예외가 아니었는데요, 이 괴담은 주로 사망한 페스트 환자를 처리하는 과정에서 목격된 사실에 기반을 둡니다. 페스트가 창궐할 당시에는 처리해야 할 시체가 너무 많아 이들을 제대로 매장도 못하고 쌓아 두곤 했습니다. 이때 시체가 부패하며 폐가 부풀고 그로 인해 간혹 시체가 상체를 일으켜 세우는 듯한 착각을 주었는데, 폐가 부풀며 역류한 혈액이 입을 통해 쏟아져 나오면 이를 목격한 사람의 머릿속에서 그려지는 스토리는 두 배로 드라마틱해질 수밖에 없는 거죠. 무지했던 당시 사람들은 자꾸 상체를 세우고 피를 토하는 시체가 일어나는 것을 막기 위해 가슴팍을 돌로 눌러 놓거나 말뚝을 박고 입에 돌을 쑤셔 넣는 다소 과격한 방법을 동원하기도 했는데, 이런 방법은 나중에 소설이나 영화에도 영향을 줍니다.

그렇게 흡혈귀 민담의 초석이 다져지는 와중에 몇 가지 질환이 민담을 괴담으로 완성시켜 줍니다. 바로 포르피린증Porphyria과 광견병Rabies입니다. 포르피린증은 혈액색소 성분인 포르피린이 혈액과 조직에 축적되는 대사질환입니다. 적혈구를 구성하는 헤모글로빈의 원료인 헴heme 단백질이 합성되는 과정에서 필요한 효소가 결핍되어 정상적인 헴이 아닌 중간과정의 전구물질이 몸에 쌓여 병이 되는 거죠. 이 병은 크게 신경증상과 피부증상을 동반하는데, 이 중 흡혈귀 괴담의 재료가 되는 것이 바로 피부증상입니다. 포르피린증 환자는 햇빛에 노출되면 과민반응으로 인해 피부가 창백해지기도 하고 벗겨지거나 물집이 생기거나 붉게 흉터가 남아 색소 침착으로 이어지기도 합니다. 또 잇몸이 붓거나 괴사해 상대적으로 이가 뾰족하게 드러나는 외형을 보이기도 하죠. 이런 원인과 증상 때문에 과거에는 환자들이 햇빛을 피해 밤에만 활동해야 했습니다. 또 요즘에는 헤민hemin이라는 헴 화합물을 주사하거나 다양한 약물로 증상을 조절하지만 병리학과 의학이 발달하기 전에는 환자들이 피나 간을 먹는 것을 치료법으로 여기기도 했답니다. 햇빛을 보면 피부가 벗겨지고 이는 뾰족하고 밤에만 활동하며 피를 마셔야 했던 그 옛날 포르피린증 환자를 보며 사람들이 뭘 생각했겠어요.

포르피린증은 유전질환이라 주변에서 쉽게 볼 수 없었는데, 광견병은 그나마 쉽게 볼 수 있는 질환이었습니다. 광견병에 걸리면 지나치게 흥분하는 데다 흔치 않은 증상인 불면증이 동반되면 야행성으로 오해받기 쉽죠. 물에 대한 공포도 커지는데, 심하면 아침에 일어나서 시원한 생수 한 잔 들이키려다가 잔에 담긴 물을 보고도 기겁을 합니다. 그러니까, 신부님이 엑소시즘 하려고 가정방문 오셔서 성수통만 꺼내도 경기를 일으키며 몸을 뒤틀게 되는 거죠. 사나운 사람이 밤에 돌아다니고 성수를 무서워하는 증상이 성스럽게 삼위일체가 되어 사람들의 머릿속에서 포르피린증과 함께 흡혈귀의 이미지를 완성하는 데 완벽한 조미료가 되어 준 것이죠. 어느 시대든 어느 나라든 어린이는 밤늦게 돌아다니면 안 되고 늦은 시간까지 여흥이 계속되면 사고가 나잖아요? 뭐, 그런 걸 예방하는 차원에서라도 많은 꼰대들이 엉성한 목격담의 뼈대에 그럴싸한 살을 덕지덕지 붙이고 영혼을 끌어 모은 연기를 섞어 가며 나라의 꿈나무들을 선도했겠죠. 말 잘 듣게 하는 데는 무서운 게 최고니까요. 거기다 아이들이 뱀파이어가 무서워한다는 마늘 반찬까지 안 가리고 잘 먹으면 더할 나위 없지 않았을까요?

자, 뱀파이어의 유래는 여기까지. 그럼 도대체 드라큘라는 또 뭘까요? 어차피 이가 뾰족하고 햇빛이나 마늘 무서워하고 사람 피를 빨아먹는다

빅희스토리

는 설정이 똑같은데, 무슨 차이가 있을까요? 결론부터 말하자면, 뱀파이어는 민담 속 괴물의 종족을 통칭하는 표현이고, 드라큘라는 소설 속에 등장하는 뱀파이어 종족의 한 인물입니다. 쉽게 말해 뱀파이어가 종족명인 집합명사라고 한다면, 드라큘라는 종족 중 한 인물의 이름인 고유명사 정도가 되겠죠? 어려서부터 머릿속에 축적되어 온 드라큘라의 이미지를 그려 보세요. 뱀파이어와 차이를 보일 만한 뭔가 다른 어떤 게 떠오르지 않으세요? 우리 머릿속에 그려지는 드라큘라는 큰 고성에 살고 고급 망토를 두른 지체 높은 귀족입니다. 바로 1897년 소설가 브람 스토커가 창조해 낸 드라큘라의 이야기에서 그 이미지가 시작되었습니다.

브람 스토커가 소설을 쓰며 드라큘라 백작의 모델로 활용한 인물은 실제 공작의 신분이었습니다. 드라큘라라는 이름도 이 인물의 별명에서 그대로 따온 것이었죠. 브람 스토커는 느지막이 빛을 본 소설가였습니다. 소설 《드라큘라》가 출판되기 전인 50세 때까지는 유명한 작품이 없었죠. 평범한 연극 비평가이자 극장의 사무원이었던 그는 43세에 헝가리 부다페스트 대학교의 동양어과 교수이자 민속학자인 뱀버리를 만나게 되는데, 그로부터 동유럽의 흡혈귀 민담과 루마니아의 한 인물에 대한 이야기를 듣는 순간 "됐어, 이거야. 이제 무명 생활은 끝이야. 이거 잘만 하면 나 이제 파이어족 가능." 정도의 예감이 들었던 것 같습니다. 그러지 않고서야 당시엔 느지막한 나이인 마흔이 넘어서 7년 동안 한 우물을 팔 생각을 어떻게 했겠어요. 하필 또 이름도 집요하게 스토커예요. 물론 stalker는 stalker고 이 사람의 이름은 Stoker였지만, 어쨌든. 뱀버리 교수로부터 한 줄기 빛을 본 그는 7년 동안 도서관에서 살다시피 하며 흡혈귀와 한 인물에 대한 자료를 스토킹하고 책을 냅니다.

그가 스토킹한 드라큘라의 모델은 바로 15세기 왈라키아현재의 루마니아 지방의 공작이었던 블라드 3세였습니다. 당시 막강했던 세력인 헝가리와 오스만 제국 사이에서 새우 등 터지던 왈라키아에서 태어나 파란만장한 삶을 살다 간 인물이었죠. 지정학적으로 빡세기 그지없던 땅의 왕으로서 그는 오스만에 잡혀 갔다가 헝가리에 쫓겼다가 오스만을 등에 업기도 하고 헝가리와 상생하기도 하며 자신은 비굴하게 구를지언정 바람 앞 등불 같던 조국과 가문의 불씨가 꺼지지 않게 근근이 버텨 준 생계형 영웅이었습니다. 그의 아버지 블라드 2세 역시 아들 못지않게 파란만장한 삶을 살았는데, 우선 태어날 때부터 왕가의 사생아였습니다. 힘없던 조국은 사생아였던 그를 신성로마제국에 볼모로 보냈고, 블라드 2세는 신성로마제국이 오스만제국의 유럽 진출을 막기 위해 황제가 창단한 드라곤 기사단에 묻지도 따지지도 못하고 입단하게 됩니다. 황제는 등 떠밀려 입단한 그에게 "너는 용의 기사단에 입단하였으니, 용이라고 불러 주겠노라. 이제부터 너의 별명은 용이다."라고 합니다. 이 대사를 그대로 읊진 않았겠지만, 어쨌든 '1 더하기 1은 2.'처럼 당연한 저런 뉘앙스의 말이 황제의 입에서 나온 건 분명합니다. 왜냐하면 블라드 2세가 하사 받은 별명이 '드라쿨Dracul, 루마니아어로 '용'이라는 뜻'이었거든요. 아버지 별명이 '용'이니까 아들인 블라드 3세의 별명은 '용의 아들Draculea, 드라쿨레아, 루마니아어로 '용의 아들'이라는 뜻'이었습니다. 브람 스토커는 이 별명을 그대로 소설 주인공의 이름이자 자신의 소설 제목으로 쓰게 되었고, 그렇게 1초라도 생각해 보고 지어 줬을까 의심스러운 별명은 오늘날까지 세계적으로 유명한 고유명사가 되었습니다. 문득 궁금해지는 것은 왜 블라드 3세인 드라쿨레아가 동유럽의 흡혈귀 민담과 연관되어 소설로 만들어졌을까인데, 그건 바로 블라드 3세의 잔인한 면모에서 기인합니다.

블라드 3세에게는 또 다른 별명이 있었는데요, 바로 블라드 '쩨페슈' 공작입니다. 쩨페슈Tepes는 루마니아어로 '꿰뚫는 자', 혹은 '꼬챙이'를 뜻하는데, 이는 그가 재임기에 살벌하게 행한 꼬챙이형꼬챙이 말뚝에 죄인을 꽂아 죽이는 형벌 때문이었죠. 수많은 강대국에게 둘러싸인 군소국의 군주로서 수많은 외세의 침략과 빈번히 군주가 교체되는 상황에 따른 귀족들의 부패, 실추된 나라의 기강 등 총체적 난국을 효과적으로 타파하기 위해 그가 선택한 것은 공포 전략이었습니다. 적국의 포로, 부패한 귀족, 도둑, 범죄자 등 누구 하나 가리지 않고 인류와 조국의 발전에 걸림돌이 된다고 판단되면 꼬챙이에 꿰어 댔어요. 그래서 조국 루마니아는 그를 "나라를 구한 세계 최고의 악마"라고 평가하죠. '소리 없는 아우성'이라든가 '세계 최고의 2인자' 같은 극강의 애매한 표현이지만, 이 이상 그를 제대로 표현할 수 있는 말은 없어 보입니다.

아무튼, 이런 잔인한 면모로 인해 왈라키아를 포함한 당시 유럽 각국에서는 블라드 쩨페슈 공작의 악명이 드높았고, 급기야 빈번히 흡혈귀 파워와 퓨전되어 사람들의 입에 오르내리게 됩니다. 정작 블라드 3세 본인은 쩨페슈라는 별명보다 드라쿨레아라는 별명이 더 마음에 들었나 봐요. 실제로 그는 종종 자신의 문서에 '드라쿨레아'라는 서명을 사용하곤 했답니다. 뭐, 저였어도 '용의 아들 블라드'는 못 참죠. 물론 '꼬챙이로 꿰뚫는 블라드'나 '용의 아들 블라드'나 선 넘게 오그라드는 건 마찬가지지만, 그래도 조금 더 힙하면 남들이 우쭈쭈 해 주잖아요. 브람 스토커도 마찬가지 이유로 더 힙한 쪽을 선택한 건 아니었을까 하는 합리적 의심을 해 봅니다. 자기 책이 출판돼서 서점에 진열돼 있는데, 책 표지에 제목이 《꼬챙이 백작》

이라고 써 있으면 좀 그렇잖아요. 왠지 '드라큘라Son of Dragon'가 더 어감도 좋게 느껴지고 책 안 살 것 같은 사람도 한번은 집어들 것 같은 이름이잖아요. 어쨌든 그렇게 블라드 공작은 뱀파이어 민담에 스며들어 브람 스토커에 의해 햇빛을 무서워하는 드라큘라 백작으로 재탄생하게 됩니다.

사실 우리에게 익숙한 드라큘라 백작의 올백 머리와 창백한 얼굴, 그리고 깃 세운 검은 망토의 이미지는 1897년의 소설보다는 1931년을 시작으로 꾸준히 제작된 영화들에서 블라드 공작의 분위기를 섞어 진화시킨 외형의 영향이 큽니다. 일단 창작의 영역에 들어선 뱀파이어의 이야기는 최근 과학이라는 학문을 만나며 호러보다는 SF라는 장르로의 환승을 꾀하게 되는데, 그중 어설프게나마 과학적 고찰을 한 설정 중 하나가 바로 뱀파이어가 두려워하는 햇빛에 대한 것입니다. 햇빛을 보면 표피세포가 녹아내리는 뱀파이어의 초기 설정에 자외선, 특히 UV-C가 유기물의 세포를 죽인다는 과학적 사실이 만나면서 몇몇 영화에서 자외선이라는 소재에 관심을 보이게 된 것이죠. 한국인과 결혼해 한때 국민 사위의 반열에 오르기도 했던 배우 웨슬리 스나입스를 고독한 스타로 만들어 준 영화 〈블레이드 2〉에도 이런 설정이 나옵니다. 극 중 돌연변이 뱀파이어가 태양광 중에서 자외선에 치명적인 약점을 지닌다는 설정을 토대로 자외선 무기가 등장하죠. 심지어 제이미 폭스 주연의 〈데이 시프트〉라는 영화에서는 뱀파이어가 강력한 UV 차단제를 발명해 치덕치덕 바르고 대낮에도 거리를 활보할 수 있다는 설정이 등장하게 됩니다. 역시 아는 만큼 살아남는 것인가? 뱀파이어 세계에서도 빅데이터와 집단지성의 결과물이 이들을 적응하게 만든 겁니다.

다시 자외선

자, 여기서 우리는 캄브리아기 전에는 왜 생물이 다양하게 출현할 수 없었는지 알 수 있습니다. 은생누대까지만 해도 대기 중에 산소 원자가 많지 않아 성층권에 오존층이 생기지 않았거든요. 그래서 UV-C나 UV-B는 지구를 향해 프리패스하는 직사광선의 자유를 마음껏 누릴 수 있었고, 단세포 유기물들은 자외선을 피하지 못하고 UV 차단제를 바르지도 못한 채 더 진화할 겨를도 없이 죽어 갔던 거죠. 그러다가 남세균을 포함한 독립영양생물이 광합성을 통해 산소를 꾸준히 만들어 냈고, 그렇게 결합할 기회를 얻은 산소 원자는 삼원자 분자인 오존이 되어 성층권에 터를 잡게 되죠. 오존층 검문소를 통과하지 못한 UV-C와 UV-B는 이제 더 이상 지구 생명체에 위협이 되지 못했고, 그 결과 지구의 생명체들은 삶의 여유를 가지고 더 복잡한 구조로 변신할 수 있게 된 것이죠. 자, 생물 다양성의 첫 번째 가능성인 산소와 오존의 존재에 대해서는 여기까지 이야기하고, 다음 주인공인 칼슘에 대해 이야기해 볼까요?

칼슘

칼슘은 우리 지구의 지각을 구성하는 원소 중 5번째로 높은 비율을 차지하고 있습니다. 마찬가지로 우리 몸에서도 비율로 다섯 손가락 안에 드는 중요한 원소입니다. 우리 몸에서 가장 필수적인 무기질로 꼽히곤 하는 칼슘은 약 99%가 뼈를 구성하는 데 쓰이고, 나머지 1%는 혈액을 돌아다니며 혈액 응고를 돕는 등 중요한 역할을 하죠. 칼슘의 가장 중요한 역할이 뼈의 구성이라는 건 누구나 아는 사실일 겁니다. 여기서 우리는 수중생물 종이 급증하는 캄브리아기 대폭발과 바닷물의 칼슘 비중 증가라는 두 사건을 자연스레 연결 지을 수 있게 됩니다. 칼슘 외에도 5억 4천만 년쯤 전 증가한 게 꽤 있어요. 바로 산소와 인 같은 원소들입니다. 다 오늘날 지구와 인체 구성 물질 top 5 안에 드는 녀석들이죠. 5억 4천만 년 전 지구의 바다는 왠지 하루가 다르게 다른 생명이 탄생하고 무한한 가능성이 일어날 것 같은 확신을 주는 환경이 된 것이죠. 그런데 지구가 생겨나고 40억 년 동안 가만히 있던 이 원소들이 왜 갑자기 마구마구 생겨나게 되었을까요?

에베레스트와 조개껍데기

많은 과학자들은 그 원인이 해저 지각판과 맨틀의 활동이라고 이야기합니다. 혹시 곤드와나 대륙에 대해 들어 보셨나요? 곤드레나물밥 너무 맛있고 저도 엄청나게 좋아하지만 전혀 관련 없습니다. 아마 학창시절 과학시간에 많이 들어 봤을 겁니다. 대륙 이동설!

휴가철이 되면 많은 사람들이 항공편과 숙소를 알아봅니다. 가까운 동남아시아 국가나 유럽, 미국, 중남미, 심지어 서아시아나 아프리카, 폴리네시아의 섬에 자리한 휴양지까지 우리를 기다리는 곳은 넘쳐 납니다. 오늘날 우리에게 필요한 것은 돈과 시간, 이 두 가지밖에 없습니다. 참 쉽죠? 그런데 말입니다, 공룡을 비롯한 고생물들의 화석이 넓은 바다를 사이에 두고 서로 다른 대륙에서 발굴되고 있습니다. 그것도 해안선이 서로 퍼즐처럼 딱 들어맞는 두 대륙에서 같은 종들이 말이죠. 얘네한테는 휴가도 없었고 비행기 타고 이동할 수는 더더욱 없었을 텐데요. 대륙 이동설 이야기하

빅희스토리

던 중 아니었나 하시는 분들, 조금만 더 들어 보세요. 더 재미있는 것은 많은 산들, 심지어 해발고도가 지구에서 가장 높은 에베레스트에서도 조개껍데기와 암모나이트 같은 해양생물의 화석이 발견된다는 것입니다. 암모나이트는 너무 흔해서 그냥 산길 가다가 냇가에서 "어? 돌이네?" 하고 집어 들면 높은 확률로 얘 화석이라는 농담도 있을 정도로 말이죠. 여러 증거들을 토대로 인류의 조상이 처음 두 발로 걷기 시작한 때가 점점 앞당겨지더니, 최근에는 500만 년 전으로까지 추정하고 있습니다. 화석이라는 게 하루아침에 만들어지는 것이 아니니까 백 번 양보해서 500만 년이라고 하더라도 이제 막 두 발을 겨우 떼기 시작한 그들이 에베레스트까지 조개 반찬이나 생선찜 같은 걸 도시락으로 싸 들고 소풍 와서 먹고 버리고 간 건 아닐 거잖아요. "새가 먹고 갔나?"라고 질문한다면 저는 더 이상 할 말이 없지만, 과학적 근거를 토대로 한 정확한 답이 이미 있으니 그걸 이야기해 드릴게요.

베게너의 판게아, 움직이는 대륙

아프리카 대륙과 아메리카 대륙의 일치하는 해안선과 생물 종 화석, 그리고 에베레스트에서 발견되는 조개껍데기나 암모나이트는 모두 한 인물이 주장한, 당시로서는 너무나 파격적인 이론과 직간접적으로 연결됩니다. 당대에 비웃음을 사던 이론들은 대개 몇십 년이나 몇백 년, 때로는 몇천 년이 지나 사실로 밝혀지곤 하죠. 시대를 너무 앞서간 이들은 대개 생전에는 비웃음과 가난에 허덕이다 백골이 된 후에야 비로소 본래 자신의 몫이어야 했던 찬사를 되돌려 받습니다. 안타까운 일이지만, 과학과 기술이 발전하지 않았던 가까운 과거까지만 해도 상상의 나래를 타고 전개되는 독창적이고 선구적인 주장이 정식 이론으로 인정받지 못했던 게 당연한 일이었을 겁니다. 머릿속에서 울려 퍼지는 공식의 향연을 칠판에 풀어내는 것만으로 과학계의 일반적인 천재들까지 바보로 만들며 각종 이론을 뚝딱 만들어 내던 아인슈타인 박사님은 이해하지 못했겠지만, 적어도 2차 세계대전이 끝나기 전까지 대부분은 그랬습니다. 독일의 알프레드 베게너도 비슷한 경우였죠.

천문학자이자 기상학자요 기후학자이자 지구물리학까지 섭렵한 프로 n 잡러였던 그는 오늘날까지 예측률이 그다지 높지 않은 일기예보 사실 알고 보면 굉장히 정밀한 기계의 측정으로 예측률이 꽤 높지만, 비 온다고 해서 우산 갖고 나가면 해가 쨍쨍하거나 맑음이라고 해 놓고 우산 없이 나가면 소나기가 쏟아지는 좋지 않은 경험만 기억하는 우리에게 객관적인 예측률은 와닿지 않겠죠. 같은 것에는 관심이 없었나 봐요. 그는 하늘보다는 땅에 관심이 더 많았던 게 분명합니다. 그도 그럴 것이 하늘을 올려다보니 이건 뭐 애니미즘animism. 무생물에도 생명이나 영혼이 깃들어 있다고 믿는 신앙. 흔히들 'animal'이 연상되는 용어 때문에 동물을 숭배하는 토테미즘과 혼동하는데, 애니미즘은 영혼이나 생명을 뜻하는 라틴어 'anima'를 어원으로 합니다.도 아니고 샤머니즘신이나 초자연적인 존재와 소통하며 대행자나 중재자 역할을 하는 존재인 샤먼, 즉 무당이 집단의 중심이 되는 원시종교 체계입니다.도 아닌 것이 변덕이 죽 끓듯 하는 날씨의 신에게 아무리 기도해 봤자 비 올 확률은 반반이었는데, 땅은 가만히 들여다보니 아무래도 당연히 지금 상식으로는 당연해 보이는 게 당연해 보이지 않았을 당시에도 그의 눈에는 당연해 보이는 것이 있었던 거죠. 그는 기상학 분야에서도 대기열역학에 상당히 기여했다고 알려졌지만, 그가 주장한 대륙 이동설이 워낙 지질학 분야에서 힙하고 엄청난 파급력을 지니

빅희스토리

고 있었기에 제 이야기는 상대적으로 어느 정도는 가능한 농담입니다. 학창 시절 배운 네 분야의 과학 과목을 토대로 살펴보면, 이 이론이 얼마나 대단한 것이었는지 짐작할 수 있습니다. 각 과목 별로 가장 뛰어나다고 평가되는 업적을 꼽자면 화학의 주기율표, 물리학의 양자역학, 생물학의 진화론과 유전 코드 발견, 그리고 지구과학, 즉 지질학의 판구조론인데, 이 판구조론이 베게너의 대륙 이동설의 토대 위에 구축된 이론입니다.

왜 아프리카 대륙의 서쪽과 아메리카 대륙의 동쪽 해안선이 퍼즐 조각처럼 맞아 떨어질까? 왜 서아프리카 라이베리아 땅과 남아메리카 수리남 **땅**베게너가 대륙 이동설을 제시한 1912년 당시 수리남의 정식명칭은 '네덜란드령 기아나(Nethalands_Guiana)'였습니다.의 해안절벽 암석 구성이 비슷한 걸까? 왜 브라질의 리우데자네이루와 앙골라의 루안다 땅에서 같은 종의 생물 화석이 발견되는 걸까? 북미 대륙 동쪽에서 시작해 뉴펀들랜드 해안에서 사라지는 애팔래치아 산맥이 어째서 영국 제도와 스칸디나비아 해안, 그리고 서아프리카 해안의 산맥들과 비슷한 시기에 형성되었고 비슷한 구조를 갖는 걸까? 멀리 떨어져 있는 서로 다른 대륙 간 해안선과 지질 구조, 화석 고생물종, 석탄층, 빙하의 흔적이 유사성을 넘어서 일치하고 있다는 사실은 지금 생각해 보면 당시 사람들이 베게너를 괴짜로만 치부하기에는 하나같이 너무 당연하고 치명적이었습니다. 그 사실들이 가리키는 한 지점을 발견한 베게너의 심정은 어땠을까요?

소크라테스나 케플러, 다윈, 아인슈타인, 베게너, 그리고 세종대왕님출산휴가와 육아휴직, 파격적인 인재 등용을 통해 백성의 인권과 나라의 발전에 대하여 세대를 앞서간 고민을 했던 조선 4대 왕입니다. 같이 시대가 인정하기에는 너무 큰 진실을 홀로 추구했기에 외롭지만 숭고하고 동시에 신나는 삶을 살아갔을 것 같은 인물들의 심정은 본인만 이해할 수 있겠죠. 어쩌면 이렇게 시대마다 홀로 선 섬 같은 인물들을 중심으로 쌓인 집단지성이 오늘날 인류가 그저 먹고사는 데만 머물지 않고 스마트폰을 통해 세상의 기원이나 3세계의 기아, 자연 파괴에 대한 염려, 전쟁과 종교의 참뜻을 헤아리고 소통할 수 있게 만들어 준 것이 아닐까요? 어쩌면 그 섬이 항해자들 눈에 너무 지루해 보여서 그냥 지나칠까 봐 섬 해안에 닻이라도 내려 보라는 심정으로 "그 섬에 한번 가 보세요. 재밌는 것도 많고 맛있는 것도 많아요." 하고 그럴싸하게 포장해서 이야기를 지어내는 참견쟁이 이야기꾼의 마음으로 저는 오늘도 이렇게 글을 써내려 가고 있는 것 아닐까요?

어쨌든, 베게너가 보기에 진실은 명확하고 단순했습니다. 인류의 조상이 남아프리카에서 걷기 시작해 남아메리카의 땅끝 마을 티에라 델 푸에고Tierra del Fuego. 아르헨티나와 칠레의 최남단에 위치한 곳으로 대항해 시대 때 그 옆을 배 타고 지나던 마젤란이 당시 그곳에 살고 있던 원주민인 야간족이 피워 올린 수많은 봉화 연기를 보고 '불의 땅'이라는 뜻으로 이름 지었다고 합니다. 포르투갈에서 태어났지만 자신의 항해 전략과 포르투갈 왕의 뜻이 맞지 않자 스페인으로 넘어가 에스파냐인이 된 그는 스페인 국왕의 후원을 받아 서쪽의 남아메리카를 경유해 태평양을 건너 인도양을 거쳐 돌아오는 경로를 기획하고 항해선단을 구성하는데, 이는 당시 뜨거운 감자였던 토르데시야스 조약 덕분이죠. 토르데시야스 조약은 나중에 더 자세히 다룰 거예요. 항해 초기 그의 선단은 남아메리카 최남단의 한 섬 사이의 해협을 지나게 되는데, 이 해협이 그 유명한 마젤란 해협이고 그 섬이 바로 티에라 델 푸에고였죠. 'Tierra'는 스페인어로 '땅'이라는 뜻으로 영어 'territory'의 어원이고, 'Fuego'는 스페인어로 '불'이라는 뜻으로 영어 'fire'의 어원입니다.까지 이주해 온 건 겨우 몇만 단위의 역사를 지니는데, 아직 발도 없었던 고생물이 몇억 년 전 그 먼 길을 돌아 이사 다니지는 않았을 터이고, 더욱이 빙하나 지질은 말할 것도 없었죠. 그래서 아주 명료하게 그의 결론

빅희스토리

은 "땅은 원래 하나였다."는 겁니다. 즉, 먼 옛날 한 대륙에 모여 살던 생물들의 흔적이 땅이 나누어지며 멀어졌다는 것이죠. 아주 오랜 옛날, 대륙이 하나였는데 일련의 지구 활동으로 인해 하나였던 대륙이 점점 찢어져서 오늘날 6개의 큰 조각으로 흩어졌다는 것이 바로 베게너의 대륙 이동설입니다.

그는 초기의 이 대륙을 하나의 땅이라는 뜻의 '판게아Pangaea'라고 이름 짓습니다. 판게아의 어원은 그리스어예요. 'Pan'은 '하나', '전체'라는 뜻인데, 최근 코로나-19 바이러스 확산으로 인해 유명해진 의학재난용어 '팬데믹pandemic; pan + epidemic'도 이 어원에서 유래합니다. 'Gaea'는 'gaia'가 어원인데, 왠지 익숙하지 않으세요? 앞서 지구와 달의 탄생에 대해 이야기할 때 초기 지구를 '가이아'라고 불렀다고 했죠? 동시에 올림푸스 시대 이전 고대 그리스 신 중 대지의 신 이름도 '가이아'였다는 걸 기억하세요. 이렇게 베게너 이론의 토대인 하나의 땅 '판게아'가 탄생합니다. 당시 학계는 그의 이론이 증거의 보강이라는 과제를 안고 있다는 것을 분명히 했지만, "베게너 옹, 작명 센스 보소?"라며 박수 친 이들이 아마 한두 명은 아니었을 겁니다.

이 판게아는 약 2억 5천만 년 전에는 사이좋게 붙어 있다가 서서히 찢어져서 1억 8천만 년 전에는 로라시아북아메리카를 뜻하는 '로렌시아'와 유럽과 아시아를 통칭하는 '유라시아'의 합성어와 곤드와나남극, 남아메리카, 아프리카, 오스트레일리아, 뉴질랜드, 아라비아 반도와 인도를 포함하며 산스크리트어로 '곤드족의 숲'이라는 뜻로 크게 찢어지기 시작해 점점 나뉘어졌고, 6천 5백만 년 전에 지금의 대륙 모양을 갖게 되었죠. 베게너는 판게아가 찢어지는 이유는 화강암질의 대륙이 강도와 밀도 차이로 인해 현무암질의 해양지각을 부수며 그 위를 떠다닐 수 있기 때문이라고 설명했습니다. 하지만 그의 이 설명이 옳은 것도 아니었을 뿐더러 대륙이 이동하는 원인은 해양지각 위를 떠다니는 게 아니라 대륙과 해양지각으로 이루어진 암판이 흐물흐물한 고체 형태의 상부 맨틀층 위를 떠다니기 때문입니다. 당시 측정 기술로는 이런 이론을 증명할 수 있는 길이 없었기 때문에 베게너의 이론은 빛을 보지 못하죠. 과학은 실전입니다. 아무리 멋진 이론이라도 수학적으로나 실증적으로 증명하지 못한다면 그저 멋진 상상에 불과할 뿐이죠.

사실 대륙 간 경계, 특히 남아메리카와 아프리카의 해안선이 닮았다는 사실에 대해서는 아주 오래전부터 학자들 사이에 이런저런 추측이 있었습니다. 우리나라에서는 임진왜란이 한창이던 1596년에는 네덜란드의 지도 제작자 아브라함 오르텔리우스가 자신의 저서인 《지리학 유의어 사전》에서 "아메리카 대륙이 지진과 홍수로 유럽과 아프리카로부터 찢겨 나왔다."고 기술하며 세계 최초로 대륙의 이동을 공식 선언했고, 1620년에는 연역법의 대가 아리스토텔레스의 업적에 반기를 들고 제시한 귀납법과 4가지 우상으로 유명한 경험론의 창시자 프란시스 베이컨 역시 대서양 양쪽 해안선이 들어맞는 것은 우연이 아닐 수도 있다고 주장했습니다. "베이컨 철학자 아님? 뭐 됨?" 하셨던 분들 반성! 베이컨은 경험론의 창시자라는 명성에 걸맞게 실증적인 실험을 토대로 현상을 밝히는 과학자이기도 했고, 불과 한 몸이 될 것만 같은 화끈한 이름에는 걸맞지 않게 한겨울의 차가운 눈과 닭으로 실험을 하다가 폐렴에 걸려 사망했습니다. 1750년에는 프랑스의 자연사학자 조르주 루이 르클레르 드 뷔퐁 역시 남아메리카와 아프리카가 예전에는 서로 붙어 있었다고 주장했고, 1800년대 초에는 독일의 자

빅희스토리

연학자 알렉산더 폰 홈볼트가 콩고와 브라질의 암석 조성이 비슷하다는 것을 토대로 과거 두 대륙이 붙어 있었다고 주장했죠. 심지어 1858년 프랑스의 지리학자 안토니오 스니데 펠레그리니는 〈세계의 이전과 이후의 지도〉를 그렸는데, 이전의 지도에는 놀랍게도 베게너보다 훨씬 전임에도 판게아처럼 남아메리카 대륙과 유럽, 아프리카 대륙이 서로 붙어 있습니다. 물론 그가 대륙이 갈라진 원인으로 노아의 홍수라는 비과학적 근거를 제시해 지도가 신빙성을 갖지 못했지만 말이죠.

그 와중에 간간이 박물학자와 자연사학자들의 눈에 두 대륙에서 발견되는 동일한 생물 화석 종들이 들어오게 되지만, 이때까지는 어느 누구도 그 이유를 명확히 설명할 수 없었죠. 두 대륙을 연결하는 천연 육교가 있었는데 바다에 가라앉았다는, 21세기 후손들의 첨단과학 기술과 건축 기술을 비웃는 듯한 주장까지 나왔죠. "21세기인데 아직도 대륙 간 육교도 건설 못 했니?"라는 그들의 외침이 들려오는 것 같네요. 그런 게 있다가 가라앉는 것보다 그냥 땅이 붙어 있다가 떨어지는 게 더 쉽다는 생각은 왜 안 해 봤을까요? 물론 오르텔리우스, 베이컨, 뷔퐁, 홈볼트, 펠레그리니처럼 그 생각 해 본 사람들 꽤 있었죠. 1885년에는 그 상상력이 더 구체화되어 오스트리아 지질학자 에드하르트 쥐스는 곤드와나와 로라시아라는 초대륙의 존재를 최초로 제시했습니다. 20세기 초에는 미국에서 대륙 이동에 대한 이론이 독자적으로 제시되기 시작합니다. 프랭크 테일러와 하워드 베이커가 그 주인공이었는데, 이들 역시 이렇다 할 증거를 들이밀진 못하고 있었죠. 이렇게 먼 과거에도 대륙의 이동에 대한 주장과 고찰들이 적잖이 있어 왔는데, 결정적인 증거 없이 상상력과 추측으로 쌓아 온 빅데이터가 들어 있던 판도라의 상자를 연 베게너가 총대를 메게 된 것이죠.

물론 안타깝게도 베게너 역시 결정적 증거는 들고 있지 않았습니다. 앞서 말한 과학자들이 다 죽고 나서야 비로소 결정적인 증거들이 세상에 나올 수 있었죠.

어쨌든, 베게너는 1911년에 논문 한 편을 읽었는데, 이것이 그의 가슴 속에서 잠자고 있던, 당시 기준으로는 정신 나간 듯이 보일 이 과학자의 '사자의 심장'을 꿈틀대게 만들었죠. 바로 남아메리카 동부와 아프리카 남부의 셰일층에서 동일하게 발견된 페름기 수생 파충류인 메소사우르스의 화석에 대한 것이었죠. "있었는데 없습니다, 그 육교."라고 떠들어대는 당시 주류 이론을 받아들일 수 없었던 이성적인 과학자 베게너는, '음, 메소사우르스가 대서양을 횡단할 정도로 체력이 좋았을까? 그들은 아인트호벤의 그 사람처럼 두 개의 심장을 가졌던 건가?^{박지성 선수, 사랑하지만, 베게너가 훨씬 형이니까 이 생각은 허구입니다.} 옥타코사놀이 주식인가? 그랬다 한들, 왜 다른 지역엔 얘네가 없고 굳이 딱 이 두 지역에서만 발견되는 거야? 응, 오케이. 나도 잘하면 파이어족 가능! 대륙 이동설로 가자.'라고 생각했겠죠? 그렇게 그는 사자의 심장을 부여잡고 설레는 마음으로 판도라의 상자를 열고 맙니다. 선배들의 빅데이터가 별로 기대하지 않았던 자신의 예상치보다 훨씬 더 심각하게 부족했다는 걸 깨닫는 데는 그리 오랜 시간이 걸리지 않았고, 이제 혼자 세상에 맞서야 했던 그에게 사자의 심장은 하나로 충분하지 않았죠. 하지만 심장이든 다른 무엇이든 달랑 두 쪽만 가지고는 세상에 맞설 수 없는 법. 베게너는 메소사우르스 화석 말고도 차근차근 근거를 모았습니다. 베게너가 가장 애용했던 근거는 남아메리카 동부와 아프리카 서부 해안선의 일치였는데, 총알은 많을수록 좋잖아요?

여러분, 기억나실지 모르겠지만 사실 베게너는 기상학자였습니다. 메소

빅희스토리

사우스와 해안선 퍼즐에 홀려 잠시 방황하긴 했지만 본래의 직업 의식을 되살린 그는 대륙 이동의 '증거'로나마 고기후를 활용했어요. 이를 테면 베게너 당시에도 그랬고 오늘날에도 간혹 생뚱맞은 곳에서 얼음덩어리나 빙하 퇴적층이나 빙퇴석이 발견되곤 하잖아요? 소소하게 예를 들면 남아메리카나 남아프리카, 호주나 인도 같이 소소하게 "뭐지?"라고 생각할 만한 곳들에서 말이죠. 당시 과학자들은 그 이유가 과거 이 지역들의 기후가 냉각기를 겪었기 때문이라고 주장했는데, 베게너는 발상의 전환을 꾀했습니다. 현재 얼음이나 빙퇴석이 발견되는 대륙들이 몇억 년 전 과거에는 남극쯤 되는 곳에서 서로 옹기종기 모여 살았던 것이라고 말이죠. 그는 대담하게 대륙들의 살림을 합쳤고 합친 살림 전체를 남쪽으로 끌어내렸죠. 그래서 그가 그린 지도에서 지금의 중위도 지역 땅인 북아메리카, 중국, 북유럽이 석탄기쯤 되는 과거에는 적도지방으로, 빙퇴석이 분포하는 저위도 지역인 남아메리카, 아프리카, 호주, 인도가 남극점으로 옮겨졌죠. 기발한 패러다임의 전환이었어요. 그가 자기확신에 가득 차 모든 증거를 대륙 이동이라는 틀에 끼워 맞췄는데 운 좋게도 후대 학자들의 객관적 증거들에 모두 들어맞았던 건지, 통찰력 있는 천재로서 모든 것을 계산적으로 꿰뚫고 있었던 것인지는 중요하지 않습니다. 중요한 건, 판구조론 모델과 증거들에 따르면 베게너의 이론이 놀랍도록 정확에 가까웠다는 것이죠. 인도는 원래 아프리카와 남극대륙 사이에 끼어 있었어요.

1915년, 마침내 베게너는 다양하고 파워풀한 총알을 장전하고 1사로에 섰습니다.《대륙과 대양의 기원》이라는 책을 세상에 발표한 것이었죠. 이때 세상은 '판게아'라는 용어를 처음 접하게 됩니다. 하지만 압도적인 근거들에도 불구하고, 물론 이 근거들이 비뚤어진 사춘기 과학자들을 꼼짝없이 인정하게 할 만큼 완벽하지 못했던 게 더 화근이었겠지만, 베게너가 자신들보다 먼저 용감히 판도라의 상자를 열었다는 사실에 참을 수 없었던 과학자들은 베게너를 노골적으로 조롱하거나 그의 주장에 조목조목 반박하여 무안을 주곤 했죠. 이런 식으로 말이죠.

베게너(당시 기준 증거 없이 대륙을 떼었다 붙였다 하는 마술사 혹은 사기꾼): 하나로 뭉쳐 있던 판게아는 시간의 흐름에 따라 서로 다른 방향으로 서서히 이동해 지금의 지도가 만들어졌습니다.

체임벌린(미국 지질학자): 어허, 이 친구 이거……. 몹쓸 친구네? 이 사람아, 당신 멋대로 지구를 바꾸지 말란 말이야. 증거 있어? 당신이 봤어? 뭘 자꾸 떼었다 붙였다 하고 있어!억지였지만, 증거가 없던 불쌍한 베게너는 아무 대꾸도 할 수 없었습니다. 아마 속으로 '진짠데……. 어쨌든, 그래도 땅은 움직인다.'라고 중얼거릴 수밖에 없었겠죠. 후에 고지자기와 해저 탐사, 맨틀 대류 입증, 해저확장 이론 등에 힘입어 대륙 이동설은 판구조론의 주요 토대가 됩니다.

베게너(당시 기준 퍼즐 덕후): 남아메리카 서쪽 해안선과 서아프리카 해안선이 잘 맞아떨어지는 건 이들이 과거에 하나의 땅이었다는 증거입니다.

다수의 지질학자: 아닌데? 딱 안 들어맞는데? 여기도 안 맞고 저기도 안 맞고 삐뚤빼뚤. 이 친구야, 뭐 근거가 이리 부실해? 이게 과학이야? 이게 **과학이야?**역시 짜증 나고 주둥이를 후려치고 싶었지만, 베게너 본인이 보기에도 뭔가 어설프게 겹쳐지는 해안선 때문에 이번에도 베게너는 아무 말도 할 수 없었습니다. 하지만 고맙게도 베게너 사후 30년 뒤쯤인 1960년대 들어서야 후배 과학자들인 에드워드 불라드 연구진이 대륙의 확장면, 즉 진짜 경계면인 대륙붕 가장자리를 맞대면 꼭 들어맞는다는 것

을 발견함으로써 베게너의 주장은 사실이 되었죠.

베게너(당시 기준 정신 나간 재미있는 친구이자 중력 반항아): 대륙이
이렇게 찢어져 이동하는 것은 달의 조석력 때문일 수 있습니다.

해럴드 제프리스(우주의 힘에 저항한 중력 반항아를 참교육 해 주고 싶
어 한 물리학자): 후후, 재미있는 친구로군. 그래, 자네 말이야. 정신 나갔
네, 이 친구? 달이 그렇게 힘이 세면 땅이 갈라지기 전에 지구 자전이 멈추
는 게 순서지. 이러니 당신 말을 믿을 수가 있어야지, 이거. 후후, 대륙 이
동설, 아웃!이건 정말 베게너가 잘못했습니다. 그 많은 자료를 신중하게 모으고 잘 기워
서 멋진 이론을 내놓은 그는 자신의 이 한마디로 인해 묻혀 있던 기존의 대륙 이동 모델을
자신의 모델과 함께 다시 묻을 뻔했죠. 정말로 아웃될 뻔했어요, 대륙 이동설.

베게너의 후예들, 움직이는 맨틀과 자라나는 해저

이렇게 상상력이 뛰어나고 작명 센스가 좋은 기상학자에 머물 뻔했던
베게너는 그의 이론에 매료된 후대의 수많은 후배들에 의해 지질학의 선
구자가 될 수 있었습니다. 사실 당시 과학계 대부분 인사들이 그의 이론에
야유했지만, 그들의 속은 새까맣게 타들어 가고 있었을 겁니다. 그의 이론
이 아주 힙하고 퍼즐처럼 명확하게 들어맞는다는 것을 그냥 지나칠 수 없
었던 거죠. 그를 시기했든 그를 추종했든, 과학자들은 이런 저런 이유로
그의 꿈을 현실로 만들기 위해 밤잠을 설쳤습니다. 상상은 베게너가 먼저
였지만, 그 상상을 현실로 만드는 건 내가 될 수 있는 엄청난 기회였으니까
요! 그렇게 영국의 지질학자 아서 홈즈가 1929년, 판의 경계는 바다 밑에

있고 이 해양판은 대류하는 맨틀 위에 떠 있을 것이라는 맨틀 대류설을 제안했고, 이후 고지자기지구 자기장은 암석이 포함한 자철석과 같은 자성광물에 영향을 주는데, 암석이 판의 경계에서 형성될 때 고온이었다가 약 550℃ 이하(물체가 고유의 성질을 잃는 온도를 퀴리온도라고 하는데, 자성광물 대부분이 자성을 잃는 퀴리온도가 550℃ 정도입니다.)로 식으면 당시 지구 자기장과 방향을 맞추어 자성을 띈 채 굳게 됩니다. 암석이 지구의 자기장을 따라 자성을 갖는 것을 '자화'되었다고 합니다. 이렇게 자화된 자철석과 같은 자성광물이 지난 과거 지구 자기장에 대한 기록을 고지자기라고 합니다. 의 대칭적인 주기적 역전 현상, 지각판이 해령에서 확장돼 나가면서 암석이 생성되고 해구에서 서로 부딪히고 말려들어 가며 암석이 소멸되는 현상이 관측되면서 판구조론은 대류 이동설과 함께 점차 안개 속에서 실체를 드러내게 되죠. 이 부분에 있어서는 과학 기술이 전쟁으로 인해 군사적으로 발전하는 경우가 많다는 사실이 여실히 드러났다고 볼 수 있습니다.

베게너의 대륙 이동설을 뒷받침하는 여러 시도들은 1, 2차 세계대전을 사이에 두고 활발했는데, 고지자기 역전 현상과 해령 및 해구의 지각 활동은 독일의 악명 높은 반잠수정인 U-보트에 대항하기 위해 1900년대 초 미국과 영국이 개발한 음파탐지기인 SONARsound navigation and ranging의 활약을 통해 밝혀졌습니다. SONAR의 개발은 연합군이 무시무시한 적을 무찌를 수 있도록 해 줬을 뿐 아니라 우리가 살아가는 이 땅의 역사를 제대로 밝혀 주었죠. SONAR는 개발된 이후 양차 세계대전 시대의 우악스러운 생존경쟁에 힘입어 1930년대 들어 눈부신 발전을 이루었는데, 전쟁이 끝난 1950년경부터는 민간 연구 차원에서 이 기술을 활용해 해저 지형을 파악하는 것이 가능해진 것입니다. 그 결과, 해양판은 수심이 비교적 얕은 해령에서 생성되어 밀려나와 수심이 비교적 깊은 해구로 밀려들어 간다는 사실이 밝혀졌고, 해령을 중심으로 고지자기의 양상이 대칭을 이루고 있음이 관측되면서 해저확장설이 정립되었죠. 고지자기는 수만~수천만 년 사이의 주기로 역전하는 양상을 보입니다. 해령을 중심으로 이런 고지자기의 양상이 대칭을 이루고 있다는 것은 해령에서 같은 시기에 암석이 생성되어 양 옆으로 밀려난다는 것을 의미했던 것이죠. 이러한 현상을 주된 증거로 정립된 해저확장설은 미국의 지질학자 해리 헤스가 1962년 발표한 논문에서 처음 주장했는데, 이 사람의 주장은 나름 신빙성이 있었죠. 해리 헤스가 다름 아닌 2차 세계대전 당시 SONAR를 직접 다루면서 해저 지형을 탐사한 해군 장교 출신이었거든요. 전쟁 중에 얻은 정보로 지구의 역사를 밝히는 직업의 자연스러운 연결. 뭐, 둘 사이에 큰 이해관계도 없을뿐더러 좋은 일 한다는데 누가 뭐라 하겠습니까? 더구나 2차 세계대전 때 그가 얻은 정보는 그가 해저확장설을 내놓을 때 이미 10년도 더 된 구닥다리였으니까, 내부정보라고 할 것도 없잖아요? 군에서 얻은 정보로 책과 논문까지 썼습니다. 여러분, 인생은 이렇게 사는 거예요!

어쨌든, 그가 해저 지형을 측정하고도 오랜 시간이 흐른 뒤에 해저확장설을 세상에 내놓은 것은 베게너와 홈즈의 경우를 생각해 본다면 현명한 일이었습니다. 베게너와 홈즈는 번뜩이는 통찰력을 갖고 있었지만 안타깝게도 시대를 너무 앞서간 탓에 자신의 아이디어를 효과적으로 증명할 수 없었죠. 하지만 해리에게는 SONAR라는 든든한 동반자, 그리고 베게너와 홈즈라는 먼저 간 선배들이 내놓았던 대륙 이동설과 맨틀 대류설이라는 기막힌 아이디어가 있었습니다. 해리는 세계대전이 이끄는 대로 바다를 누비고 프린스턴대학교를 거닐며 선배들의 아이디어를 증명하기 위한 준비로 10년의 알찬 시간을 보냈습니다.

체계적인 자료를 토대로 책에 실린 그의 논문 타이틀은 '해양분지의 역사'였습니다. 제목만 봐서는 대륙 이동이나 맨틀 대류, 해저확장 같이 증거도 없는 무의미한 아이디어를 읽겠다 싶은 지루한 예감을 떠올리긴 어려워 보이죠? 실제로는 그 안에 대륙 이동과 맨틀 대류의 증거를 담은, 해령에서 태어나 해구에서 소멸하는 해양분지의 일대기가 담겨 있었는데 말이죠. 그걸 읽은 모든 과학자들을 전율에 떨게 만든 그 역사의 이름은 '해저확장설'이었죠. 그는 과학자들의 충격을 줄이기 위해 논문 발표 2년 전부터 주변 과학자들에게 자신의 자료를 조금씩 읽도록 하는 치밀함까지 보였습니다. 말하자면, 매를 미리 맞게 해 줬다고나 할까요? 이렇게 해리는 최대한의 자료를 수집하고 최대한의 안전장치를 확보하고 군 시절부터 누적된 빼도 박도 못하는 실증적 근거를 담아 논문을 발표했지만, 지금이나, 그때나, 그때로부터 100년 전이나, 또 그로부터 300여 년 전이나 상식을 뒤집는 신선하고 통찰력 있는 아이디어를 경시하는 과학계와 함께 권력의 중심으로부터 벗어나지 않으려 발버둥 치던 종교계의 오만함은 변치 않는 것 같습니다. 1859년《종의 기원》을 출판해 진화론을 주장한 다윈과 1543년《천체의 회전에 관하여》를 출판하며 지동설을 주장한 코페르니쿠스는 당시 기득권층을 중심으로 엄청난 경계와 비웃음의 대상이 되었죠.

SONAR를 통해 세상에 나온 해저확장설은 또 다시 전쟁의 도움으로 완전히 빛을 보게 됩니다. 이번에는 2차 세계대전 당시 독일의 기뢰, 정확히는 자기기뢰와 고지자기학의 합작이었죠. 자기기뢰는 영국이 최초로 개발했는데 2차 세계대전 때는 웃기게도 독일 진영에서 애용하는 무기가 되어 버렸고, 영국 해안의 항구들은 기뢰밭이 되고 맙니다. 자기를 활용한 무기에 대한 보다 근본적인 연구가 필요했죠. 영국 해군은 특별연구팀을 구성하는데, 이때 초빙된 연구원인 케임브리지대학교의 물리학자 에드워드 불라드는 해양자기학에 눈을 뜨고 1944년에는 영국해양연구소의 부소장이 됩니다. 당시 소장이었던 패트릭 블래킷은 노벨 물리학상을 수상할 만큼 저명한 과학자였고, 이 둘은 자연스레 또 안경 만지작거리고 칠판에 뭐 쓰고 고개를 끄덕거리며 지구과학의 미래에 대해 논하게 되었죠.

하지만 천재들이 늘 그렇듯 이들은 서로 생각이 다르자 합의에 도달하지 못했죠. 크게 달랐던 이들의 생각은 지구에 자기장이 발생하는 원인에 대한 것이었습니다. 이때 불라드는 액체 상태인 외핵의 움직임에 주목했고, 블래킷은 회전하는 물체는 모두 자기장을 갖게 된다는 점에 착안해 각자 다른 지구 자기장의 원인을 주장했죠. 블래킷은 이를 증명하기 위해 열심히 정밀 자기측정기를 개발했지만, 그의 가정은 틀렸습니다. 그가 실험했던 금속구에서 자기장이 검출되지 않았던 거죠. 하지만 그의 자기측정기는 후에 고지자기를 측정하는 데 중요한 역할을 하게 됩니다. 고지자기가 지구과학에 어떤 도움을 주었는지 조금만 더 이야기해 볼까요?

앞서 지구에는 자기장이 흐른다고 이야기했죠? 그런데 지구에는 왜 자기장이 흐를까요? 왜 이 거대한 행성이 하나의 자석이 될 수 있는 걸까요? 그것은 바로 지구의 구성성분과 지구의 몸속에서 일어나는 활동 때문이에요. 학창시절 지구과학 시간에 내리 꿀잠을 잤더라도 우리는 모두 지구가 지각, 맨틀, 외핵, 내핵의 4개 층으로 나누어져 있다는 걸 압니다. 간단한 특성을 살펴보자면, 우선 지각은 딱딱합니다. 그리고 딱딱한 만큼 잘 쪼개지고 부스러기가 떨어지기도 하죠. 지각이 딱딱한 이유는 지각을 구성하는 암석 물질인 화성암이 딱딱하기 때문이에요. 그리고 지각은 가볍습니다. 가볍다는 것은 밀도가 낮다는 뜻이고, 물보다 밀도가 낮은 물질이 물 위로 떠오르고 물보다 밀도가 높은 물질은 가라앉는 것처럼 아주 당연하게 지각이 지구의 맨 위층을 구성하게 된 것이죠. 지각 중에서도 상대적으로 대륙지각은 해양지각보다 더 가벼워서 해양지각 위에 올라서 있는 구조입니다. 뒤에서 더 이야기하겠지만 이런 이유로 지각판끼리 충돌할 때 더 무거운 해양지각이 더 가벼운 대륙지각 아래쪽으로 말려들어 가게 되죠. 지구의 표피인 지각은 두께가 매우 얇아요. 대륙지각은 최대 80km 정도? 얇죠? 이것도 그나마 에베레스트나 킬리만자로 같은 고산지대를 포함한 두께고요, 해양지각의 경우는 훨씬 얇게 분포되어 있습니다. 대부분이 10km 미만. 지구 전체 직경이 1만 2,700km라는 걸 감안한다면 이건 거의 포장지 수준입니다.

지각 아래에 있는 맨틀층은 조금 많이 두꺼워요⋯⋯. 해양지각의 한 300배 정도⋯⋯? 약 2,900km 정도의 엄청난 두께를 자랑합니다. 지각이 돼지 껍데기라고 한다면 맨틀은 목심이나 삼겹살 정도 되겠네요. 부피도 엄청나서 지구 전체 부피의 약 80% 정도를 차지한답니다. 이 엄청난 두께의 맨틀층은 지구 내부의 핵을 감싸고 있습니다. 맨틀mantle이라는 용어가 프랑스어 망토manteau에서 유래되었다는 걸 알면 맨틀의 구조가 더 쉽게 이해되겠죠? 맨틀이 두꺼운 몸으로 내부의 뜨거운 핵을 감싸주고 있는 덕에 우리는 녹지 않는 지각 위에서 타 죽지 않고, 또 마르지 않는 바다에서 서핑도 하며 살아가고 있죠. 하지만 정작 맨틀 본인은 어떻겠어요? 맨틀은 온몸이 엄청 뜨거워요. 마치 뜨거운 불판 위에 올려진 삼겹살처럼 말이죠. 우리는 삼겹살을 구울 때 아래 면이 지글지글 구워지면 뒤집습니다. 여러분이 라면 물 끓일 때 건더기 스프를 먼저 넣고 희망고문 당하며 기다리는 취향이라면 물이 끓어오르려는 어느 순간부터 다시마와 건더기 스프가 물을 따라 냄비 가운데에서 솟아오르고 냄비 가장자리에서 다시 내려가길 반복하며 돌고 돈다는 걸 발견할 수 있을 텐데요, 이걸 과학에서는 '대류 convection'라고 부릅니다. 이 대류 현상이 일어날 때 스프를 넣고 면을 넣어야 라면을 맛있게 끓일 수 있다는 게 제 개인적인 지론입니다. 하지만 개인 취향, 존중합니다. 문화와 라면은 다양성이 생명이니까요. 어쨌든, 구워지면 몸을 뒤집는 삼겹살이나 펄펄 끓는 라면 물처럼 맨틀도 대류합니다. 삼겹살과 다른 점은 단번에 위아래가 뒤집어지는 게 아니라는 것, 라면 물과 다른 점은 맨틀은 액체가 아니라는 것이지만 말이죠. 액체는 아니지만 무른 상태의 맨틀층이 대류한다는 특징은 판구조론의 확립에 중요한 역할을 하니까 잘 기억해 두세요.

지금 중요한 것은 맨틀이 왜 열을 받아서 대류하는지에 대한 이유인데요, 그 원인이 바로 맨틀이 망토처럼 둘러싸고 있는 지구의 핵입니다. 핵은 크게 액체 상태인 외핵과 고체 상태인 내핵으로 나뉩니다. 2장에서 살펴봤듯이, 행성이 형성될 때 강력한 중력에 의해 그 내부, 즉 가장 아랫부분에는 무겁고 밀도가 높은 물질이 떨어져 뭉치게 되죠. 지구 역시 예외는 아닌지라 지구 핵은 주로 무거운 철과 니켈로 이루어져 있습니다. 강력한 중력과 핵반응, 높은 밀도로 인해 핵은 엄청나게 뜨겁습니다. 섭씨 온도로 표현하자면, 내핵 중심은 한 6,600℃ 정도? 참고로 태양의 표면 온도는 6,000℃랍니다. 태양 표면보다 뜨거운 내핵. 화끈하죠? 외핵의 가장 바깥 면 온도는 3,500℃ 정도로 내핵보다는 훨씬 시원한 편에 속하지만, 맨틀을 지글지글 끓이기에는 뭐, 이 정도면 적당하지 않겠습니까? 이것이 바로 맨틀이 덩달아 뜨겁고 무르고 대류하는 이유랍니다. 그리고 열을 받아 대류하는 맨틀의 상부, 즉 뜨거운 열기를 지니고 솟아오르는 윗부분은 무르고 따뜻한 감람암을 대량 포함하고 있는데, 이 부분을 연약권이라고 합니다. 연약권은 무르고 연약해요! 지각이 움직일 수 있는 이유는 이렇게 대류하는 상부 맨틀층의 연약권 위에 지각이 자리 잡고 생성과 소멸을 하기 때문입니다.

그런데, 우리 지금 지구 자기장 얘기하던 중 아니었나요? 핵 뜨거운 핵 설명을 듣다 보니 그 이유가 핵 자연스럽게 나오지 않나요? 철과 니켈로 이루어진 지구 핵. 그중 액체로 된 외핵이 매일같이 360도씩 빙글빙글 도는 지구 안에서 가만있겠습니까? 액체 자석이 되는 거죠. 그 흐름 속에 이온을 가득 싣고 말이죠. 그래서 지구에는 자연 상태의 자기장이 형성되는 거랍니다. 불라드가 맞았던 거예요! 전문용어로 이걸 다이나모 이론dynamo theory이라고 합니다. 그럼 고지자기의 역전은? 이온이 액체 자석에 실려 다니니 외핵의 흐름에 따라 주기적으로 극이 역전하게 되는 거죠. 이렇게 주기적으로 역전되는 지구 자기장은 그럴 때마다 자화되어 그 자취를 일기처럼 남긴 자철광들에 꾸준히 기록되어 왔습니다. 이제 이 일기장이 발견될 차례가 왔습니다. 비록 불라드에게 지구 자기장의 원인 맞추기 퀴즈에서는 졌지만, 블래킷의 피, 땀, 눈물은 이때 빛을 발하게 됩니다. 여러 해 동안 해양학자들이 배에 블래킷의 피, 땀, 눈물에 절절하게 절어버린 자기 측정기를 싣고 바다에서 노가다를 뛰며 지구 자기장의 강도 변화를 조사해 고지자기의 역전과 극의 이동을 측정할 수 있게 된 것이죠.

그 뒤의 이야기는 뻔하게 흘러갑니다. 그렇게 고지자기에 대한 자료는 순식간에 쌓일 대로 쌓이게 됐고, 누군가는 이 자료와 헤스의 이론을 이어 붙일 때가 오는 수순이 되었겠죠? 이 위대한 빅데이터 결합의 역사는 1955

년과 1963년에 케임브리지 연구팀에서 일어났습니다. 1955년에는 케이스 렁컨Keith Runcorn이 유럽 대륙의 극 이동을 관찰했고, 1950년대 후반 헤스와의 만남을 통해 해저가 확장해 대륙이 이동함으로써 지구의 극이 이동했다는 확신을 갖고 자신의 이론을 정립하게 됩니다. 1963년에는 드러몬드 매튜스Drummond Mathews와 그의 제자 프레더릭 바인Frederick Vine이 헤스의 해저확장설에 마침표를 찍습니다. 그간 측정된 고지자기 역전 데이터가 해령을 중심으로 대칭적으로 분포되어 있다는 것을 밝혀냈고, 이 연구 논문이 1963년 과학저널 《Nature》에 발표된 것이죠. 데이터가 쌓이고 이해할 만한 결과물이 쏟아져 나오자 "이쯤 되면 대륙 이동, 해저 확장, 이제 인정합시다."라는 의견이 학계의 트렌드가 됩니다. 자, 이제 최종 판결을 내릴 자가 등장할 차례가 되었습니다.

최종판결, 판의 등장

역사의 승자는 늘 끈질기게 관망하고 버티다가 마지막 때가 무르익으면 숟가락을 얹습니다. 하지만 그들이 얹는 숟가락은 언제나 크고 무거워서 한술을 떠도 배부른 법이죠. 지구과학사에서 그 숟가락의 주인공은 투조 윌슨이었습니다. 앞서 이야기한 그때까지의 지구과학사를 정리해 볼까요? 우선 16세기부터 빈약한 증거와 뛰어난 상상력을 가진 여러 학자들이 지구의 육지들은 오랜 옛날 서로 붙어 있었다고 주장을 해 왔지만 "응, 증거 없이 떠들면 못써."라며 무시당한 채 잊혀지고 말았습니다. 그러던 중 1911년, 독일 기상학자 알프레드 베게너가 메소사우루스 화석에 대한 논문을 읽게 되었고, 지질학과 고기후학 등 여러 증거를 토대로 1915년 '판게아'라는 초대륙의 존재와 대류이 이동한다는 주장을 소개하는 논문을 발표합니다. 베게너는 수많은 과학자들로부터 반대를 위한 반대였지만 결론적으로 뼈 때리는 수많은 반대에 부딪히다가 1930년 세상을 떠납니다.

하지만, 매력적이고 신빙성 있는 그의 이론을 밝히고자 하는 수많은 후배 학자들에 의해 확고한 근거와 보강 이론들이 등장하죠. 베게너가 세상을 떠날 즈음, 아서 홈즈는 "대륙지각이 해양지각을 부수며 이동한다!"는 베게너의 뼈아픈 실언을 바로잡는 맨틀 대류설을 세상에 소개합니다. 홈즈는 대륙지각이 스스로 혹은 외부의 힘에 의해 이동하는 것이 아니라 지구 내부의 열에 의해 대류하는 맨틀 위에 실려 다니며 이동한다는 이론의 토대를 다졌죠. 하지만 그의 이론도 당시에는 별다른 실험 결과나 과학적 근거가 빈약해 가설에 머무를 뿐이었습니다. 그러다가 양차 세계대전을 계기로 음파 측정과 해저 탐사가 활발해졌고, 세계대전 참전 용사였던 해리 헤스에 의해 보다 더 보강된 이론인 해저확장설이 등장하게 됩니다. 해령과 같은 발산 경계를 중심으로 내부의 맨틀층에서 새롭게 생성되는 해양지각이 계속 밀려나다가 해구와 같은 수렴 경계에서 다시 내부로 빨려 들어간다는 내용의 이론이었죠. 헤스의 이론은 대류이 이동하는 현상을 잘 설명해 주었는데, 아직은 그의 이론을 입증하는 자료가 부족했어요. 그러나 고지자기 연구와 해저 탐사가 더 활발히 이루어진 끝에, 마침내 베게너의 대류 이동설로부터 시작된 지구과학의 새로운 패러다임은 맨틀 대류설과 해저확장설로 이어지며 완성의 단계에 접어들었습니다. 이제 투조 윌슨이 숟가락을 얹을 차례가 되었습니다.

윌슨이 숟가락을 얹은 것에 대해 어느 누구도 뭐라고 하는 이가 없는 이유는, 그가 그냥 자다 일어나서 "배고파. 밥 줘."라고 한 게 아니었기 때문

빅희스토리

이죠. 앞서 펜지어스와 윌슨의 우주배경복사와 헤르츠스프룽과 러셀의 이야기에서도 말했듯이, 빅데이터와 빅히스토리의 세계에서는 쌓이고 쌓인 집단지식을 어떻게 정리하느냐에 따라 상도 타고 명성도 얻고 궁극적으로는 인류와 세계에 기여하는 차원이 달라지게 됩니다. 윌슨 역시 그때까지 축적된 방대한 데이터를 종합하고 정리했습니다. 그는 선배들의 여러 이론과 연구 결과를 종합하고 해석하고 정리했으며, 여기에 자신이 인식한 새로운 사실을 접목한 끝에 그것들이 가리키는 하나의 진실에 도달하게 됩니다. 그것은 바로 '지각은 여러 개의 판으로 이루어져 있다.'는 것입니다. 지구과학계의 빅뱅이론, 진화론, 지동설 격인 '판구조론plate tectonics'이 등장하는 순간이었죠.

해저확장설의 등장 이후, 해저 탐사 기술이 발달함에 따라 과학계는 이제 해령으로 대표되는 발산 경계인 열곡을 따라 새로운 지각이 생성되고 해구로 대표되는 수렴 경계밀도가 더 높은 해양지각이 대륙지각 밑으로 빨려 들어가는 수렴 경계는 섭입대라고도 합니다.를 따라 오래된 지각이 소멸된다는 것을 알게 되었습니다. 마치 마트 계산대 앞에서 오늘 저녁 만들어 먹을 카레의 재료들을 싣고 빙글빙글 도는 컨테이너 벨트처럼 말이죠. 마트의 벨트와 의미상 차이가 있긴 하지만, 실제로 윌슨은 1965년, 판구조론을 《네이처》에 발표하며 이렇게 지각이 형성되고 흐르고 소멸되는 부분을 '변동대mobile belt'라고 명명합니다. 사실 발산 경계와 수렴 경계, 그리고 해저 확장과 대륙 이동, 그 원인인 맨틀의 대류에 대해서는 이미 세상이 다 알고 있었습니다. 하지만 누적된 해저 탐사 결과를 정리해 보던 윌슨은 각 경계가 한군데에서 죽 이어져 있는 것이 아니고 어디선가 끊어져 있고 또 다른 곳에서 경계가 발생하기도 하며, 이들 경계로부터 생성되고 소멸하는 지각들이 서로를 교차해 지나가기도 한다는 사실에 집중했습니다. 즉, 해령이나 해구가 하나로 이어져 있는 게 아니라 끊어져 있기도 하고, 이렇게 끊어진 채 이웃한 해령에서 생성되어 해구를 향해 이동하는 지각들이 서로 스쳐 지나가는 것이었죠. 윌슨은 이 부분을 '변환 단층'이라고 불렀습니다.

지각이 서로 다른 지점에서 생성되고 서로 다른 지점에서 소멸하며 서로 맞닿아 스쳐 지나가기도 한다? 윌슨의 시선에서 이것이 뜻하는 것은 단 하나였습니다. 지각은 하나가 아닌 여러 개의 크고 작은 판plate으로 이루어져 있다는 것이었죠. 이 여러 개의 판은 대륙지각 및 해양지각을 형성하며 각 경계에서 만들어지고 소멸되는 이동 현상을 각자가 수행하고 있는 것입니다. 윌슨이 말한 변환 단층은 쉽게 말해 이 판들이 생성되어 벌어지거나 합쳐져서 소멸되는 경계가 아니라 나란히 스쳐 지나가는 경계였던 것이죠. 이 이론에 대해 이미 알고 계신 독자는 제가 무슨 말을 하는지 아시겠지만, 학창 시절 "아, 지구과학 교과서. 재미는 없지만 베고 자는 데는 이만한 게 없어." 하셨던 분들은 제가 자꾸 뭐라고 하는데 뭐라고 하는지 모르겠다 싶을 겁니다. 이미 다 밝혀져 있는 세상에서도 이해하기 어려운 개념이 있는데, 뭐가 뭔지 기본 개념부터 정립되지 않았던 세상에서는 오죽했을까요? 지동설과 진화론, 빅뱅이론처럼 윌슨의 변환 단층 이야기도 그랬습니다. 윌슨은 늘 자신의 지갑 안에 명함처럼 변환 단층에 대한 설명지를 넣고 다니며, 지인들을 만날 때마다 펼쳐 놓고 이야기를 들려주곤 했죠.

지구의 지각은 7개의 주요한 판들을 포함해 25개 정도의 크고 작은 판으로 이루어져 있습니다. 주요한 7개의 판은 북미판, 남미판, 태평양판, 아프

빅희스토리

리카판, 유라시아판, 호주판, 남극판인데, 이 중 가장 큰 판은? 다들 짐작하 듯 태평양판이죠. 실제로 태평양판은 태평양 면적의 80% 이상을 차지하는 거대한 지판입니다. 태평양 면적의 나머지를 차지하는 코코스판과 나츠카판을 비롯해 카리브판, 필리핀판, 아라비아판, 스코티아판 등 중간 크기의 지판이 있고, 나머지 10여 개의 작은 판들까지 모여 지구 표면을 꽉꽉 채우고 있습니다. 마치 사람의 두개골을 조각난 여러 개의 뼈가 촘촘하게 구성하고 있는 것처럼 말이죠.

우리나라는 이 지판들 중 유라시아판의 오른쪽 끝부분에 위치하고 있고, 가장 오른쪽 끝 경계에는 일본 열도가 그 옆의 필리핀판과 태평양판, 그리고 북미판과 이웃해 자리하고 있습니다. 즉, 일본이라는 가엾은 섬은 지구에서 유일하게 네 개의 지판이 만나는 곳에 자리 잡은 가혹한 운명을 타고난 것이죠. 일본의 오른쪽 해안선은 세 개의 판이 부딪히는 수렴 경계입니다. 유라시아판은 오른쪽 방향으로 자라다가 일본과 필리핀 쪽에서 사라집니다. 필리핀판과 태평양판은 동쪽 끝에서 생겨나 왼쪽으로 자라다가 서로 엇갈린 채 유라시아 판과 부딪히며 사라집니다. 마찬가지로 유일무이하게 가혹한 운명을 타고난 후지산은 유라시아판과 북미판, 그리고 필리핀판, 이렇게 세 지판이 만나는 지점에 자리 잡고 있습니다. 이제 왜 일본에 그렇게 규모가 큰 지진이 계속해서 발생하는지 아시겠죠? 지구에 어떤 판들이 있는지 알았으니 이제 이 판들의 경계인 발산 경계와 수렴 경계, 그리고 윌슨이 발견한 변환 단층 경계에서 일어나는 일들에 대해 이야기해 볼까요?

발산 경계

발산 경계는 대류하는 맨틀의 연약권으로부터 새로운 암석이 생성되어 밀려 올라와 해양 지각을 만드는 곳입니다. 해리 헤스가 바다 사나이였을 무렵 발견한 해령, 즉 대양저 산맥들이 발산 경계에 해당하죠. 맨틀의 뜨겁고 물렁한 암석 물질이 밀려 올라오면서 경계를 중심으로 서서히 멀어지는데, 이때 생긴 틈을 맨틀의 뜨거운 마그마가 채우고 식어 해양 지각이 됩니다. 이런 식으로 해저가 서서히 확장해 나가는 거죠. 이 과정에서 해저는 1년에 평균 5~10cm 정도 자라납니다. 아메리카 대륙과 아프리카 대륙 사이 중앙 대서양 해령에서는 연 2cm, 동태평양 산맥에서는 연 15cm 정도로 지역마다 크고 작은 차이는 있지만, 우리들 손톱이 자라나는 속도 정도로 생각하면 되겠죠? 이렇게 만들어진 해양 지각은 한번 생기면 쉽게 사라지지 않는 대륙 지각과 달리 수렴 경계에 이르러 그 생을 마감하게 됩니다. 그래서 가장 오래된 대륙 지각이 약 40억 살 정도인 반면, 1억 8천만 년 이전 생성된 해양 지각은 지금껏 발견되지 않았습니다. 단순 계산해 봐도 1년에 5cm씩 자라는데, 1억 8천만 년 동안 자랐다면 9천km를 넘지 않겠죠? 즉, 가장 큰 태평양판도 그 너비가 9천km를 넘지 않는다는 뜻일 것입니다. 참고로 태평양판의 실제 면적은 1억 300만km^2 정도로, 알래스카를 포함한 미국 전체 면적의 열 배가 넘을 만큼 크기가 어마어마합니다. 어쨌든, 이렇게 발산 경계는 주로 해령의 형태로서 마데카솔을 바른 것처럼 지구의 새살이 돋아나는 곳입니다. '주로' 해령의 형태라는 말은 발산 경계가 전부 해령의 형태는 아니라는 말이겠죠? 네, 실제로 발산 경계는 가끔씩 대륙 지각 안에서 생기기도 합니다.

대류 안에서 발산 경계가 생기면 그 대류은 경계를 중심으로 두 조각으로 나뉘겠죠? 이 경계를 대류열개continental rift라고 합니다. 이름이 참 오묘하네요. 마치 "이보게, 대류열개! 대류 열게!"라고 누군가저요…… 드립을 칠 것만 같은 명칭입니다. 이 대류열개를 포함한 발산 경계를 자세히 살펴보면 판게아와 대류 이동의 역사를 실감할 수 있게 됩니다. 가장 대표적인 대류열개는 지금은 홍해가 되어 아프리카와 아라비아 반도를 가르는 기다란 지역입니다. 네, 맞아요. 모세가 하나님께 기도하자 물이 양 옆으로 갈라졌다는 바로 그곳 말입니다. 홍해는 약 2,000만 년까지 붙어 있던 아프리카 대륙과 아라비아 반도가 대류열개로 분리되면서 만들어졌습니다. 만약 인류가 조금만 더 일찍 진화하고 문명과 종교를 발달시켜 모세가 애굽이집트을 2,000만 3,200년 전에 탈출했다면, 하나님은 홍해 바다를 가르실 시간만큼 더 주무실 수 있었을 거예요. 어쨌든, 홍해는 계속해서 연간 5cm씩 에티오피아와 사우디아라비아를 멀어지게 만들고 있는데, 이 확장이 지속된다면 홍해는 더 넓어지고 그 열개는 점점 높이 솟아 해령을 만들게 될 겁니다.

가장 최근 생겨난 대류열개는 루이스 리키와 메리 리키가 초기 인류인 호모 하빌리스와 호모 에렉투스의 유골을 발견한 곳으로도 유명한 동아프리카 열곡입니다. 인류가 처음 탄생한 땅에서 지구의 새살이 돋아나고 있었다니, 뭔가 조금 신기하지 않나요? 빅토리아 호를 중심으로 양 옆 두 줄기로 생겨난 이 열곡대는 아주 먼 옛날 킬리만자로산과 케냐산을 솟아오르게 한 뒤부터 케냐와 탄자니아, 우간다, 에티오피아, 콩고 민주 공화국과 르완다, 브룬디 등 동아프리카 나라들을 찢고 가르며 그들에게 국경선을 만들어 주었고, 현재까지 매년 1cm 정도씩 자라면서 계속해서 아프리카를 두 세 조각으로 찢으며 가끔씩 크고 작은 지진을 일으키는 작업을 하고 있습니다. 이 두 열곡대가 계속 성장한다면, 몇천만 년 뒤에는 눈에 띄게 이 지역의 지도가 달라져 있을 겁니다. 대륙 이동설의 산 증인으로 말이죠. 하지만 열곡은 때때로 어느 순간 성장을 멈추기도 합니다. 미국 오대호의 가장 서쪽 호수인 슈페리어 호수부터 캔자스주까지 뻗어 있는 열곡대는 그곳을 채우고 있는 암석을 통해 약 10억 년 이전에 성장을 멈춘 것으로 확인되었습니다. 즉, 홍해가 더 넓어질지, 아프리카가 둘로 쪼개질지는 아직 알 수 없는 일입니다. 만약 드라큘라가 신선한 인간의 피를 마시며 몇천만 년 정도 뒤에도 살아 있다면 그는 답을 알 수 있을지도 모르지만, 인류가 몇천만 년 뒤에도 살아남아 그에게 신선한 피를 공급해 줄 수 있을지는 모르겠네요.

수렴 경계

발산 경계가 지구의 새살이 돋아나는 곳이라면 수렴 경계는 보통 나이 든 지구의 피부가 말려들어 가며 사라지는, 생애 끝 정도 되는 곳입니다. 우리는 판의 발산 경계, 즉 해령과 열곡을 중심으로 지구에 새로운 지각이 생겨나고 양 옆으로 뻗어 나간다는 것을 알았습니다. 즉, 경계를 중심으로 새로운 지각들이 점점 멀어져 이별하는 것이죠. 그렇다면 반대편, 즉 판의 끝에서는 어떤 일이 일어날까요? 만나야죠! 헤어짐이 있으면 만남이 있는 법. 저 편에서 이별을 겪은 어린 땅이 점점 나이 먹고 검은 머리가 파뿌리가 되고 나면 이쪽에서는 반대쪽에서 이별을 겪은 또 다른 나이 든 땅과 만나게 됩니다. 같은 처지에 놓인 땅들이 만나게 되는 것입니다. 문제는 서로 맞닥뜨리는 이 두 땅 중에서 누가 더 무겁고 누가 더 가벼운가 하는 것입니다.

　보통은 상대적으로 가벼운 화강암 물질을 다량 함유하고 있는 대륙 지각보다 현무암 물질을 함유한 해양 지각이 밀도가 높아요. 더 무겁다는 얘기죠. 그래서 이 둘이 만나게 되면 해양 지각이 대륙 지각 아래로 파고 들어가서 맨틀 속으로 가라앉게 됩니다. 이렇게 암석권이 맨틀로 하강하는 수렴 경계를 섭입대라고 부릅니다. 보통 해양 암석권이 아래로 파고드는 각도는 45° 정도인데, 경우에 따라 10° 미만에서 거의 직각에 이를 만큼 양상이 다양합니다. 해양판과 지각판이 만나면 일차적으로 해양판이 대륙판 아래로 섭입되며 해구가 만들어지고 해양판이 계속해서 깊이 파고들어가 대륙 암석권 아래 있는 맨틀의 연약권과 만나는 지점에서는 해양판이 활발히 용융하기 시작합니다. 맨틀의 뜨거운 열을 만나 돌이 녹는 거죠. 연약권에서 용융된 마그마는 점점 상승해 그 위에 있는 대륙 지각과 만나면서 규소SiO^2를 잔뜩 머금게 됩니다. 그렇게 점점 대륙 지각의 규소를 야금야금 잡아먹으며 열심히 솟아오르던 마그마가 마침내 지표면까지 도달해 바깥 공기를 만나면? 펑! 대폭발이 일어납니다. 화산 폭발이죠. 함유하고 있는 규소의 양에 따라서 마그마가 폭발적으로 활동하기도 하고 조용히 솟아오르기도 하지만, 어쨌든 그 결과로 높은 산이 만들어지게 됩니다. 페루-칠레 해구는 해양 지각판인 나츠카판과 대륙 지각판인 남미판이 만나서 만들어진 대표적인 해구입니다. 그래서 해안선을 중심으로 가까운 바다에 이 해구가 길게 늘어서 있고, 가까운 육지에는 해구와 거의 평행하게 안데스산맥이 쭉 뻗어 아름다운 파타고니아의 경관을 자랑하고 있습니다. 남미의 척추인 듯 아름답게 뻗어 있는 이 웅장한 산맥에는 당연하지만 신비로운 지구 과학의 비밀이 숨겨져 있는 것이죠.

　해양 암석권과 해양 암석권이 만나면 무슨 일이 벌어질까요? 해구가 만들어지는 현상은 똑같이 일어납니다. 우리가 익히 아는 마리아나 해구, 알류산 해구, 통가 해구가 이렇게 만들어진 수렴 경계의 대표적인 예입니다. 그런데 이 해구들의 이름, 뭔가 재미있는 공통점이 떠오르지 않나요? 바로 같은 이름의 화산섬들이 있다는 것입니다. 마리아나 제도, 알류산 열도, 통가 제도. 해양판끼리의 만남은 이렇게 해구와 화산섬을 동반하는 경우가 많습니다. 그 이유는 당연히 대륙판과의 만남과 비슷하게 화산 활동이 일어나고 산이 만들어지지만, 해양지각의 위에는 당연하게도 해양이 있어 그렇게 만들어진 산이 수면 위로 빼꼼 올라와 섬의 형태가 되기 때문이죠. 이런 화산섬들은 해양판들의 수렴 경계를 따라 활처럼 길게 늘어진 형태로 뻗어 있기 때문에 호상 열도island arc라고 부릅니다. 위에서 말한 대표적인 이 호상 열도들은 대부분 가장 큰 해양판인 태평양판이 가장 넓은 바다인 태평양 밑에 자리 잡은 곳, 그중에서도 이 태평양판이 곧바로 대륙판인 북미판과 남미판에 섭입되는 동쪽이 아니라 해양판과 주로 만나는 서태평양에 있습니다.

　일본 열도는 조금 복잡한 사연을 갖고 있는 섬인데, 앞서 이야기했듯이 대륙 지각판인 유라시아판의 동쪽 끝 경계에서 형성된 섬입니다. 아니, 지금도 계속 형성되고 있는 섬이라고 표현하는 게 맞겠죠. 일본은 다이내믹한 판 활동의 종합본이라고 봐도 손색없을 만큼 불행한 지리학의 정점에 위치하고 있습니다. 우선 도쿄에 있는 후지산을 중심으로 아래쪽 해안선은 필리핀판이 유라시아판과 만나 아래로 말려들어 가고, 위쪽 해안선은 태평양판이 북미판과 필리핀판 아래로 동시에 말려들어 가고 있죠. 또 일본 열도 자체는 후지산을 기점으로 북미판과 유라시아판으로 찢어져 있는데, 이 판들의 움직임에 따라 일본의 운명이 결정됩니다. 일본 열도는 이렇게 살아 숨 쉬는 듯한 지구지질 활동의 토대 위에서 생겨난 화산섬이며, 그 결과로 이 판들의 경계에서 지금도 새로운 섬들이 계속 만들어지고 있습니다. 이 지역의 지질 활동에 대한 여러 예측들이 있는데, 이제 들려드릴 하와이의 이야기를 읽어 보면 먼 미래에 어떤 예측이 맞아 떨어질지는 확신하기 어렵겠다는 생각이 들 겁니다.

하와이 제도는 다른 섬들과 조금 성격이 다른데, 지각의 경계에서 만들어진 섬이 아니라 열점hot spot에서 형성된 섬들의 군상입니다. 우리 지구 내부에는 뜨거운 핵과 그로부터 영향을 받아 부분적으로 용융된, 즉 부분적으로 무르게 끓어오르는 맨틀층이 존재한다고 했죠? 맨틀 물질이 내부로부터 대류를 통해 상승하는 것을 맨틀 플룸mantle plume이라고 합니다. 이 맨틀 플룸이 상대적으로 압력이 낮고 얇은 암석권주로 해양 지각이겠죠?의 밑바닥과 만나면 용융이 발생합니다. 즉, 끓어서 무르게 녹게 되는 것이죠. 이렇게 용융된 물질이 지표면을 뚫고 나오는 지점을 열점이라고 합니다. 주방에서 일어나는 상황으로 예를 들어 볼까요?

배고픈 철수는 며칠 전 TV 여행 프로그램의 이탈리아 요리편에서 본 라자냐라는 맛있게 생긴 음식을 떠올립니다. 한 번도 라자냐를 먹어 본 적 없었지만 마침 우연히도 찬장에서 말린 라자냐면과 라구 알라 볼로네제 소스와 베샤멜 소스, 파르미지아노 레지아노 치즈를 발견한 철수. 철수는 철저한 토종 입맛이었지만 오늘 그의 찬장은 그로 하여금 이 철저한 서양 음식을 통해 우리에게 열점이 무엇인지 보여 주라는 특명을 내려 주고 있군요. 마침 자취생 철수의 집에는 요즘 집집마다 유행이라는 에어프라이어도 있네요. 겹겹이 소스와 치즈와 면을 깔고 에어프라이어를 돌리던 철수는 그래도 내 몸한테 죄책감은 덜어 줘야 하지 않겠냐는 생각에 TV를 통해 배운 라자냐의 장식용 녹황색 채소인 시금치를 사용해야겠다고 생각했습니다. 애석하게도 말린 라자냐면과 라구 알라 볼로네제 소스와 베샤멜 소스, 파르미지아노 레지아노 치즈까지 발견된 그의 집에 시금치가 없군요. 아무래도 시금치보다는 말린 라자냐면과 라구 알라 볼로네제 소스와 베샤멜 소스, 파르미지아노 레지아노 치즈가 그의 집에서는 더 흔한 재료인가 봅니다. 얼른 1층 식료품점에서 시금치를 사 와야겠다는 일념으로 뛰어나간 아날로그형 인간 철수는 전자결제 시스템이 탑재되지 않은 휴대폰은 들고 있지만 지폐가 들어 있는 지갑을 놓고 나왔다는 걸 깨닫습니다. 아날로그형 인간임과 동시에 기억력이 좋지 않았던 철수가 절체절명의 이 순간에 현관 비밀번호를 떠올리기란 쉽지 않아 보이는군요. 그렇게 드나드는 주민을 기다리며 공동주택 방범 시스템의 허점을 노리던 철수는 자신이 또 다른 사실을 잊고 있다는 사실 역시 잊고 있었습니다. 그건 바로 중간중간 꺼내어 라자냐의 익은 정도를 확인할 요량으로 에어프라이어의 타이머를 편리하게 2시간으로 맞춰 놓았던 과거의 자신이었죠. 하염없이 주인을 기다리며 작동하는 에어프라이어 안에서는 '지옥에서 온 라자냐'라는 이름을 부여받을 준비를 하는 어떤 재료들의 틈바구니에서 다짐육을 품은 볼로네제 소스가 부글부글 끓어오르다가 마침내 라자냐면의 얇은 부분을 뚫고 솟아오르고 맙니다.

자! 바로 이 볼로네제 소스가 용융된 맨틀 플룸이고 구멍 뚫린 라자냐면이 해양 암석권, 즉 해양판입니다. 구멍난 라자냐면 사이로 볼로네제 소스가 솟아오른 그 지점이 열점이고 쉴 새 없이 돌아가는 에어프라이어는 우리 지구 내부를 뜨겁게 달구는 핵이라고 보면 되겠네요. 철수의 지옥에서 온 라자냐가 지구의 지질 활동과 다른 점은 지구의 라자냐는 계속해서 생겨나고 자라나 이동한다는 것과 지구의 에어프라이어는 앞으로 몇 십억 년은 더 멈추지 않고 작동할 예정이라는 것이죠.

열점에서 쉬지 않고 솟아오르는 용융 물질은 뜨거운 열정을 품은 여느 지질 활동의 결과와 마찬가지로 화산을 형성합니다. 이렇게 바다 속에서 만들어진 화산을 해산해저 화산: seamount이라고 합니다. 열점에서 솟아오르는 용융 물질은 끊임없이 생성되고, 이 열점 위로 해양판이 헤스와 윌슨의 예언에 따라 계속해서 이동하고 있기 때문에, 한 열점 위의 해산은 긴 세월 동안 하나가 아니라 여러 개가 만들어지게 됩니다. 지구 표면에 분포하는 40여 개의 열점 중 태평양판 위의 한 열점 위에 만들어진 해산의 무리는 130여 개의 화산을 거느리고 있습니다. 하와이 열점 위에서 생성되어 미드웨이를 지나 북쪽으로 약 6,000km까지 뻗어 나가 알류산 해구까지 이어지는 이 해산의 무리를 하와이 제도-엠퍼러 해산군Hawaiian Island-Emperor Seamount chain이라고 합니다. 네, 우리가 아는 그 하와이 제도는 이렇게 하나의 열점에서 일어나는 지질 활동으로 이루어진 화산섬 무리의 한 부분입니다.

하와이 제도는 우리가 관광할 때 주로 들르는 오하우, 마우이, 카우아이, 빅아일랜드하와이 외에도 카호올라웨, 라나이, 몰로카이, 니하우를 포함한 8개의 주요 섬과 환초를 모두 더해 총 19개의 섬으로 이루어진 섬의 집단입니다. 지질학적 측면으로나 관광적 측면으로나 의미가 있는 네 섬을 지도 위에 펼쳐놓고 보았을 때, 남동쪽에서 북서쪽으로 죽 늘어선 섬의 모양과 이 선형적 군상의 북서쪽 맨 끝에서 시작해 북쪽으로 쭉 뻗어 있는 섬들의 형상을 분석해 보면 대륙 이동과 판구조론이 완벽하게 증명됩니다. 베게너와 헤스는 지질학적으로 원시 시대에 태어나 불꽃같이 살다 갔지만, 후대의 기술 발전과 빅데이터가 이들의 이론을 진짜로 만들어 주었죠. 이 하와이 제도-엠퍼러 해산군을 끝단부터 차근차근 살펴보면 대륙과 지판이 어떻게 이동하는지를 알 수 있게 되기 때문입니다.

우선 가장 아래 끝단에 위치한 현재 하와이 섬의 바로 아래에 하와이 열점이 위치하고 있습니다. 하와이 섬부터 시작해 북서쪽으로 마우이, 몰로카이, 오아후, 카우아이 섬들이 죽 늘어서 있죠. 재미있는 건 이 섬들의 나이입니다. 과학자들은 방사성 동위원소 측정법을 사용해 이 섬들의 나이를 알아냈는데, 하와이 섬이 약 70만 살로 그중에 가장 어리고, 마우이는 약 100만 살, 몰로카이는 130만~180만 살, 오아후는 220만~330만 살, 카우아이는 380만~560만 살이었습니다. 즉, 현재 열점이 있는 자리에서 북서쪽으로 멀어질수록 섬들이 점점 나이 먹어 간다는 뜻이었죠. 이건 무슨 의미일까요? 역순으로 따져 보면 약 500만 년 전 카우아이 섬이 열점에서의 화산 활동으로 가장 먼저 생겨났고, 태평양판이 북서쪽으로 이동하면서 200~300만 년 전에는 오하우, 150만 년 전에는 몰로카이, 100만 년 전에는 마우이, 그리고 70만 년 전에 하와이가 생겨난 것이죠. 하와이 제도의 북서쪽 끝부분에 위치한 미드웨이섬은 약 2,700만 년 전에 생겨났고, 가장 끝에 있는 쿠레 환초는 그 나이가 2,800만 살입니다. 다시 말해, 태평양판은 약 2,800만 년 전부터 지금까지 북서쪽으로 이동하고 있다는 뜻이죠. 유레카!

재미를 위해 덧붙이자면, 'Eureka'는 '깨달았다'는 뜻의 고대 그리스어에서 유래한 말입니다. '유레카'라는 말을 유행시킨 고대 그리스의 인플루언 서가 있었죠. 바로 그리스의 수학자이자 과학자이자 철학자인 아르키메데 스입니다. 지금부터 재미를 위해 픽션과 드립을 섞어 가며 들려 드릴 일화 는 잘 걸러 들으시기 바랍니다. 시칠리아의 시라쿠사에서 태어난 아르키 메데스는 워낙 천재로 이름난 인플루언서였던지라 당시 시라쿠사의 왕이 었던, 21살 연상의 히에론 2세와 친구 먹고 지냈습니다. 오늘날 꼰대들이 들으면 유교 드래곤이 분노의 불꽃을 내뿜을 일이지만, 고대 그리스는 미 성년자와의 교제나 동성애에 마약까지 자유로웠던, 편견 없이 개방된 사 회였잖아요? 21살 많은 형이랑 친구 먹는 게 뭐가 문제였겠어요? 어쨌든 히에론 형이 어느 날 아르키메데스를 불렀습니다.

"동생아, 나 왕관 맞췄어. 요즘 유행하는 '24k 순금 왕관을 쓰려는 자, 그 무게를 견디려면 승모를 길러라.' 스타일로 맞췄는데, 디자이너가 조금 못 미더워. 저 옆에 스파르타로 유학 다녀온 친구라는데, 자기가 스파르타에 아는 사람이 300명이라면서 뭐 허풍도 좀 센 거 같고. 아무튼 왕관이 24k 순금 제작이라고 하는데, 요즘 세상에 뭐 기술도 없고 내가 뭘 알아야지. 근데 넌 머리 좋잖아. 동생아. 알아 와라. 나 왕."

분개하는 아르키메데스.

"아, 형. 이럴 때만 어명. 난 뭐든 그냥 다 아는 줄 아시네. 난 미래에서 왔 습니까? 측정도 힘들게 뭔 장식이 이렇게 많아요, 또. 아, 망명하고 싶다."

분노를 식히려 혈액 순환에 효과가 탁월하다는 반신욕을 즐기던 그는 자신의 몸무게만큼 욕조 물이 넘쳐 흐른 것을 보고 밀도와 무게의 상관 관 계를 깨닫게 되었고, 이 발견이 왕에게 부당하게 하달 받은 노동으로부터 의 칼퇴근을 가능하게 해 줬다는 사실에 너무 기쁜 나머지 그대로 욕조에서 뛰쳐나와 동네방네 공연음란죄를 저지르고 돌아다녔는데, 이때 그가 덜렁덜렁 뛰어다니며 힘차게 외친 말이 바로 "유레카!"였습니다. 어쨌든, 태평양판의 이동, 유레카!

하와이 제도의 끝인 쿠레 환초로부터 북쪽으로 이어지는 엠퍼러 제도 해산군의 형상은 더 재미있는 사실을 말해 주고 있습니다. 엠퍼러 제도의 해산들은 북쪽을 향해 일렬로 쭉 뻗어나가 태평양판과 북미판이 만나는 알류산 해구를 바로 앞에 두고 끝나는데, 이 끝에 있는 수이코 섬의 나이는 6,000~6,500만 살입니다. 그 옛날 하와이 열점에서 생성된 수이코 섬부터 오늘날 그 열점 위에서 계속 자라나는 하와이 섬까지 이어지는 이 연결선은 6,500만 년 이전부터 정북 쪽으로 이동하던 태평양판이 약 2,800만 년 전부터 북서쪽으로 그 진로를 변경했다는 '판의 이동 경로 역사'를 적나라하게 보여 주고 있습니다. 마치 재봉질이 취미인 철수 어머니가 재봉틀 위에서 옷감^{해양판}을 잡고 이리저리 움직이면서 옷감 위에 다양한 수^{해산}를 놓는 것처럼 말이죠. 철수 어머니! 철수네 자취 집 가서서 에어프라이어 좀 꺼 주세요! 어쨌든, 이 하와이 제도-엠퍼러 해산군은 해저 확장과 판 이동의 살아 있는 증거인 셈입니다.

자, 지금까지 해양판과 대륙판이 부딪히는 수렴 경계, 해양판끼리 부딪히는 수렴 경계, 그리고 열점에서 생성되는 지질 활동과 그 결과물에 대해 이야기해 보았습니다. 그럼, 대륙판끼리 부딪히는 수렴 경계에서는 무슨 일이 일어날까요? 우리가 가장 잘 알고 있는 곳으로 가 보겠습니다.

여러분은 세계에서 해발 고도가 가장 높은 산이 어디라고 알고 있나요? 맞습니다, 에베레스트 산이죠. 어느 곳에서 측량하느냐에 따라 5~10m씩 차이가 나긴 하지만, 해발 고도 8,848m로 엄청난 높이를 자랑합니다. 세계에서 가장 높은 산이라는 명성으로 인해 등반가들에게는 꿈의 정복지로 인정받고 있어 수많은 이들이 이 산을 찾고 있으며, 해수면에서 가장 멀고 하늘과 가장 가까운 지점에 발자취를 남기기 위한 이들의 노력에 부응해 에베레스트는 이들 중 매년 5~15명을 직접 하늘나라로 데려가고 있죠. 네팔 정부는 자국의 주 수입원인 에베레스트를 포기할 생각이 없고 등반가들의 천국행 티켓 발급 규모를 해마다 늘려 가고 있다고 하죠. 하늘과 가장 가깝게 닿아 있는 이 자연의 위대한 마천루는 보잘것없는 인류에게 그리 존중받지 못하고 있는 듯합니다. 에베레스트 등반의 결과물로 산에 버려지는 쓰레기가 연간 5~15톤에 달한다고 추정되니 말이죠. 매년 쌓이는 쓰레기 5~15톤, 매년 사망하는 등반가 5~15명. 자연은 받은 대로 돌려줍니다, 여러분. 우리 강산 푸르게, 푸르게!

그럼 세계에서 두 번째로 키가 큰 산은? 바로 K2카라코람산맥(Karakoram)의 2번 산이라는 뜻입니다.. 해발 고도 8,611m로 맏형보다 250m 정도 작습니다. 세 번째는? 8,586m의 칸첸중가. 그 뒤로 로체, 마칼루, 초오유, 다울라기리, 마나슬루, 낭가파르바트, 안나푸르나가 10위까지의 자리를 차지하고 있는데, 이들 모두 해발 고도가 8,000m가 넘습니다. 또한 해발 고도가 7,000m를 넘는 산은 지구상에 총 117개가 있는데, 정말 멋지지만 불공평한 이야기는 바로 이 부분입니다. 바로 이 117개의 산이 모두 인도와 네팔, 티베트의 히말라야 산맥과 카라코룸 고원, 파미르 고원에 분포해 있다는 것이죠. 이들 산 모두 히말라야라는 키높이 깔창에 올라타 세계 최고봉 117위까지의 순위를 독식하고 있는 거예요. 이쯤 되니 살면서 마음이 불편한 적은 없었지만 몸이 불편한 적은 몇 번 있는 키 작은 저의 시각에서는 히말라야라는 천연 키높이 깔창의 탄생 배경이 문득 궁금해지는군요. 그 머나먼 탄생 역사의 시작점으로 가 볼까요?

판구조론 모델에 따르면 지구의 대륙은 판의 운동에 따라 흩어졌다 뭉치기를 반복하는데, 가장 최근에 뭉친 초대륙 판게아는 약 2억 년 전부터 서서히 서로 분리되기 시작했습니다. 앞에서 지질시대를 나누는 기준 중 '기'라는 단위가 있다고 했죠? 지질시대는 간략히 큰 단위부터 누대, 대, 기, 세의 순으로 나뉩니다. 트라이아스기는 현생누대 중생대 초기에 해당하는 기로서, 약 2억 5,100만 년부터 1억 9,960만 년 전까지의 기간입니다. 이 트라이아스기 말까지 초대륙은 판게아의 형태로 모여 있었던 것이죠. 그러다가 판의 형성과 소멸을 통해 해저가 확장되면서 대륙들이 흩어지기 시작합니다.

호주-인도판은 지금도 남극판과 아프리카판, 그리고 유라시아판과 아라비아판에 이웃해 있지만, 인도 땅은 아시아가 아닌 아프리카와 남극, 그리고 호주 대륙과 붙어 있었어요. 그러다가 백악기 초인 1억 3,000만 년 전, 붙어 있던 남아프리카와 남아메리카가 갈라지며 남대서양이 열리기 시작했고, 아래쪽에서는 아프리카 대륙과 남극 대륙이 분리되기 시작했습니다. 이때부터 아프리카와 남극 사이에 끼어 있던 인도가 백악기와 신생대에 걸친 긴 시간 동안 연간 15cm씩 머나먼 여행을 시작합니다. 아프리카와 인도가 떨어지며 중간에 생겨난 마다가스카르는 아프리카 대륙 곁에 머물렀고, 인도는 지질 운동에 따라 점점 북쪽으로 밀려나며 이동을 시작했죠. 그 기간 동안 남극과 인도에 맞닿아 있던 호주 역시 인도와 이별했고, 약 5,000만 년 전인 신생대 제3기 초에는 남극 대륙과도 헤어집니다. 그리고 1억 년이 넘는 시간을 달팽이처럼 열심히 그리고 천천히 북쪽으로

빅히스토리

움직이던 인도 땅은 약 4,500만 년 전, 마침내 아시아 대륙과 충돌하며 격렬한 회동을 갖게 됩니다.

밀도가 비슷한 두 대륙판은 충돌할 때 어느 한쪽 대륙이 다른 한 쪽 대륙 아래로 섭입되는 것이 아니라 그대로 서로를 위로 밀어 올리며 높이 솟아오르게 됩니다. 충돌하는 부분 전반에 걸쳐 대륙이 솟아오른다는 건 그곳에 높은 산맥이 형성된다는 것을 의미합니다. 대륙판과 대륙판이 만나기 전에는 두 판 사이에 이 대륙판을 떠받치고 있던 해양 지각이 먼저 섭입되며 맨틀 용융을 일으켜 앞서 해양판끼리의 충돌 때와 마찬가지로 호상 열도 같은 해양 지질 구조를 만들어 내죠. 그러다가 점점 해양이 좁아지고 사라지다가 마침내 대륙끼리 충돌하게 되면 이 해양 지각의 구조물과 파편들이 그 사이에 끼인 채 밀려 올라가 산맥을 형성하게 됩니다. 자! 저 앞에서 말한 에베레스트 산 정상에서 조개와 암모나이트 화석이 발견되는 이유가 이제 밝혀졌습니다!

아마도 먼 옛날에는 다른 산들처럼 바다에 잠겨 있었을 캐나다 로키산맥의 여러 형제들 중 중간 높이인 2,500m의 버제스Burgess 산에는 버제스 셰일Burgess shale이라는 화석 노다지실제로 과학자들은 이 버제스 셰일과 중국의 쳉지앙을 'fossil lagerstätte', 즉 정말로 화석 노다지라는 별칭으로 부르며 현생누대 진화의 역사를 이곳에서 발견하는 데 많은 시간을 투자하고 있습니다.가 있는데, 이판암으로 이루어진 이 거대 매장지는 걸을 때마다 5억 800만 살 먹은 해양생물 화석이 발에 차일 정도로 많다고 합니다. 네, 맞아요! 캄브리아기 대폭발 직후 꾸준히 수를 늘려온 해면동물, 자포동물, 완족동물, 연체동물, 절지동물, 극피동물, 척삭동물 등 동물 문의 대부분이 바다 밑에 묻혀 있다가 떡하니 솟아올라서 산 위에 잔뜩 전시돼 있는 겁니다. 마찬가지로 조개와 생선을 에베레스트 산 꼭대기에 남겨 놓은 범인은 걷기도 전에 소풍 간 유인원도, 하늘에서 그걸 떨어뜨린 새도 아니었습니다. 바로 4,500만 년 전 인도와 아시아의 충돌을 부추긴 호주-인도판과 유라시아 판의 성장과 소멸, 더 궁극적으로는 그 일을 가능케 한 맨틀의 대류, 더 궁극적으로는 맨틀을 데울 만큼 뜨거운 지구의 핵, 더 궁극적으로는 그런 지구의 구조를 만든 우주의 빅뱅과 중력, 밀도 따위의 물리적 원리였던 것이죠.

그 결과로 히말라야 산맥과 알프스 산맥, 우랄 산맥과 애팔래치아 산맥 같은 내륙의 높은 산맥들이 만들어졌습니다. 인도와 아시아의 충돌은 계속 진행 중이어서 이 두 대륙은 여전히 서로를 밀어 올리고 있으며, 지금도 에베레스트 산의 키를 매년 5cm씩 높이고 있습니다. 에베레스트, 부러운 녀석! 아, 물론 에베레스트 산에게 한 말입니다. 1862년 이 산의 측량을 마친 인도 측량국장 앤드류 워의 요청을 받은 왕립지리학회의 승인으로 이 산의 이름에 박제된 전임 국장 조지 에베레스트에게 한 말이 아니라고요! 다시 생각해 보니 이미 작고한 뒤 산 이름의 모티브가 되어 유명해진 것과 4,500만 년 전에 태어났지만 아직까지 매년 5cm씩 자라나는 것 중 뭐가 더 부러운지 모르겠지만 말이죠.

그런데, 제가 어떤 산이 키가 제일 큰지 이야기할 때 해발 고도라는 용어를 계속 사용한 것을 기억하시나요? 굳이 이 용어를 계속 사용한 데에는 이유가 있습니다. 현재 산의 높이를 측정하는 표준 단위인 해발 고도는 각 지역의 해수면에서부터 산꼭대기까지의 높이를 뜻합니다. 가장 공정해 보이는 이 표준 단위는 어떤 산에게는 억울한 기준이 되곤 하죠. 바로 이 해발 고도는 지역마다 차이가 난다는 것입니다. 즉, 1층에 서 있는 에베레스트와 2층에 서 있는 킬리만자로, 그리고 지하 1층에 서 있는 마우나케아를 신발 밑창부터 재면 절대 높이는 2층에 서 있는 산이 가장 크겠지만 측량 높이는 그중 그냥 키가 큰 산이 가장 큰 게 되는 것이죠. 그래서 해발 고도를 적용하기 전에는 2층 높이에 있던 킬리만자로가 에베레스트보다 더 높은 산이었는데, 해발 고도를 적용한 후에는 1층 높이에 있던 에베레스트에게 1등 자리를 빼앗겼을 뿐 아니라 에베레스트와 같은 동네에 살던 117개의 봉우리들에게 비비지도 못할 지위로 하락해 버렸죠.

문제는 산 높이를 비교할 때 이게 다가 아니라는 점입니다. 산은 대부분 해양 지각판 위에 떠 있는 대륙 지각인데, 지각의 특성상 어떤 지각은 가장 아래 부분이 바다에 잠겨 있는 경우도 생기겠죠? 그 잠긴 부분 역시 천차만별이고 말이죠. 다시 말해 어떤 산은 발목만 물에 잠겨 있고, 어떤 산은 허리까지 물에 잠겨 있는데, 어느 날 해발 고도 신장계를 가져오신 양호선생님이 키를 재더니 반신욕을 하고 있는 산에게 "학생, 반찬 가려 먹지 말고 일찍 자고 일찍 일어나야 키가 커요."라고 훈계를 하는 상황이 발생하기도 하는 것이죠. 허리까지 물에 잠겨 슬픈 산이 여기 있습니다. 하와이에 있는 마우나케아Mauna Kea_하와이어로 '흰 산'가 그 주인공입니다. 이 산은 바다에 잠긴 부분까지 측정하면 10,210m 정도로 에베레스트보다 1,000m 이상 높은 산입니다. 그런데 양호선생님이 가져오신 해발 고도 신장계로 키를 재는 순간, 4,207m로 발목만 물에 담근 에베레스트의 반도 안 되는 키로 내려앉게 되었죠. 만약 이 마우나케아가 에베레스트처럼 발목만 물에 담그고 있었다면 이 산의 정상을 정복하려는 사람들은 성층권에서 견딜 수 있는 장비를 먼저 챙겨야 했을 겁니다.

변환 단층

어쨌든, 여러분은 지금까지 십수 페이지에 걸쳐 베게너가 주장했던 대류 이동의 증거인 판게아의 발생과 이동, 해저의 확장, 맨틀의 대류, 판구조론의 탄생, 그리고 판들의 종류와 만남에 따라 우리 지구의 겉모습이 어떻게 달라지는지, 거기에 더해 에베레스트 꼭대기에서 발견되는 해양생물 화석이 지니는 의미에 대해서 알아보는 시간을 가졌습니다. 우리는 방금 지구과학의 한 패러다임을 알게 된 거예요!

아, 잠시 까먹은 윌슨의 변환 단층에 대해서 짧게 언급하자면, 변환 단층은 반대 방향으로 멀어지거나 한 방향으로 충돌하는 발산 경계나 수렴 경계와 달리 이렇게 자라나고 소멸하는 지판들이 이웃해 지나가는 단면입니다. 그래서 판이 생성되거나 소멸되지 않고 스쳐 지나가는 이 변환 단층을 '보존형 판 경계'라고도 부르죠. 앞서 이야기한 해양판의 발산 경계가 위치하는 대양저 산맥은 대개 1,000~4,000km까지 뻗어 있는데, 이 긴 발산 경계가 한 줄로 죽 이어져 있는 것이 아닙니다. 약 100km마다 발산 경계가 어느 정도 어긋나서 생성돼 있는데, 이렇게 어긋난 선들이 멀리서 보면 산맥처럼 죽 이어져 보이는 것이죠. 이렇게 어긋난 발산 경계의 간격 안에서는 판의 움직이는 방향이 서로 엇갈리겠죠? 이 엇갈려 지나가는 부분이 변환 단층입니다.

사실상 아주 먼 옛날 아프리카 대륙과 남미 대륙을 분리시킨 정확히 말하면 아프리카판을 동쪽으로, 남미판을 서쪽으로 자라나게 만든 중앙 대서양 해령혹은 대서양 중앙 해령_mid-Atlantic ridge은 과장을 보태지 않아도 남극에서 북극까지 뻗어 있는 길고 긴 대양저 산맥으로, 그 길이가 16,000km에 달합니다. 따라

빅히스토리

서 단순 계산으로만 어림잡아도 중앙 대서양 해령은 약 160개의 변환 단층을 갖고 있는 셈이죠. 참고로 중앙 대서양 해령은 북극으로 뻗어 나가며 아이슬란드 땅의 한가운데를 정통으로 통과합니다. 아주 먼 미래에는 아이슬란드 땅이 두 동강 날 수도 있다는 뜻이죠. 솔직히 말하면, 운동 방향이 운 나쁘게 형성된다면 세 동강이 날 수도 있어요. 아니면 땅이 쪼개지지 않고 계속 새살만 돋아나 세계에서 가장 면적이 넓은 나라가 될 수도 있겠죠.

이 변환 단층은 발산 경계에서 생성된 해양 지각을 그들의 마지막 무대인 수렴 경계까지 효과적으로 운반해 주는 역할을 합니다. 수많은 변환 단층을 지닌 채 묘하게 끊어져서 뻗어 있는 중앙 대서양 해령과 거의 평행하게 아프리카의 동해안과 남미의 서해안이 뻗어 있는 것을 보면 그게 무슨 뜻인지 직관적으로 알 수 있을 것입니다. 또한 북미판의 캘리포니아 서쪽에 붙은 작은 지각판인 후안데푸카판이 북미판의 캐스케이드 섭입대와 제대로 맞물려 미끄러져 들어갈 수 있도록 멘도시노 단층이 중간에 방향도 살짝 바꿔 주고 있죠. 재미있는 점은 이 멘도시노 단층이 샌안드레아스 단층과 연결된다는 것입니다. 네, 미국에서 지진을 다룬 재난 영화가 열 편 제작된다면 그중 아홉 편 이상의 단골 소재가 되곤 하는 샌안드레아스, 맞습니다.

샌안드레아스 단층은 미국 캘리포니아 주의 샌프란시스코와 로스앤젤레스 아래로 뻗어 캘리포니아만까지 이어지는 긴 단층입니다. 캐스케이드 섭입대와 멘도시노 단층에 이웃해 연결되어 있어서 수많은 지질 활동이 끊이지 않고 일어나며, 그 대부분은 지진의 형태로 나타나기 때문에 여름이면 등장하는 블록버스터 재난 영화의 주연이 되곤 하죠. 이 단층을 기준으로 북미판과 태평양판이 엇갈려 지나가는데, 태평양판은 상대적으로 북서쪽 방향으로 움직이기 때문에 아주 먼 미래에 캘리포니아는 미국 본토에서 떨어져 나와 섬이 된 후 점점 미국과 멀어져 알래스카와 만날 운명을 갖고 있습니다. 캘리포니아와 아이슬란드의 운명에 명복을 빌어 주고 싶지만, 초대륙이 뭉치고 나뉘는 주기가 3~10억 년판게아 이전에도 초대륙이 몇 번 존재했습니다. 지각판이 생성되고 소멸되고 대륙을 밀어내고 충돌시키는 활동이 이어지니 언젠가는 대륙들이 만났다가 헤어졌다가 하겠죠? 과학적 근거에 토대한 최초의 초대륙은 약 35억 년 전 형성된 발바라(Vaalbara)이고 그 뒤로 약 30억 년 전에는 우르(Ur), 약 27억 년 전에는 케놀랜드(Kenorland), 약 18억 년 전에는 콜롬비아(Columbia), 약 11억 년 전에는 로디니아(Rodinia), 약 6억 년 전에는 파노티아(Pannotia)가 형성된 전력이 있죠. 이라니 얘네가 두세 동강 날 때까지 인류가 살아남아 있을지가 의문이네요. 누구의 명복을 먼저 빌어 줄지는 더 나중에, 뭐 한 5,000만 년쯤 뒤에 결정해도 늦지 않겠지만, 지금은 그보다 앞서 해결해야 할 문제가 있습니다. 우리가 지금까지 왜 이런 이야기들을 했는지 잊어버리지 말고 빨리 제자리로 돌아와야 해요!

에베레스트와 조개껍데기, 그리고 칼슘

지구의 지질 활동을 이야기하며 빅히스토리의 한 축인 판구조론에 대해 배워 본 것은 유익한 일이었다고 말하고 싶지만, 중요한 건 이 지질 활동과 바다의 칼슘 증가가 무슨 관련이 있냐는 겁니다. 기나긴 지질 활동은 빈번히 화산 활동을 동반했고, 산소 농도의 증가는 캄브리아기 얕은 바다의 조석 작용과 더불어 그때까지 지질 활동을 통해 형성된 암석들의 풍화 작용을 촉진했죠. 화산과 풍화 작용. 이 둘의 공통점은? 바로 다양한 이온을 바닷물에 잔뜩 풀어놓았다는 것입니다. 마그마는 용융해 발산 경계와 열점을 뚫고 나오면서 규소, 인, 이산화탄소, 칼슘과 같은 성분을 잔뜩 뱉어 내곤 합니다. 또 해안에서 일어나는 바닷물의 풍화작용은 암석과 물의 만남을 통해 칼슘, 철분, 칼륨, 이산화규소와 같은 다양한 이온을 만들어 바닷물로 끊임없이 공급해 주죠.

2012년 위스콘신대 연구진은 수십억 년 전 지각 밑에서 형성된 옛 암석과 5억 년 전, 즉 캄브리아기 대폭발 시기에 대륙을 덮고 있던 얕은 바다의 퇴적물로 형성된 캄브리아기 퇴적암 사이의 불일치를 가리키는 대부정합을 연구한 결과, 당시 지구 지질 활동이 바닷물의 성분을 크게 바꿔 놓았다는 결론을 내렸습니다. 다양한 이온의 유입을 맞아 이온 균형을 맞춰야 했기에 많은 생명체가 인산칼슘과 탄산칼슘, 이산화규소 등 3대 생체광물을 활용해 뼈와 단단한 껍데기를 만들고 플랑크톤과 같은 방산충의 증가가 가능해졌다는 것이죠. 물론 아직까지 캄브리아기 대폭발의 원인은 베일에 가려져 있지만, 판구조론에서 말하는 지질 활동과 풍화 작용을 통한 바닷물의 칼슘 증가가 암석에 수많은 발자취를 남길 수 있는 다양한 골격과 갑옷의 형성에 큰 역할을 했다는 과학계의 연구 결과와 주장은 신빙성이 있어 보입니다. 2019년 영국 엑시터대학 연구팀이 저널 〈Nature Communications〉에 개제한 연구에 따르면, 5억 5천만 년 전 남반구에서 판게아의 한 부분인 곤드와나가 형성될 때 거대하고 다양한 화산 활동으로 지하 퇴적암에 저장되어 있던 이산화탄소가 방출돼 지구 기온이 오르고 암석의 풍화작용이 가속화되었고, 이에 따라 인P이 바다로 흘러들어 바다 미생물의 광합성을 촉발해 산소 증가로 이어지는 연쇄 작용을 일으켰다고 하니,

생명 다양성과 캄브리아기 대폭발을 생각하는 우리 뇌 속 어딘가 판구조론이 자리 잡을 자격은 충분하다는 생각이 듭니다.

판구조론 이야기가 길어진 것에 비해 마무리가 김새는 느낌이 있지만, 그래도 칼슘, 등장했잖아요. 앞으로도 이 책의 서사는 이런 방식으로 이어질 것입니다. 발밑에 있는 '생명 다양성'이라는 감자 한 덩이를 잡아 꺼내니 그 아래로 '자외선'이라든가 '오존층'이라든가 '뱀파이어', '에베레스트'에 '하와이', '판구조론' 같이 더 크고 더 많은 감자가 덩굴째 줄줄이 달려 나올 것입니다. 중간중간 왜 섞여 있는지 모를 이야기가 있는 것도 같지만, 가만 읽으면서 의식의 흐름을 따라가다 보면 하나라도 더 지식을 얻게 되는 구조로 서술될 거예요. 이 책은 그렇게 읽는 겁니다. 네, 맞아요. 이것저것 하고 싶은 이야기가 많아서 좀 떠들다 보니 민망해져서 변명 좀 해 보려고 혀가 길어졌습니다. 재미있는 이야기 많이 들었으니 박수 한 번 쳐 주고 다음 이야기로 넘어갑시다!

지구자기장, 눈, 그 밖의 생존 수단들

자, 캄브리아기 대폭발로 대표되는 생물의 발생, 다양성, 진화의 원인으로 산소와 오존층, 그리고 칼슘에 대해 이야기해 보았습니다. 이번에는 지구자기장과 특정 유전자, 눈의 진화, 생태학적 경쟁 심화 등 그 외에 주류로 평가받는 여러 이론을 간단히 살펴볼게요.

지구의 자기장은 나침반 바늘을 움직이거나 현대 과학자들이 지구의 활동을 되짚어 볼 수 있게 해 주거나 하는 일 말고도 몇 가지 중요한 일을 합

빅히스토리

니다. 잠시 문제 하나 내겠습니다. 제가 '어떤 것'의 역사를 몇 개 읊어 볼 텐데, 여기서 말하는 어떤 것은 어떤 것인지 맞혀 보세요! 1983년, 뉴욕에서 출발해 알래스카를 거쳐 서울에 착륙할 예정이던 대한항공 007편이 경로를 이탈해 당시 소련의 영공에서 격추돼 탑승객 269명이 전원 사망하는 일이 일어납니다. 이를 계기로 미 행정부는 본래 군사용으로만 사용할 예정이던 그 '어떤 것'을 조건부로 민간에도 개방하기로 결정합니다. 이후 개발을 거듭하던 이 '어떤 것'은 1990년에 처음으로 마쓰다 차량에서 상용되었고, 우리나라에는 1997년에 기업 회장님들이 주로 타던 당시 3대 리무진, 이제 단종되었으니 당당하게 이름을 말할 수 있는 엔터프라이즈, 다이너스티, 체어맨에 처음으로 사용되었습니다. 이 '어떤 것'이 없던 제 아주 어린 시절, 차에 타면 조수석 옆에는 항상 지도책이 있었죠. 요즘에는 우리 손에 하나씩 들려 있다 해도 틀리지 않을 이 '어떤 것'. 이것은 어떤 것일까요? 네, 바로 GPS 내비게이션입니다.

GPS는 기술 자체가 일반상대성 이론과 특수상대성 이론, 도플러 효과를 비롯해 갖가지 과학이론을 기술로 구현한 현대 과학의 집약체 중 으뜸으로 꼽히기 때문에 전문지식이 비루한 이 책에서는 자세히 다루지 못합니다. 간단히 설명하자면 이 GPS 기술을 위해 1978년부터 지금까지 꾸준히 쏘아 올려 지구를 둘러싸고 있는 위성은 약 24대연도 별로 달라 2022년 기준 31대입니다. 어느 지점에서든 최소 3대 이상의 위성에서 신호를 받은 개별 단위의 단말기맛집 찾으러 들고 다니는 우리 휴대폰을 포함해서요. 에서 수학적인 알고리즘을 활용한 초당 최대 50회의 수정을 통해 정확한 위치를 알게 해주는 최첨단 2세대 위성항법 체제입니다. 엄청 좋아 보이고 엄청 비싸 보이죠? 그래서 당연히 미국 거예요! 미국 국방부에서 개발했고 미국 운수부가 관리합니다. 러시아나 EU, 중국, 일본, 인도, 거기에 한국과 영국 등 과학기술 쪽에서 방귀 깨나 뀐다 하는 나라들에서 유사품을 만들어 내고 있지만, 애초에 군사 목적으로 개발된 기술이라 보안과 독자성을 철저히 지키고 돈도 어마어마하게 들기 때문에 GPS만큼 정밀한 기술을 구현해 내는 것은 아직 희망사항이라고 합니다.

우선 위성을 독자적으로 사용하려면 독자적인 기술로 위성을 몇십 개씩 쏘아 올려야 하니까 항공우주기술, 20,000km 상공에 떠 있는 GPS 인공위성이 겪는 시간과 이동 속도에 따른 상대성을 계산하고 오차를 보정해 줘야 하니까 일반상대성 이론과 특수상대성 이론, 지표와 위성 간 상대속도가 전파의 청색변이를 일으키니까 도플러 효과이것들 다 1장에서 나왔던 내용인데, 뭐가 뭔지 잘 기억 안 나도 이름은 처음 듣는 것 같지 않고 대충 아는 것 같으니까 뭔가 뿌듯하지 않나요? 일단 지금은 그 정도면 됐습니다. 또 읽으면 돼요! 등등의 상급 이론과 기술이 절묘한 조화를 이루어 오늘도 우리를 맛집의 세계로 인도해 주고 있습니다.

또 소환해서 죄송하지만, GPS가 3,200년 전에만 발명되었어도 모세가 히브리 백성들과 40년 동안 광야에서 방황하는 고생은 없었을 거예요. 뭐, 물론 중간중간 배신하는 놈도 있고 훼방 놓는 놈도 있고 우여곡절이 많긴 했지만, 걸어서 몇 주면 가는 거리였는데. 하나님, 40년은 조금 선 넘으신 것 같습니다. 더구나 이집트에서 출발할 때 모세 나이 여든이었거든요. 그 할아버지가 40년 헤매다가 정작 요단강만 건너면 도착하는 약속의 땅은 밟아 보지 못하고 먼 산 위에서 바라만 보다가 다른 의미로 요단강을 건넙니다. GPS만 있었어도! 검색, 가나안. 이것만 했어도! 하나님, 다시 말씀드려 죄송하지만 40년은 선 조금 세게 넘으신 것 같습니다. 모세와 하나님에 대한 이야기는 나중에 더 자세히 말할 기회가 있을 거예요.

아무튼, 이렇게 GPS와 내비게이션특히 과거 자기 나침반을 통한 항해 내비게이션은 지구자기장과 아주 연관이 없는 것은 아니지만, 제가 말씀드릴 지구자기장의 역할은 지구의 또 다른 주인인 동물들의 내비게이션과 더 관련이 깊습니다. 철마다 보금자리를 찾아 무리 지어 이동하는 철새, 알을 낳으러 고향으로 돌아오는 바다 거북이나 흐르는 강물을 거꾸로 거슬러 오르는 연어들의 도무지 알 수 없는 기막힌 방향 감각은 바로 지구자기장을 감지하는 생체 내비게이션 덕이거든요. 웃기려고 연어도 등장시켜 봤지만, 일단 해양생물들은 생체 전기를 더 잘 전도할 수 있는 환경에서 살죠. 바로 물입니다. 아무래도 전기신호나 자기장을 더 잘 감지할 수 있겠죠? 철새의 경우에는 눈에 있는 크립토크롬cryptochrome이라는 색소 단백질을 통해 자기장을 말 그대로 '눈으로 보고' 감지할 수 있다고 하니, 동물의 감각과 능력은 가히 상상을 초월합니다. 이렇게 이 친구들이 때가 되면 제자리로 돌아와 알을 낳거나 철마다 보금자리를 찾아서 개체를 유지할 수 있는 게 다 이 지구자기장 덕분이랍니다.

자, 이런 것들보다 아주 조금 더 중요하고 치명적인 지구자기장의 역할을 이제 이야기해 볼게요. 여러분, 앞 장에서 태양과 같은 항성이 만들어지면서 그 항성의 주변부에 여러 행성이 만들어지는 과정을 살펴봤죠? 우리 태양계에는 원자와 물질의 밀도 차이에 의해 태양과 가까운 곳에서는 지구형 행성이, 더 먼 곳에서는 가스형 행성이 생성된다는 것을 잊으신 건 아니죠? 이때 수많은 원자와 물질을 멀리멀리 날려 보내는 힘이 무엇이었는지 혹시 기억하시나요? 태양풍! 네, 바로 태양이 뿜어내는 바람과 같은 강력한 에너지의 분출을 태양풍이라고 합니다. 태양은 어마어마한 크기만큼 어마어마한 에너지를 만들고 간직하고 뿜어냅니다. 일례로 태양의 중심핵에서 수소가 헬륨으로 바뀌는데, 이때 1초에 태양의 질량 중 400만 톤 정도의 무지막지한 에너지가 빛의 형태로 바깥으로 뿜어져 나옵니다. 이렇게 엄청난 양의 태양 에너지가 주로 수소 원자핵으로 구성된 양성자와 전자를 포함한 하전입자의 플라즈마 형태로 발산되는 것을 태양풍이라고 부르는 것이죠. 아이러니한 것은 이 태양에너지 덕분에 지구에 생명이 살 수 있었지만, 동시에 이 태양에너지 때문에 지구 외의 암석형 행성가스형 행성에도 자기장이 있지만 그곳에는 탄탄한 지각이 없으니까 일단 생명체가 살기 어렵죠에서는 생명이 발생할 수 없었으며, 오늘날에도 특정 조건풍부한 대기와 자기장이 결여된다면 지구 역시 태양에너지로 인해 순식간에 불모의 땅이 될 수 있다는 것입니다.

지구가 불모의 땅이 되는 것을 막아 주기 위해 오늘도 불철주야 열심히 일하는 특정 조건들 중 하나가 바로 지구자기장입니다. 지구자기장도 태양풍처럼 플라즈마 형태로 존재하는 에너지장인데, 이 지구자기장이 영향을 주는 범위 안에 태양풍이나 우주선우주 공간의 높은 에너지의 소립자이 자기장이나 대기와 충돌하면 여기 포함된 다양한 입자들이 자기장 공간 안에 사로잡혀 머물게 되죠. 이렇게 형성된 방사선대를 최초 발견자인 제임스 밴 앨런의 이름을 따서 밴 앨런 대Van Allen belt라고 합니다. 이 밴 앨런 대는 지구의 자극 축에 회전 대칭하며 내대와 외대의 두 개 층으로 분리되어 형성되어 있습니다. 내대는 지표면으로부터 약 3,000km2,000~12,000km 정도 두께로 에너지가 큰 양성자로 이루어져 있습니다. 외대는 지표면으로부터 약 16,000km13,000~60,000km 두께로 에너지가 큰 전자로 이루어져 있습니다. 이 외대가 사로잡고 있는 녀석들이 바로 태양풍에 실려 날아온 고

에너지 입자입니다. 즉, 지구의 자기장이 태양풍의 거대한 에너지를 담은 입자들을 꼭 붙잡아 둬서 지구 대기에 직접적인 영향을 주지 못하도록 하는 것이죠.

태양풍의 속도는 초속 400km 정도 됩니다. 1초면 남한의 최전선 제3땅굴에서 여수항까지 갈 수 있다는 뜻이죠. 이렇게 빠른 속도로 지구를 향해 날아오던 태양풍의 양성자와 전자가 지구자기장과 충돌하는 순간, 하늘에는 형형색색의 커튼과 같은 충돌 잔상이 그려집니다. 이것이 바로 이틀 지내면 지상 최고의 낙원이며 일주일을 지내면 평화에 물들고 한 달 이상 살아 보면 탈출 계획을 꿈꾸게 된다는 노르딕 국가들의 고요한 적막에 한 줄기 오락과도 같이 펼쳐지는 우주와 대자연의 선물, 오로라입니다.

태양풍과 같이 다른 항성들도 에너지 바람을 뿜어내는데, 이것을 항성풍이라고 합니다. 태양풍을 비롯해 이 항성풍은 강력한 에너지로 말 그대로 대기가 희박한 행성의 대기를 아예 날려 버리는데, 이 때문에 태양계의 거의 모든 행성이 생명이 살 수 있는 제1 조건 자체를 제공받을 기회를 잃고 말았죠. 앞서 말했듯이 가스형 행성들도 자기장이 있지만_{목성은 지구의 2만 배, 토성은 지구의 580배}, 우선 생명체가 발 딛고 살 수 있는 탄탄한 지각을 가진 행성을 후보지로 놓고 보면, 태양계 암성형 행성 가운데 오직 지구만이 넉넉한 자기장을 갖고 있어 태양풍으로부터 대기를 잃을 위험에서 벗어날 수 있었습니다. 즉, 지구자기장이 캄브리아기 대폭발 이전부터 지구에 생명체가 탄생하고 개체를 늘릴 수 있는 풍부한 대기 환경을 보존해 준 것이라고 볼 수 있습니다.

캄브리아기 대폭발 원인의 주류 이론 중 다른 하나는 눈의 진화입니다.

햇빛을 이용해 사물을 인지하는 식별기관인 눈이 바로 이 시기에 생겨났고, 이러한 눈을 포식자가 달고 있으니 그로부터 피하거나 자신을 방어하기 위해 피식자의 위치에 있는 동물들이 생체 갑옷을 만들어 입거나 무서운 색깔을 보여 위협하고 닌자처럼 주변 환경과의 유사성을 활용한 위장술을 개발하는 노력을 통해 짧은 기간 동안 다양한 진화를 이루어 냈다는 이 이론을 '빛 스위치 이론'이라고 합니다. 이 이론은 생명 다양성의 인과관계를 설명할 수 있는 가장 매력적인 이론 중 하나인데, 한편으로는 눈이 캄브리아기 이전부터 이미 등장했고 해저에서는 시각보다 후각이나 전기 신호가 더 먼 거리의 사물이나 사냥감을 인지하는 수단이 될 수 있다는 반론도 있습니다. 눈에 대해서는 나중에 더 이야기할 기회가 있을 거예요. 몸이 천 냥이면 눈이 구백 냥이니까요!

생명 다양성을 증가시킨 캄브리아기 대폭발의 또 다른 원인으로 포식자종의 급격한 증가가 꼽히기도 합니다. 실제로 캄브리아기 포식자의 종과 개체가 우후죽순으로 늘어났다는 증거들이 계속 발견되고 있는데, 이렇게 늘어난 포식자로부터 살아남아 후대에 유전자를 물려줘야 한다는 궁극적인 목적을 달성하기 위해 자연스럽게 피식자의 종과 개체수 역시 폭발적으로 늘어났다는 것이죠. 하지만 선캄브리아기 때부터 이미 생물 간 포식 행위는 있었기 때문에 이 이론은 다른 주된 원인들과 더불어 생물 다양화의 보조적인 원인으로 고려할 수 있습니다.

이 외에 당시 생물들의 주된 에너지원인 플랑크톤의 크기와 종류가 다양해짐으로써 더 많은 생물종이 이들을 먹이 삼아 살아남고 진화할 수 있었다는 이론이나 에디아카라기에 일어난 대멸종으로 인해 생긴 생물 종의 공백을 메꾸기 위해 다양한 생물군이 폭발적으로 등장했다는 이론도 중요하게 다루어지고 있습니다. 지구의 역사에 있어서 크고 작은 대멸종은 대거 멸종된 생물의 빈 자리를 채우는 과정에서 진화와 특정 생물종의 지배라는 필연을 가져온다는 점에서 중요한 역할을 합니다. 이 대멸종에 대해서는 다음 장에서 더 살펴보도록 하겠습니다.

에디아카라기는 선캄브리아기 중 원생누대의 마지막 대인 신원생대의 가장 끝자락을 장식하는 시기입니다. 이때까지 지구라는 무대 위의 주인공은 주로 골격이 없고 흐물흐물한 몸을 가진 동물들이었습니다. 그래서 이들의 화석은 발견되기 쉽지 않았고, 발견되는 것은 주로 이들이 남긴 흔적들발자국, 몸이 기어간 자국, 그들이 판 구멍 등이 화석으로 남을 뿐이었는데, 이런 화석들을 생물이 남긴 흔적의 화석이라는 뜻으로 '생흔화석'이라고 합니다. 뿐이었죠. 기억하시나요? 현생누대 이전, 즉 선캄브리아기 은생누대의 의미를. 생물의 화석이 거의 없었잖아요. 그러던 것이 현생누대의 막을 연 고생대의 가장 첫 장인 캄브리아기 들어 다양한 동물들의 몸을 그대로 보여 주는 갑옷이나 골격 화석생흔화석과 달리 실제 동물의 몸을 그대로 보존하고 있다는 뜻으로 '체화석'이라고 합니다. 이 수없이 발견된 것이죠. 그래서 현생누대. 기억나시죠? 캄브리아기 극초기의 것으로 체화석을 남긴 동물은 작은 조개 같은 모양의 소형패각류였습니다. 그러다가 2,000만 년 후인 5억 2,000만 년 전에 극명하게 체화석을 남기는 동물이 대거 출현하게 되었죠.

현대 과학기술과 발굴장비의 발달은 캄브리아기 대폭발이 정말로 '대폭발'은 아니었다는 증거를 지층 곳곳에서 찾아내고 있습니다. 즉, 정말로 한 순간에 동물이 폭발적으로 생겨난 게 아니라 몇백 혹은 몇천만 년의 시간을 두고 지속적으로 생겨나고 진화했다는 의미를 발견하고 있는 것입니다. 이는 곧 이야기할 진화의 서사시를 놓고 벌인 진화론과 창조론의 길고 긴 논쟁에 종지부를 찍을 수도 있는 증거이기도 했습니다. 삼엽충으로 대표되는 이 생명의 대폭발 사건은 진화론의 아버지 찰스 다윈의 입장에서는 달갑지 않은 부분이었는데, 종교인으로 대표되는 창조론자들이 지구상에 처음 생겨난 동물인 삼엽충이 진화의 시작점에 서 있기에는 너무 정교한 구조를 갖고 있는 것 아닌지, 혹은 하나님의 조화가 아니고서야 그렇게 많은 동물이 한꺼번에 출현하는 게 가능한 것인지, 당시로서는 더 논리적으로 보일 수밖에 없는 주장으로 공격해 오는 것을 그로서는 피할 길이 없었거든요. 이 이야기에 대해서는 다음 장에서 더 이야기해 보도록 하겠습니다.

이렇게 다양한 원인을 부분적으로 밝혀낸 이론들이 캄브리아기의 폭발적인 생명 탄생을 지지하고 있지만, 과학의 영역에서 길고 긴 시간을 관통하는 빅히스토리를 밝히는 작업은 안개 낀 동굴 안에서 작은 손전등을 비추며 수만 조각의 퍼즐을 맞추는 것과 같습니다. 바로 앞에 떨어져 있는 단서도 베일에 가려 보이지 않는 환경에서 과학자들은 손전등이라는 조악한 기술로 발견해 보려는 노력을 통해 앞뒤 맥락 없어 보이는 끊어진 퍼즐 조각들을 군데군데 끼워 맞춰 가고 있으며, 과거에는 맨눈, 횃불, 등불이었던 오늘날의 손전등을 내일은 형광등, 모레는 조명탑으로 바꿔 들고 마침내 온전한 퍼즐을 완성시키는 순간을 꿈꾸고 있습니다. 모든 역사를 신의 섭리로만 이해할 수밖에 없었던 먼 과거와는 달리 오늘날 우리는 그 역사가 신의 섭리라고 하더라도 어느 정도 일정한 법칙과 인과 관계를 지니고 있는 필연의 영역에 있음을 이해하기 시작했고, 기술과 도구의 점진적 발달을 통해 언젠가는 신의 섭리를 과학적으로 온전히 밝혀내고 완벽하게 이해할 수 있을지도 모릅니다. 저처럼 미약하나마 그들이 현재까지 밝혀낸 이야기들을 읽고 듣고 배우고자 하는 사람들은 그들이 어디까지 밝혀낼 수 있을지 기대를 품고 기다릴 뿐입니다. 이렇게 현재까지 밝혀진 역사들을 곱씹어 보고 더 이해해 보려고 노력하면서 말이죠. 이제 이 빅히스토리에 대한 저의 이야기는 생명의 태동과 골격의 등장에까지 다다랐습니다. 앞으로 펼쳐질 진화와 생존, 멸종, 그리고 인류의 등장에 대한 이야기를 기다리며 말이죠.

5.

진화

• 찰스 이야기

여러분, 안녕? 내 이름은 찰스야. Charles. 이름이 왠지 멋져 보이지 않아? 맞아. 내가 살던 때 찰스라는 이름은 꽤나 유행이었어. 내가 사는 영국뿐 아니라 바다 건너 프랑스나 스페인 같은 곳에서도 이 이름이 널리 쓰이지. 발음이 약간 다르긴 한데, 옛날에 왕족이 주로 쓰던 이름이라고 하더라고. 나보다도 훨씬 옛날 분이긴 한데, 프랑크 왕국의 왕 샤를마뉴Charlemagne를 아니? '마뉴Magne'라는 말이 왕이나 대제를 나타내는 라틴어 'Magnus'에서 유래되었다고 하니까 샤를마뉴는 '샤를 왕'이나 '샤를 대제' 정도 뜻이 되겠지? 그러니까 샤를마뉴 대제라는 표현은 너희 한국어로 '역전 앞'이나 '과반수 이상' 같은 뜻이 되니까 앞으로 그렇게 쓰지 마. 이불킥 표현이야. 또 스페인어를 쓰는 동네에서 카를로스Charlos라는 이름을 많이 볼 수 있잖아? 찰스, 샤를, 카를로스. 다 똑같은 이름이야. 그만큼 좋은 이름이고 흔한 이름이었으니까 아버지, 어머니가 내 이름도 그렇게 지으셨겠지? 커서 훌륭한 사람이 되라고 말이야. 들어 보니 지금 왕도 이름이 찰스라고 하던데? 내가 세상 뜰 때는 조지 5세가 왕이었는데, 찰스 이 친구는 그 손녀의 아들이더라고. 세월 참 빨라. 녀석, 대학교도 좋은 데 나왔던데. 있어, 케임브리지 대학교라고. 내 학교 후배야. 그러고 보니 너희 한국에도 내 이름하고 비슷하고 흔한 이름이 있던데. '철수'라고. 물론 내가 죽고도 100년쯤 뒤에 유행했던 이름이라고 듣긴 했지만. 1970~80년대 교실에서 선생님이 출석 부르시면 서너 명씩 흠칫 놀라곤 했던 철수들아! 특히 라자냐 태워 먹은 철수, 너! 부모님께서 훌륭한 사람 되라고 지어 주신 이름이니까 귀찮아서 흔한 걸로 갖다 붙이셨다는 오해는 하지 마.

이름 이야기가 길어졌는데, 어쨌든 내 이름은 찰스야. 부모님께서 애정과 기대를 듬뿍 안고 지어 주신 이름이지. 그만큼 나를 정말 아끼고 사랑해 주셨을 거야. 아버지는 엄하셨지만 학교에서도 반쯤 포기한 나를 언제나 지원하고 응원해 주셨거든. 어머니는 사실 내가 7살 때 돌아가셔서 많은 추억이 있지는 않지만, 어머니가 돌아가시던 날에 누나랑 같이 하루 종일 펑펑 울었던 기억은 나. 그만큼 내게 소중한 존재셨던 거겠지. 아, 동정은 안 해도 돼. 나는 이미 잘 살았고 원 없이 하고 싶은 것도 다 하고 세상 떴거든. 오죽하면 사람들이 내 생전 마지막 말이 "나는 죽음이 두렵지 않아."라고 알고 있을까? 비밀은 아니지만, 사실 내 마지막 말은 "아, 나 쓰러질 것 같은데……."였어. 뭐, 둘 다 내 손을 잡아 준 아내에게 한 말이긴 한데, 사람들은 더 극적인 걸로 기억하는 걸 선택했나 보더군.

그리고 난 부자였어. 돈 많아. 그러니까 나 그렇게 동정하지 않아도 돼. 우리 할아버지랑 외할아버지랑 다 엄청 부자셨거든. 물려받은 게 많아. 그리고 우리 형도 사업이 잘돼서 돈이 엄청 많았거든. 그런데 형이 나보다 먼저 세상을 뜰 때 혈육이라고는 나랑 여동생 둘밖에 없어서 또 엄청 물려받았지. 너희가 요즘 말하는 뭐, 다이아 수저(?) 정도 되는 것 같아. 우리 할아버지랑 아버지는 의사셨는데, 아버지가 한창 잘나가실 때는 우리 동네 슈루즈베리 땅 4분의 3이 우리 집 소유였대. 또, 우리 외할아버지는 사실 꽤 유명한 도자기 사업가셨어. 이름만 대면 영국에서는 모르는 사람이 없었나 보더라고. 너희 한국에서 놋그릇 관련해서 '안성_{안성}에서 만드는 구리 합금(놋) 소재의 유기(청동) 그릇은 딱 맞춘 것 같이 훌륭해서 '안성맞춤'이라는 말이 생겼대.'이라는 동네를 모르는 사람이 없을 정도인 것과 비슷한 인지도였지. 산업혁명이라고, 작가가 나중에 더 자세히 알려 줄 텐데, 어쨌든 그걸 시작하는 신호탄을 쏜 사람이라고 평가받는 인물이 있어. 제임스 와트라고. 증기 기관 발명한 사람이야. 그 사람도 우리 외할아버지 집안의 후원을 또 조금 받은 모양이야. 외할아버지는 그런 식으로 돈을 무지막지하게 벌어서 정 승같이 쓰시던 분이었지.

이렇게 경제적으로도 풍요로웠고 부모 형제 사랑 듬뿍 받으면서 자라긴 했는데, 학교 다닐 때는 솔직히 적응이 조금 안 되더라. 너희도 알잖아, K-교육이 뭐가 문제인지. 200년 전 우리 영국 학교 교육이랑 비슷한 것 같아. 나는 조금 창의적이고 뭔가 연구하는 게 좋은데, 우리 동네 학교는 너무 주입식 교육에, 또 뭘 그렇게 집중하라고 하던지. 영 공부가 안 되더라고. 그리고 나, 발표 울렁증이 있어. 남들 앞에서 무슨 말만 하려고 하면 막 떨리고 당황도 하고, 나도 내가 왜 이러는지 몰라. 아, 어른이 되어서도 중요한 토론을 할 일이 많았는데, 이것 때문에 나 대신 동료들만 열심히 이빨 털고 다녔지. 동료들아, 미안해! 그래, 솔직히 나 초, 중, 고등학교 때는 공부 못했어. 담임 선생님 중에 한 분은 알림장에 써서 들려 보내신 것도 아니고 아버지한테 직접 "수업시간에 너무 집중을 못 하니 집에서 주의가 필요합니다."라고 말씀하셔서 내게 모욕감을 줬지.

하지만 아버지는 말씀하셨지. "아들아, 인생을 즐겨라. 그런 의미에서 형이랑 같이 의대로 가 보렴." 그래, 아버지는 나를 사랑하셨고, 돈도 많으셨고, 그래서 형한테 동생 좀 잘 돌봐 주라고 하시면서 나를 스코틀랜드로 유학 보내 주셨지. 에든버러 대학교 의대 하면 그때는 알아줬거든. 그런데 핑계는 아니고, 여기도 별로 나랑 맞지 않더라고. 교수들이 또 주입식이야. 강의에도 별로 열정도 없고. 어떤 교수는 우리 아버지가 옛날에 강의

빅희스토리

하셨던 걸 그대로 읽고 있더라니까? 그리고 스코틀랜드 법이 바뀌었다나? 그래서 해부용 시체를 구하기 어려워졌다면서 불쌍하게 상한 시신을 막 방부제에 절여서 한 구 눕혀 놓고 그 해부학 강의를 강당에서 몇 겹으로 빙 둘러서서 들어야 됐어. 난 솔직히 까치발까지 들고 서서 그 온전치도 않은 불쌍한 시신에 칼 대는 걸 보고 싶지는 않았거든. 그리고 병원 가 보니까 수술하는 환자들 맨 몸을 그냥 칼로 째고 꿰매고 그러는 거야. 지금 너희 시대에는 마취과라는 데가 있다면서? 우리 땐 그런 거 없었어. 환자가 수술하기 전보다 수술하고 나서 더 아파해. 열심히 공부해 졸업하고 나서 그런 일 하고 싶지 않았어. 그래서 아버지께 말씀드렸지. 열심히 노력하는 너희에게는 미안하지만, 우리 집이 부자인 걸 어떡해. 이번에도 아빠 찬스를 쓰게 된 거야.

아버지는 이번에도 말씀하셨지. "아들아, 인생을 즐기긴 하는데, 너무 막 함부로 즐기지는 말고. 그럼 우리 집안하고 성격이 잘 맞는 성공회 신부가 되는 건 어떠니? 마침 생각해 둔 곳이 있단다. 있어, 케임브리지 대학교라고." 그렇게 나는 다시 영국으로 돌아왔지. 아버지 뜻대로 신학과에 입학했는데, 사실 신학대는 의대만큼 커리큘럼이 빡세지 않았거든. 남는 시간에 내가 좋아하는 취미 활동을 할 수 있을 거라는 기대가 너무 큰 나머지 '아버지는 나를 위해 대학교를 두 번 옮겨 주시기는 했는데, 이번 결정은 나 왠지 결혼도 못 하고 힘들어질 수도 있을 것 같은데. 아버지가 나를 위해 열심히 준비해 주신 길이긴 하지만 이번에는 인생을 즐기라고 하는 말씀도 전보다 조금 열정이 떨어지신 것도 같고, 나 신학과 나오면 인생을 즐길 수 있는 걸까? 아버지는 나를 사랑하시는 게 맞는 걸까?'라는 고민 따위 전혀 하지 않았지.

사실 나는 박물학이 너무 좋아! 곤충이나 동식물 관찰하는 것도 너무 좋아하고! 그래서 나중에 파브르랑 둘도 없는 사이로 지내게 되지. 너희들도 알지?《파브르 곤충기》쓴 앙리 파브르. "우와, 파브르요? 그 유명한 사람이랑 아는 사이였어요?"라고 너희가 놀라는 모습이 상상도 되지만, 애보다 내가 조금 더 유명한 것 같고 애 책보다 내 책이 조금 더 많이 팔린 것 같고 애가 나보다 훨씬 어린 동생이고 우리는 워낙 친하니까 괜찮아! 어쨌든 신학과로 전과하고 나서부터 내 인생이 조금 펴기 시작한 것 같아. 신학 수업 듣고 나서는 원하던 대로 친척 폭스 형과 함께 곤충도 잡고 동물학이나 식물학 같은 교양과목도 들었거든. 존 헨슬로 교수님이 식물학 담당이셨는데, 이 분은 내 인생에서 손꼽히는 참 스승이셔. 나에게 제대로 된 식물학 지식을 열정적으로 알려 주셨고, 또 나중에는 나랑 학술 연구 활동도 기꺼이 같이 해 주셨거든.

그리고 내 꿈이 박물학자라고 하니까 "진정한 박물학자라면 광물학과 지질학을 알아야지. 내가 좋은 교수를 소개해 주지. 있어, 세지윅이라고." 하면서 애덤 교수님에게 데려다 주셨지. 애덤 세지윅. 왠지 조금 익숙한 이름 아니니? 작가가 이 앞 장에서 이야기한 적 있을 텐데. 캄브리아기라고. 이거 이름 붙여 준 분이 애덤 세지윅이라고 이야기한 것 기억나지? 이분이셔. 나, 세지윅 교수님이 웨일즈로 지질 연구 가실 때 같이 따라간 적도 있다! 캄브리아기의 이름이 탄생하는 역사적 순간에 내가 있었을 수도 있을 거라는 뜻이지. 어쨌든, 집안의 경제적 후원과 가족들의 든든한 지원, 그리고 헨슬로 교수님이랑 세지윅 교수님의 제대로 된 교육에 힘입어 나는 성공한 박물학 덕후가 될 수 있었어.

그리고 내가 쓴 책이 나중에 스테디셀러가 되는데, 그 책을 쓸 때 가장 도움이 된 경험이 있거든. 비글 호라고 영국 해군 탐험선인데, 너희들도 한 번쯤 들어 봤을 거야. 로버트 피츠로이라고 그 배 함장이 이번 항해 기간이 꽤 긴데, 지루하지 않게 같이 도란도란 이야기 나눌 젊은 과학자 없냐고 여기저기 물어본 모양이야. 그 전 함장이 길고 긴 지루한 항해 중에 말 그대로 멘탈이 붕괴되어 스스로 목숨을 끊었다고 하더라고. 어쨌든 피츠로이 함장의 문의에 헨슬로 교수님이 단번에 나를 추천해 주셨어. 판구조론도 그렇고, 해군은 과학 발전에 도움을 많이 주었군. 그리고 헨슬로 교수님은 나를 거의 업어 키우셨고 말이야.

1831년 나를 태우고 떠난 그 배는 영국에서 브라질, 아르헨티나, 우루과이, 포틀랜드 섬을 거쳐 남아메리카 해안선을 따라 칠레와 갈라파고스 섬을 찍고 태평양을 건너 뉴질랜드, 호주에 들렀다가 아프리카 남단까지 갔다가 다시 브라질에서 쉬고 영국으로 돌아올 때까지 4년이 넘는 항해를 했어. 이때의 경험은 나를 박물학자로 유명하게 만들어 줬을 뿐만 아니라 아르헨티나 같은 나라에서 원주민이나 유색인종을 대상으로 자행되는 노예 제도라는 아주 고약하고 반인도주의적인 관행에 대한 확고한 반발심을 심어 줬지. 이 문제로 피츠로이 함장한테 반항했던 기억이 문득 떠올라.

피츠로이 함장은 왕족 출신인데, 원주민에 대한 반감이 꽤 있었던 것 같아. 그는 사실 이번 항해 전후로 한 번씩의 항해를 더 했다고 해. 이 전 1차 항해 때 푸에고 군도작가가 앞 장에서 이야기한 티에라 델 푸에고라는 곳이 이 푸에고 군도 지역이야.에 들렀는데, 이때 그곳 원주민인 야간족이 영국인들의 작은 배를 훔쳐갔대. 영국인들은 배를 돌려받으려고 원주민 네 명을 인질로 잡아서 협상하려고 했는데, 원주민들은 동료보다 배가 더 좋았나 봐. 아니면 동료 몇 명이 희생하더라도 낯설고 위협적인 외부인이 섬에서 떠나는 게 더 낫다고 여겼는지도 모르고. 어쨌든 협상은 실패했고, 비글 호는 인질 네 명을 태운 채 영국으로 돌아갔어. 전 장에서 작가가 말했듯이 호모 사피엔스 종으로서 대륙과 대양을 건너 어렵게 정착한 푸에고 원주민이 1만 년이 지나 다시 그들이 떠나온 땅으로 끌려오고 만 거야. 원주민에 대한 피츠로이 함장의 무심함은 이때부터 생겼던 건지도 몰라. 도둑질하는 야만인에 대한 혐오와 이들을 올바른 종교의 길로 인도해야겠다는 사명감의 중간 정도 되는 감정 아니었을까?

피츠로이의 의도와 이들의 인생이 어느 정도 일치했는지는 모르겠지만, 어쨌든 끌려온 원주민 네 명은 그동안 자신들이 그리던 미래에는 없던 길을 걷게 되었어. 우선 새로운 이름을 얻게 되었는데, 이게 약간 영국식 이름이긴 한데 다 몇 %씩 조금 이상한가 싶은 기분이 드는 이름들이었어. 얘네가 원한 것도 아니었을 텐데 말이야. 일단 그들 중에 어린 여자아이가 한 명 있었는데, 이 아이에게는 푸에기아 배스킷이라는 이름이 생겼어. 왜냐하면 이 아이가 비글 호에 승선억지로 배에 실리는 과정을 승선이라고 할 수 있는지는 모르겠지만할 때 바구니 배를 타고 왔거든. 다른 청년 한 명은 요크 민스터처럼 생긴 바위 근처에서 사로잡혔다고 해서……. 이름이 요크 민스터가 됐어. 한 소년은 진주 단추를 주고 데려와서 제미 버튼이고, 또 다른 소년은 야간족이 훔쳐간 작은 배를 기억하자는 의미로 보트 메모리……. 이거 누가 지었어 이름, 이거! 아, 다시 생각하니까 또 혈압 오르네? 아니, 사람 이름 갖고 지금 장난쳐?

내 사인을 놓고 아직도 다양한 병명이 거론된다는 이야기는 들었어. 일단 나는 말년에 자주 쓰러졌고, 마지막에도 쓰러진 뒤에 혼수상태에서 숨을 거뒀다고 하더군. 지금보다 150년 전이었고 평균 기대수명이 40세였는데, 그보다 두 배 정도 더 살았으니 말년에는 이래저래 많은 병을 갖고 있었겠지. 그런데 아무래도, 저 이름 지은 놈도 스트레스랑 혈압에 적지 않은 영향을 줬던 것 아니었을까? 아, 누구지? 피츠로이 당신입니까? 사람 이름을 단추에 바구니에 건물에 무슨 배를 기억하자고 지으면 어쩌라는 거야.

어쨌든, 이렇게 영국인들 입맛에 맞게 이름도 지어 줬겠다, 그다음 할 일은? 아무리 이름 그렇게 지어 줬어도 300년 전에 코르테스랑 피사로가 했던 일까지 또 저지를 수는 없잖아. 마침 한 30년쯤 전에 에드워드 제너 선생님이 백신이라는 걸 개발했지. 어때, 1,800년대 선진 의학이? 멋지지? 천연두로부터 우리 배스킷이랑 버튼이랑 보트를 지켜 줘야지! 짜잔! 백신까지 맞았겠다, 이제 겁날 것은 없었어! 그런데 보트가 죽었어. 백신 맞고. 천연두에 걸렸어. 백신 효과가 75% 예방이면 훌륭한 수준이긴 한데, 끌려오자마자 영국식 단어 비슷한 이름을 얻은 것도 억울한데, 자기를 끌고 온 사람들이 병 걸리지 말라고 놓아준 주사 때문에 세상을 떠난 보트 메모리의 입장을 생각하니 또 혈압이 약간 싹 올라오네? 그렇게 자신이 그리던 미래와 다른 길로 보트 메모리가 가장 먼저 떠나게 되었고, 남은 세 명 역시 또 다른 운명을 마주하게 됐지. 기독교 국가에서 새 삶을 얻었으니 개종해야지. 그렇게 순식간에 개종하고 학교도 다니고 영어도 배우고, 또 열심히 먹여 주고 입혀 주고 공부시켜 줬으니 이제 다른 삶에게도 열심히 복음을 전파하라고 특별히 국왕 윌리엄 4세가 얘네한테 얼굴도 보여 주고 나서 얘네는 다시 배에 실렸지. 자기네 고향 푸에고 땅에 전도하라는 미션을 받고 선교사가 되어 비글 호에 타게 된 거야.

내가 제미 버튼을 만난 게 이때였어. 10대 소년인 제미는 뚱뚱했지만 머리와 옷이 나보다 더 단정해서 놀랐지. 내 얘기도 잘 들어 주고 내가 뱃멀미를 할 때마다 등도 두드려 주고 그래서 우리는 금세 친구가 됐어. 푸에고 군도에서 제미의 고향 지인들도 만났는데, 처음에는 더럽고 열악하고 원시적인 곳에서 살고 있는 그들의 모습이 별로 좋아 보이진 않았어. 제미가 새로운 이름을 얻은 건 정말 잘된 일이라는 생각이 들었지. 그런데 제미와 다른 두 친구를 내려 주고 나서 1년 뒤에 다시 그곳에 돌아갔을 때 보니, 그들은 새로운 이름으로 사는 삶이 그리 행복하지 않았던 모양이야. 푸에기아와 요크는 선교회를 지키고 채소밭을 가꾸는 대신 어디론가 달아나 버린 뒤였어.

나는 그들이 자신들만의 행복을 찾아갔다고 생각해. 왜냐하면 다시 만난 제미를 보며 그가 찾는 진짜 행복이 뭐였는지 알 것 같았거든. 그는 그 깔끔하고 후덕한 모습은 온데간데없이 깡마르고 헐벗은 데다가 단정했던 머리는 1년 만에 김병지 컷을 지나고 거지 존을 넘어 김경호 라인에 들어선 지 오래였어. 너무 불쌍해 보였지. 그런데 제미의 표정이 너무 밝았어. 그는 부족함 없이 먹고 잠도 잘 자고 자기 짝을 만나 행복하게 살고 있었지. 그가 오른쪽 손목 의수를 돌려 빼면서 말하지는 않았지만 어쨌든 말했어. "형님, 저는 영국보다 여기가 좋아요." 결국 우리는 행복이라는 개념을 우리 틀에만 짜 맞춰 가둬 놓았던 것이 아니었을까 하는 생각이 불현듯 들더군. 아니, 오히려 우리가 생각하는 행복이라는 틀 안에 그동안 우리 스스로를 가둬 놓았던 게 아니었을까?

내가 생각하는 행복이 다른 이의 행복이 아닐 수도 있는데, 그동안 개종과 교화, 교육과 문명화, 청결과 피부색, 옷차림이나 먹을거리 같은 상대적 개념을 놓고 우월함을 과시하고자 했던 우리가 부끄러워지는 순간이

빅히스토리

있었다고 한다면 바로 그때였을 거야. 그래서 언젠가 피츠로이 함장이 "내가 만난 노예들은 다들 행복하다고 하던데?"라고 그냥 던진 말에 발끈해서 "그럼 함장님 같으면 아내분이 보고 계신데 아내분이 끓여 준 스프가 짜다고 뱉을 수 있겠습니까? 생사여탈권을 누가 쥐고 있는지 생각 좀 해 보시라고요."라는 식의 뉘앙스로 맞받아친 기억이 있어.

여담이지만, 내 이론이 세상에 나온 뒤에 피츠로이 함장은 우리의 추억 어린 탐험이 신의 섭리에 반하는 이론의 완성에 이용되었다고 생각해서 그 일을 후회했고, 또 나의 이론을 비판했지. 하지만 난 피츠로이 함장을 원망하거나 싫어하지 않았어. 오히려 그의 의무감과 용기와 의지를 높이 평가해. 그리고 그가 가진 노예 제도나 원주민에 대한 관념은 우리 때 만연했던 사고방식이었으니까, 그걸로 피츠로이 함장을 평가하는 건 조금 그렇긴 해. 오히려 제미 버튼 같은 원주민 친구들의 초상화를 그려 준 일이라든가 그가 뉴질랜드 총독 시절에 마오리족 원주민의 토지 소유권 주장이 영국 본토 정착민들의 주장과 동등하다는 발언을 한 일을 볼 때, 그의 개념은 당시 보편적 기준보다는 나와 더 닮아 있었던 것 같아. 여러 모로 괜찮은 사람이었고 나에게도 많은 도움을 준 분이었는데, 스스로 삶을 마감한 건 참 안타까운 일이야.

뭐, 어쨌든. 이런 식으로 직접 배 타고 나가서 경험하는 동안 나는 어느새 학술적으로도 인격적으로도 한층 성숙해져 있었던 거야. 영국으로 돌아오자 나는 유명인이 되어 있었지. 내가 항해 중에 들른 곳에서 수집한 표본을 열심히 작업해 틈틈이 영국에 보냈거든. 그런데 헨슬로 교수님이 또 이걸 팜플렛으로 만들어 막 돌리고 그러서서. 에이, 참. 주책 맞게. 그래도 제자 사랑이 한결 같으셔서 너무 감사했지. 얼떨결에 유명세를 타긴 했지만, 나 울렁증 있다고 했잖아. 유명해지는 거, 나랑 안 맞아. 그냥 조용히 케임브리지에서 헨슬로 교수님과 함께 항해 중에 보내 드린 표본 연구에 한동안 몰두했지.

얼마나 지났을까, 아버지가 또 말씀하셨지. "아들아, 인생을 즐겼니? 이제 더 즐기려면 사람들도 만나고 모금도 하고 그래야지. 그래서 내가 자선 모금 파티를 준비했단다. 내가 즐기려고 준비한 파티 절대 아니란다, 아들아. 하지만 인생을 즐기렴." 나는 울렁증이 심했지만, 아버지가 나의 박물학을 후원해 주신다는 게 너무 기뻐서 '이번에 인생을 즐기라는 건 왠지 내가 아니라 아버지 자신에게 하시는 말씀인 것 같은데. 나야 투자 받고 연구 더 잘되면 좋긴 한데, 아버지는 정말로 나를 사랑하는 순수한 동기만 가지고 그러시는 게 맞는 걸까?'라는 고민은 역시나 이번에도 할 겨를 없이 런던으로 복귀했어.

여기저기 모임을 다녔는데, 지질학에 대한 나의 생각을 넓혀 준 책을 쓴 찰스 라이엘 선생님을 만날 기회도 얻게 되었지. 감사해요, 아버지! 라이엘 선생님은 나랑 이름이 같아서였는지 내가 그의 책을 읽고 남미 대륙의 융기라든가 여러 지질현상에 대한 사고를 길렀다는 이야기를 들어서였는지 아니면 우리 아버지나 우리 집안에 대한 호감이 커서였는지 모르겠지만, 어쨌든 내게 참 잘해 줬어.

그는 내게 리처드 오언 경도 소개해 줬는데, 오언 경은 꽤 실력이 좋은 해부학자였어. 내가 수집한 표본을 보자마자 사실 그의 연구실에서 장비를 가지고 화석을 분석해야 알 수 있는 사실이었으니까 엄밀히 말하면 보자마자는 아니었지만 깜짝 놀라 "Oh, my God! Jesus! Charles! Christ! 이거 메가테리움 화석 같은데? 이럴 수가!" 이러면서 호들갑을 떨더라고. 나는 "메가, 그게 뭔데요? 난 그냥 나무늘보 화석인 줄 알았는데, 왜 그렇게 흥분하세요……. 죄송해요……." 하면서 또 울렁중이 오려고 하는데, 그가 "아니야, 찰스. 너무 좋아서 그런 거야. 얘는 땅늘보의 일종인데, 신생대 플라이스토세에 번성했던 메가테리움이라는 녀석이라고!" 하는 거야. 그래서 "휴, 다행이다. 저는 그냥 유난히 큰 나무늘보 화석인 줄 알았어요."라고 한마디 했더니 오언 경이 또 정색하며 "아니야! 이 녀석은 몸 길이가 최대 8m까지 자라는 엄청난 녀석이라고! 이 녀석이 남미에서 발견됐다는 건 그곳에 현재 살고 있는 개체들과 연관성이 있다는 뜻이 아닐까?" 하고 펄쩍 뛰길래 결국 "죄송해요. 개가 그렇게 큰 줄은 몰랐어요……." 하고 쭈그렁쭈그렁 마무리 지었지. 울렁울렁했던 만남이었지만, 이 만남도 나에게는 종의 연속성에 대한 또 다른 깨달음을 준 경험이었어. 정작 오언 경은 나중에 나의 이론에 가장 열정적으로 반기를 들고 우리 쪽 인사들하고 완전히 등 돌린 인물이 되었지만 말이야. 뭐, 어쨌든 나와는 달리 언론에서 다뤄지는 비중이 높지도 않았고, 또 내 명성에 금을 낼 만큼 영향력 있던 분도 아니었고, 오히려 고약한 성격 때문에 세간의 비난에 많이 시달렸으니까. 불쌍한 양반.

라이엘 선생님의 도움으로 1837년에는 수집한 포유류랑 조류 표본을 런던지질학회에 발표했는데, 이때 내 조류 표본을 분석한 존 굴드와의 만남이 내 이론을 한층 더 완성에 다가갈 수 있게 해 주었어. 존이 말했지. "찰스 씨. 반갑습니다. 저는 조류학자 존 굴드입니다. 힘든 여정을 무사히 마친 찰스 씨에게 경의를 표하며, 찰쓰 씨가 갈라파고스에서 수집해서 촬쑤 씨 명의로 제출한 표본을……. 아, 자꾸 발음이 꼬이네요. 그냥 내가 5살 더 많으니까 찰스라고 부를게. 찰스. 네가 보낸 표본을 보니까 말이야, 이게 너는 12마리가 다 다른 종류의 새라고 생각했다고 했잖아? 그런데 내가 딱 분석을 해 보니까 말이지. 이게 얘네가 다 비슷한 종이야. 같은 속인데 환경 때문인지 약간씩만 변형된 근연종이더라니까?" 나는 말문이 턱 막혔지. "헉!" 이러면서 또 울렁울렁했어. 대인기피증 때문에 그런 것도 아니었고, 존이 내 이름을 점점 이상하게 발음해서 그런 것도 아니었고, 또 몇 살 더 많다고 갑자기 짧은 한 문단 안에서 존칭도 바꾸고 대화를 반말로 끝내서 그런 것도 아니었어. 그때 나의 울렁거림은, 너희도 내 책을 읽어 봤으면 알겠지만, 얘네들을 통해서 내 이론을 지탱하는 자연선택이라는 개념을 정립할 수 있었다는 확신 때문이었어.

이쯤에서 내 아내 에마 이야기를 해 볼까 해. 에마는 내가 연구 자료를 준비하고 출판하는 20여 년을 내 곁에서 헌신해 준 아주 고마운 사람이야. 그녀는 내 외사촌 누나였어. 응? 외사촌과 결혼을? 지금 한국의 기준에서 보면 꽤 이상한 일이지만, 나 때는 다들 그랬어. 작가가 나중에 기회가 될 때 이야기해 주겠지만, 근대까지 유럽에서 왕족이나 귀족끼리의 근친혼은 그리 낯선 풍조가 아니었거든. 그에 따라 간혹 나타나는 부작용은 그 유명한 합스부르크 가문의 근친혼에서 쉽게 볼 수 있는데, 이 사람들은 너무 심했어. 제위를 차지하고 지키기 위해 몇 대에 걸쳐서 근친혼을 이용했거든. 내 이론과 유전학(사실 내 이론 중 현대에 와서 수정된 부분은 이 유전학 부분이라는 게 또 반전이지.)이 어느 정도 이 가문의 문제를 잘 설명할 수 있다는 사실이 에마와 결혼한 내게는 아이러니한 일이지만, 나 때는 친척과의 결혼이 어느 정도는 흔한 일이었어. 게다가 에마는 내 연구를 가까이서 보고 배우고 영감을 주고 도움을 준 동료이기도 했기 때문에 우리는 자연스레 가까워질 수 있었지.

우리는 1839년에 결혼했어. 중간중간 논문을 발표하고 책을 출판했지만, 세계를 발칵 뒤집어 놓을 연구 결과를 발표하고 그 책을 출판한 게 1859년이었으니까, 그녀는 20년을 내 곁에서 나와 내 연구를 위해 헌신해 준 셈이지. 중간중간 출판한 생물학이나 지질학에 관한 책도 에마의 도움을 많이 받았지. 그녀는 영어와 독일어를 비롯해 5개국어에 능통했거든. 참고 자료 번역이나 출판은 그녀의 도움 없이 불가능했을 거야. 그런데 내 인생 최고의 베스트셀러를 출판하기 1년 전에 나는 엄청난 걸림돌에 부딪히고 말았어.

앨프리드 러셀 월리스! 이 친구는 나에게 천국과 지옥을 동시에 선사해 주었지. 문제는 20여 년의 준비를 끝내고 내 이론을 발표하기 직전 터지게 돼. 사실 나는 이 이론에 대해 엄청나게 오랜 시간을 투자했어. 왜 그런지는 지금까지 내 이야기를 잘 들은 사람들은 눈치챘을 거야. 난 울렁증이 있어! 생각해 봐. 패러다임을 깨부수는 혁신에는 늘 한바탕 전쟁 같은 세대 간의 격렬한 논쟁을 거듭하는 과정이 필요하잖아. 코페르니쿠스나 케플러나 갈릴레이 같은 사람들 좀 봐. 지금 생각해 보면 지구가 태양 주위를 돈다는 게 당연한 일인데, 그 당시엔 어땠어? 그 사람들 다 정말로 죽을 뻔했어! 나는 몰랐지만 내 후배 과학자들의 경우를 봐도 그래. 판구조론, 빅뱅이론, 양자역학, 줄기세포, 표적항암치료, 스마트폰, AI. 다 사기꾼에 헛소리 작렬한다면서 길게는 백 년 가까이 낙인찍힌 후에나 인정받았잖아. 기껏 열심히 생각하고 밝혀내서 알려 주면 뭐하냐고. 인신공격이나 당할 텐데. 더구나 나는 울렁증이 있어서 그런 상황이 되면 결국 말리게 될

테고, 내 이론은 묵살당하고 말겠지. 일말의 여지없이 인정받을 확실한 준비가 필요했지.

그런데 결론부터 말하자면, 난 20년 동안 준비했어도 생각나는 대로 그냥 지껄여 본 사람들이랑 똑같이 인신공격 당했어. 그러고 보면 아인슈타인? 그 친구 정말 대단하더군. 뭐 그냥 얘기하는 게 머릿속에 완벽하게 들어 있는지 외계인 같은 이론도 명확하게 정리가 딱딱 되어 있어서 사람들이 고개만 끄덕끄덕. 아무도 뭐라고 못하던데. 틀린 얘기 해 놓고도 당당하고, 나중에 틀린 걸 새로 고쳐 놔도 사람들이 "역시 아인슈타인! 틀린 것도 완벽하게 수정 가능!" 이러면서 또 박수 쳐 주고. 부러운데, 다시 태어나도 그렇게는 못 할 것 같아. 아무튼, 나에게는 철저히 준비할 시간이 필요했지. 내가 비글 호 타고 돌아오자마자 준비를 시작했으니까 정말 한 20년 됐으려나? 1858년에 이 월리스라는 친구가 내게 편지를 보내왔지.

그런데, 잠깐. 혹시 이 친구 이름 어디선가 들어 본 것 같지 않아? 혹시 〈브레이브 하트〉라는 영화를 아는 사람? 이걸 안다면 당신은 최소 40대! 어쨌든 나는 이 영화가 개봉하기 100년도 더 전에 세상을 떴지만, 대영제국의 식민지였던 스코틀랜드를 독립으로 이끌고자 평생을 바친 영웅 월리엄 월리스의 생애를 다룬 수작이라고 하더군. 시골 출신이던 나는 영화에 진심이셨던 어머니께서 대여해 오신 비디오 테이프를 통해 열 살 때 이 영화를 처음 봤는데, "자비Mercy"를 선언하면 고통 없이 죽여 주겠다는 집행인의 요구에도 아랑곳하지 않고 "자유Freedom!"라는 절규를 마지막으로 끝내 처형당하는 월리엄 월리스를 보며 가슴이 웅장해지면서 두 눈에서 뜨거운 눈물을 줄줄 흘렸지. 그 뒤로 한동안 월리엄 월리스와 스코틀랜드는 내 뇌리에 깊이 각인되었고, 월리엄 월리스를 연기한 배우이자 감독 멜 깁

슨은 내게 선망의 대상이 되었지. 아, 미안해. 잠시 작가와 나의 정체성이 섞여 버렸군. 작가의 어린 시절이 잠깐 훅 치고 들어왔네.

어쨌든 앨프리드 러셀 월리스는 그 윌리엄 월리스의 후손이었는데, 조상님의 삶과는 또 다른 느낌으로 그 역시 파란만장한 삶을 살다 갔지. 독립 투사의 자손들이 가난한 삶을 영위하는 건 어느 나라나 똑같나 봐. 월리스와 그의 아버지는 선대로부터 어느 정도 재산을 물려받긴 했는데 투자 안목과 재산 관리 능력의 부실이 문제였고, 결국 결과는 여느 독립 투사의 후손들의 경우와 같아졌지. 스코틀랜드인의 후손이면서 웨일즈에서 태어났고 다섯 살 때 영국으로 넘어온 그는, 런던에서 초등학교를 다녔지만 가정 형편이 어려워 중간에 그만두게 되었어. 그 뒤로 형과 지내면서 측량사 일을 계속했고, 나중에 이 기술로 대학에서 학생들을 가르치기도 해. 하지만 그의 가슴에서도 생명체에 대한 탐구심과 넓은 세계로의 여행 욕구가 꿈틀거렸어. 결국 그는 아마존과 말레이 군도지금의 말레이시아를 비롯한 동남아시아 인도 차이나 반도와 호주 대륙 사이에 있는 섬들의 군체로 탐험을 떠나게 되고, 그곳에서 한 연구를 토대로 그만의 진화 이론을 정립하게 되지.

아무튼, 다시 본론으로 돌아와서. 월리스의 편지를 읽어 본 나는 또 가슴이 막 철렁 내려앉고 막 울렁거렸어! 월리스가 내게 보낸 편지는 수신인은 나였지만 내가 받을 게 아니었지. 음……. 술은 마셨지만 음주운전은 하지 않았다는 표현이랑 비슷하지? 이상하겠지만 사실이었어. 말레이 군도에서 보낸 월리스의 편지에는 이렇게 쓰여 있었거든.

"친애하는 찰스 선생님. 저는 어린 시절 선생님의 비글 호 탐험과 박물 활동에 대한 이야기를 들으며 여행하는 학자의 꿈을 길러온 앨프리드 러셀 월리스입니다. 선생님의 모험담과 학계에서의 활약은 너무 멋져요! 저도 선생님과 같은 훌륭한 학자가 될 거예요. 큰 꿈을 안고 시작한 아마존과 말레이 군도에서의 수집과 연구 활동을 통해 저는 이곳의 생물들이 환경에 따라 자연스럽게 선택되어 진화한다는 결론에 다다랐습니다. 자연선택에 따른 진화 이론에 대한 저의 실험 자료를 동봉하니 이걸 선생님과 친하고 이름이 같은 찰스 라이엘 선생님께 전달해 주시길 부탁드려요. 저는 선생님을 동경하고 선생님을 보며 제 꿈을 키웠지만, 이 자료는 선생님이 갖지 마시고 꼭 라이엘 선생님께 전달해 주세요!"

자세히 기억나진 않지만 이런 내용이었던 것 같아. 맙소사! 그가 쓴 연구가 20년간 준비해 온 내 연구와 결론이 똑같았지 뭐야! 난 울렁이는 가슴을 진정시키려 애를 썼지. '이거 내 연구인데, 월리스가 나중에 자기 아이디어라고 대들면 어떡하지? 난 울렁거려서 왠지 얘가 대들면 또 미안하다고 사과할 것 같은데, 그럼 진짜 내가 얘 아이디어 베낀 것 같잖아.' 이런 생각이 계속 들었어. 월리스, 이 자식! 1년만 더 늦게 부치지, 편지. 그래서 후대에 어떤 사람들은 내가 월리스의 편지를 중간에서 잠깐 가로채 그의 아이디어를 참고해 내 이론을 수정하고 완성했다고 주장하기도 한다더군. 너무 오래돼서 기억나지 않지만, 난 그런 적 없을걸? 헨슬로 선생님이나 라이엘 선생님, 에마 같은 사람들이 내 연구가 독자적이었다는 걸 증언해 줄 수 있을 거야! 하지만 이제 모두 이 세상에 없으니, 역시 죽은 자는 말이 없고 억울하달까.

사실 내가 이 이론을 정리하고 발표하던 시기를 전후해서 나와 월리스 말고도 많은 학자들이 이와 비슷한 생각을 갖고 나름대로 이론을 정리하고 있었기 때문에, 월리스와 나의 이론이 공통된 결론을 갖고 있다는 건 전혀 이상한 일이 아니었어. 나보다 50년도 더 전에 프랑스에서 라마르크도 비슷하게 주장했지만 학술적으로 참이라는 결론에 이르지 못해서 결국 폐기된, '용불용설'이라는 이론이 대표적이었지. 어쨌든 다행히 라이엘 선생님이 중간에서 교통정리를 잘해 주셨고 월리스 이 친구도 나와 함께 하는 걸 영광이라고 생각한다고 말해 줘서 나와 월리스는 우리 이론을 함께 정리해 1858년 린네 학회 총회에서 공동 논문으로 발표했지. 월리스, 착한 친구. 고마운 친구.

그리고 마침내 1859년, 내 이론이 책으로 출판되면서 그 이후로 수십 년간 전 세계 학술계에서 가장 뜨거운 감자로 떠오르게 되지. 이 책으로 대표되는 나의 삶은 가문의 경제적 후원과 가족의 아낌없는 지원, 그리고 여러 스승과 동료 학자들의 진심 어린 동행이 있었기에 가능한, 행복하고 감사한 삶이었어. 태어날 때부터 다이아 수저를 물게 해 준 할아버지와 외할아버지의 재산과 영향력, 내가 무슨 말을 하든 인생을 즐기라며 끝까지 물심양면으로 지원해 주신 아버지, 언제나 내게 용기를 북돋아 준 형제들과 아내, 내 진로와 연구와 이론의 완성을 끝까지 함께 하고 지켜봐 준 헨슬로, 세지윅, 라이엘, 굴드, 피츠로이. 그리고 월리스, 이 고마운 녀석! 또 내 이론이 발표되고 울렁증 때문에 집에서 연구하는 척하며 자의 반 타의 반으로 자가 격리에 들어간 나 대신 일당백으로 아직 그 이론을 받아들일 준비가 안 되어 있던 세상과 싸우러 다녀 준 라이엘과 월리스(다시 한번 감사!), 그리고 헉슬리. 특히 윌버포스 주교가 원숭이를 소환해 우리를 긁어 댔을 때 그에게 뼈 때리는 묵직한 한마디를 날려 준 헉슬리. 평소 불 같은 녀의 성격을 생각하면 꼭 나를 위해서만 그런 건 아니었던 것 같지만, 그래도 대신 싸워 줘서 고마워!

비록 내 이론을 연구하면서 점점 신의 존재에 대한 회의감이 커져 갔고 소심한 내 성격에 꽁꽁 숨겨 놨다가 말년에 편지나 자서전에서 겨우 신을 믿지 않게 되었다는 사실을 밝혔지만, 내 결론과 달리 만일 정말 세상에 신이 있다면, 내 삶은 그 분께 정말 감사한 일이 많아. 이렇게 감사한 내 인생의 뜨거운 탐험을 20년 동안 걸쭉하게 우려내 창조론의 세계관에 얼큰한 진국의 싸대기를 후려친 내 책의 제목은 《On the Origin of Species by Means of Natural Selection, or the Preservation of Favoured Races in the Struggle for Life》 즉, 《자연 선택의 방법에 의한 종의 기원, 즉 생존 경쟁에서 유리한 종족의 보존에 대하여》였어. 6판 인쇄가 나올 때쯤에는 너무 긴 책 제목 때문에 서점에 간 독자들의 손이 내 책보다 《드라큘라》 같은 책들(30년 뒤라 내 책이랑 겹칠 일은 없었지만, 아무튼.)에 더 끌릴까 조금 마음에 걸렸던 건지, 제목을 팍 줄여 봤어. 《The Origin of Species》, 그러니까 《종의 기원》으로.

지금까지 찰스 다윈의 말을 들어 봤습니다. 작가만큼이나 하고 싶은 말이 많고, 또 그중 대부분은 약간의 역사적 사실을 토대로 부풀려진 드립에 뒤덮여 있지만, 앞으로 펼쳐질 진화 이야기로 이 책이 사뭇 진지하고 지루해질 수도 있는데, 그 전에 이런 맛도 있어야 책에 손이 갈까 해서 고인을 그의 의도와 무관하게 잠시 소환해 봤습니다. 너무 심했다면 죄송해요…….
가슴이 울렁거리려고 해요. 이제 《종의 기원》을 발표한 순간부터 종교계를 비롯한 당시의 폐쇄적인 세계관을 공유하던 모든 이로부터 원숭이의 후손이라는 조롱을 들어야 했지만, 결국 역사상 가장 진리에 가까운 과학 이론 중 하나라고 평가받는 다윈의 이론, 진화론에 대해 알아 가는 시간을 가져 볼게요. 우주와 태양이 만들어 낸 지구에 생명이 움튼 시점부터 오늘날에 이르기까지 다윈의 이야기는 그 역사의 처음과 끝을 관통하는 중요한 이정표가 되니까 한번 배워 봅시다!

지금부터 진화론과 관련해 제가 하는 이야기들은 분명히 어디선가 들어 봤고, 어떤 책을 펼치든 어딘가에 쓰여 있는 것들일 가능성이 아주 큽니다. 그만큼 진실에 가장 가까운 개념들이고 널리 인용되며 오늘날까지 이어지는 생명의 계보를 가장 이상적으로 입증할 수 있는 이론이라는 방증이죠. 그래서 조금 딱딱할 수 있겠지만 최대한 쉽고 재미있게 써 보려고 노력할 겁니다. 교과서보다는 훨씬 덜 지루할 테니 편하게 읽어 보세요!

● 진화

찰스 다윈의 《종의 기원》으로 대표되는, 생물의 변화에 대한 가장 완벽에 가까운 이론인 진화론은 다윈 이전에도 조르주루이 르클레르 뷔퐁이나장 바티스트 라마르크 같은 과학자들이 제시한 어설프게나마 비슷한 의견으로 보아 당대의 큰 관심사였던 것이 분명합니다. 즉, 영원 불멸한 신의작업에서 과학적으로 설명이 가능할 것만 같은 생명의 변화들이 과학자들눈에 들어오기 시작했다는 뜻이었겠죠. 그러다가 다윈의 이론이 발표되고진화론이 종교계와의 뜨거운 데뷔전과 방어전을 치르면서 80~90% 정도생명 진화의 과정을 설명해 주는가 싶더니, 후대의 수많은 과학자들의 연구와 이론 수정을 거쳐 이제 거의 완벽에 가까운 시나리오가 완성되었습니다. 우선, 《종의 기원》을 토대로 형성된 진화의 주요 이론들을 살펴봅시다. 지금 열거하는 그의 이론은 요약하면 몇 줄 되지 않는 단순한 개념일지모르지만, 그 안에 다윈이 목숨과 맞바꾼 다년간의 항해와 20여 년간의 끈질긴 연구가 집약되어 있는 평생의 작품입니다. 그의 전성기를 건 이 이론은 그 이전 5억 4천여 만 년의 생명 역사에 대한 인간의 관념을 명백히 뒤집어 놓았고, 또 지구 탄생 이후 지금까지 이어진 46억 년의 역사에서 몇몇고쳐야 할 자질구레한 사항들과 과학의 발전으로 새롭게 발견된 사실들을빼고는 변변한 반박조차 불가한 거의 완벽한 이론으로 손꼽히고 있죠.

종의 기원

《종의 기원》의 목차는 서론, 사육과 재배하에서 발생하는 변이, 자연 상태의 변이, 생존 투쟁, 자연 선택, 변이의 법칙들, 이론의 난점, 본능, 잡종, 지질학적 기록의 불완전함에 관하여, 유기체들의 지질학적 천이에 대하여, 지리적 분포, 유기체들의 상호 유연관계, 형태학, 발생학, 흔적 기관, 결론으로 구성되어 있습니다. 생각보다 간단하죠? 뭐, 시작부터 구구절절 이것저것 늘어놓는 제 글과 비교되네요. 못 배워서 자신 없으면 혀가 길어지는 법입니다. 거장은 간결하게 즈려밟을 뿐이죠. 아무튼 목차만 봐도 알 수 있듯이 그의 이론은 각 장마다 간결하면서도 명료하게 제시되고 있는데, 요약하면 몇 가지 법칙으로 수렴합니다. 아, 물론 이때는 유전자나 DNA의 구조 따위가 아직 연구되기 전이었으니까 다윈의 이론은 천체망원경이 없는 상태에서 하늘을 탐구하여 별의 특징을 80~90% 정도 정확하게 밝혀낸 수준이었다고 생각하면 될 것 같습니다.

다윈은 우선 '변이의 법칙'을 제시했는데, 이에 따르면 생물들 사이에는 다양한 변이가 존재하고 이 변이들이 자연 선택의 기반이 됩니다. 이 변이는 몇 가지 조건을 포함하고 있는데, 그중 하나는 '외부 조건은 변이에 큰 영향을 주지 않는다.'는 것입니다. 다윈은 "여러분, 사실 우리 박물학자들은 모두 확연하게 다른 기후나 환경에서도 변이하지 않는 종과 동일한 환경에서도 변이로 탄생한 여러 종이 있다는 것을 알고 있지 않습니까? 어제 오늘 일도 아니고 다 아는 내용."이라며 조건을 명시합니다.

또 다른 조건은 '불용'입니다. 누구 떠오르는 사람 없나요? 네, 맞습니다. 다윈 이전에 프랑스에서 생물의 진화에 대해 선구적인 이론을 제시한 라마르크 말입니다. 결론적으로 몸의 기관이나 특징이 사용과 불용을 통해 발달하거나 퇴화하고, 이것이 후대에 그대로 전해진다는 그의 이론은 틀린 것으로 판명되었지만, 조심성 많은 다윈은 라마르크 선배님의 이론 중 쓸모 있는 것만 살짝 차용했습니다. 즉, 변이와 자연 선택에 있어 '불용'이라는 과정이 전적으로는 아니더라도 부분적으로 개입할 수 있었을 것이라는 조건을 내건 것이죠. 포식자로부터의 별다른 위협이 없는 섬이나 폐쇄된 지역에 서식하는 새들의 날개가 퇴화된 것이라든가, 어두운 곳에 서식하는 동물의 눈이 최소한의 기능만을 유지하고 있는 것이라든가, 뭐, 다윈의 입장에서는 편리하게도 세상에는 증거들이 넘쳐흘렀습니다.

변이의 또 다른 조건은 '풍토화'입니다. 다윈은 말하죠. "거, 남쪽에 있는 가축들, 북쪽에 데려왔더니 잘 먹고 잘 자고 순풍순풍 잘 낳고 잘 살더만." 같은 종이 지역에 따라 개화 시기나 필요로 하는 강수량, 휴면 기간에서 차이를 보이며 적응하는 것이 풍토화에 해당합니다. 아마 다윈이 생전에 나파 밸리 미국 캘리포니아 주 나파 카운티의 대표적인 와인 생산지의 성공적인 소비뇽 블랑 재배를 목격했다면 "보니까 프랑스나 미국이나 와인 똑같더만. 풍토화 인정? 거, 몇 명이나 맛 구분한다고. 프랑스 와인, 프리미엄 너무 붙이지 말자."라는 말을 책에 썼을지도 모르겠네요.

또한 기관의 변이가 자연 선택을 통해 누적되면, 다른 기관에서도 균형을 맞추어 변이가 일어나는 '연관 성장'의 조건도 있고, 생존에 더 유용한 기능은 상대적으로 더 발달하게끔 채택되는 '경제적인 성장'의 조건도 있습니다. 신용카드도 아니고, 변이 하나에 조건 참 많네요. 특히 다윈은 '경제적인 성장'을 설명하며 '자연은 한쪽에서 지출을 하기 위해 다른 쪽에서는 절약을 하도록 강요받는다.'라고 한, 괴테의 문학적 표현도 끌어다 씁니다. 그 뒤에 '젖소가 젖을 많이 분비하게 하면서 살도 찌도록 만드는 것은 어려운 일이다.'라는 부연 설명도 알기 쉽게 덧붙이죠. 괴테는 자연의 섭리를 깨달았고, 다윈은 그런 괴테의 선언을 자연사의 위대한 이론에 스며들게 만들었습니다. 인문학과 자연과학의 융합. 집단지성의 모범사례라고 할 수 있겠네요.

다윈의 표현을 그대로 옮겨 적자면, '유리한 변이의 보존과 유해한 변이의 배제'는 다윈 진화론의 위대한 법칙 중 하나인 '자연 선택'입니다. 다윈은 책의 2장에서 인공 선택에 대해 다루었는데, 말하자면 인간이 체계적인 선택을 통해 강아지가 더 예쁜 털을 갖거나 젖소가 우유를 더 많이 생산하게끔 형질에 변화를 주는 것입니다. 완벽하게 대조적인 의미는 아니지만, 다윈의 눈에 자연 선택은 인공 선택과 꽤나 큰 차이가 있었죠. 이 두 개념이 생명에 미치는 영향에 대해 다윈은 이렇게 말합니다.

"인간은 작심하면 몇 년도 안 걸려서 동식물을 환골탈태시키던데. 하물며, 자연이 그러지 못할 이유가 있을까? 하지만 인간은 잠시 흉내 낼 뿐이야. 자연이 자연스럽게 생물의 모습을 바꾸는 작업에 걸린 시간은 몇억 년 단위란 말이지. 게다가, 인간은 자기 자신의 이득을 위해 선택하지만, 자연은 자신이 돌보는 존재의 이득을 위해서만 선택한다고. 자연은 말 그대로 선택된 형질을 자연스러운 환경 조건 아래 두고 자연에 의해 단련되도록 허락하지. 하지만 인간은 어떨까? 우리 인간에게 생물의 형질을 선택하는 기준은 그것이 우리에게 유용한가 하는 것뿐이야. 그들이 반 정도 기형적이거나 불균형한 존재가 되는 것은 인간에게 고려 사항이 아닌 거지. 반대로 자연에서는 구조적으로나 체질적으로 잘 균형 잡힌 생존 투쟁의 장에서 생물들의 점진적인 형질 차이는 자연스럽게 보존되겠지. Holy mother nature!"

자연 선택의 또 다른 조건은 앞서 다윈이 말한 연관 성장과 크게 연관되어 있습니다. 다윈은 자연 선택이 매 순간 전 세계 구석구석의 모든 변이들을 세심히 살피며 나쁜 것은 버리고 좋은 것은 보존한다고 합니다. 이런 식으로 서서히 누적된 형질 변이의 결과물은 연관 성장으로 이어지며, 이 변화들이 유기체의 이득을 위한 자연 선택을 통해 누적될 때, 생각지도 못했던 성질을 가진 또 다른 변화가 생겨날 수 있다는 것이죠.

또한 사회성 동물, 즉 군집을 이루어 상호작용을 주고받는 동물에서 자연 선택은 전체 군집의 이익을 위해 각 개체의 구조를 조정할 것이라는 것도 자연 선택의 중요한 조건입니다. 물론 선택된 변화가 결과적으로 각각의 개체에게 이익이 되는 경우에 말이죠. 자연 선택이 할 수 없는 일은 '어떤 종이 이득도 없는데 다른 종을 위해 자신의 구조를 변경하는 것'입니다. 이런 맥락에서 궁극적으로는 좋은 형질의 보존을 위해 이성에게 더 매력적으로 어필할 수 있는 구조적인 변화도 필요한데, 개인적으로 다윈의 진화론에서 가장 흥미 있는 개념인 '성 선택'이 바로 그것입니다.

종의 차원에서 개체에게 가장 필요한 것은 자신의 형질을 이어받을 자손을 많이 남기는 것인데, 그러려면 이성에게 우선 선택을 받아야 되잖아요! 그런 화려함이 더 강한 무기가 될 수 있다면 더할 나위 없이 좋지만, 혹여나 포식자에게 더 눈에 띄어서 잡아먹히게 되더라도 그와 비슷하게 매력 있는 누군가가 누군가에게 선택을 받아 종 전체 차원에서의 좋은 형질을 더 많은 자손들에게 물려줄 수 있다면, 그 종은 기꺼이 위험한 진화에 목숨을 걸 것입니다. 그래서 수컷 공작의 꼬리는 더 화려하게, 수사슴의 뿔은 더 길고 멋지게, 사자의 갈기는 더 풍성하게, 멧돼지의 어깨는 더 넓게, 수컷 바우어새가 짓는 집은 온갖 치장으로 알록달록한 펜트하우스로 발달하고 지금까지 종의 차원에서 살아남은 형질이 됐습니다. 심지어 사람의 특정 신체 부위, 운동 실력, 좋은 지능, 멋진 목소리, 훌륭한 사냥 솜씨나 그림 솜씨 같이 이성에게 매력적으로 어필할 수 있는 형질 대부분이 이 성 선택의 결과물이라는 전문가들의 의견도 어렵지 않게 찾을 수 있습니다. 하지만 모든 이론에는 예외가 있는 법. 다윈조차도 수컷 전령비둘기의 육수나 일부 가금류 수컷의 뿔 모양 돌기 등은 이들이 싸우거나 암컷에게 매력을 어필할 때 오히려 불리하다그러니까, 못생겼다고 말하면서, 동물의 암수의 형질 차이가 모두 성 선택의 조건을 따르는 것은 아니라고 말합니다.

어쨌든 대체로 들어맞는 이 성 선택에 의해 계획적이든 우발적이든 유기체가 교배하면서 그 형질은 서서히 수정되고 후대에 전달됩니다. 그렇게 서서히 변화된 종의 데이터가 계속 쌓이면서 오늘날의 진화된 생물 집단이 된다는 것을 다윈은 알았지만, 이런 데이터가 어떤 단위에서 어떻게 선택되고 변화되며 후손에게 전달되는지는 아직 수수께끼였죠. 아직 1933년이 오려면 더 기다려야 했거든요. 1933년에 무슨 일이 일어났는지는 뒤에서 설명하겠지만, 어쨌든 안타깝게도 다윈은 자신이 밝힌 진화의 비밀을 완벽히 들여다보기 전에 세상을 떴습니다.

그리고 오늘날에도 진화된 형질의 최종 수혜자인 호모 사피엔스의 후손들이 궁금해할 수밖에 없는 수수께끼가 하나 더 있는데, 그것은 다윈이 여러 변종들 사이에서 혈통이 다른 개체 간 교배가 근친 교배보다 후대에 더 유리한 활력과 생식 능력을 제공한다는 사실을 보여 주는 방대한 양의 자료를 수집했음에도 왜 굳이 다른 혈통이 아니라 근친인 에마와 결혼을 했는가 하는 것입니다. 저는 아직도 궁금해요. 만일 자신이 찾은 이론의 이정표를 자신의 실제 삶에서는 배제할 만큼 진정으로 고맙고 사랑하며 동시에 금전적으로나 감정적으로 자신을 후원해 줄 반쪽을 찾은 것이라면, 찰스 다윈은 최종적으로 holy fella winner!

자연 선택에서 주목할 만한 진화론의 큰 가지 중 하나는 말 그대로 생명 진화의 가지를 보여 주는 '생명의 나무'입니다. 다윈의 자연 선택 원리를 정리하자면 다음과 같습니다. 자연계에 존재하는 생물들은 어떤 형태로든 교배를 근간으로 개체의 수를 늘려 나감과 동시에 형질의 변이를 일으킬 수 있는 기회를 꾸준히 창출해 냅니다. 이때, 격리나 외래 생물의 귀화를 통해 생물은 생존 투쟁 과정에서 더 다양한 형질의 변이를 꾀하게 되고요. 변화하고 적응하지 못하면 살아남을 수 없는 자연스러운 자연계의 구조에 던져진 채 말이죠. 이를 '선택압'이라고 합니다. 이때, 선택압을 통해 변이된 형질이 세대를 거치며 누적되어 결국에는 본래 종과 다른 변종을 만들어 내는데, 이를 형질 분기라고 합니다. 환경에 적합한 형질의 변이와 분기를 완료한 종은 개체수가 많아지게 되어 가까운 근간의 종들과의 생존 투쟁에서 이길 확률이 높고, 그렇지 못한 종들은 생존 투쟁의 무대에서 영원히 사라지게 되는데, 이를 멸절이라고 하죠. 이런 자연 선택의 과정을 거쳐 살아남은 변종의 최후 버전이 오늘날 지구 위에 살고 있는 모든 동식물입니다.

다윈은 이러한 과정을 통해 엄청나게 긴 지질학적 시간 동안 사실 다윈이 제시한 지구의 지질학적 나이는 당시로서는 무리라고 생각될 만큼 길게 잡은 편에 속했는데, 그마저도 최대 3억 년이었죠. 진화해 온 생물들의 가계도를 《종의 기원》 중간에 도표로 그려 놓았습니다. 그는 이 가계도에서 한 형질의 분기가 일어나는 기간을 약 1,000~10,000세대 정도로 생각하면 된다고 말합니다. 쉽게 말해, 밀양 박씨의 최초 조상인 신라시대 박혁거세 할아버지가 신라를 건국하던 그 시절 모습 그대로 타임머신을 타고 2024년의 서울 한복판에 내린다고 해도 그의 74세손 후예인 서울 시민 박 모 씨는 자신과 자신의 74대 조상님의 차이를 눈곱만큼도 찾아내지 못할 것이라는 말이죠. 그만큼 형질의 변이와 분기, 그리고 그 원인이 되는 선택압과 자연 선택은 긴 시간에 걸쳐서 아주 천천히 일어납니다. 그리고 형질 분기가 완성되는 순간, 이 변종은 이전 종과 완전히 다른 종이 되어 같은 분절에 있는 가까운 종들을 멸절로 내몰게 되는 것이죠.

　다윈은 이 과정을 담은 가계도를 '생명의 나무'라고 불렀습니다. 사실 다윈은 생명들의 가계도를 그리고 '생명의 나무'라는 개념을 따로 언급했는데, 오늘날에는 이 가계도가 생명의 나무로 일컬어지고 있으니, 뭐 그게 그거죠! 다윈도 우리가 이렇게 이해했다고 이해하고 넘어가 줄 겁니다. 어쨌든 맥락상 그게 그거니까요. 다윈은 진화론 중 가장 중요한 자연 선택의 장에서 생명의 진화 과정을 거대한 나무에 비유합니다. 동일한 강에 속하는 모든 유기체들의 유연 관계는 이 나무의 기둥에서 가지로 자라나며 하나의 종으로 갈라지는 것이죠. 이 나무에서 싹이 튼 초록 잔가지는 현재 존재하는 종을 나타내며, 이 잔가지들이 성장하며 사방으로 뻗어 나가 다른 잔가지와 큰 가지들을 능가해 그들이 햇빛을 못 보고 말라 죽게 만들게 되겠죠. 종의 멸절입니다. 성장한 가지의 분기점에서 또 다른 잔가지가 자라나고 성장한 가지는 언젠가 그 분기점에서 싹터 자라난 가지에게 압도당해 말라 죽거나 더 크게 몸집을 키워 생존하려 노력할 겁니다. 진화의 과정을 온몸에 담으며 말이죠. 생명의 나무에 대한 다윈의 시적 표현을 빌리자면, 결국 그 나무에서도 세대가 거듭되면서 시들어 떨어진 나뭇가지들은 지표를 뒤덮는 반면, 계속해서 갈라져 나가는 아름다운 나뭇가지들은 그 나무를 뒤덮습니다.

  다윈은 이 변이의 법칙과 자연 선택의 법칙 외에도 본능, 잡종, 형태학, 발생학, 흔적 기관 등의 여러 논지를 전개하며 자신의 인생을 탈탈 털어 짜낸 진화론의 엑기스를 진하게 우려냈습니다. 이 과정에서 눈의 진화, 고래의 지느러미와 박쥐의 날개, 수컷의 밋밋한 가슴, 같은 강에 속하는 동물의 놀라울 만큼 닮은 배아 따위의 반박 불가한 예를 들어 진화의 서사시를 그려냈죠. 물론 시대가 시대였던 만큼 그는 두 손 가득 핵폭탄급 진실을 들고 있었음에도 고집불통 종교인들과 무지한 대중의 원 투 펀치를 눈치 보며 받아내기 급급했습니다. 하지만, 진실을 목도한 동료와 선후배 과학자들의 후원에 힘입어 다윈의 진화론은 빅히스토리에서 빼놓을 수 없는 초록 가지로 자라나 오늘날까지 집단지성의 나무를 무성하게 물들이고 있습니다. 아마 다윈 이후부터 지금까지의 증거들을 능가하는 더 강력한 반전의 증거가 나오기 전까지 진화생물학은 계속 나무 꼭대기에서 햇빛을 받으며 살아남을 것입니다. 그런데, 이렇게 무성하게 진화론의 가지를 키워내면서도 다윈은 안타까움을 금치 못했을 것 같습니다. 그는 죽을 때까지 이 진화가 어디에서 어떻게 일어나는지 세포와 DNA 단위까지 들여다볼 수는 없었거든요.

세포

  다윈은 생물 진화의 진실을 누구보다도 명확하게 밝혀 주었지만, 정작 다윈 자신은 그 진실의 실체를 제대로 들여다보지 못한 채 세상을 떠났습니다. 바로 세포였죠. 아니, 정확히는 세포소기관이었어요. 사실 다윈도 세포라는 개념을 알고 있었습니다. 세포는 다윈이 태어나기 150년 정도 전에 이미 발견되었거든요.

이 '세포'라는 단위를 처음 발견하고 이름을 지어 준 인물은 로버트 훅이었습니다. 로버트 훅은 1600년대에 활동한 과학자였는데, 근대의 많은 과학자들이 n잡러였던 것을 감안하더라도 훅의 광활한 직업 영역은 레오나르도 다 빈치 급이었다고 해도 과언이 아니었습니다. 우선 당시에 과학에 관심 깨나 있었다는 사람들은 누구나 갖고 다니던 박물학자 타이틀이 있었고요, 작은 걸 들여다보는 걸 좋아했는지 현미경학에 능해 성능 좋은 현미경 개량에도 뛰어난 재능을 발휘했고, 그런가 하면 정반대로 땅 위에서 가장 멀리 보이는 별을 보는 것을 즐겨하며 천문학과 망원경에도 깊은 조예를 지녔습니다. 행성 연구와 지질학에도 굵직한 발자취를 남겼고, 물리학에도 심취해 고체역학에서 물질의 탄성한계를 고찰한 '훅의 법칙'을 정립하고 열과 우주에 대한 연구도 활발히 했어요. 또 기상학과 심리학에도 족적을 남겼고, 그리니치 천문대의 건축에 일조하는 한편, 런던 시 건축 감독관도 지낼 만큼 건축학에도 관여했습니다. 특히 로버트 보일의 조수로 일하며 보일과 함께 그 유명한 '보일의 법칙'을 완성한 화학계의 걸출한 인물이기도 했습니다.

아이작 뉴튼과 동시대에 살면서 물리학과 천문학 등 주요 분야에서 뉴튼 뺨 칠 만큼 중요한 업적을 남겼는데, 실제로 뉴튼의 뺨을 후려칠 뻔한 일이 종종 벌어지곤 했답니다. 비록 잘못된 개념의 채택으로 결과 도출에 살짝 삐딱선을 타긴 했지만, '뉴튼의 고리'로 잘 알려진 빛의 간섭 현상을 최초로 발견한 광학 연구가이기도 했는데, 이 때문에 이 개념에 대한 우선권을 두고 뉴튼과 신경전을 벌인 적이 있었죠. 또한 뉴튼과 비슷한 시기에 강의를 통해 종종 주장했던 '모든 천체가 자신의 중심을 향하는 인력 또는 중력'의 개념은 뉴튼의 운동 제 1법칙과 본질적으로 같았고, 뉴튼의 중력 법칙에서 중요한 개념인 역제곱 법칙을 먼저 발견했다고 알려졌지만 당시에는 뉴튼의 그늘에 가려 인정받지 못한 일도 있었죠. 이런 일들 때문에 훅과 뉴튼은 생전에 사이가 좋지 않을 수밖에 없었어요. 현대에 이르러서는 당시 뉴튼의 모든 이론의 '원조집' 명함을 자신의 이름으로 새길 수 있는 영광을 홀로 차지할 정도로 뛰어났던 처세술과 자료의 선후 관계 등을 토대로 훅의 업적을 일부 인정받는 분위기가 되었지만, 뭐, 이미 300년도 더 전에 세상 뜨신 분 인정해 드린다고 다시 살아나실 것도 아니고, 300년 전 일인데 명확한 근거가 있는 것도 아니었죠. 이제라도 후손들이 업적을 재평가하고 있으니, 그래도 생전 억울함은 조금 달랠 수 있으려나요? 사실 위에 열거한 훅의 직업 다양성을 감안해 보자면, 저렇게 이 분야 저 분야 훅훅 치고 들어가는 전방위 천재형 인물이라 서운하고 말고 할 시간이나 있었는지 그게 더 궁금할 지경이지만, 어쨌든 그의 현역 시절 업적과 지금의 평가는 그렇습니다.

그런데 훅과 뉴튼의 냉랭한 온도에 있어서는 뉴튼에게도 억울한 부분이 상당히 많았을 겁니다. 그도 그럴 것이 앞서 말한 광학 연구에 대한 논쟁을 하며 훅의 주장으로 인해 뉴튼도 상처를 많이 받았고, 그 때문에 이미 20년 전부터 기본적인 이론이 대부분 담겨 있던 자신의 역작을 계속 묵혀 두다가 1687년이 되어서야 출판할 만큼 트라우마가 오래 간 듯해 보였거든요. 이 논쟁에서 뉴튼은 빛이 입자, 혹은 빛이 파동이라고 주장하며 첨

예하게 대립했고, 자기보다 7살이나 나이 많은 큰형님 격이었던 훅이 뭐라고 하니까 뚱해 있던 뉴튼이 왕립학회에서 방귀 깨나 뀌는 위치에 오른 뒤에는 이를 갈며 왕립학회 건물 이사날에 벽에 걸려 있던 훅의 초상화를 철거하고 없애 버리는 애꿎은 심술을 부리기도 했죠. 훅의 초상화를 없앤 사람이 뉴튼이라는 직접적인 증거는 없습니다. 다만, 왕립학회 건물이 이사 갈 당시 왕립학회 회장이 뉴튼이었고, 새로 옮긴 건물에 걸린 초상화 중 유일하게 누락된 것이 훅의 것이라는 사실만 있죠. 참, 그때나 지금이나, 애나 어른이나 지나고 보면 아무것도 아닌 일로 유치하게 얼굴 붉히는 건 똑같죠? 뉴튼과 훅 사후에 밝혀진 사실이지만, 빛은 입자이기도 하고 파동이기도 한데 말입니다.

어쨌든 그 일 이후 20년간 푹 묵혀 두어 세상의 빛을 보지 못할 뻔한 뉴튼의 천재적 이론서는 1864년 8월 8일 에드먼드 핼리와의 만남을 계기로 20년 묵은 들큰한 묵은지로 잘 숙성된 채 출판되어 지금까지 뉴튼을 고전물리학계 최고의 천재로 추앙받게 만들어 주었죠. 에드먼드 핼리의 이름은 다들 들어 봤을 거예요. 76년을 주기로 지구인의 눈앞에 출현하는 핼리혜성이 바로 이 에드먼드 핼리의 이름을 딴 천체입니다. 혜성은 태양계의 작은 천체로 태양 주변을 타원형 궤도로 공전하는 특징을 갖고 있죠. 혜성은 기체와 먼지로 이루어진 옅은 대기를 지니고 있는데 이를 코마라고 부릅니다. 가벼운 코마는 태양풍의 복사압, 그러니까 태양 주위를 돌다 보면 필연적으로 만날 수밖에 없는 자기보다 훨씬 센 바람과 마주치면 태양 반대 방향으로 흩뿌려지며 긴 꼬리를 형성합니다. 그래서 모든 혜성은 전속력으로 헤드뱅잉하는 김경호 형님의 머리처럼 둥근 머리통 뒤로 장발을 휘날리며 다닙니다. 그래서 혜성을 영어로 'comet'이라고 하는데, 이는 '긴 머리'라는 뜻의 그리스어가 라틴어 'cométa'로, 이것이 영어로 옮겨진 것입니다.

그중 152세 이상 살지 않는 한 일생에 3번까지 절대 볼 수 없는 이 핼리 혜성은 제가 4살 때 마지막으로 긴 머리를 휘날리며 지구인들 앞을 스쳐 지나갔고, 걸음마 떼고 뛰어다니며 곽팍한 삶을 사느라 이 핼리 혜성에 대한 당시의 기억이 없는 저는 80세를 넘겨 신경퇴행성 질환 없이 살아남아야 핼리 혜성에 대한 직접적인 경험을 기억할 수 있겠네요. 이런, 제 나이가 너무 구체적으로 드러났군요. 후후. 어쨌든, 저와는 달리 1682년, 20대의 팔팔한 눈으로 운 좋게 이 혜성을 직접 목격한 핼리는 꿈도 많고 업적도 나름 괜찮은 천문학자였죠. 그 즈음에는 지구를 포함한 행성의 공전 궤도에 관심이 많았습니다. 혜성을 목격하고 2년 뒤인 1684년, 케임브리지 대학교에 갔다가 훅과의 논쟁 이후 10년 넘게 꽁해서 반 은둔생활을 하고 있던 뉴튼을 만나게 되죠. 뉴튼은 7살 많은 형과 다투고 마음의 상처를 입었지만, 부유한 비누 상인의 집안에서 태어나 평탄한 성장 가도를 밟아 와 구김살이 없던 핼리는 자신보다 14살 많은 뉴튼에게도 살갑게 달려가 말을 건넸습니다.

"뉴튼 형님! 안녕하세요? 저를 기억하실지 모르겠습니다. 하지만, 로버트 훅 형님은 아시죠? 워워, 그거 내려놓으시고 잠시 진정하고 들어 보세요! 실은 그 훅 형님과 지구의 태양 공전 궤도에 대해 내기를 했거든요. 그렇죠. 그거 내려놓으시고. 아니 더 큰 거 집으시네? 잘 들어 보시라니까요? 아직 답이 안 나왔어요. 형님이 그 형님 코를 납작하게 만들 절호의 기회란 말입니다! 이제 내려놓으시네. 자, 형님은 답을 아시죠? 말씀해 주세요! 지구의 태양 공전 궤도는 어떤 모양입니까?"

"타원."

"이럴 수가! 역시! 저는 형님이 말씀하신 만유인력이 거리의 제곱에 반비례한다는 문제로 접근해 봤는데 도통 구할 수가 없던데……. 형님은 어떻게 구하신 겁니까?"

"응, 나 실은 이거 푼 지 한 20년 됐어."

물론 핼리가 뉴턴 앞에서 혹 이야기를 꺼내 뉴턴이 뭔가를 집어 든 것은 작가의 상상이지만, 핼리가 혹과 이 문제로 내기를 했다는 것을 비롯해 나머지 대화는 사실입니다. 핼리는 뉴턴의 해답에 깜짝 놀랐죠. 그것도 20년 전에 이미 해답을 갖고 있었다니. 이래서 집단지성은 직접적이든 간접적이든 교류가 있어야 쌓인다고요!

어쨌든, 뉴턴의 통찰력에 감명받은 핼리는 뉴턴에게 이제 그만 꽁해 있고, 당신의 천재적인 업적을 어서 세상에 내놓자고 설득합니다. 그렇게 3년간의 작업 끝에 왕립학회를 통해 출판된 책이 바로 뉴턴 역학이 집대성된 《프린키피아"Principia"_원제는 "Pilosophiæ Naturalis Principia Mathematica" 즉, "자연철학의 수학적 원리"》입니다. 그 유명한 "F=ma"를 포함한 뉴턴의 운동 법칙과 고전역학의 진주 같은 공식과 철학이 약간의 미적분과 대부분의 기하학적 계산을 토대로 라틴어로 전개된 3권의 책입니다. 일단 예나 지금이나 일반인에게 거부감과 두드러기를 유발하는 필수 3요소인 미적분과 기하학과 라틴어로 물리학을 설명한 책이라니. 당시 일반인들이 어떤 반응을 보였는지는 안 봐도 알 것 같죠? 뭐, 이 책이 고전물리학의 처음이자 끝이며 뉴턴이 아인슈타인과 더불어 지구 최고 천재 양대산맥이자 물리학을 이끈 쌍두마차라는 평가를 받게 해 준 대단한 책이라는 정도만 알면 될 것 같고요, 지금 이 시점에서 우리에게 이 책이 주는 중요한 의미는 다른 데 있습니다. 바로 이 책의 출판을 돕는 과정에서 핼리가 핼리 혜성의 공전 주기를 찾아냈다는 것과, 이 책에서 뉴튼이 전개한 중력의 법칙에 대해 훅이 "이거 내가 먼저 얘기한 거야. 내가 원조야!"라며 뉴튼에 대한 적개심을 키웠다는 것입니다.

사실 이들의 악연은 《프린키피아》보다 22년 앞서 출판된 한 권의 책에서 시작되었습니다. 《프린키피아》는 물리학계 거물의 베스트셀러였지만, 이미 22년 전 현미경학과 생물학 분야에서 왕립학회는 최초의 과학 베스트셀러를 출판했죠. 그 책의 제목은 《마이크로그라피아Micrographia》. 《프린키피아》보다 20년도 더 앞선 이 베스트셀러의 저자는? 바로 로버트 훅입니다. 잠시 후 살펴보겠지만, 이 책은 당시에 실로 엄청난 반응을 불러일으킨 참신한 책이었습니다. 당연히 훅 자신도 어깨가 으쓱으쓱 했겠죠? 그런데 뉴튼과 훅의 관계에 엄청난 재앙이 될 광학 논쟁을 앞두고 뉴튼이 훅의 《마이크로그라피아》를 언급합니다. 이렇게 말이죠.

"뭐, 그 책 어디 귀퉁이에 훅 형이 두 개의 쐐기 같은 투명한 용기를 만들어 실험했다고 써 놨던데요. 어느 부분인지 기억도 안 나지만, 어쨌든 제가 빛에 관심을 갖게 된 여러 이유 중에 그 형 책도 있었죠."

7살이나 어린 놈이, 나 초등학교 입학할 때 엄마 배 속에 있던 녀석이 내 일생의 역작을 대충 읽는 잡지 쪼가리 취급을 했어! 이때부터 훅은 뚜껑이 열립니다. 훅의 초상화를 보면 앞이마가 상당히 넓게 묘사되곤 하는데, 이때부터였던 걸까요?

그런데, 뉴튼이 약간 무게감을 덜고 언급했지만, 《마이크로그라피아》는 그렇게 가벼운 책이 아니었습니다. 당시로서는 볼 수 없었던 작은 세계의 신비를 생생한 삽화로 표현한 예술적이고 과학적인 명저였죠. 제목이 알려 주듯, 이 책은 현미경을 통해 본 작은 존재들에 대한 것이었습니다.

사실 이 전에도 현미경은 존재했습니다. 관과 렌즈를 겹쳐 구현한 최초의 현미경은 1590년경 네덜란드의 얀센 부자에 의해 만들어졌습니다. 하지만 이 현미경은 최대 10배 정도까지 밖에 물체를 확대하지 못했기 때문에 개미가 손톱만 하게 보일 정도로만 신기했고 편리했죠. 하지만 1660년경, 마찬가지로 네덜란드의 발명가 안톤 판 레벤후크가 사고를 치고 맙니다. 구리와 유리구슬을 가지고 동전보다도 작은 크기의 현미경을 만들었는데, 확대 배율이 기존 것들보다 조금 뭐랄까, 갑자기 꽤 늘어났어요. 273배로요. 획기적이었죠. 사람들이 환호했어요. 로버트 훅은 꿈을 꿨을 거예요. 자신이 더 뛰어난 현미경을 만들면 사람들이 그걸 보려고 국경을 넘어서까지 막 달려오는 거죠. 1665년, 훅은 마침내 둥근 플라스크와 볼록렌즈로 독자적인 현미경을 만들게 됩니다. 훅은 여기서 멈추지 않았어요. 자신의 현미경으로 바늘이며 면도칼, 비단, 파리 눈, 이, 벼룩, 진드기같이 보이는 건 죄다 들여다보고 그것들을 그림으로 그렸죠. 그렇게 나온 책이 바로《마이크로그라피아》였습니다. 이 책은 사람들에게 그동안 주변에 있으면서도 보이지 않던 미시 세계로 향하는 문을 열어 준 흥미롭고 고마운 책이었죠. 훅의 꿈처럼 다른 나라의 귀족들이 이 책을 보러 달려왔을 정도로 말이죠. 바로 이 책에 최초의 '세포'가 기록됩니다.

훅은 현미경으로 코르크 마개를 들여다보고 최초로 세포를 발견한 사람이 됐습니다. 그는 자신이 관찰한 코르크의 세포가 수도승들이 생활하던 작은 방들이 모여 있는 것처럼 생겼다고 해서 '수도승의 방', '감옥', '작은 방'을 뜻하는 라틴어 'cella'에서 차용해 'cell'이라고 이름 짓습니다. 그렇게 비운의 천재 로버트 훅에 의해 1665년 세포의 존재가 처음 세상에 드러나게 되었는데, 정작 다윈이 말한 진화의 드라마가 세포 단위에서 일어난다는 것을 세포소기관 관찰을 통해 확인할 수 있게 된 것은 1차 세계대전이 지나고도 한참 뒤인 1931년 이후였습니다. 이때 에른스트 루스카라는 물리학자가 세계 최초로 전자 현미경을 구현했고, 1933년에 마침내 전자 현미경을 발명하게 되었죠. 이 전자 현미경을 통해 우리는 기존 현미경으로는 들여다볼 수 없었던 세포 내부의 더 작은 기관들까지 볼 수 있게 되었는데, 막상 보니 세포는 생각보다 복잡한 존재였어요. 이때부터 발전을 거듭한 현미경과 염색법, 세포분획법, 자기방사법 등 다양한 기술의 개발로 세포의 구조나 세포소기관들의 역할, 세포 단위에서 진화를 수반하는 변이와 유전이 어떻게 일어나는지 등을 관찰할 수 있게 되었습니다.

이후 1981년, 미국의 생물학자 린 마굴리스는 원핵생물끼리 서로 잡아먹다가 완전히 소화되지 않고 공생 관계를 이루어 진핵생물로 진화했다는 세포 내 공생설을 주장했고, 이것은 현재 가장 설득력 있는 진화 이론들 중 하나가 되었습니다. 다윈 진화론이 여러 세대를 거쳐 리처드 도킨스로 대표되는 현재의 진화생물학으로 진화하게 된 것이죠. 칼 세이건린 마굴리스와 칼 세이건은 부부 사이였습니다., 제러드 다이아몬드와 함께 현대의 최고 석학으로 손꼽히는 리처드 도킨스는 변이와 유전의 진화 과정이 세포와 유전자 단위에서 일어난다는 학설을 펼쳤고, 예외적인 이견들이 존재하지만 지금은 대부분의 학자들이 도킨스의 말에 이의를 제기하지 않게 됐습니다. 그렇다면, 외톨이 로버트 훅이 적적함을 달래며 《마이크로그라피아》에 그려 넣었던 이 세포가 어떤 구조로 이루어졌고 무슨 일을 하며 어느 부분에서 유전자의 변이가 일어나고 후대에게 전달되어 오늘날의 우리로 진화하게 된 것일까요?

빅히스토리

세포소기관

현대 진화생물학이 밝혀낸 진화의 기본 단위는 디옥시리보핵산, 즉 DNAdeoxyribo nucleic acid입니다. DNA는 세포 내 핵 안에 존재하는, 바이러 스를 제외한 모든 생명체가 자신의 유전 정보를 담고 있는 고분자 화합물 인데, 이 녀석에 대해 알아보기 전에 이 녀석을 품고 있는 세포와 이 녀석 주변에 있는 세포 안의 다른 작은 기관들에 대해 알아보겠습니다.

우선 세포란 녀석에 대해 알아볼까요? 세포는 생명체의 몸을 이루는 기 본 단위로서 수분, 단백질, 지질, 이온으로 이루어져 있습니다. 일반적으 로 형태가 단순한 원핵세포는 크기가 1~10마이크로미터 정도이고, 형태가 더 복잡한 진핵세포는 10~100마이크로미터 정도입니다. 완벽한 세포로 이루어지지 않은 바이러스는 세포보다도 훨씬 작은 30~700나노미터로, 원 핵세포로 이루어진 세균보다 100~1000분의 1 정도로 엄청나게 작아요. 진 핵생물인 사람 역시 100마이크로미터 미만의 작은 세포가 모여서 이루어 진 생명체인데, 키나 덩치, 몸의 각 기관에 따라 크기와 개수 차이가 있긴 하지만 전반적인 생물학 자료들을 근거로 봤을 때 그 몸 안에 대략 60~80 조 개의 세포가 들어차 있고, 이들을 전부 원자 단위로 쪼개면 우리 몸은 대략 10^{27}개의 원자로 이루어져 있습니다. 우주에서 은하들이 모여 형성된 은하단 중 작은 규모의 은하단이 약 100조 개의 별항성로 이루어져 있다는 것을 감안해 본다면, 우리 몸에서 그야말로 우주적 규모로 설명 가능한 부 분은 세포가 되겠네요. 각 기관에 따라 세포의 크기나 기능이 어떻게 차이 를 보이는지는 조금 더 뒤에 이야기해 보겠습니다.

재미있는 사실은 우리 몸을 채우고 있는 이 세포 중 정작 인간 자신의 세포는 30조 개 정도에 불과하다는 것입니다. 나머지 30~50조 개는? 세균의 세포입니다. 세균의 세포가 인간의 세포보다 훨씬 작다는 점을 감안하더라도 이들의 무게를 전부 합치면 1.5킬로그램 정도 됩니다. 즉, 우리는 각자 몸속에 뇌나 간 정도 규모에 맞먹는 세균을 품고 사는 거예요. 만약 우리 몸에 대한 결정권을 세포들이 다수결 원칙에 따라 갖고 간다면, 우리 몸의 운명을 결정하는 주인은 세균이 된다는 겁니다. 얄궂게도 이 말은 사실이고 말이죠. 우리는 세균과 미생물 없이는 호흡도, 소화도, 면역과 자기 방어도 할 수 없는 존재입니다.

　앞서 우리 지구의 최초 생명체인 LUCA와 그 가까운 후손인 남세균에 대해 살펴봤죠? 이 남세균과 세균이 대표적인 원핵생물로서 가장 기본 단위의 단일 원핵세포로 존재하는 생물입니다. 기본적으로 모든 세포는 바깥층에 환경으로부터 자신을 보호하고 다른 세포와 연락하고 물질의 출입을 조절하기 위해 단백질과 인지질로 구성된 막을 갖고 있습니다. 이를 세포막cell membrane이라고 합니다. 식물세포의 경우에는 이 세포막 위를 세포벽cell wall이 감싸고 있는데, 세포를 보호하고 모양과 기능을 유지하며 삼투압에 의해 세포가 파열되는 것을 막아 주는 역할을 합니다. 세포막 안의 공간 전체를 세포질cytoplasm이라고 하는데, 원핵생물의 경우 이 세포질 부분에 별다른 구분 없이 핵산nucleic acid, 즉 DNA와 리보솜ribosomes이 퍼져 있습니다. 리보솜은 단백질을 합성하는 곳이고 핵산은 당, 염기, 인산기로 구성된 단위체인 뉴클레오티드nucleotide가 결합하여 이루어진 유전정보 저장소입니다. 구성 성분인 5탄당 중 리보오스를 지닌 리보뉴클레오티드가 결합하면 RNARibo nucleic acid_리보핵산가, 디옥시리보오스를 지닌 디옥시리보뉴클레오티드가 결합하면 DNA_{deoxyribo nucleic acid_디옥시리보핵산}가 생성됩니다. RNA와 DNA는 변이와 유전, 진화에 중심적 역할을 하고 있으니, 뒤에서 더 자세히 이야기하겠습니다.

현재까지 알려진 바로는 약 40억 년 전 출현한 단순한 구조의 원핵생물은 처음에는 독립적으로 에너지를 만들어 내지 못하고 지구에 이미 존재하는 유기물을 통해 에너지를 얻었을 것으로 추정됩니다. 즉, 지구 최초의 원핵생물은 종속 영양 생물이었던 것이죠. 그러다가 말 그대로 세포 단위의 진화를 다양하게 시도해 왔고, 13억 년쯤 뒤에 광합성을 하는 원핵생물인 남세균으로 진화해 번성하며 지구의 산소 농도를 꾸준히 증가시킵니다. 독립 영양 생물이 출현한 것이죠. 산소 농도가 높아지자 생물들이 세포 내 산소호흡을 할 수 있는 환경이 만들어졌는데, 이는 다른 말로 영양소 획득의 효율이 높아졌다는 말입니다. 자, 효율이 높아졌으니 이제 더 다양한 활동을 시도할 수 있겠죠? 원핵세포는 서로 섭식하거나 공생하며 진핵세포로 진화합니다. 이에 대한 이론을 '세포내 공생 이론_{Endosymbiosis theory}'이라고 하는데, 뒤에서 더 자세히 다루겠습니다. 물론 시기와 여건이 칼로 무 자르듯 딱 나눠져 있는 것은 아니지만, 이런 수순으로 세포는 진화하게 되었죠.

진핵세포가 원핵세포와 비교해 뚜렷한 차이를 보이며 진화한 부분은 바로 핵산을 보호하는 핵막_{nuclear membrane}을 비롯해 막으로 둘러싸인 여러 소기관이 생겨났다는 것입니다. 여러 기관이 생기면서 세포의 크기가 10배 이상 커지게 되었죠. 그렇게 생겨난 소기관들은 핵막으로 둘러싸인 핵과 소포체, 골지체, 미토콘드리아가 있으며, 식물세포의 경우 추가로 엽록체, 색소체, 세포벽과 액포를 갖고 있습니다. 이 중 미토콘드리아와 엽록체는 세포와 생명 활동에 중요한 역할을 하는데, 그것은 이들이 바로 에너지를 만들어 내는 기관이기 때문입니다.

40억 년 전 출현한 최초 단세포생물의 후손인 지구의 모든 생명체는 동일한 시스템을 통해 생명 활동에 필요한 에너지를 만들어 냅니다. 설명이 살짝 어려운 과정일 수 있는데, 한마디로 표현하자면 외부에서 얻은 에너지원의 원자로부터 분리되어 모인 전자를 체내의 각 분자 수용체 단계를 거치며 서서히 방출하고, 마지막 단계에서는 산소 원자와 결합하며 마지막 남은 에너지까지 추출하는 이 시스템을 우리는 산화 환원 반응redox reaction이라고 합니다. 결국 모든 생물은 전자의 전기적 작용을 통해 에너지를 활용하는, 생물학적 배터리를 가진 살아 있는 전자기기인 셈이죠. 양성자와 전자, 이온의 흐름을 통해 이 배터리가 발전소를 가동시키면 아데노신 2인산ADP, adenosine diphosphate과 인산기 하나를 더한 아데노신 3인산ATP, adenosine triphosphate 분자가 만들어집니다. 이렇게 형성된 ATP 분자들은 강력한 에너지를 품고 화학 결합된 채 세포를 돌아다니다가 적재적소에 화학 결합을 끊고 에너지를 방출해 세포 안팎의 신경 전달, DNA와 RNA의 합성, 단백질 합성과 아미노산 활성화를 비롯한 생명체의 모든 에너지 활동에 동력을 공급해 줍니다. 이런 시스템은 스코틀랜드의 촉촉한 흙바닥을 기어 다니는 지렁이의 몸이든 물레를 돌리며 비폭력 무저항 운동을 주도하던 간디의 몸이든 차이를 두지 않고 지구상 모든 동식물의 세포에서 동일하게 활용되었고, 지금도 그렇습니다. 차이가 하나 있다면 에너지원의 출처뿐이죠.

동물은 기호에 맞는 먹이를 통해, 식물은 햇빛을 통해 에너지원을 흡수합니다. 그리고 이를 통해 ATP를 결합하는 공장의 이름은 동물세포와 식물세포에서 각각 미토콘드리아와 엽록체라는 이름으로 불리고 있습니다. 복잡한 공장 가동 매뉴얼은 다른 지식서에서 따로 공부하도록 하고 우리는 소소하게 교양만 쌓는 의미에서 미토콘드리아 공장을 가동하는 동력원이 호흡을 통한 산소, 엽록체 공장을 가동하는 동력원이 광합성을 통한 이산화탄소이며, 이 공장들이 만들어내는 상품이 ATP라는 것만 알아 둘까요?

재미있는 것은, 이들 공장이 상품을 생산하고 배출하는 부산물을 서로의 원료로 다시 활용하고 있다는 것입니다. 엽록체 공장은 빛에너지를 받아들여 물분자와 이산화탄소를 활용해 ATP와 포도당을 만들어내고 부산물로 산소를 배출합니다. 미토콘드리아 공장은 섭취한 음식물을 잘게 쪼개고 호흡으로 얻은 산소를 활용해 ATP를 만들어 낸 후, 남은 탄소를 산소와 결합해 이산화탄소의 형태로 배출합니다. 식물은 이산화탄소를 이용해 에너지를 만들고 산소를 내보내고, 동물은 이 산소를 이용해 에너지를 만들고 이산화탄소를 내보내고, 식물은 또 이 이산화탄소를 이용해 에너지를 만들고. 이건 사기 아닙니까? 지구상 모든 공장이 문 닫지 않는 한 자기들끼리 마르지 않는 원료를 계속 주고받고 돌려쓰면서 상품을 만들고 있는 거예요! 지금껏 모든 나라의 정치인들과 살림꾼들이 야심 차게 도전해 왔지만 단 한 번도 이룰 수 없었던 순환적 창조 경제를 이 지구는 수십억 년 전부터 완벽하게 생활화해 온 것입니다.

이 지점에서 마굴리스의 세포 내 공생 이론이 생물학계 뜨거운 감자로 떠오르게 되었습니다. 진핵세포 내에서 중요한 역할을 하는 미토콘드리아와 엽록체 같은 막소기관막으로 둘러싸인 소기관들이 세포핵의 명령과는 별개로 움직이며 별도의 DNA까지 갖고 있었고, 심지어 세포의 에너지 요구량에 따라 복제와 유전까지 자체적으로 했거든요. 즉, 한 하늘에 활동하는 태양이 서너 개 있는 거죠.엄밀히 말하면 하나의 세포 안에 미토콘드리아는 수백 개에서 수천 개가 있으니, 한 하늘에 태양이 수천 개 있다는 표현이 맞겠고, 또 실제로 한 하늘에 태양이 하나만 있다는 게 말이 안 되잖아요. 우리 은하에만 해도 태양 같은 항성이 5,000억 개 이상 있다는 걸 우린 이미 배웠죠. 마굴리스는 생각했습니다. '얘네 왜 따로 놀지? 삼권분립인가? 히드라? 메두사?' 그러다가 생명의 긴 역사 사이의 분절의 틈에 자신의 물음표를 집어넣어 보게 됩니다. 앞에서 저 역시 세포의 진화 과정은 칼로 무 자르듯 갑자기 이루어진 게 아니라고 이야기했고, 다윈의 생명의 나무 역시 하루아침이 아닌 수천 세대의 작은 변화들이 누적된 결과니까요.

마굴리스는 원핵세포에는 없는 독자적인 소기관이 진핵세포 안에서는 스스로를 보호하며 핵과 조화를 이루어 활동한다는 사실에 주목했습니다. "이오목성의 위성에 생명체가 있소!"라고 주장해 한때 과학계의 비웃음을 산 전 남편 칼 세이건과 비슷하게 창의력이 꽤나 날카롭고 설득력 있었던실제로 이오와 환경이 유사한 열수 환경에서 생명체가 발견되었죠. 칼 세이건. 무서워요……. 그녀는 이쯤에서 세포 기관들에 대해 기존과 다른 관점을 제시합니다. 원래 그녀는 평화주의자 성향이 강한 과학자였어요.

"여러분, 지구는 하나예요. 우린 싸워서 이긴 게 아니에요. 서로 협력하며 진화했고 지구도 암석도 나무도 우리가 이겨서 지배한 게 아니라 얘네가 봐줘서 산소도 내주고 연료도 내주고 이래저래 도와줘서 우리가 목숨 부지하고 있는 겁니다."

이런 식으로 가이아 이론 성격의 생물학적 관점을 피력했죠.

마굴리스의 관점에서 진화의 밑거름이 되는 공생 관계는 세포의 경우에도 동일하게 적용될 수 있었습니다. 세포 기관의 진화에 대해 크게 두 가지 이론이 함께 제시됩니다. 일차원적으로는 원핵세포의 바깥 부분인 원형질의 세포막이 안으로 접혀 들어가 소포체와 핵막이 형성되어 진핵생물로 진화했다는 이론이 있습니다. 이를 세포막이 말려들어 갔다는 뜻으로 '세포막 함입설'이라고 합니다. 그런데 이 이론만으로는 세포 내에서 독자적으로 활동하면서 핵과 협력 관계를 구축한 미토콘드리아나 엽록체 같은 존재들에 대한 설명이 불가능했죠. 마굴리스는 말합니다.

"요즘 세상 살기 팍팍하죠? 물가도 오르고 금리도 오르고 나라 간에는 뭐 그리 또 다툴 게 많은지. 서로 웃고 도우며 살기도 짧은 세상인데 말이죠. 지금도 그런데 더 예전에, 한 20억 년 전쯤에는 얼마나 더 살기 힘들었을까요? 제 생각에는요, 그래서 세포들이 일단 살고 보자는 생각을 했던 것 같아요. 공생하기로 한 거죠. 세포막 함입으로 덩치가 조금 커진 초기 원시 진핵세포가 호기성 종속 영양 원핵세포를 잡아먹었는데, 진짜 잡아먹은 건 아니고 먹긴 먹었는데 소화까지는 안 시키고 넓어진 자기 세포 공간에 입주시켜 준 거죠. 그 대가는? 혼자 일하기 힘드니까 입주시켜서 보호해 주고 ATP를 만드는 역할을 외주 준 겁니다. 그렇게 호기성 세포가 세 들어 살면서 미토콘드리아가 됐고, 집주인 세포는 산소 호흡을 통해 ATP를 생산하는 동물세포가 된 거예요. 그런데 이 집주인 세포가 편식하진 않았어요. 광합성 하는 독립 영양 원핵세포한테도 세를 줬죠. 입주시켜서 보호해 줄 테니까 미토콘드리아랑 같은 일 하라고요. 그렇게 입주한 광합성 원핵세포는 엽록체가 되었고, 이렇게 미토콘드리아뿐 아니라 엽록체까지 입주한 세포는 식물세포가 되었습니다. 이렇게 진화된 세포를 토대로 지구의 생명체는 각각 동식물로 진화하게 된 겁니다. 이렇게 협력과 공생이 생존과 진화로 연결되는 아름다운 세상이 바로 지구랍니다."

마굴리스가 세상에 대한 토로와 세포 내 공생 비유를 진짜 이렇게까지 하진 않았지만, 맥락은 크게 벗어나지 않았습니다. 린 마굴리스의 이론은 초기에는 공상과학과도 같은 내용이라는 평가를 받았습니다. 너무 갑자기 센세이셔널한 내용이 들리면 우린 우선 비상식 내지 허구라고 치부하는 경향이 있잖아요? 하지만 그녀의 이론은 세포 내 소기관들에 대해 거의 완벽하게 설명할 수 있었고, 후에 엘리 민코프Eli C. Minkoff가 잘 다듬어 현재는 고등학교 과학 교과서에도 수록되는 완성된 이론이 되었습니다. 세포 내 공생설을 통해 생명은 말 그대로 세포 단위에서부터 진화를 달성했다는 것이 입증된 셈이죠.

핵막이 가지는 의미는 그리 가벼운 게 아닌데, 그래도 간단히 말하자면 유전자의 복사와 변이, 정보 전달이 더 꼼꼼하고 안전하게 이루어질 수 있는 작업환경이 조성되었다는 뜻입니다. 다른 소기관들과 구조는 비슷하지만 성분과 결합력의 차이로 더 견고한 이중막을 갖고 있는 핵막은 핵을 감싸 그 안에서 작업하는 존재들을 안전하게 지켜 주는데, 이렇게 보호받는 작업자는 바로 핵산, 즉 DNA와 RNA입니다. 핵 안에는 이들 외에 다양한 단백질과 효소가 이들의 작업을 후원하기 위해 존재하죠. 이제 우리는 몸이 몇 개의 세포로 이루어졌고 세포가 동일한 작업을 통해 지렁이나 간디의 몸이 어떻게 살아갈 수 있게 하는지, 세포 안에 어떤 기관들이 있고 이 기관들의 탄생과 더불어 세포가 어떤 방법으로 진화했는지에 대해 알게 되었습니다. 이제 이 세포가 어떻게 최초의 식물과 동물을 탄생시켰고, 멸종과 생존의 굴레 속에서 생존 방식과 유전자를 어떻게 후대에 전승시켜 살아남았는지, 긴 진화의 여정을 떠날 차례입니다. 이 여정의 기본 단위인 유전자와 DNA부터 알아볼까요?

• DNA

1951년 1월, 킹스 칼리지 의학연구위원회Medical Research Council, MRC

R. F.: "레이먼드. 난 이곳에 온 지 1년도 되지 않았지만, X선 회절법을 이렇게나 훌륭하게 활용할 수 있는 너 같은 학생을 이곳에서 만날 수 있다는 게 너무 감사한 일이야. 그런데, 핵산이라니 무슨 말인지 모르겠어. 나는 여기 단백질과 지방의 X선 회절에 대해 연구하러 왔는데 말이지. DNA는 내 주요 관심사까지는 아니란 말이야. M. W.? 그분은 선임자라면서 왜 자리에 없는 거지? 너와 그분이 열심히 노력해서 훌륭한 DNA 회절 사진을 얻었다는 건 축하할 일이야. 그런데 왜 나까지 그 연구에 투입돼야 하는지 모르겠어. 그래도 재미는 있을 것 같으니 잘해 보자고."

그해 11월, 킹스 칼리지 DNA 세미나

R. F.: "야, J. W. 내가 말했잖아. DNA 분자 바깥에 인산이 있고, 이 인산을 물이 둘러싸고 있는 거라니까?"

J. W.: "응, 누나. 그거 아니야. 웃기지 말고, 안녕!"

며칠 뒤, 케임브리지 대학교 캐번디시

J. W.: "초대에 응해 주신 킹스 칼리지 연구진 여러분, 감사합니다. 지금 보시는 이 DNA 모델은 저희 연구팀이 구축한 것으로……."

R. F.: "아이, 참 웃기고 있네? 내가 며칠 전에 얘기했지? 너 지금 내가 여자라고 개기는 거니? 저렇게 인산이 안쪽에 들어가 있으면 물을

흡수할 수 있는 여건이 안 된다고, 이 친구야!"

캐번디시 연구 책임:"이 분야 전문가인 R. F. 양의 견해가 그렇다면 우리 쪽 DNA 연구는 잠시 보류합시다. 이봐요, J. W. 잠깐 제 방으로 오시죠. 어허, 그거 내려놓고."

같은 해, 다시 케임브리지 대학교 캐번디시

F. C.: "이봐, M. W. 자네 처음에 R. F.가 런던으로 왔을 때 누구보다도 그녀를 환영했고, 자네의 DNA 연구에 없어서는 안 될 인물이라고 추커세우지 않았었나? 그런데 요즘에는 왜 그렇게 그녀의 이야기를 하면 안색이 안 좋아? 둘 사이에 무슨 일이라도 있었던 거야?"

M. W.: "맞아. 그녀는 훌륭한 과학자야. 특히 X선 회절법에 있어서는 그녀만 한 전문가를 볼 수 없지. 그녀가 레이먼드와 함께 카메라 내부 습도 문제를 해결해 준 일 역시 감동적이었고, 나는 그녀를 더 높이 평가하게 됐지. 그런데, 요즘 우리 연구에 자꾸 딴지를 건단 말이야. 물론 그녀를 데리고 원활하게 연구하기 위해서 많이 노력했어. 그들의 DNA 사진을 성실하게 분석하기도 하면서. 그런데 그녀는 이 연구에 내가 관여하는 게 탐탁지 않나 봐. 연구 책임자인 랜들 선생이 제대로 말해 주지 않은 것 같아. 어쨌든 그녀가 연구실적은 더 탁월하니까, 좋은 장비와 A-DNA 모델로 연구하는 건 말릴 수 없지. A-DNA와 B-DNA를 발견한 것도 그녀이니까.

그런데, 결정적으로 내가 스토크스에게 나선 구조의 X선 패턴을 계산해 달라고 한 일이 그녀의 심기를 많이 건드렸나 봐. 난 그저 그녀의 B-DNA 사진이 스토크스의 나선 구조 X선 계산 값과 유사하길래 그녀에게 나선 구조에 대해 잘 생각해 보라고 조언한 것 뿐인데, 그녀는 자기 연구의 중대한 부분에 남이 영향을 주는 것을 거부하는 것 같더라고. 어쨌든 랜들 선생이 중재해 줘서 그녀는 뽀샵도 되는 고화질 최신 카메라와 A-DNA 모델을, 나는 영화 〈셔터〉에 나오는 암실만큼 음산하고 구린 구형 카메라와 B-DNA 모델을 갖고 헤어졌지. A-DNA는 분자량이 크고 선명해서 연구에 용이하고, B-DNA는 결정화가 되어 있지 않아서 연구가 어려운 거 너희들도 알지? 아, 이 얘기는 너희들 말고 쟤들한테 하는 얘기야. 지금 책 읽고 있는 쟤들. 참, 너희들 〈셔터〉 봤니? 난 뭐, 과학자라 귀신 그런 거 잘 안 믿는데, 어쨌든 그 영화 보면 일주일은 기저귀 차고 엄마랑 자야 된다고 하더라고. 작가는 지금 이 글에 언급한 것만으로도 자꾸 생각나서 하기스 사러 나간다고 하던데. 아, 이 얘기도 너희들 말고 쟤들한테 하는 얘기야. 지금 책 읽고 있는 쟤들. 어쨌든, 다시 본론으로 돌아와서. DNA가 나선 구조라는 건 이제 그녀도 나도 예측하는 시점이긴 한데, 어떻게 해야 이 연구에서 그녀와 더 진도가 나갈 수 있을지 모르겠어."

J. W.: "아니, 형님! 그럼 모델을 만들어 보세요. 3D 프린터 그런 거…….
아직 안 나왔지, 참. 어쨌든 그런 모형은 아니고 상상력을 동원해서 과학적으로 모델 한번 만들어 봐요. 형님이 안 만드실 거면 저희가 다시 만들어 봐요, F. C. 형!"

F. C.: "쓥! 이 놈의 자식이 어디서 형님들 말씀하시는데. 그런데 애 말도 일리가 있어. 한번 모델로 만들어 보는 건 어때? 그런데, 자네 이런 얘기 여기 와서 이렇게 막 해도 되는 건가? 그녀가 들으면 곤란

하지 않겠어?"

M. W.: "내가 안 만들어 봤겠나? 정성껏 만들어서 보여 줬지, 당연히. 그런데 그녀는 너무 귀납적이야. 자기 자신조차도 DNA가 나선 구조라는 걸 예측하면서도 증명할 방법이 확실치 않은 모델이 레고랑 뭐가 다르냐며 도무지 인정하지 않고 있어. 그리고 이런 얘기 자네들 아니면 누구랑 하겠나? 그리고 어차피 캐번디시에서 지금 DNA 연구하는 팀도 없는데, 뭐. 아, 미안, J. W. 그게 R. F. 때문이었지, 참."

J. W.: "그 얘기는, 뭐. 자존심 때문에 그 누나 지식이 딸린다고 얘기했지만, 사실 그 누나가 보여 주는 X선 사진은 잘 이해 못하겠더라고요. 어쨌든, 형님! 그럼 우리 모델 다시 만듭니다? 나중에 딴말하면 안 돼요?"

1952년 5월, 왕립학회 주최 단백질 학회

로버트 코리(미국 생화학자): "이봐, R. F. 너 요즘 핫하더라? X선 회절사진으로 DNA를 아주 생생하게 해부하고 있다고 소문이 자자해?"

R. F.: "에이, 아저씨가 더 핫하던데요? 미국에서 라이너스 폴링 박사님이랑 아저씨가 DNA 구조를 거의 밝혔다고 그러던데? 뭐, 아무튼. 이게 그 사진들이에요. 뭐 구조가 대충 나오긴 하는데, 아직 확실하진 않아서 자료가 더 보완되어야 발표할 수 있을 것 같아요. 이건 아저씨가 맡아 주십쇼. 한 부 복사해 놓은 겁니다. 나중에 요긴하게 써먹을 데가 있는지 두고 봅시다. 먼저 까는 것은 예의가 아닌 것 아시죠?"

로버트 코리: "이런 여우 같은 곰을 봤나. 우리 대사 어디서 본 것 같은

데. 왠지 익숙한데. 너 지금 오른쪽 손목 의수 돌리고 있는 거 아니지? 내부자한테 뭐 얘기할 거 아니지? 뭐, 어쨌든, 폴링 씨가 보면 좋아하겠군. 고마워. 연구도 빨리빨리 진행하고. 뭐, 확실한 것도 좋지만, 과학계가 그래. 확실하게 하려고 미적대다가 뺏기는 게 어제오늘 일이 아니라니까."

같은 달, 킹스 칼리지 MRC

레이먼드 고슬링(R. F.의 학생. 1951년 1월, R. F.와 이야기하던 개.): 선생님! 이것 좀 보세요. 선생님 말씀대로 했더니 작품이 나온 것 같아요. 선명하죠? 왠지 이건 후대에 선생님의 지도로 제가 찍은 B-DNA의 가장 선명한 X선 회절사진으로서 DNA의 구조를 밝히는 데 결정적인 역할을 한 '사진 51photo 51'로 불릴 것 같은 예감이 들어요."

R. F.: "어디 한번 볼까, 내 제자가 얼마나 잘 찍었는지? 오, 제대로 나왔군! 그런데 이거 B-DNA 사진이잖아. 너무 아쉬워. 윌킨스랑 한 얘기도 있으니까 A-DNA 사진도 더 잘 나와서 나선형이라는 게 확실해지기 전까지는 잠깐 치워 놓자. 아무튼, 잘했어. 샤르도네에 피쉬 앤 칩스 한 젓가락 할까? 영국은 피쉬 앤 칩스지."

같은 해 중순, 킹스 칼리지 MRC

R. F.: "이봐요, M. W. 제가 요즘 고슬링이랑 패터슨 함수를 계속 돌려봤거든요. 아니, 라이언 고슬링 말고 레이먼드 고슬링. 제 학생 말이에요. 자꾸만 다른 데이터에 A-DNA가 비대칭으로 나와서, 돌려

빅힉스토리

봤죠. 그런데, 결과가 나왔어요. 역시나 나선 구조는 아니에요. 이쪽지 받으세요."

M. W.: "이게 뭔가? 부고? 삼가 A-DNA의 명복을 빕니다? 아, 너 이건 선 넘은 거 아니냐? 난 암울한 중고 카메라 갖고도 그래도 요즘 트렌드가 나선 구조라 그거 따라가 보려고 잘 보이지도 않는 B-DNA로 빵이 치고 있는데. 너무하네, 진짜."

R. F.: "알았어요, 미안해요. 그냥 함수 값이 나와서 장난 좀 쳐본 거예요. 그래도 B-DNA가 나선 구조일 거라는 예측에는 저도 반대하지 않아요. 사과의 의미로 샤르도네에 피쉬 앤 칩스 한 젓가락 하실래요?"

M. W.: "우리나라에는 먹을 게 그것밖에 없냐? 너무하네, 진짜."

1953년 1월, 킹스 칼리지 MRC

J. W.: "누나, 고별 세미나 잘 봤어요. 런던대학교 버크벡 칼리지? 거기 가서도 연구 열심히 해요."

R. F.: "그래. 말투가 여전히 재수 없긴 한데, 어쨌든 고맙다. 너도 가끔 하는 헛소리는 자제하고 사실 기반으로 너 스스로 한 연구 결과로 열심히 해 봐. 난 왠지 거기 가서는 담배 모자이크 바이러스tobacco mosaic virus, TMV를 발견해서 세계 최초로 바이러스를 발견하는 업적을 세울 것만 같아. 아, 아직은 너도 나도 바이러스가 뭔지 모르긴 하지만, 어쨌든. 그렇다고."

J. W.: "뭐라는 거야. 뭐, 어쨌든. 누나, 미국에서 폴링 박사님이랑 코리 박사님이 DNA 구조 밝혀낸 것 같다고 그러던데, 뭐 아는 거 없어

요? 폴링 박사 아들내미 있죠? 피터라고. 걔가 우리 학교에서 연구하거든. 걔네 아빠가 그 논문 초고를 보내 줬는데, 내가 살짝 봤거든요. 보고 싶어요? 뭐, 별 내용은 없고. DNA 삼중 나선 구조 어쩌고 하는 거야. 그런데 내가 보기에 이건 조금 오류가 있거든."

R. F.: "난 또 뭐라고. 나도 코리 아저씨한테 물어봤어. 어쨌든, 삼중이고 뭐고 일단 나선 구조라는 명확한 증거 있냐? 우린 사이언티스트여. 확실하지 않으면 소설 쓰지 마."

J. W.: "아니, 누나. 진짜 창의력 바닥 파고 들어가는 거 실화임? 누나 사진만 봐도 알 수 있는 거 아니에요? 누나는 사진을 보고 나선 구조가 아니라고 얘기하지만 내가 볼 땐 그 사진이 나선형 분자가 포개져서 그렇게 나온 것 같다니까?"

R. F.: "이게 보자보자 하니까! 야! 네가 사진을 알아? 네가 X선 회절을 아냐고? 이게 오냐오냐 하니까 머리까지 기어오르려고 그러네? 그리고, 너 왜 요즘 허구한 날 여기 있는 거야? 너 케임브리지 교수 아니야? 왜 맨날 킹스 칼리지에서 죽치고 있어? 꺼져! 안 나가, 얼른? 꺼지라고!"

M W.: "어허, 자네들 뭐하는 건가? 이보게 R. F. 그거 내려놓고 얘기하게. 아니 그걸 어떻게 한 손으로 들었지? 어허, 그러는 건 아닐세. 잠깐, 나는 자네에게 뭐라고 하지 않았는데 왜 나한테 오는 것 같지? 야, R. F. 너 그만. 잠깐만. 야, J. W. 일단 나가자. 뛰어, 얼른!"

잠시 후, 킹스 칼리지 MRC 뒷마당
J. W.: "형님, 보셨죠? 와, 그거 갖고 나 어떻게 하려고. 미친 거 아니에요,

빅희스토리

그 누나? 진짜 나 안 그래도 캐번디시 연구원이 연구한다고 킹스 칼리지 와서 눈칫밥 먹고 기도 못 펴고 있는데, 이런 대접이나 받고, 나 서러워서 못 살겠어요, 형님. 이거 너무한 거 아닙니까?"

M.W.: "에헤이, 네가 좀 참아. 쟤 저러는 거 하루이틀이야? 내가 얘기했 잖아. 나도 못 이겨. 내가 대신 사과할게. 자, 사과의 의미로 이거 나 받아."

J. W.: "이게 뭐예요, 형님? 어? 이거 저 누나가 찍은 사진 아니에요? 사진 51? 이거 나 보여 줘도 괜찮은 거예요? 뭐, 나야 좋지만. 근데 이 거 형님이 어떻게 갖고 있어요? 몰래 빼낸 거? 아니면 저 누나 이 제 떠난다고 랜들 선생님이 고슬링한테 시킨 거예요? 형한테 주 라고?"

M.W.: "그, 뭐, 그런 것까진 알 거 없고. 흠흠. 어쨌든 맞진 않았지만 맞을 까 봐 정신적 충격이 컸을 텐데, 깽값이라고 생각하고 잘 봐 둬. 내 가 너 이렇게 생각해 준다, 진짜. 나중에 나 모른 척하지나 말고."

J. W.: "에이, 형님도 참. 형님 캐번디시 와서 신세 한탄하시고 울 때 누가 등 두드려 줬어요? 제가 형님 모른 척할 사람입니까? 어쨌든 감사 해요, 형님. 사진 보니까 딱 알겠네. 그것 봐, 내가 나선 구조라고 했잖아. 어? 이거 봐라. 경사도며 간격이며, 이건 뭐 그냥 떡하니 다 찍어 놓고 꿰다 놓은 보릿자루였던 거네. 형님, 고마워요. 조만간 식사 한번 해요. 샤르도네에……. "

M.W.: "야, 내가 이렇게까지 해 줬는데, 또 샤르도네에 피쉬 앤 칩스냐? 너도 진짜 너무하네."

5.   진화

같은 해 2월, 캐번디시

J. W.: "형님, 이제 이중 나선 구조 수치도 계산했겠다, 본격적으로 모델 만들고 있잖아요. 그런데 왜 이게 자꾸 결론이 안 날까요? 수치도 정확한데, 뭐가 문제지?

F. C.: "야, 너도 진짜 한 고집 한다. 왜 자꾸 인산을 안에다가 넣어 놓는 거야? R. F.가 성질은 그래도 실력은 믿을 만 하잖냐. 걔가 뭐라고 했어? 인산이 바깥에 있다 그랬잖아. 말 좀 들어라. 한 번만 바꿔 봐."

J. W.: "아, 그 누나 말 듣기 싫은데. 알았어요, 한번 해 볼게요."

F. C.: "참, 그리고 모레쯤 M. W.랑 밥 먹기로 했어. 우리 이거 모델 만드는 거, 그래도 킹스 칼리지 선행 연구였는데, 약식으로라도 허락은 받아야지. 또 피쉬 앤 칩스 먹지 말고 좋은 데 예약해 봐. 칼질이라도 하자."

며칠 뒤

F. C. & J. W.: "어떻게, 괜찮을까?"

M. W.: "내가 오늘도 피쉬 앤 칩스면 상 뒤집어 엎고 나갈라 그랬어, 진짜. 뭐, 어쨌든. R. F.도 떠났고 너희들이 그렇게 원하고 있으니까. 그리고 너희들도 뭐, 이래저래 고생해서 거의 다 왔는데, 누군가는 끝내야지. 잘해 봐. 나 모른 척하지 말고."

F. C. & J. W.: "아싸! 사랑해!"

다시 며칠 뒤

F. C.: "야, M. W.가 뭐 보냈다는데, 왔냐?"

J. W. : "네, 형님. R. F. 누나가 떠나기 전에 MRC에 보고한 논문이 두세 편 있는데, 우리 연구 잘하라고 보내 주셨네요. 이거 보니까 다 풀려 가는 것 같아요. 샤가프 형님이 말한 법칙이야 이미 다들 잘 알고 있고 우리가 그 분야에서는 더 잘 아니까, 이거 이제 모델 거의 된 것 같아요. 와, 진짜 이거 끝내려고 몇 년 동안 내가 R. F. 누나 눈 치 보고 몸빵 해서 사진도 받아 보고, 폴링한테 논문 초고도 빌려 보고 고생 많이 했다. 형님도 이건 인정?"

F. C. : "그래, 고생했다. 어쨌든, 폴링 쪽에서는 다행히 R. F. 사진을 제 대로 못 보고 삼중 구조로 논문 낸 것 같더라. 참고해서 잘 만들어 보자."

J. W. : "참, 형님. 이거 종합해서 잘 조합해 보니까, DNA 이거 이중 나선 구조에 상보적 결합인 것 같아요."

1953년 4월, 과학저널 《네이처》

"DNA는 인산과 당과 네 가지 종류의 핵염기가 기다란 사슬을 이루고 있으며, 두 사슬은 '샤가프의 법칙'에 따라 수소결합으로 염기쌍을 이루면서 묶여져 나선 모양으로 꼬여 있는 구조다."

James D. Watson, Francis H. Crick, "A structure for deoxyribose nucleic acids", Nature, 171(4356), pp. 737-738, (1953).

DNA 발견사, 잘 보셨나요? 여러 전기와 관련 회고록, 신빙성 있는 정설들을 긁어모아 재구성한 쪽대본입니다. 각 인물 간 나이와 관계도에 따라 호칭과 이들이 쓰는 말은 많은 드립들과 함께 상당 부분 각색된 거니까 실제로 저들이 저런 말 했다고 오해하진 마시고, 저런 흐름으로 DNA의 이중 나선 구조가 밝혀졌다는 것만 기억해 주세요. 위 대화에서 R. F.는 Rosalind Elsie Franklin로잘린드 프랭클린, M. W.는 Maurice Hugh Frederick Wilkins모리스 윌킨스, F. C.는 Francis Harry Compton Crick프랜시스 크릭, J. W.는 James Dewey Watson제임스 왓슨입니다. 그 유명한 사진 아시죠? 두 과학자가 맥포머스 장난감으로 만든 것 같은 큰 이중 뼈대 모형을 사이에 두고 한 명은 '아, 오늘 저녁 뭐 먹지? 짜장면?'이라고 고민하는 듯한 얼굴을 하고 젓가락 같은 걸로 그 모형을 가리키고 있을 때, 맞은편에 앉아 있는 다른 한 명은 '저 젓가락으로 짜장면 한 젓가락 가득 집어먹으면 소원이 없겠다.'라는 듯한 표정으로 허공을 응시하고 있는 사진 있잖아요. 젓가락을 들고 있는 분이 프랜시스 크릭이고 젓가락을 보고 있는 분이 제임스 왓슨이에요. 가운데 서 있는 모델을 만들고 나서 9년 뒤인 1962년 이 둘과 모리스 윌킨스는 DNA 이중 나선 구조를 규명했다는 공로와 그 밖의 잡다한 업적으로 노벨 생리학·의학상을 수상합니다.

안타깝게도 로잘린드 프랭클린의 회절사진을 직접 보지 못한 라이너스 폴링은 왓슨과 크릭보다 한 달여 앞서 DNA의 구조를 규명했지만, 그 구조가 삼중 나선형이라는 그의 주장은 틀렸습니다. 하지만 그들과 같은 해인 1962년 지표 핵실험을 반대한 공로를 인정받아 노벨 평화상을 수상합니다.

저 대본에서 가장 안타깝고 억울한 인물은 바로 로잘린드 프랭클린이었죠. X선 회절사진도 그녀의 동의 없이 유출, MRC에 보고한 DNA 논문도 그녀의 동의 없이 유출, 결국 몇 주 사이 DNA 나선 구조에 대한 권리를 왓슨과 크릭, 그리고 윌킨스에게 빼앗기고 맙니다. 아이러니하게도 이런 사실은 왓슨이 노벨상을 받고 6년 뒤, 여느 가벼운 위인들이 그렇듯 자랑 삼아 쓴 회고록《이중 나선 - 핵산의 구조를 밝히기까지》에서 로잘린드 프랭클린을 폄하하는 내용을 씀으로써 밝혀지게 되었죠. 진실은 늘 그렇습니다. 어딘가에 숨어 있다가 언젠가는 세상에 모습을 드러내죠.

사실 로잘린드 프랭클린이 1962년 왓슨, 크릭과 함께 노벨상을 받을 수 있었는지에 대한 논쟁은 이제 와서 큰 의미는 없게 되었습니다. 그녀는 1958년, 37세가 되던 해 난소암 합병증으로 이미 세상을 떠나게 되거든요. 노벨상은 살아 있는 사람에게만 수여합니다. 남녀 성차별의 벽에 가로막혔지만 뛰어난 천재성으로 DNA와 바이러스, RNA의 과학사에 누구보다 큰 흔적을 남기고 굵고 짧은 인생을 살다 간 그녀의 이야기는 지금까지 가늘고 긴 생을 이어 가며 성적, 인종적, 외모적 차별을 일삼아 과학계가 노벨상을 수여한 것을 후회할 것이 분명해 보이는 왓슨의 이야기와 사뭇 대조적입니다. 여기서 또 아이러니한 것은, 성차별적 사회의 실질적 피해자였던 로잘린드 프랭클린 자신조차도 동료와 후배 여자 과학자들을 성차별적으로 폄하하곤 했다는 것입니다. 아무래도 일관되게 평가받을 자격을 얻는 것은 누구에게나 쉽지 않아 보입니다.

어쨌거나 폴링은 서두르는 바람에 규명에 실패했지만, 프랭클린이 찾아낸 명확한 단서들을 윌킨스가 제공했고, 그걸 받아든 왓슨과 크릭이 샤가프 법칙의 도움까지 받으며 밝혀낸 DNA 구조는, 명확하게 요약하자면 상보적으로 결합된 이중 나선 구조였습니다.

1900년대 초는 전쟁으로 점철된 광풍의 시대였지만, 상보적인 작용으로 과학과 기술이 급속도로 발전한 때이기도 합니다. 다윈의 선후배들이 추측만 하던 유전의 현상이 기술과 기기의 발달을 통해 서서히 밝혀지기 시작한 것이죠. 2차 세계대전 이후 인류가 우주로 뻗어 나가는 꿈을 꾸었다면, 1차 세계대전 전후에는 몸속의 소우주를 깊이 탐구했죠. 그중에서도 세포와 DNA는 이 시대에 생리학과 의학을 비롯해 분자학과 군사학 등 분야를 가리지 않고 인류의 관심을 독차지한 세계였습니다. 천재들이 달려들면 양파 껍질은 조금씩 벗겨지는 법이죠.

샤가프 역시 DNA의 껍질을 벗긴 인물 중 하나였습니다. 그는 DNA의 뉴클레오티드에 포함된 염기에 특히 관심을 두었습니다. 핵산DNA와 RNA은 다윈의 책이 출판되고 20년 뒤 스위스의 의사 프리드리히 미셔가 환자 얼굴의 고름에서 처음 발견했고, 이후 핵 염기의 발견이 뒤따르며 수많은 과학자들의 관심사가 되었죠. 앞서 세포에 대해 이야기할 때 핵산은 당, 염기, 인산기로 구성된 단위체인 뉴클레오티드nucleotide가 결합하여 이루어진 유전정보 저장소라고 했던 것을 기억하시나요? 정확한 순서는 당과 인산기가 바깥쪽 뼈대를 이루고 안쪽에 염기가 위치합니다. 제임스 왓슨이 DNA 모델을 만들면서 프랭클린과 크릭에게 왜 인산을 자꾸 안쪽에 넣느냐며 혼나던 장면 기억하시죠? 인산과 당이 바깥쪽에서 뼈대를 이루어야 되는데, 왓슨은 처음에 그걸 몰랐던 거겠죠?

안쪽에 위치한 염기는 네 가지 종류가 있는데, 퓨린 염기에 해당하는 아데닌adenine, A과 구아닌guanine, G, 피리미딘 염기에 해당하는 사이토신cytosine, C과 티민thymine, T이 그것입니다. 피리미딘 염기에 해당하는 우라실uracil, U도 있는데, 이 친구는 DNA에는 없고 RNA에 있으므로 나중에 다뤄 볼게요. 이 친구들이 중요한 이유는 우리 몸이 어떻게 생겨났고 어떻게 성장했으며, 우리 몸의 각 기관이 어떻게 우리를 살리고 운행하는 일을 척척 해낼 수 있는지 뿐만 아니라, 우리가 엄마 아빠와 왜 닮았는지, 왜 버락 오바마의 머리카락이 꼬여 있는지, 왜 난 학창시절에 우유를 매일 2,000ml씩 마셨는데도 키가 170cm가 채 안 되는지, 왜 많은 사람들이 우유를 마시면 설사를 하는지, 영화 〈어메이징 스파이더맨 2〉에서 피터의 친구 해리가 왜 오스본 가문의 저주영화 설정상 오스본 가문은 대대로 레트로 바이러스 증식증이라는 유전병을 앓아 왔는데, HIV와 비슷한 질병인 듯하나 영화에서는 극적인 효과를 창출하기 위해서인지 조금 더 기괴하게 묘사하고 있습니다.로부터 자유로울 수 없는지, 왜 미국에 사는 흑인 400명 중 한 명은 겸상 적혈구 빈혈증아프리카계 흑인에게서 나타나는 유전 질환. 적혈구가 낫 모양으로 형성되는 빈혈병인 데서 그 이름이 유래. 말라리아에 저항성이 있어 말라리아에 잘 걸리지 않지만, 적혈구가 쉽게 파괴되어 심각한 빈혈을 유발하는 질환에 시달려야 하는지, 왜 내가 우리 아빠보다 옆집 아저씨를 더 닮으면 이상한 건지 등 우리가 오늘날을 살아가는 모습을 결정해 주는 중요한 열쇠이기 때문입니다.

샤가프가 가만히 들여다보니 이 염기들의 수가 조금 신기했어요. 퓨린 염기와 피리미딘 염기의 수가 1 : 1 비율로 맞아떨어지는 거예요. 조금 더 구체적으로는 아데닌A과 티민T이, 그리고 구아닌G과 사이토신C이 서로 같은 수로 분포해 있었습니다. 이게 무슨 의미인지는 몰랐지만 신기한 비율을 발견했으니, 그는 얼른 이 현상에 자신의 이름을 붙였죠. 하지만 왓슨과 크릭은 알았습니다. 이 사실이 DNA의 상보적 결합 구조를 시사한다는 것을 말이죠. 네 종류의 염기들은 서로 쌍을 이루어 결합을 합니다. 아데닌A은 티민T과, 구아닌G은 사이토신C과 말이죠. 쌍을 이루어 상호 보완적으로 결합하고 있으니 그 수가 1 : 1로 같을 수밖에요. 사실 왓슨이 요즘 들어 성별과 인종 등 민감한 이슈에 대해 이상한 말을 많이 지껄이고 있지만, 이 대목에서 왓슨과 크릭의 과학적 창의력은 대체 불가의 뛰어남을 보여 준 것이죠. 샤가프의 법칙을 통해 염기들이 상보적으로 결합하고 있다는 것을 상상해 냈으니 말입니다. 결국 샤가프는 레고 조각의 개수를 적어 놓은 쪽지를 주었는데, 왓슨과 크릭은 이 쪽지를 보고 레고의 완성된 모양을 생각해 낸 겁니다. 이건 인정합시다. 자, 이렇게 당과 인산기 뼈대 옆에 붙은 염기 A는 T와, G는 C와 거울처럼 결합해 뉴클레오티드 쌍으로 된 하나의 층을 이룹니다. 이렇게 결합된 층은 위로, 혹은 아래로 같은 구조의 층을 죽 이어 나가며 사다리 모양의 사슬을 완성시키죠. 이 사다리 모양의 사슬 고분자화합물이 바로 DNA입니다.

하나의 DNA 안에는 이 염기쌍이 32억 개 정도 있어요. A, T, G, C의 문자로 이루어진 이 배열을 500쪽짜리 책으로 쓰면 4,000권 분량이 됩니다. 저는 지금 세포 하나 얘기하는 거예요. 이 DNA 사슬은 돌돌 말려서 꽉꽉 압축된 채로 핵막 안에 있는데, 이걸 일자로 쭉 펼치면 그 길이는 2m 정도 됩니다. 그럼, 우리 몸에 있는 DNA를 다 펴서 죽 이으면 그 길이는 얼마나 될까요? 우리 자신의 DNA를 가진 세포는 약 30조 개 정도 된다고 했으니까, 그 안의 DNA를 다 이어 놓으면 약 600억km 정도 되겠네요. 지구 이야기에서 태양계의 지름이 90억km 정도라고 이야기한 것 기억나시나요? 사람 한 명의 DNA가 태양계를 3번 반 왕복할 수 있다는 계산이 나옵니다. 어마어마하죠?

DNA 안에 염기쌍이 죽 늘어선 구조를 염기 서열염기 서열 전체, 즉 한 개체의 모든 유전 정보는 genome이라고 하는데, 이는 유전자를 뜻하는 gene과 염색체를 뜻하는 chromosome의 합성어이라고 합니다. DNA는 상보적 결합이 원칙이므로 한쪽 염기 서열만 봐도 반대쪽 염기 서열을 알 수 있습니다. 예를 들어, 염기 서열 한쪽에 ATGGCTGTATGA라는 염기 서열이 늘어서 있다면 반대쪽에 결합된 염기 서열은 TACCGACATACT라는 것을 알 수 있죠. 그런데 이 염기 서열은 아무 생각 없이 죽 늘어서 있는 게 아니에요. 3개의 연속된 특정 서열은 생명체를 구성하는 20여 종의 아미노산 중 하나를 지정하거나 이 아미노산을 통한 단백질의 합성을 명령하는 정보를 담고 있습니다. 위 서열을 예로 들면 ATG는 단백질 합성을 시작하라는 명령을, GCT는 아미노산의 한 종류인 알라닌을, GTA는 또 다른 아미노산인 발린을, 그리고 TGA는 단백질 합성을 종료하라는 명령을 가리킵니다. 즉, 위의 염기 서열은 알라닌에 발린을 갖다 붙여 단백질을 만들라는 정보가 되겠죠? 이렇게 특정 정보를 담고 있는 3개의 염기 서열 단위체를 트리플렛 코드triplet code, 또는 코돈codon이라고 합니다. 이 사실이 중요한 이유는 DNA에 저장된 생명체의 모든 유전 정보의 목적이 아미노산과 단백질의 합성을 통해 우리의 살과 피와 기질과 특성을 만들고 자손에게 전달하도록 하는 것이기 때문이죠.

이렇게 늘어서 있는 30억 개의 염기 서열 중 실제 우리 생명체의 정보를 가지고 있는 유전자는 0.0007%에 해당하는 21,000여 개에 불과합니다. 이 2만여 개의 염기쌍 중 약 10%만이 조합돼 각기 다른 단백질 구조를 만들어서 우리 각자의 유전 형질을 결정하고 어떤 세포는 심장이 되게 하고 어떤 세포는 날개가 되게 하고 어떤 세포는 물갈퀴가 되게 하는 것이죠. 유전자와 코돈에 대해서는 잠시 뒤에 더 자세히 이야기해 볼게요. 지금은 DNA의 모양에 대해 이야기하는 중이니까요.

자, 우리는 이제 DNA가 왜 상보적 결합을 한 이중 구조체인지 알았습니다. 그럼 왜 DNA는 나선 구조일까요? 그것은 DNA의 요소인 디옥시리보스와 인산의 연결 방향이 만들어 낸 결과입니다. 디옥시리보스는 탄소 5개로 이루어진 5탄당 물질인데, 산소를 중간에 끼고 오각형의 구조를 이루고 있습니다. 산소 원자 하나를 시작으로 시계방향으로 각 탄소마다 1번부터 5번까지 번호를 매겨 위치를 표시하죠. 뉴클레오티드 안에서 이 탄소들은 번호마다 각각 결합하는 위치가 정해져 있습니다. 1번 탄소는 핵염기와, 2번과 3번은 -OH하이드록시기와 결합하고 4번 탄소 위에 3차원으로 연결된 5번 탄소가 인산염과 결합해 뼈대를 이루죠. 그리고 이 5번 탄소와 연결된 인산기가 다른 뉴클레오티드와 결합해 사다리 모양을 이루며 뻗어 나가는 거예요. 이때, 5번 탄소는 인산염을 사이에 두고 3번 탄소와 연결됩니다. 즉, 아래층 5번 탄소가 인산염을 중간에 끼고 위층 3번 탄소와 연결되는 셈이죠. 이렇게 층층이 5번에서 3번으로 끼워 맞추며 인산염이 연결되기 때문에 이 DNA 다발은 층마다 살짝 뒤틀려 꼬이면서 사다리 모양을 형성하게 되는 겁니다. 그래서 DNA는 각각의 염기쌍이 상보적으로 결합하는 이중 나선의 사다리 구조를 띠게 되는 거죠.

자, 이제 DNA가 어떻게 생겼는지는 알았으니, 이제 이 친구가 하는 일을 알아봐야겠죠? 사실, 생긴 게 뭐가 중요하겠습니까? 물론 이 친구의 외모와 구조는 생명의 신비와 긴밀하게 연관되어 있기 때문에 우리 사람의 생김새에 대해 이러쿵저러쿵 하는 것과는 다른 차원의 문제지만, 이 친구가 어떤 일은 하는지 알게 되면 어느새 이 친구의 생김새는 잊혀질 겁니다. 너무 중요한 친구예요, 이 친구. DNA의 역할은 진화 그 자체라고 말해도 무리가 없는데, 궁극적으로는 스스로를 복제하고 유전 정보를 보관하는 역할을 합니다. 즉, 자신의 형질을 그대로 본떠 생명체의 몸집을 불리고 생명과 특질을 유지하며 자손에게 유전될 수 있도록 하는 모든 과정이 DNA를 통해 이루어지는 것이죠. 이러한 일련의 과정을 복제, 전사, 번역또는 해독이라고 합니다. 생명 활동과 변이, 생식, 유전의 과정을 단순하게 들여다볼 수는 없지만, 우리는 전문가가 아니니까 요약본 버전으로 이세 과정만 간단히 살펴볼까요? 이 개념만 파악해도 우리는 DNA 차원에서생명이 어떻게 대를 이어 꾸준히 생존할 수 있었는지 잘 알 수 있을 테니까말이죠.

이 세 단계의 과정에는 몇몇 존재들이 깊숙이 관여합니다. 우선 복제에대해 알아봅시다.

복제

저는 서울 시내 건물 대부분의 문틀을 고개 숙이지 않아도 별다른 피해없이 드나들 수 있을 정도로 편리한 신장을 갖고 있습니다. 키는 유전적요소가 반도 되지 않으니 부모님 탓을 할 수도 부모님 덕이라고 할 수도 없는 상황이지만, 어쨌든, 살짝 아담하다 치더라도 제가 어머니 뱃속에 처음생겨났을 때부터 이 덩치를 갖고 태어나진 않았겠죠? 앞서 인간의 유전자를 갖고 몸을 구성하는 세포는 대략 30조 개 정도라고 이야기했죠? 우리몸이 참새보다 크고 코끼리가 우리보다 큰 이유는 세포가 커서라기보다세포의 개수가 많기 때문입니다. 저는 어머니 뱃속에 처음 생겼을 때 진핵세포 하나짜리 생명체였습니다. 그러다가 이 세포 하나가 두 개로 분열하고, 또 그렇게 분열된 두 개의 세포가 네 개로, 그 네 개가 또 여덟 개, 열여섯 개, 서른두 개, 예순네 개로 계속 분열되어 마침내 20대쯤 제 키가 더 이상 크지 않고 몸무게가 더 이상 늘어나지 않을 때가 되자 30조 개가 되어 지금의 저를 만든 거죠. 이렇게 모든 생명체는 세포 분열을 통해 세포를 늘리고 자신의 신체를 형성합니다.

여기서 원초적인 질문이 떠오를 수 있습니다. '왜 굳이 세포 분열을 해서 성장을 하지? 그냥 세포가 성장하면 더 간편할 텐데.' 그 이유는 생각보다 상식적이고 간단합니다. 세포의 크기에 비례해 동일 부피당 표면적이 넓을수록 생명 활동에 필요한 물질 교환이 더 효과적이고 편리하게 이루어질 수 있잖아요. 키와 몸무게가 같은데 세포 하나로 이루어진 사람과 80조 개의 세포로 이루어진 사람 중 누가 더 에너지를 효율적으로 전달하고 순환시키고 신체 기관을 만들고 운영할 수 있겠어요? 그래서 우리는 세포 분열을 통해 성장하고 재생하며, 매년 신체검사나 건강검진을 할 때 키가 더 컸다고 뿌듯해하거나 몸무게가 더 늘었다고 고민하는 경험을 하는 겁니다.

생물의 세포 분열은 종에 따라 그 속도 차이가 천차만별입니다. 대장균의 경우 하루에 72번 증식할 수 있고, 유산균은 38분에 한 번꼴로 세포 분열을 하죠. 이론상 하루 만에 한 마리의 대장균이 2천 5백억 마리로 늘어나고 한 마리의 세균이 이틀 만에 지구 무게보다 더 많은 질량의 자손으로 불어나는 세계를 상상해 보세요. 이들의 생애 주기가 놀라울 정도로 짧지 않다면, 말 그대로 우주는 미생물로 뒤덮인 공간이 되는 겁니다. 세균의 삶은 대체로 20분 안에 끝나는데, 그럼에도 불구하고 지금 이 순간을 살아가는 모든 생명체 중 동물 전체보다 미생물 전체의 무게가 25배나 더 무겁다고 하니, 실제로 우리 지구는 미생물로 뒤덮인 공간이 맞습니다. 미생물과 비교해 사람의 경우 세포 분열의 속도는 꽤나 느린 편인데, DNA 복제

빅히스토리

는 약 8시간 정도에 걸쳐 일어나고 85년의 일생 동안 약 1,000조 번의 세포 분열을 경험한다고 해요. 문제는 우리 각자의 신체를 구성하는 세포가 동일한 DNA를 갖고 있어야 우리 자신으로 존재할 수 있다는 것입니다.

인간이라는 종의 개체 간 DNA 염기 서열은 99.8%로 거의 일치한다고 볼 수 있지만, 각자가 가지고 있는 300만 개 정도의 다른 염기 서열을 통해 지금 이 글을 읽고 있는 당신과 저의 차이가 만들어지게 되는 것이죠. 99.8%라는 수치에 놀라는 분이 계시겠지만, 침팬지와 당신의 DNA 염기 서열 역시 99% 일치합니다. 하지만 제 안에 있는 모든 세포의 DNA는 100% 동일해야 합니다. 그렇기 때문에 세포가 두 개로 쪼개지기 전에 그 안에 있는 DNA는 자신의 것과 똑같은 정보를 가진 DNA를 만들어 내야 되는 것이죠. 이 과정을 복제replication라고 하는데, 말하자면 우리 몸을 만들고 유지하는 일종의 설명서를 똑같이 한 권 더 만들어 내는 것입니다. 이 과정은 복사기에 넣고 버튼을 누르는 것만큼 단순하지는 않지만, 정확도에 있어서는 그에 버금간다고 할 수 있죠. 세포 분열이 한번 일어날 때, 복제의 오류는 3번밖에 일어나지 않으니까 말입니다. 30억 개 정도인 DNA 염기 서열을 문자로 환산한다면, 오류 빈도는 10억 개의 글자 중 단 1글자꼴이 되는 것이죠. 복제의 과정을 살펴보며 이 오류의 빈도를 떠올려 보면, 우리 몸과 세포가 얼마나 경이로울 정도로 정확하게 일해 주는지 깨닫게 될 겁니다.

앞서 DNA는 상보적 결합을 통한 이중 나선구조라고 이야기했죠? DNA가 복제를 하기 위해서는 이 상보적 결합을 풀어야 합니다. 즉, 이중으로 결합돼 있는 DNA 가닥을 반으로 나누는 것이죠. 이 역할을 해 주는 친구가 헬리케이스helicase, 헬리카제입니다. DNA를 이루는 구조 중 뼈대를 이루는 인산과 당은 공유결합으로 이어져 있고, 염기쌍의 상보적 결합은 수소를 중간에 두고 연결되는 수소결합의 형태를 띠고 있죠. 우리 몸의 세포와 단백질을 구성하는 분자를 만들어 주는 전기화학결합에는 공유결합, 이온결합, 수소결합의 세 가지 방법이 있는데, 그중 수소결합이 가장 약한 힘을 지니고 있습니다. 즉, 상대적으로 끊어지기 쉬운 결합 형태라는 것이죠. 이것은 헬리케이스에게 좋은 소식이었습니다.

헬리케이스는 DNA 복제, 전사, 번역, 재조합, 수선 등 거의 모든 과정에 걸쳐 사용되는 효소인데, 주된 역할은 DNA 끈을 분리하는 것입니다. 즉, DNA를 반으로 나누는 것이 이 친구의 주된 삶의 목적이죠. 다행히도 DNA 복제의 목적인 동일한 유전자 정보의 형성과 헬리케이스의 목표, 그리고 염기쌍의 수소결합은 조화로운 역할의 균형을 이루어 우리 삶의 궁극적 목적인 유전자의 전달을 가능하게 해 줍니다. 우리 삶의 목적에 맞게 이들의 역할이 균형을 이루는 방향으로 진화했다고 보는 게 더 맞겠네요. 헬리케이스는 DNA 사슬의 외가닥 쪽에서 결합해 들어오며 수소결합으로 이어져 있는 염기쌍을 끊어 놓습니다. 즉, A와 연결돼 있던 T를, G와 연결돼 있던 C를 끊어 놓는 것이죠. 이 과정을 통해 30억 쌍의 염기쌍이 30억 개의 염기 가닥 두 개로 나누어지는 거예요.

이렇게 나눠진 염기 가닥 각자에 DNA 중합효소DNA polymerase가 불나방처럼 달려듭니다. 이 친구는 한마디로 쪼개진 DNA를 복구하도록 설계되어 있거든요. 그렇게 중합효소가 열심히 제 짝을 만들어 내서 수소결합을 통해 원래의 염기쌍 모습을 갖출 수 있도록 도와준 결과, 쪼개진 두 개의 DNA 가닥은 각각 온전한 DNA 염기쌍이 됩니다. 마침내 복제가 완성된 것이죠. 중간에 복제 원점, RNA 프라이메이스RNA primase, RNA 프라이머RNA primer, 선도가닥leading strand, 지연가닥lagging strand, 오카자키 절편, DNA 리가아제DNA ligase 같은 많은 용어들이 뒤섞이며 복잡한 과정을 거치지만, 이 개념들은 중학교 교과서나 대학교 전공서에게 맡겨 두기로 해요. 우리는 헬리케이스가 DNA 염기쌍을 쪼개고, 그렇게 쪼개진 DNA 가닥이 DNA 중합효소의 도움을 받아 새로운 DNA 염기쌍으로 재탄생하는 과정을 통해 세포핵 안에 있는 하나의 DNA 염기쌍이 두 개의 똑같은 DNA 염기쌍으로 만들어지는 것이 복제라는 것만 알면 되겠습니다.

분열

자, 이제 DNA가 복제되어 세포가 반으로 나누어질 준비가 되었습니다. 일단 DNA가 복제되면 세포 분열은 생각보다 간단한 과정으로 이루어집니다. 우선 세포의 핵심 구조인 세포핵의 막, 즉 핵막과 인이 사라지면서 그 안에서 복제를 끝낸 염색체가 나타납니다. '응? DNA가 복제됐다고 그랬는데 염색체는 뭔데 나타난 거지?'라고 생각하시는 분들을 위해 짧게 이야기해 볼게요. 우리는 세포 안에 있는 DNA 하나의 염기쌍 전체 길이가 2m 정도라는 걸 알고 있습니다. 그런데 이렇게 긴 DNA가 10~100마이크로미터 크기의 세포 안에 들어가려면 정리가 필요하겠죠? 그래서 우리 몸은 어느 순간 이 DNA를 체계적으로 정리할 수 있는 아이디어를 냈습니다. 여러분의 책상 아래 사방팔방으로 뻗어 있는 코드들을 정리하거나 혹은 뜨개질을 하기 전에 복잡하게 풀려 있는 털실을 말아 정리하는 방법과 비슷하게 말이죠.

우선 이 실을 감기 위해 세포 안에는 히스톤이라고 하는, 단백질 여덟 개H2A, H2B, H3, H4 각 2개로 이루어진 작은 실패성공의 어머니가 아니라 실을 감아 정리하는 기구가 존재합니다. 이 실패는 조금 많이 작아요. 11나노미터 정도 죠. 이 작은 실패에 DNA 실이 한 바퀴 반1.65~1.7바퀴 정도 감겨서 뉴클레오좀nucleosome이라고 하는 단위체를 이룹니다. 이 뉴클레오좀이 죽 연결되어 얽히고설켜서 지름이 30나노미터 정도 되는, 염색사chromonema라고 하는 조금 더 큰 실을 만들어요. 정박해 있는 배의 닻줄이나 다리를 지탱하는 케이블의 구조를 보면 작게 꼬인 가닥 여러 개가 다시 꼬여 큰 가닥을 이루고 있는데, 그것과 마찬가지라고 생각하면 됩니다. 그리고 이 실은 300나노미터 단위로 U자 모양을 그리며 이어지고, 이 U자 모양의 연결구조가 다시 700나노미터 정도의 더 큰 코일 형태를 그리며 이어지는데, 이 700나노미터 폭의 코일로 이루어진 튜브형태의 DNA 실 뭉치를 염색 분체chromatid라고 합니다. 이 염색 분체가 복제되어 동원체라고 하는 두 개의 단백질 덩어리를 가운데 두고 양 옆으로 대칭되게 X자 형태로 형성된 다발이 염색체chromosome입니다.

DNA를 점점 큰 단위로 차곡차곡 정리해 뭉쳐 놓은 염색체가 우리 세포핵 안에는 46개, 정확히는 22쌍의 상염색체와 1쌍의 성염색체의 형태로 모여 있습니다. 코드 다발이나 털실을 말끔하게 정리해 본 경험이 있다면, DNA 실을 차곡차곡 몇 단계를 통해 잘 뭉쳐서 정리해 놓은 우리 세포가 얼마나 뿌듯할지 공감할 수 있을 거예요. 여러분, 우리는 세포 깊숙이 DNA 단계부터 정리의 달인으로 태어났습니다. 그러니까 가끔은 어질러진 방을 정돈하면서 세포의 기분을 함께 느껴 봐요!

자, 이제 핵막과 인산이 사라지면서 그 안에 있던 염색체가 나타나는 장면이 머릿속에 그려지시나요? 사실 세포는 뿌듯한 감정을 느끼려고 이렇게 DNA를 정리하는 게 아니에요. DNA는 언제나 X자 모양으로 뭉쳐 있는 게 아니라, 세포 분열의 편의성을 높이기 위해 비교적 초기 단계에 염색체라는 단위를 형성합니다. DNA로 이루어진 이 염색체는 복제가 끝난 상태니까 세포가 반으로 쪼개지면 얘네도 반으로 나뉘어서 쪼개진 세포를 찾아 가야겠죠? 이때도 역시 중요한 역할을 하는 친구가 등장합니다. 이름도 약간 주연급인 것 같은 녀석이죠. 중심체centrosome라고 하는 이 친구는 세포 안에 두 개씩 자리 잡고 있는데, 세포가 쪼개질 준비가 되면 단백질을 합성해 방추사spindle fiber라고 하는 구조를 만들어 냅니다. 염색체를 가운데 두고 양 옆에 위치한 중심립으로부터 문어발처럼 뻗어 나온 각각의 방추사는 세포의 중간 지점적도판에 자리 잡은 23쌍의 염색체들의 가운데 있는 두 개의 동원체에 달라붙은 뒤, 양 옆으로 잡아당겨서 동원체를 떼어냅니다. 그렇게 떨어진 동원체와 함께 염색 분체로 갈라진 DNA 다발은 방추사에 매달린 채 양 옆으로 흩어지게 되죠. 즉, 방추사는 스스로 움직이지 못하는 염색체를 염색 분체로 나눈 후 세포 안 공간의 양 옆으로 끌어당겨 대신 주차해 주는 견인차 역할을 하는 겁니다.

염색 분체가 양 옆으로 견인되자 이제 세포가 쪼개지기 쉬운 상황이 되었어요. 세포의 적도판을 수축환이라고 하는 미세섬유가 감싸서 조이기 시작합니다. 서서히 그리고 확실하게 조여드는 수축환은 세포의 한가운데 분열홈을 만들고 마침내 세포를 둘로 절단합니다. 마치 실을 이용해 삶은 계란을 반으로 자르는 것처럼 말이죠. 그렇게 분리가 끝난 세포를 딸세포라고 합니다. 두 개의 딸세포는 핵막을 형성하고 온전한 DNA를 핵 안에 품으며 완전한 세포가 되죠. 한 개의 모세포가 두 개의 딸세포로 분열함으로써 세포 분열의 한 주기가 끝이 났습니다. 당신이 성장기에 있다면 이제 당신의 세포는 두 배가 되었고, 당신이 성인이라면 당신의 세포는 죽어 가는 세포를 대신할 또 다른 세포를 만들어 냈습니다. 평균적으로 30억 개의 문자 중 3개 정도의 차이만을 보이는, 똑같다고 봐도 무방한 설계도를 지닌 세포를 말이죠.

전사

DNA 복제가 우리 자신의 유전 정보를 그대로 보존해 내는 작업의 첫 단추라면 이제 앞서 말한 코돈, 즉 유전 정보가 반영된 설계도를 토대로 모든 생명과 기관의 재료인 아미노산과 단백질을 만들어 내는 과정이 남아 있습니다. 그래야 나의 형질이 나를 완성시키고 내 자손에게도 잘 전달되잖아요. 그런데, 앞에서도 말했다시피, DNA는 잘 꼬인 채로 세포핵 안에 들어 있기 때문에 그 설계도를 펼쳐서 보기에는 다소 무리가 있어 보입니다. 더군다나 DNA의 염기 서열 중에 유전 정보를 가진 녀석들은 1%도 채 되지 않는다는 걸 우리도 이제 알잖아요? 이 유전자를 뺀 나머지 염기 서열을 비코딩 DNAnon-coding DNA라고 하는데, 예전에는 별로 쓸모가 없다고 여겨져 정크 DNAjunk DNA라고 불렀습니다. 그러나 아무리 진화가 효율성을 배제한 생명 역사의 산물이라고 해도 DNA의 거의 대부분을 차지하는 이 녀석들이 아무 쓸모가 없으면 안 될 것 같지 않나요? 최근까지 이어진 꾸준한 연구 끝에 이 친구들이 유전자 발현을 조절하거나 다양한 기능적 RNA를 생성하도록 코딩하는 역할을 한다는 사실이 밝혀졌어요.

어쨌든, 30억 개의 코드 중에 단백질 합성 명령을 담은 이 1%를 위해서 얽히고설킨 채 핵 속에 들어가 있는 DNA를 꺼내서 펼쳐볼 수는 없잖아요? DNA 하나면 그나마 1~2m지만 다 합치면 지구에서 명왕성 너머까지 뻗어 나갈 텐데요. 그래서 우리 세포는 길고 긴 설명서 중 필요한 부분만 복사해서 사용할 수 있는 일꾼을 임명했습니다. 그 일꾼이 바로 mRNA인데, 앞에 붙은 m은 전령이나 심부름꾼을 뜻하는 단어인 'messenger'를 줄인 말이에요. 이 mRNA가 임명되는 과정을 전사transcription라고 합니다.

mRNA가 임명되는 과정은 복잡하지만, 우리는 이미 DNA 복제를 배웠으니 이해하기 훨씬 수월해졌습니다. DNA 복제 과정에서 DNA 중합효소DNA polymerase가 하는 일을 RNA 중합효소RNA polymerase가 해 준다는 것이 핵심이거든요. DNA의 복제는 DNA 중합효소가 외다발 염기 서열에 붙어서 상보적 결합을 통해 이루어진다는 것을 배웠잖아요? mRNA의 전사역시 마찬가지입니다. 단백질 결합 정보를 담은 DNA의 외다발 염기 부분에 RNA 중합효소가 달라붙어 상보적으로 정보를 본따 염기 다발을 만들어 냅니다. 이때, A에 T가 상호 보완되는 DNA 복제와 달리 RNA 다발에서는 A가 U로 보완된다는 차이가 있습니다. 앞서 샤가프의 법칙에서 U는 RNA에 있다고 했던 말이 바로 이 뜻이었습니다. 그렇게 중합효소의 노동으로 특정 단백질 합성 설명 파트를 복사한 주형틀, 즉 mRNA가 만들어집니다. 그렇게 짧은 mRNA 다발이 만들어지고 나면 중합효소가 달라붙어 벌어져 있던 DNA 염기의 외다발은 다시 떨어진 원래 염기를 찾아가 결합되어 제 모습을 다시 찾게 되죠.

DNA 전사 단계에서 귀여운 용어가 하나 있습니다. 바로 TATA 상자TATA box입니다. 이름이 꽤나 귀여운 이 친구는 앞서 말한 비번역 DNA의 하나입니다. 이름에서 알 수 있듯이 TATA 순으로 이어진 염기 서열인데,

이 녀석은 보통 mRNA의 전사가 시작되는 지점에서 25~30bp base pairs_염기쌍 앞서 자리합니다. 즉, TATA로 이루어진 이 염기 서열이 있으면 그 아래로 약 25~30칸 정도부터 mRNA 전사에 필요한 개시코돈이 있을 것이라는 예측이 가능한 거죠. 이게 전사에 직접 관여하는 중합효소에게 길잡이가 되는지는 모르겠지만, 우리가 만약 자신의 30억 게놈을 읽어 볼 기회가 있다면, '오, 여기 TATA 상자가 있으니까 이 아래 여기쯤에서부터 단백질 합성 정보를 담은 유전자가 있겠군!'이라고 생각하며 혼자 즐겁게 웃을 수는 있겠죠?

번역

사실 mRNA가 대신 설명서를 복사해 줘야 하는 중요한 이유가 또 있어요. 그건 바로 설명서 원본인 DNA가 귀한 몸이라는 겁니다. DNA는 우리 생명의 설계도 원본이에요. 물론 복제를 하는 과정을 통해 생겨난 수많은 원본이지만, 이 풀버전 설계도의 복제는 핵막 안에서 안전하게 이루어지기 때문에 오류 빈도가 거의 없습니다. 하지만 우리 몸은 성장하거나 활동하거나 생명을 유지하는 데 요구되는 단백질을 필요할 때마다 만들어서 써야 하는데, 그때마다 원본 DNA가 계속 핵막 밖으로 나와서 설명서를 읽어 줄 수는 없잖아요? 외부 환경에 노출될수록 원본의 훼손이 일어날 확률이 더 높아지니까 말이죠. 그래서 설명서 원본은 안전한 금고 안에 잘 모셔 두고, 특정 단백질이 필요할 때 mRNA가 금고 안에서 그것을 만드는 제조법이 적힌 부분만 살짝 베껴 나오는 거예요. 베껴 갖고 나온 제조법을 mRNA가 외부 공장에 전달해서 주문하면, 외부 공장에서 이 주문서를 보고 재료를 구해서 단백질을 만들어 내는 거죠. 이렇게 제조법과 주문서가 mRNA에 의해 외부 공장에 전달되고 최종적으로 필요한 단백질이 만들어 지는 과정을 번역translation이라고 합니다.

이때, 단백질을 만드는 외부 공장은 리보솜입니다. 세포소기관 이야기 할 때 등장해서 익숙한 친구죠? 리보솜은 mRNA가 가져온 설명서를 받아 서 읽어 본 다음, tRNA에게 연락해 단백질 합성에 필요한 재료인 아미노 산을 가져오라고 합니다. tRNA는 아미노산 전달자의 역할을 하는데, 앞에 붙은 t는 전달자를 뜻하는 단어 'transfer'의 약자입니다. 아미노산의 종류 가 많으니 tRNA가 헷갈릴 수도 있겠다는 생각이 들 수 있지만, 우리 몸은 그렇게 허투루 일 안 해요. 세포는 우리 눈에 보이지 않을 만큼 작지만, 수 많은 효소들과 RNA에게는 광활한 무대거든요. 종류가 수십 개인 tRNA는 개체마다 자신이 운반할 수 있는 아미노산의 종류가 정해져 있습니다. 즉, 리보솜 공장은 재료가 필요할 때 하나의 tRNA와 거래하는 것이 아니라 재 료마다 거래하는 tRNA를 따로 두고 있는 것이죠.

이렇게 이들이 세포 안에서 단백질을 만들어 내는 과정을 충북 괴산의 한 공장에서 일하시는 분들의 대화로 살펴보면 대충 이럴 것 같습니다. 참 고로 저도 충남 출신입니다. 지방 방언 비하하는 것은 절대 아니에요. DNA 부분부터 글이 초심을 잃고 너무 진지해지는 것 같아서 그러는 거예요.

박씨네, 금고
박씨: "어이, 유씨. 저기 저 최씨 둘째 사위네가 장마에 담이 무너졌댜. 거 벽돌 한 50장만 갖다 줘야겠는디?"
유씨: "에헤이, 워쩌다 무너졌대유? 거기는 지대도 높은 텐디 왜 그런겨.

알았슈, 이씨네 공장에 얘기해서 만들어 달라고 할게유."

박씨: "이이~ 그려. 거 최씨 둘째 사위네 담이 아마 200에 100짜리 세멘
일거. 너무 무르면 저기한다고 하니께 이거 설명서대로 만들어서
보내라고 햐."

유씨: "그류, 잠만유. 어허, 나 펜 워됐댜? 이거 써갖고 가야는디. 워뒀어,
이거?"

박씨: "왐마, 지금이 워떤 시댄디 여적지 펜 들고 댕기냐? 복사햄마. 이걸
언제 다 쓰고 앉았어."

이씨 형제네 공장

유씨: "형님 계슈?"

이씨: "너 요새 뵈들 않더니, 웬일이냐? 난 너 저기 한 줄 알았어."

유씨: "에헤이, 내가 뭘 저기 할 일이 뭐 있슈? 이거 저기 저 최씨 둘째 사
위네 담 무너진 거 벽돌 주문서유. 세멘으로다가 한 50장만 만들
어 줘유. 너무 무르면 저기 한다니께 잘 저기 해 줘유."

이씨: "에헤, 참말로. 요새 누가 세멘 쓴다고 거긴 여적지 그런댜? 어쨌든
알았어. 사이즈."

유씨: "200에 100이라든디. 형님이 대충 아니께 맞춰서 해 줘유. 근디 동
상은 워디 갔댜?"

이씨: "이이, 그놈의 새끼 새벽 댓바람부터 낚시 갔어. 장만디 낚시 타령
은 왜 하는지 모르겠어, 아무튼지 간에. 여보슈? 야, 김씨야! 지금
워디여? 참나, 환장하겄네. 너도 낚시 갔냐? 장만디 낚시를 왜 가?
아무튼 알았으니께 언능 와, 이거. 주문 들어왔어. 저기 그 이번에

세멘 새로 들여놨다고 한 거 있잖여. 그거 갖고 와봐. 이? 뭔 모레
여, 이거. 내일꺼정 갖고 와!"

유씨: "거기도 낚시 갔대유? 요새 뭐 잡힐 것도 없는디 뭣허러 갔댜? 헛
걸음이여. 저기 그, 베토벤의 〈붕어〉였나?"

이씨: "있어 봐, 조용히 좀 혀 봐. 여보슈, 최씨? 나 이씨여. 누덜 얼마 전
에 저기 그 모래 좋은 거 받았다고 했쟈? 그거 좀 갖고 와 봐. 뭐,
모레? 이것들이 오늘 뭐 단체로 저기 했나, 이거. 모래라 모레 오는
겨? 내일 와."

유씨: "아무튼, 됐쥬? 난 이제 갈규. 저녁 때 비 많이 온다니께 운전 저기
허시고."

이씨: "수박 좀 뽀개 먹고 가지. 너무 허네. 잠깐, 근디 최씨는 지 사위네
담이 무너졌는디 왜 내가 전화를 해야 아는겨?"

저런, 이씨 형제는 늘 콤비로 일을 하곤 하는데, 오늘은 동생이 낚시를
갔네요. 원래 리보솜은 쌍으로다가 일하거든요 아, 잠시 방언이……. 아무
튼, 그리고 엔딩 크레딧은 이렇게 올라가겠죠.

이씨 형제네 벽돌 공장

출연

박씨	DNA
유씨	mRNA

이씨	벽돌 공장주
김씨	tRNA 1
최씨	tRNA 2, 담 무너진 집 세대주의 장인

장소 협찬

박씨네, 금고	세포핵
이씨 형제네 벽돌 공장	리보솜

자, 이렇게 DNA는 자신의 정보를 복제하고 세포 분열을 한 후, mRNA
와 tRNA의 도움을 받아 리보솜에서 전사, 그리고 번역을 통해 우리 생명에
필요한 단백질을 만들어 냈습니다. 여러분은 우리가 어떻게 생겨났고 어
떻게 성장했으며 또 심장이 태어나서 죽을 때까지 단 1초도 쉬지 않고 분
당 8리터의 피를 뿜어내는 일을 할 수 있도록 설계한 게 누군지도 알게 된
거예요. 이제 이 정도 알았으니 여기서 책 덮으실 분은 덮어도 됩니다. 하
지만, 내가 왜 옆집 아저씨보다 아빠를 더 닮아야 되는지, 〈어메이징 스파
이더맨〉의 해리가 왜 오스본 가문의 저주로부터 자유로울 수 없는지 궁금
하다면 아직 책 덮지 마세요, 제발! 저 조금 더 얘기하고 싶어요!

• 돌연변이와 진화

이씨 형제네 공장, 즉 리보솜은 DNA의 유전자를 필요할 때마다 베껴서 단백질을 만들어 내는 역할을 합니다. 그래서 바벨 스쿼트를 열심히 하면 리보솜이 액틴과 마이오신, 타이틴 같은 단백질을 다리의 상처 난 근육에 더 보내 줘서 더 딴딴하고 굵은 다리를 얻을 수 있는 것이죠. 생명은 그렇게 몸을 만들고 기관을 구성해 상황에 맞게 필요한 단백질을 통해 적응하고 생존해 왔습니다. 그런데, 바벨 스쿼트로 잘 단련된 근육은 후손에게 물려줄 수 없어요. 하지만 흑인의 말 근육 같은 근질은 대체로 유전되어 내려오는 경향이 있습니다. 우리는 지금 뭔가 오묘하고 중요한 지점에 와 있어요. DNA와 유전자 단위에서 교양을 쌓다 보니 라마르크와 다윈의 경계선에 다다른 것이죠.

중학생 시절, 우리들 대부분은 학기 초에 생물의 신비를 배울 기대에 부풀어 있다가 멘델 아저씨의 완두콩 이야기를 접하면서부터 숫자와 확률이 난입하는 생물이라는 과목에 더 이상 미련을 갖지 않게 되었습니다. 그래서 우리가 마지막으로 정확히 기억하는 생물 과목 시간의 화두는 라마르크와 다윈의 싸움이었죠. 그리고 그 싸움은 시간에 비례해 축적된 과학적 근거들에 의해 필연적으로 다윈의 승리로 끝날 수밖에 없었습니다. 우리는 이제 기린이 높은 곳에 있는 나뭇잎을 먹기 위해 목이 길어진 게 아니라, 우연히 다른 유전자를 가진 목이 긴 기린이 태어났고 이들이 더 잘 먹고 더 잘 싸고 더 많은 개체를 만들 기회를 가졌기에 오늘날 목이 긴 녀석들이 기린이라는 이름으로 아프리카의 사바나를 거닌다는 사실을 알고 있죠. 그런데, 목이 긴 기린은 처음에 어떻게 생겨났고, 어떻게 더 많은 자손을 생존시킬 수 있었던 걸까요?

다윈은 라마르크가 틀렸고 자신이 맞았다는 것을 알고 있었습니다. 비글 호에 몸을 싣고 망망대해를 떠돌며 그가 얻은 정보는 결과적으로 그가 옳다는 것을 예외 없이 보여 줬거든요. 그런데 다윈의 시대는 매정하게도 결과만을 알려 줄 뿐 그 이유와 과정을 보여 주지 않았죠. 누구보다 진화의 결과를 가장 잘 이해하고 있었던 다윈조차도 눈 감는 날까지 어떤 과정을 통해 그런 결과가 나왔는지 확인할 수 없었습니다.

시대를 앞서 간다는 것은 어떤 의미에서는 불행한 것 같아요. 완벽하게 밝혀지지 않은 진실을 가장 잘 아는 사람의 갈증은 저녁 회식으로 고량주와 함께 마라탕에 향라소스와 고추기름장을 풀어서 안주로 먹고 퇴근하는 길에 과민성 장 증후군이 재발해서 문고리를 부여잡고 두드리는 사람의 곤란함과는 또 다른 차원의 막막함일 거예요. 문고리 잡고 있던 사람은 문 안에서든 밖에서든 배출하면 한 번 큰일 치르고 깔끔하게 내일을 살아갈 수 있지만, 진실의 문 앞에 누구보다 가까이 서 있지만 그 문을 열지 못하는 사람은 완벽하게 닦아내지 못한 듯한 찝찝함을 평생 갖고 살아야 하는 것이죠. 심지어 죽기 직전까지 말끔히 닦을 수나 있을지, 그렇다면 그걸 닦아줄 사람과 휴지는 언제 나타날지 모른 채 말이죠. 다윈은 평생 그 기분에서 자유롭지 못한 채 눈을 감았을 겁니다.

오늘날 눈부신 과학의 발전과 학문적 성과에도 불구하고 양자역학과 천체물리학, 분자생물학, 지구물리학, 고생물학, 심지어 정치외교학과 경제학 분야에서도 이런 찝찝한 기분은 계속 남아 있습니다. 하지만 우리는 다윈보다 더 진실에 가까워질 수 있는 수많은 도구를 가지고 있습니다. 마음만 먹으면 서점과 인터넷, 교양강좌를 통해 반나절 만에 DNA에 대해 지금

빅희스토리

까지 밝혀진 거의 모든 정보에 접근할 수 있죠. 다만 그러한 진실에 다가 가려는 우리 대부분의 열정이 다윈보다 부족할 뿐이죠. 마음만 먹으면 다 위니즘 이전 세대보다 동굴의 우상우리보다 2,500년 전에 살았던 플라톤조차도 무 지에서 비롯되는 어리석은 편견을 경고했는데, 2,500년이 지난 지금까지도 그런 일이 일상 에서 자연스럽게 일어나곤 한다는 사실은 정말 유감스러운 일이죠. 아마 플라톤의 경고는 지금으로부터 2,500년이 지난 미래에도 유효할 것 같아요.에서 훨씬 자유로워질 수 있는 집단지성이 우리에겐 차고 넘칠 만큼 쌓여 있다는 걸 기억하면서 다 시 본론으로 돌아옵시다.

다윈의 목이 긴 기린의 탄생은 당연하게도 DNA의 마법과도 같은 실수 와 오류의 결과였습니다. 우리는 이 오류를 앞에서 이미 배웠어요. DNA 가 복제할 때 염기 서열 10억 개 중 하나 꼴로 복제의 오류가 일어난다고 이야기했죠? 10억 분의 1이라는 확률은 DNA의 경이로운 정확성을 돋보 이게 해 주는 차원의 숫자이지만, 100세대나 1,000세대, 진핵생물 시대까 지 거슬러 올라가 1백만 세대 이상의 단위까지 복제의 범위가 확장된다 면, 미미한 오류조차 어떠한 대세에 영향을 미칠 가능성이 생기겠죠? 한 개체에서 일어나는 이런 오류를 돌연변이라고 하는데, 결실deletion, 중복 duplication, 역위inversion, 전좌translocation 같은 염색체 구조 이상 돌연변이 와 배수성 돌연변이, 이수성 돌연변이 같은 염색체 수 이상 돌연변이 등 다양한 형태로 발생합니다. 다시 말해, 인간을 예로 들자면 모든 세포가 한 번 분열할 때 문자 그대로 해석하면 3번 정도의 오류가 발생할 수 있는 거죠.

2023년 영국 웰컴생어연구소의 보고에 따르면, 인간에서는 연간 약 47

개, 쥐에서는 약 800개의 돌연변이가 발생한다고 합니다. 신기하게도 인간의 평균 수명은 83년, 쥐의 평균 수명은 4년으로, 평생 발생하는 돌연변이는 약 3,200개 정도로 동일합니다. 이들을 포함해 연구 대상 포유류 대부분이 전체 수명 동안 동일한 횟수의 돌연변이를 축적한다는 사실은 매우 흥미롭습니다. 우리 몸에 이렇게 생각보다 많은 돌연변이가 일어나고 있다는 사실 역시 놀랍고 말이죠. 하지만 이 오류가 모두 반영되어 발현되지는 않습니다. 세포는 복구의 달인이거든요. 대부분의 오류, 즉 돌연변이는 세포 차원에서 수정되고 복구됩니다. 왜냐하면 보편적인 상황에서 돌연변이의 70% 정도는 개체에 해로운 방향으로 일어나거든요. 나머지 30%는 중립적이거나 이로운 방향으로 발현되는데, 이때 세포는 저울질을 합니다.

"가만있어 보자. 내가 ATP를 소모해서 에너지를 소비해야 되는데, 지금 일어난 이 오류가 내가 구성하고 있는 이 몸을 살아남게 하는 데 얼마나 유리한 거지? 내가 소비해야 하는 에너지와 시간을 이 오류의 유불리와 비교했을 때 어떤 게 더 기회비용이 큰 거야? 에너지, 시간, 이거 다 돈인데, 내가 굳이 손해 볼 필요 없으면 놔둬야지. 그런데 내가 경험해 보니까 보통은 이거 놔두면 탈 나더라고. 에이, 움직이자. 고치자!"

이렇게 기회비용의 저울질을 통해 해로운 돌연변이의 대부분은 수정되어 자손에게 전달되지 않는 미미한 수준으로 머물게 됩니다. 그런데, 해롭다는 개념은 어떤 환경에서는 의미가 모호해집니다. 인생은 기회비용의 연속이거든요. 어떤 면에서 손해 본다는 것은 다른 면에서 이득이 되는 것을 의미합니다. 돌연변이 중 이런 기회비용의 가장 대표적인 사례가 5만 년 전 아프리카 대륙에서 일어났습니다.

인류에 한해서 지구 역사상 가장 무서운 킬러 집단이 모기라는 것은 이 제 너무나 유명해서 모두가 알고 있는 사실입니다. 지난 20여만 년 동안 지구를 살다 간 인류는 1080억 명 정도인데, 그중 절반 정도인 약 520억 명 의 목숨을 모기가 앗아간 것으로 추정된다는 놀라운 통계도 존재합니다. 모기는 연간 72만 명 이상의 인명을 빼앗아 가며 그 아래 순위 동물들의 살 인 건수를 모두 합친 것보다 압도적으로 많은 전적을 자랑합니다. 살인 건 수 2위가 사람이라는 것은 매우 슬픈 일입니다. 이 종의 동족상잔은 연간 47만 건 이상이 고, 뱀이 5만 건, 개가 2만 건 이상으로 현저히 건수가 하락하며 그 뒤를 잇습니다. 물론 모기가 직접 사람을 죽일 리는 없겠죠? 모기가 무서운 이유는 바로 이들이 옮기는 말라리아, 뎅기열, 황열병, 지카열 같은 치명적인 전염병 때문입니 다. 그중 압도적인 치사율을 자랑하는 것은 단연 말라리아입니다.

뾰족하고 가느다란 모기의 침은 사람 머리카락 굵기의 25% 밖에 되지 않습니다. 그런데 모기의 침은 하나가 아니라 정확히는 일곱 개입니다. 모 기의 주둥이에서 문어발처럼 길고 가늘게 뻗어 나온 일곱 개의 침을 상상 해 보세요. 이들은 각자가 맡은 역할이 있는데, 먼저 바깥에서 두 번째에 대칭으로 위치한 위턱은 톱니처럼 날카로워 먹잇감의 피부층을 썰고 들 어갑니다. 그렇게 피부에 구멍이 뚫리면 두툼한 아랫입술이 길을 대어 길 잡이가 돼 주고 대롱같이 속이 빈 윗입술이 그 사이를 뚫고 들어가 혈관을 탐색해 피를 빨아들이죠. 유연하게 휘는 성질을 가진 이 침에는 성능 좋은 촉각 세포가 있어서 신경을 피해 약 50%의 확률로 혈관을 찾아냅니다. 침 을 두 번 꽂으면 그중에 한 번은 성공이라니, 손해 보는 장사는 아니죠? 이 렇게 윗입술이 여러분 손등의 피를 빨아들이는 동안 아래 인두에서는 혈 액응고방지물질과 마취물질, 소화효소 등이 배출되어 헌혈하는 우리는 아무엇도 모른 채 우리 몸을 내어 주게 됩니다.

　일곱 개의 주둥이가 일사불란하게 협력해 모기의 몸을 원래 몸집의 두세 배에 달하는 피로 가득 채우는 사이 모기를 숙주 삼아 기생하던 말라리아원충이 모기의 침샘을 타고 사람의 피하조직으로 숨어듭니다. 그 뒤 사람 몸 속에서 어느 정도 성장한 이 원충은 혈관을 타고 간세포로 이동해 더욱 증식하고 성장하죠. 그렇게 적당히 준비가 되면 적혈구를 파고들어가 칼륨 이온을 배불리 먹고 무럭무럭 자라나 다른 모기가 숙주의 혈액을 섭취할 때 함께 흡입돼 다음 감염체를 찾아갈 여정의 준비를 마칩니다. 이렇게 원충이 성장할 때마다 숙주의 적혈구는 무참히 파괴되고 말죠. 얼핏 들어도 몸에 안 좋은 일이 몸속에서 막 일어나는 분위기죠? 이 기간 동안 발열을 비롯해 수많은 징후가 동반되며 발작이나 혼수상태 같은 치명적인 증상으로 사망에 이르기도 합니다. 이런 식으로 수백억 명의 목숨을 앗아간 모기와 말라리아는 아리스토텔레스의 가르침과 부케팔로스의 헌신에 힘입어 말 그대로 세계 정복의 꿈을 좇았지만 인도 국경 앞에서 말머리를 돌려야만 했던 알렉산드로스 대왕과 그의 군대를 비롯해 2차 세계대전의 참전 영웅들에 이르기까지 수많은 전쟁과 역사의 결정적 순간에 함께 있었죠. 오늘날에도 매년 전 세계 2억 5천만 명이 말라리아에 감염되고 그중 40만~70만 명이 목숨을 잃습니다. 놀라운 것은 이 말라리아의 발병 건수와 사망 건수의 90% 이상이 사하라 이남 아프리카에 집중되어 있다는 사실입니다.

　1억 7천만 년 전인 쥐라기 때부터 계보를 이어온 이 불멸의 괴물과 20만 년간 처절한 생존의 전쟁을 벌여야 했던 인류에게는 뭔가 특단의 조치가 필요해 보였습니다. 특히 죽음의 그림자 대부분을 드리우고 있던 아프리카 대륙에서는 언젠가는 반드시 DNA가 일할 때가 와야 했죠. 종의 전멸을 피하기 위해 아프리카인의 DNA는 염기 서열을 바꾸기로 합니다. 아니, 오류로 일어난 염기 서열의 변화가 이들을 더 많이 살렸고, 그 결과 지금까지 그 유전자가 이어져 내려오게 되었다는 것이 유전학적으로 더 맞는 표현이겠죠. 말라리아로 죽어 가던 수 만 년의 시간을 견뎌 온 이들의 세포에서 지금으로부터 약 5만 년 전 어느 날 복제 오류가 일어납니다. 헤모글로빈의 β-글로빈 단백질의 6번째 아미노산이 Glu글루탐산에서 Val발린으로 바뀌게 된 것이죠. 즉, ACTCCTGAGGAG-TGAGGACTCCTC의 염기쌍 서열이 ACTCCTGTGGAG-TGAGGACACCTC로 바뀐 것입니다. 저 염기 서열 중 단 한 글자만 바뀌었을 뿐인데, 그들의 몸 안에서 놀라운 마법이 벌어졌습니다. 리보솜은 바뀐 정보에 따라 바늘과 같은 긴 형태로 엉겨 붙은 단백질을 생산해 냈고, 그 결과 도넛 모양이던 적혈구의 한쪽 면이 찌그러져 낫 모양으로 바뀌게 되었죠. 이 돌연변이가 바로 겸상, 즉 낫 모양의 적혈구를 생산하는 겸상 적혈구 빈혈증sickle-cell anemia입니다.

이렇게 모양이 바뀐 적혈구는 지라에서 금방 파괴되고 모세혈관을 막아서 혈관 속에 산소가 부족할 때 쉽사리 조직을 손상시킵니다. 결국 이 형질을 물려받은 아프리카인들은 툭하면 픽픽 쓰러지다가 대부분은 혈관이 막혀서 쉰 살도 되기 전에 죽곤 했죠. 하지만 오늘날 이 유전자를 물려받은 사람들에게 일생의 골칫거리인 이 유전병이 5만 년 전 아프리카에서는 남는 장사였어요. 그건 이 병의 동반 증상인 혈관 폐색으로 인해 최대 3시간까지 이어지는 음경의 지속적인 발기 현상 때문이 아니에요! 뭐, 물론 3시간 이상 지속되면 생명에 위협을 줄 수 있는 이 증상이 어느 누군가에겐 목숨보다 소중한 가치를 지닐 수도 있겠다는 생각을 아예 안 하는 건 아니지만, 진짜 중요한 이유는 따로 있었어요. 빈혈증 유전자의 시한부는 쉰 살이었지만, 말라리아에 걸리면 대개 마흔 살 전에 죽는다는 게 국룰이었 거든요. 낮 모양으로 찌그러진 적혈구는 원래였으면 풍부한 칼륨 이온을 머금고 탱글탱글한 도넛 모양을 뽐내며 말라리아원충을 품어 키우던 과거 의 업보에서 벗어날 수 있었습니다. 그 대신 영양만점 별미인 칼륨 이온을 터진 적혈구 밖으로 질질 흘려 내보내서 말라리아원충을 말라죽게 만들 수 있었죠. 살을 내어 주고 뼈를 취하는 이 전략은 고대 아프리카인이 어 쩌면 초기 전립선비대증을 경험할 수 있는 나이까지도 살 수 있게 해 줬을 겁니다. 십 년이나 더 살 수 있다니! 고혈압과 당뇨, 관절염과 암에 걸릴 기 회를 준 고마운 녀석, 겸상 적혈구 빈혈증! 결국 세포는 이들을 십 년 더 살 수 있게 해 주기 위해 돌연변이 수정 작업을 하는 대신 놓았던 것이죠.

그렇게 보편적인 관점에서는 해로운 유전자의 변화가 말라리아가 들끓 던 몇만 년 전 사하라 이남 아프리카에서는 오히려 생존에 유리한 전략이 되었고, 유전자는 이 사실을 기억해 후대에 그 정보를 물려주게 됩니다. 지금도 빙하기의 얼음육교와 대항해 시대의 노예선을 통해 미 대륙으로 뻗어 나간 아프리카계 흑인들 중 0.25% 이상지역과 통계에 따라 최대 12%, 통 계는 조건에 따라 차이가 큰 법입니다. 이 이 질환을 갖고 태어납니다. 특히 아프 리카 대륙은 떡볶이나 족발처럼 '내가 원조입네.' 하고 여기저기 간판에 써 붙일 필요도 없이 이 질환의 발병 빈도가 압도적으로 높은데, 나이지리아, 카메룬, 콩고 공화국, 가봉, 니제르 등의 국가는 인구 중 20~30%가 이 유전 병을 갖고 있습니다.

〈지금은 맞고 그때는 틀리다〉는 영화 제목은 고대 아프리카의 겸상 적 혈구 빈혈증 유전자의 입장을 대변하는 것만 같습니다. 이렇게 유전자의 돌연변이는 기적적인 빈도로 드물게 일어나지만, DNA는 지금은 틀리지만 그때 거기서는 맞았을 유전자의 변화를 잘 간직하고 생존시켜 물려줄 수 있었습니다. 목이 긴 기린도 이런 과정을 통해 어느 순간 나타났고, 그때 그곳의 상황에 맞아떨어지는 생존 전략으로 채택되어 마침내 대표 개체의 특징으로 자리매김할 수 있게 되었죠. 개체의 유전자 돌연변이와 이를 물려받은 형질의 변이를 통한 진화는 이렇게 우열을 따지지 않고 그때그때 상황에 맞춰 일어납니다. 아무런 의도 없이 일어나는 돌연변이는 진화의 방향성을 무작위로 정의해 주지만, 그럼에도 왠지 상황에 맞춰 필요한 변이를 모아 두는 것 아닌가 하는 느낌을 주는 것을 보면, 진화는 임기응변의 대가인 것 같습니다.

• 유성생식

한편, 라자냐에 들어갈 시금치 때문에 엘리베이터를 기다리던 철수는 순수하게 세속적인 기준의 외모로만 평가했을 때 썩 발군에 속하지 않는 아이와 함께 산책길에서 돌아오는 앞집 신혼부부와 마주쳤습니다. 아무 말도 하지 않고 엘리베이터를 기다리기엔 용광로 같은 에어 프라이어 안에서 타들어 가고 있을 라자냐가 걱정되어 견딜 수 없었던아……, 철수 어머니……. 철수의 입에서는 뜬금없이 아이의 외모 칭찬이 튀어나옵니다.

"아이고, 아이가 너무 예쁘네요? 눈은……. 동그랗고 갈색인 게 아빠를 닮았고, 코는……. 적당히 잡힌 형태에 코털도 없이 말끔한 게 엄마를 닮았나? 인중은 움푹 잘 들어갔고 입술은 적당히 분홍빛인 게 저를……. 아니, 엄마 판박이네요! 머리 숱 많은 것 좀 봐. 이건 엄마네! 어쩌면 엄마 아빠 예쁜 것만 쏙 빼서 물려받았어요? 행복하시겠어요."

자, 유성생식의 생존 전략, 끝입니다. 말주변 없고 생각은 더더욱 없는 철수는 그냥 "이 아이는 사람처럼 생겼습니다."라는 말을 길게 늘여서 했을 뿐입니다. 게다가 두어 마디 말을 통해 아이의 아버지에게 탈모의 고민과 '입술은 왜 나보다 저 녀석을 더 닮은 거지?'라는 의문을 심어 주면서 말이죠. 그럼에도 불구하고 이 짧은 망언을 통해 역시 발군의 외모는 아니었던 이 신혼부부는 왠지 모르겠지만 본인 세대보다 조금이라도 더 업그레이드된 아이의 외모에 만족하며 돌아설 수 있었고, 철수는 우리에게 진화론적 관점에서 우리는 왜 섹스를 하는지에 대해 어렴풋이나마 생각할 수 있게 해 주었습니다. 왠지 생각 없이 내뱉는 철수의 발언은 뭔가 유전학적인 교훈을 주는 것만 같아서, 만약 다음에 곱슬머리 세 명과 직모 한 명인

4남매를 모두 데리고 산책을 나온 이 부부와 다시 마주치게 된다면 철수의 입에서 멘델의 유전법칙이 구현될 수도 있을 것 같다는 예감이 드는군요.

원핵생물과 초기 진핵생물은 무성생식을 했습니다. 무성생식은 암수의 구별이 없이 모체의 체세포 일부가 분열되어 새로운 개체가 되는 번식 방법입니다. 여기에는 양치식물, 조류, 균류 등이 사용하는 포자법, 단세포 생물의 주된 번식법인 이분법, 감자나 딸기의 줄기에서 볼 수 있는 출아법 등 다양한 방법이 존재하죠. 무성생식의 가장 큰 이점은 복제와 분열이 빠르고 모체의 유전자를 온전히 새로운 개체에게 물려줄 수 있다는 것입니다. 즉, 빠른 증식이 가능하면서 복제 오류가 거의 없다는 뜻이죠. 그래서 무성생식을 하는 생물은 금세 개체 수를 불릴 수 있죠. 하지만 진화론적 관점에서 이들의 생존 전략은 치명적인 약점을 갖고 있었습니다. 그것은 바로 지구가 살아 있는 땅덩어리라는 것이었죠. 때가 되면 뜨거웠다가 얼어붙고, 바짝 말랐다가 홍수로 넘치고, 바람이 몰아치기도 하고 일 년 내내 습기만 잔뜩 머금고 있거나 화산이 터지기도 하는 지구의 변덕은 동일한 유전자를 물려받아 가지고는 근근이 버텨 내기도 어려웠습니다. 벼랑 끝에 몰리면 그냥 뛰어내리든지 날개를 달든지 해야 합니다. 또다시 선택의 순간에 직면한 지구의 생명체들은 어느 순간 획기적인 해결책을 찾아냈습니다. 유전자를 반반 섞어서 물려주는 것이었죠.

중국 송대의 성리학자 주돈이는 《태극도설》에서 음양과 오행의 조화를 담은 우주론과 인류의 근원을 단 249자로 정리했습니다. 철수가 엘리베이터에서 내뱉은 망발이 따옴표까지 포함해 189자였으니, 주돈이는 엘리베이터가 조금만 더 늦게 도착해 철수의 망발이 한마디 정도 더 이어졌을 만큼의 글자 안에 우주와 인류의 섭리를 표현한 것입니다. 얼마나 심오해 보일까요? 해석은 또 얼마나 다양할 것이고 말이죠. "응, 나는 짧게 써 놓을 테니까 너희들이 알아서 해석해."까지는 아니지만, 주돈이의 서술은 너무나 짧고 간결했습니다. 그 토대 위에서 정립된 성리학은 조선시대에 양반네들과 기득권층의 입맛에 맞게 상당히 왜곡된 채 희한한 허례허식을 신봉하는 유교라는 체제로 변형되었습니다. 남과 여의 경계가 허물어지는 것은 죽음과도 같다는 믿음으로 무장한 유교 드래곤들의 심각한 사상은 오늘날까지 이어져 오고 있는 병든 전통인 것 같기도 해서 가끔 목격할 때마다 심란해지곤 합니다. 정작 주돈이는 그림까지 그려 줘 가면서 무극과 태극이 같으며 음과 양은 조화를 이룬다고 그렇게 알아듣기 쉽게 짧고 간결한 강의를 해 줬는데 말이죠. 주돈이의 《태극도설》은 진화론적 관점에서 음과 양, 즉 암과 수가 분리되어 있으나 조화를 이루어야 한다는 해석을 가능하게 해 줍니다. 유교 드래곤들은 "어디 여자가, 어디 애들이, 어디 조카뻘도 안 되는 것들이" 하고 분노하는 대신, 송나라 학자도 가만히 앉아 들여다볼 수 있었던 진화론적 진실에 조금이라도 관심을 가져 보는 것이 어떨까요?

분자생물학자들과 진화론자들이 고배율 현미경을 들여다보며 우아한 문체로 논문을 쓰고 주돈이가 모든 이치 안의 당연한 하나의 섭리로 묘사하며 고상하게 다루었지만, 암컷과 수컷이 생겨나고 유성생식이 정공법으로 자리매김하는 과정은 지구의 생명체에게는 죽기 아니면 살기를 결정하는 처절한 변신이었습니다. 무성생식의 시대에는 모체의 유전자, 사람으로 예를 들면 46개의 염색체가 통째로 딸세포에게 유전되었습니다. 그런데 변화무쌍한 환경과 생태계에서 살아남기 위해 생명체는 유전적으로 더 다양한 특징, 즉 형질을 자손에게 물려줘야 했죠. 만약 더운 지역에서 버틸 수 있는 유전자로만 살아오던 종이 추운 지역에서 버틸 수 있는 유전자를 가진 개체도 발생시킬 수 있다면, 갑자기 서늘해진 기후 변화를 맞아 종의 생존을 도모할 수 있을 테니까요. 파란색과 녹색만을 볼 수 있는 원뿔 세포를 가진 사슴의 눈을 속여 사냥하기 위해 주황색 털에 검은 줄무늬라는 유전적 다양성을 확보한 채 진화한 호랑이를 보면 다양한 유전자의 확보가 먹고사는 문제에 얼마나 중요한 것인지 확실히 알 수 있죠. 지구상의 생물은 더 잘 먹거나 혹은 덜 먹히기 위해 진화해 왔습니다. 먹는다는 것은 생존을 의미합니다. 우리는 오늘날에도 먹기 위해 살거나 먹는 걸 보기 위해 살거나, 혹은 먹는 걸 방송으로 보여 주고 번 돈으로 또 무엇인가를 먹기 위해 사니까요.

살아남기 위해, 즉 유전자의 다양성을 확보하기 위해, 우리에게는 아빠와 엄마가 생겼습니다. 아빠와 엄마는 자신의 염색체를 반으로 쪼개 23개만을 남겨 둔 채 이 반쪽짜리 염색체를 합쳐서 자식에게 물려줍니다. 자식에게 물려줄 반쪽짜리 염색체를 가진 세포를 생식세포라고 하고 세포의 2회 분열을 통해 염색체를 반으로 만드는 과정을 감수분열이라고 하며 이 반쪽짜리 염색체를 합쳐서 자식의 세포로 융합하는 과정을 수정이라고 합니다. 이렇게 하면 아빠와 엄마의 염색체가 골고루 섞여서 자식에게 전해지니까 후대로 갈수록 더 다양한 유전자를 확보할 수 있겠죠? 당연히 변화하는 환경에 적응하고 생존할 수 있는 확률도 높아지고 말이죠. 단순히 염색체가 반씩 섞인다는 사실만이 유전자의 다양성이 확보되는 유일한 이유는 아닙니다. 유성 생식에서 유전적 다양성이 발생하는 원인은 암수의 무작위 교배 외에도 제1 감수분열 전기, 즉 두 번의 분열 중 첫 분열 초기의 상동 염색체 쌍 교차 현상키아스마 구조 형성, 제1 감수분열 후기 이행 시 상동 염색체 쌍의 분리 과정 등이 있습니다.

DNA 복제와 돌연변이, 그리고 유성생식이 만들어 온 유전자의 다양화와 생존 전략을 강원도 양양에서 각자 열심히 살아가던 데이비드와 티파니의 만남을 통해 살펴볼까요?

데이비드는 강원도 양양에서 붕어빵을 파는 프랑스 유학파 파티쉐입니다. 그가 개발한 양양 막국수 특제 소스를 넣은 붕어빵은 서퍼들에게 빼놓을 수 없는 간식거리가 되었고, 데이비드는 이 사실에 자부심을 느끼며 하루하루 열심히 살아가고 있습니다. 그런데 언제부터인가 변하지 않을 것만 같던 관광객들의 취향이 조금씩 바뀌는 것이 느껴졌어요. 어제까지 붕어빵을 맛있게 잘 먹던 손님들이 가게가 미적 감각이 약간 떨어진다는 둥, 음료는 안 파냐는 둥 불만이 늘어갔죠. 주변에는 데이비드의 성공 소식을 듣고 각지에서 달려든 제빵왕들이 하나둘씩 경쟁 업체를 차렸어요. 환경이 바뀌고 경쟁 구도가 형성된 것이죠. 하루하루 힘겹게 살아가던 데이비드의 옆집에 어느 날 티파니라고 하는 어여쁜 여인이 'Tea 파니?'라는 이름의 커피숍을 차렸습니다. 전남 화순 토박이 바리스타인 그녀는 동네 커피 농가로부터 커피나무 재배와 원두 제조법을 열심히 배워 자신의 미적 감각과 독창적인 제조법을 개발해 고향에서 성공을 거둔 뒤, 자신의 취미인 서핑을 위해 양양에 2호점을 개점한 것이었죠.

데이비드는 티파니를 처음 본 순간 가슴이 두근거렸습니다. 그녀는 여러모로 데이비드에게 생존과 진화, 그리고 유성생식과 유전자의 다양화를 실현하고자 하는 의욕을 심어 줬어요. 데이비드의 끈질긴 구애 끝에 티파

빅희스토리

니는 그의 동업 제안을 수락합니다. 뭐, 다른 걸 생각하셨던 건 아니죠? 저는 지금 비유와 은유를 통해 진화와 생존의 역사를 이야기하고 있는 겁니다. 환경이 바뀌고 경쟁이 심화되었으니, 데이비드와 티파니는 서로의 강점을 융합하기로 한 것이죠.

"이봐요, 티파니. 저의 붕어빵 기술과 당신의 커피 기술을 합치면 요즘 흉흉해진 양양의 환경을 잘 이겨 낼 수 있을 것 같아요. 붕어빵과 커피를 잘 어우러지게 만들어 봅시다. 어제 적어 준 제 붕어빵 비법 소스 레시피는 잘 봤나요?"

"어머, 데이비드. 마침 그 레시피대로 만들어 본 붕어빵이 막 완성됐는데, 한번 먹어 봐요. 제가 실수한 건 없는지 걱정되네요."

"아니, 이것은?"

"왜요? 뭐가 잘못됐나요?"

"맛이 원래 것이랑 다른 것 같은데."

"설마, 그럴 리가 없어요. 이제 막 가게를 합쳤는데, 이대로면 당신의 유일한 장점이던 붕어빵 맛은 이제……. "

"맛있어!"

"아무 소용도 없게 되고, 그러면 난 당신과 동업하는 게 별 의미가……. 뭐라고요?"

"내가 만든 붕어빵보다 맛있……. 잠깐, 뭐라고요? 내 유일한 장점이라니……."

"아니 잠깐, 그게 문제가 아니잖아요. 왜 더 맛있어진 거죠?"

"이런, 레시피를 옮겨 적다가 비법 소스에 들어갈 고추냉이 용량을 1.2g에서 1.5g으로 잘못 적었군요. 이런 오류가 있었는데 붕어빵이 더 맛있어졌다니. 굉장하군요."

"좋았어! 게다가 고추냉이의 알싸함이 제가 화순에서 공수해 온 원두 커피와 너무 잘 어울리는 것 같아요!"

"제가 붕어빵만 팔고 당신이 커피만 팔았을 때보다 더 다양한 맛의 조합이 가능하니까 까다로운 손님들의 취향에 맞출 수도 있고, 주변 업체들과의 경쟁에서 생존할 수 있을 것만 같은 자신감이 마구 생기는군요!"

"까다로운 손님들도 결국 우리를 선택하겠죠? 우리는 살아남아서 가맹점도 많이 낼 수 있을 거예요. 당신의 레시피 오류에 감사해요. 그리고 서로의 강점을 융합해 보자는 제안을 해 준 것도 말이죠. 참, 요즘 트렌드가 SNS라고 하니 감성에 맞게 붕어빵 색깔이나 가게 인테리어, 라테아트도 더 감각적으로 변화를 줘 봐요, 우리. 손님들의 선택은 우리를 살아남고 번영하게 해 줄 겁니다. 생각만 해도 멋져요!"

한 달 뒤.

"김씨, 그거 알아?"

"뭣을?"

"요 앞에 '커피에 빠진 붕어'라고 가게 있었잖어?"

"이름이 뭐 그렇게 그로테스크 하대?"

"뭐, 그것도 이유인 것 같고, 이래저래 시도는 많이 했는데 손님들 취향에 별로 안 맞았나 봐. 문 닫았어."

여러분, 말했듯이 돌연변이의 70%는 개체에 해롭게 작용합니다. 유성생식을 통한 유전자의 다양화는 장기적으로 종의 생존에는 유리하지만, 단일 개체는 우열의 법칙에 따라 열성 인자를 가질 수도 있다는 사실 역시 기억해야 합니다. 멸종과 번영은 환경이 결정한다는 것도 기억해야겠죠? 안타깝지만, 양양에서의 데이비드와 티파니의 야심찬 동업은 장기전으로 가기 전에 곤란한 상황을 겪게 되었습니다. 하지만, 다른 곳에서 또 다른 데이비드와 티파니는 더 나은 레시피의 오류와 더 기발한 메뉴의 조합, 더 처절한 전략과 더 관대한 손님의 영향으로 많은 가맹점을 개점하는 동업자가 될 수 있을 것입니다. 이름도 조금 더 살아남을 가능성이 높은 것으로 바꿔서 말이죠.

이렇게 세포 자체의 돌연변이와 유성생식을 통해 생명체는 다양한 유전자 풀을 확보할 수 있었고, 그렇게 환경과 포식자, 재난을 피해 생존하고 진화한 생명들은 다윈의 생명의 나무를 장식하며 무성하게 잎을 피울 수 있었습니다. 유전자는 계속 이어지고 생명의 나무도 분화해서 하나의 줄기로부터 가지를 뻗은 문, 강, 목, 과, 속, 종의 개별 단위체들은 어느 시대에는 자신들의 유전자를 조용히 전수하며 번영의 시대를 기다렸고 어떤 종은 수억 년의 전성기를 누렸으며 수많은 종이 끝내 멸종했습니다. 그렇게 지구의 역사는 크고 작은 멸종과 번영의 드라마를 통해 다양한 생물을 살리고 죽였으며, DNA와 진화의 조화를 이용해 살아남은 종들이 지금 이 순간에도 계속 살아남기 위해 고군분투하고 있습니다. 지구는 종들의 목숨을 건 드라마가 펼쳐지는 초대형 극장입니다.

6.

멸종과 생존

지구의 배우들

우리 우주는 138억 년 전에 태어났습니다. 빅뱅 이래로 우주는 점점 늘어나는 자신의 공간 안에 초은하단과 은하단, 은하, 각각의 별자리, 태양과 행성들에게 일반적인 물리 법칙 아래 그들만의 드라마를 써 내려갈 수 있도록 시간과 무대를 마련해 주었죠. 지금도 그 무대는 점점 넓어지고 있습니다. 사람 눈의 100억 배 성능을 가진 제임스 웹 망원경과 같은 뛰어난 도구와 천문학, 천체물리학에 힘입어 우리는 우리의 어머니별 태양으로부터 4.2광년이나 떨어진 곳에서 스스로 빛을 내는 가장 가까운 항성인 프록시마 센타우리를 관측할 수 있지만, 그것은 현재도 무대를 확장해 나가는 930억 광년의 지름을 가진 우리 우주의 220억 분의 1에 지나지 않는 거리일 뿐입니다. 물론 제임스 웹 우주망원경은 135억 광년이라는 엄청난 관측거리를 자랑하지만, 그럼에도 불구하고 현재 우리가 우주에 대해서 할 수 있는 것이라곤 보는 게 전부일 뿐입니다. 우주가 내어 준 무한한 무대 중 점 하나에 지나지 않는 공간 안에서 태양과 그 자녀들은 태양계라는 소극장을 건설했으며, 더 작은 점에 지나지 않는 지구라는 무대에서도 마찬가지로 수많은 생명체들이 45억 년 전부터 크고 작은 배역을 맡아 배우의 DNA를 가지고 진화라는 연기를 하며 생존이라는 드라마를 써 나가는 중이죠.

아, 잠시 45억 년 전이라는 시점에 대해 덧붙여야겠군요. 앞서 은생누대를 설명할 때 지구 생명체의 공통조상인 LUCA라는 존재에 대해 이야기했던 것을 기억하시나요? 일반적으로 이 LUCA의 기원 시점이 약 40억 년 전이라고 예측되어 왔습니다. 그런데 이러한 생명의 기원과 진화에 대한 연구는 지질학사와 고생물학사의 오랜 기간 동안 주로 화석 정보에 의존해 왔죠. 그런데 최근에는 제한적인 화석 정보를 보완하고 더 정확도가 높은 결과값을 찾아낼 수 있는 유전 정보를 이용한 연구가 활발히 진행되기 시작했습니다. 그 대표적인 개념 중 하나로 분자 시계라는 것이 있습니다.

분자 시계란, 생체분자에서 일어나는 돌연변이의 발생 빈도를 기반으로 특정 생물 집단이 둘 이상으로 분화되는 시점을 측정하는 기술을 말하는데, 이 측정법은 일반적으로 DNA 또는 RNA의 염기 서열이나 단백질의 아미노산 서열의 차이를 두고 돌연변이의 발생 빈도를 대입하면 그 분화 시점을 알 수 있다는 개념에서 출발합니다. 돌연변이는 긴 시간을 두고 보면 일정한 확률로 나타나기 때문에 이 변이 횟수에 따라 시간을 거슬러 올라가 변이 시점, 나아가 생명의 탄생 시점까지 계산할 수 있다는 결론에 도달하게 되죠. DNA의 상보적 결합 모델을 누구보다도 일찍 발표했지만 '그 결합이 삼중구조'라는 결정적인 이론의 허점으로 낭패를 봤던 라이너스 폴링이 1962년 처음 제시한 이 개념은 1963년 임마누엘 마골리어시Emanuel Margoliash가 유전적 등거리 개념을 추가한 후, 1967년 빈센트 새리치와 앨런 윌슨이 이를 활용해 현생 인류와 침팬지의 분화 시점을 추정함으로써 그 쓰임새가 더 부각되었습니다. 이후 기무라 모토가 선택압이 배제된 순수한 확률적 사건으로도 진화가 진행될 수 있다는 중립 진화 이론을 발표해 그 토대가 완벽하게 마련된 뒤, 수많은 보정과 수정을 거쳐 보다 정교하게 다듬어지게 되죠.

마침내 2018년 영국 브리스틀대학의 홀리 베츠 연구팀이 화석과 유전체 정보를 결합시킨 이 개념을 활용해 논문을 발표하는데, 이를 통해 모든 생명체의 공통조상인 LUCA가 지금까지 알려진 것보다 훨씬 전인 약 45억 년 전에 출현했다고 예측했습니다. 세련된 진보적 측정 기술이 내려 준 결론이니 일정 부분 믿을 수밖에요. 그래서 저는 지구의 배우들이 무대에 선 시점이 45억 년 전이라는 가능성도 배제하지 않는 열린 시각을 갖기로 했습니다.

생명체는 시대의 흐름과 환경의 변화, 그리고 대멸종의 서사시 안에서 번영하기도 하고 변두리를 배회하기도 했으며, 또 어느 순간 새롭게 부상해 지구의 노른자 땅을 차지하며 살아왔습니다. 그들의 번영과 멸망은 스스로 의도한 바가 아니었죠. 그들은 오로지 DNA의 명령에 따라 복제와 변이, 유전과 진화의 길을 밟아왔을 뿐이며, 오직 환경이, 지구라는 공간의 땅과 바다와 대기가 그 순간에, 그리고 그 시대에 누가 주인공이 될 것인지 선택해 주었을 뿐입니다. 진화의 매커니즘 안에서는 어느 생명체도 영원히 번영할 수 없죠. 필멸이라는 결말이 정해져 있지만, 그 누구도 자신의 연기가 그렇게 끝나리라고는 상상도 못했을 것입니다. 대멸종이라는 플롯을 사이에 두고 주연과 조연이 자리를 바꾸기도 하고, 또 제왕처럼 군림하던 슈퍼스타가 한순간에 은퇴의 길로 접어듦과 동시에 수억 년간 무명의 길을 걷던 배우가 일약 명배우의 반열에 오르기도 합니다. 찰리 채플린이 말했죠. 인생은 가까이서 보면 비극이지만 멀리서 보면 희극이라고. 생명체들은 결국에는 자신들이 멸종할 것이란 사실은 꿈에도 모른 채 처절하게 진화하고 기다리고 생존하고 번영하며 우주가 마련해 준 지구라는 무대 위에서 삶과 죽음을 연기하는 배우에 지나지 않을지도 모릅니다. 이번 장에서는 폭풍과도 같았지만 생명의 입장에서는 지루하고 고요하기 그지 없었던 은생누대 이후의 지구라는 무대 위를 살다 간 배우들을 만나 볼 예정입니다. 우리가 서 있는 이 자리에 수백만 년 혹은 수억 년 전에 어떤 배우들의 명연기가 있었는지 살펴볼까요?

• 대멸종

진화와 생존의 드라마를 감상하려면 우리는 각 생물군의 번영과 멸종의 원인이 되는 대멸종이라는 사건을 알아야 합니다. 이 대멸종이야말로 지구 생명체의 빅히스토리에 있어 가장 자연스러운 플롯이기 때문입니다. 지구에는 크고 작은 멸종의 사건들이 20여 건 이상 있었다고 여겨집니다. 그중에서도 주요한 대멸종은 당시 존재하던 종의 반 이상이 멸종된, 흔히 5대 멸종이라고 일컫는 사건들입니다. 과학계는 지구 온난화, 지구 냉각, 소행성이나 운석, 또는 혜성의 충돌, 대규모 화산 폭발, 바다의 용존 산소 고갈, 해저 메탄 유출, 대륙의 위치 변화, 세균 매개 감염병, 대규모 태양 폭발의 영향, 지자기 역전, 지축의 기울기 변화나 요동, 해수면 변화, 공전 궤도 변화밀란코비치 주기 등 대멸종의 원인을 스무 가지도 더 넘게 제시하고 있습니다. 뭐, 그냥 있을 법한 안 좋은 일들은 다 갖다 붙인 수준인 것 같지만, 이것들은 다 신빙성 있는 과학적 시뮬레이션의 결과값입니다. 이 대멸종을 전후해 지구의 주연배우가 순식간에 뒤바뀌게 되었죠. 이 장에서 펼쳐지는 생명의 드라마를 감상하다 보면 이 다섯 가지의 대멸종이 주요 씬scene의 분기점이 될 것입니다.

천체물리학, 지질학, 고생물학, 고기후학, 진화생물학, 지구화학 등 많은 학문들이 아직도 손전등은 고사하고 횃불을 밝혀 들 준비밖에 되어 있지 않은 것이 오늘날 우리가 밝혀낸 우주의 발자취가 보여 주는 한계입니다. 따라서 지금부터 전개될 지구 생명의 드라마는 현재까지 과학자들이 밝혀낸 다양한 시나리오 중 가장 신빙성 있고 논란의 여지가 적은 것들을 위주로 재구성될 터입니다. 시대를 이어 가며 지구의 배우들이 펼치는 처절한 명연기는 다소 시적인 과장과 숭엄한 서사 속에 뒤섞여 전개될 예정입니다. 멸종과 투쟁의 시나리오는 그리 가볍게 다룰 만한 게 아니니까요. 또 어떤 경우는 왠지 다른 책에서 읽어 본 것만 같은 기시감이 들 정도로 이론의 원문을 훼손하지 않으려 노력할 것입니다. 물론 눈치 없이 치고 들어오는 드립까지 막을 재간은 없습니다. 저에게는 독자들로 하여금 그냥 아브라함이 이삭을 낳고 이삭이 야곱을 낳고 야곱은 유다를 낳고 유다는 베레스를 낳고 베레스는 헤스론을 낳고 헤스론은 람을 낳고, 낳고, 또 낳고, 아브라함부터 예수님까지 42대에 이르는 출생 과정을 읊어 주는 마태복음 같은 설명만 읽게 만들 용기가 없거든요. 신실한 그리스도교인들은 지루해도 성경을 덮지 않을 믿음이 있지만, 저는 여러분이 무명 작가의 서사가 조금만 재미가 없어져도 바로 이 책을 덮을 걸 알기 때문이죠.

• 살아남은 자, 번영한 자, 사라진 자

초기 지구의 대부분 기간에 결합력이 큰 산소가 희박했던 탓에 탄소와 수소로 말미암아 서서히 생명에 가까운 유기물이 생겨났고 어느 순간 깨어난 LUCA는 프랑켄슈타인의 피조물영국이 대영 제국(Kingdom of Great Britain) 이던 그 옛날에 태어나 영문학사 상 고딕 장르의 전성기를 이루어 낸 메리 셸리(Mary Shelley)는 세계 최초의 SF 소설로 평가되는 《Frankenstein》을 출판합니다. 이 작품에서 빅터 프랑켄슈타인 박사는 시체 조각을 수집해 꿰매 붙이고 번개를 통해 생명의 에너지를 불어넣어 피조물을 창조해 냅니다. 최초 생명 탄생의 원동력과 우리의 생체 가동 매개체가 전기 에너지라는 것을 매우 잘 이해하고 있었던 듯한 그녀의 소설은 오늘날 수많은 영화에서 끊임없이 등장시키는 미친 과학자라는 설정의 효시 격인 프랑켄슈타인 박사를 주인공으로 채택했죠. 그의 손을 거쳐 탄생한 피조물은 자아를 찾아가며 자신의 존재와 자신을 만든 존재에 대한 증오를 키워 나갔고, 계획적이고도 호기롭게 무덤을 파헤치던 프랑켄슈타인 박사는(피조물의 튼튼하고 신선한 육체는 공동묘지의 매장 스케줄을 줄줄이 꿰어 찬 듯한 프랑켄슈타인 박사의 치밀함이 이룬 결과였죠.) 자신이 만든 피조물의 성장과 증오를 지켜보는 과정에서 분노 조절을 잘하며 공포에 몸을 떨죠. 다분히 공상 과학적인 설정과 유럽의 아름다운 대자연을 배경으로 펼쳐지는 이들의 대립, 그리고 실감나게 묘사되는 피조물의 압도적인 존재감은 이 작품을 영문학사에 길이 남을 백미로 끌어올려 주었습니다. 하지만 수많은 미디어의 속 편한 설정으로 인해 메리 셸리의 명작은 그저 관자놀이에 못을 꽂은 채 얼굴이 파랗게 질린 괴물의 이름으로만 기억되었죠. 우리가 프랑켄슈타인으로 잘못 알고 있는 이 친구는 원래 이름도 없는 친구예요. 프랑켄슈타인은 이 친구를 만들어 낸 박사의 이름이고, 이 친구는 소설에서 그저 '피조물(creature)'이라고 불립니다. 어쨌든, 지금 생각해 보니 이 소설이 다루는 피조물의 탄생부터 성장, 자아와 감정의 형성 과정은 마치 LUCA로 탄생해 복잡한 감정과 자아를 지닌 인간으로 진화하는 우리의 역사를 담아낸 것 같습니다. 처럼 생각할 수 있는 존재가 되기까지 지루하고 끈질기게 살아 남고 진화했습니다. 원핵생물이 서로 삼키며 미토콘드리아와 엽록체를 몸 안에 가둔 채 진핵생물로 진화했고, 남세균으로부터 시작된 광합성의 반 대편에서 호흡이라는 새로운 에너지 생성 방식이 태어났죠. 분자 시계의 추가 진자 운동을 할 때마다 DNA의 중립유전자는 돌연변이를 거듭해 왔 고, 그 결과 극초기의 진핵생물인 깃편모충으로부터 진화한 해파리와 같 은 흐물흐물하고 단순한 형태의 동물과 혹스 유전자를 통해 찌그러지지 않고 매끈한 데칼코마니 형태를 갖춘, 머리와 꼬리, 입과 항문, 내장기관까 지 잘 형성된 이카리아 와리우티아와 같은 좌우대칭동물이 선캄브리아기 말의 지구를 지배하며 오스트레일리아의 에디아카라에 자신의 발자국을 새겼습니다. 그렇게 에디아카라기는 초기 동식물을 길러냈고, 캄브리아기 를 이어받은 생물들의 등장과 함께 빠르게 사라져 갔습니다. 서른다섯 가 지에 육박하는 다양한 생물 문'종'이 아니라 '문'이라는 사실은 다시 생각해도 소름 이 돋는 규모입니다. 이 폭발적인 수준으로 갑작스럽게 지층의 공동묘지 안에 자신들의 흔적을 새겨 넣기 시작했던 캄브리아기 대규모 군단의 선봉에는 삼엽충이 있었습니다.

• 캄브리아기, 5억 4천 1백만 년 전, 72cm

삼엽충의 흔적은 캄브리아기 초부터 페름기 말까지 전 지구에 걸쳐 꾸준히 발견됩니다. 짧게 쓴 이 말은 그저 그렇게 들릴 수도 있는데, 다시 말하면 삼엽충은 영국과 모로코에서 지구를 빙 돌아 한반도에서도 발견될 만큼 규모 면에서 실질적으로 지구의 바다를 지배해 왔으며, 화석으로 존재하는 삼엽충만 해도 탄생에서 멸종에 이르기까지 3억 년 이상의 계보를 지니고 있습니다. 인류를 구분 짓는 분류법은 오늘날에도 그 기준이 다소 다양한 것은 사실이나, 호모 사피엔스를 포함하는 사람속의 역사까지 범위를 확장해 봐도 그 생존의 기간이 250만 년에 지나지 않으니, 삼엽충의 생존 기간은 실로 역대 최장에 속한다 할 수 있습니다.

그런데, 이런 비교를 하면서 삼엽충과 사람속으로 그 대상을 정하는 것역시 그리 바람직하다고 할 수는 없어요. 왜냐하면 삼엽충은 '세 개의 엽葉으로 이루어진 생물군'이 속한 '강'의 단위를 통칭하는 분류이기 때문입니다. 호모 사피엔스 입장에서는 포유강까지 거슬러 올라가는 단위라고 할 수 있죠. 하지만 누군가 당신에게 "고향이 어디십니까?"라고 질문했을 때, "저는 예산 출신인데 지금은 서울에 삽니다."라는 대답이 "저는 충남 출신인데 지금은 묵동 삽니다."라는 말보다 더 자연스럽게 받아들여지는 것처럼, 지질시대의 이정표에서 삼엽충은 인류와 비슷하게 이해되는 단위가됩니다. 삼엽충강은 총 10개의 하위 목으로 나뉘고 그 아래로 죽 늘어선 종만 해도 3억여 년간 17,000~20,000종에 달하는 거대한 생물 집단으로 생존했지만, 사실상 오늘날 절지동물에 속하는 협각류나 대악류로 이어지는 족보와 연결되지 못한 채 멸종하고 말았습니다.

만약 오늘날 강이나 바다에서 이 삼엽충을 발견한다면, 우리는 그 생김새와 크기에 선뜻 가까이 다가가지 못할 겁니다. 만약 용기를 내어 줄자를 가지고 가장 큰 친구의 몸길이를 재 볼 수 있다면, 줄자의 눈금은 거의 1m를 가리킬 거예요. 물론 1mm짜리 꼬마 종들도 있었지만, 우리는 생각지도 못한 큰 크기에 더 관심을 두잖아요? 네, 그래서 오바 좀 해 봤습니다. 정확히는 현재 발견된 가장 큰 삼엽충 화석의 몸길이는 72cm에요. 그래도 놀랍긴 하죠. 눈앞에서 바퀴벌레랑 비슷하게 생겼는데 다리도 더 많고 눈도 더 복잡하고 커 보이는, 내 배꼽 위까지 키가 닿는 갑각류가 헤엄쳐 다닌다고 생각해 보세요.

게다가 어떤 녀석은 쥐며느리처럼 몸을 둥글게 말아 넣을 수 있었는데, 고생대 초기에는 아직 오늘날의 곤충처럼 피부에 단단하고 매끈한 큐티클층을 형성할 수 있는 환경이 조성되지 않았던지라 이때 번성한 녀석들은 그 둥글게 말린 몸의 각 마디가 거칠게 꿈틀거리는 게 선명하게 보였을 수도 있습니다. 어떤 녀석은 방해석으로 이루어진 수정체를 수천 개씩 갖고 있기도 했는데, 시각적으로 표현하자면 유리처럼 반투명하게 빛나는 눈동자가 수천 개씩 달린 유치원생 정도 되는 크기의 무엇인가가 당신을 관찰하며 수십 개의 다리를 꿈틀거리며 기어 다니고 있는 거죠. 우리에겐 소름 끼칠 수 있는 외형이었고 그 종류도 수도 엄청나게 많았지만, 고생대 바다에서 이 녀석들은 10m 몸길이의 누군가에게는 발견되기에 충분히 크고 입에 넣기에 딱 알맞은 먹잇감일 뿐이었죠.

• 오르도비스기, 4억 8천 8백만 년 전, 고깔콘

이번에는 오바 안 하고 10m 몸길이의 포식자가 등장합니다. 《대멸종 연대기》의 저자 피터 브레넌의 묘사에 따르면 '버스만 한 크기의 아이스크림에 처박힌 문어'처럼 보이는 카메로케라스_Cameroceras_camero는 '방'을, cera는 '뿔'을 뜻하므로 '방이 있는 뿔'이라는 뜻.는 삼엽충만큼 오래된 캄브리아기에 등장한 두족류 조상으로부터 진화해 곧게 뻗은 거대한 원뿔 모양의 껍데기를 쓴 연체동물이었습니다. 한국인 입장에서 더 정확한 묘사를 전달하고픈 욕구를 표현해 보자면, 브레넌에게 "어이, 피터! 혹시 한국 과자 중에 '고깔콘'이라는 걸 먹어 본 적 있는가, 자네? 만약 먹어 본 적 있다면, 카메로케라스는 버스만 한 크기의 고깔콘에 처박힌 문어 같다는 말에 동의할 거야."라고 얘기해 주고 싶군요.

패각의 길이가 6~10m에 달하는 거대한 이 녀석은 같은 오소콘 Orthocone_곧은 원뿔 모양의 패각을 가진 두족류를 통칭하는 말. orthos는 '직선'을, cone은 '원뿔'을 뜻하므로 '직선의 원뿔'이라는 뜻을 지니며, 이에 따라 '직각석'이라는 분류명으로 부르기도 합니다. 정확히는 주류 과학적 학명이 아니라 영국 BBC 다큐멘터리 〈Sea monster〉 시리즈에서 카메로케라스를 'giant orthocone'이라고 묘사하며 사용한 말이 대중적으로 주류가 되어 과학 용어처럼 고착화되었습니다. 이들은 계통 분류학적으로 앵무조개목에 속하지만, 오늘날의 문어나 오징어에 더 가까운 형체를 지니고 있었습니다. 에 속하는 계통의 오르토케라스, 엔도케라스와 함께 300여 종의 혈통으로 분화해 오르도비스기의 바다를 지배한 최상위 포식자였죠. 6m가 넘는 패각의 공간 중 1~2m 남짓의 공간만을 이 녀석의 야들야들하고 쫄깃해 보이는 연한 살이 차지하고 있었는데, 남은 공간은 격막으로 나뉜 작은 방들이 들어서 있었습니다. 각각의 방은 바닷물을 받아들이거나 내보내며 부력을 조절해 몸을 띄우거나 가라앉힐 수 있었고, 패각의 중앙에는 튜브 형태의 관 정확한 명칭은 '누두'입니다. 이 있어서 무한히 순환하는 공짜 액체 연료인 바닷물을 내뿜으며 효율적인 로켓 분사 추진 방식을 활용해 빠르게 움직일 수 있었습니다. 새 부리 같은 주둥이는 오늘날 오징어의 그것과 같았는데, 단순히 몸통의 크기로만 계산해 봐도 오징어보다 12배는 더 큰 이빨을 달고 있었을 거예요. 주먹을 쥔 채로 손끝에서 팔꿈치까지 눈으로 죽 훑어보세요. 부리의 지름이 그 정도였다고 생각하면 됩니다. 이 거대한 부리로 바다에 그득하게 널려 있는 삼엽충을 마구 씹고 자르며 종류별로 맛보고 즐겼겠죠?

하지만 영원한 번영은 진화가 던지는 질문의 정답이 될 수 없는 법입니다. 삼엽충은 버티고 버티다가 페름기에 이르러서야 멸종의 길을 걸었지만, 그 전에 진화를 통해 더 단단한 갑옷을 입고 더 빠르게 움직임으로써 패각이 너무 길고 곧아 빠른 방향 전환에 어려움을 겪곤 하던 이들 오소콘 무리의 핍박으로부터 벗어날 수 있었습니다. 영원할 것만 같던 오소콘의 바다는 실루리아기를 맞이하는 1차 대멸종의 시기에 막을 내립니다.

빅히스토리

• 1차 대멸종, 오르도비스의 끝. 기원전 4억 4,370만 년 전

우리는 '대멸종'이라는 단어를 떠올릴 때, 대개 거대한 공룡이 우주 공간을 뚫고 대기권과 조우해 불기둥처럼 떨어지는 소행성을 바라보며 우왕좌왕하는 모습을 생각합니다. 하지만 우리의 상상력은 수많은 대멸종 중 거의 유일무이할 만큼 드라마틱한 볼거리를 선사했을 법한 백악기 말의 대멸종 단 한 차례에 대한 도서들과 메스컴의 묘사에 지배당했을 뿐입니다. 6,600만 년 전의 이 예외적인 사건을 필두로 한 데본기 후기와 페름기 말의 사건을 제외하면, 대부분의 크고 작은 멸종 사건은 우주를 가로질러 우리 행성에 치명적인 상처를 내는 거대한 돌덩이의 드문 충돌에 전적으로 의존하지 않았습니다. 심지어 백악기 말의 대멸종조차도 운석 충돌 자체만이 지배적인 원인이 되기에는 역부족으로 보였죠. 우리는 많은 현상에 대한 원인을 외부로부터 찾는 경향이 있습니다. 그것이 외부 공간에서 날아온 소행성이든, 업무 전달이 불명확하고 우유부단하며 이기적이고 무능한 상사든 말이죠. 하지만, 드문 경우를 제외하고 문제는 늘 내부에 있어 왔습니다. 그것이 지구 내부의 지각 운동이나 화산 활동, 그 위에 생명의 씨를 뿌리고 광합성과 호흡을 통해 생존하며 지구의 자원을 끊임없이 소비하는 생물이든, 업무 파악에 서툴고 결정할 능력을 갖추지 못한 채 더 가치 있는 일을 할 수 있을 거라는 욕심으로 무장한 과거의 나였든 말이죠.

오르도비스기에도 수많은 유성 충돌은 있었지만, 이 지질시대는 심각한 타격 없이 그 간헐적인 자극을 오히려 생명 다양화의 연료로 활용했을 것이라는 합리적인 추론이 대세입니다. 오르도비스기의 치명적인 문제는 빙하기와 화산 폭발이라는 내부 요인이었습니다. 정확히 말하면, 화산 폭발은 다양한 내부적 1차 원인의 대표주자였고, 그로 인해 촉발한 빙하기가 오르도비스기 생명체들을 죽음의 주형틀 안에 밀어 넣고 비극을 향한 탄소의 드라마를 최종 화석으로 찍어낸 주체였죠. 화산 폭발과 탄소, 그리고 빙하기가 어떻게 4억 4,370만 년 전의 풍요롭던 지구를 생명의 불모지로 만들어 놓았는지 살펴볼까요?

오르도비스기는 지나치게 긴 세월의 대부분을 뜨겁게 휘몰아치다가 잠깐의 폭우와 함께 광합성의 시대를 열고 오존과 산소, 칼슘의 도움으로 지구가 생명의 대폭발을 목격한, 지구 나이의 88.2%를 차지하는 선캄브리아 시대를 이어받은 고생대의 두 번째 기였습니다. 첫 번째인 캄브리아기가 바로 전 시대인 에디아카라기에 이어 지구의 살만해진 환경이 겨우 감당해 낼 만한 다양한 생물군을 끊임없이 뱉어내던 초반의 생식력을 잃고 5,000만 년간 지구 위를 천천히 지루하게 떠다니고 기어 다니자 보다 못한 이 행성은 4억 8,830만 년 전, 마침내 새로운 시대를 열어젖힙니다.

그렇게 극지방에서도 때때로 눈이 녹아내릴 만큼 따뜻한 기후로 전반전을 맞았던 오르도비스기는 높은 해수면을 2,500만 년 이상 유지했고, 첫 4,000만 년을 캄브리아기 초기에 버금가는 생명의 번성기를 누렸습니다. 그중 1,000만 년의 호시절에는 지구 위에 거주하는 종의 수가 그 규모를 세 배로 늘렸죠. 그 다양화가 너무도 방대해서 캄브리아기와 마찬가지로 '대폭발'이라는 명칭을 이어받기 충분해 보였습니다. 심지어 캄브리아기의 'explosion'이라는 명칭에서 듣는 이에게 더 큰 감동을 선사할 목적이 분명해 보이는 'big bang'이라는 명칭으로 업그레이드해서 말이죠. 캄브리아기 생명 대폭발은 과학계 주류 언어인 영어식 표현으로 'Cambrian explosion'이고 오르도비스

빅히스토리

기 대 생물다양화 사건은 'Great Ordovician Biodiversification Event(줄여서 GOBE, 고베네요.)'인데, 과학계는 오르도비스기의 이 사건을 다양성의 대폭발, 즉 'Diversity's Big Bang'이라고 칭하기도 합니다.

거대하게 증식하는 바다의 숲, 즉 생물초가 계속해서 많은 탄소를 바다 밑에 묻어 주었고, 그 이면으로 산소를 바다에 풀어놓았습니다. 증가한 산소는 생물군의 다양화와 직접 연결되곤 하죠. 게다가 초대륙 판노티아가 흩어진 후 판게아로 다시 모이기 전이었던 이 시기의 지구는 크고 작은 섬이 육지로서의 존재감을 보여 주려 고군분투하던 시기였습니다. 연결이 끊긴 대륙들은 갈라파고스나 말레이군도, 호주 대륙의 경우처럼 단절된 환경에서 분화하고 진화하는 다양한 생물군의 출현을 가능하게 해 줬을 것입니다. 삼엽충은 종의 분화를 더욱 가속화시켜 바다의 포식자들에게 보다 다양한 메뉴를 제공해 주었고 카메로케라스 같은 앵무조개아강의 두족류가 바다를 지배했으며, 먹이사슬의 조금 더 아래에서는 바다전갈이나 '이상한 새우'라는 뜻을 지닌 아노말로카리스 같은 녀석들이 "지구에는 절지동물도 있다!"면서 처음으로 모습을 드러냈습니다. 코노돈트 역시 질세라 "여기 척추동물도 있어!"라며 왕관 모양으로 솟아난 척추동물아문 최초의 이빨을 드러내 놓고 자신의 후손인 뱀장어엄밀히 따지면 강의 단위에서 계열이 나뉘므로 뱀장어와는 사돈의 팔촌보다 먼 친척뻘이지만처럼 바다를 헤엄쳐 다녔습니다. 뭐니뭐니 해도 오르도비스기 바다의 주인은 스트로포메니드나 오르티드 같은 완족류들이었습니다. 여전히 지금보다 산소가 부족한 환경에서 이 녀석들은 쫄깃쫄깃한 팔을 껍데기 밖으로 꺼내 바닥을 짚고 몸을 질질 끌면서 고대의 바다를 빈둥빈둥 산책하다가 손만 뻗으면 닿을 도처에 꾸준히 분포하는 플랑크톤을 질겅질겅 씹어 소화시키며 몰려다니던 진정한 히피족이었죠. 플랑크톤은 조개나 복족류에게도 힘을 내어 더 많은 복제본을 번식시킬 수 있도록 균형 잡힌 식사를 제공해 주었습니다. 바다나리로 대표되는 극피동물문도 많이 번성했는데, 오늘날의 불가사리나 성게, 해삼 같은 맛난 해산물 종류도 이때 처음 생겨났어요. 이런 쫄깃쫄깃하고 고마운 시기 같으니!

첫 번째 위기

이러한 영광의 시대는 후반전이 되자 순식간에 차갑게 식어 버렸습니다. 등 따습고 배부르던 요순 시대가 속절없이 지나가고 지구는 기나긴 빙하기의 늪에 잠겨 버렸죠. 갑자기 왜? 대멸종의 흔한 레퍼토리 중 하나인 '온화하던 기후가 갑자기 차갑게 얼어붙는' 이러한 현상은 앞에서 잠깐 언급한 화산 폭발과 탄소, 그리고 빙하기에 대한 이야기를 통해 설명이 됩니다. 지구는 그 깊은 심연에서부터 겉껍데기에 이르기까지 모든 곳이 운동하는 존재입니다. 아마도 지구에서 가장 열정적으로 활동하는 생명체를 꼽으라면 그것은 지구 그 자체라고 하는 게 맞는 표현일 거예요. 끊임없이 에너지를 받아들이고 방출하면서 땅을 부딪히게 하거나 둘로 찢어 놓기도 하며, 내부로부터 끝없이 솟아오르는 열에너지를 불덩이로 뱉어내기도 합니다. 해저나 지표에서 꽤나 자주 분출하는 마그마는 이산화탄소를 공기 중에 상상 못 할 만큼 대규모로 풀어 놓죠. 이산화탄소는 온실가스입니다. 두터운 온실가스는 지구에서 반사되는 태양의 복사열을 가둬서 단 몇 도의 온도를 높이는 것만으로 지구 안의 모든 존재를 숨 막히게 만들 수 있죠.

하지만 우리의 어머니 가이아는 자신을 뜯어먹고 사는 생명체들을 사랑하는 것 같습니다. 단순하지만 확실한 순환 시스템을 통해 대부분의 경우 생명체들이 근근이 버틸 수 있는 환경을 최소한으로 유지시켜 주려 하죠. 이산화탄소와 반응한 비는 살짝 산성이 됩니다. 이 비는 수백만 년 동안 내리며 바위의 같은 부위를 정으로 내리쳐 깎고 갈고 무너뜨려 바다에 수장시키죠. 바위가 익사하며 전리품으로 바다에 자신의 탄소와 칼슘을 골고루 나눠주면, 플랑크톤이나 산호 같은 녀석들이 감사한 마음으로 말 그대로 이 성분을 자신의 몸에 융합시킵니다. 그렇게 생물의 몸에 봉인된 탄소는 이들의 최후와 함께 무덤에 묻히고 굳어져 그대로 바다 속 석회암이 됩니다. 대기로 방출된 탄소가 다시 바다 속 땅에 갇히는 이 순환 시스템을 탄산염-규산염 순환carbonate-silicate cycle이라고 합니다. 이 온실가스가 생각보다 많이 사라지면 지구는 어느 순간 차갑게 식어 버리겠지만, 대부분의 경우 그런 걱정은 기우에 불과합니다. 지구의 어느 곳에서는 지금도 계속해서 조산운동과 화산활동을 통해 이산화탄소가 끊임없이 배출되고 있거든요.

문제는 이런 평형 상태가 '대부분'의 경우 유효하다는 겁니다. 우리는 세상의 모든 일에는 '0'과 '100'의 영역이 존재하지 않는다는 것을 압니다. 희박한 확률로나마 이 시스템이 고장 나 버리는 순간, 지구는 균형을 잃고 온도계의 수은은 추락하고 말겠죠. 지질활동과 지구 온난화, 화산 폭발과 빙하기 간의 줄다리기는 거의 모든 대멸종의 공식입니다. 가이아의 변심일지도 시스템의 고장일지도 모를 이 평형의 파괴로 인해 오르도비스기에도 '첫 번째' 멸종의 순간이 도래합니다. 오르도비스의 대표적인 말썽꾼은 판구조론의 입력값이 북아메리카 동쪽 가장자리에 입력되며 화산열도를 충돌시켜 만든 애팔래치아 산맥이었습니다. 게걸스러운 풍화 작용의 비대한 먹거리가 된 이 산맥은 이산화탄소 평형 시스템을 망쳐 놨습니다.

　방금 제가 오르도비스기에 '첫 번째' 멸종이 도래했다고 이야기했죠? 이는 오르도비스기 대멸종이 5대 대멸종 중 첫 번째 차례임을 뜻하기도 하고, 오르도비스기 대멸종이 한 차례만으로 끝난 것이 아님을 뜻하기도 합니다. 오르도비스기 대멸종은 두 차례에 걸쳐 완성되었습니다. 첫 번째 대멸종은 앞서 이야기한 이산화탄소의 급감과 빙하기의 갑작스러운 환경 변화에 적응하지 못한 생물들의 퇴장이었습니다. 이산화탄소의 급감에는 고장 난 탄산염-규산염 순환 시스템의 몫이 가장 컸겠지만, 이 시기에 이산화탄소를 가장 많이 소비하는 생물군의 양상도 눈여겨봐야 합니다.

　물속에서 광합성으로 자신의 친척뿐만 아니라 자신의 소비자 집단까지 포함시켜 지구의 식구를 불려 나가던 조류들은 오르도비스기를 기점으로 물길의 가장자리에서 습한 기운을 타고 수륙 간 담을 넘기 시작했습니다. 4억 3,000만 년 된 영국의 쿡소니아*cooksonia*는 가장 오래된 육상식물 화석으로 유명하지만, 실제 식물의 흔적인 포자 화석은 아르헨티나의 오르도비스기 지층에서 모습을 드러내 그보다 앞선 4억 7,000만 년이라는 숫자를 보여 주고 있습니다. 처음에는 머리카락처럼 휘날리며 물가에 모습을 드러낸 조류 무리는 습한 바위나 해변의 흙을 점령하며 이끼의 형태로 육상하기 시작했고, 곧 공기 중에 흩뿌려진 햇빛과 이산화탄소까지 먹어 치우면서 탄소를 저장하고 산소를 내뿜어 댔죠. 생명 다양화는 육상에서도 조용히 이루어지고 있었는데, 다른 한편으로 육지에 뿌리내린 식물의 무리는 이산화탄소의 고갈과 지구의 냉각을 적극적으로 돕고 만 것이죠. 지구의 온도가 5도 하락한 결과, 바다가 얼어붙고 빙하가 형성되며 어떤 지역은 해수면이 100m 가까이 낮아지기도 했습니다. 다양한 섬 연안의 얕은 대륙붕을 헤엄치고 기어 다니던 태고의 여유로웠던 생명들은 순식간에 자신들의 터전이 밑바닥을 드러내는 것을 목격하며 질식사했습니다. 먹이가 줄어드니 자연이 정해 준 순서대로 아사하는 포식자도 그 뒤를 따랐겠죠. 큰 덩치의 오소콘들은 100평짜리 호화 주택에서 호의호식하던 황금기의 자화상을 그리워하며 1평짜리 고시원에 강제 감금당하게 되고, 그 안에서는 말 그대로 '아무것도' 할 수 없어서 자손도 낳지 못하고 사라지게 되었습니다.

대멸종에 있어 육상식물이 담당한 결정적 역할이 하나 더 있었습니다. 빠르게 육지를 잠식한 이 녀석들은 생존을 위해 암석을 풍화시켜 무기염류를 얻었죠. 약산성비가 수백만 년 동안 했던 작업을 더 빠르게 효율적으로 도운 것이죠. 닳고 쪼개진 바윗덩어리들은 계속해서 바다로 수장되고, 결국 오르도비스기 말의 바다에 이전보다 60배 많은 인과 7배 많은 칼슘을 제공했죠. 많은 양분은 많은 생명을 잉태합니다. 이례적으로 짧은 기간 안에 녹조가 번성했죠. 이 녹조는 호기성 세균에게 뜯어 먹히며 생명을 이양했고, 호기성 세균은 스트리트 푸드 파이터를 자처하느라 에너지를 쏟는 과정에서 안 그래도 부족한 바다의 산소를 거의 고갈시켜 버립니다. 좁아진 실평수와 말 그대로 숨 막히는 환경을 버틸 수 있는 생명체는 많지 않았습니다. 결국 얼어붙은 지구 안의 좁은 터전에서 숨을 수천 조각으로 나눌 수밖에 없던 환경은 생명을 대규모의 붕괴라는 필연으로 안내했죠.

두 번째 위기

첫 번째 위기를 넘기고 가까스로 살아남은 친구들 앞에도 아직 시련이 남아 있었습니다. 빙하기를 견뎌냈다는 것은 상대적으로 저온의 환경에 적응했다는 뜻인데, 문제는 지구가 망가진 평형 문제를 언제까지고 끌어 안고 있지 않는다는 데 있었죠. 그럭저럭 빙하기를 잘 넘기고 살 만해졌는데, 지구가 망가진 시스템을 복구해 버렸죠. 오랜 기간 지속되는 너무 추운 빙하기를 싫어하는 건 지구가 아니겠죠. 그걸 싫어하는 건 지구를 지배하고 있다고 착각하던 당시의 생물군입니다. 오랜 빙하기 뒤에는 상대적으로 짧고 따뜻한 간빙기라는 휴식 기간이 기필코 주어지는데, 이 달콤한 휴식은 지구를 위한 것도, 그 위에서 연기하는 배우들을 위한 것도 아닙니다. 그냥 자연스러운 화학적 시스템이 어떤 현상도 이익이나 손해라고 생각하지 않는 무덤덤한 지구라는 행성에 적용될 뿐이죠. 이 시스템은 빙하기의 지옥문 앞에서 몸을 떨고 웅크린 배우들을 구제해 주지 않습니다. 오히려 빙하기가 생태계에 기생하는 유기체들을 홍수처럼 싹 쓸어버리고 난 뒤에 휘파람을 불며 작은 빗자루를 들고 느지막하게 저 언덕 뒤편에서 모습을 드러내죠.

자, 이제 빙하기에 적응한 녀석들을 쓸어버릴 차례입니다. 유전자의 자연선택을 통해 얼음으로 가득 찬 행성 위에서 100만 년 동안 추위와 척박함에 적응해 낸 생명체들이 자신이야말로 이 무대 위의 주연이었다며 축배를 들기도 전에 다시금 온난 기후를 가져온 평형추가 그들을 꽝 하고 후려쳤습니다. 녹아내리는 빙하가 운반한 폭발적인 양의 산소가 다시금 30m 높아진 바다를 가득 메우며 겨우 살아남은 적응종들을 쓸어 엎었고, 이 일격을 포함한 두 차례의 재앙이 끝날 때쯤 지구 위를 거닐던 오르도비스기의 생명 중 단 14%의 종만이 겨우 산소호흡기를 붙들고 있었죠.

• 데본기, 4억 190만 년 전,
  솟아오른 척추가 헤엄치는 척추를 죽인 사건

지구 위 생명의 씨를 문자 그대로 열에 아홉은 말려 버린, 생물의 입장에서는 처참한 비극이 휩쓸고 간 이후, 2,500만 년 정도로 짧은(?) 실루리아기라는 고생대 세 번째 분기가 이후 등장하는 데본기의 생명 태동 직전까지 가교 역할로 존재했습니다. 크게 주목할 만한 점이 없어 보이지만, 이 시기는 비참한 대멸종으로 위축된 생물 종들이 환경의 극단적인 두 차례 융단폭격으로 입은 거대한 규모의 종 분절과 절멸의 상처를 치유하고 다시 일어설 수 있는 생명력을 갖게 되는 충전기와도 같은 때였습니다. 앞서 언급했던 쿡소니아의 육상 진출이 비로소 활발히 일어나, 비록 사람 무릎 높이 위로 성장하지는 못했을지언정 육지를 서서히 초록빛으로 물들여갈 준비를 하기 시작했죠. 다지류에 속하는 절지동물들이 소심하게 땅 위에 한 걸음 한 걸음을 내딛으며 그 많은 다리를 질질 끌어 발자국을 남기기 시작하던 때이기도 했죠. 오르도비스기의 트라우마로 크게 위축된 바다나리 같은 극피동물이나 오소콘, 필석류 따위가 근근이 몇 가닥 남지 않은 생명줄을 붙잡고 버텼는데, 이들의 운명은 이 시기를 지나 서로 전혀 다른 결과를 보일 터였습니다. 실루리아기 바다를 활개치던 존재는 오르도비스의 그림자가 비껴간 바다 전갈과 이들로부터 살아남기 위한 DNA의 결정에 따라 오르도비스기부터 꾸준히 전신갑주를 둘러 온 갑주어였습니다. 생존자들 가운데 식물이 자신들의 개척지에 조심스레 부동산을 넓히고 높여갈 서식 면적을 넓힐 뿐 아니라 머지않아 구조를 변경해 높이 솟아오를 준비를 하는 한편, 살아남은 어류가 보다 단단한 지지대를 갖추고 제왕이 될 준비를 하던 이 실루리아기는 짧은 회복기를 끝내고 데본기에게 잠시 맡아 온 권좌를 내어 줍니다.

헤엄치는 척추

데본기 역사를 한마디로 표현하자면 척추를 달고 살아남아 거대해진 어류의 왕국이 된 바다가 육지를 점령한 나무와 숲이 제공한 무한한 수준의 무기염류를 게걸스럽게 과식해 산소가 없는 무덤이 되어 가는 과정이었습니다.

오르도비스기의 비극 이후 바다 전갈과 갑주어가 티격태격하며 소꿉놀이 같은 생존 경쟁을 벌이고 있을 때, 그들의 초라한 전장을 향해 향후 7,000만 년 동안 바다의 왕좌를 움켜쥐고 폭정을 시작할 검은 그림자가 거대하고 단단한 아가리를 위아래로 크게 벌린 채 덮쳐 왔습니다. 둔클레오스테우스*Dunkleosteus*로 대표되는 판피어강의 등장입니다. 클리블랜드 자연사박물관의 데이비드 덩클David Dunkle은 오하이오주가 교통의 젖줄을 늘리기 위해 클리블랜드 강둑을 긁어내는 동안 그 잔해의 틈바구니에서 수없이 많은 이 판피어의 두개골을 주워 전 세계의 박물관에 뿌려 주었습니다. 덩클의 선행에 학계는 거대하고 효율적인 턱을 장착하고 5억 년 전 바다를 헤엄쳐 다니던 5m 크기의 이 척추동물에게 흔쾌히 그의 이름을 붙여 주었습니다.

나이 드신 어머니들의 불편함을 가중시키는 질환이 몇 가지 있는데, 그중 하나가 골다공증이죠. 골다공증을 유식한 말로 'osteoporosis'라고 하는데, 대부분의 의학용어가 히포크라테스의 모국어로부터 영향을 받았듯이

빅히스토리

이 질환명 역시 '뼈'를 뜻하는 그리스어 'osteon'에서 파생된 접두어 'osteo-'와 '통로'를 뜻하는 그리스어 'poro', '질병'을 뜻하는 그리스어 'osis'를 합친 단어입니다. 막 어려워 보이는데, 그냥 히포크라테스 쪽 동네 말로 '뼈에 구멍이 생기는 병'이라는 뜻이죠. 둔클레오스테우스 역시 모든 학명을 라틴어로 쓰자는 린네 선생님의 무언의 원칙에 맞춰 'Dunkle'과 'osteo'를 합쳐 만든 학명인데, 그 뜻은 '덩클의 뼈'입니다. 이 명칭을 전해들은 데이비드 덩클은 자신의 이름에 큰 의미를 부여했을 것이 분명한데, 지구의 생물사에 있어 더 의미를 갖는 단어는 '뼈'가 아닐까 싶습니다. 둔클레오스테우스는 지구 역사상 최초로 턱뼈과 척추를 장착한 진정한 어류인 판피어강의 대표주자였기 때문입니다. 네, 맞아요. 데본기는 헤엄치는 척추, 즉 현대적 의미의 어류가 번성하기 시작했던 시대입니다. 판피어가 척추를 등에 업고 그 주변에 살을 붙여 몸집을 키우며 앞으로 분기할 모든 동물들의 머나먼 조상으로 자리 잡아 갔죠.

둔클레오스테우스는 온난하고 나름대로 평화로웠던 그때까지의 아기자기한 웅덩이에 그야말로 거대한 파장과 공포심을 일으키기에 효과적인 몸집과 장치를 지니고 있었습니다. 이 거대한 포식자의 턱 관절은 뼈 생성의 초기라는 시점의 한계를 살육과 육식의 본능이 압도했다고 평가할 수밖에 없을 정도로 너무나 정교했죠.

턱을 움직이게 만드는 정교한 메커니즘은 4개의 근육으로 완성됩니다. 둔클레오스테우스의 두개골은 뒤쪽 윗부분이 살짝 패여서 바로 뒤에 위치한 몸통 뼈판과 틈을 두고 있는데, 이 틈을 두툼한 상축근epaxials이 메워 줍니다. 돼지로 치면 항정살과 비슷한 부위라고 할 수 있는 이 근육은 돼지의 것과 달리 비계가 없는 압축근이었죠. 이 근육이 아래턱과 연결된 관골구coracomandibular와 함께 수축하는 순간 20ms0.02초 만에 지옥의 문이 열립니다. 두개골 내림근cranial depressor과 아래턱 내전근adductors mandibular의 수축은 반대 작용을 함으로써 50ms0.05초 만에 이 문을 닫아 버립니다. 본능과 근육의 움직임에 의존해 앞으로 움직이는 이 거수의 경로에 무엇인가 있었다면, 산술적으로 0.07초 만에 잘린 고깃덩이가 되어 그 거대한 입 속에 들어갈 운명이었다는 거죠.

살육에 효과적인 근육들에 매달린 머리뼈와 갑옷은 두께가 5cm에 달해 그 어떤 것과 부딪혀도 절대 파괴되지 않는 난공불락이었음에도 불구하고 이 뚫리지 않을 것만 같은 머리뼈에 둥근 구멍이 선명하게 드러난 화석이 발견되기도 합니다. 그 구멍의 원흉은 다름 아닌 더 큰 둔클레오스테우스 개체의 두개골과 턱뼈에 이빨처럼 자라난, 에나멜과 법랑질, 상아질로 구성된 뾰족한 부리입니다. 무엇도 뚫지 못하는 방패와 무엇이든 뚫어 버리는 창을 사람의 상반신보다 큰 뱃머리에 매달고, 튼튼한 척추 주위로 오늘날의 분석에 따르면 상어와 같은 유선형 몸통을 두른 채 순식간에 달려들어 눈 깜짝할 새 유기체를 무생물로 분쇄해 버리는 이 기계 같은 동물에게 데본기의 바다는 살육의 놀이터에 불과했을 겁니다.

맛있고 큰 고사리

둔클레오스테우스가 주름잡던 바다를 등지고 뭍으로 눈길을 돌리면, 실루리아기에 겨우 상륙하며 번식의 임시방편으로 포자를 뿌려대던, 이를테면 이끼나 균류의 힘없는 줄기였던 것이 변화의 준비를 마치고 마침내 육지에 '뿌리'를 내리고 '씨'를 뿌리게 됩니다. 해마다 우리는 정월대보름이 되면 그 해의 더위를 쫓아내고 풍요를 기원하는 풍습이라는 그럴싸한 핑계로 견고한 논리적 방패를 마련한 뒤, 평소에 늘상 가지고 있던 '외국인들은 한국을 떠올릴 때 늘 1순위로 떠올린다는 그 음식, 하지만 정작 한국인은 구색을 갖추어 먹고 싶다는 로망만을 해마 안의 아련한 기억으로 갖고 사는 그 음식'을 오늘은 꼭 먹고야 말겠다는 일념 하에 맛있게 손질된 고사리를 오색나물들과 함께 고추장과 들기름을 들이부은 양푼에 넣고 비벼 먹습니다. 데본기의 나이가 성장기를 지나고 꺾이던 무렵에도 이 맛있는 고사리가 대륙을 뒤덮고 있었어요. 정확히는 고사리 같은 잎과 침엽수의 기둥 줄기를 가진 튼튼한 나무였죠. 그런데, 가만 보면 고사리랑 생김새가 비슷한데 지금 제 양푼에 들어가 있는 녀석보다 조금 커 보이네요. 우리가 데본기에 살았다면, 그래서 정월대보름의 비빔밥에 대한 야심 찬 로망을 오늘날처럼 똑같이 실행에 옮길 기회가 되었다면, 우리에게 필요한 건 무엇이었을지 생각해 봅시다.

우선 이 녀석을 먹으려면 땅에서 뽑아내야겠죠? 그런데 가만 보니 이제는 뿌리가 꽤 견고하게 땅을 움켜쥐고 있군요. 그럼 자르는 수밖에 없겠네요. 이 녀석은 크기가 요즘 친구들보다 조금 많이 커서 자르려면 이 녀석의 반지름 정도 길이인 1m가 조금 넘는 톱이 필요해 보이는군요. 톱질을 할 때마다 굵직한 관다발에서 물이 튀어나옵니다. 신선하군요! 또 하나 해결해야 할 일이 있는데, 이때의 고사리는 오늘날의 고사리처럼 가늘고 길쭉해서 힘아리 없던 녀석이 아니었다는 거죠. 지름이 2m인데 높이가 20m 정도로, 절대 높이가 높긴 했지만 가늘고 길쭉했다기보다는 크고 단단한 모습이었어요. 그러니까, 적당한 크기로 자르려면 전기톱으로 밑동만 자르면 안 되죠. 도끼로 장작 패듯이 이 요리 재료를 손질해야 합니다. 도끼

날도 폭이 1m 이상은 되어야 직경을 기준으로 최소 여덟 조각은 팰 수 있겠죠? 자, 도끼질이 끝났으면 이제 이 녀석을 넣고 비빌 양푼이 필요하겠습니다. 양푼도 지금 것보다는 조금 더 커야 되겠네요. 지름 9m 정도면 적당해 보입니다.

자, 이제 고사리를 듬뿍 넣고 함께 비빌 맛있는 탄수화물, 밥이 등장할 차례군요. 밥도 구색을 맞추려면 조금은 더 커야 할 것 같습니다. 쌀의 길이는 15cm 정도는 돼야 고사리와 함께 씹을 때 만족할 만한 식감을 느낄 수 있을 것 같아요. 이제 재료가 담겼으니 고추장과 들기름으로 매콤함과 고소함을 더해 줘야겠죠? 고추장은 요즘 쓰는 숟가락으로 퍼서 넣어 줘도 돼요. 한 서른 술 정도 듬뿍 떠 줘야 하지만 말이죠. 거기에 들기름을 2리터 정도 부어 주면 적당한 고소함도 더해지겠어요.

자, 이제 쓱싹쓱싹 비벼 주면 고사리가 듬뿍 들어간 나물비빔밥 완성! 이제 이 맛있는 녀석을 입안에 머금고 리얼 한국인의 로망을 음미하는 일만 남았습니다. 아, 우선 이걸 먹으려면 입의 크기를 조금 늘려 갖고 오세요. 최홍만 씨가 어깨 위에 하석진 씨를 올라서게 하고 당신의 벌린 입에 꼿꼿이 서서 "안녕하세요, 최홍만인데요."라고 자기 소개를 하며 오지마킥을 공간 제약 없이 마구 차 댈 수 있을 정도로만 키워 오시면 됩니다.

솟아오른 척추

아르카이옵테리스 Archaeopteris라는 과학적이고 우아한 이름을 가진 데본기의 겉씨식물인 이 고사리는 지구 역사상 최초로 '나무'라고 할 수 있는 20m 높이의 마천루였습니다. 데본기 전기까지 겨우 육지를 듬성듬성 부분 가발처럼 덮은 채 스포츠 삭발머리 같은 초라한 높이를 보이던 육상식물은 이 아르카이옵테리스의 시기가 되었을 때, 풍성한 숱을 몽땅 세워 올린 모히칸 펑크족의 머리칼처럼 하늘을 향해 높이 솟아올랐습니다. 뿌리가 없어 힘없이 쓰러지던 줄기는 굵고 깊은 심근계를 갖추었습니다. 땅속에 생체 드릴을 사정없이 꽂아 넣은 채 리그닌Lignin_관속식물과 조류의 목질부를 구성해 조직을 지지하는 역할을 하는 지용성 페놀고분자의 도움으로 하늘을 향해 죽죽 뻗어 올라 아침내 20m 높이의 상공에서도 경쟁자의 방해 없이 햇빛을 듬뿍 받아 에너지를 챙길 수 있었죠. 또, 이 물리적 폭격의 후원자로 유기산이 나섰습니다. 이 나무가 뿜어내는 유기산은 땅의 영양분을 효율적으로 흡수하면서도 뿌리가 더 수월하게 깊은 땅속이나 바위틈으로 파고들 수 있도록 해 주었죠. 견고한 뿌리가 중심을 잡아 주자 나무는 높이 솟을 수 있었습니다. 단위 면적을 끝없이 넓혀 이산화탄소를 게걸스럽게 빨아들이고 산소를 아낌없이 내뱉는 동안, 뿌리는 암석과 토양을 부수고 다듬어 그 안에 숨어 있는 양분을 끊임없이 강으로 그리고 바다로 던져 주었습니다. 부영양화는 바다 조류의 비대화와 플랑크톤의 산소 과식, 그리고 바다의 죽음으로 연결되는 필연적 고리를 완성시킵니다. 초기에 25%로 시작했던 데본기의 대기 중 산소 함량은 후기에 이르러 13%로 곤두박질쳤고, 이 수치는 고생대를 통틀어 최저의 수준을 기록했습니다. 반 토막 난 산소가 빚어낸 비극적 결말의 장막을 걷어 내면 바다의 질식사가 적나라하게 드러나게 되죠.

그렇게 바다를 목 졸라 죽인 장신의 정화장치아르카이옵테리스 무리가 쉴 새 없이 이산화탄소를 빨아들이자 지구는 다시 차가워졌죠. 결국 육지의 생명이 뿌리내리고 씨를 퍼뜨리자, 바다는 산소를 잃고 얼어붙은 채 죽음을 맞이하게 됩니다. 3억 7,400만 년 전 데본기 말 해양생물의 멸종사건인 켈바제르 사건은 바다의 부영양화와 산소 고갈에 그 책임이 있고, 그로부터 1,500만 년 후의 항엔베크르 사건으로 데본기의 막을 내린 주인공은 이산화탄소의 고갈로 차갑게 얼어붙은 얼음의 행진이었죠. 결국 데본기 생물의 목숨을 앗아간 죽음의 낫은 찬란하게 번성한 육상식물이 들고 있었다는 학설이 최근까지 가장 신빙성 있는 데이터입니다. 그리고 그 죽음의 낫은 동토의 등장과 함께 낫자루를 쥐고 있던 육상식물 자신의 목도 완전히 죽지 않을 정도로만 남기고 뎅강 베어 버립니다. 그야말로 하늘을 향해 높이 솟아오른 척추가 바다를 헤엄치던 척추를 모조리 죽여 버린 이 사건의 증거는 바다 밑으로 차갑게 가라앉아 데본기 지층에 켜켜이 쌓인 채 비밀을 지켜오다가 수억 년이 흐른 뒤 애팔래치아와 일리노이에서 기지개를 켜며 풍요의 땅 미국에 셰일가스라는 또 하나의 축복을 내려 주었습니다.

데본기 동화 1

데본기 바다 역사를 통틀어 마주치는 생명들에게 가장 큰 절망감을 안겨 주었던 괴수와 새로운 기술을 터득하며 하늘 높이 솟아오른 거목이 거론되는 대규모 살상 사건의 한 켠에서 들려오는 아기자기한 생명의 이야기도 빼놓을 수는 없을 것 같습니다. 암모나이트가 그 동화의 주인공 중 하나죠. 암모나이트는 연체동물문 중에서도 두족강에 속하며 두족강의 최고 조상 무리의 하나인 앵무조개 이후에 나타난 국석아강한자로 菊石은 암모나이트를 가리킵니다. 암모나이트강에 속하는 모든 종을 가리킵니다. 앵무조개는 캄브리아기 초기부터 모습을 드러낸 친구들인데, 깊은 바다에 살던

빅희스토리

종은 오늘날까지 바다 속을 헤엄쳐 다니고 있죠. 삼엽충보다 훨씬 오래 산 몇 안 되는 종이에요. 즉, 암모나이트는 앵무조개와 비슷하게 생겼고 앵무조개보다 먼저 멸종했지만, 앵무조개와는 강의 단계부터 갈라져 나오는 먼 후예라고 할 수 있죠. 2cm에서부터 그 100배에 이르는 다양한 크기로 상징되는, 1만여 종에 이르는 방대한 가계도의 화수분은 이 녀석들의 계보를 중생대의 한복판까지 끈질기게 안내해 주었습니다. 하지만 그 종친회의 시작은 데본기였죠. 암모나이트의 패각이 어떻게 생겼는지는 모두 알고 계시죠? 달팽이 껍데기처럼 돌돌 말려 있는 것이 보편적인 형태인데, 종이 많은 만큼 소라형, 원뿔형을 비롯해 불규칙하게 꼬여 있는 형태까지 다양하다고 해요. 종도 많고 개체수도 많고 살아온 세월도 긴 만큼 엄청난 양의 화석이 오래 전부터 발견되어 왔는데, 심지어 그 이름의 어원을 따져 보면 아주 오랜 옛날에도 이 화석은 발에 채이듯 어디서든 발견된 듯하죠.

암모나이트ammonite는 로마 언어로 'ammonis cornua', 즉 '아몬의 뿔'이라는 뜻이 그 유래가 되었습니다. 바로 로마에서도 해변을 산책하다 보면 발에 채일 만큼 흔했음이 분명한 이 조개의 화석을 본 군인 플리니우스가 붙여 준 이름이었어요. 플리니우스는 계급이 조금 높았어요. 기원 후 1세기 로마의 해군 제독이었죠. 그는 능력이 출중하고 공부를 열심히 한 편이라 조선시대 황희 정승만큼 여러 왕을 측근에서 보필하지는 않았지만 무려 6대에 걸친 황제클라우디우스, 네로, 갈바, 오토, 비텔리우스, 베스파시아누스 아래에서 국가의 녹을 먹었습니다. 물론 로마의 황제는 이러면 갈아엎고 저러면 독살하고 이차저차 하면 다른 동네 지지로 쿠데타도 일으키고 하는 바람에 심한 경우에는 석 달을 못 채우고 황제가 바뀌기도 해서 6대라는 말은 큰 의미가 없습니다. 또한 네로 집권 후 새 황제의 서슬 퍼런 폭정에

목이 떨어질까 잠시 백수의 삶을 선택하게 된 그의 자발적 실직 상태는 갈바, 오토, 비텔리우스가 번갈아 가며 잠깐 왕좌에 온기만 없고 일어나야 했던 1년 반 동안도 지속되었죠. 하지만 베스파시아누스 황제와는 실제로 오래 전부터 막역한 사이라 그가 황제에 오르자 제국 함대 사령관의 자리에까지 오르게 되었죠. 중요한 건 이게 아니에요.

플리니우스는 책벌레였던지라 스스로 파먹을 책을 자급자족하는 경지에 오르게 됩니다. 여건이 허락할 때는 수십 권도 넘는 시리즈로 책을 써 댔는데, 베스파시아누스의 제위 시절이 가장 마음 편했던 게 분명합니다. 그가 그때 출판을 시작한 로마제국 버전 백과사전이 37권까지 장편 시리즈로 완성됐거든요. 물론 10권까지 출판된 기원 후 79년 8월, 플리니우스가 베수비오 화산이 폭발할 때 위험에 빠진 인근 해안 도시의 피난민들을 구출하다가 삶을 마감하는 바람에 이 백과사전은 《베르세르크일본 작가 미우라 켄타로의 명작 판타지 만화. 2021년 작가의 사망으로 인해 현재까지 미완성 작품인 상태.》처럼 미완의 작품으로 남을 위기에 처하기도 했지만, 그의 조카 소小플리니우스의 손을 통해 나머지 27권이 완성되며 진정한 로마판《베르세르크미완으로 남을 것 같았던 이 만화는 2022년 작가와 콘티 작업을 하던 파트너인 모리코우지의 검수 아래 연재를 재개했습니다.》가 될 수 있었죠.

이 백과사전이 바로 로마인이 사랑한 명저《박물지Naturalis historia》입니다. 그리고 암모나이트는 바로 이 책에서 플리니우스가 '아몬의 뿔'이라고 명시한 화석이었죠. 아몬Ammon은 고대 이집트 나일강 하류의 테베에서 주로 숭배하던 신인데, 신화에서 '땅, 불, 바람, 물, 마음! 다섯 가지 힘1993년 이후 출생한 친구들은 패스!' 중 바람과 공기를 담당했습니다. 기원 후 로마와 이집트는 정치적으로 많은 사연을 주고받았던지라 로마인들은 이따금

이 아몬 신의 이름을 어원으로 즐겨 찾았죠. 가장 대표적인 염화암모늄은 쥬피터 아몬 신전고대 국가들은 신의 뜻을 점치고 의사를 결정하기 위해 곳곳에 신전을 지어 신탁소로 활용했습니다. 유명한 델포이의 아폴론 신전도 그런 역할을 했는데, 말하자면 고대의 교회나 법원, 서점의 체인점이라고 할 수 있었죠. 쥬피터는 그리스 신화의 제우스를 뜻하는데, 그리스인과 로마인들은 그리스의 최고 신인 제우스와 이집트의 아몬을 동일시했고, 그렇게 신탁 목적으로 '쥬피터 아몬'이라는 이름의 신전이 지어졌습니다. 근처의 광물에 많이 함유되어 있어 'sal ammoniacus', 즉 '아몬의 소금'이라는 이름을 얻었죠. 우리 데본기 동화의 주인공 암모나이트 역시 아몬신의 머리 양쪽에 난, 돌돌 말린 숫양의 뿔처럼 생겼다고 해서 로마인 플리니우스가 '아몬의 뿔'이라는 멋진 이름을 붙여 준 것이었죠. 오소콘과 같은 계통의 두족류였던 암모나이트의 유전자는 아무래도 직선으로 뻗어 방향 전환이 어려웠던 사촌들을 보고 패각을 둥글게 말기로 결정했던 것 같아요. 그래서였을까요, 암모나이트는 사촌들과는 달리 데본기를 훨씬 지나 중생대까지 살아남았습니다. 이 암모나이트와 함께 데본기에 태어난 동물 중 과학 교과서에서 가장 인기 있는 녀석이 하나 더 있는데, 또 다른 동화의 짧은 페이지를 한번 감상해 보실까요?

데본기 동화 2

1938년 12월 22일 오전 10시 30분쯤, 남아프리카 연방 이스트 런던 자연사박물관의 전화 벨이 울렸습니다. 박물관장이자 표본관리사인 마조리 Marjorie가 전화기를 집어 들자 수화기 너머로 약간 격앙된 듯한 목소리가 흘러나왔죠.

"여보세요? '어빈 앤 존슨'사입니다. 오늘도 상어 표본이 꽤 많이 잡혔어요. 구센 선장님이 빨리 가져가시랍니다."

전화를 끊고 마조리는 잠시 망설였습니다. 이제 곧 파충류 화석 전시 시즌인데 물고기 표본이라니! 게다가 크리스마스도 얼마 안 남은 이맘때 비린내 나는 부둣가 바닥을 밟고 싶지 않았죠. 하지만 구센 선장은 친절하고 정 많은 뱃사람이었습니다. 마조리가 표본관리사가 된 뒤 재작년에 넉 달간 어릴 적 고향에서 내려다보던 버드 섬Bird island에서 부모님과 함께 표본 작업을 할 때 만난 그는 마조리와 좋은 인연이 되어 바다로 나갈 때 일부러 그물을 내려서 걸려든 해양생물을 그녀의 박물관으로 보내 줬죠. 그 덕분에 박물관의 표본이 풍성해질 수 있었습니다. 포구로 향하는 차에 오르며 그녀는 나지막이 중얼거렸죠.

"그래, 크리스마스 인사는 해야지."

부두에 도착한 그녀는 선미에 '네린Nerine'이라고 쓰인 어선에 올랐습니다. 역시나 별 기대 없는 그녀의 눈에 그물 속 해초와 뒤엉켜 있는 물고기들은 그저 크리스마스 인사를 하러 온 것이라는 그녀의 생각을 유지하기에 충분했죠. 발걸음을 돌리려는 그녀의 눈에 도자기 장식물처럼 보이는 시퍼런 지느러미가 들어왔습니다. 그녀는 후에 당시의 상황을 이렇게 회상했죠.

"내가 본 중 가장 아름다운 물고기가 나타났습니다. 지금까지 본 적 없는 희미한 하얀 반점들이 있는 엷은 자주색이 감도는 파란색 물고기였죠. 무지개 색깔이 감도는 은색에 파랗고 초록의 광택이 났습니다. 단단한 비늘로 덮여 있었고 네 개의 다리 같은 지느러미와 강아지 꼬리 같은 이상한 지느러미가 달려 있었죠."

1.5m에 이르는 거대한 몸뚱이가 드러나자 그녀는 물었습니다.

"이게 무슨 물고기죠?"

"글쎄, 우리도 처음 봐요. 찰룸나 강Chalumna river 앞바다에서 그물을 올렸는데 그 놈이 글쎄, 구센 선장님을 물었지 뭡니까?"

길지 않은 경력이었지만 박물학자 특유의 짬이 그녀에게 이 물고기를 그냥 이렇게 두면 후회할 것이 분명하다는 강한 경고를 보냈습니다. 조수 에녹과 함께 차에도 싣고 수레에도 싣고 운반해 와서 냉장 보관할 방법도 찾아보고 포르말린으로 적셔도 보던 그녀는 평소 물고기 표본 작업을 도와주던 로즈 대학교의 제임스 스미스James Leonardo Brierley Smith 교수에게 편지를 보냈고, 길고 긴 크리스마스 휴가로 설레어 하던 스미스 교수는 더욱 설렌 가슴을 안고 휴가를 일주일이나 반납한 채 남아공으로 돌아왔습니다. 직장인이라면 모두 알 거예요. 휴가를 일주일 포기한다는 건 정말 큰일입니다. 스미스 교수의 답장을 기다리다가 점점 변질되어 가는 물고기를 보고 걱정된 마조리는 다행히 표본 박제를 결정했고, 돌아온 스미스 교수가 마주한 물고기 표본은 그의 포기한 휴가를 충분히 보상하고도 남을 진가를 보여 주었습니다. 이 물고기를 주제로 1939년 《네이처》에 두 편의 논문을 발표하자, 그는 린네학회로부터 폐어의 발견 이후 가장 중요한 동물학적인 발견을 한 인물로 인정받게 되었거든요.

지느러미가 생기다 만 발처럼 굵고 길쭉한 자루 끝에 달린 이 물고기는 놀랍게도 데본기에 출현한 육기어강의 한 줄기에 속해 있었습니다. 현재 지구상에 단 두 종만이 현존하는 이 물고기는 첫 발견자인 마조리의 이름을 따 'Latimeria'라는 속명을 얻었습니다. 마조리의 성명은 Marjorie Eileen Doris-Latimer였죠. 그리고 육기어강 총기어목 가운데 현존하는 두 종 중

남아프리카에서 네린호에 잡힌 이 물고기에게는 포획된 지역의 강이었던 찰룸나 강의 이름을 따 'Latimeria chalumnae'라는 종명이 붙게 되었죠. 'Latimeria'를 한국인에게 친숙한 속명으로 표현하면 '실러캔스'입니다. 네, 광복 이후 교과서로 생물과 지구과학을 공부한 모든 학생들에게 살아 있는 화석으로 가장 유명한 그 친구, 맞습니다. 실러캔스는 우리가 알고 있는 이 실러캔스속 실러캔스종을 일컫는 말이기도 하지만, 그 계통의 가지를 거슬러 올라가 총기어목Coelacanthiformes, 즉 실러캔스목을 뜻하는 말이기도 합니다. 실러캔스라는 이름도 괜히 지어진 건 아니에요. 모든 학명이 그러하듯 이 이름 역시 라틴어의 전신인 그리스어에서 파생되었는데, 비었다는 뜻의 'koilos'와 가시를 의미하는 'akanthos'를 합친 이 학명은 '속이 빈 등뼈'라는 의미를 지닙니다. 현존하는 두 종 중 1938년 남아프리카에서 네린호에 포획된 서인도양 실러캔스는 현재 1만 마리 정도가 생존해 있다고 추정되며, 1998년 인도네시아 술라웨시 섬에서 발견된 인도네시아 실러캔스는 현재 그 개체가 500마리 정도 밖에 없는 것으로 추정되고 있습니다.

실러캔스는 데본기에 바다의 역사가 어떻게 육지로 이어져 올라왔는지 여실히 보여 주는 표본입니다. 이 육기어류의 몸이 안팎으로 그 역사를 증명하고 있죠. 우선 외관상 물고기는 맞는데, 지느러미가 뭔가 얘기할 게 많아 보입니다. 실러캔스 같은 육기어강은 지느러미가 뼈와 살로 이루어진 뭉툭한 팔다리 끝에 빗자루처럼 달려 있어요. 그래서 물속을 헤엄쳐 다닐 때도 마치 육지의 네 발 달린 동물, 즉 사지동물이 걷는 모습과 비슷하죠. 지금은 물속에서 살지만 언젠가 육지에 산 적이 있었던 것처럼 다니는 거예요. 그리고 실러캔스의 몸 안에는 우리의 것과 같은 폐가 있습니다. 실러캔스나 폐어의 폐는 2013년 중국 윈난성에서 발견된 엔텔로그나투스

*Entelognathus primordialis*의 화석과 연결되면서 어류가 비로소 '자연스럽게' 육상동물이 되는 과정을 볼 수 있는 거의 마지막 퍼즐 조각이 되었습니다.

엔텔로그나투스는 둔클레오스테우스와 같은 판피어강인데, 이 속명은 그리스어로 '완전한 턱'이라는 뜻입니다. 이 속명은 상당히 큰 의미를 가지는데, 그것은 바로 이 녀석이 하나의 골판을 머리에 뒤집어쓴 다른 판피어와 달리 상악골이나 전상악골, 치골 같은 턱뼈가 더 세분화되어 있었기 때문이죠. 이 '완전한 턱'을 발견한 과학자들은 환호성을 질렀어요. 지금까지 뭔가 완벽하게 설명되지 않았던 물고기의 진화 과정이 한 눈에 정리됐기 때문이죠. 이 화석의 발견으로 물고기의 계통 분기는 명확해집니다. 판피어강이 턱을 세분화하며 계통의 한쪽 줄기에서 경골어류를 탄생시켰고, 다른 줄기에서는 두개골과 몸통의 뼈를 없애기로 결정한 연골어류가 나타난 것이죠. 경골어류는 이내 조기어강과 육기어강으로 분기하는데, 이 과정 이전 어느 지점에서 원시 폐가 등장합니다. 원시 폐는 물에서 계속 살기로 결정한 조기어강에서는 부레로, 떠밀리듯 육지로 나들이를 나설 준비를 하던 육기어강에서는 비로소 폐로 진화하게 되었죠.

재미있게도 이런 역사를 살아 있는 몸으로 확인해 준 실러캔스의 폐에는 지방이 잔뜩 끼어 있습니다. 다른 육기어강이 육지로 나가서 뭔가 다른 존재로 변화를 끝마치는 동안, 실러캔스는 무슨 사연이 있어서인지 모르겠지만사실 무슨 사연인지 매우 높은 확률로 추측할 수 있는데, 그 사연은 중생대 쥐라기에 만들어집니다. 다시 바다로 돌아와 자신의 폐를 지방이 잔뜩 긴 채 아무 구실도 하지 않는 흔적기관으로 만들어 버린 것이죠. 지방이 잔뜩 긴 폐와 함께 아미노산의 절묘한 결합으로 구성된 단백질고기의 맛을 결정하는 것은 바로 이 아미노산의 결합 형태입니다.로 인해 실러캔스 고기는 정말 심각하게 맛이 없다고 해요. 어찌나 맛이 없는지 어부들은 실러캔스를 잡으면 얘가 IUCN 세계자연보전연맹 VU취약종_서인도양 실러캔스의 경우이거나 CR절멸위급종_인도네시아 실러캔스의 경우이기 때문이 아니라 정말로 맛이 없고 쓸 데가 없어서 놓아 준다고 합니다. 어쩌면 실러캔스의 유전자가 자신의 몸을 구성하는 아미노산을 그렇게 결합하기로 한 결정이 지금까지 실러캔스가 서인도양과 인도네시아 바다를 유유히 걸어서 헤엄쳐 다닐 수 있게 해 준 이유인지도 모르겠습니다.

육지로

우리는 물고기로부터 진화했습니다. 음……. 정확히는 진화 과정에서 분기 구조상 우리 인간보다 앞선 가지의 포유류보다 앞선 가지의 단궁류보다 앞선 가지의 앞선 가지 정도 되는 곳에 물고기가 있었던 것이라고 하는 게 맞는 표현이겠죠. 실러캔스로 대표되는 육기어류가 육지로 올라오기 위한 준비를 한 이후 맞이하는 역사의 흐름과 흔적들이 그 사실을 말해 주며 또 폐를 포함한 많은 기관들이 이 진화의 과정을 증명해 주고 있죠. 그 기관들 중 하나로 졸음이 달아날 만큼 재미있는 부위를 잠시 언급해 보겠습니다. 바로 고환이에요.

해부학적으로 물고기의 고환은 턱 밑에 위치해 있습니다. 공교롭게도 사람 역시 배아 시절에 아가미와 꼬리를 달고 발생하며 우리가 물고기의 후예라는 것을 공표한 후, 태아 시절에 들어서면 턱 바로 아래에 고환을 달고 우리의 발생학적 역사에 확인 사살을 해 주죠. 턱 밑의 고환은 태어날 때쯤 되면 섭씨 32~34℃라는 건강한 정자의 생성 조건에 부응하기 위해 점점 내려와 위치하게 되고, 마침내 정자를 생산할 수 있는 사춘기가 되면 복강에 쌓여 음낭의 형태로 완전히 내려와 몸 바깥쪽으로 돌출되어 자리 잡게 됩니다. 물리학을 소재로 한 미국 시트콤 〈빅뱅 이론〉의 주인공인 천재 이론물리학자 셸든 쿠퍼짐 파슨스 배우의 어린 시절을 담은 스핀 오프 드라마 〈영 셸든〉에서는 어린 셸든과 그의 쌍둥이 남매 미시가 어머니를 따라간 교회에서 이 발생학적 역사를 되짚어 볼 수 있게 해 주는 귀여운 대사를 주고받습니다.

"너도 악한 생각 해?"

"지금 생각해."

"정말? 무슨 생각인데?"

"집에 가면 네 고환을 차 버릴 거야."

"못 차. 아직 안 내려왔거든."

참고로 셸든의 고환은 열다섯 살 때 내려왔다고 합니다.

어쨌든, 살기 위해 데본기 둔클레오스테우스의 놀이터에서 떠밀리다시피 육지로 발길을 돌릴 수밖에 없었던 우리의 계통적 뿌리인 육기어강은 새로운 환경에서 살아남기 위해 많은 준비를 해야 했습니다. 마치 우리가 바다에 몸을 던지기 전에 산소통을 등에 메고 롱핀long fin 오리발을 신고 물안경을 쓴다든가, 우주에 나갈 때 온 몸을 빈틈없이 우주복으로 둘러싸는 것처럼 말이죠. 이를테면 육기어강의 산소통은 폐였고 롱핀은 다리처럼 힘을 갖춘 지느러미였으며, 더 먼 훗날 땅에서 보내는 시간이 더 많아지는 양서류의 우주복은 물고기보다 수분을 많이 유지하게 해 줄 피부였습니다. 실러캔스는 지금으로부터 3억 6,000만 년 전 등장했지만, 사실 그보다 먼저 육지로 나올 준비를 한 육기어강은 3억 8,500만 년 전 큰 폐와 억

센 가슴지느러미를 몸에 품고 라트비아의 얕은 물 밑을 몸부림치며 기어 다니던 판데리크티스*Panderichthys*_판데르의 물고기'라는 뜻으로 생물학자 하인리 히 판데르의 이름을 땀.와 에나멜질 치아와 비강을 갖추고 육지로 나갈 준비를 하던 사지형 어류의 대표주자 에우스테놉테론*Eusthenopteron*이었죠. 이들 은 1,000만 년이라는 긴 세월 동안 매정한 어머니 세대인 둔클레오스테우 스에게는 살육의 희생양에 지나지 않았고, 생존을 위해 얕은 물가로 지느 러미를 매단 발길을 돌릴 결심을 했습니다. 아주 가끔씩 물 밖으로 고개를 내밀긴 했지만, 아직 배를 질질 끌며 육지로 완전히 나가기에는 시기상조 였죠.

3억 7,500만 년 전, 겨우 뭍과의 경계에서 터를 잡고 몸을 틀지 않고도 고개를 돌려 옛날처럼 자신을 뒤쫓아올 것만 같은 둔클레오스테우스의 망 령이 이제는 거짓임을 확인할 수 있는 목 근육을 갖춘 물고기가 등장했습 니다. 이 녀석의 가슴과 배에 달린 지느러미는 마침내 나뭇잎 모양을 갖추 고 발가락이 될 준비를 끝냈죠. 아주 오랫동안 원시 어류와 원시 양서류를 잇는 미싱링크missing link_잃어버린 고리. 중간단계 화석 중 아직 발견되지 못한 화석 으로, 주로 창조론자들이 진화의 중간 단계를 증명하는 화석을 완벽하게 찾지 못하는 진화 론을 비판할 때 즐겨 쓰는 용어. 하지만 다윈 이후 지질학과 분자생물학의 발전으로 수많 은 중간단계 화석과 시뮬레이션이 진화를 완벽에 가깝게 고증하고 있으므로, 이 책에서는 미싱링크를 발견되기 전의 중간단계 화석이라는 중립적 의미로 사용합니다.로서 위로 몰린 눈과 넓적한 머리통, 거대한 입을 가득 채운 채 둘러 난 자전거 체인 같은 이빨을 지닌 2.5m짜리 3등신의 외모를 수줍게 숨겨오던 이 물고기가 2004년 캐나다 엘스미어 섬의 지층에서 닐 슈빈 박사를 향해 마침내 모습 을 드러내자 생물학계는 일제히 환호성을 질렀습니다. 닐 슈빈 박사는 자신이 오랫동안 찾아 헤맨 이 물고기에게 캐나다 이누이트에스키모인을 일컫는 다른 말. '물고기를 먹는 사람'이라는 뜻.들의 말로 '얕은 물가에 사는 물고기'라는 뜻의 '틱타알릭Tiktaalik'이라는 이름을 붙여 줍니다.

틱타알릭이 준비를 끝내자 육기어강은 마침내 육지에 발이라고 할 수 있는 신체기관을 디디고 올라설 수 있게 됩니다. 양서류amphibian_그리스어로 '양쪽'을 뜻하는 'amphi'와 '생명'을 뜻하는 'bios'의 합성어로 '양쪽에 사는 생물', 즉 물과 육지에서 모두 사는 동물이라는 뜻을 지닙니다. '兩棲類'라는 한자어 역시 양쪽에 서식한다는 뜻을 그대로 반영합니다.로 변신할 준비를 끝마친 것이죠. 지금으로부터 3억 6,500만 년 전, 머리에서는 양서류의 특징이, 그리고 그 아래는 어류의 특징이 보이는 아칸토스테가Acanthostega가 비로소 지느러미를 나뭇잎 모양의 발가락으로 변형시키는 데 성공했고, 이때부터 육기어강의 지느러미들은 이 물고기들을 걷게 만들어 주었습니다. 비록 물개처럼 뚠뚠한 배를 땅바닥에 질질 끌며 이제 겨우 발가락 형태를 갖춘 짧은 다리의 도움을 받아 상륙했지만 말이죠. 지구 최초로 생긴 발가락치고는 개수가 많은 편이었는데, 각각의 지느러미에 여덟 개의 발가락이 달려 있었습니다. 발가락 개수만큼은 역대 최다를 지금껏 놓치지 않은 아칸토스테가였지만, 사지에 달린 서른 두 개의 발가락은 이 친구가 걷는 데 그닥 큰 도움을 주지는 못했습니다. 정작 힘을 써야 할 앞다리와 뒷다리 관절의 방향이 뒤쪽으로 쏠려 있어서 전진 운동의 효율성이 심각하게 저조했거든요. 게다가 아직 가시에서 갈비뼈가 발달하기 전이라 그나마 짧은 앞다리에 의지한 채 땅에 질질 끌던 배가 날카로운 구조물에 걸리기라도 하면 배 속의 내장이 풍선처럼 찢어진 뱃가죽 바깥으로 쏟아져 나오는 걸 막아 줄 수 있는 것은 아무것도 없었죠. 행여나 힘겹게 올라간 언덕에서 삐끗해 구르기라도 하면 골격이 없는 몸 안의 내장은 치명상을 입을 것이 뻔했어요. 육지의 중력은 바다의 것과 차이가 크니까요.

그런 면에서 비록 발가락 개수는 한 개가 줄었지만 그 대신 척추로부터 뻗어 나오는 진화의 중대한 가지인 갈비뼈로 무장한 이크티오스테가*Ichthyostega*는 조금 더 유리한 위치에 있었죠. 거기에 다부진 목 관절과 당시로서는 가장 다리다워 보이는 사지, 효율적인 폐호흡을 가능하게 해줄 허파와 덮개로 보호받는 아가미, 날카롭게 턱에 박힌 70여 개의 이빨을 장착한 이크티오스테가야말로 지구 최초로 육상 생활을 제대로 준비한 동물이라고 할 수 있었습니다. 여전히 다리가 짧아 배를 땅에서 떼고 걸을 수는 없었지만, 이크티오스테가는 중력으로부터 더 안전하게 자신을 보호하고 고기를 씹어 먹을 수 있었죠.

이 즈음 에우스테놉테론은 계통 분기를 통해 족보상 아들 뻘 되는 하이네리아*Hyneria*라는 뭍의 괴물을 생산해 냅니다. 세대를 거치며 두 배로 커진 이 녀석들은 4m에 육박하는 거대한 몸을 이끌고 예외 없이 자신보다 작은 크기의 초기 양서류를 포식하고 다녔죠. 육기어류의 특징인 튼튼한 앞지느러미는 이 거대한 몸을 육지까지 끌어올렸고, 그 결과 하이네리아는 먼저 상륙한 다양한 생물종을 위협했지만, 깊은 물속으로 다시 돌아가는 것은 이제 꿈에도 시도하지 못하게 됩니다. 판피를 머리에 두른 악몽이 도사리고 있는 그곳은 포기한 채, 이 녀석은 데본기 말의 지옥이 열릴 때까지 뭍의 포식자로 살아가는 데 만족했습니다.

둔클레오스테우스로 대표되는 비정한 포식자 무리를 피해 육지로 향한 물고기 떼의 피난 행렬은 데본기의 2,000만 년 사이에 일어났습니다. 그 사이 단순하고 갑갑했던 투구는 여러 조각의 턱뼈가 되었고, 폐와 이빨, 튼튼한 척추, 그리고 목과 다리가 서서히 생겨났죠. 무적의 판피어강이 피를 뿌리며 장악한 바다에서 견고한 위치를 차지한 채 고갈되는 산소와 얼어붙어가는 물살을 끌어안고 멸망의 역사 속으로 추락하는 사이, 죽음과 실패를 묵묵히 견디며 인내의 2,000만 년을 한 발 한 발 내딛어 상륙한 육기어강은 양서류로, 파충류로, 조류로, 그리고 마침내 포유류로 분기하여 변화와 생존의 역사를 스스로 써 내려갈 준비를 합니다. 비록 대멸종의 역사와 맞물리는 바람에 2,000만 년을 끌고 온 끈질긴 변신의 시간이 물거품이 될 위기에 처해 있긴 했지만 말이죠. 데본기 말 육지로의 이주는 이렇게 주로 바다의 냉혹한 포식자 때문이었지만, 모든 일에는 복합적인 원인이 존재합니다. 더구나 지구라는 광활한 무대 위에서 벌어지는 전 지구적 사건의 원인이 하나일 리 만무했죠. 이 이주의 많은 원인 중 하나는 생물 종 다양화가 맞닥뜨린 절벽과 밀접한 관계가 있었습니다.

죄어 오는 땅의 감옥, 데본기의 최후

데본기 말 1,500년에 걸친 절멸은 5대 대멸종 중 그나마 형편이 양호한 축에 속한다고 할 수 있었습니다. 전체 생물종의 76%가 지구에서 자취를 감추게 되었지만, 1억 년쯤 뒤에 불어 닥칠 대재앙은 이 수치를 살짝 우습게 만들어 버릴 것이었죠. 해당 시기 존재했던 종 멸종의 비중 자체로만 본다면 데본기의 것이 가장 낮은 수준이었습니다. 하지만 데본기의 멸종은 멸종 자체보다 더 심각한 문제를 안고 있었습니다. 그것은 바로 종의 분화가 이루어질 수 없었다는 것이죠. 죽어 가는 생물의 빈 자리를 계통의 분화와 다양화를 통해 등장한 새로운 생물이 메꿔 줘야 하는데, 데본기 말에는 공간적 제약으로 인해 그런 기회가 좀처럼 마련되지 못했고 끝내는 생명의 맥이 끊어질 지경까지 가게 됩니다. 바다를 수없이 물들이던 다양한 생물 종을 비롯해 힘들게 상륙한 동식물 모두가 이 위기의 강풍에 나부꼈습니다. 존재하던 생명의 불씨를 꺼뜨린 주인공이 육상식물과 산소, 이산화탄소와 빙하였다면, 새롭게 태어날 생명의 싹을 밟아 버린 주인공은 다름 아닌 초대륙 판게아였습니다.

지각판이 정해 주는 주기윌슨 주기에 따라 데본기 중반까지 사방으로 흩어져 생물종의 색채를 알록달록하게 물들였던 대륙들은 하필 후기에 들어 서서히 서로를 향해 내달리더니 급기야 오래 전부터 덩치를 키워 온 곤드와나와 기타 땅덩어리들 사이의 간격을 좁히며 거대한 물의 협곡만을 남긴 땅의 감옥 안에 생명의 다양성을 가둬 버립니다. 다른 대륙과 바다에 살던 종들이 내륙으로 쏟아져 들어와 다양하게 분기하던 군소 집단을 무대에서 없애 버리곤 했죠. 환경이 달라야 생물들이 각기 다른 상황에서 투쟁하고 진화하고 생존하며 다양한 유전자를 만들어낼 수 있을 텐데, 데본기 후기 즈음 모여들기 시작해 1억 년 뒤에 완전히 하나로 뭉쳐 버릴 때까지, 땅덩어리들의 점진적인 회합은 안 그래도 말라 버려 몇 줄기 남지 않은 생명의 나무를 곁가지까지 쳐낼 기세였죠.

우리는 오늘날 황소개구리, 큰입 배스, 뉴트리아와 옥수수, 콩뿐만 아니라 인류라는 종에 대해서도 민족과 국가라는 개념적 주체의 확대를 위해 국경을 넘어서는 정치적인 이주 정책을 감행하며 침입종의 토착종 제거를 인위적으로 부추기지만, 이는 그나마 다행인 일입니다. 적어도 황소개구리 튀김, 큰입 배스 축출 작전, 최소한의 토착민 구제 방안, 빈번한 이종 교배 등 이기적이고 무자비하게라도 오만한 감시자들이 개입해 억지로 균형을 맞추고 있으니 말이죠. 하지만 데본기 말에는 어설프게나마, 그리고 악의적으로나마 이런 역할을 하는 감독자가 없었습니다. 신이든 압도적인 지배 종이든 간에, 그런 역할자가 내버려둔 데본기 끝자락의 모여들기 시작한 땅으로 쏟아져 들어간 억센 침입종은 종 분화의 가지를 꺾어 버리기에 충분한 힘을 갖고 있었던 듯합니다.

이 무렵 육지로 올라선 물고기는 판게아 형성의 전조에 따라, 앞서 배운 판구조론의 관점에서 표현하자면 서로를 향해 달려드는 대륙들의 수렴 경계에서 바다였던 곳이 만이 되고, 만이었다가 호수가 되면서 서서히 바닥을 드러낼 영역에서 살아남기 위해 발과 폐를 만들었다고 해도 무리가 없을 만큼 열악한 환경에 노출되었습니다. 그렇게 육지에 올라선 후 다양성을 포기한 채 이 죄어들기 시작한 초대륙에 겨우 자리 잡은 거주자들은 바다의 주인들과 마찬가지로 대멸종의 마지막 철퇴를 순순히 받아들이게 되었죠. 단 24%의 생물종만이 이 필멸의 장막 뒤에 펼쳐질, 서서히 얼어갈 땅의 역사석탄기에 잠시나마 지친 몸을 기댈 수 있을 터였습니다. 대멸종의 심각성을 멸종의 규모와 종 분화의 규모 면에서 산술적으로 종합해 결론 내리자면, 데본기 후기야말로 지구의 배우들에게 가장 무채색에 가까운 시기가 아니었을까요? 한동안 3억 5,700만 년 전 무채색 풍경의 주된 원인으로 오해를 사던 태양광과 운석은 그저 이 풍경화 구석에 끄적인 낙서 정도에 불과했겠죠.

• 석탄기, 3억 5,920만 년 전

데본기의 숨 막히는, 그리고 얼어붙어 버린 1,500만 년간의 악몽은 살아 남은 24%의 생물종에게 지울 수 없는 흉터와도 같았겠지만, 그 지옥도에 서 살아남은 생명들은 재건의 시간을 맞이하게 됩니다. 평형추를 맞추려 는 지구의 습관에 도움을 받아 얼음을 벗어 버린 땅 위에는 양치식물과 이 끼, 관다발식물이 어우러져 지난 42억 년 동안 단 한 번도 볼 수 없었던 규 모의 거대한 숲을 이루었고, 데본기 끝자락에 물과 땅의 경계를 배회하며 걸음마를 연습하던 떠돌이들은 이쯤 되자 필요한 만큼만 남기고 발가락을 없앴습니다. 정확히는 발가락 다섯 개 있는 친구들만 살아 남았달까요. 지 구의 대기는 초목이 숨을 내쉬자 산소에게 눈에 띌 만큼 많은 자리를 양보 해 주었고, 죽은 초목 더미를 분해해서 자연으로 이산화탄소를 돌려보내 줄 박테리아가 아직 존재하지 않았던지라 이산화탄소의 지분은 아무도 모 르게 나무에 갇힌 채 서서히 줄어들 준비를 하고 있었습니다. 그렇게 석탄 기Carboniferous period 새벽에는 산소량이 대기의 25~35%2024년 현재 지구 대기 의 산소 함유량은 21%에 육박했습니다. 그 어느 시대보다 거대해진 산소의 존 재감은 어느 육지의 거주자 무리에게도 존재감을 거대하게 키울 수 있는 조건이 되어 주었죠.

벌레들

데본기에 육기어강보다 먼저 육지로 올라온 무리가 있었는데, 바로 절 지동물arthropod입니다. 곤충류를 포함한 절지동물은 오늘날 모든 동물 종의 80% 이상을 차지하며 추산되는 개체수만 인류의 14억 배가 넘을 만큼 성공적으로 번성했지만, 인류 개체는 70억 명, 곤충류는 10^{19}, 즉 1,000경 마리 석탄 기야말로 절지동물의 존재감이 이 땅 위에서 가장 돋보였던 시대였습니다. 거대한 절지동물의 초상화는 유래 없던 산소량과 절지동물의 호흡기관이 만남으로써 완성되었죠.

절지동물은 우리와 다른 방법으로 숨을 쉬어요. 우리는 폐를 통해 빨아들인 산소를 혈액 속의 헤모글로빈을 통해 몸 구석구석 운반함으로써 몸이 필요로 하는 에너지를 전달합니다. 하지만 절지동물의 호흡은 달라요. 이들은 몸에 난 여러 개의 숨구멍spiracle: 기문을 통해 몸이 호흡하고 활용할 산소를 신체에 직접 전달하죠. 그래서 공기 중에 산소가 넉넉하지 않으면, 곤충이 자신의 몸집을 키우는 것은 생존에 유리하지 않습니다. 몸집이 크면 기문을 통해 산소를 직접 전달하는 방식으로는 몸 구석구석이 혜택을 받지 못하거든요. 그래서 공기 중 산소량이 25% 미만인 오늘날의 곤충은 대부분 크기가 그리 크지 않습니다. 그런데, 3억 6,000만 년 전에는 그렇지 않았어요. 산소량이 너무 풍부해서 불씨만 생겨도 폭발할 지경이었던 이 날들에는 벌레들이 몸집을 키우고, 충분히 다른 기관을 만들 수 있었죠.

데본기를 회상하면 둔클레오스테우스가 가장 먼저 떠오르듯이, 아르트로플레우라arthropleura는 아마도 석탄기를 화제 삼아 이야기할 때 가장 먼저 등장할 것입니다. 지구 역사상 가장 큰 육상 절지동물이었던 이 거대한 노래기는 현재까지 발견된 표본상 최대 길이가 2.63m, 몸 너비가 55cm에 달합니다. 사람 중 기록상 가장 키가 큰 개체로버트 워들로_기네스북 등재가 2.72m니까, 그냥 사람 크기의 벌레가 고생대 정글을 우글우글 기어 다니고 있었다고 보면 되겠죠. 아르트로플레우라 역시 속명이 이 녀석을 특징을 말해 주고 있는데, 관절을 뜻하는 'arthro'와 가슴, 늑막을 뜻하는 'pleu-ro'가 합쳐져서 '관절로 된 가슴뼈'를 의미합니다. 연세 드신 부모님들을 힘들게 하는 질환이 관절염인데, 이 질환명이 영어로 'arthritis'예요. 늑막염은? 'Pleuritis'가 되겠죠? 어쨌든, 속명이 말해 주듯 이 녀석은 절지동물답게 수많은 관절 구조로 이루어진 몸통을 갖고 있었어요. 죽으면 몸이 마디마디 끊어져 화석화가 진행되기 때문에 몸 전체가 화석으로 발견되는 경우가 거의 없죠. 하지만 과학자들은 석탄기 지층에 트럭 타이어 자국처럼 구불구불하고 선명하게 나 있는 이 녀석의 발자국과 관절의 크기, 구조적 재구성을 통해 온전한 생김새와 크기를 밝혀낼 수 있었죠. 30여 개 이상의 관절이 다닥다닥 붙어 최대 2m가 넘는 신장을 구성했고, 관절마다 다리가 한 쌍씩 옆으로 뻗어 나와 있었으니, 적어도 30쌍 이상의 다리로 석탄기 나무 사이를 도도도도 기어 다녔겠죠. 만약 석탄기에도 회식 문화가 있었다면, 이 녀석들은 신발을 신느라 단 한 번도 고기 값을 내 본 적이 없었을 거예요. 뭐, 덩치나 생김새랑은 다르게 초식 위주의 식습관을 유지했으니, 이 친구가 고기 값을 안 낸다고 뭐라고 할 상황은 아니었겠지만 말이죠.

아르트로플레우라가 층층이 쌓인 석탄기의 기념비에 최대의 몸집을 아로새겼다면, 지구 최초이자 최대의 신경절을 담은 날개를 보여 준 녀석도 이때 등장했습니다. 이쯤 되면 여러분은 이 녀석의 이름을 대충 추측할 수 있을 겁니다. '신경'을 담은 '큰' 날개. 'Mega', 그리고 'neuro'. 폭이 75cm에 이르는 지구 최초의 날개를 달고 상공을 누비던 이 고대 잠자리의 이름은 바로 메가네우라*Meganeura*_오늘날 잠자리와는 계통이 다른 원잠자리목에 속하는 곤충으로, 엄밀히 말하면 잠자리는 아니고 잠자리의 먼 친척뻘이에요. 입니다. 실제로 신경절이 존재했는지와 무관하게 날개가 하도 커 화석에 선명하게 남은 날

빅희스토리

개 구조가 신경절을 연상케 해서 이런 이름이 붙었지만, 이 녀석의 먼 친척인 오늘날의 잠자리 날개에는 정말로 신경이 분포해 있죠. 절지동물의 날개는 하루아침에 불쑥 등에서 솟아난 게 아니랍니다. 절지동물문 중 물속에 살던 갑각강이 상륙하여 곤충강이 되자 아가미가 있던 다리 관절 부위들이 서로 합쳐져서 가슴벽이 형성되었고, 기존의 아가미가 가슴벽에서 날개로 변형되어 돋아나게 된 것이죠. 이러한 변화는 혹스 유전자Hox gene의 지시에 따라 일어나게 됩니다.

혹스 유전자는 생물의 몸이 마디 별로 올바르게 배열되고 특정 마디에서 필요한 유전자를 발현시키거나 억제함으로써 생물의 기관이 필요에 따라 진화하거나 퇴화하도록 돕는 기능을 합니다. 이 유전자는 모든 동물에 존재하는데, 이 친구의 역할로 곤충이 머리 아래 가슴, 가슴 아래 주로 11개의 마디로 이루어진 배를 갖고 있다든가, 사람이 머리와 몸통 사이를 목으로 연결해 주고 팔다리가 알맞게 몸통 옆과 아래에서 뻗어 나와 있다든가 하는 외형이 정해집니다. 그뿐만 아니라 각 마디별로 더듬이의 유무와 주둥이의 모양, 날개의 개수와 역할 등이 정해지기도 하죠. 아가미에서 출발한 날개 역시 혹스 유전자의 명령으로 이때부터 생겨나기 시작했습니다. 고대에는 가슴 마디마디마다 돋아나 세 쌍이었던 날개가 오늘날 대부분 두 쌍으로 줄어들었고, 때로는 장수풍뎅이처럼 한 쌍은 딱딱한 날개덮개가 되어 한 쌍만 남은 연약한 속날개를 보호하는 기능을 담당하거나 파리처럼 아예 날개 자체를 한 쌍만 남겨 놓기도 했습니다. 또한 자신의 상황에 따라 날개를 접기도 하고 아예 접지 않고 늘 편 상태로 유지하기도 하죠. 잠자리의 경우가 이에 해당하는데, 마치 치타가 다른 대형 고양이들과 달리 언제든지 빨리 속력을 낼 수 있도록 발톱을 육상화 밑창의 스파이크처럼 늘 빼놓고 다니는 것과 같이, 잠자리의 날개는 언제 어디서든 늘 펼쳐진 상태를 유지하죠. 그래서 잠자리는 체구에 비해 지구상에서 가장 빠른 순간비행 속력을 자랑합니다. 또한 네 개의 날개가 미묘하게 따로 움직여 급선회나 정지 비행, 상하 비행이나 수직 비행, 심지어 특정 종실잠자리의 경우 후진 비행까지 할 수 있습니다. 띠⁄리＼리⁄리＼리⁄리＼＼리⁄리 ＼리＼~ 이런 잠자리는 헬리콥터그 디자인과 아이디어는 레오나르도 다 빈치의 스케치에도 존재하지만 기술의 한계로 인해 개발이 어려웠는데, 어려서부터 잠자리처럼 상하좌우로 자유롭게 날고 정지할 수 있는 비행기를 만들겠다는 꿈을 꾸던 이반 시코르스키는 1939년 VS-300 모델을 발명함으로써 최초의 헬리콥터 발명자가 되었습니다. 의 모델이 될 만큼 지구상 가장 정교한 비행 능력을 가지고 있죠. 석탄기의 메가네우라는 오늘날의 잠자리만큼 정교한 비행술을 소유하지는 않았지만, 빠른 활강을 통해 육식주로 다른 절지동물을 하며 천적인 새나 거대 육식 파충류가 없이 산소로 가득한 석탄기의 하늘을 누비고 다녔죠.

이 밖에 70cm 크기의 전갈풀모노스콜피우스: *Pulmonoscorpius*, 50cm 크기의 거미메가라크네: *Megarachne*, 이름 자체는 '거대한 거미'인데, 사실은 바다전갈의 한 종류. 발견 당시 학자들이 화석의 말린 꼬리 부분을 배로 오인해 잘못된 이름을 얻게 되었습니다.도 밖에 돌아다녔죠. 20cm에 육박하는 몸집을 갖고 등장해 수억 년 동안 몸집을 10분의 1로 줄이고 종을 4,000배 가까이 분화시키며, 1회 한 마리만 생산 가능하던 산란관을 일생 동안 만 마리 단위의 생산이 가능한, 살충제로부터 전혀 타격받지 않을 코팅된 알집으로 변형시켜 모기와 함께 인류 최대의 적이 되는 바퀴벌레의 조상님인 바퀴목도 이때 처음 생겨났습니다.

사실 바퀴벌레는 조금 억울한 구석이 있는 녀석들입니다. 지난 3억 5천만 년이 넘는 세월을 악착같이 적응하며 살아남은 이 3,500종 이상의 다양한 녀석들 중 우리가 집 안에서 보면 기겁을 하는 해충은 많아야 20여 종에 불과하거든요. 나머지 친구들은 우리와 영역이 겹치지도 않고 눈에 잘 띄지도 않은 채 자연을 벗 삼아 얌전히 살아가고 있답니다. 집 안에서 발견되는 바퀴벌레는 이질바퀴미국바퀴, 독일바퀴, 집바퀴일본바퀴, 먹바퀴 등 5종 정도가 있는데, 그중 우리나라에서 집 안을 기어 다니는 바퀴벌레를 봤다면 과장 조금 보태서 열에 아홉은 독일바퀴입니다. 다시 말해 우리 집, 앞집, 뒷집, 그리고 양 옆집에서 바퀴가 발견된다면 모두 이 종일 확률이 60% 가까이 될 만큼 집 안에서 가장 흔하게 보입니다. 다행히 이 친구는 더듬이 분절이 눈에 보이거나 다리 가시가 몇 개인지 알 수 있거나 눈을 마주쳤다는 느낌이 들만큼 크지 않아요. 몸길이가 1.5cm 정도라서 눌러 죽여도 손에 뭔가 굵은 것들이 터지는 느낌을 주기에는 부족하죠.

문제는 왕바퀴과에 속하는 이질바퀴미국바퀴, 먹바퀴, 집바퀴일본바퀴입니다. 집에서 자주 볼 수 있는 개체는 아니지만 남부지방에서는 집바퀴가 발견될 수 있고, 제주 지역에는 먹바퀴가 자주 출몰합니다. 왕바퀴과니까, 크겠죠? 보통 집바퀴는 나무를 좋아해서 여러분의 집이 오래된 목조주택이나 숲 속의 오두막이라면 집바퀴를 자주 볼 수 있어요. 몸길이는 보통 3cm 미만입니다. 먹바퀴는 남부 해안지방과 제주도에서 많이 출몰합니다. 몸길이는 평균 3.5cm 정도인데, 위아래로 길쭉하지 않고 옆으로 두툼하게 생겨서 더 크고 튼튼해 보여요. 분명히 나보다 키가 50~60배는 작은데, 마주치면 도망가게 되는 비주얼이죠. 가장 큰 녀석은 이질바퀴미국바퀴입니다. 이름부터 커 보이죠? 북한에서는 조금 다른 이름을 갖고 있어서 이 녀석을 보면, "내래 고조 누워서 가만 보고 있자니 천장에 고리무늬바퀴한 마리가 슥 지나가지 않았갔오? 뭘 그리 잘 처먹고 다니길래 혁명적으로다가 씨알이 굵은지 내래 아주 기겁을 할 뻔했지비. 담에 보면 망설이지 말고 날래날래 때려잡으라우, 동무."라고 말할 거예요.

애는 바퀴 중에 가장 큰데, 큰 개체는 4cm를 넘기도 합니다. 식탐이 넘쳐서 기회가 되면 닥치는 대로 입에 주워 담기 위해, 혹은 더 발효시켜 빨리 먹기 위해 먼저 먹은 것을 토해서 질질 흘리고 다니는데, 이게 이 녀석이 다리에 달고 다니는 살모넬라균과 함께 우리가 먹는 음식에 묻으면 식중독을 유발합니다. 여기저기 먼지도 몰고 다녀서 천식 같은 알러지를 일으키기도 하죠. 상상도 못할 만큼 민첩해서 이 녀석을 사람 크기로 확대시키면 순간속력이 시속 300km를 넘는다고 합니다. 웬만한 살충제에는 내성이 있어서 온몸을 코팅하고 샤워해서 줄줄 흘러내릴 정도로 뿌려도 별 타격을 안 받고, 열 받으면 씹는 입으로 물기도 합니다. 생존력이 강해서 머리가 잘려도 일주일 정도는 살아 있습니다. 그리고 일주일 뒤에 죽는 이유는, 탈수 때문입니다. 입이 없으니까 물을 못 마셔요. 그리고, 해충으로 분류되는 바퀴벌레들은 대개 죽을 때 코팅된 알집을 떨어뜨리고 죽습니다. 그러니까 절대 참수를 한다느니 시속 300km 이상의 속력으로 빠르게 손으로 잡는다느니 하는 어설픈 시도는 금물입니다. 반드시 확실하게 박살내서 죽이고 그 주변을 잘 살펴서 떨어뜨린 알집까지 찾아내어 없애버려야 합니다. 그리고 일단 이렇게 큰 녀석이 한 마리 발견되면, 그 집에는 적어도 70~80마리 정도의 바퀴가 더 거주하고 있을 가능성이 커요. 그러니까 그냥, 세스코를 부르세요!

어떠세요? 나머지 3,500여 종의 결백한 바퀴벌레를 옹호하기 위해 단 몇 종의 해충에 대해서만 간단히 읊어 봤는데, 나머지 애들도 더 혐오스럽게 보이게 되었나요……? 아무튼, 이런 엄청난 녀석이 손바닥 한 뼘 남짓한 몸집을 하고 돌아다니던, 따뜻하고 초록이 우거진, 집 안에서 바라보면 낙원으로 여겨질 것만 같았던 석탄기의 풍경은 이불 밖을 나서면, 적어도 마주치는 이웃들의 외모만 놓고 보면 녹록치 않은 전장이었죠.

물의 경계, 그리고 물 밖의 피부

얼어붙은 땅이 녹아가며 곤충이 영원에 가깝게 행성을 지배할 역사가 막 시작했던 이 무렵, 벌레보다 큰 개체들은 이제 조금씩 저마다의 존재감을 드러내며 생명의 나무에서 가지를 쳐 나가기 시작했습니다. 무적의 판피어들이 사라지자 마음 놓고 몸집을 키워 온, 데본기의 마지막이자 석탄기의 처음을 장식하는 육기어종인 리조두스*Rhizodus*는 '뿌리 이빨'이라는 뜻의 이름에 걸맞게 턱 앞쪽에 깊이 뿌리내린 8인치가 넘는 두 개의 날카로운 송곳니를 드러낸 채 6m가 넘는 두텁고 긴 몸을 강과 늪에 담그고 자신의 서식지를 나눠 쓰던 양서류와 전갈을 찢어 삼켰습니다.

이제는 비로소 탄탄하고 마른 피부를 두르고 육지로 완전히 올라서서 소리를 듣고 사냥을 할 수 있는 파충류로 변신한 녀석들도 있었죠. 바로 '이전의 올챙이'라는 뜻의 프로테로기리누스*Proterogyrinus_*'proter'와 'gyrinus'의 합성이라는 이름을 가진 친구입니다. 화석에서 발견되는 두개골 뒤쪽의 홈으로 보아 고막이 있었던 것으로 추정되는 이 녀석은 양서류에서 파충류로 변신두 강의 특징을 모두 갖고 있어 양서류와 파충류의 중간 화석으로 여겨지며, 이런 특징 때문에 한동안 지금은 멸종한 양서류인 탄룡목으로 분류되기도 했습니다.하는 과정에서 마른 피부, 튼튼한 다리, 청각 기관 등 육상생활에 점점 유리한 조건들로 무장해 석탄기 초기에 육상 생태계 먹이사슬의 꼭대기에 위치했습니다. 이 녀석의 몸길이는 2.5m입니다.

같은 파충류 단계에 있었지만, 육지보다는 물속의 삶을 더 선호했던 폴리데르페톤_*Pholiderpeton*_'각질 비늘', '각린'을 뜻하는 'pholidos'와 '기어 다니는 것'을 뜻하는 'herpeton'의 합성어은 4m에 이르는 큰 몸집으로 물속의 양서류를 잡아먹거나 물가에 접근하는 동물을 악어처럼 끈기 있게 기다렸다가 낚아채 끌고 들어가곤 했습니다.

석탄기의 클라이맥스는 석형류가 장식합니다. 이쯤해서 우리가 동물을 나누는 복잡한 기준에 대해 간단하게나마 정리할 필요가 있겠네요. 우리에게 100글자가 넘는 이름을 지어 줬던 린네 선생님의 분류법은 1700년대에는 작명에 상당히 유용한 도구였습니다. 그래서 그때까지 존재하고 발견된 거의 모든 생물들이 이 린네 선생님의 작명법에 순순히 자신의 몸을 맡겼더랬죠. 그런데, 세월이 점점 흘러서 막 지질학이 발달하고 진화생물학도 더 똑똑해지고 건설업도 발달하면서 땅도 더 깊게 파고 과학자들의 덕질이 최첨단 기계와 기구를 발명해 내고 그래서 옛날 같으면 발견 안 될 것들이 이제 막 계속 발견되고 그래서 계통분류학도 더 복잡해지고…….그러면서 예전의 린네식 작명법 어디에 끼워 맞춰야 될지 애매한 화석들이 계속해서 생겨났죠.

생각해 보세요. 다윈이 얘기한 생명의 나무 어디서 어떻게 분기됐는지 몰랐던 것들이 자꾸만 발견되는 거예요. 린네 선생님은 듣도 보도 못했던 것들이 말이죠. 그래서 린네 선생님은 식물과 동물의 2계만으로 다루던 생물 분류 체계가 헤켈에 이르러 원생생물을 추가해 3계로 나누다가 채튼이 원생생물 중에 세포 하나만 있는 애들을 원핵생물로 두고 나머지 세포 많은 동식물들을 다 모아서 진핵생물로 부르면서 2계로 다시 줄이고, 코플랜드는 또 원핵생물을 모네라Monera라고 이름 바꾼 다음에 나머지 애들을 다시 헤켈 따라서 원생생물, 동물, 식물로 나눠서 4계로 바꾸고, 휘태커는 5계로, 워즈는 6계로 나누고 그 위에 역이라는 단계를 또 만들어서 세균, 고세균, 진핵생물로 크게 묶기도 하고, 캐빌리어스미스는 이걸 또 8계로 나눴다가 5년도 안 돼서 자기 손으로 다시 6계로 줄이고……. 그냥 있던 애들을 "넌 여기 있었는데 그럼 안 돼." 하면서 이리 붙였다가 떼어서 저기 붙였다가, 족보 난도질이 난리도 아니었죠. 지금도 이 분류법의 진화는 계속되고 있습니다. 이렇게 속이나 과, 목이나 강 등의 분류군에서 분류군의 기원과 진화경로를 토대로 계통의 발생과 분류를 다루는 연구 분야를 계통발생학이라고 합니다.

생물학자들이 필요하다고 생각되면 계통발생학에 따라 각 분류 단위 사이에 상上, 하下, 아亞, 거巨, 대大, 뭐 말 되는 건 다 붙여서 나누고 나누다 보니 현재 생물을 아주아주 세부적으로 보면 심한 경우에는 '역'부터 시작해 '아품종'까지 79단계까지 분류할 수 있습니다. 이쯤 되면 인류의 이름을 100자로 지어 준 린네 선생님이 고마워질 지경이죠. 어쨌든, 이렇게 생물의 진화 가지가 복잡하게 얽히고설켜 감에 따라 현재 특정 동식물을 상황이나 목적에 따라 달리 부르기도 합니다. '피부가 각질로 덮여 있어서 물 밖에서도 몸 안의 수분이 밖으로 빠져나가지 않는 동물'을 파충류라고 부르기도 하고 석형류라고 부르기도 하며, 어떤 분류로는 지배파충류에 악어와 새가 함께 묶이기도 하는 것처럼 말이죠. 어떤 의미에서는 이때의 파충류를 이궁류, 단궁류엄밀히는 포유류에 더 가까워요., 석형류 등으로 달리 표현하기도 하는데, 어떤 것은 틀리고 어떤 것은 맞는 것이 아닙니다. 필요에 따라 다른 분류법으로 나누거나 부르는 것이죠. 앞으로도 어떤 필요에 따라 영 새롭게 느껴지는 표현이 있다면, 그때그때 설명해 드릴게요.

어쨌든, 석형류는 사지동물사지상강에서 양서류를 제외하고 파충형류 Reptiliomorpha와 따로 분기한 양막류Amniota_배아 초기 단계에 배아가 양막을 지니는 사지동물. 석탄기에 등장할 당시 이들 모두 육지에서 배아가 생존할 수 있도록 수분을 머금은 양막을 가진 보호 수단, 그러니까, 쉽게 말해 알을 낳았으며, 파충류와 조류, 포유류의 공통 조상입니다.로부터 또 단궁류Synapsid와 갈라져 나오는 분기 모델입니다. 양막류는 육상의 잡식 생활, 즉 사냥을 하기 위해 발톱과 강력한 턱 근육을 발달시켜야 했습니다. 근육이 커지면서 그 크기를 미처 따라가지 못한 두개골을 짓누르게 됐는데, 눈구멍 주변으로 구멍측두창, 또는 관자뼈창이 생기면서 공간을 만들어 두개골이 더 이상 비대해진 턱 근육에 시달리지 않게 되었죠. 이때, 머리뼈에 구멍을 한 개씩 만든 동물은 단궁류, 두 개씩 만든 동물은 이궁류, 아예 만들지 않은 동물은 무궁류가 되었죠. 그러니까 쉽게 말해서 석형류는 단궁류를 뺀 이궁류와 무궁류를 통칭하는 말이라고 할 수 있죠. 무궁류는 후에 거북으로 분기되고 단궁류는 포유류로, 이궁류는 거북을 제외한 모든 파충류, 즉 악어, 뱀, 도마뱀, 공룡과 조류로 분기되었습니다.

하일로노무스Hylonomus_'hylo'는 '숲'이라는 뜻는 최초의 석형류였습니다. 석탄기라는 배경을 감안하면 20cm라는 아담한 크기의 이 녀석은 지금 말레이시아 리조트에서 기어 다녀도 살짝 알록달록한 피부를 가진 도마뱀이라고 생각하며 지나칠 만큼 평범한 도마뱀을 닮았지만, 무궁류의 일종으로 굳이 따지자면 계통상 도마뱀보다 거북과 훨씬 더 가깝습니다. 현존하는 무궁류가 거의 없어 정확히 확인할 방법은 없지만 말이죠. '최초의 석형류'

라는 수식어를 제외하고는 별다른 존재감을 확인할 수 없는 이 녀석과 마찬가지로 석탄기에 나타난 석형류 자체는 오늘날의 파충류보다 생소한 존재였습니다.

자, 그리고 여기 석탄기와 페름기가 만나는 시간에 등에 돛을 단 몇몇 무리가 등장했습니다. 몸길이는 60cm부터 4.5m에 이르기까지 다양했지만, 이들 모두 몸통 옆에서 뻗어 나와 발꿈치부터는 땅을 향해 90도로 꺾이는 튼튼한 다리로 기어 다녔으며 등에는 하나같이 길게 뻗은 신경배돌기들이 연결돼 부채처럼 펼쳐진 피막을 달고 있었죠. 피부는 물 밖 생활에 적응해 각질층으로 덮여 있고 발톱도 날카로워서 전체적으로 도마뱀이나 공룡을 닮은 이 녀석들은 사실 공룡도 아니고 심지어 파충류도 아니었습니다. 바로 우리 포유류의 조상 격인 초기 단궁류들이었죠. 파충류와 포유류의 특징을 함께 갖고 있어서 포유류형 파충류라고도 하는, 디메트로돈 *Dimetrodon*을 비롯한 이들 초기 단궁류는 석탄기 끝 무렵에 등장했지만 페름기에 번성했으므로 조금 뒤에서 자세히 다뤄 보도록 하죠.

무른 뼈

육지로 올라온 동물들의 발걸음을 되돌려 그들이 떠나온 바다로 잠시가 볼까요? 판피어가 지배하던 그곳 바다에 지배자들의 유해가 모조리 묻혀 버리자, 부모 세대의 폭정에 억눌려 있던 민초들이 폐허가 된 바다를 차지했습니다. 바로 판피어강에서 조기어강오늘날 우리가 먹는 물고기 대부분이 조기어강이라고 할 수 있습니다. 판피어강에서 경골어류로 분기한 물고기들이 다시 조기어강과 육기어강으로 분기했고, 육기어강은 육지로 올라와 양서류와 양막류로 진화하고 조기어강은 바다에 남아 오늘날 우리에게 날마다 영양분을 제공해 주고 있죠과 진화의 갈림길을 나눠 쓴 연골어강이었죠. 연골어강은 이름에서 알 수 있듯이 뼈가 연한 물고기입니다. 현재는 상어상목과 가오리상목으로 대표되는 판새아강, 그리고 전두어아강만이 연골어강을 이루고 있지만, 고생대, 특히 석탄기에는 이제 막 판피어강에서 진화해 다양성을 꽃피운 많은 연골어류가 바다를 수놓았죠.

연골어강은 경골어류와 달리 뼈가 무르고 가볍기 때문에 부레를 발달시킬 필요가 없었어요. 그 대신 물보다 비중이 낮은 지방을 많이 포함한 장기를 키워 부력을 조절하게 되는데, 이 장기가 바로 간이었죠. 대표적인 연골어류인 상어를 보면 내장에서 간이 차지하는 비중이 60%가 넘습니다. 상어의 간은 그냥 먹어도 고소하고 부드러운 맛이 나고, 간에 알킬 글리세롤이나 스쿠알렌, 오메가 3 같은 불포화지방산이 하도 많아서 어르신들은 상어의 간유肝油를 캡슐로 만든 건강보조제를 사 드시기도 하죠. 상어는 부력을 통해 생존에 필요한 활동을 하기 위해 지방간을 키웠지만, 사람은 아무리 간에 지방이 많다고 해도 물에 잘 뜨거나 수영을 잘할 리가 없기 때문에 굳이 과음이나 과식을 통해 지방간을 키울 필요는 없습니다. 그리고 상어의 경우도 그렇지만, 전라도의 대표적인 음식인 홍어를 보면 알 수 있듯이 연골어류를 요리하면 특유의 암모니아 냄새가 납니다. 연골어류는 해수와 염도를 맞춰 체내 삼투압을 유지하기 위해 요소를 배출하지 않고 재흡수하는 방법을 사용합니다. 쉽게 말해서 요소가 섞인 오줌을 누지 않는 것이죠. 이렇게 체내에 소중하게 모아 놓은 요소는 연골어류가 죽은 직후부터 박테리아에 의해 발효되어 암모니아와 트리메틸아민으로 분해되기 때문에, 잘 삭힌 홍어일수록 삼킨 사람의 목과 코에서 화장실 냄새가 얼큰하게 올라오는 것이죠. 요소가 암모니아로 분해될수록 살이 더 부드럽고 영양도 더 좋아진다고 하니 냄새가 마음에 드신다면 부담 없이 양껏 드세요! 저는……, 다른 거 먹을래요, 그냥.

석탄기의 연골어강은 요즘 상어나 가오리보다 더 다양하고 요상한 외양을 자랑했답니다. 스테타칸투스*Stethacanthus*는 이름에서 알 수 있듯이, '가슴stethos_그리스어' 밑에 길게 늘어뜨린 '가시akanthos_그리스어' 같은 두 개의 연골을 뽐내며 짝짓기 상대를 유혹했습니다. 사실 '가슴의 가시'라는 뜻의 속명은 이 연골질 가시 때문이 아니라 이 물고기의 화석에서 보이는 척추 조각들이 커다랗고 뾰족한 삼각형을 띠고 있어서 지어졌는데, 이러나저러나 가슴에 가시가 달린 연골어류라는 이미지는 확고했던 셈이죠. 이 녀석의 다른 큰 특징은 머리 뒤 등쪽에 난 모루 형태의 커다란 상아질 지느러미였습니다. 그러니까, 코뿔소의 뿔이나 코끼리의 상아처럼 손톱 같은 각질 혹은 상아 재질의 커다란 다리미판을 등에 지고 다녔다는 거죠. 몸집에 비해 이 다리미판은 크고 가슴지느러미는 작은 편이어서 도주나 추적에 적합한 몸은 아니었던 것 같습니다. 데본기에 출현해 석탄기 전기까지 바다를 터전으로 삼았으니, 둔클레오스테우스나 하이네리아처럼 거대한 육식 어류들의 먹이가 되기 쉬웠겠고, 겨우 멸치대가리처럼 작은 생선이나 삼엽충 정도 먹으며 연명했겠죠? 이 고난의 행군 중에 혹시나 도움이 될까 해서 몸집을 크게 보이기 위해 모루 지느러미를 얹었다는 학설도 있는데, 이게 과연 몸집을 크게 보이게 함으로써 거대 어류들을 물러나게 했을지 오히려 먹을 부위가 더 많은 풍성한 식단으로 소문이 났을지는 모를 일이죠. 그래서 다른 동물에게 기생하기 위한 빨판 역할을 했다거나 짝짓기 상대에게 더 매력적으로 보이는 역할을 했다거나 하는 학설들이 전혀 밀리지 않는 상황입니다. 성 선택에서의 우위를 점하기 위한 처절했던 장식은 석탄기에도 예외가 아니었던 것이죠.

트라콰이리우스*Traquairius* 역시 머리와 등에 낚시바늘처럼 끝이 굽은 멋진 가시가 십수 가닥 뻗어 있었는데, 수탉의 벼슬이나 수컷 공작의 꼬리깃처럼 수컷 개체의 가시가 현저히 크고 아름다운 형상인 것은, 이것이 구애를 위한 목숨 건 몸 단장이었다는 것을 알려 줍니다. 상어도 닮고 가오리도 닮았지만 둘 중 누구와도 친척 관계가 아니었던 스쿠알로라야*Squaloraja*도 수컷 개체에서는 홍어 같은 몸통 위에 붙은 마른 오징어 같은 납작한 머리에 톱날이 줄지어 새겨진 긴 뿔이 돋아나 있었는데, 이 역시 석탄기에도 변함없던, 크기에 자부심을 느끼는 남자들의 어필 수단이었습니다. 예나 지금이나 용기 있는 남자가 기회를 얻죠. 목숨 걸고 눈에 띄는 장식을 더 노출하며 다닐수록 자신은 위험하지만 그에 비례해 후손이 생길 기회는 늘어난다는 걸 고생대의 본능도 알고 있었습니다.

석탄기 후기에는 가위날같이 날카로운 이빨이 위아래 턱에 한 줄씩 늘어서 바깥으로 뻗어난, 말하자면 날카로운 뻐드렁니를 자랑하던 에데스투스*Edestus*_그리스어로 '삼키다', 혹은 '포식하다'의 뜻을 지닌 'edeste'에서 유래.가 있었습니다. 2019년 가장 그럴 듯하게 밝혀진 이 녀석의 구강 동작 시스템은 입이 닫힐 때 아래턱이 안쪽으로 당겨져 들어가는 과정을 보여 주었습니다. 몸길이 최장 6m 이상의 이 거구가 입을 벌렸다 닫으면 이빨이 먹이를 베면서 동시에 먹이 조각을 목구멍으로 운반합니다. 마치 살아 있는 컨베이어 벨트처럼 먹이를 빨아들여 이름 그대로 '포식하는' 물고기였던 것이죠.

오늘날의 날치처럼 넓적하게 퍼진 가슴지느러미 끝에 가시돌기를 달고 다니던 이니옵테릭스*Iniopteryx*가 실제로 석탄기의 수면 위를 날아올랐는지는 확실하지 않지만, 적어도 우리는 이 녀석의 식단을 확실히 알 수 있죠. 이 녀석의 표본이 남긴 내장은 코노돈트와 다양한 절지류, 해초의 흔적을 담고 있어 스스로 잡식 연골어류임을 천명했거든요. 고생대판 주걱철갑상어 반드링가*Bandringa*는 경골어류인 주걱철갑상어와 도플갱어 수준의 외모를 보여 주어 수렴 진화계통적으로 다른 조상에서 유래한 생물종이 환경에 적응하며 기능이나 구조가 유사하게 진화하는 현상. 고래와 물고기의 지느러미, 박쥐와 새의 날개가 대표적인 예입니다. 의 교과서로 소환되곤 합니다. 또한, 크고 강한 가슴지느러미로 해저 바닥을 기어 다니던 벨란트세아*Belantsea*도 상어나 가오리와 영 딴판으로 생겼지만 이 시절의 대표적인 연골어류였습니다. 기어 다니느라 날랜 먹이를 잡아먹을 수 없었으니, 크고 납작한 이빨로 해면이나 바다나리처럼 거의 움직이지 않는 희생양을 씹어 삼켰죠.

이처럼 절대군주였던 판피어강이 사라진 석탄기의 바다는 자연으로부터 선택을 받아 살아남은 변방의 연골어류가 분기의 꽃을 활짝 피우며 번성했던, 힘없는 자들에게 희망을 주는 꿈의 무대였습니다. 하지만 뭐니뭐니 해도 석탄기 최후의 승자는 바다나리속명은 *Crinoidae*. 영문명은 feather starfish, 즉 깃털 불가사리지만 생김새 때문에 붙은 이름일 뿐, 불가사리와는 극피동물문의 계통까지만 함께 쓰는, 말하자면 사람과 참새 정도 거리의 관계입니다. 였습니다. 바다의 물결에 고사리나 우뭇가사리 같이 생긴 몸을 싣고 유영하는 이 극피동물은 캄브리아기에 등장해 현재까지 살아가고 있는 지구 최장수 동물입니다. 왜소하고 느리고 힘이 없었던지라 시대가 아무리 바뀌어도 여기서 먹히고 저기서 먹히는 신세였지만, 언제나 그렇듯 개체수와 다양성은 생존에서 가장 유리한 조건이죠. 석탄기 전기에 뼈와 가시로 중무장한 카메라타*Camerata*부터 그와 정반대로 유연성까지 겸비한 플렉시빌리아*Flexibilia*,

겉껍질을 벗어 버린 현대적인 모습의 클라디드*Cladid* 종류까지 다양성의 정점을 찍은 바다나리는 생물 다양성 폭발 이후 지구상의 모든 멸종 사건을 이겨냈고, 비록 계속해서 그 개체수가 내리막길을 걷고 있지만 아직까지도 바다를 유유히 헤엄쳐 다니고 있는 약한 영웅입니다.

석탄

끝이 보이기 전까지 석탄기의 대기는 산소와 이산화탄소가 터질 듯한 볼륨을 자랑하며 **빽빽**하게 들어차 있었습니다. 게다가 데본기를 지배하던 괴물들의 부재로 석탄기의 계보에서 공석이 아닌 자리를 찾아보기 힘든 지경이었으니 아르트로플레우라와 메가네우라에게는 몸집을 키우고 패권을 장악할 절호의 기회였죠. 하지만 행복과 권력의 공통점은 영원히 누릴 수 없다는 데에 있죠.

식물과 동물, 산소와 이산화탄소. 지구라는 시스템 안에서 이들은 미묘한 균형을 이루고 있어서 인위적인 개입이 배제된다면 작년과 올해, 그리고 내년의 산소와 이산화탄소의 농도, 동물과 식물의 양태, 기온 따위의 조건들은 변하는 것이 없어 보입니다. 하지만 몇 백만 혹은 몇천만 년, 1억 년이 지나면? 나무가 번성해 산소를 뿜어내거나 자신의 몸 안에 이산화탄소를 가두고, 산소를 머금은 비가 몇 백만 년 동안 산을 깎아내려 바다로 이온을 던져버리면, 30℃였던 기온은 20℃나 심지어 영하로 떨어지기도 하고, 빙하기의 땅이 온실로 변하기도 합니다. 또 35%를 넘기던 산소 농도가 상대적으로 곤두박질 치는 시기가 반드시 도래하고 말죠. 석탄기 후기가 그 시기였습니다. 데본기의 악몽이 훑고 간 자리에 새로운 생명이 씨앗을 뿌리고 겨우 다음 시대를 맞이할 6,000만 년의 세월을 보내는 동안, 관다발을 높이 뻗어 대지를 뒤덮은 나무들은 박테리아라는 존재가 아직 등장하기 전이었다는 시대적 한계로 인해 부패되지 않은 채 이산화탄소를 몸속에 머금고 세월의 늪에 묻혀 서서히 쌓여갔습니다. 나무가 아낌없이 주던 산소 역시 늘 그렇듯 시간이 지남에 따라 감소의 사이클로 돌아서고 있었죠. 이산화탄소와 산소가 내리막 계단의 가장 아래 단을 밟은 순간, 황금기에 몸집을 하염없이 부풀리던 생물들은 마침내 종말을 맞이하고 맙니다. 거대 절지류를 포함해 고농도 산소의 무대에서 열연을 펼치던 배우들의 퇴장이 이어졌고, 있는 그대로의 모습으로 적당한 몸집을 유지하던 절지류나 육지에 올라선 조상으로부터 조금씩 변신을 단행하던 단궁류는 다음 제국의 왕위를 세습할 준비가 되어 있었죠.

아르트로플레우라와 메가네우라에게는 애석한 일이었지만 석탄기의 환경 변화는 지구 생물종 전체의 입장에서는 그리 큰 일이 아니었습니다. 이미 데본기에 생물종은 엄청난 멸망의 길을 걸었으며, 곧이어 다가올 생물종 다양화의 수직상승과 곤두박질의 교차로 이전에 잠시 숨을 돌리는 시기였기 때문입니다. 거대한 몸집과 원시 기관을 몸에 담은 배우들이 거미줄 같은 나무 뿌리와 양분이 풍부한 땅을 밟고 지나던 그 시기는 그저 우리 눈을 잠시 거쳐가는 고생대 고유의 풍경을 제공해 준 생명의 과도기에 지나지 않아 보이죠. 하지만 그럼에도 불구하고 석탄기를 간과하면 안 되는 이유는, 바로 이 시기가 '석탄기'였기 때문입니다. 6,000만 년 동안 거목의 모양새로 자라나고 쓰러져 차곡차곡 쌓인 이산화탄소의 지하 감옥은, 물으로 모험을 떠난 육기어류의 후손들이 3억 5,000만 년 뒤, 땅을 짚고 기었던 두 손으로 파헤치고 창살 문을 손수 열어젖힘으로써 산업혁명과 인위적인 환경 변화를 일으키는 도화선이 되죠. 인류세_{인류의 등장과 활동이 지구}의 지질학적 양상에 중대한 영향을 미친다는 의미로 과학계가 새롭게 이름 붙일 것을 주장하고 있는 새로운 지질시대의 단위의 신호탄이었다고 할 수 있는, 화석에너지 활용의 역사는 바로 석탄기 때부터 빚어져 왔습니다. 데본기가 셰일 가스의 아버지였다면, 석탄기는 이름 그대로 석탄의 어머니였던 것이죠.

• 페름기, 2억 9,900만 년 전

모든 것은 이산화탄소 때문이었습니다.

단궁류

'인생사 새옹지마'라고 하죠. 우리는 한나라 때 《회남자》에 기록된 이 고사성어를 접하면서 "2,000년도 더 전 말인데도 이렇게 인생에 대한 교훈을 명확하게 줄 수 있다니! 역시 옛말이 틀리지 않아!"라며 감탄하지만, 이 말은 5억 년 전부터 실전에 제대로 적용되어 오던 교훈입니다. 지구를 이산화탄소가 감싸 안았던 은생누대에는 스트로마톨라이트로 흔적을 남긴 남세균이, 이들이 득세한 이후 산소를 뿜어내자 산소 호흡하는 동물이 번성했고, 새로운 환경이 펼쳐지자 두족류가, 판피어강이 권력을 장악했죠. 산소가 줄어들자 모두 죽었고, 빙하기가 휩쓸고 지나간 자리에는 힘 못 쓰고 변방에서 입에 근근이 풀칠만 하던 작은 존재들이 번성합니다. 대멸종은 무소불위의 권력을 쥐고 흔들던 폭군을 한순간에 멸절시키고 구석진 곳에 숨어 있던 생소한 천민을 왕좌에 들어 앉혀 주죠. 우리는 포유류가 공룡 멸종 이후에나 겨우 살 기회를 얻어 진화해 온 존재들이라고 알고 있지만, 포유류로 향하는 생물 종의 발길에는 의외로 호시절이 한두 차례 있었습니다. 사실은 그렇지 않은데, 공룡이 너무 강력한 이미지를 남겨 놔서 우리는 모두 포유류는 늘 허접했다는 만델라 효과Mandela effect_많은 사람들이 넬슨 만델라가 1980년대에 옥중에서 사망했다고 생각하지만, 실제로 만델라는 석방되고 인생을 더 즐기다가 불과 10년 전인 2013년에 자택에서 눈을 감았습니다. 이렇듯 진실이 아님에도 많은 사람들이 왜곡된 사실이나 기억을 공유하는 현상을 만델라 효과라고 합니다.의 영향 아래 놓이게 되었죠.

사실은 이래요. 육기어종이 뭍으로 올라서며 양서류로 변신을 꾀했습니다. 양서류는 뭍에서도 물에서도 온전히 살지 못하는 신세였기 때문에 태어나기 전부터 수분의 보호를 받는 양막을 개발해 낸 종들이 생겨났죠. 그렇게 양막류가 파충형류와 석형류, 단궁류로 갈라져 나간 이래로 육지는 파충류와 포유류가 패권을 차지하기 위해 경쟁하는 전장이 되었습니다. 새옹지마처럼 상황의 반전에 따라 엎치락뒤치락하면서 말이죠. 페름기는 오늘날 이 행성의 패권을 쥔 포유류의 조상이 공룡 이전에 잠시나마 왕좌에 앉았던 영광의 시대였죠.

울창했던 나무가 통째로 묻혀 석탄으로 쌓여 가던 육지의 풍경은 이제 배를 바닥에서 들어 올린 채 엉거주춤 쿵쾅거리며 네 발로 걸어 다니는 단궁류단궁강의 무대로 변신했습니다. 5,000만 년간 이어질 이 전성기가 지구 역사상 최악의 생물 대청소로 꺾이기 전까지 단궁류는 하나로 모여든 초대륙을 지배했습니다. 단궁류Synapsida_'함께'라는 뜻의 그리스어 'sun'과 '휘어진 모양', '활'을 뜻하는 'hapsis'의 합성어. 측두창, 즉 눈 뒤 두개골 양쪽의 구멍이 하나이고 그 아래쪽에 활처럼 가늘게 휜 뼈가 있어 이와 같은 이름이 붙었습니다.는 다른 여느 생물과 마찬가지로 계통의 가지를 나누었는데, 현대 계통발생학은 이들을 반룡류반룡목: Pelycosaur와 수궁류수궁목: Therapsida, '수형류'라고도 함가 속하는 진반룡류와 그 외 단룡류인 카세아사우루스류Caseasauria로 분류합니다. 내용이 너무 복잡하고 진지해져 가고 있는 것 같은데, 그냥 단궁류나 수궁류나 다 3억 년 전쯤으로 거슬러 올라가면 우리와 먼 친 뻘 된다고 이해하시면 돼요! 즉, 페름기는 파충류가 아닌 포유류의 전성시대에 더 가까웠던 것이죠.

단궁류 중 우리가 가장 잘 알고 있는, 아니 가장 잘 안다고 생각하지만 제대로 모르는 친구가 있는데, 이 친구의 이름은 디메트로돈*Dimetrodon*_'두 종류의 이빨'이라는 뜻. 사실상 이미 이때부터 단궁류와 석형류의 차이가 나타나는데, 오늘날에도 동물의 이빨 종류만 봐도 단궁류의 후손인지 석형류의 후손인지 알 수 있습니다. 앞니, 어금니, 송곳니 등 이빨의 종류가 두 개 이상이면 그 조상이 단궁류, 이빨의 종류가 하나이면 석형류라고 봐도 무방하죠. 입니다. 중생대 동물들 사이에 던져 놔도 전혀 이질감이 없어 보이는 전형적인 생김새와 더불어 매력적인 요소가 있으면 무조건 어디에나 출연시키고 보는 대중매체의 미스 캐스팅의 협동은 우리에게 디메트로돈에 대한 두 가지 오해를 사기에 충분했습니다.

우선, 디즈니와 헐리웃은 디메트로돈에게 사과하고 시작합시다. 디즈니는 1940년에 애니메이션 〈판타지아〉를 통해 빅히스토리를 직관적으로 웅장하게 보여 주려는 시도를 했는데, 지금 봐도 풍부한 연출의 진화 이야기는 역동적입니다. 그런데, 〈판타지아〉는 티라노사우루스 렉스가 스테고사우루스를 사냥하는 장면에서 혼비백산 도망치는 공룡의 무리들 가운데 디메트로돈을 출연시키는 실수를 저지르고 말죠. 단순히 조선시대 배경의 사극에서 단역 배우가 스마트 워치를 차고 나온 정도의 실수가 아니라, 정성스럽게 밑그림을 그리고 채색해 생명을 불어넣고 화면 한가운데 데려다 놓은 노력을 통해 우리의 오해를 완성시키고 말았죠. 디즈니의 이 연출은 이중 반전의 디테일을 보여 줍니다. 디메트로돈은 공룡 시대에 있지도 않았거니와, 스테고사우루스와 티라노사우루스 역시 같은 시대의 배우가 아니었던 거죠. 스테고사우루스는 쥐라기에, 티라노사우루스는 백악기에 살았거든요.

미스 캐스팅은 그로부터 80년도 더 지나 개봉한 〈쥬라기 월드: 도미니언〉에서도 반복됐죠. 물론 배경이 〈판타지아〉에서처럼 자연 그대로의 지구가 아니라 유전자 채취와 DNA 복원을 통해 건설한 인공 고생물 동물원이라는 점에서 어느 정도 면죄부를 받을 수는 있겠지만, 공룡 위주로 복원한 동물의 세계에서 디메트로돈은 당당하게 갱도 내 추격전의 비중 있는 캐릭터를 연기합니다. 물론 디메트로돈이 등에 돛도 달고 외모도 막 친절하진 않아요. 어두운 데서 팍 튀어나와 놀라게 하는 역할로는 아주 매력 있는 건 사실이란 말이죠. 여러모로 캐스팅에 욕심이 난다 이 말입니다. 그렇다고 공룡하고 같이 출연시키면, 고생물 덕후가 아닌 이상 이 단궁류가 공룡이라는 오해는 필연적이지 않겠어요? 그래도 디메트로돈이 앨런과 메이지를 쫓아다니는 설정은 이해할 수 있습니다. 5미터짜리 육식동물이었으니까요! 이런 굵직한 작품들 말고도 수많은 창작물에서 디메트로돈은 공룡과 함께 등장합니다. 〈공룡메카드〉, 어린이들에게 오해는 빼고 꿈과 희망만 줍시다! 디메트로돈처럼 등에 돛을 달고 기어 다니던 단궁류는 페름기에서 트라이아스기 초기에 대부분 멸종됩니다. 티라노사우루스랑은 겸상할 기회도, 밥상에 오를 기회도 없었어요!

디메트로돈에 대한 두 번째 오해는 이 녀석의 외모에 책임이 있어 보입니다. 등에 단 커다랗고 매력적인 돛과 각질층의 피부, 가장 큰 종에서는 5m에 달하는 거대한 몸집, 어슬렁거리며 도마뱀처럼 네 발로 기어 다니는 걸음걸이, 길고 가늘게 뻗어 나가는 꼬리와 날카로운 발톱. 누가 봐도 파충류죠. 그런데 앞에서 말했지만, 디메트로돈은 공룡도 아니었을뿐더러 파충류도 아니었어요! 디메트로돈처럼 등에 돛을 달고 페름기 땅을 기어 다니던 에다포사우루스*Edaphosaurus*: 포장 도마뱀, 세코돈토사우루스 *Secodontosaurus*: 날카로운 이빨을 가진 도마뱀, 크테노스폰딜루스*Ctenospondylus*:

빗 척추, 이안타사우루스*Ianthasaurus*: '이안타'의 도마뱀 같은 친구들이 다 도마뱀처럼 생겼고 이름에도 도마뱀이 들어가지만(?), 계통상 파충류보다 우리 포유류에 더 가까웠습니다. 단궁류는 후에 수궁류를 거쳐 포유류로 분기되거든요.

디메트로돈은 등에 아주 크고 아름다운 돛을 달고 있었는데, 화석이 물가에서 주로 발견됩니다. 그렇다고 이 녀석이 등에 단 돛으로 돛단배처럼 떠다녔다는 건 아니고, 주로 물고기나 양서류, 수생 파충류 등을 먹고 살던 포식자였기 때문에 서식지가 물가였을 것으로 추정됩니다. 발음에 주의해야 되는 이 돛 같은 신경배돌기는 한때 일조량을 조절해 체온을 유지하는 역할을 했을 것으로 추측됐지만, 최근에는 근연 관계 종들의 돛이 체구에 비례하지 않는다는 사실과 진화론에서 비중이 커진 성 선택에 대한 인식에 따라 번식을 위한 매력 발산이나 경쟁 상대 위협 등의 역할이 더 컸다는 주장에 힘이 실리고 있죠. 어쨌거나 페름기 고생물 중 아름다운 외모와 전투력으로 왕관의 주인공을 가린다면, 그 무게를 버틸 기회에 가장 가까이 있는 건 디메트로돈이 아니었을까 싶습니다.

생김새와 쓰임새

디메트로돈은 페름기 대표적인 육식 단궁류였습니다. 그래서 발톱도 이빨도 날카로웠죠. 그런데, 고기만 먹고 살 순 없잖아요. 음식 취향 존중해야죠. 단궁류 중에는 초식동물들도 있었답니다. 그런데 고생대에 초식동물들이 먹을 수 있는 음식은 종류가 그리 다양하지 않았어요. 마치 짜장면 아니면 짬뽕, 그것도 아니면 돈까스나 후라이드 치킨 정도였던 제 어린 시절 외식 식단 같았죠. 하지만 지금도 이 음식들을 생각하면 파블로프의 개처럼 침이 고입니다. 고생대 초식동물들도 마찬가지였을 겁니다. 비록 먹을 수 있는 음식은 양치식물과 겉씨식물의 거친 잎과 줄기였을 테지만, 그것만이라도 맛있게 먹고 만족하며 살기 위해 이들은 몸을 적응시키는데, 페름기에는 몇 종 되지도 않던 이 초식동물들은 하나같이 그 과정에서 범상치 않은 외모를 갖게 되었죠. 송아지 얼굴, 잔 모양의 주둥이. 이름에서부터 뭔가 웃을 준비를 해야 할 것 같은 아우라가 풍겨 나옵니다.

모스콥스*Moschops*: 송아지 얼굴는 페름기가 어느 정도 흐른 뒤 등장한 중기 초식성 단궁류였습니다. 몸길이는 2.5m를 조금 넘었고 몸무게는 200kg 정도 되어 보였는데, 무엇보다 각진 턱과 길고 튼튼한 치아를 가지고 있었습니다. 스펙이 거의 오늘날의 소와 비슷했다고 보면 됩니다. 소철 같은 겉씨식물의 줄기처럼 영양분이 부족하고 질긴 당시 식물을 씹어 삼켜야 했던 고생대 채식주의자의 운명은 가혹했고, 그 때문에 발달한 턱과 치아의 구조 때문인지 외모도 소와 비슷했던 것 같아요. 이름이 그렇게 붙은 걸 보면 말이죠. 그런데, 이 고생대 소의 외모는 조금 더 독특했죠. 몸통이 소에 비해 두 배 정도는 두툼했어요. 팔꿈치 관절을 더 넓게 벌릴 수 있도록 몸의 앞통, 즉 갑바은어입니다. 여러분. 재미를 위해 시적 허용에 살짝 기대 봤습니다. 평소에는 대흉근이라는 표준어를 사용합시다.가 살아 있고 그로부터 뻗어 나오는 앞다리가 과도하게 우람했죠. 뒷다리는 앞다리에 비해 높이가 낮아져서 모스콥스는 마치 고릴라처럼 반쯤 선 자세로 네발 걷기를 하며 다녔던 것 같습니다. 얘 몸이 이렇게 된 데는 당시의 질 나쁜 음식과 채식주의가 한몫했죠. 억센 나무 줄기를 씹어 먹고 다녀야 했으니, 초원에서 푸르고 연한 풀을 뜯어먹으면서도 위가 네 개나 있는 오늘날의 소 정도는 우스울 정도로 길고 끈기 있는 소화기관이 있어야 했을 겁니다. 그렇게 발달한 소화기관을 몸에 담아야 했으니, 몸이 두툼하니 비대해지는 건 당연한 결과였죠. 송아지 얼굴을 하고 고릴라처럼 걸으며 소철을 씹어 먹고 다니던 모스콥스는 여러분이 거친 페름기의 거리를 돌아다니다 마주치면 유일하게 실소를 터뜨릴 수 있는 시간을 주었을 겁니다.

코틸로링쿠스*Cotylorhynchus*: 잔 모양의 주둥이는 모스콥스와는 또 다른 재미를 선사합니다. 생몰연도에서 모스콥스의 큰형님 뻘인 이 친구는 페름기 전기의 풍경을 수놓았죠. 나이만 더 많은 게 아니었어요. 페름기 동물군 중 유독 덩치가 큰 카세아사우루스들 중에서도 발군의 체구를 지녔던 이 녀석들은 큰 종의 경우 모스콥스의 두 배가 넘는 6m 길이의 몸을 자랑했습니다. 그런데……. 그런데! 머리가 너무 작았어요. 몸에 어울리지 않는 두개골은 성인 남성이 한 손바닥 위에 올려놓을 수 있을 정도입니다. 몸무게가 2톤에 이를 정도로 거대한 몸에 어른 손바닥만 한 머리가 붙어 있는 거예요. 그 작은 머리뼈의 반 이상을 측두창과 비강이 차지하고 있는 걸로 보아 미식가였음이 분명했습니다. 발달한 후각을 통해 다른 동물들보다 더 도움이 되는 간식을 잘 찾아냈음이 분명했죠. 그렇게 부지런히 찾아낸 식물을 부지런히 씹어 넘기기 위해 작은 컵 모양의 주둥이를 쉴 새 없이 움직였을 겁니다. 자신을 해칠 수 있는 천적이라곤 찾아볼 수 없을 만큼 불린 육중한 몸통을 가득 채운 소화기관에 포만감을 주기 위해서는 하루 24시간 사실 코틸로링쿠스가 살았던 페름기의 하루는 22시간 30분 정도였습니다. 행성이 어떻게 탄생하는지는 앞선 장에서 알아봤죠? 원소들이 회전하며 뭉쳐서 만들어진 지구는 처음에 그 회전력이 강해서 자전 주기가 지금보다 훨씬 짧았답니다. 명왕누대 초기, 그러니까 약 40억 년 정도 전까지만 해도 지구의 하루는 4시간이었어요. 그러다가 달의 영향, 정확히는 달의 인력으로 인한 바닷물의 쏠림 현상으로 점점 회전력이 약해지면서 35억 년 전에는 8시간, 26억 년 전에는 12시간, 13억 년 전에는 18시간으로 늘어나서 오늘날 지구의 하루는 23시간 56분 4초이며, 약 2억 1,000만 년 후 지구의 하루는 25시간이 됩니다. 이 모자랄 정도였겠죠?

시간이 흐르자 디메트로돈과 코틸로링쿠스, 모스콥스가 걷던 땅은 이제 디노케팔리아Dinocephalia_디노케팔루스아목나 디키노돈 같은 수궁류가 뒤덮었습니다. 수궁류는 초기 단궁류보다 더 포유류에 가까운 계통으로, 몸통 옆쪽으로 사지가 뻗어 나온 초기 형태와 달리 이때부터 몸통 아래쪽으로 다리가 뻗어 나와 걷거나 달리기 훨씬 수월한 형태로 진화했습니다. 지금의 포유류에 가장 가까운 중간 계통이라고 할 수 있죠. 디노케팔리아의 경우 초기 단궁류와 마찬가지로 종마다 식습관이 달랐습니다. 초식성도 있었고 육식성도 있었죠. 대표적으로 스티라코케팔루스Styracocephalus: 가시 달린 머리나 에스템메노수쿠스Estemmenosuchus: 왕관을 쓴 악어 같은 친구들이 주로 채식을 했고, 안테오사우루스Anteosaurus: 안타이오스의 도마뱀 같은 친구들이 저 친구들을 잡아먹으며 평화롭게 공존했어요. 그런데 재미있는 사실은, 육식이든 초식이든 디노케팔리아 대부분이 칼처럼 길고 날카로운 송곳니, 즉 검치를 갖고 있었다는 거예요. 그래서 이 친구가 채식주의자인지 아무거나 다 잘 먹는지 고기만 편식하는지는 비슷한 계통의 다른 고생물 화석이나 뼈에 난 상처의 흔적, 발견된 곳 근처의 다른 화석들과 함께 분석해야 했죠. 고생대의 배우들은 쓰임새에 따라 생김새가 현저히 차이 나기도 하고, 또 쓰임새가 달라도 어떤 기관은 생김새가 같기도 했던 거죠.

돛도 달고 다리가 옆으로 뻗었다가 아래로 뻗기도 하고 갑바대흉근이라는 표준어를 씁시다!가 웅장해지기도 하고 서로 먹고 먹히면서 단궁류와 수궁류가 다양한 종으로 진화하는 과정은 페름기 내내 진행되었습니다. 이들의 먹고 먹히는 육상의 전쟁터는 석탄기 때 C자형의 협곡을 이루며 서로를 향해 내달리던 대륙들이 마침내 만남을 성사시키며 거대한 하나의 콜로세움으로 완성되었죠. 판게아는 마침내 모두를 하나로 모았습니다. 그렇게 진화 군상이 이 땅을 가득 채웠을 때, 고생대의 마지막 달력은 생명체로 가득한 이 거대한 도가니 안에 불을 붙일 준비를 끝마쳤습니다. 다른 땅에서 나고 자란 지구의 배우들은 한 덩이 땅으로 쏟아지듯 밀려 들어와 끝나지 않을 것만 같은 전쟁을 치렀고, 고르고놉스육식이자 수궁류와 스쿠토사우루스초식이자 석형류, 그리고 디키노돈초식이자 수궁류은 페름기의 마지막 무대에서 이제 멸망 직전까지 이어질, 다른 계통과 다른 식성이 어지럽게 뒤엉킨 최후의 만찬을 연기할 준비를 끝마쳤습니다. 그 끝은 모두에게 동일했고 생각보다 단순했지만 말이죠. 바로 죽음이었습니다.

마지막 천만 년

페름기 후기는 1억 5,000만km²에 이르는 거대한 감옥에 갇힌 채 배틀로얄프로레슬링의 경기 룰 중 하나로, 링 위에 여러 명의 선수가 동시에 경기를 시작해 개인 혹은 팀 단위로 경쟁하다가 최후의 1인이 남아 승자가 됩니다.에서 왕위를 계승한, 지구의 영원한 두 라이벌끼리의 무대가 되었습니다. 포유류의 조상, 고르고놉스Gorgonops_'고르고의 얼굴'이라는 뜻. 그리스에서 이 고르고의 눈을 보고 살아남은 이는 없었죠. 고르고는 바로 메두사입니다. 신화에서는 스테노, 에우뤼알레, 메두사 세 자매를 고르고 자매라고 통칭하는데, 주로 메두사 개인을 고르고라고 칭하는 경향이 있어요.

무시무시한 외모와 함께 마주치면 몸이 돌로 변해 굳어 버리는 고르고와 마찬가지로 이 '고르고의 얼굴'은 길이가 12cm나 되는 검치를 드러내고 페름기 마지막 세대들을 얼어붙게 만들며 판게아를 배회했을 겁니다.와 페름기 최대의 파충류 스쿠토사우루스Scutosaurus_'방패'의 라틴어 'scutum'에서 유래한 '방패 도마뱀'이라는 뜻.가 그 주인공이었죠. 같은 포유류 동지로서 모식종으로부터 후대에 160여 종에 이르는 형제자매를 양산하며 번성하는 디키노돈Dicynodontia_'두 개의 개 이빨'이라는 뜻을 지닌 하목 단위의 수궁류은 두 라이벌 사이에서 때로는 고르고놉스의 에너지원이 되어 주며 페름기를 포유류의 시대로 이끌어 갔죠.

페름기 마지막 1,000만 년 왕국을 통치한 이 제왕들의 틈바구니에서 근근이 지푸라기 같은 삶의 끈을 쥐고 생명의 나무 끝에 대롱대롱 매달려 있던 녀석이 있었습니다. 리스트로사우루스가 그 주인공입니다. 디키노돈하목의 리스트로사우루스Lystrosaurus_'삽 도마뱀'이라는 뜻이지만 계통상 포유류에 가깝습니다.는 자유로운 턱관절로 질긴 페름기 야채를 씹어 먹고 튼튼한 앞발로 땅을 파서 집을 짓던 페름기의 검치 달린 돼지생김새도 먹이사슬에서의 위치도였습니다. 이리 치이고 저리 치이며 숨어 살던 이 굼뜬 멍청이생김새로만 판단해서 미안합니다. 이 표현은 근거가 없지만, 적어도 당시를 압도했던 캐릭터는 아니었죠.는 페름기의 모든 죽음 뒤에 홀로 남아 우리포유류를 낳게 됩니다.

화산

네, 모든 것은 이산화탄소 때문이었습니다. 우리들 폐에서 뿜어내는 이 하나의 기체로 인해 데본기 죽음 이후 1억 2천만 년간의 휴식기와 번영기를 거치며 회복해 지구를 수놓던 수많은 생물 종은 96%가 사라집니다.

시베리아 트랩이 100만 년이 넘게 이어지는 이 지독한 도살의 시작점이었죠.

고르고놉스와 스쿠토사우루스가 대륙의 패권을 장악하기 1,000만 년 전쯤, 판게아가 온전히 닫혔습니다. 이 무겁고 두꺼운 한 덩이 땅의 역사가 시작되자 그 윗면에서 다양성을 꽃피운 육상 생물들이 배틀로얄을 벌이는 동안 반대쪽인 아랫면에서는 맨틀이 열을 분출할 공간을 찾지 못한 채 땅의 무게를 버티며 끓어오르는 플룸의 임계점을 꾹꾹 찍어 누르고 있었죠. 고르고놉스의 번영기가 1,000만 년을 경과했을 때, 최악의 타이밍이 도래합니다. 2,000만 년간 판게아의 억압에 눌려 있던 맨틀의 뜨거운 고름이 러시아 땅을 뚫고 그동안 쌓아온 분노를 터뜨리기 시작했습니다. 시베리아 트랩Siberian traps은 2억 5,200만 년 전 이 분노의 폭발이 바깥 세상에 뿜어낸 마그마가 판게아의 지표를 덮어 버린 현장입니다. 그 광활한 1차 살생의 현장은 가로 방향으로 우랄산맥에서 레나 강까지 내달리며 마그마의 흉터로 뒤덮여 있습니다. 지도에서 레나 강을 손가락으로 짚은 후 그대로 아래 방향으로 손가락을 죽 끌어내리면 한반도가 나오죠. 마그마는 남쪽으로는 카자흐스탄 국경에서 겨우 멈춰 섰고 북쪽으로는 갈 데까지 가서 결국 대륙 끝까지 뒤덮었죠. 추산 기준에 따라 180만~500만km²에 이르는 러시아 영토를 가로질러 광활하게 뻗어 나간 이 죽음의 곤죽은 페름기를 완전히 끝장내 버리기 전까지는 멈출 생각이 없었던 것 같습니다. 섭씨 1,000℃의 이 불타는 곤죽은 땅의 균열을 뚫고 흘러나와 구불구불 기어 다니며 어제는 표면에 있던 땅을 어제 땅속에 있던 부분으로 덮어 나갔죠.

불행히도 마그마는 성역 없이 땅의 구석구석을 밀고 들어가다가 퉁구스카Tunguska 퇴적 분지를 건드리게 됩니다. 에디아카라기 이후 꾸준히 동식물의 시체를 흡수하며 탄산염, 셰일, 석탄을 12km 높이까지 쌓아 올린 암염 지층을 둘러싼 이곳에 뜨거운 접촉이 일어나는 순간, 3억 년간 모아 둔 천연의 화석 연료는 말 그대로 연쇄 폭발을 일으키게 되었죠. 수천 년간 이어진 에너지의 낭비와 수십만 년 동안 지속된 분화는 물리적으로 러시아 한가운데에 러시아 면적 3분의 1에 달하는 공간을 불로 뒤덮어 생명의 공백을 완성했습니다. 수치상 마그마 분출량 자체만 650만km^{3}에 달했는데, 이는 미국 땅 전체를 600m 높이로 뒤덮기에 충분한 양이었으며 지금까지도 러시아 곳곳은 당시 출산된 용암이 4km 높이까지 쌓여 있다고 합니다. 그렇게 판게아 면적의 3%가 뜨겁게 뒤집혀 땅 위의 생명을 불태우며 집어삼켰습니다. 하지만 수십만 년의 분화 자체는 지구 최대의 지옥도를 그리기 위한 밑그림에 불과했죠.

가스

시베리아 트랩을 형성한 분화는 결국 지구 최악의 가스를 페름기 대기에 대량 살포했습니다. 우리를 비롯한 동물의 입김에서 뿜어져 나와 적당히 지구에 섞이면 식물이 숨을 쉬고 산소로 되갚아 주는 이 기체는 적당한 수준을 넘어서면 꽤나 곤란한 상황을 연출하게 되는데, 페름기에는 상황이 상당히 곤란해졌습니다. 산업화가 입에 담기도 힘든 빼어난 업적을 통해 인류의 삶을 눈부신 지경까지 끌어올려 놓은 오늘날, 그 대가로 지구는 연간 40기가 톤의 인공적인 이산화탄소를 받아내야 합니다. 만약 지금까지 우리가 알고 있는 화석 연료의 존재를 모두 끌어 모아 놓고 불을 붙이면 5,000기가 톤에 이르는 탄소가 방출될 것입니다.

페름기의 상황은 조금 더 심각했습니다. 스마트폰과 자동차를 누리기 위해 대책 없이 저질러대는 오늘날의 인류보다 대비책이 훨씬 열악했던 페름기 생명체들은 1만 기가 톤에서 최대 5만 기가 톤에 육박하는 탄소를 끌어안아야 했죠. 이산화탄소가 무서운 가장 큰 이유는 지구를 뜨겁게 만든다는 데 있습니다. 이산화탄소가 끝까지 배출된 페름기 말, 지구의 온도는 그 전에 비해 최대 16℃까지 튀어 올랐을 것입니다. 판탈라사Panthalassa_ 초대륙 판게아가 형성되자 바다는 자연히 판게아를 가운데 두고 넓게 지구를 감쌌는데, 이 넓은 바다가 태평양의 조상인 판탈라사입니다. 당연히 지금의 태평양과 대서양 면적을 포함한 거의 모든 바다를 아우르고 있었으니 지구의 절반 이상이 이 해양에 잠겨 있었고, 그 이름은 '모든(pan) 바다(Thalassa)'가 됩니다. 는 40℃ 이상으로 달아올라 데본기 질식사의 악몽에서 겨우 깨어난 해양 생물들을 말 그대로 익혀 버렸죠.

지극히 과학적인 현상이 파멸로 이어지는 과정은 여기서 그치지 않았습니다. 이산화탄소는 두 가지 경로를 통해 바다를 조종했습니다. 우선 바닷물의 온도 자체를 높임으로써 각 지역의 해양 간 온도 차이를 줄여 대류현상을 굼뜨게 만들었습니다. 산소를 잔뜩 머금은 극지방의 해양이 더운 바다로 흘러 들어가지 않자 많은 해양 생물은 산소를 공급받을 수 없게 되었죠. 해양 생물은 다시 한번 끔찍한 질식의 악몽에 시달리게 되었습니다. 이산화탄소가 바다에 두 번째로 한 짓은 바다와 반응해 바닷물을 산성으로 만든 것이었습니다. 산성이 된 바닷물은 탄산염을 잃게 됩니다. 탄산염을 이용해 뼈와 껍질을 만드는 해양 생물은 또 다른 타격을 입게 되었죠. 바다에서 숨 쉬던 거의 모든 것들이 그렇게 삶아지고 목 졸리고 치명적인 기형을 경험하며 지구 역사상 가장 광범위한 처형의 희생양이 되었습니다.

방법만 조금 달랐을 뿐 처형의 양상은 육지에서도 비슷했습니다. 퉁구스카 분지에서 피어난 연기는 브롬화 메틸CH3BR을 포함하는 염화불화탄소Chlorofluorocarbon, 즉 염화플루오린화탄소. 염소(Cl), 불소(F), 탄소(C) 원자를 포함하는 할로카본(Halocarbon)의 집합적 명칭으로 약어는 CFCs입니다. 많은 사람들이 염화불화탄소 대신 '프레온 가스'라는 명칭을 사용합니다.를 지구에 풀어놓았는데, 이로 인해 지구는 캄브리아기 이전의 오존층이 조성되지 않았던 환경으로 되돌아갔습니다. 오존층의 역할은 앞서 배웠죠? 인류가 스스로를 위해 가장 잘한 결정이었다고 칭찬할 만한 합의를 하나만 꼽으라면, 아마도 그건 몬트리올 의정서와 관련 있을 겁니다.

몬트리올 의정서는 심지어 핵확산금지조약NPT: Nuclear nonproliferation treaty보다 순위에서 앞설 확률이 높을 텐데, 인간은 당장 치명적인 파멸이 눈앞에 보이는 행위는 절대 하지 않을 것이기 때문입니다. 확률적으로 핵발사 버튼을 누를 미치광이가 결정권을 가질 수 있는 경우는 희박하겠죠. 우리는 인류 역사상 그 유력한 가능성을 콧수염을 단 왼손잡이 달변가로부터 목격했지만, 정작 유일하게 실제로 버튼을 누른 건 반대 진영에서 결정권을 쥔 지 100일밖에 되지 않은 인물이었습니다. 독일의 아돌프 히틀러는 역사상 가장 핵의 성질에 가까운 인물이었지만, 당시 미국의 부통령이던 해리 S. 트루먼은 프랭클린 루스벨트의 사망으로 1945년 4월 12일 갑작스럽게 대통령이 되었고, 그해 7월 24일에 리틀 보이Little Boy_히로시마에 투하된 핵폭탄의 코드명와 팻 맨Fat Man_나가사키에 투하된 핵폭탄의 코드명의 투하를 승인했죠. 당시로서 가장 효율적이었다고 평가될 만한 결정을 내린 것을 평생 후회했던 해리 트루먼을 제외하고 현재까지 지구에서 그 누구도 이 파멸의 상징을 실전에 사용한 적은 없었습니다. 그것을 사용하는 순간 그야말로 "Give 'em hell."이 될 것은 불 보듯 훤한 일이라는 걸 모두가 알았기 때문이죠. "Give them hell."이라는 표현은 해리 트루먼이 원폭 투하를 승인하며 핵무기를 적국에 사용한 것을 비판하는 당시 대중들의 밈이었습니다. 1975년에 같은 제목의 영화까지 나올 정도로 그것은 트루먼 대통령 본인뿐 아니라 어쩌면 지구인 대부분에게 트라우마였겠죠. 아이러니하게도 2022년 개봉한 탐 크루즈 주연의 영화 〈탑건: 매버릭〉에서는 행맨(글렌 파월_배우)이 적국의 핵무기를 무력화시키기 위한 작전에 투입되는 동료 루스터(마일스 텔러_배우)에게 격려의 표현으로 사용하죠.

하지만, 이산화탄소는 전혀 다른 얘기죠. 오늘날 탄소는 모든 공장과 가정의 굴뚝, 그리고 이동수단, 심지어 먹거리에서도 배출되고 있습니다. 우리 모두가 거리낌 없이 버튼을 눌러 대고 있죠. 당장의 불편함을 감수할 만큼 나의 행위가 위험해 보이지 않거든요. 그렇게 우리는 모두 불편한 진실을 편리하게 외면할 수 있었고, 서서히 파멸로 스며들고 있었습니다. 1987년 몬트리올에서의 회합 이전까지 말이죠. 모임을 가진 이후 세계는 염화불화탄소를 포함한 오존층 파괴 물질을 조금씩 덜 만들어 내기 위해 노력해 왔고, 탄소발자국carbon footprint_국가, 회사, 제품 또는 모든 형태의 활동이 대기에 추가하는 온실가스의 총량을 비교할 수 있게 해 주는 계산값은 매우 효율적인 관리 시스템이 되어 줍니다. 덕분에 지구의 온도와 오존층은 미약하나마 잔여 수명을 늘려 나가고 있는 중이죠. 안타깝게도 폐름기 맨틀은 몬트리올 의정서에 동의하기 전이었던지라 탄소 배출에 자비를 두지 않았습니다. 폭발적으로 이 소리 없는 죽음의 가스를 풀어놨죠. 단숨에 오늘날의 6배에 달할 만큼이나 대기로 배출된 이산화탄소로 인해 지구의 모든 거주자는 태양이 내뿜는 죽음의 열기를 또다시 맨몸으로 받아내야 했고, 그 고난의 끝에도 역시 죽음이 기다리고 있었죠.

그뿐이었을까요? 화산의 유독가스는 동식물의 직접적인 호흡을 빼앗아 갔을 뿐만 아니라 수분과 결합해 산성비를 만들어 냈습니다. 생명수를 내려 주던 하늘에서는 이제 pH가 다소 낮은 죽음의 칵테일이 쏟아져 내렸죠. 이 땅의 거의 모든 식물이 산성비에 노출되었고, 고엽제가 살포된 베트남의 정글처럼 시들고 말라 죽어 갔죠. 땅을 움켜쥐고 지반을 조성해 주던 나무의 심근계가 죽어 버리자 땅은 그대로 무너져 내렸습니다. 그렇게 강물은 진흙탕이 되고 아직까지 운 좋게 살아남았던 땅 위의 거주자는 터전을 잃고 난민이 되어 버립니다. 가뭄으로 말라붙은 땅 위에 쓰러진 메마른 장작과 뜨거운 대기의 만남은 판게아 전역에 대화재를 일으켰고, 그렇게 난민들은 더 이상 숨을 곳을 찾을 수 없게 됩니다.

지구 최악의 죽음, 그리고 희망

대자연의 어머니 지구는 페름기의 자녀들에게 무자비한 심판을 내렸습니다. 화산 폭발, 마그마 곤죽, 시베리아 트랩, 퉁구스카 퇴적층, 이산화탄소, 온실가스, 오존층 파괴, 지구 온난화, 무산소 바다, 탄산염 약탈, 유독가스, 가뭄, 대화재. 하나만 개입해도 생명의 역사에 치명적인 단절을 가져올 것만 같은 학살자들을 거의 총동원해 땅과 바다, 그리고 하늘의 동식물 모두 씨를 말려 버릴 작정이었다는 듯 말이죠. 가이아의 철퇴는 판게아와 판탈라사를 사정없이 내리쳤고, 그렇게 1억 년이 넘게 회복하고 번영하던 생명의 나무는 뿌리까지 뽑힐 만큼 벼랑 끝까지 내몰렸습니다. 전체 생물 종의 최대 96%가 멸종'최대'라는 표현을 쓴 것은 워낙 큰 사건이라 해석하고 계산하는 기준이 학자들마다 판이했기 때문인데, 최솟값을 반영해도 80% 이상이었습니다. 즉,

빅히스토리

페름기 대멸종의 희생자 집단은 80~96%였던 것이죠. 했습니다. 개체의 파괴는 그보다 더 치명적이었음이 당연했고 말이죠. 지구는 화성이나 목성처럼 생명 없는 땅이 될 위기에 직면했죠. 물론 위기라는 단어는 지구에 빌붙어 사는 생물들에게만 유효했을 것이고, 당사자인 지구는 앞으로 알록달록한 재미를 누리지 못할 것 같다는 불쾌감 정도는 느꼈을 겁니다.

땅과 하늘과 바다를 쓸어버린 재난으로 페름기 대멸종이 완성되었습니다. 캄브리아기 때부터 두 차례의 대멸종을 극복하고 계통을 유지하던 인기배우 삼엽충도 이제 무대 밖으로 퇴장했습니다. 대부분의 바다전갈, 완족류, 불가사리, 양서류, 파충류, 곤충, 단궁류, 연골어류특히 전두어아강은 거의 절멸, 하지만 판새아강도 2개 목만 생존와 대부분의 식물이 지구가 창작한 최악의 시나리오를 받아 들고 은퇴해 버렸죠.

하지만 폐허가 된 터전에는 그래도 아직 희망이 남아 있었습니다. 때마침 큰 폐와 튼튼한 앞발을 가졌던지라 실낱같은 산소만으로도 숨을 쉬며 학살자의 눈을 피해 땅굴 속에 숨어 있던 단역배우, 리스트로사우루스가 판게아의 몇 안 되는 희망 중 하나였죠. 당분간은 판탈라사를 거의 홀로 뒤덮을 운명이었던 조개 무리와 함께 말이죠. 상징적으로 말하자면, 새로이 움트는 트라이아스기의 육지에는 포유류 리스트로사우루스, 해저에는 완족류 조개만이 살아남아 있었습니다. 다행히 이끼, 은행나무, 소철, 딱정벌레, 은상어, 폐어, 실러캔스, 암모나이트 같은 운 좋은 조력자들도 4%의 확률을 움켜쥐고 힘겹게 살아남았죠. 운명의 바늘귀를 통과한 이 지친 배우들은 이제 멸망 직전의 충무로에 다시 무대를 세우고 조명을 밝히고 연기를 해 나가야 했습니다.

• 트라이아스기, 2억 5천 2백만 년 전

    이제 페름기의 대청소가 끝났습니다.

    행성의 모든 것이 2억 5,200만 년 전의 퇴적층에 쓰레기처럼 파묻혔지만, 가까스로 살아남은 단궁류 무리와 이매패_{연체동물문에 속하는 이매패강으로서 좌우대칭의 껍데기를 지닌 연체동물}. 쉽게 말해 조개 무리는 잠시 동안 이 땅과 바다를 뒤덮었습니다. 하지만 단 한 마리라도 지구 최악의 그 멸종 시험을 통과하고 위태롭게나마 서 있을 수 있는 종의 대표가 남아 있었다면, 그들에게는 지구가 다음 시기에 임의로 부여하는 생태적 조건에 따라 사라질 수도 거대하게 분화하고 번영할 수도 있는 선택권이 주어졌습니다. 지구의 96%가 파괴된 폐허의 절망은, 아이러니하게도 그 동전의 뒷면에 무한한 가능성과 시도, 실험과 진화, 그리고 새로운 번영의 기회를 새겨 넣고 있었던 것이죠. 그렇게 살아남은 몇 안 되는 개체들은 5,000만 년간 다양하게 시도하고 실험했고, 그 결과 회복과 번영의 시기가 이어졌습니다. 악어와 공룡, 어룡과 익룡이 탄생해 지구 생태계에 상징적인 존재로 무럭무럭 자라났죠. 그렇게 행성의 진화한 모든 존재들에게 살아남았음을 기념하는 어떠한 마음도 남아 있지 않을 만큼 생존의 안도감이 무뎌져 버린 어느 날, 갈라지는 땅의 틈을 타고 빗자루를 쥔 채 스멀스멀 기분 나쁜 그림자가 피어올랐습니다.

    또 다시, 가혹하리만큼 빌어먹을 필연적 존재, 이산화탄소였습니다.

판게아와 판탈라사, 시베리아 트랩 이후

모처럼 비속어가 나와 버렸습니다. 대멸종을 다루다 보면 전문가가 아님에도 불현듯 화가 치밀어 오르고 암울해지기도 하거든요. 몇천만 년에 걸쳐 살아남고 회복하고 이제 좀 살만 하다 싶으면 다시 쓸어버리고……. 이런 과정이 때로는 한순간에 일어나 버린다는 게 말이죠. 하지만 한편으로, 이런 분노나 좌절은 전문가가 아니기 때문에 생기는 감정일 수 있겠다는 생각도 듭니다. 전문가라면 더 이성적으로, 그리고 계산적으로 지난 멸종의 자연스러움과 그 안에서 또 다시 꽃피는 새로운 생명체의 일생을 응원하겠죠. 우리는 과거가 남긴 기록을 보며 그 모든 것을 흘러간 역사로 인식하고 공부할 뿐이지만, 그 기록의 주인공은 오늘날의 우리와 마찬가지로 치열하게 도망 다니고 여유롭게 노닐고, 아침의 햇살과 오후의 무지개와 저녁의 노을과 밤의 별을 감상하며 하루를 살았을 테니 말입니다. 우리가 슬퍼하든 분노하든 그런 삶은 트라이아스기에도 계속되었을 것이고 말이죠.

트라이아스기의 기록은 굉장히 광범위하게, 그리고 동일한 양상으로 퍼져 있습니다. 북아메리카와 북아프리카, 유럽, 심지어 아마존에도 같은 얼굴을 한 화석들이 아로새겨져 있죠. 그런 이유에서인지 몰라도 다른 지질 시대와 달리 이 시기의 작명 방식은 약간 다릅니다. 캄브리아기Cambian period_웨일즈의 별칭 'Cambria'에서 유래, **오르도비스기**Ordovician period_로마제국 시대에 웨일즈 아래니그산 지역에 살던 오르도비스족(Ordovices), 또는 그들이 살던 이 지역에서 유래, **실루리아기**Silurian period_오르도비스 아래 동네, 즉 남웨일즈 지방의 옛 명칭 'Siluers'에서 유래, **데본기**Devonian period_잉글랜드 데본(Devon) 주에서 유래, **페**

름기Permian period_러시아의 도시 페름(Perm)에서 유래처럼 많은 지질 시대 명칭이 그 시대 지층이 처음 발견되거나 주로 연구된 곳의 지명에서 유래한 반면, 트라이아스기Triassic period는 이때의 지층이 붉은 사암, 흰 석회암, 그리고 갈색 사암의 세 층으로 겹쳐 있다는, 일종의 지질학적 특징을 담고 있는 명칭입니다. 트라이아스기 지층은 대륙을 넘나들며 같은 양상으로 꾸준히 발견되고 연구됩니다. 왜죠? 그건 바로 판게아와 중앙대서양 마그마 지대 때문이죠.

페름기의 자정을 알리며 죽음의 폭죽을 터뜨리던 시베리아 트랩이 판게아의 북쪽 3%를 잠식했을 때, 이 땅은 온전히 닫힌 이후 2,000만 년이라는 지질학사의 달력을 막 넘기고 있었습니다. 어느새 견고히 형성된 이 거대한 땅덩어리의 깊숙한 내륙 중심부는 높은 온도와 물 한 방울 나지 않는 메마른 기후를 유지한 채 트라이아스기를 내내 장악했죠. 또, 여러 조각으로 나뉘어 있던 땅이 합쳐지면서 오로지 초대륙을 둘러싼 거대 해양, 판탈라사만이 외로운 존재감을 드러냈고, 단순한 수학적 결과값으로 대륙붕의 절대 면적이 확 쪼그라들어 버렸습니다. 즉, 해양생물의 안락한 터전이 좁아진 것이죠. 하지만, 한정된 육지와 바다의 터전은 새롭게 시작하는 소수 배우들이 무대로 삼기에 여전히 넓기만 했습니다. 사방에는, 그것이 위험하거나 치명적일지라도 이 적은 수의 무리들이 자신들의 변화를 시험해볼 수 있는 것들 천지였죠.

두 발로 걷는 악어

트라이아스기의 판게아는 주로 이궁류, 즉 지배파충류의 시대였습니다.

페름기에 이 대륙을 내리친 철퇴는 모두를 향한 평등한 심판이었고, 힘없는 리스트로사우루스 외에도 평등하게 생존의 기회를 잡은 녀석들이 있었죠. 양서류와 이궁류, 단궁류, 무궁류 모두에게 생존게임의 확률은 똑같이 적용되었습니다. 초기에 기회를 잡은 것은 리스트로사우루스였습니다. 지하로 숨어들어 숨죽여 지냈기에 살아남은 개체가 그나마 많았기 때문이었죠. 대멸종 직후 지상의 척추동물 중 60% 정도가 리스트로사우루스로 채워졌고, 그 개체수는 10억 마리에 달했다는 추정치도 있을 정도로 이들은 판게아를 뒤덮었습니다.

하지만 판게아는 건조하게 들끓는 지옥이었습니다. 1억 5,000만km²의 이차원적 공간에 물 한 방울 없는 환경이 가하는 삼차원적인 건조 기후는 그 광활한 대지의 심장부에서 거주할 자격을 그 어느 양서류와 단궁류에게도 허락하지 않았죠. 이 뜨겁고 물도 없고 그에 따라 풍화작용도 없이 아직도 이산화탄소와 제대로 합의를 보지 못한, 그래서 섭씨 40℃를 웃도는 저 판탈라사를 압도하는 섭씨 60℃짜리 대륙의 많은 부분을 차지하는 건조 지대에서 양서류와 단궁류보다 수분을 더 효율적으로 보존할 수 있는 피부와 분비선을 지닌 지배파충류Archosauria는 자신들의 한계를 마음껏 시험했고, 그 시험은 성공적이어서 이들은 해가 더해 갈수록 이 대륙을 점령해 나갈 수 있었습니다. 무너져 내린 이전 세계는 광활한 황무지를 남겼지만 그 땅의 개척자들은 목숨을 걸고 모험하며 진화했죠. 피지배 소집단에게는 다행스럽게도 메마른 판게아의 중심부를 따라 잠들어 있던 대서양 중앙 해령의 잠꼬대는 오늘날 아메리카의 동해안과 아프리카의 서해안이 될 좁은 열곡을 따라 띠처럼 호수들을 배열함으로써 그나마 이 이방인스러웠던 양서류와 포유류의 숨통을 열어 줬죠.

하지만 열곡의 오아시스는 포식자도 불러들였습니다. 파충류는 이 척박한 낙원에서 몸을 숨겨 포유류를 집어삼키고, 뛰어다니며 양서류를 사냥했으며, 날아다니며 곤충을 낚아챘습니다. 새로운 세계의 막바지에 땅이 열리자 하늘의 수문이 같이 열렸고, 200만 년이 넘게 뿜어 올리고 쏟아져 내리는 땅과 하늘의 또 다른 시험으로 육해공의 생태계가 붕괴되기 전까지 이들은 트라이아스기 먹이사슬의 왕좌를 내준 적이 없었습니다.

가장 성공했던 포식자는 악어의 옛 조상들이었습니다. 고생물의 속명이나 학명은 이해하기 꽤나 난해하고 사실 크게 이해할 필요도 없어 보이지만, 우선 이름 끝에 '-suchus라틴어로 '악어'라는 명사형 어미가 붙어 있으면 악어 계통이겠구나 생각하면 거의 맞습니다. 다시 말해, 제가 지금 알려 드릴 많은 녀석들의 이름이 그렇다는 거죠. 아니, 정확히 말하면 제가 지금 말씀드릴 녀석들은 오늘날 악어라고 불리는 현대 악어가 아닙니다. 악어 역시 지배파충류 계통에 속해 있고 위악류 단위에서 분기하지만, 지금 등장하는 녀석들은 위악류 단위에서 분기한 악어상목과의 다른 가지에 속해 있는, 악어 사촌들 정도라고 하면 맞겠네요. 남아프리카 땅에는 프로테로수쿠스이전의 악어, 에리트로수쿠스붉은 악어, 프로토수쿠스최초의 악어_계통발생학적으로 오늘날 악어목의 조상에 가장 가깝다고 평가됩니다.가, 아메리카 땅에는 사우로수쿠스도마뱀 악어, 포스토수쿠스포스트의 악어, 프레스토수쿠스빠른 악어, 파솔라수쿠스파솔라의 악어, 데스마토수쿠스연결된 악어가, 그리고 유럽 땅에는 오르니토수쿠스새 악어가 세대를 이어받으며 트라이아스기의 판게아를 통치합니다. 2015년에 발견돼 두 발로 뛰어다니며 사냥했을 것으로 추정되는 기괴함을 뽐냈던 이른 바 '캐롤라이나의 도살자학명은 Carnufex carolinensis' 화석도 이 시대 왕좌에 앉았던 주인공의 흔적이죠. 재미있는 건 지금 열거한 이 녀석들을 포함해 당시 판게아를 뒤덮었던 수십 종이 넘는 이 악어 사촌들이 전부 최상위 육식 포식자는 아니었다는 것입니다.

데스마토수쿠스는 그 이름에 걸맞게 그리스어로 '연결된_desmos' '악어_suchus' 라는 뜻의 이 녀석은 목 뒤의 양옆으로 뾰족하게 튀어나온 골판이 세 쌍 연결돼 있고, 네 번째 마디인 어깨 부근에 뒤로 살짝 휘어 길게 뻗은, 물소의 뿔 같은 살벌한 어깨 뿔을 달고 있었으며, 그 뒤로는 꼬리까지 척추와 갈비뼈를 따라 골판이 멋들어진 외형과 방어체계가 되어 등과 옆구리를 무장하고 있습니다. 무시무시하고 아름다운 비주얼을 자랑하지만, 정작 영양 보충이 필요한 경우가 아니라면, 웬만하면 풀을 뜯어 먹고 살았던 평화주의자였습니다. 다른 악어 사촌들은 몸길이가 다양하게 존재했는데, 3m 정도로 상대적으로 아담한 편이었던(?) 오르니토수쿠스부터 최대 10m에 이르는 파솔라수쿠스까지 천차만별이었죠. 그러니까, 이 악어의 조상들은 하나같이 무시무시한 포식성으로 행성을 압도한 것이 아니라, 그야말로 개체와 다양화, 그리고 적응의 규모를 통해 트라이아스 전성기를 뒤덮었던 것이죠. 그나마 물가에서 이들에게 자리를 양보하지 않고 잠시나마 신경전을 벌일 수 있었던 것은 거대 양서류였던 마스토돈사우루스*Mastodonsaurus*_엄청나게 두터운 몸통과 악어를 닮은 단단한 체형, 그리고 최대 6m에 이르는 몸길이를 지닌 채 호수나 웅덩이에 숨어들어 어류나 양서류, 파충류, 단궁류를 골고루 섭취한 이 녀석은 트라이아스 중기 최상위 포식자로서, 먹이를 놓치지 않기 위해 양 콧구멍 사이에 뚫린 두 이빨 구멍으로 아래 송곳니가 뚫고 나올 수 있도록 설계된 살육 기계였습니다. 이 이빨 구멍으로 튀어나온 두 개의 송곳니 모양이 유두, 즉 젖꼭지와 닮아 있어 '유두 이빨 도마뱀'이라는 이름을 갖게 되었죠.뿐이었던 듯합니다. 물론 신경질을 부리다가 못마땅한 몸짓과 함께 물러난 것은 결국 마스토돈사우루스였을 테지만, 그래도 파충류 일변도의 대륙에서 그나마 양서류의 자존심을 세워 주던 녀석이었겠죠.

파충류

악어의 조상들 말고도 셀 수 없이 많은 지배파충류와 석형류가 이 땅을 통치했습니다. 그러니까, 우리는 페름기 조상들직계 조상도 아니고 분기 몇 단계 전의 포유류형 파충류였던 단궁류이 잠깐 권력을 맛본 이후로 꽤 오랫동안 살기 팍팍했단 말이죠. 몸길이가 최대 10m에 육박했던 루티오돈*Rutiodon*은 이름 그대로 빛나는 이빨을 드러내며 거대한 몸을 물속에 담그고 긴 주둥이로 물고기를 훑어 물고 집어삼켰습니다. 오늘날 호숫가에서 일광욕하는 루티오돈을 누군가 목격한다면 "우와! 엄청나게 큰 '가비알 악어'다!"라고 소리칠 수 있을 만큼 오늘날의 가비알과 몹시 흡사한 외모를 갖고 있었지만, 이 녀석은 악어와 계통상 거리가 있다는 게 함정이죠.

페름의 마그마가 남긴 거대한 폐허는 지구의 생물들이 자신의 한계를 실험하고 모험을 통해 생존을 모색해야 했던 곳이었습니다. 그중에는 겨드랑이 사이에 돋아난, 얇게 펴서 반죽해 몸의 사지 사이에 매달아 놓은 듯한 팽팽한 비막을 날개 삼아 나무 사이를 미끄러지듯 지나치며 날벌레 무리의 틈을 활공하던 파충류도 있었죠. 자신을 연구한 알렉산드로 샤로브를 기리기 위해 샤로빕테릭스*Sharovipteryx*라는 속명을 갖게 된 녀석이 그 대표적인 주인공입니다. 왠지 약간 '-스탄'-stan'은 페르시아어로 '땅'을 뜻합니다. 그래서 중앙아시아나 서아시아에 페르시아어를 언어의 근간으로 삼는 나라들 중 '-스탄'으로 끝나는 국가명이 많이 있습니다.'이 붙은 중앙아시아 쪽 이름인 것처럼 느껴지지만, 알렉산드로 샤로브는 러시아 사람입니다. 하지만 정말로, 이 샤로빕테릭스는 중앙아시아에서 번성했어요. 키르기스스탄의 페르가나 계곡과 타지키스탄, 그리고 우즈베키스탄에 걸쳐 아담하게 노출돼 있는 고대의 이야기책, 마디겐 지층에서 이 녀석들이 발견됐거든요. 특이하게도 이 녀석은 뒷다리와 꼬리 사이에 큰 비막을 달고 날아다녔는데, 겨드랑이 사이의 작은 비막과 꼬리가 보조 날개와 방향타 역할을 하며 환상적인 비행술을 통해 20cm 길이의 몸을 곤충으로 마음껏 살찌웠을 겁니다. 지금은 솔라이트 채석장이 된 미국 버지니아와 노스 캐롤라이나의 호수와 습지에서 기린처럼 길게 솟은 목 뒤로 몸통 양옆으로 길게 뻗은 여덟 개의 갈비뼈가 지탱하는 비막을 펼쳐 곤충 떼 틈으로 날아들었던 메키스토트라켈로스*Mecistotrachelos*: 치솟는 긴 목, 이카루스의 날개를 달고 상공을 누비던 이카로사우루스*Icarosaurus*: 이카루스 도마뱀와 그보다 예닐곱 배나 몸집이 큰 70cm짜리 그의 사촌 쿠에네오사우루스*Kuehneosaurus*가 샤로빕테릭스와 함께 트라이아스기의 나무 틈새를 활공하던 수렴진화의 모델이었습니다.

폐름기의 지배자였던 디메트로돈을 숭배하듯 4.5cm밖에 되지 않는 작은 흉상에 걸맞지 않게 등에는 최대 30cm 길이의 하키스틱 같은 구조물을 7~8개 꽂고 다니던 녀석의 그림자 역시 마디겐 지층에 박제된 채 트라이아스기의 파충류 천국을 재현하고 있습니다. 롱기스쿠아마*Longisquama*: 긴 비늘가 그 주인공이죠. 무식했던 과거 고생물학의 수준으로 인해 이 녀석도 한때 이 하키스틱을 이용해 날아다니던 활공 파충류로 오해를 받았던 때가 있었습니다. 하지만 현재까지 올바르게 수정된 정보에 따르면 이 녀석은 동물들이 늘 그렇듯 성 선택의 공식에 따르거나 천적을 겁주기 위해, 다시 말해 시각적 표현의 목적으로 아이스크림을 다 먹고 공허한 마음을 다스리고자 이로 끝부분을 구부러뜨린 아이스크림 막대기 같은 이 구조물을 등에 꽂고 다녔다고 해요.

트라이아스기에는 악어 사촌들 말고도 풀 뜯어먹고 살던 파충류들이 많이 있었어요. 히페로다페돈*Hyperodapedon*: 최고의 절구공이 이빨은 하트 모양의 두개골 생김새와 어울리지 않게 위아래로 한 개씩 길게 튀어나온 날카롭고 뾰족한 앞니를 달고 있었는데, 찔리면 배에 커다란 바람구멍이 뚫릴 것만 같이 생긴 무시무시한 이 앞니로 이 녀석은 땅을 팠습니다. 고사리 캐어 먹으려고요. 1.3m짜리 채식주의자였던 이 녀석은 홈이 파인 윗니와 뾰족한 아랫니를 여닫으며 앞발과 앞니가 열심히 캐낸 고사리 속살을 절구처럼 빻고 질겅질겅 씹었습니다. 당시에 고사리는 발에 채일 만큼 여기저기 많이 있었는데, 식감이 별로였는지 많은 동물에게 사랑받지는 못했습니다. 덕분에 먹을거리로 남들과 싸울 필요가 없었던 이 고사리 성애자들은 거의 판게아 전역이라고 해도 무방할 만큼 널리 분포했는데, 트라이아스기가 끝날 무렵 멸종하고 맙니다. 그때쯤 해서 종자고사리가 멸종하거든요.

중국에는 낭만적인 이름을 가진 파충류도 있었습니다. 후난성에서 화석이 발견된 이 녀석의 이름은 '연꽃 도마뱀*Lotosaurus_*'lotus'는 '연꽃'이라는 뜻'입니다. 이 녀석도 채식주의자였는데, 연꽃을 먹고 살아서 이런 이름이 붙은 건 당연히 아니었죠. 연꽃은 물론이거니와 진짜 꽃이 등장하려면 이 녀석들이 죽고 1억 년 정도 더 지나야 되거든요. 이 이름은 이 녀석이 살던 동네에서 유래합니다. 후난성의 별명이 바로 부용국芙蓉國, 즉 연꽃의 나라입니다. 그래서 중국에서는 이 로토사우루스를 부용룡이라고 부르기도 한대요. 이름과 다르게 몸길이가 2.5m에 이르는 큰 종인데, 등에 진반룡류처럼 신경배돌기 돛을 달고 있었습니다. 그래서 자칫 이 녀석도 고기 편식을 했다는 고생물학자들의 오해로 인해 반찬 투정하지 말라는 꾸지람을 들을 뻔했지만, 두개골에서 이빨이 아닌 부리의 흔적이 관찰되면서 채식주의자라는 게 밝혀졌죠……. 어쨌든 편식이네요.

에피기아*Effigia*: 귀신는 꽤나 공포스럽고 고풍스러운 이름의 지배파충류였는데, 강력한 힘을 내도록 발달한 다리 근육을 통해 알로사우루스와 같은 수각류처럼 폭발적인 달리기를 했고 단단한 케라틴질의 부리로 먹잇감을 부수고 뜯어냈죠. 긴 꼬리로 치타처럼 방향 전환을 유연하고 빠르고 능숙하게 해내는 이 포식자의 살상력은 피식자를 압도했습니다. 그렇게 이 무시무시한 사냥술로 녀석은……. 곤충을 삼키고 씨앗을 부수고 질긴 식물을 뜯어먹었습니다. 이 친구의 키는 2m였어요. 물론! 저보다 훨씬 큽니다. 하지만, 당시로서는 그리 큰 편이 아니었고 생김새도 매끈하니 귀엽고 준수해 곤충이나 작은 먹이를 먹는 모습이 정말로 어울릴 만했죠. 또 다른 반전은 이 녀석의 움직임이 마치 수각류 같았지만 계통상 분명히 악어와 더 가까웠다는 겁니다. 아, 그럼 이 녀석의 이름이 '귀신'인 이유는? 이 친구가 발견된 동네가 뉴멕시코의 리오 아리바 카운티에 있는 고스트 랜치 Ghost ranch: 유령 목장였기 때문이죠. 재미있는 사실은 이 동네 땅속에 트라이아스기에 살았던 수각류인 코엘로피시스가 1,000마리 가깝게 잠들어 있다는 것입니다. 바로 공룡이죠.

작은 공룡들

공룡입니다. 운석의 파멸이 강제 종식시키지만 않았어도 현재까지 찬란한 통치를 이어 오고 있으리라고 과학계가 확신하는 이 동물은 중생대의 상징이었습니다. 그리고 그 전성기는 쥐라기부터 시작됐지만, 이들의 등장 씬scene은 트라이아스기 중기부터 촬영이 가능했죠. 하지만 이름처럼'dinosaur'라는 이름은 앞서 '찰스 이야기'에서 찰스 다윈의 얄던 이로 등장한 리처드 오언이 그리스어 'deinos(끔찍한 또는 무서운)'와 'sauros(도마뱀)'을 합쳐 만들어 낸, '무서운 도마뱀'이라는 뜻의 신조어였습니다. 땅을 울리고 공간을 점령했으며 포효하고 번성했던 이들의 거대한 통치가 등장부터 화려하지는 않았습니다. 악어의 사촌들과 거대 파충류가 이미 점령하고 있는 땅에서 이들은 작은 몸집을 한 채 조용히 기회를 엿보며 살아갔죠. 왕위 계승 전까지 최대한 분화하고 진화해 가계도의 기틀을 마련하면서 말이죠. 비록 대부분이 3m를 넘지 않는 몸집으로 버텼고 거대화를 꿈꾸기는 이른 시기였지만, 이때부터 공룡은 용반목과 조반목, 그리고 수각류와 용각류의 분류 체계를 완성시켰습니다.

비록 공룡이 왕좌에 앉기는 이른 시기였지만, 어쨌든 등장했으니 공룡에 대해 잠시 알아볼까요?

우선 이 친구들의 이름에 대해 간단하게 얘기해 보겠습니다. 우리 같은 보통 사람들의 무리 중에 공룡의 이름에 대해서는 놈 촘스키Avram Noam Chomsky의 기대에 부응하며 그 작은 입으로 조잘조잘 읊어내는 어린이 친구들이 가장 전문가에 가깝다역사상 가장 위대한 언어학자라는 수식어에 그 누구도 반론을 제시할 수 없을 듯한 음운론과 통사론의 아버지 놈 촘스키의 생득주의 이론을 지지하는 결정적 시기 가설(the critical period hypothesis)은 언어의 습득에 있어 결정적 시기를 2세~13세라고 정의하죠.고 할 수 있습니다. 결정적 시기에는 법칙 없이도

빅히스토리

툭하면 예닐곱 글자가 넘어가는 외계어 같은 공룡 이름들이 그냥 암기되고 발음되는 거예요! 그러니까 여러분이 조카나 자녀들보다 공룡 이름을 모른다는 사실에 상심하지 마세요. 언어학적인, 그리고 뇌 과학적인 관점에서 당연한 현상이니까요. 하지만 결정적 시기가 지났어도 몇 가지 법칙만 알면 공룡 같은 고생물의 이름속명이 많이 어렵지 않을 겁니다.

우선, 공룡의 속명은 린네 선생님의 선언에 따라 라틴어나 그리스어로 지어집니다. 주로 쓰이는 공식 같은 단어들을 살펴보면, 우선 '사우루스saurus'라는 어절이 공룡 이름에 가장 많이 붙습니다. 공룡이 파충류로부터 발생한 동물인 만큼, '도마뱀'이라는 뜻을 가진 라틴어가 따라오게 되는 거죠. 또 신체의 특징이나 부위를 뜻하는 라틴어와 그리스어가 많이 들어갑니다. '얼굴'을 뜻하는 '옵스o-ps', '이빨'을 뜻하는 '(오)돈(o)don', '뿔'을 뜻하는 '케라토cerato', '척추'를 뜻하는 '스피노spino', '볏crest'을 뜻하는 '로포lopho', '팔'을 뜻하는 '브라키brachium 또는 brachio', '거인'을 뜻하는 '티탄titan', '거대하다'는 뜻인 '메가mega'나 '기가giga', '둘'을 뜻하는 '디di-'나 '셋'을 뜻하는 '트리tri-'처럼 말이죠. 여기에 공룡의 화석이 발견된 장소나 지역, 발견자의 이름이나 별명, 발견된 지층의 이름, 발견자가 좋아하거나 비슷하게 생긴 대상을 중간중간 붙여서 라틴어로 잘 버무려 주면, 이구아노돈, 티라노사우루스, 케라토사우루스, 스피노사우루스, 브라키오사우루스, 기라파티탄, 메갈로사우루스, 기가노토사우루스, 디플로도쿠스, 딜로포사우루스, 사우롤로푸스, 트리케라톱스, 고지라사우루스, 아르겐티노사우루스, 칭다오사우루스 같은 근사한 이름이 완성되는 겁니다. 그리고 이 녀석들이 인기를 많이 얻어 모형 장난감으로 제작되거나 영화나 만화, 책 같은 데 많이 나오면 유명한 이름이 되는 거죠. 그러니까, 고생물학자들을 폄하할 생각은 없지만, 여러분도 전공을 잘 선택하고 땅을 잘 파고 라틴어 사전의 도움을 조금 받으면 '이구아나의 이빨', '폭군 도마뱀', '뿔 달린 도마뱀', '척추 도마뱀', '팔 도마뱀', '기린 거인', '거대한 도마뱀', '엄청 큰 남쪽 도마뱀', '두 개의 기둥', '볏이 두 개 달린 도마뱀', '도마뱀 볏', '세 개의 뿔이 달린 얼굴', '고질라 도마뱀', '아르헨티나의 도마뱀', '칭다오삼국간섭 이후 독일이 실질적으로 장악해 독일식 맥주가 유명한 그 칭다오시의 도마뱀' 같이 초원에서 파밍farming. 본래 뜻은 '농사'인데, 여기서는 쉽게 말해 캐릭터의 살림에 도움을 주는 유용한 아이템을 얻으러 이리저리 탐색하는 행위를 가리키는 게임 용어 조금만 하면 주울 수 있는 아이템 같은 유치한 이름을 앞 페이지의 그럴 듯한 속명으로 지어 줄 수 있는 거예요.

이번에는 공룡의 가계도를 이해해 볼까요? 공룡은 형태상 크게 용반목龍盤目_Saurischia과 조반목鳥盤目_Ornithischia으로 나눌 수 있습니다. 이름으로 짐작하셨겠지만, 골반이 어떻게 생겼느냐가 얘네한테는 엄청 중요해요! 이 골반 때문에 누구는 먹고 누구는 먹히게 되거든요. 용반목은 말 그대로 골반이 용, 즉 도마뱀의 것을 닮은 계통을 말합니다. 골반은 장골ilium_엉덩뼈. 골반의 윗부분으로 하부에 치골과 좌골이 연결됩니다. **아래에 좌골**ischium_궁둥뼈. 골반의 아랫부분으로 앉을 때 체중을 지탱하고 여러 다리 근육들이 부착되는 부위**과 치골**pubis_두덩뼈. 골반 아랫부분에 양쪽으로 분포해 앞쪽에서 U자 형태로 만나 엉덩이뼈가 최종 결합하며, 이때 이 치골이 만나는 곳은 섬유성 연골판 조직, 즉 물렁뼈로 이루어져 있습니다. 많이들 잘못 쓰고 있는 표현이 '치골 미남' 혹은 '치골 미인'이라는 표현인데, 치골은 구조상 남성과 여성 모두 성기 바로 안쪽에 위치하고 있기 때문에 이걸 미남이나 미인이라고 평가하려면 굉장히 큰일 나는 거거든요. 우리가 흔히 쓰는 저 표현에서 치골이라고 말하는 부위는 사실 허리 옆쪽으로 도드라진 장골입니다. 이 접합하여 이루어지는데, 도마뱀의 골반은 치골이 앞방향으로 길게 뻗어 있습니다. 이런 골반을 가진 공룡이 용반목에 속하죠. 반대로 조반목은 새의 골반과 같이 치골이 좌골과 나란히 뒤쪽 방향으로 뻗어 있습니다. 웃긴 사실은 정작 새의 조상은 조반목이 아닌 용반목 공룡이라는 것이죠. 뭐지? 뭐, 아무튼 그래요.

용반목은 다시 수각류와 용각류로 나뉩니다. 이 친구들은 보행법에 따라 쉽게 분류할 수 있어요. 에피기아가 발견된 고스트 랜치 지하에 잠들어 있던 1,000마리의 코엘로피시스는 2억 3천만 년 전에 그곳을 두 발로 걸어 다녔죠. 수각류Theropoda_수각아목는 이족보행을 할 수 있습니다. 용반목 공룡이 두 발로 일어서서 걸을 수 있다면 거의 수각류라고 보면 무방합니다. 이들은 대체로 골밀도가 높지 않아 순발력과 민첩성이 뛰어났으며 꼬리가 길고 두툼해 이족보행에 유리한 무게 중심을 갖추었습니다. 다시 말해, 두 발로 빨리 달릴 수 있었어요. 그럼 어떻게 되겠어요? 움직이는 것들을 빠르게 달려가서 사냥할 수 있었겠죠? 머릿속에 우리가 흔히 알고 있는 두 발로 걷는 육식공룡을 떠올려 봅시다. 얘네가 다 수각류예요. 수각류 중 열에 아홉은 고기 반찬을 먹습니다.

수각류의 또 다른 큰 특징은 가슴에 알파벳 'V'자 모양의 차골furcula_사람에서의 쇄골이 박혀 있다는 것입니다. 인간을 비롯한 영장류의 쇄골은 가슴 위쪽 양 옆에 두 개로 이루어져 있잖아요. 그런데 얘네는 쇄골이 로보트 태권 브이처럼 'V'자로 이루어져 있어요. 티라노사우루스 앞발이 기형적으로 작다고 외모 면에서 놀릴 수는 있어도 기능 면에서 무시하면 안 되는 이유가 여기 있습니다. 이 차골이 앞발의 구조를 견고하게 해 준 덕분에 육식공룡은 사냥할 때 발버둥치는 먹이를 생긴 것에 비해사실 티라노사우루스의 앞발을 보면 '애는 세수라도 할 수 있을까.' 하는 짠한 생각이 들잖아요. 더 강한 힘을 내는 앞발로 붙잡을 수 있었고, 또 차골이 뒤틀리는 부상도 막을 수 있었죠. 그렇게 냠냠 맛있게 고기 반찬을 먹고 수각류는 번성했죠. 이 로보트 태권브이의 로고가 맡은 중요한 역할이 하나 더 있습니다. 바로 고정된 어깨가 고된 날갯짓을 쉬지 않고심할 때(극제비갈매기)는 매해 3만~7만km 이동 힘차게 할 수 있게 해 준다는 것이죠.

혹시 치킨 좋아하시나요? 저는 엄청 좋아해요! 특히 튀김 옷이 얇고 바삭한 옛날 통닭은 뭐……, 지금 말하면서 '배달하는 한민족' 어플 켰습니다. 그리고 원래 사랑하는 대상은 뼈 속까지 들여다보고 싶은 법 아니겠습니까? 그러니까 고생물학자들도 뼈만 앙상하게 남은 화석에 죽고 못 사는 거 아니…… 겠네요. 남은 게 뼈밖에 없어서……. 고생물학자들의 사랑은 눈물 겹군요. 어쨌든, 통닭을 발굴해 보면 기다란 목뼈가 끝나기 두 마디 전쯤에 'V'자로 뻗어 내려가는 이 차골을 볼 수 있습니다. 그래요. 우리가 일주일에 한 번씩은 꼬박꼬박 맛있게 먹는 닭통계는 우리 국민 절반 이상이 닭고기를 주 1회 이상 소비한다고 말합니다.이나 아스팔트의 도도한 방랑자 비둘기, 식성이 탈모의 설움을 이겨 버린 대머리독수리사체의 내장을 편리하고 위생적으로 먹을 수 있도록 머리카락을 시원하게 날려 버렸습니다. 모두가 우리 주변에 오늘날까지 살아 있는 수각류입니다.

조류는 오랜 시간 동안 수각류 공룡에서 진화한 공룡의 아래 세대라고 여겨져 왔는데, 화석 증거와 계통발생학적 연구의 결과는 최근 들어 조류가 공룡과 같은 분기 상의 지위를 가지는 수각류의 일종이라는 데 고개를 끄덕이는 트렌드를 형성했습니다. 그러니까 염기 서열상 치킨은 공룡이랑 거의 같은 음식이에요!이 말은 비유가 아니라 사실인데, 티라노사우루스와 닭은 수각류 중 코일루로사우리아(Coelurosauria) 계통으로 함께 묶여 있습니다. 수각류의 또 다른 특징은 대부분이 변온동물이었던 다른 공룡들과 다르게 이 녀석들은 항온동물이었을 가능성이 높다는 것입니다. 과학적 모델이 꽤 설득력 있고 정확하게 제시하는 이 가능성은 오늘날 포유류 중에도 변온동물벌거숭이두더지쥐이 있고 어류 중에도 항온동물참다랑어이 있다는 사실과 함께 예외적 상황과 다양성에 대한 우리의 포용력을 시험합니다. 아무튼 그랬대요.

수각류는 트라이아스기 때부터 꾸준히 공룡계를 주름잡으며 계통수에서 전체 공룡의 절반을 차지할 정도로 다양한 종으로 지구를 수놓습니다. 그중 대표주자로 꼽을 만한 녀석은 코일로피시스*Coelophysis*_속이 비어 있는 것'이라는 뜻으로, 척추골이 비어 있어 3m의 몸길이에도 불구하고 체중은 50kg 미만인 민첩한 사냥꾼이었습니다., 고지라사우루스*Gojirasaurus*_1981년 모식표본이 발견되고 나서 일본 괴수 영화의 주인공 '고지라(Gojira)'의 광팬이었던 일본계 미국인 케네스 카펜터 박사가 이름을 지어 준 이 공룡은 몸길이가 최대 6m에 달하는 비교적 큰 상위 포식자로 추정되었습니다. 코일로피시스와 함께 코일로피시스상과에 포함된 대표적 수각류 계통으로 분류되었는데, 화석 표본상 논란의 여지가 많아 아직까지 개별 계통의 공룡이라는 결론은 나지 않았습니다., 주파이사우루스*Zupaysaurus*_악마의 도마뱀. 몸길이 최대 6m의 트라이아스 후기 포식자., 프로콤프소그나투스*Procompsognathus*_코일로피시스과에 속한 몸길이 1m 미만의 별 볼 일 없는 이 수각류가 유명한 이유는 마이클 크라이튼이 소설 《Jurassic Park》(《쥬라기 공원》_표기상 쥐라기 공원이 맞는 표현이지만, 소설 번역의 허용상 '쥬라기 공원'으로 출판.)에 가장 처음 등장시켰기 때문입니다. 소설에서 1m에서도 반 토막 난 작은 개체로 등장하는 이 녀석들은 '쥬라기 공원'의 설립자인 '인젠'사의 회장 존해먼드를 단체로 공격해 잡아먹는, 꽤나 인상 깊은 역할도 담당하며 독자들에게 큰 충격을 안겨 주었죠. 같은 코일로피시스과의 수각류였습니다.

용각류Sauropodomorpha_용각아목는 일반적으로 대중에게 목이 길고 덩치가 엄청나게 큰, 네 발로 걸으며 풀을 뜯어먹고 사는 이미지로 대표됩니다. 1980년대 인기 만화였던 〈아기공룡 둘리〉를 아시나요? 1억 년 전둘리의 종을 감안하면 1억 5,000만 년 전이 더 정확합니다. 곤드와나에서 태어나 꽁꽁언 채로 지구를 맴돌다 대한민국 서울시 도봉구 쌍문동에 정착한 둘리가 과거에 헤어진 엄마를 그리워하다가 타임머신을 타고 과거로 돌아가 만났다가 헤어지기를 반복하는데, 이때 등장하는 둘리의 엄마가 대표적인 용각류인 브라키오사우루스Brachiosaurus_팔 도마뱀. 많은 용각류가 그렇듯 앞다리가 뒷다리보다 길어서 생긴 이름였어요. 그런데 작가의 작지만 치명적인 실수 하나가 둘리를 방황하게 했죠. 작가는 둘리 엄마를 등장시킬 때 온화하고 포근한 이미지를 염두에 두었던지라 크고 온순한 이 용각류로 그렸는데, 정작 둘리의 캐릭터는 수각류인 케라토사우루스Ceratosaurus_뿔 도마뱀. 그리스어로 '뿔'은 'kcratos'가 모델이었거든요. 실제로 저는 너무 어려서 읽어 보지 못한 1983년《보물섬》에 처음 등장한 둘리는 연갈색의 피부에 코에 조금 더 뾰족하고 뚜렷한 뿔이 돋아 있습니다. 하지만 당시 어린이들의 꿈과 희망은 어른들 취향을 따라갔기에 "어린이들 정서에는 녹색이지!"라고 외치는 어른들의 의견이 적극 반영되어 애니메이션에 등장하는 둘리는 코에 달린 뿔이 하얀 공처럼 동그란 녹색 아기공룡이 됩니다. 그래도 두 발로 걷고 손으로 뭐든 집는 둘리는 어느 작품에서나 어김없는 수각류였죠. 엄마랑 종이정확히는 아목 계통부터 다르다니! 계통으로 예를 들면 사람이 마다가스카르 여우원숭이를 보면서 "엄마, 밥 줘!" 하는 것과 같은 일이었죠. 충격과 공포의 모자 관계는 작가가 실수를 쿨하게 인정하고 극장판 애니메이션 〈아기공룡 둘리: 얼음별 대모험〉에서 엄마도 케라토사우루스로 그려서 극적인 동족 모자 상봉을 성사시킴으로써 제자리를 찾게 되었습니다.

잠시 충격과 공포와 꿈과 희망의 세계로 다녀왔습니다. 어쨌든, 이렇게 용각류는 중생대의 양치식물이나 소철 같은 단단하고 키가 큰 식물을 먹고 소화시켜야 했기 때문에 목이 길고 덩치가 컸죠. 뒤에서 등장하겠지만 실로 거대해서 큰 개체는 30m를 넘어서는 것도 있을 정도였습니다. 농구 코트를 꽉 채우고도 남는 길이였죠. 하지만 트라이아스기부터 용각류 공룡들이 이렇게 풀만 먹는 덩치 큰 기린들은 아니었답니다. 앞서 이야기한 것처럼 트라이아스기 공룡은 아직 몸집이 작았고 번성하지 못했거든요. 용각류 역시 초식보다는 잡식을 했고 크기도 당시로서는 조용히 숨어 지내기 적당했습니다. 그러다가 수각류나 악어 사촌들과의 먹이 경쟁에서 밀리면서 점점 풀뿌리만 뜯어먹는 방향으로 선회한 것이죠.

자꾸만 수각류나 위악류에게 치이면서 살다가 트라이아스기가 끝나가던 어느 날, 문득 한숨 쉬며 위를 처다보니 20m씩 쭉쭉 뻗어 있는 나무에 달린 초록색 잎들이 한눈에 들어오지 않겠어요? 용각류는 생각했습니다. '내가 무슨 부귀영화를 누리겠다고 힘도 없는데 아래 동네에서 치고받고 살아야 돼? 저기 저 하늘까지 닿을 듯한 무한한 기회의 창이 열려 있는데!' 그래서 부리로 맷돌 같은 이를 보호하고 키를 키우고 소화기관을 늘려 억센 저칼로리 풀들페름기 학살의 흔적은 시베리아 트랩과 이산화탄소로 대표되는데, 높은 탄소 농도는 트라이아스기에도 영향을 주어 당시 식물들은 질소 함유율이 떨어지는 저영양 상태였습니다.을 큰 몸에 꾹꾹 눌러 담아 소화시키기로 결심하게 된 거죠. 실제로 트라이아스기의 용각류들은 에오랍토르*Eoraptor*_새벽의 약탈자. 1991년 처음 발견된 이후 용각류와 수각류를 넘나드는 분류상 논쟁의 중심에 있었는데, 최근 연구 결과 수각류와 용각류의 공통 조상 격으로 여겨지고 있으며, 원시 용각류에 가까운 공룡.나 플라테오사우루스*Plateosaurus*_납작하고 평평한 이빨의 생김새에서 유래한 뜻인 '납작한 도마뱀.' 몸길이는 최대 10m로 트라이아스기로서는 상당히 컸으며, 목이 긴 수각류의 형태를 띤 초기 용각류의 모습을 대표하는 공룡. 이족보행과 사족보행이 가능했고 모든 반찬을 가리지 않았던, 어딜 가나 굶는 일 없는 변죽 좋은 아들 친구 같았던 대표적 초기 용각류., 부리올레스테스*Buriolestes*_발견된 브라질 부히올 협곡의 이름을 딴 '부히올의 도둑'이라는 뜻. 트라이아스 후기의 육식성 초기 용각류., 판파기아*Panphagia*_무엇이든 먹는 것. 트라이아스기 후기의 잡식성 초기 용각류., 테코돈토사우루스*Thecodontosaurus*_소켓 이빨을 가진 도마뱀. 트라이아스 후기의 잡식성 원시 용각류.처럼 두 발로 걷고 고기 반찬을 먹거나 이것저것 골고루 잘 먹고 다니던 녀석들이 많았고, 멜라노사우루스*Melanorosaurus*_검은 산의 도마뱀. 몸길이는 트라이아스기 공룡 중 최장신에 속하는 10~12m 정도이고, 거대한 몸 때문에 사족보행을 택한 것으로 추정.처럼 네 발로 걷는 채식주의자는 극소수에 불과했습니다.

트라이아스기에는 수각류와 용각류 이전에 용반목의 다른 줄기로 분화했다고 추정되는 녀석들이 있었습니다. 아르헨티나의 양치기양치기들은 참 발견을 많이 해요. 에티오피아의 양치기 칼디는 커피를, 알프스의 양치기들은 치즈 퐁듀를 인류에게 선물했죠. 돈 빅토리오 에레라가 발견해 그의 이름을 물려받은, 트라이아스기 중기에 나타나 바람처럼 살다가 후기에 사라진 헤레라사우루스Herrerasauridae_헤레라사우루스과는 사실 아직까지도 공룡인지 아닌지 정확히 분류할 수 없는데, 골반을 비롯한 해부학적 특징이 수각류를 닮은 듯 안 닮은 듯 뭐 하나 확실한 분류 기준이 없는 독특한 녀석이기 때문이죠. 그래서 새롭게 발견되는 증거들에 따라 용반목이었다가 공룡형류쯤 된다고도 했다가 다시 수각류로 편입되기도 하는 실정이에요. 분명한 건, 이 녀석들은 트라이아스기에만 살다 간, 시대적 특징이 분명한 공룡이었다는 것이죠. 트라이아스기 공룡으로서는 꽤 큰 체구를 지니고 있었는데, 최대 6m에 이르는 큰 몸집으로 자신보다 작은 단궁류나 파충류를 사냥하며 차상위권의 포식자 위치를 꿰어 차고 있었던 듯하죠.

한편, 조반목은 식사시간이 되면 모두 나무와 풀이 우거진 숲으로 모여들었습니다. 한 마리도 빠짐없이 모두 채식주의자였죠. 그래서 나중에 몸집을 불리고 풀을 뜯어먹게 된 용각류보다 더 채식에 알맞은 구강구조를 갖고 있었어요. 잎을 뜯어내는 앞니나 부리, 뜯어낸 잎을 으깰 수 있는 맷돌 같은 어금니를 가지고 쉴 새 없이 움직이는 턱의 저작 운동을 통해 식물을 갈아 먹었어요. 앞서 이야기했듯이 새와 골반 형태가 같지만, 정작 새와는 계통이 다르답니다. 조만목은 두 갈래의 아목 아래 다섯 갈래의 하목으로 계통을 이루고 있는데, 각 하목은 어린이는 물론이고 공룡에 관심 없는 어른들도 웬만하면 알만큼 개성 있고 인기 있는 녀석들로 이루어져 있습니다. 이 친구들, 즉 조반목 공룡은 트라이아스기에 존재하지 않았어요. 중생대 중반에 등장한답니다. 그러니 이 친구들에 대해서는 뒤에서 더 자세히 배워 볼까요?

거대한 어룡들

중생대의 땅은 위악류와 공룡의 발자국으로 뒤덮였습니다. 그러나 지구 역사의 모든 순간에 가장 번성하는 무리는 언제나 바다에 있습니다. 지구의 대부분은 늘 바다로 덮여 있으니까 말이죠. 트라이아스기 바다의 주연은 이때 처음 등장한 신예 배우였던 어룡Ichthyosauria이었습니다. 여러 매체나 서적에서 편의상 공룡을 다루면서 어룡과 익룡을 함께 취급하는 경향이 있어서 많은 사람들이 어룡과 익룡이 공룡의 한 종류라고 생각합니다. 그런데 공룡은 파충강 이궁아강에 속한 조반목과 용반목의 동물만을 포함하는 분류입니다. 쉽게 말하면 공룡은 육지에 살았던 녀석들만 일컫는 말이죠. 바다에 살던 해양 파충류는 어룡과 장경룡수장룡, 모사사우루스과, 메트리오링쿠스류처럼 공룡과는 개별적인 별도의 분류 체계를 따른답니다. 하늘을 날아다니던 파충류도 공룡에 속한 것이 아니라 공룡과 별개의 분류 체계로서 익룡이라는 지위를 갖고 있죠.

트라이아스기의 육지에서는 공룡이 별 힘을 못 쓰고 있었잖아요. 덩치 큰 별종도 몇 없고 악어 같이 드센 형들이 이미 땅을 다 차지하고 있어서 아직 기회를 잡지 못했기 때문이었죠. 그런데 기회의 바다, 판탈라사는 달랐습니다. 하나로 뭉친 판게아가 갈라지며 작은 테티스해가 열리기 전, 판탈라사는 해양 생물들에게 거주지를 내어 준 거의 유일무이한 거대 바다였습니다. 이 넓은 바다가 페름기의 존재감 없던 거주자들을 거의 다 목 조르고 삶아 죽여 버리는 동안 아담한 은상어 무리와 목숨줄만 겨우 붙은 실러캔스, 암모나이트가 겨우 이 죽음의 바다를 통과했고, 조금씩 계통수를 늘려 갈 준비를 하는 조기어류렙톨레피스, 히아스코악티누스 등와 연골어류

크세나칸투스, 헬리코프리온, 사우리크티스, 리스트라칸투스 등마저도 겨우 드문드문 눈에 띌 만큼 공실률이 한없이 높아져 버린 바다는 새로운 입주자를 받아들일 준비가 완벽하게 되어 있었습니다. 비록 아직도 많은 구역의 온도가 40℃에 머무른 채 떨어지지 않고 있어 생명의 무대는 극지방을 중심으로 꾸며지기 시작했지만, 변방만 둘러봐도 여전히 넓고 천적도 없으며 무한한 가능성이 열려 있던 이 무대는 당연하게도 육지보다 더 일찍 멋지고 거대한 존재들의 연기를 허락했습니다. 그리고 그 무한한 바다의 포용력은 과거의 영광을 추억하며 거의 모든 생명체가 작아져 버린 오늘날에도 30m가 넘는 기록적인 포유류가 진화하고 생존할 수 있는 밑거름이 되었습니다. 대왕고래 말이죠.

대왕고래만큼은 아니었지만, 페름기의 과격한 정화 과정을 거친 트라이아스기 바다에도 일찍이 거대한 해양 파충류, 특히 어룡이 번성할 수 있었습니다. 그 이후의 시기에 등장할 무시무시한 생명체들과 비교해도 덩치에서는 압도적이었다고 평가할 수 있을 정도로 황무지에서 꽃핀 진화의 신비를 보여 주면서 말이죠. 그중 단연 크기로 지질 시대 전반에서 최상위권을 차지할 수 있는 무리가 있었는데, 바로 쇼니사우루스*Shonisaurus*_미국 네바다주에서 40여 마리에 이르는 대량의 화석이 한꺼번에 발굴되어 비교적 개체 연구가 정확히 진행되었는데, 몸길이는 15m 가량으로 혹등고래와 비슷한 체구를 자랑합니다. 날카로운 이빨은 암모나이트 같은 두족류나 다른 해양 척추동물을 먹이로 삼기 충분했죠., **샤스타사우루스***Shastasaurus*_캘리포니아주 사스타 산에서 발견된 어룡으로 발굴지 이름을 따 '사스타 산의 도마뱀'이라는 뜻을 지닙니다. 모식종은 7m의 몸길이를 기록했는데, 2004년 캐나다 브리티시 콜롬비아주에서 21m에 달하는 화석이 발견되어 초거대 어룡으로 자리매김합니다. 다만, 이 개체는 학계에서 샤스타사우루스와 쇼니사우루스 사이를 왔다 갔다 하며 정체성 혼란이 아직도 진행 중입니다., **히말라야사우루스** *Himalayasaurus*_이름에서 알 수 있듯이 화석 표본이 히말라야 산맥이 위치한 아시아에 살았던 거대 어룡입니다. 트라이아스기 어룡은 대부분 작은 원뿔형 이빨을 지녔는데, 이 녀석은 날 선 넓적하고 커다란 이빨을 지녔습니다. 모식 표본을 토대로 한 몸길이 추정치도 15m 정도이기 때문에, 비교적 큰 먹이도 잡아먹는 상위 포식자였던 것으로 추측됩니다., **이크티오티탄**_*Ichthyotitan*_2016년 영국 릴스톡(Lilstock)에서 표본이 처음 발견된 후, 2024년 화석 재측정 결과 이름 그대로 '거인 물고기'의 지위를 꿰어 찬 트라이아스기 어룡계의 슈퍼 노바입니다. 지구 역사를 거쳐간 동물들을 모두 줄자 옆에 세워 놓았을 때 대왕고래에 가장 가까운 지점까지 도달할 수 있었던 이 녀석은 또 다른 기록적인 화석들이 발견되지 않은 현재, 사촌들인 쇼니사우루스나 샤스타사우루스, 히말라야사우루스를 따돌리고 여전히 지구 역사상 가장 거대한 해양 파충류라는 타이틀을 거머쥐고 있으며, 트라이아스기 대멸종 직전까지 생존했던, 거대 어룡 계통의 막내였습니다. 같은 거대한 근연종을 거느린 샤스타사우루스과*Shastasauridae*였죠. 이 유래 없이 덩치 큰 녀석들을 비롯해 10m 미만의 그럭저럭한 크기(?)의 다양한 어룡들은 페름기 멸망의 역사를 뚫고 판탈라사를 가득 뒤덮은 암모나이트에게 고마움을 표시하고 꿀꺽 삼켜 배를 불리면서 트라이아스기에 새롭게 열린 바다의 역사를 창조해 나갔습니다. 거대한 이빨과 강력한 근육, 유연한 목과 효율적인 지느러미 따위를 장착한 더욱 무시무시하고 잔인한 바다의 깡패들이 몰려 닥칠 다음 세대의 전쟁터가 파도에 실려 오기 전, 이전 세대의 지옥에서 회복한 자신들만의 세계를 잠시나마 평화롭게 누리며 말이죠.

작은 익룡들

페름기의 불기둥이 일으킨 뿌연 연기가 하늘을 가득 뒤덮었던 악몽이 그 재해의 낙진과 함께 가라앉자, 회복기의 창공으로 익룡이 날아올랐습니다. 곤충 이후 하늘을 자유롭게 나는 존재가 처음 생겨난 때는 바로 트라이아스기였습니다. 육지와 바다에서 몰살의 위기를 겨우 모면한 생물 종들이 죽음에서 돌아와 생존 실험에 박차를 가하면서 진화와 생존의 가능성이 하늘까지 솟아올랐던 것이죠. 육지에서 실험을 마치고 날아오르기 시작했으니 이들의 비행은 공룡과 어룡의 등장에 비해 조금 늦을 수밖에 없었습니다. 후기 트라이아스기에 이들의 날갯짓이 시작되었죠. 하지만 시작은 미약했습니다. 네 번째 앞발가락을 팔뚝만큼 굵은 구조로 발달시키고 거기에 비막을 걸어 공기의 흐름에 자신의 몸을 내맡기는 실험을 완성함으로써 익룡목Pterosaurus으로 분기한 이 석형류의 익장날개를 폈을 때 양 날개의 총 길이은, 이제 겨우 날아오르기 시작한 트라이아스기에는 대개 1m 내외에 불과했습니다. 하지만 절지동물이 아닌 어떤 종이 하늘을 날아다니는 것 자체가 그 시절을 살던 녀석들의 눈에는 충격 그 자체였겠죠. 물론, 땅에 발붙이고 바라볼 때 1m도 안 되는 작은 녀석들이 저 하늘 높은 데서 날아다니는 게 눈에 들어왔을지는 모르겠지만 말이죠. 하지만 적어도 곤충들에게는 새로운 지옥의 문이 열린 시대로 기억되었을 것입니다.

발가락의 변형을 통해 척추동물 최초의 비행이라는 획기적인 역사를 썼던 만큼반대로 말하면 그 외에 크게 와닿는 위력이라든지 크기라든지 포식자로서의 지위라든지 하는 요소가 없었던 만큼 트라이아스기 익룡의 이름에는 '손가락' 혹은 '발가락'을 뜻하는 라틴어또는 영어 '-dactylus'가 발견된 지역명과 함께 주로

붙어 다닙니다. 아르티코닥틸루스*Articodactylus*_북극의 손가락, **오스트리아닥**
틸루스*Austriadactylus*_오스트리아의 손가락, **베르가모닥틸루스***Bergamodactylus*_
(이탈리아) 베르가모의 손가락, **카르니아닥틸루스***Carnidactylus*_(이탈리아) 카르니아
의 손가락, **프레온닥틸루스***Preondactylus*_(이탈리아) 프레오네 계곡의 손가락, **세아**
자닥틸루스*Seazzadactylus*_(이탈리아 프레오네 계곡) 세아자 개울의 손가락, **라이티**
코닥틸루스*Raeticodactylus*_(로마 제국 시대 다뉴브 강 상류의 속주였던) 라이티아의 손
가락처럼 말이죠. 이 녀석들 외에도 많은 초기 익룡들이 트라이아스 후기
하늘을 날아다니며 곤충을 잡아먹었습니다. 물론 육지 이방인들의 눈에는
더 작은 점을 삼키는 작은 점 정도로 보였겠지만, 이들은 세대를 거듭할수
록 점점 몸집을 키웁니다. 먼 훗날 백악기 말쯤 되었을 때 좌우 10m가 넘
는 장엄한 날개의 펄럭임이 그 옛날 후기 트라이아스기의 미약한 날갯짓
으로 비행을 시작한 조상들을 비웃던 육지의 먹잇감에게 진정한 공포가
무엇인지 깨닫게 할 그날까지 말이죠.

몇 년 전까지의 익룡과 오늘의 익룡에게서 다른 점을 찾아볼까요? 공룡
도 마찬가지였지만, 고생물학 분야에서 포유류와 조류 외의 다른 동물이
몸에 깃털이나 체모를 붙이고 다닌다는 발상은 갈릴레이에 앞서 지구가
태양 주위를 돈다는 발언을 하는 것만큼 용기가 필요한 일이었습니다. 갈
릴레이 이전에도 지구가 돈다는 생각을 많은 이들이 했을 테지만, 근거가
충분하지 않았기 때문에 그 생각을 입 밖에 낼 수도 또 공식적으로 인정받
을 수도 없었죠. 익룡의 털도 마찬가지였습니다. 2010년대 후반까지 과학
자들은 입이 근질근질했을 거예요. 단지 아직은 인정하기 이르다는 암묵
적인 인내가 계속해서 팽팽하게 장력을 받고 있을 뿐이었죠. 증거가 조금
씩 나오고 있었거든요.

익룡 화석에서 심심치 않게 발견되는 피크노섬유Pycnofiber는 익룡의 표피를 빽빽하게 덮고 있는 털과 비슷한 형태의 구조물로, 지배파충류에서 깃털 발현 유전자가 활성화되어 나타난다는 것이 밝혀졌습니다. 그러니까 다시 말하면, 악어도 DNA가 마음만 단단히 먹으면 하늘을 날 수 있다는 아이디어가 100% 헛소리는 아니라는 거죠. 어쨌든, 피크노섬유는 익룡이 비행하는 동안 체온을 유지할 수 있도록 해 줍니다. 증거가 쌓이고 논문이 계속해서 발간되자, 눈치만 보던 과학자들은 이제 "임금님 귀는 당나귀 귀!"를 외치던 대나무 숲에서 나와 "야, 익룡에 털 있다!"라고 외칠 수 있게 되었죠. 익룡이 온혈동물이었다는 외침은 덤이었죠. 그래서 2010년대 후반부터 익룡이 몸에 털을 두르고 삽화에 출연하는 것이 대세가 되었습니다. 재미있는 사실은 과학자들이 아직 눈치만 보고 있던 1994년, 한국의 한 용감한 영화감독이 자신의 영화에 털옷으로 몸을 감싼 익룡 프테라노돈을 출연시켰다는 것이죠. 바로 심형래 감독의 〈티라노의 발톱〉이었습니다.

열리기 시작한 계곡

이렇듯 트라이아스기는 2억 5,200만 년 전 고생대 마지막 형벌이 완성된 이 지구 위에 새로운 생명의 역사를 써 내려간 중생대의 서막이었습니다. 그렇게 다시금 생명의 나무에 가지를 뻗어낸 생존자는 이끼, 양치식물, 소철, 은행나무비록 오늘날과 종은 달랐지만를 비롯한 겉씨식물부터 그걸 뜯어먹고 살던 디키노돈리스트로사우루스를 비롯해 디노돈토사우루스, 이스키구알라스티아, 콤부시아, 미오사우루스, 안고니사우루스 등으로 대표되는 단궁류, 그리고 그런 단궁류를 잡아먹고 살던 악어 사촌들, 수많은 지배파충류, 그 틈에서 겨우 자존심을 세우고 버티던 소수의 양서류, 패권을 쥐기 전 왕좌의 주변에서 조용히 대륙을 거닐던 작은 공룡들, 하늘을 수놓은 거대 잠자리와 그들을 물고 창공을 날기 시작한 작은 익룡들, 바다를 가득 메우기 시작한 암모나이트와 조개, 생존을 위해 다시금 신제품 생산 공장을 가동시키기 시작한 물고기들, 그리고 이들을 입 속에 쓸어 담으며 거대한 몸을 인어처럼 뒤틀던 어룡에 이르기까지 다시금 다양성을 꽃피웠죠. 하지만 5,000만 년 뒤, 공든 탑을 쌓을 때까지 인내심을 갖고 지켜보다가 한 순간에 무너뜨리는 지구의 못된 취미로 말미암아 그 다양성은 또다시 20%의 나락으로 떨어져 버립니다.

또 다시 시작된 지구의 형벌은 페름기와 마찬가지로 판게아에게 책임이 있었습니다. 어제는 한데 뭉치고 오늘은 두 갈래로 찢어진 판게아의 두 얼굴은 같은 집행자를 세상에 풀어놓으며 거주자의 파멸을 주도했죠. 페름기 대멸종으로부터 2,000만 년 전 하나가 되었던 땅덩어리는, 대멸종의 상처를 딛고 다시 일어선 지구의 생명체들에게 다시금 철퇴를 내리치기 위해 7,000만 년을 기다립니다. 그리고, 다시 갈라지기 시작했죠. 그 아래 깊숙한 곳에는 중앙대서양 마그마 지대Central Atlantic Magmatic Province, CAMP가 심연으로부터 새 살을 밀어 올리며 들끓고 있었죠. 새롭게 활동하기 시작한 이 발산 경계의 중심 마그마 지대는 2억 150만 년 전, 결국 대서양 분지를 뿜어내며 판게아의 심장을 찢어발기기 시작합니다. 트라이아스기 대멸종의 서막이 열립니다.

대륙의 껍데기를 뚫고 나온 마그마 분지는 당시 뭉쳐 있던 아메리카 대륙의 동해안과 아프리카 대륙의 서해안에 같은 모습의 흉터를 남겼습니

빅히스토리

다. 모로코의 아틀라스 산맥을 비롯한 서부 아프리카와 브라질의 아마존 유역, 이베리아와 프랑스 북서부에서도 관찰할 수 있는 이 뜯어진 대륙의 옷자락은 미국의 노스캐롤라이나주와 버지니아주부터 뉴저지주와 뉴욕시, 지질학계의 선물 팰리세이즈와 코네티컷주를 거쳐 캐나다의 노바스코샤주, 그리고 억지로 연장해 보면 아이슬란드에 이르기까지 트라이아스기 동물들에게 생명줄과도 같았던 열곡호의 경로에 덧대어 판게아 위에 선을 그렸습니다. 이 선을 따라 판게아의 중심부를 찢고 나오는 마그마의 톱질은 모여 있던 판게아를 곤드와나와 로라시아로 분열시키기 시작했죠. 갈라지는 대륙의 틈 사이로 대서양이 열리면서 또 다시 화산이 폭발했습니다. 대륙을 갈라낼 목적으로 땅을 뚫고 범람하는 마그마의 홍수는 60만 년에 걸쳐 오늘날 흩어져 버린 대륙의 접점에서 1,100만km²의 면적을 뒤덮을 때까지 계속되었고, 그렇게 열린 지옥의 틈바구니에서는 피할 수 없는 죽음의 가스가 새어 나오고 있었습니다.

또 다시, 그 빌어먹을 이산화탄소

CAMP의 홍수가 대기에 강제로 주입한 탄소는 페름기의 악몽을 재연했습니다. 연구의 결과는 화산 활동이 지구에 일시적인 황산염 증가로 인한 화산성 겨울을 잠시 선사한 뒤 또 다시 대기 중 탄소량을 2~3배로 늘려 놓으면서 안 그래도 푹푹 찌던 지구의 온도를 5℃ 이상 올려놓았다고 말합니다. 갑작스러운 기후 변화와 온난화 현상, 산소의 고갈, 해양 산성화를 비롯해 수천만 년 단위로 지구과학적 역사에 도돌이표를 찍어 온 이 빌어먹을 이산화탄소의 지독한 취미는 또 다시 지구의 생물을 쓸어버리기 시작했습니다. 60만 년에 걸쳐, 천천히 씨를 말려 갔죠.

육지에서는 단궁류가 절멸했습니다. 트라이아스기 먹이사슬의 꼭대기에서 왕좌에 앉아 있던 거대한 악어의 사촌들도 이번 비극의 직격탄을 피해 가지 못했고, 결국 작은 크기로 분화한 그들의 미니어쳐만이 시험을 통과했죠. 거의 모든 지배파충류가 사라졌습니다. 거대 양서류도 예외는 아니었죠. 다행스럽게도 알맞게 늘린 계통과 개체수, 적당한 체구와 조금씩 달린 깃털 따위로 차근차근 준비해 온 공룡이 이 어려운 시험을 통과했고, 다음 시대의 1억 3,500만 년간 지속될 왕위를 물려받게 됩니다. 그리고 그 다음 시대의 시작점에 서 있을 포유류의 조상, 수궁류가 살아남은 것은 우리에게는 너무나 다행인 일이었죠. 늘 그렇듯 대멸종의 가장 큰 피해자는 바다입니다. 공기가 스며들 수 있는 모든 곳에 죽음이 흩뿌려지니까요. 산성화된 바다, 그리고 해저에 갇혀 있던 메탄의 해방은 바다뿐만 아니라 지구 전체를 황폐화시키기 충분했죠. 하지만 언제나 가장 먼저 이 치명적인 목졸림을 맨 앞에서 경험하는 것은 바다였습니다.

지구 역사상 가장 성공적으로 꽃을 피웠던 생물초와 산호초가 절멸했습니다. 그 생태계에 의존하던 물고기들도 치명타를 입었죠. 불멸의 암모나이트도 거의 죽음 직전까지 내몰렸습니다. 페름기 이후 완족류의 빈 자리를 메꾸며 번성했던 이매패류의 절반이 사라졌습니다. 생명의 대폭발 시기에 태어나 3억 년이 넘게 생존해 온 뱀장어를 닮은 무악류 코노돈트도 이때를 마지막으로 특유의 뾰족한 티아라 모양의 이빨 화석만을 남긴 채 긴 자서전에 마침표를 찍었습니다. 정말이지 다행스럽게도, 열에 하나는 멸종했지만, 죽음의 바다를 그만큼이나 무사히 건넌 것은 어룡의 무리뿐이었습니다. 그렇게 어룡은 하늘의 익룡, 육지의 공룡과 함께 새롭게 열릴 시대의 비어 있는 주인공 역할에 캐스팅될 수 있었죠.

수십만 년에 걸친 지구의 씨 말리는 시험은 거주자 무리 중 열에 여덟을 없애 버렸지만, 그 지독한 이산화탄소의 칼날이 이번에는 다행스럽게도 적절하고 깔끔한 청소 끝에 성실히 준비한 조연급 배우들 몇을 살려 두어 육지와 하늘, 그리고 바다라는 무대에서 지구 최고의 스타가 될 수 있는 기회를 제공해 주었습니다. 본격적인 공룡과 익룡, 어룡의 시대가 이제 막을 올릴 차례가 되었습니다.

• 쥐라기, 2억 130만 년 전

자, 상황이 역전되었습니다. 변방을 떠돌던 공룡이 어찌된 영문인지 모른 채 차곡차곡 적립한 진화 포인트를 활용할 수 있는 매장 앞에 서 있게 된 것이죠. 새롭게 문을 연 매장 정문 위에는 '쥐라기'라는 간판이 붙어 있군요. 공룡은 공격당하거나 치열하게 싸우지 않을 정도로만 야생의 폭정으로부터 살짝 비껴 서서 조용히 진화해 왔을 뿐입니다. 골반, 뼈대, 이빨, 내장기관, 근육, 표피, 폐, 심장, 듬성듬성 돋아난 깃털이나 섬유까지. 그저 먹고 자는 동안 그들의 DNA에서 변이 유전자가 발현되었고, 조금 더 살기 편해진 몸이 더 많은 수로 불어났을 뿐이죠. 그런데 화산CAMP이 터지고 폭풍카르니안절 우기를 포함이 몰아치던 어느 날 일어나 보니 당첨되어 있었던 겁니다.

지구의 왕위 계승 작업은 지구 본인의 입장에서 매우 간편하고 효율적인 듯이 보이는데, 그냥 화산이 터지고 마그마가 흘러넘치고 탄소가 풀려나고 바다가 요동치고 얼음과 불이 교차하도록 놔두는 거예요. 심지어 어떤 때는 자신을 향해 날아오는 지름 10km 크기의 돌멩이를 피하지 않고 가만히 받아들이기도 하면서 말이죠. 좌우지간 그렇게 스스로 엉망진창인 상태가 될 때까지 가만히 내버려 두면, 그 안에서 옹기종기 살고 있던 녀석들이 많이 죽고 사라져 버립니다. 한 70~90% 정도씩 말이죠. 그러면 지구는 옛 주인의 죽음으로 인해 땅에 내동댕이쳐진 왕관을 주워 들고 아직 너덜너덜한 상태일지라도 그럭저럭 잘 버티고 남아 있는 녀석들 중 지금 지구의 형편에 따라 크거나 멋져 보이는 녀석을 골라 다시 씌워 주면 되죠. 멸종과 진화, 자연선택은 그렇게 완성됩니다. 이번에는 공룡이 선택되었군요. 거대한 악어 친척들이 발가락이 다섯 개 달린 거대한 발자국을 남기며 걷고 뛰던 땅은 이제 점차 커지는 세 발가락짜리 발자국으로 뒤덮일 참이었습니다.

공룡 말고도 인류에게 있어 여러 의미 있는 탄생들이 쥐라기에 일어났습니다. 우선 인류의 숙적, 모기가 처음으로 등장했습니다. 물론 백악기 들어 번성했지만, 첫 등장부터 지구상 모든 동식물의 경계대상 영순위가 된 것은 당연했죠. 나비목 곤충의 한 계통인 나방도 쥐라기에 처음 등장해 날개를 펄럭거리기 시작했죠. 자매군인 나비는 1억 년도 더 지난 신생대에 등장하죠. 그래서일까요? 지구상 나비목 중 나비는 2만여 종밖에(?) 안 되는데, 나방은 무려 그 여섯 배인 12만여 종이 존재합니다. 어쨌든 화려한 날갯짓으로 나비효과를 불러일으키는 것이 '나비목'이라면, 나비효과는 쥐라기 때부터 가능한 이론이었던 거죠.

흰개미도 이때 처음 등장해요. 물론, 바퀴와의 유전적 관계를 분석한 결과는 이 녀석들의 등장을 페름기 말기로 점지하고 있지만, 실제로 화석으로 발견된 것은 가장 오래된 것이 백악기 초기입니다. 그래서 많은 과학자들이 현실적으로 쥐라기에 이 녀석들이 이미 활동하고 있었다고 추측하죠. 그런데, 흰개미의 근연 유전자 분석 대상이 왜 바퀴벌레입니까? 여러분, 흰개미는 바퀴목에 속해요! 그러니까, 진화적 서사의 어느 대목에서 바퀴가 흰개미로 변신한 거죠. 이름에 개미가 들어가지만 벌목에 속하는 개미와 바퀴목인 흰개미는 곤충이라는 뿌리 이후로는 전혀 관계가 없어요. 조금 더 충격적인 것은 흰개미와 더불어 사마귀도 바퀴목이라는 겁니다. 바퀴벌레가 땅속에서 모여 살면서 최초의 사회적 곤충으로 변한 것개미보다 먼저였어요. 이 흰개미였고, 바퀴벌레가 효율적인 사냥을 위해 앞다리에 낫을 달고 더 날씬하게 변한 것이 사마귀였죠. 바퀴벌레, 흰개미, 사마귀. 얘네 다 한 가족이에요.

다양한 목과 속과 종이 중생대 최대의 분화를 목전에 두고 있는 가운데, 육지의 농장에서는 여전히 은행나무와 소철이 중국의 신생종인 마황과 함께 재배되고, 바다의 양식장에서는 또 다시 대멸종을 뚫고 겨우 살아남은 암모나이트가 개체수를 불리며 쥐라기 동물들의 배를 든든히 채워 줄 만큼 가이아의 손에서 풍작의 날들을 보내고 있었죠.

공룡들

판게아에 서서히 흠집을 내던 지구의 칼질은 결국 대륙을 쪼개며 그 틈으로 바닷물을 채웠습니다. 오늘날 오대양 중 하나인 인도양과 내륙호인 카스피해, 아랄해는 쥐라기에 곤드와나와 로라시아로 쪼개진 대륙의 틈을 파고든 새로운 바다 테티스Tethys가 품었던 지류의 흔적입니다. 테티스의 또 다른 지류 하나는 열리는 판게아의 좁은 틈을 더 비집고 들어가 오늘날 북아메리카가 될 대륙과 곤드와나 대륙을 쪼개기도 하죠. 바로 대서양입니다. 그보다 조금 더 위쪽, 아프리카와 유럽 사이에서 진행되는 지질 활동은 오랜 시간이 지나면서 플랑크톤을 비롯한 해양 생물이 남긴 탄산칼슘의 석회화된 무덤을 땅 위로 끌어올립니다. 이 무덤은 스위스의 쥐라Jura 마을과 접경 독일, 프랑스에 걸쳐 이 마을의 이름을 딴 산맥을 이루게 되죠. 이 산맥에는 1억 5,500만 년 전의 시계를 품은 지구의 시체들이 잔뜩 매장돼 있었고, 1799년 독일의 자연과학자 홈볼트4장에 등장했던 그 알렉산더 폰 홈볼트가 이 무덤에 산맥의 이름을 붙여 주자 이들이 살던 그 옛날은 쥐라기Jurassic period가 되었죠.

자, 지금부터 우리는 공룡에 대한 이야기로 수십 페이지의 공간을 배회할 예정입니다. 공룡이야말로 생존과 진화, 그리고 대멸종에 대한 모든 교훈을 자신의 종 전체를 바쳐 우리에게 가르쳐 준 스승이니까요. 가볍게 다룰 일이 아니죠. 사실 이건 정당한 핑계에 불과합니다. 진실을 말씀드리죠. 공룡은 쿨하잖아요! 재밌잖아요! 세상에, 아파트 10층 높이보다 더 큰 몸뚱어리를 가지고 자동차 몇 대를 떨어뜨린 것만큼의 충격을 사람 팔뚝만 한 이빨을 가득 박아 넣은 턱 근육에 머금고 사람 키보다 큰 대퇴골을 허벅지에 꽂고 다니던 동물이 지금 우리가 먹고 자고 걸어 다니는 바로 이 공간을 몇억 년 전에 몇억 년을 먹고 자고 걸어 다녔다는 게 믿어지시나요? 여전히 놀라운 사실은 이 친구들의 경이로운 다양성에 있습니다. 1,000여 종이라는 제한된 범위 안에서도, 드라마틱한 서사를 가미하면, 공룡의 다양성은 단위로 환산했을 때 길이로는 cm 단위로 한 자리 수에서 네 자리 수 사이에서 800배 가까이 차이를 보이며, 무게로는 g 단위로 한 자리 수에서 여덟 자리 수 사이에서 4억배가 넘는 차이를 보입니다. 이런 미친 세계에 어떻게 매료되지 않을 수 있겠어요? 그럼에도 불구하고 앞으로 펼쳐질 수십 장의 묘사들이 가전제품 설명서처럼 지루하게 느껴진다면, 과감히 건너뛰는 것도 추천합니다. 하지만, 아마 적어도 한 지점 이상에서 여러분은 책장 넘기는 것을 잠시 멈출 거예요. 적어도 어린 시절 우리 모두는 이 원초적이고 압도적이고 경이로운 피조물에 잠시나마 열광했던 공룡 덕후들이었으니까 말이죠.

쥐라기와 백악기는 그야말로 공룡의 시대였습니다. 어디를 가도 공룡이 있었죠. 잡아먹는 쪽도 공룡이었고, 잡아먹히는 쪽도 공룡이었습니다.

다른 생물 종은 그냥 숨어 있는 배경에 불과했습니다. 트라이아스기가 대륙에 남긴 치명상은 수많은 육상 생물의 종말을 동반했지만, 결국 아물어 가는 흉터 위에서 왕관을 물려받은 이 종족은 앞으로 지겹게 이어질 1억 3,000만 년의 치세를 어떻게 운영할지 고민할 의지도 틈도 없이 재빨리 다양한 가지의 유전자와 왕가의 자손들을 생산해 내는 데 집중했죠. 유물이 된 전 시대의 시련을 딛고 일어선 공룡의 무리가 계통의 가지를 분리하자, 새롭게 뻗은 가지 끝에서 등장하는 네발 달린 녀석들은 소철 껍질과 뾰족한 잎, 고사리를 질겅질겅 씹고 있었습니다. 트라이아스기에는 흔히 볼 수 없었던 네 발로 걷는 초식 용각류의 등장이었죠. 쥐라기의 용각류는 모두 풀을 먹고 사는 쪽으로 진로를 수정했지만, 사실 네 발로 걷는다는 표현은 쥐라기 용각류 중 많은 부분을 차지하는 중량급 미만의 녀석들에게 모두 적용되는 것은 아니었습니다.

몸길이 10m 미만의 용각류 중에는 마소스폰딜루스*Massospondylus*: 긴 척추, 루펜고사우루스*Lufengosaurus*: 중국 루펑의 도마뱀, 안키사우루스*Anchisaurus*: 공룡에 가까운 것, 아르도닉스*Aardonyx*: 지구 발톱처럼 이족보행을 하던 녀석들도 있었죠. 그러나 대부분의 용각류는 크든 작든 네 발로 걸었습니다. 윤나노사우루스*Yunnanosaurus*: 원난성의 도마뱀, 슈노사우루스*Shunosaurus*_촉나라의 도마뱀. 꼬리 끝에 곤봉이 달린 것이 특징입니다., 아브로사우루스*Abrosaurus*_우아한 도마뱀. 중국 쓰촨성 등 아시아에 서식., 안테토니트루스*Antetonitrus*: 천둥 이전의 것, 볼카노돈*Vulcanodon*: 화산의 이빨, 디크라이오사우루스*Dicraeosaurus*_척추 윗돌기가 두 갈래로 뻗어 있어 '두 갈래 도마뱀'이라는 이름이 붙었습니다. 목 길이가 2.5m 밖에 안 되어 높은 곳의 잎은 못 먹었을 거예요., 브라키트라켈로판*Brachytrachelopan*_짧은 목의 판. 몸길이가 10m 미만인데, 목의 길이가 75cm 미만으로 용각류 중 독보적으로 짧은 목을 가졌습니다. 당시 로라시아에 이구아노돈 같은 조각류 공룡이 없어서 낮은 키의 풀을 주로 먹어서 그렇게 된 것 같아요., 무스사우루스*Mussaurus*: 쥐 도마뱀처럼 말이죠.

중량급 이상 되는 녀석들부터는 죄다 네 발로 걸었습니다. 두 발로 걷기에는 너무 무거워지기 시작했거든요. 공시아노사우루스*Gongxianosaurus*_공시안의 도마뱀. 14m., 바라파사우루스*Barapasaurus*_큰 다리 도마뱀. 14m., 스피노포로사우루스*Spinophorosaurus*_가시 방향 도마뱀. 14m., 아틀라사우루스*Atlasaurus*_아틀라스 산맥의 도마뱀. 몸길이 15m에 체중은 25t에 달합니다., 케티오사우루스*Cetiosaurus*_고래 도마뱀. 리처드 오언이 화석을 보고 척추의 뼈 조직이 고래와 비슷하다고 보고 수생생물로 오판해서 이 이름을 붙였습니다. 또 나왔네요, 오언. 으이그, 오언! 몸길이는 16m에 체중은 11t에 육박하죠., 요바리아*Jobaria*_아프리카 트아레그족 전설에 등장하는 거대 괴수 '조바르'에서 그 이름이 유래했고, 몸길이 16m에 체중은 최소 16t에 이릅니다. 자, 점점 커지고 무거워지고 있죠?, 파타고사우루스*Patagosaurus*_파타고니아의 도마뱀. 몸길이 16.5m에 체중은 8t에 이르는 남미 파타고니아 최대 크기의 공룡으로, 당시 파타고니아의 최상위 포식자 수각류 아스팔토베나토르의 몸길이가 최대 8m였던 걸 감안하면 천적은 없었다고 볼 수 있습니다. 같은 녀석들은 코끼리보다 큰 키와 덩치임에도 고사리나무 꼭대기에 달린 별미 잎을 뜯어 먹지는 못했어요.

크기의 미학

그 별미 잎은 쥐라기 용각류 중에서도 독보적인 존재감을 드러낸 거대 용각류의 차지였죠. 쥐라기 육지는 이 덩치 큰 녀석들의 발걸음으로 진동했고, 쥐라기 대기는 이 녀석들이 뿜어내는 메탄가스로 오염됐으며, 쥐라기 풍경은 이 녀석들이 배출하는 똥의 무더기로 뒤덮였습니다. 그만큼, 개체 수도 많고 한 마리 한 마리가 한눈에 담기 버거울 정도로 거대했죠.

　중생대의 대부분을 살다 간 공룡의 가계도는 그 머문 시간에 비례해 600 여 개 속에 이를 만큼 방대한 구성원을 보유하고 있습니다. 엄청나게 다양한 이 녀석들은 몸집에서도 어마어마하게 넓은 스펙트럼을 보여 주죠. 물론 같은 공룡 계통인 조류까지 포함하면 가장 작은 개체가 7cm도 되지 않는 벌새가 독보적으로 작은 사이즈를 지니지만, 조류를 제외했을 때 공식적으로 가장 작은 공룡인 에피덱시프테릭스*Epidexipteryx*는 30cm가 채 되지 않아서 손바닥에 올려놓을 수도 있어요. 그렇다면 가장 큰 개체로 추정되는 공룡은? 디플로도쿠스과나 티타노사우루스류에 속하는 용각류 중 방귀 깨나 뀐다는 정말로 이 녀석들이 방귀 깨나 뀌면 그쪽 공기는 눈에 띄게 달라지곤 했을 겁니다. 녀석들은 몸길이가 35m를 넘는다고 추정됩니다.

　앞서 용각류의 몸집이 커진 주된 이유가 억센 저영양 식물을 소화시키기 위해 소화기관, 즉 장의 길이를 늘려 몸속에 담아두기 위해서라고 했죠? 얘네가 몸집이 커진 이유는 이것 말고도 많아요. 이산화탄소를 많이 함유한 공기로 호흡하기 위해 많은 공룡들이 폐와 연결된 공기주머니를 장착하기 시작했는데, 이 기낭은 오늘날에도 새가 높은 고도에서 잘 날아다닐 수 있도록 해 주죠. 중력은 해양생물에 비해 육상생물의 크기를 제한하는 역할을 합니다. 대왕고래로 대표되는 해양 포유류나 대왕오징어 같은 녀석들을 보면 바로 실감이 되죠. 그런데 이 공기주머니를 장착한 공룡은 중력의 영향을 덜 받을 만큼 가벼워져서 육중한 몸집을 자랑하던 브라키오사우루스의 체중이 26m의 몸길이에 비해 상대적으로 가벼운 50t 정도였는데, 바다의 제왕 대왕고래는 25~33m의 몸길이에 체중은 125~180t에 달해 브라키오사우루스의 3배 이상입니다. 육지에서도 더 몸집을 키울 수 있었습니다. 길고 긴 장을 눌러 담은 큰 몸을 유지하기 위해 부지런히 먹어야 했는데, 최대한 에너지를 아끼기 위해 이동 반경을 최소화할 필요가 있었죠. 한 그루 나무에서 최대치의 잎을 뜯어먹기 위해 목을 늘렸습니다. 높은 곳의 잎까지 다 뜯어먹어야 했으니까요. 그런데 목만 길어지면 이상하잖아요? 미학적으로 보나 신체 균형과 효율성으로 보나 말이죠. 그래서 꼬리도 두툼하고 길다랗게 늘렸어요. 그렇게 뚱뚱한 몸집에 앞뒤로 쭉 뻗은 30m짜리 몸이 완성!

이제부터 등장하는 쥐라기의 초중량급 슈퍼스타 용각류들은 시작부터 몸길이가 20m를 훌쩍 넘고, 뒤로 갈수록 점점 더 몸도 길어지고 키도 커지고 몸무게도 무거워질 것입니다. 어디까지 길어지나 보자고요. 그 끝을 가늠하기 힘들 정도로 아찔한 크기의 미학에 빠져 보세요, 한번.

루소티탄Lusotitan은 쥐라기 후기 포르투갈에서 살았던 녀석으로, 속명의 뜻은 '루시타니아Lusitania_고대 이베리아 반도 남부에 있었던 로마 제국의 속주의 거인'입니다. 몸길이 21m에 몸무게는 30t에 이르는 거구로 로리냐 층Lourinhã formation에서 발견된 동물들 중에서는 가장 거대했습니다. 로리냐 층의 생물상은 북아메리카의 모리슨층이나 아프리카의 텐다구루층Tendaguru Formation의 생물상과 매우 흡사한데, 루소티탄은 이를 잘 보여 주는 전형적인 예시라고 할 수 있습니다. 모리슨층에서는 브라키오사우루스가, 텐다구루층에서는 기라파티탄이 루소티탄의 지위에 해당하죠.

기라파티탄Giraffatitan_기린 거인은 이름이 모든 것을 말해 준다고 생각하면 됩니다. 우리가 바로 떠올릴 수 있을 정도로 유명한, 윗부분이 불룩 튀어나와 콧구멍이 뚫려 있는 브라키오사우루스의 전형적인 머리 모양도 원래 이 기라파티탄의 두개골을 토대로 복원한 것이었습니다. 코뼈가 변형되어 마치 볏을 연상시키는 커다란 앞고리를 형성한 독특한 두개골 모양 때문에, 기라파티탄의 복원도는 콧구멍이 머리 꼭대기에 나 있는 형태로 표현됩니다. 이 녀석의 몸길이는 22m를 거뜬히 넘기며, 목을 치켜 올린 상태에서 잰 키는 12m에 달하고 체중은 최대 40t 정도로 추정됩니다.

카마라사우루스*Camarasaurus*_빈 공간이 있는 도마뱀. 거대한 척추골에 빈 공간이 발견되어 높은 천정의 볼록한 방인 'kamara'에서 유래.는 가장 큰 모식종인 수프레무스*Camarasaurus supremus*의 경우 몸길이 23m에 체중은 47t으로 추정됩니다. 무거운 체중에 체고까지 높다는 점을 고려하면, 적어도 다 자란 개체는 당시 포식자들인 토르보사우루스, 사우로파가낙스, 알로사우루스, 케라토사우루스 등의 수각류 공룡들은 달려들 생각조차 할 수 없었을 거예요.

브라키오사우루스*Brachiosaurus*_팔 도마뱀. 앞다리가 뒷다리보다 '훨씬' 길어서 붙은 이름.는 우리에게 매우 친숙합니다. 바로 앞에서 이야기한 1980년대 어린이 만화 〈아기공룡 둘리〉에서 주인공 둘리의 엄마로 등장한 것을 비롯해 거대한 공룡을 표현하는 수많은 매체의 단골 배우였기 때문이죠. 이 공룡이 우리에게 친숙한 이유는 한 가지 더 있는데, 그것은 바로 우리나라에서 이 공룡의 완벽한 표본을 접할 수 있기 때문입니다. 2002년 미국 와이오밍에서 캔자스 대학교 연구팀과 대한민국 청운문화재단의 공동 작업으로 보존률 80% 이상의 화석이 발굴되었고, 이 표본이 국내에서 보존 및 조립 작업이 진행되었습니다. 그래서 전 세계를 통틀어 완전한 전신 골격으로 전시되는 단 3마리의 브라키오사우루스 표본 중 하나가 바로 우리나라 한국자연사박물관에 있어요!

브라키오사우루스는 당시 쥐라기 시대에서 거의 최대급의 덩치를 자랑하는 공룡이었는데, 꼬리 길이가 다른 용각류들에 비해 상대적으로 짧았음에도 불구하고 몸길이는 26m 정도였고, 몸무게는 최대 50~60t으로 추정

빅희스토리

됩니다. 엄청나게 무겁죠. 브라키오사우루스의 가장 큰 특징은 매우 긴 앞발과 높은 어깨, 위로 길게 뻗은 목으로 인해 9~13m 정도로 키가 큰 공룡이었다는 것입니다. 이런 신체 조건을 활용해 오늘날의 기린처럼 매우 높은 곳에 매달린 식물을 뜯어먹을 수 있었을 거예요. 딱 봐도 우람하고 훤칠한 모습에 같은 시공간을 살아가던 알로사우루스나 케라토사우루스, 토르보사우루스 같은 서슬 퍼런 육식공룡들은 배가 고파도 다른 데 쳐다보는 척하며 눈도 못 마주쳤을 겁니다, 아마. 덩치가 엄청나게 커서 몸이 무거웠던 이 녀석은 대략 시속 8km 정도로 경보 선수들과 비슷한 속도로 걸었다고 해요. 어차피 빨리 달릴 필요도 없었겠죠. 누가 위협할 일도 없었고 고개만 들면 음식은 어디에나 있었을 테니까요.

투리아사우루스*Turiasaurus*_속명의 뜻은 '테루엘(투리아)의 도마뱀'는 스페인에서 살았습니다. 대중에게 잘 알려진 종도 아니고 아직 정보도 많이 부족하지만, 몸길이가 21~30m에 체중이 30~50t이나 되었던 초대형 용각류 중 하나인 것은 확실하죠. 유럽에서 발견된 공룡 중에서 몸집이 가장 컸는데, 대형 용각류치고는 보존율이 46% 정도로 꽤나 높아, 앞으로 연구할 수 있는 재료가 든든하다고 할 수 있죠.

푸샤노사우루스*Fushanosaurus*의 속명은 '푸샨의 도마뱀'으로 중국에서는 '부산룡'이라고 합니다. 유니클로의 고향인 중국의 신장 위구르 자치구_유니클로와 자라 등 패션 그룹이 면화 생산에 소수민족인 위구르족을 강제 동원했다는 의혹으로 2021년 프랑스 검찰의 수사와 미국의 일부 제품 수입 금지 조치 등 소동이 있었습니다.에서 오른쪽 대퇴골 화석 하나만 발견된 수줍은 공룡인데, 제한적으로 보여 준 이 녀석의 흔적은 놀라웠습니다. 이 뼈 하나가 제 키보다 컸거든요. 대퇴골 길이가 1.8m였어요! 근연종으로 추정되는 루양고사우루스와 닥시

아티탄의 해부학적 구조를 이용해 크기를 측정한 결과 전체 몸길이는 무려 30m에 달했고, 푸샤노사우루스는 아시아에서 발견된 용각류 중 한 손가락에 꼽히는 거대한 종이 되었습니다.

마라아푸니사우루스*Maraapunisaurus*_거대한 도마뱀는 북아메리카 모리슨 층에서 발견된 1.5m짜리 척추뼈의 주인공입니다. 그런데 이 녀석은 고생물학과 지질학이 발달하지 않았던 옛날 공룡에 대해 펼치던 우리의 상상력을 오늘날에 다시금 소환하고 있습니다. 1877년 발견된 이 모식 표본이 사라지고 남은 건 이 표본의 스케치 한 장뿐이라 당시 제시되었던 몸길이 60m 이상에 체중 150t이라는 추정치가 공인되지 않기 때문이죠. 별 상관도 없는 암피코일리아스속의 그늘에서 보낸 시간이 무려 100년이 넘은 2018년, 케네스 카펜터가 표본 스케치와 디플로도쿠스상과 레바키사우루스과의 척추가 흡사하다는 사실을 발견해 이 친구에게 알맞은 과와 속명을 부여해 주었습니다. 물론 최종 추정치도 현실감 있게 몸길이 31m, 체중은 70t으로 수정되었고 말이죠.

마멘키사우루스*Mamenchiasaurus*_마밍시의 도마뱀은 중국 쓰촨성 마밍시에서 도로 건설을 위해 땅을 깎아내다가 발견되었습니다. 이 외에도 중국에서는 여기저기서 이래저래 발견된 공룡이 많아요. 그래서 중국 지명이 반영된 학명이 꽤나 많이 있습니다. 워낙 땅이 넓으니 분포도 많이 했을 테고 화석이 조성되기 알맞은 환경이 갖춰진 땅이 있을 확률도 높았으니까요. 과장 조금 더하면, 그냥 땅 파면 이런저런 화석이 나오기도 했어요. 실제로 중국에서는 이렇게 땅 파면 나오는 동물의 뼈 화석을 환상 속 동물의 뼈라고 여겨 '용의 뼈'라는 뜻의 '용골'이라는 이름을 붙여 한약재로 사용하기도 했습니다. 상나라 때 쓰이던 갑골문도 용골로 사용하던 갑골에 새겨진 글자를 연구하다가 발견되었죠. 어쨌든, 그렇게 많은 공룡이 모여 살던 쥐라기 때 중국에서는 이 마멘키사우루스가 대장 노릇을 했는데, 최대 모식종인 징야넨시스종*Mamenchiasaurus jingyanensis*은 몸길이 31~35m에 체중은 45t에 이르는 초거대 공룡이었습니다. 시노카나도룸종은 몸길이 28m에 체중 35t에 달했는데, 이 녀석은 유명한 단역 배우예요! 영화 〈쥐라기 공원 2〉에서 인젠 수확팀에게 쫓기는 모습으로 등장했답니다. 잘 보면 슈노사우루스처럼 꼬리 끝에 곤봉 같은 덩어리가 달려 있는데, 몸집도 몇 배에 곤봉도 휘두르는 얘를 같은 동네에서 고기 반찬 찾아다니던 양추아노사우루스, 신랍토르 같은 친구들은 피해 다녔겠죠?

슈퍼 용각류라고 하면 대중들이 떠올리는 이미지가 바로 디플로도쿠스과와 티타노사우루스류입니다. 그중 쥐라기 땅, 특히 아메리카와 아프리카 땅을 주로 걸었던 녀석들은 디플로도쿠스과 용각류였죠. 대표적인 다섯 개 속의 개체가 일렬로 줄을 서면 135m에 달하고, 서로 손잡고 저울 위에 올라서면 110t에 이릅니다. 국제축구연맹FIFA 정식규격 축구장과 국제농구연맹FIBA 정식규격 농구장을 이어 붙여도 그 세로 길이 안에 이 친구들을 온전히 담지 못하고, 얘네랑 저울을 수평으로 맞추려면 반대쪽 접시 위에 평균 체중의 아프리카 코끼리가 25마리는 올라가야 하죠. 워낙 유명한 배우들이라 이 책에서는 페이지를 조금만 할애할 생각입니다.

브론토사우루스*Brontosaurus*_속명의 뜻은 '천둥 도마뱀'는 어원을 따라 '뇌룡'이라고 부르기도 합니다. 원래 브론토사우루스는 아파토사우루스와 비슷하지만 천골의 융합부위 개수가 달랐기 때문에 공룡 뼈 사냥꾼 오스니얼 찰스 마시Othniel Charles Marsh는 이 친구에게 새 속명을 지어 주었죠. 그러나 1903년, 아파토사우루스의 일종이었다는 주장이 다시금 인정받으면서 먼저 명명된 아파토사우루스속에 통합되었습니다. 그러나 2015년 4월에 나온 논문에 의해 속명이 말소된 지 무려 112년 만에 아파토사우루스속과는 별개의 속으로 또 다시 인정받게 되었습니다. 하지만 워낙 인상 깊은 이름의 이 '천둥 도마뱀'은 자신의 이름을 되찾기까지 걸린 100년이 넘는 시간 동안 꾸준히 대중들에게 기억되어 왔죠. 가장 거대했던 모식종은 몸길이가 21~22m에 몸무게가 15~17t에 달한다고 추정됩니다.

아파토사우루스*Apatosaurus*는 콜로라도, 유타, 오클라호마, 와이오밍 등 미국 중부에서 발견되는, 미국을 대표하는 거대 용각류입니다. 속명의 뜻은 '속이는 도마뱀'인데, 이 녀석을 처음 발견한 오스니얼 찰스 마시가 꼬리뼈 아래쪽 부분의 혈관궁이 기존 공룡보다 수생 파충류인 모사사우루스류의 것과 비슷해 붙여 준 이름이죠. 그러니까, "공룡 주제에 왜 물속에 있었던 것처럼 우리를 속였니?" 정도의 의미가 아니었을까요? 모식종은 몸길이가 평균 23m에 몸무게는 20t 이상으로 추정됩니다. 브론토사우루스가 100년 넘게 정식명칭이 아닌 대중들의 관심 어린 애칭으로만 존재할 수 있었던 게 이 아파토사우루스 때문이었어요. 아파토사우루스는 〈쥬라기 월드: 도미니언〉에서 눈밭을 밟으며 벌목장을 걸어 다니는 모습을 보여 주는데, 사실 이 녀석은 이미 〈잃어버린 세계: 쥬라기 공원〉에서 처음 등장했습니다. 살은 빼고 뼈만 나왔지만 말이죠. 영화를 보면서 한번 찾아보세요. 이 책을 읽은 독자라면 아마 어느 순간 "저거 아파토사우루스!" 하고 외치게 될 겁니다. 하지만 이것도 첫 등장은 아니었어요! 아파토사우루스의 첫 등장은 바로 마이클 크라이튼의 원작 소설 《쥬라기 공원》에서 이미 이루어졌습니다. 영화 〈쥬라기 공원〉에서 가장 처음으로 거대한 모습을 드러낸 브론토사우루스가 소설에서는 아파토사우루스라는 설정으로 나옵니다.

뭐, 브론토사우루스 엑셀수스*Brontosaurus excelsus*가 100년 넘게 아파토사우루스속에 속하면서 2014년까지는 아파토사우루스 엑셀수스*Apatosaurus excelsus*라는 이름으로 살아왔으니, 소설이나 영화나 대중에 소개됐을 때는 아파토사우루스나 브론토사우루스나 그게 그거였을 테니까 크게 상관없었으려나요?

디플로도쿠스*Diplodocus*는 쥐라기 후기 북아메리카에서 서식한 용각류 공룡으로, 골격 화석이 완벽하게 발견된 공룡들 중 몸길이가 가장 길었습니다. 이름 그대로 디플로도쿠스과를 대표하는 이 녀석의 속명은 '두 개의 기둥'이라는 뜻을 갖고 있습니다. 화석에서 꼬리뼈 혈관궁이 두 개로 갈라져 있었는데, 화석이 발견될 당시에만 하더라도 이것이 특이한 형질이라고 여겨졌기 때문이죠. 가장 큰 종인 카르네기종*Diplodocus carnegii*의 몸길이는 24~26m에 달하는 꽤 거대한 공룡이었는데, 체형이 가늘고 길쭉해서 체중이 12~15t 정도로 신장에 비해 가벼운 편이었어요. 이 녀석도 디플로도쿠스과 공룡의 특징 중 하나인 채찍 형태의 꼬리를 갖고 있었는데, 이 꼬리는 유사시에 중요한 방어 수단이 되었을 겁니다.

바로사우루스*Barosaurus_무거운 도마뱀*는 쥐라기 후기에 아메리카와 아프리카에 서식했습니다. 몸길이 26m에 체중은 25t 정도로 추정됩니다. 경추골 각각의 크기가 디플로도쿠스의 것과 유사하거나 1.5배 정도 더 길었고, 그중 가장 긴 14번째 경추는 길이가 무려 86cm에 달할 정도였어요. 이처럼 길쭉한 경추골 하나하나가 이어져 구성된 목의 전체 길이는 무려 8~9m에 달했습니다. 이런 목을 바짝 세우고 상체를 들어 올릴 경우 최대 16m 높이에 달린 나뭇잎도 말끔하게 뜯어먹을 수 있었을 것으로 추정됩니다.

수페르사우루스*Supersaurus_엄청난, 최고의 도마뱀* 역시 쥐라기 후기에 북아메리카와 유럽에 서식했습니다. '슈퍼'라는 수식어가 아깝지 않을 만큼 거대한 몸집을 자랑하는 용각류로, 지금까지 발견된 공룡들 중 가장 몸길이가 긴 공룡 가운데 하나로 꼽힙니다. 몸길이 약 33~35m, 가장 긴 개체로 평가되는 것은 무려 39m로 추정되며, 체중은 약 35~40t, 39m짜리 개체는 57t 정도로까지 추정됩니다. 최상위 포식자들이었던 토르보사우루스, 알로사우루스, 사우로파가낙스, 케라토사우루스 같은 수각류 친구들은 정말로 이 녀석과 그냥 친구로 지내는 게 낫다고 생각했을 거예요.

이빨의 미학

하지만 정말로 친구로 지내지는 않았어요. 그 대신 트라이아스기의 수각류는 쥐라기의 초식공룡이 몸집을 불리자 함께 크기를 키웠습니다. 정확히는, 트라이아스기에는 헤레라사우루스과와 코일로피시스과 정도로 분기해 등장을 알렸던 수각류가 점점 더 계통을 세분하고 다양하게 등장한 후, 큰 먹이를 사냥할 수 있었던 큰 포식자가 더 번성해 쥐라기의 생태계를 장악한 것이죠. 쥐라기 전기에 케라토사우루스류Ceratosauria가 나타나는데, 그 아래 가지는 케라토사우루스과, 아벨리사우루스과, 노아사우루스과로 나뉘어 진화합니다. 아벨리사우루스는 백악기에 주로 활동했는데, 쥐라기의 유일한 아벨리사우루스과였던 에오아벨리사우루스Eoabelisaurus_새벽의 아벨 도마뱀와 스피노스트로페우스Spinostropheus_가시 척추, 리무사우루스Limusaurus_진흙 도마뱀, 엘라프로사우루스Elaphrosaurus_가벼운 도마뱀, 노아사우루스과 수각류는 대개 1.5~6m의 크지 않은 몸으로 작은 동물을 잡아먹고 살았을 것으로 추측됩니다.

케라토사우루스과를 대표하는 공룡은 단연 케라토사우루스입니다. 이 녀석은 앞에서 한 번 다뤘죠? 둘리예요! 코에 뿔 달린 개성 있는 복원도로 인해 둘리 뿐만 아니라 〈쥬라기공원〉에도 등장하는데, 다행히 사람을 잡아먹는 배우로 등장하지는 않습니다. 그래도 나름 크기도 적당한 육식공룡이 머리에 뿔 달고 있으니까 영화사 입장에서는 최대한 등장시키고 싶었나 봐요. 1914년 무성영화였던 〈Brute force〉에서 배역을 맡아 영상매체에 최초로 등장하는 공룡이 되었죠. 또 1966년 영화 〈One million years B.C.〉에서는 트리케라톱스와 싸우다 죽는 역할로 등장하는데, 이 영화에는 재미있는 사실이 두 가지 있습니다.

하나는 이 영화의 포스터가 무관의 명작으로 대표되는 영화 〈쇼생크 탈출〉에 등장한다는 사실이죠. 누구나 들어 봤을 제목, 한 번도 안 본 사람은 있어도 한 번만 본 사람은 없다는 이 명작은 1995년 67회 아카데미 시상식에 작품상과 남우주연상을 비롯해 총 7개 부문에 노미네이트 되었는데, 결국 한 개 부문도 수상하지 못했습니다. 〈포레스트 검프〉, 〈라이온 킹〉, 〈가을의 전설〉, 〈펄프 픽션〉, 〈스피드〉랑 붙었거든요. 지독한 불운이었죠. 아무튼 이 영화에서 주인공 앤디 듀프레인이 감방 벽 탈출구를 숨기기 위해 붙인, 당대 최고의 섹스 심벌이던 라켈 웰치의 전신을 담은 〈One million years B.C.〉의 핀업 포스터가 앤디의 탈출에 큰 역할을 해 줍니다. 앤디의 탈옥 사실은 알았지만 어떤 경로로 탈출했는지 도무지 알 방법이 없었던 교도소장이 포스터를 향해 "차라리 얘한테 물어볼걸 그랬어."라며 돌로 깎은 체스말을 집어 던진 순간, 포스터를 뚫고 들어간 돌이 사람 한 명은 충분히 지나갈 수 있도록 뚫어 놓은 공간으로 '텅, 텅, 텅, 텅' 소리를 내며 굴러 떨어지는 장면은 명장면으로 도배한 이 영화 안에서도 단연 백미였죠.

1966년, 앤디 듀프레인은 쇼생크에서 탈출했습니다.

〈One million years B.C.〉의 또 한 가지 재미있는 사실은, 공룡이 등장하는 거의 모든 영화가 그렇듯 도무지 시대 배경이 제대로 묶이질 않는다는 것입니다. 그런데, 얘는 정말 심했죠. 케라토사우루스는 트리케라톱스와 싸우고 가끔씩 브론토사우루스와 알로사우루스가 돌아다니고 하늘에는 프테라노돈이 날아다니고 거대 거미와 이구아나가 인간을 공격합니다. 이번 장이 끝나면 아시겠지만, 이 정도면 그냥 지구별 대환장 파티였습니다. 라켈 웰치, 당신이 이 영화를 살렸어요! 케라토사우루스는 몸길이 6~7m에 체중은 1톤이 조금 안 되었는데, 그래도 남반구 쪽에서는 꽤 큰 수각류 축에 속해서 아파토사우루스나 브론토사우루스처럼 큰 용각류의 새끼도 사냥할 수 있었다고 추측됩니다. 이 정도 스펙이면 앞으로 적어도 몇백만 년은 먹고 사는 데 아무 문제 없었을 것 같았죠. 딱 한 가지 빼고요. 알로사우루스와 양추아노사우루스, 사우로파가낙스, 토르보사우루스나 메갈로사우루스 같은 녀석들이 그때 그곳에 함께 있었다는 게 문제였어요.

알로사우루스*Allosaurus*_이상한 도마뱀는 대중의 머릿속에서 사납고 날렵한 쥐라기의 가장 강한 포식자라는 이미지로 자리 잡고 있습니다. 그도 그럴 것이 공룡에 대한 집단지성이 지금보다 훨씬 부족하던 때에는 티라노사우루스나 이 녀석은 말할 것도 없고 육식공룡은 죄다 상체를 바짝 세우고 두 앞발은 손목 부러진 강시처럼 어설프게 앞을 향한 채 꼬리를 질질 끌며 쿵쾅대는 식으로 복원을 해 놔서 그냥 언급도 많이 되고 인지도 면에서 비슷하며 자세도 복사해서 붙여 놓은 듯한 티라노사우루스와 알로사우루스를 동급으로 취급한 경향이 있었거든요. 무지의 역사, 휘이! 저거 죄다 틀렸어요. 이제는 모두 아는 것처럼 수각류 대부분은 꼬리를 거의 수평으로 바짝 세우고 목도 거의 수평으로 낮추고 앞발도 손바닥이 얼추 마주치는 각도로 내회전한 채 걷거나 뛰어다녔죠. 이 문단의 시작 부분 두 문장 중 맞는 표현은 '날렵한'이 전부입니다. 알로사우루스는 평균적으로 8.5m 몸길이최대 9.7m에 체중은 1.6t 정도최대 2.5t였기 때문에 최대 시속 55km 정도의 속력으로 빠르게 달릴 수 있었습니다. 반면, 무거운 티라노평균 8t는 뛰지는 않고 주로 빠르게 걸었는데, 생각보다 롱다리라 최대 시속 40km 정도 속력까지 냈다고 해요. 그래도 어쨌든 알로사우루스가 더 빨라요! 앞다리는 티라노보다 더 길고 커서 더 균형 있는 팔처럼 보였고, 먹잇감을 붙잡는 역할도 잘했죠. 앞발가락도 더 많았어요! 알로사우루스과는 앞발가락이 세 개티라노는 두 개⋯⋯나 됐죠. 그런데 덩치가 훨씬 작았어요. 무엇보다 파괴력에서 많은 차이가 있었습니다. 2000년대 초반까지 추정한 값만 봤을 때, 알로사우루스의 무는 힘은 300kg 정도로 티라노보다 19배 약했습니다. 2010년 이후 상식 밖으로 유연하고 강력한 알로사우루스의 위턱과 목 근육을 토대로 해서 9,000N약 900kg 정도로 추정치가 많이 상향되긴 했지만, 티라노에 비하면 여전히 약해요. 다행히도, 애네는 만날 일이 없었습니다. 티라노사우루스에 대해서는 백악기를 다루며 더 자세히 이야기할게요!

어쨌든, 강력한 위턱과 목 근육으로 내리찍는 알로사우루스의 도끼질은 날카로운 면도날 같은 이빨과 만나 식사 재료를 깔끔하게 찢어 발골하는 능력을 발휘했습니다. 티라노에 대해 하나만 더 언급하자면, 티라노의 이빨도 톱니처럼 날카로웠지만 살을 발라내는 면도날보다는 뼈째 으스러뜨리는 도끼 같았습니다. 알로사우루스는 훨씬 깔끔하게 레어 버전의 스테이크를 즐겼죠. 그래서인지 티라노보다 훨씬 날씬한 몸매를 자랑했습니다. 자기보다 덩치가 작은 케라토사우루스에게 행패 부릴 정도는 되었지만, 같은 과에 속하지만 한 덩치 하는 사우로파가낙스*Saurophaganax*_도마뱀을 먹는 지배자. 다른 공룡을 잡아먹는 대형 포식자로 해석할 수 있는데, 그도 그럴 것이 알로사우루스와 체형이 비슷한데 몸길이는 10m가 넘고 체중도 3.5t이 넘어 보다 크고 생각보다 빨랐죠. 어느 모로 보나 쥐라기의 최상위 포식자는 이 녀석이었을 가능성이 가장 높습니다. **나 양추아노사우루스**_*Yangchuanosaurus*_양춘의 도마뱀. 중국의 다른 공룡들과 마찬가지로 평범한 댐 공사 중에 툭 하고 튀어나온 녀석입니다. 최대 몸길이 11m에 체중은 3t으로 사우로파가낙스와 비슷한 스펙을 자랑합니다. 다만, 북아메리카와 유럽 쪽에 살던 알로사우루스나 사우로파가낙스보다 살짝 먼저 중국에서 살다 간 이 녀석은, 다른 녀석들과 다른 시공간에서 최상위 포식자로 군림했을 거예요. 즉, 알로사우루스와 마주칠 가능성은 거의 없었겠죠?**를 마주치면 "헤헤, 형님! 저 지금 막 가려던 참이었어요!"라며 황급히 자리를 떴을 겁니다. 메갈로사우루스과**_Megalosauridae_에 속하는 **토르보사우루스**_*Torvosaurus*_야만적인 도마뱀. 역시 쥐라기 당시에는 판게아로 붙어 있던 북미와 유럽에 거주했는데, 최대 몸길이 11m에 체중은 4~5t으로 알로사우루스보다 거대하고 사우로파가낙스보다 다부진 몸에 티라노처럼 대두였어요. 큰 머리에 두개골이 튼튼하게 조합된 구조라 턱 힘까지 강력해서 거의 적수가 없을 것으로 추측됩니다. 참, 토르보사우루스는 타르보사우루스랑 다른 녀석이에요! 타르보사우루스는 백악기에 나오니까 착각 금지!**도 가끔 마주쳤을 텐데,**같은 대륙에 살았지만 서식지가 자주 겹치지는 않았다고 합니다. 쉽게 말하자면 알로사우루스는 초원, 토르보사우루스는 숲 정도로 이해하면 되겠습니다. **그런 날이면 알로사우루스는 최고 속력 신기록을 경신했겠죠.**

메갈로사우루스과를 대표하는 공룡인 메갈로사우루스*Megalosaurus* 역시 유럽 쪽에서 알로사우루스와 마주칠 가능성이 있어 보입니다. '거대한 도마뱀'이라는 뜻을 가진 이름만큼 아주 거대하지는 않았지만 그래도 몸길이가 8m는 되니, 알로사우루스와 마주치면 먹이를 놓고 신경전을 벌일 정도는 되었겠죠? 알로사우루스처럼 발가락이 세 개나 되고 튼튼한 앞다리와 우람한 뒷다리는 상대방을 후려쳐서 쓰러뜨릴 수도 있을 정도로 강력한 꼬리의 도움을 받아 몸집이 큰 초식공룡을 사냥했을 거예요. 사실 이 녀석의 이름은 두 가지 이유에서 유래했습니다. 우선, 1824년 화석이 발견된 이후 그 대퇴골과 이빨, 아래턱이 너무 커서 당시에는 처음으로 발견된 거대한 고대 파충류의 화석이라는 의미에서 이런 이름이 붙게 되었죠. 두 번째 이유는 1824년이라는 연도로 추측해 볼 수 있습니다. 꽤 오래 되었죠? 다윈의《종의 기원》이 출판되기 25년 전이에요. 이 친구를 발견하기 전까지 인류는 공룡을 뼈 한 조각도 볼 수 없었죠. 네, 맞아요! 메갈로사우루스는 인류가 처음 발견한 공룡입니다! 웅장한 타이틀이죠? 물론 이 타이틀이 웅장해서 이름이 '거대한 도마뱀'이 된 건 아니죠. 바로 거대 용각류나 거대 수각류를 보지 못했던 인류에게 8m짜리 도마뱀은 실로 거대해 보였기 때문일 것입니다. 아마 인류가 30m가 넘는 거대 용각류를 먼저 발견했다면, 오늘날 자연사박물관에 '메갈로사우루스'라는 이름표를 달고 전시되어 있는 공룡 표본은 다른 녀석이었을 확률이 높았겠죠? 어쨌거나 처음 발견된 공룡이라는 수식어와 지위에는 몇 번을 말해도 가슴 뛰는 웅장함이 내재돼 있습니다.

쥐라기에 뾰족한 이빨을 달고 고기 반찬을 먹던 수각류 공룡 중에 대중

매체로 유명한 건 케라토사우루스만이 아니었어요. 영화 〈쥬라기 공원〉 시리즈에서 '쥐라기 시대 공룡' 중 가장 인상 깊은 수각류를 둘 꼽으라면 많은 사람들이 콤프소그나투스와 딜로포사우루스를 이야기할 겁니다. 콤프소그나투스*Compsognathus*는 '예쁜 턱'이라는 뜻의 이름과 1.2m의 몸길이, 그리고 3kg도 안 되는 몸무게로 꽤 귀엽고 앙증맞은 이미지를 갖고 있지만, 〈잃어버린 세계: 쥬라기 공원〉에 처음 등장할 때부터 떼로 몰려다니며 '소'자극 중 가장 첫 장면에 등장하는 작은 소녀 '캐시 보우먼'든 '대'자인젠 사냥팀의 '디터 스타크'든 가리지 않고 물고 뜯고 맛보고 즐기는 무시무시함을 보여 줍니다. 아, 물론 원래는 사람한테 달려들지 않아요. 시대가 너무 멀리 떨어져 있어서 마주칠 일은 없겠지만, 만약 마주친다 하더라도 말이죠. 이 녀석들은 자기보다 작은 동물을 주로 먹이로 삼았을 테니 말입니다. 그래도 평소 식습관을 잊고 연기에 몰두해 데뷔작에서 보여 준 깊은 인상과 아담한 휴대용 스펙이 편리한 연출을 가능하게 해 줬는지, 영화 시리즈의 여러 장면에 등장하죠. 딜로포사우루스의 등장은 더 인상 깊었습니다.

장식물 1

딜로포사우루스*Dilophosaurus*는 영화 〈쥬라기 공원〉에서 섬을 통째로 배경 삼아 조성된 공룡 공원의 관람 코스 중 첫 순서를 책임지지만, 출연료 협상이 아직 덜 된 상태였는지 이름만 등장하고 정작 실제 모습은 보여 주지 않죠. 하지만 출연료 협상이 극적 타결된 모양인지 영화 중후반부에 공룡 수정란을 빼돌리려던 연구원 '데니스 네드리'를 향해 귀엽고도 얌전하게 다가와 갑자기 목도리를 펼치고 독을 뱉고 그를 잡아먹는 반전 매력을 선사합니다. 네드리, 그러게 왜 입방정을!네드리는 이 딜로포사우루스를 귀찮게 여기고 따돌리기 위해 막대기를 멀리 던지고 물어오라고 하지만, 아무런 반응 없이 멀뚱멀뚱 서 있는 이 녀석에게 "No wonder you're extinct."라고 말합니다. 영화 캐릭터 중 가장 고증을 무시한 사례라고 할 수 있는 이 녀석은 우선 실제로는 목도리도 없고 독도 뱉지 않아요. 크기도 네드리만 하지 않고 말이죠. 물론 영화에 나온 녀석은 아성체성체가 되기 전의 어린 개체이긴 하지만, 어쨌든 성체는 최대 몸길이 7m에 체중은 400kg입니다. 사람, 먹을 수 있어요! 사람 잡는 데 독 따위는 필요하지 않아요! 영화에 충실히 반영된 실제 스펙은 이마에 달린 두 개의 볏뿐입니다. 두개골에 얹혀진 커다란 볏뼈와 연조직으로 연결된 작은 뿔은 이 녀석의 이름을 '볏이 두 개인 도마뱀'으로 만들어 주었죠. 이 볏은 오늘날 수많은 동물들, 심지어 인간도 예외 없이, 특히 수컷에게서 관찰할 수 있는 성 선택 경쟁의 필수품인 장식물이었을 가능성이 높습니다. 공작의 화려한 꼬리 깃이나 새들의 멋진 깃털, 사슴의 길고 탐스러운 뿔은 2억 년 전의 공룡에게도 다른 모습으로 나타나 이성을 유혹하고 경쟁자를 물리쳤죠.

최근 학계의 핫 트렌드에 따르면 스테고사우루스Stegosaurus의 등에 지그재그 모양으로 교차되어 꽂혀 있는 골판뼈로 이루어진 판도 성 선택을 위한 장식물이었을 확률이 높습니다. 과장 조금 보태면 몸길이가 최대 8m에 달하는 꽤 큰 몸집이 왜소해 보일 만큼 큰 골판은 몸 뒤쪽에 있는 가장 큰 것의 크기가 1m에 육박하죠. 이렇게 큰 골판 구석까지 혈관을 고루 분포시키는 정교한 시스템을 구축하고도 그 용도가 방어나 체온 조절 같은 생존의 일차원적 목적이 아니었다는 게 다소 허무할 수는 있겠지만, 앞서 펀도체에 대해 이야기할 때 마법사들이 맞는 말 했어요. 뭐니뭐니 해도 생존의 최종 목적은 번식과 종족 유지 아니겠습니까? 선택을 받아야 후일을 도모할 것 아닙니까! 생각해 보면 1억 5천만 년 전 스테고사우루스가 방어 용도로 적합한지 알아보기 위해 우선 알로사우루스의 눈에 확 띄고 싶어 한 게 아니고서야 느려터진 몸 위에 그 커다란 골판을 멋들어지게 세워서 꽂고 다녔을 이유가 섹스 어필 말고는 딱히 떠오르지 않네요. 스테고사우루스는 앞서 트라이아스기 편에서 공룡에 대해 소개할 때 잠깐 언급한, 새와 같은 모양의 골반을 가진 조반목 공룡의 하위 두 개의 아목 중 하나인 장순아목Thyreophora, 裝盾亞目_방패(盾)로 몸을 둘러싼(裝) 초식공룡에 속하는 검룡하목Stegosauria, 즉 검룡류 공룡의 대표주자입니다. 오죽하면 이 녀석의 속명이 하목의 이름에 반영돼 있겠어요? 이 녀석은 〈쥬라기 공원〉 시리즈에 단골로 출연하기 전부터 그 매력적인 생김새로 이미 최고의 인기를 자랑했습니다. 길 가는 공룡학자 박씨든 공룡 덕후 김씨든 돼지껍데기 먹으러 가는 회사원 최씨든 삼겹살 수육에 곁들여 먹을 겉절이 만들려고 배추 사러 가는 황씨든밤에 글 쓰다 보니 배고파서 그랬어요…… 아무나 붙잡고 "좋아하는 공룡, 하나, 둘, 셋!" 하더라도 티라노사우루스 아니면 스테고사우루스를 말한다는 데 총부채를 포함한 제 재산을 모두 걸어도 아깝지 않을 만큼 스테고사우루스는 인지도가 상당한 쥐라기 검룡류입니다.스테고사우루스야, 그래도 내 재산 소중해. 지켜 줘! 스테고사우루스를 그리라고 하면 작은 머리에 긴 꼬리, 거대한 몸 위에 촘촘하게 박힌 골판, 짧고 가는 앞다리와 길고 굵직한 뒷다리, 그리고 그 때문에 뒤로 갈수록 높아지는 체고와 두툼한 골반을 그리지 못할 사람이 없을 정도죠.

그런데, 1877년에 공룡 박사들은 그렇게 안 그렸어요. 처음 이리저리 흩어져 있는 이 녀석의 골판 화석을 발견했을 때 학자들은 상상 속에서 그것들을 주워다가 눕혀서 등 전체를 덮어 거북선처럼 만들어 버렸죠. 이 녀석의 이름이 '지붕 도마뱀'이라는 뜻을 갖고 있는 이유가 이것 때문이었어요. 그러다가 얘를 처음 발견한 오스니얼 마시가 '내가 발견한 녀석이 이렇게 허접할 리가 없어!'라는 일념 하에 더 쿨한 모습을 연구하기 시작했고, 이리저리 머리를 굴리다가 드디어 골판을 세워서 등에 꽂습니다. 그런데 사소한 문제가 발생했죠. 표본의 등에다가 일렬로 골판을 꽂고 나니 남는 게 너무 많았던 거예요. 여생을 '가만있어 봐. 이거 남는 건 어디에 쓰던 거지?'하고 고민하다가 생을 마감한 마시 대신 예일 대학교의 고생물학자였던 리차드 럴Richard Swann Lull이 "있어 봐, 나 아이비 리그야. 럴은 콜롬비아 대학교를 졸업하고 예일 대학교에서 일했습니다. 난 창의적으로 두 줄로 꽂을 거야." 하고 스테고사우루스의 등에 골판을 두 줄기로 꽂아 줍니다. 미국 자연사 박물관에서 일하던 찰스 길모어 박사Charles Whitney Gilmore는 한 술 더 떠서 "골판이 모양이랑 크기가 다르잖아. 두 줄로 어떻게 세워! 이 형, 이거, 일똑바로 안 할 거야? 이렇게 지그재그로 겹쳐 놔야지."라고 말했는지는 확실하지 않지만 어쨌든 복원은 그렇게 했고, 이후 화석이 계속 발굴되며 결국 길모어의 생각이 옳았음을 알려 주었죠. 이렇게 우여곡절 끝에 누워서 등을 덮고 있던 멋진 골판을 일으켜 세워 지그재그로 등에 꽂은 채 느릿느릿 워킹하다가 이성에게 선택받게 된 스테고사우루스. 장하다, 이 녀석!

하지만 멋진 장식물은 저울의 한쪽 팔에 과시와 번식을 올려놓은 대신 다른 팔에는 주목과 피식preying_被食을 앉혔습니다. 알로사우루스에게 멀리서 봐도 눈에 띄게 알록달록하고 큰 골판을 등에 꽂고 달팽이처럼 느린 걸음을 떼는 이 통통한 녀석은 축복과도 같은 음식이었죠. 비록 꼬리 끝에 달린 두 쌍의 뾰족한 골침뼈로 이루어진 침. 영어로 'thagomizer'라고 하는데, 이는 개리 라슨(Gary Larson)이라는 만화가의 작품 〈Far side〉에서 유래했습니다. 그 만화에서 Thag Simmons라고 하는 원시인이 스테고사우루스의 이 골침에 맞아 죽어서 그의 부족원들은 그의 이름을 기리며 그것을 'thagomizer'라고 부르기로 합니다. 그러니까, 과학자들 정말. 그냥 만화에서 이야기한대로 원시인 이름을 딴 명칭을 고생물학 역사에 박제시킨 거예요! 그런데, 이 만화가 아저씨는 자연과 동물을 주제로 만화를 많이 그려서 과학자들에게 인기가 정말 많았대요. 스테고사우루스의 이 골침 말고도 그의 영향을 받은 생물 이름이 몇 개 있는데, 이의 한 종류인 'Strigiphilus garylarsoni'와 열대우림 나비 종 'Serratoterga larsoni', 딱정벌레 종인 'Garylarsonus'가 다 이 아저씨 이름을 따 왔습니다. 이 골치 아플 때도 있었지만, 쥐라기 거대 수각류에게 이 녀석만큼 푸짐하고 매력적인 만찬거리는 없었죠.

그런데 쥐라기가 끝날 때쯤이면 검룡류는 메뉴판에서 지워져요. 스테고사우루스를 비롯한 많은 검룡류의 주식이었던 소철이 눈에 띄게 사라지면서 검룡류도 백악기 전기에 멸종하거든요. 초기 검룡류는 중국에서 많이 살았는데, 특히 쓰촨성에서는 바샤노사우루스*Bashanosaurus*, 기간트스피노사우루스*Gigantspinosaurus*, 후아양고사우루스*Huayangosaurus*, 키알링고사우루스*Chialingosaurus*, 투오지앙고사우루스*Tuojiangosaurus*를 비롯해 충킹고사우루스*Chungkingosaurus* 같은 대부분의 검룡류의 화석이 중국에서 발견되었죠. 물론 이 녀석들이 중국에만 살았던 것은 아닙니다. 오늘날 화석의 90%는 남북아메리카캐나다, 미국, 아르헨티나와 동북아시아중국, 몽골의 단 5개국에서 발굴됩니다. 부드러운 지층을 지닌, 지각 변동으로부터 상대적으로 안전하게 보존된 땅이기 때문이죠. 그래서 발견한 학자의 이름이나 발견된 지역명을 따서 명명하는 고생물의 속명 중 지역명에 해당하는 고생

빅히스토리

물의 이름이 대부분 이 5개국의 지역명을 포함하는 것입니다. 그런 이유로 중국 지역명을 딴 쥐라기의 검룡류만 해도 다섯 속이 넘습니다. 하지만 백악기가 되면 검룡류는 중국과 아프리카 대륙에 각각 한 속씩만 겨우 살아남을 정도로 멸종합니다. 가문의 몰락이었죠.

검룡류에게는 조상님이 있었는데, 바로 원시 장순류 스쿠텔로사우루스 *Scutellosaurus*_작은 방패 도마뱀입니다. 스테고사우루스보다 5천만 년 전쯤 이름 그대로 몸에 작은 방패가 두드러기처럼 돋아난 채 나타났죠. 아마도 스테고사우루스와는 달리 그다지 매력적으로 보이지는 않게 돋아나 있는 수십 개의 작은 골편뼈로 된 조각은 방어 수단이었을 겁니다. 이 골편을 방어 수단으로 발전시킨 녀석들이 바로 장순아목의 또 다른 계통인 곡룡하목 *Ankylosauria*, 즉 곡룡류입니다. 두 갈래의 후손 중 검룡류는 골판을, 곡룡류는 골편을 몸에 지니고 있었어요. 자연스레 웅장하고 멋진 골판은 장식품으로, 평평하고 단단한 골편은 방어 수단으로 발전했겠죠? 곡룡류의 영어 이름, 왠지 익숙하지 않으세요?

바로 〈쥬라기 월드〉 시리즈에 자주 등장하는 슈퍼스타, 안킬로사우루스 *Ankylosaurus*_융합된, 합쳐진 도마뱀가 이름처럼 골편이 융합해 몸을 보호하는 곡룡류를 대표하는 공룡입니다. 1800년대 후반의 스테고사우루스 복원도는 사실 이 친구들의 모습에 훨씬 가깝다고 할 수 있죠. 물론 최근 안킬로사우루스의 복원도 역시 골편이 몸 전체를 빽빽하게 덮는 대신, 조상님인 스쿠텔로사우루스처럼 규칙적으로 몸에서 돋아나 효율적으로 몸을 보호하는 쪽으로 방향을 바꿨습니다. 몸길이 9m 정도인 이 녀석의 체중은 골편의 무게가 더해져서 9t에 육박합니다. 검룡류의 특징이 등의 골판과 꼬리의 골침이듯, 등의 골편과 함께 곡룡류의 특징이 되는 것은 바로 꼬리의 뼈 뭉치입니다. 곡룡류는 다들 등에 골편을 얹고 꼬리 끝에 뼈 뭉치를 달고 있죠. 검룡류가 대부분 쥐라기에 번성한 반면, 쥐라기에 나타났지만 백악기에 계통을 꽃 피운 곡룡류는 당대의 악명 높은 학살자, 티라노사우루스를 상대해야 했습니다. 어설픈 골침을 티라노사우루스의 강력한 근육에 꽂아 넣고 잡아먹히는 것보다는 묵직한 뼈 망치로 발목을 으스러뜨리고 잡아먹히는 게 종의 생존에는 더 유리했겠죠? 티라노사우루스 정도의 근수저라면 침에 찔린 상처는 회복하겠지만, 으스러진 발목을 끌고 다시 안킬로사우루스 사냥에 나서는 것은 무리였을 테니까 말이죠. 하지만 그럼에도 불구하고 티라노사우루스는 수많은 안킬로사우루스를 괴롭히고 짓밟고 뒤집고 물어뜯고 잡아먹었을 겁니다. 그렇게 먹고 먹히는 중에 함께 화석이 되어 모습을 드러낸 덕분에 우리는 쥐라기는 알로사우루스와 스테고사우루스가, 백악기는 티라노사우루스와 안킬로사우루스가 공존했다는 사실을 알 수 있죠. 조반목 공룡 중 한 아목인 장순아목의 두 갈래 중 골판을 등에 꽂고 이성을 유혹했던 검룡류는 쥐라기, 골편을 등에 덮고 몸을 보호했던 곡룡류는 백악기에 번성했다는 걸 기억하세요.

새

쥐라기는 깃털에게 있어 매우 중요한 진화사적 과도기였습니다. 솜털과 깃털을 몸에 덮은 공룡이 서서히 생겨나기 시작했고, 이 깃털의 용도 역시 다양한 방향으로 발전해 나갔거든요.

우선 추운 지방에 살던 공룡들은 따뜻한 솜털을 몸에 덮고 혹한의 환경

빅히스토리

을 견뎌냈죠. 또 난생이던 공룡이 깃털을 갖게 되면서 이들의 알은 따뜻하게 보호받을 수 있게 되었죠. 또, 이 경우에도 어김없이, 가장 편하고 효율적으로 알록달록하고 화려한 장식물현대의 발달된 과학기술은 공룡 깃털의 색깔까지 알아낼 수 있습니다. 주사전자현미경(Scanning electron microscopy_SEM)이라는 정교한 기구가 공룡 깃털 화석의 색소세포인 멜라노솜을 찾아낼 수 있는데, 이렇게 복원한 깃털은 공룡의 몸을 무지개처럼 알록달록하게 덮고 있는 경우도 있었죠.이 되어 이성이 때부터 구애받는 쪽은 주로 암컷 앞에서 춤을 추고 성적 매력을 과시할 수 있도록 함으로써 대를 거친 장기적인 생존의 치트키 역할을 톡톡히 하기도 했죠. 그러니까, 이제 수컷은 더 화려해지게 된 거예요!

하지만 뭐니뭐니 해도 깃털의 가장 큰 의미는, 날개가 되어 저 하늘을 자유롭게 날 수 있게 해 주었다는 것입니다. 앞서 피크노섬유에 대해 이야기하며 악어도 DNA가 마음을 정말 단단히 먹으면 뭐, 날 수도 있지 않겠냐는 99.9%의 헛소리를 시전했지만, 뼈를 비우고 몸을 가볍게 만들어 온 쥐라기의 수각류 중에 이 헛소리를 결국 가능의 영역으로 끌고 나온 녀석이 등장했습니다. 아르카이옵테릭스*Archaeopteryx*. '-테릭스'로 끝나요. 날개 말입니다. '고대의 날개'라는 뜻의 이름을 가진 이 친구를 우리는 분명히, 정규 교육 과정을 마쳤다면 한 명도 빠짐없이 교과서에서 봤을 겁니다. 심지어 거의 모두가 교과서에 화석처럼 박혀 있던 이 친구의 화석 사진을 분명히 기억하고 있으며, 이 친구의 이름을 일상생활에서 은연중에 일종의 비유적인 표현으로 언급하곤 합니다. 50cm 남짓한 몸집에도 불구하고 뭔가 엄청난 비밀을 간직하고 있다고 말하는 것만 같은 아우라, 180° 뒤로 꺾인 긴 목과 삼각형으로 수렴하는 작은 두개골, 뚜렷한 사지의 뼈, 그리고 그런 온몸의 뼈를 둘러싸고 촘촘히 암석에 아로새긴 풍성한 깃털의 그림

자. 아르카이옵테릭스는 쥐라기 후기에 서유럽 지역에서 주로 살았고, 결국 독일 바이에른 지방의 채석장에서 1861년에 발견되었죠.

당시 유럽은 이 발견에 한껏 들떠 있었습니다. 《종의 기원》이 불과 2년 전에 출판되었거든요. 그래서 독일 사람들은 이 화석에 'Urvogel'이라는 이름을 붙여 줍니다. '시조새'였죠. 네, 여러분은 이 새를 '시조새'라는 이름으로 배웠습니다. 리처드 오언의 망언에도 불구하고 아르카이옵테릭스가 발견된 후, 오언은 학계에 처음으로 이 화석을 소개하며 당시 뜨거운 감자였지만 대체로 옳다는 쪽으로 여론이 기울었던 다윈의 진화론에 강하게 반대하던 입장을 고수했습니다. 그래서 이 화석의 주인공은 파충류, 특히 공룡과 관계가 없는, 조류의 일종이라고 선언하죠. 이 말은 두 가지 의미에서 망언이었는데, 우선 아르카이옵테릭스는 분명히 파충류와 조류의 특징을 모두 갖고 있었어요. 또 한 가지, 이제 우리는 새가 수각류 공룡 그 자체라는 것을 알고 있죠. 당시 이 화석은 진화론에 강력한 이론적 정당성을 장착해 줄 수 있는 확실한 미싱링크였습니다. 조금 우겨서 말하자면, 새의 등장이었습니다. 계통생물학적 관점에서 수각류의 한 분기인 조익류로서 등장한 아르카이옵테릭스는 우리에게 당당하게 말할 수 있습니다. "나 새다!" 엄밀히 말해 조익류에서 아르카이옵테릭스와 다른 가지로 뻗어나온 조류, 그러니까 우리가 오늘날 '새'라고 부르는 동물은 아르카이옵테릭스의 뒤를 바짝 이어 쥐라기가 끝나자마자 등장합니다.

새와 깃털, 그리고 피크노섬유 같은 화석 증거와 유전자 정보는 중생대 공룡들이 이미 몸에 솜털과 깃털을 지니고 있거나 지닐 가능성을 내포하고 있었다는 사실을 알려줍니다. 현재까지 밝혀진 바에 따르면 주로 몸집이 작은 많은 수각류가 몸 전체 또는 특정 부위에 깃털을 지니고 있었다고 해요. 공룡이 깃털을 달고 있었다는 썰은 과거에 '깃털 공룡'이라는 가설로만 존재해 오다가 1996년, 중국의 한 농부가 시노사우롭테릭스 *Sinosauropteryx*_중국의 도마뱀 날개 화석을 발견한 이후 계속해서 많은 표본이 발굴되면서 사실로 밝혀졌고, 오늘날에는 견고한 이론으로 확립되었죠. 하지만 유티란누스*Yutyrannus*_백악기 전기에 중국 북동부에 살던 몸길이 9m의 거대 수각류. 몸집이 컸음에도 몸에 깃털이 나 있었는데, 추운 지역에 살았기 때문이죠. '깃털 달린 폭군'이라는 뜻의 이름은 한자어 '깃 우(羽)'의 중국어 발음 'yu'와 이 녀석이 속한 티라노사우루스상과를 상징하는 '폭군'이라는 뜻의 라틴어 'tyrannus'를 합쳐서 지었습니다. 같은 별종을 빼면, 몸집이 큰 녀석들은 대부분 깃털이나 솜털이 없는 피부를 덮고 있었습니다. 몸집이 큰 공룡들은 외부 환경을 이용해 체온을 유지하는 '외온성 항온동물'이었을 가능성이 높았기 때문에 깃털이나 솜털은 체온 조절에 방해가 될 뿐이었죠. 그래서 거대 수각류를 대표하는 티라노사우루스도 새끼 때는 솜털이 나 있지만 성장하면서 솜털을 벗고 비늘 같은 표피를 드러냈습니다. 재미있는 사실은, 이 녀석들의 비늘 같은 피부 조직은 사실 '깃털 유전자'를 지녔지만 그것이 발현되지 않은 형태였다는 거예요. 그러니까, 깃털이었던 거죠.

여러분, 닭발 좋아하시나요? 저는 없어서 못 먹습니다! 닭발의 비늘이 징그러워서 못 먹겠다는 사람들도 있던데, 저랑 친구하면 제가 다 먹어 드릴 수 있어요! 징그럽게 보이든 맛있게 보이든 이 비늘처럼 보이는 피부 조직도 깃털입니다. 유전자가 발현되지 않았다 뿐이죠. 포식자인 부엉이의 발이 사냥할 때 부상을 방지하기 위해 전부 깃털로 덮여 있는 것과는 차이가 있습니다. 이렇게 필요에 따라서 유전자를 발현하기도 하고 억제하기도 하면서 공룡들은새도 포함해서 말이죠. 깃털을 깃털로 만들기도 하고 비늘로 만들기도 하고 솜털로 만들기도 하면서 변신해 왔습니다. '얘 무슨 말하는지 모르겠어. 왜 비늘인데 깃털이야. 닭발이 더 무서워졌어.'라고 생각하실 수도 있겠지만, 시간을 거슬러 올라가 보면 깃털, 비늘, 솜털, 얘네 다 기원이 같아요. 그러니까 닭발, 맛있게 먹읍시다!

잠시, 바다

공룡 얘기만 주구장창 하면 너무 지루하니까, 잠깐 푸른 바다로 눈을 돌려 볼까요?

판게아의 분열이 시작되며 판탈라사가 테티스라는 동생을 맞이하게 된 쥐라기 바다의 제왕은 대멸종의 시험으로 출혈이 컸지만 여전히 건재했던 어룡과 새롭게 등장한 장경룡Plesiosauria_장경룡목. 수장룡(首長龍)이라고도 합니다.이었습니다. 어룡이 공룡이 아니듯, 장경룡도 어룡과는 다른 계통이에요. 원시 파충류 중 페름기 판게아의 콜로세움을 피해 바다로 뛰어든 석형류 피난민은 어룡목과 기룡상목Sauropterygia으로 계통을 분리해 익사하지 않고 적응해 넓은 바다를 틀어쥐고 살아남았습니다. 이 해양 파충류들은 쥐라기에 눈에 띌 만큼 폭발적으로 번성했죠. 그래서 쥐라기 바다는 말 그대로 물고기 반 파충류 반이었어요! 장경룡목은 그중 기룡상목을 대표하는 녀석들이에요. 어룡은 대부분 물개나 상어 같은 체형을 가진 해양파충류였는데, 찰흙으로 어룡을 만든 뒤 머리와 몸통을 잡고 죽 잡아당기면 대충 장경룡의 모양이 만들어집니다. 장경룡목의 해양 파충류는 대부분은 목이 길다는 특징을 갖고 있습니다. 기룡류의 시작은 트라이아스기의 노토사우루스Nothosaurus였습니다. 기룡류 중 탄생이 가장 빠른 녀석이긴 한데, 그렇다고 장경룡의 조상은 아니고 친척뻘 되는 친구였죠. 몸길이 5m

빅히스토리

에 주둥이 앞으로 돌출된 가시 같은 송곳니가 뻐드렁니처럼 수십 개 나 있는 친구였습니다. 물론 그 뻐드렁니를 달고 있는 머리와 몸통 사이를 장경룡처럼 긴 목이 이어 주고 있었죠. 쥐라기가 되면 이 녀석은 사라지고 장경룡의 전성시대가 시작됩니다. 쥐라기의 드넓은 바다를 두루 누비고 다녔기 때문에 개체 수가 공룡보다도 많았을 거라는 견해도 있을 정도로 수도 많고 종도 다양했던 장경룡의 큰 특징인 긴 목은 로말레오사우루스과 Rhomaleosauridae 장경룡들, 그리고 '애닝의 명성'에 한몫해 준 플레시오사우루스Plesiosaurus_도마뱀에 가까운 것에서 가장 눈에 띄게 보입니다. 1800년대에 활동했던 고생물학자 매리 애닝은 이크티오사우루스와 플레시오사우루스를 발견하며 일약 고생물학계의 슈퍼스타로 등극합니다.

플레시오사우루스는 몸집이 그리 큰 편은 아니었습니다. 몸길이가 4m를 넘는 개체가 없었죠. 그런데, 목이 길었어요. 1.5m가 넘기도 했거든요. 몸의 반 정도가 목이었다고 생각하면 됩니다. '장경룡'이라는 이름에 딱 맞는 외모였죠. 플레시오사우루스가 유명한 이유는 또 있습니다. 바로 스코틀랜드 네스호의 명물, '네시Nessie'가 플레시오사우루스 같은 장경룡이라는 헛소문이 근거 없는 자신감을 타고 사람들 입에 오르내렸기 때문이죠. '네스호의 괴물' 이야기는 조금만 이성적으로 생각해 보면 헛소리라는 걸 알 텐데, 일단 네스호는 만들어진 지 1만 년 정도 밖에 안 됐거든요. 얘가 플레시오사우루스라면, 1억 년 이상 여기서 살아남았어야 되는데, 1만 년 이전까지 이 호수의 표면은 1km 이상이 빙하로 덮여 있었어요! 지금보다 훨씬 따뜻했던 중생대 판탈라사에 살던 녀석들이 이 추운 데서 어떻게 살아남았겠습니까? 살아남았어도 따뜻한 적도 쪽에 있겠죠. 그리고 백번 양보해서 네시가 고대 생물이 아니라고 해도, 일단 비교적 최초의 목격담인

6세기의 기록부터 가장 최근의 기록물인 2016년의 동영상에 출연하려면 적어도 천 년 이상 살아남았어야 하는데, 대형 척추동물은 아무리 오래 살아도 수명이 150살을 넘기기 어렵죠. 세대를 이어서 십 수세기 동안 살아남으려면 그만큼 생존에 필요한 다양성을 확보할 수 있는 개체들이 많이 살고 있어야 하는데, 네스호는 너무 좁아서강남 3구 합친 것보다 좁아요. 이렇게 큰 생물군이 살 만한 생태계가 구축될 수 없어요. 네시는 꿈에서 보자?

〈아기공룡 둘리〉에서는 플레시오사우루스가 아닌 다른 녀석이 네스호에 살게 됩니다. 이 친구는 영희를 두고 프테라노돈과 싸우다가 바이올린처럼 생긴 도우너의 타임머신인 타임 코스모스와 함께 중세시대 스코틀랜드로 떨어지죠. 최초 목격 시점과 네스호의 정확한 좌표까지. 작가님은 네시 설화에 대해 상당히 조예가 깊었던 것 같아요. 어쨌든 이렇게 작가님이 중세 스코틀랜드로 보내 네스호에 살게 만든 녀석은 누가 봐도 플리오사우루스과Pliosauridae처럼 생겼어요. 이 녀석들은 장경룡목임에도 불구하고 목이 짧아요! 그런데, 목 짧은 이 녀석들이 쥐라기와 백악기의 바다를 지옥의 수족관으로 만들어 버리죠. 그중 쥐라기의 주역은 플리오사우루스 Pliosaurus_더 큰 도마뱀였습니다. 이 녀석은 최대 몸길이가 13m나 되는 거대 장경룡이었는데, 장경룡이지만 목이 짧아 체형이 악어 같았습니다. 그 다부진 몸이 13m 길이였으니 얼마나 스펙이 강력했겠어요. 우선 두개골 길이가 2.3m. 사람 정도는 우습게 혀 위에 올려놓고 비행기 태워 줄 수 있죠. 물론 그 혀 위에 올라간 사람은 비행기 타며 "꺄르르, 꺄르르!" 하고 즐기기 전에 압사 내지는 익사하겠지만요. 이빨도 엄청 날카롭고 저작력치악력도 어마어마한데, 케바니 종Pliosaurus Kevani은 최소 1t에서 최대 5t까지로 추정됩니다. 자, 다부진 몸에 머리도 크고 입도 크고 무는 힘도 어마어마해요.

얘들이 암모나이트만 씹고 다녔겠어요? 전당포도 아닌데 사냥해서 씹어 삼킬 수 있는 것들은 금이빨 빼고 모조리 씹어 먹고 다녔죠. 긴 말 필요 없이 쥐라기의 바다는 말 그대로 플리오사우루스의 치세하에 있었습니다.

　포악한 장경룡 플리오사우루스가 바다를 지배하는 동안 도전자는 없었을까요? 압도적인 절대군주가 아니라면 반드시 반항하는 세력이 있기 마련입니다. 쥐라기 바다의 반이 물고기였는데, 그런 친구 하나 없었겠어요? 하나는 확실히 있었던 것으로 보입니다. 연골어류인 상어 종류도 포식자 위치에 있기는 했는데, 존재감이 막 엄청나거나 하지 않았습니다. 물고기 중에서는 리지크티스_Leedsichthys_리즈(Leeds)의 물고기가 소심하게 몸집으로 반항해 봤던 유일한 친구입니다. 이 친구는 경골어류였는데, 연골어류보다 몸집 불리기에 불리한 계통적 한계에도 불구하고 비교적 최근인 2018년의 측정 결과 최대 16.5m의 몸길이에 45t에 달하는 체중을 보여 주었습니다. 이로써 리지크티스는 전생 경골어류 중에서 가장 거대했고, 현생 경골어류까지 포함해도 가장 거대했으며, 현생 연골어류 중 가장 큰 고래상어최대 몸길이 15m보다도 거대했고, 지구의 바다 역사를 거쳐간 모든 어류를 줄 세워 놔도 몸의 크기에서 이 녀석을 능가하는 괴물은 단 한 종모두가 예상하는, 매우 드물게 속명보다 종명이 더 유명한 이 녀석은 조금 더 뒤에 등장할 예정입니다. 아, 고래 아니에요! 고래는 어류가 아니잖아요.에 불과합니다. 플리오사우루스보다 3m 이상 크고 추정되는 가슴지느러미 길이만 1m에 달하는 이 거대한 물고기는 무시무시한 장경룡과 어룡 사이를 존재감 넘치게 거닐었죠. 그리고 입을 크게 벌려 그 큰 몸의 발전소 안으로 연료로 쓸 만한 먹잇감을 말 그대로 통째로 삼켜 버렸습니다. 플랑크톤이었어요! 네, 이 녀석은 수염고래류만큼 거대했는데, 바닷물을 여과하는 신체구조라든가 티끌 모아 태산을 만드는 식습관까지 수염고래류와 닮아 있었죠. 그래서 동체급 라이벌들과 경쟁할 수 있는 처지가 아니었습니다. 온순한 식습관을 노출한 뒤 등을 보이면 다른 천적들은 이 녀석을 공격할 용기를 낼 수 있었을 겁니다. 그러니까, 그 큰 몸을 하고 플랑크톤을 쭙쭙 빨아먹고 다니던 이 녀석은 쥐라기 교실의 점심시간에 새우볶음 반찬만 산처럼 쌓아놓고 편식하는 덩치만 크고 소심한 친구였던 거예요. 진짜 깡패는 따로 있었죠.

장경룡 학급의 대장 플리오사우루스가 물고기 반1/2, 어룡 반의 반1/4, 장경룡 반의 반1/4으로 구성된 쥐라기 바다학교의 보스였다면, 견제 세력이던 어룡 학급의 대장은 템노돈토사우루스*Temnodontosaurus*_절단기 이빨 도마뱀였습니다. 쥐라기 때의 어룡은 모두 트라이아스기 대멸종을 통과해 살아남은 유일한 계통인 파르비펠비아*Parvipelvia*_라틴어로 '좁은 골반'였습니다. 나머지 계통은 슬프게도 트라이아스기에 다 졸업하고 말았어요. 이름 그대로 골반이 좁아지며 대체로 유선형의 몸을 지녀서 돌고래와 다랑어를 섞어 놓은 것처럼 생겼습니다. 오죽하면 이 '좁은 골반' 친구들의 분류 계통 중에 투노사우리아*Thunnosauria*_참치 도마뱀. 이름에 그리스어로 '참치'를 뜻하는 'thunnos(그래서 '참치'는 영어로 'tuna')'가 붙습니다.도 있겠어요. 이 투노사우리아 군집 중 가장 유명한 녀석은 매리 애닝이 발견했던 이크티오사우루스 *Ichthyosaurus*_물고기 도마뱀입니다. 이 친구는 '공룡'이라는 개념조차 없던 고생물학 발굴 역사 초기에 발견되어 바다에서의 삶에 적응한 해양 파충류라는 인식을 심어 준, 어룡의 대명사 격인 존재예요. 몸은 유선형에 앞다리와 뒷다리가 노처럼 거대한 장경룡과는 달리 적당히 물고기 같은 크기의 지느러미로 변해서 적당히 빨리 헤엄치고 방향 전환을 해 두족류나 자기보다 작은 바다 생물을 잡아먹기 편리한 구조였죠. 쥐라기 어룡은 눈도 엄청 컸어요. '참치 도마뱀' 계통 중에는 오프탈모사우루스라고 하는 과가 있는데, 이름에 '탈모'가 들어갔다고 책 던지지 말고 잘 읽어 보세요. 'Oph-thalmosauridae'입니다.

그리스어로 '눈'을 뜻하는 'ophthalmos그래서 '안과'가 'Ophthalmology', 줄여서 'OPH'가 들어갔죠. 과를 정의하는 특징이 눈이었어요! 그만큼 눈이 눈에 띌 만큼 컸죠. 저기서 뭐가 헤엄쳐 오는데, 눈만 보여요. 대왕고래한테나 달려 있을 법한 크기입니다. 실제로 눈 크기만 보면 대왕고래보다 큰 녀석이 있는데, 바로 오프탈모사우루스과의 대표 속인 오프탈모사우루스 *Ophthalmosaurus*_눈 도마뱀입니다. 정말로 대왕고래보다 큰 눈을 가졌던 이 녀석의 안구 지름은 20cm를 넘어간다고 해요. 사람의 안구 지름이 2.5cm 정도니까 평면으로는 사람보다 64배, 부피로는 사람보다 512배 큰 눈을 갖고 있었던 거예요! 이렇게 큰 눈은 오프탈모사우루스를 비롯한 쥐라기 어룡들이 시각에 의존해 오징어 비슷한 두족류가 활동하는 야간에 얘네를 잡아먹을 수 있도록 해 주거나, 15개나 되는 넓적한 골판으로 정교하게 조립된 공막고리뼈sclerotic ring. 안구를 감싸고 있는 고리 모양의 뼈. 오프탈모사우루스의 공막고리뼈는 지구 생물의 것 중 가장 큽니다.의 도움으로 어둡고 압력이 높은 심해에서의 활동도 가능하게 해 주었죠.

어룡 학급의 대장 템노돈토사우루스에 대한 이야기에 앞서 쥐라기 어룡의 특징을 잠깐 살펴봤습니다. 이제 플리오사우루스의 대항마였던 템노돈토사우루스를 만나 볼까요? 우선 눈을 봅시다. 대왕고래의 눈보다 큰 오프탈모사우루스의 눈보다 큰 대왕오징어의 눈보다 컸어요! 지름이 25cm였

습니다. 그러니까, 사람 눈 1,000개를 뭉쳐 놓은 크기였어요……. 템노돈
토사우루스의 화석 표본을 보면 두개골의 눈구멍 안에 도넛처럼 가운데가
뻥 뚫린 암모나이트 화석 같은 게 들어가 있습니다. 공막고리뼈예요. 공
막꼬리뼈가 엄청나게 두껍고 견고하게 이 지구 최대의 왕눈을 보호해 줍
니다. 눈구멍을 기점으로 앞으로 길쭉하게 뻗은 두개골은 최대 1.8m나 되
었습니다. 눈구멍 뒤로는 긴 몸통이 7~8m가 넘게 죽 뻗어 있어, 이 녀석
은 마치 오프탈모사우루스를 잡아서 두 배로 늘려 놓은 것처럼 생겼어요.
10m에 달하는 거대한 유선형의 선체에 야간 모드까지 장착한 슈퍼 카메
라, 그리고 긴 주둥이에 견고하게 촘촘히 박힌 날카로운 절단기를 어디에
쓸까요? 이 녀석의 화석 이빨 사이나 뱃속에서는 암모나이트나 벨렘나이
트 같은 두족류를 비롯해 스테놉테리기우스*Stenopterygius*_좁은 지느러미. 몸길
이는 4m 정도로 오프탈모사우루스와 비슷했습니다. 같이 자기보다 작은 어룡 혹은
장경룡의 잔해가 발견됩니다. 그냥 다 씹어 먹고 다녔던 것 같아요. 플리
오사우루스는 빼고 말이죠. 자기보다 더 세면 도망쳐야죠. 다행히 유선형
의 몸매는 뒤쫓기에도, 도망치기에도 유리했습니다.

와호장룡

자, 다시 육지로 와 볼까요? 검룡류와 깃털 달린 수각류가 쥐라기에 장
식물을 화려하게 수놓고 목숨과 맞바꾼 유혹의 춤을 추는 동안 조용히 때
를 기다린 녀석들이 있었습니다. 이쯤 되면 공룡 중에 누가 공룡시대 절반
이 지날 때까지 때만 기다리고 있는지 눈치채신 분도 있을 것 같아요. 조
반목 공룡 중 아직 등장하지 않은 친구들이 있죠? 검룡류와 곡룡류를 포함

하는 장순아목이 쥐라기의 아랫동네윗동네는 용반목이……. 초식남녀 뒷골목을 지배할 때, 그 동네에서조차 몸을 낮추고 있던 각각아목Cerapoda이 그 주인공입니다. 각각아목은 신조반류의 아래 가지에 위치하는데, 조각하목, 각룡하목, 후두하목을 포함하는 아목이에요. 신조반류는 장순아목과 자매군sister group_직전의 조상을 공유하는 생물군 관계로, 이 둘이 조반목 공룡을 구성하고 있습니다. 그러니까 조반목 공룡은 2개의 아목과 5개의 하목 장순아목은 검룡하목, 곡룡하목을 포함하고 각각아목은 조각하목, 각룡하목, 후두하목을 포함으로 이루어져 있는 것이죠.

각각아목의 구성원 중 각룡하목Ceratopsia과 후두하목Pachycephalosauria을 아우르는 하위계통을 주식두류주식두아목_Marginocephalia라고 합니다. 이름에서 알 수 있듯이, 이 녀석들은 머리cephalia뼈 뒤쪽에 여백margin을 두어 뭔가 달고 있는 것이 특징입니다. 얘네는 중국의 한 마을에 살았던 하나의 조상님으로부터 분기했어요. 바로 '숨어 있던 용', 인룡Yinlong_'숨어 있는 용'이라는 뜻의 한자 '隱龍(은룡)', 즉 'ynlong'을 라틴어 버전으로 바꾼 속명.입니다. 이 각룡류와 후두류의 공통 조상님의 이름에는 재미있는 배경이 '숨어' 있습니다.

혹시 〈와호장룡〉이라는 영화 아시나요? 대만 출신의 세계적인 거장 이안 감독이 2000년에 세상에 선보인, 뛰어난 영상미와 선형적이지만 과장되지 않은 비현실적인 와이어 액션으로 세계적인 찬사를 독식했던 작품입니다. 왕도려라는 중국 작가가 중일전쟁 당시 신문에 연재한 작품 중 《학철오부곡》이라는 시리즈가 있었는데, 이안 감독은 그중 4부인 '와호장룡'을 각색했다고 해요. 정파는 선, 사파는 악이라는 기존의 클리셰를 파괴하며 선악의 모호함을 투영한 독특한 가치관 역시 신선한 충격을 불러일으

컸고, 개봉 당시 북미에서만 1억 2,800만 달러 이상의 수익을 거두는 대흥행을 달성했죠. 지금도 '북미 개봉 비영어 영화 흥행 수입 1위'라는 이 압도적인 기록은 여전히 깨지지 않는 불멸의 신화로 남아 있습니다. 2위인 이탈리아 영화 〈인생은 아름다워〉(1998년 개봉)의 수익은 〈와호장룡〉의 반도 되지 않는 기록이며, 아카데미에게 한국의 천재 영화인을 영접할 기회를 준 봉준호 감독의 〈기생충〉조차 5위에 머물고 있죠. 이 영화 이후 이안 감독은 〈헐크〉, 〈브로크백마운틴〉, 〈색, 계〉, 〈라이프 오브 파이〉 등, 제목만 봐도 영상미와 작품성이 터져 넘치는 작품을 연출하며 세계적인 거장으로 자리매김하죠. 캐스팅 역시 주윤발, 양자경, 장쯔이 등 당대 최고의 배우들이 총동원되며 당시 영화를 사랑하는 사람이라면 안 볼 수 없게 만드는 마술을 부린 영화였습니다. 〈와호장룡〉이라는 제목은 춘추전국시대 시인 유신의 시 구절 '暗石疑藏虎, 盘根以卧龙 어둠 속의 바위 뒤에는 호랑이가 숨어 있을 것 같고, 바위 밑의 거대한 나무 뿌리는 누운 용과 같다'에서 차용했다고 하는데, 실제로 '숨은 인재'를 뜻하는 '藏龍臥虎 장룡와호_숨어 있는 용과 누워 있는 호랑이'라는 사자성어가 있습니다. 이제 딱 "인룡은 언제 나와요?"라고 물어볼 시점이 된 것 같습니다.

인룡은 중국 신장 위구르 자치구에 위치한 지층인 시슈고우층에서 발견됐습니다. 이 동네에서 〈와호장룡〉을 촬영했어요! 이 화석을 발견한 고생물학자는 생각했겠죠. '이거 지역적으로다가 연결 잘하면 뜨겠는데? 그렇다고 영화 제목 그대로 '장룡'이라고 하면 너무 성의 없어 보이고, '와룡'이라고 하면 호랑이가 왜 허락 없이 자기 자세 갖다 붙이냐고 할 것 같고……. 애초에 저작권 이슈는 없나? 일단 여기 화석이 숨어 있었으니까 그런 표현을 쓰고 의미가 영화랑 절묘하게 연결되면서 법적으로 문제도 없을 만한

걸로 지어 보자. 숨어 있는 용.' 명명자의 세세한 생각과 의도는 제 상상이
었고요, 어쨌든 이 화석의 '인룡'이라는 속명이 〈와호장룡〉 촬영지 근처 시
슈고우층에서 발견되었기 때문에 붙여졌다는 것은 사실입니다. 덕분에 인
룡의 인지도는 각룡류 중 최고입니다. 트리케라톱스와 함께 말이죠.

• 백악기, 1억 4천 5백만 년 전

인룡은 쥐라기에 등장했습니다. 쥐라기를 살다 간 유일한 각룡류이기도 하죠. 쥐라기 조반목의 구성비율은 검룡류가 압도적이었죠. 하지만 시대의 흐름은 모든 것을 바꿉니다. 대멸종은 며칠, 혹은 몇백만 년의 주어진 기간 동안 특수한 집행자를 몇 팀 기용해 대청소를 진행하지만, 기나긴 시간 자체의 흐름은 조용히, 그리고 매끄럽게 일부 종을 안락사시키고 다른 종을 그 자리에 들어다 앉히죠. 기후와 지리, 식생과 환경이 변하면서 숨어 있던 용들은 종 분화의 틈새를 파고들며 깨어나기 시작했습니다. 검룡류의 퇴장과 맞물리며 인룡의 후손인 각룡류와 후두류, 그리고 이들의 육촌 정도 되는 조각류가 번성하기 시작합니다. 조반목의 세계뿐 아니라 판게아가 점점 틈을 넓히며 조각 나고 대서양이 더 넓어지며, 육지의 단절과 대륙붕의 확장, 남미와 인도, 호주, 아프리카, 남극 대륙으로 분리되는 곤드와나 대륙의 몸부림이 불러일으킨 트라이아스기 이후 최대로 격분하는 화산 활동, 기온 변화 따위의 조건들은 지구의 모양과 색깔을 바꿔 놨습니다.

육지에는 소나무나 고사리 같이 거친 겉씨식물의 시대 위에 물론 고사리, 소철, 사이프러스(측백나무)과의 겉씨식물이 여전히 건재했지만 속씨식물의 색깔이 덧입혀지기 시작합니다. 그러니까, 꽃이 피어났어요! 이 시대의 마지막 순간 즈음에는 풀도 자라났죠. 세상이 알록달록해지기 시작한 거죠. 백악기를 가장 다이내믹하게 보여 주는 지층들 중 대표적인 곳으로 이름부터 범상치 않은 헬크릭층Hell creek formation_직역하면 '지옥의 계곡' 정도인데, 미국 서부에 위치한, 백악기 후기 끄트머리 마스트리히트절에 형성된 지층 구조입니다. 그 유명한 《시편》의 'Valley of the shadow of the death'를 백악기에 지났다면 그곳을 'holy hell creek'

이라고 불렀을 수도 있겠습니다. 왜냐하면 이곳은 **백악기 공룡 생태계가 완벽하게 뒤엉킨 땅덩어리**라고 할 수 있습니다. 이 골짜기 지층에 묻힌 화석 중 반 정도40%가 트리케라톱스, 반의 반 정도25%가 티라노사우루스, 다섯 점 중 한 점 정도가 에드몬토사우루스20%, 그리고 오르니토미무스, 파키케팔로사우루스, 테스켈로사우루스, 안킬로사우루스, 덴버사우루스, 토로사우루스, 심지어 케찰코아틀루스나 모사사우루스류 등등 수도 없이 많은 백악기 생물이 뭉쳐져 있죠. 여기에는 목련, 레드우드coast redwood. 속명은 *Sequoia*_영화 〈가디언즈 오브 갤럭시〉의 그루트가 이 나무예요. , 야자수도 함께 묻혀 있어요. 아마도 백악기 살육의 현장이 내뿜는 붉은 피는 목련의 하얀 꽃잎이나 사이프러스의 바늘같이 뾰족한 노란색 수술 위에 흩뿌려졌을 테죠.

 바퀴벌레도 백악기에 등장합니다. 응? 바퀴는 석탄기에 등장했다고 하지 않았나요? 자, 바퀴목은 석탄기에, 오늘날 진정한 바퀴벌레가 되는 바퀴과는 백악기에 등장해요. 정리 끝! 화석 기록으로 트라이아스기에 처음 등장한 것으로 알려진 벌도 백악기에 살맛이 나서 활발하게 날아다니죠. 왜죠? 꽃이 생겼잖아요! 다시 말해 암술과 수술이 달린 속씨식물이 생겼으니 신나게 꿀을 빨아먹고 얘네 수정도 시켜 줄 수 있게 된 거죠.

 거북이나 칠성장어, 달팽이, 갑각류, 수생 도마뱀도 백악기에 활발하게 활동했고, 도드라지는 존재감을 발산하며 뱀도 나타났어요! 구불구불하고 시원한 피부에 다리가 퇴화한 긴 몸체를 지닌 거대한 뱀목의 등장이었죠. 뱀목 계통이었지만 진짜 뱀이라고 할 수 있는 뱀아목에는 속하지 않았던, 뱀의 초기 친척인 디닐리시아*Dinilysia*_무시무시한 파이프뱀는 초기 뱀 중 가장 작은 편에 속하는 3m 정도 되는 길이의 몸을 끌고 남아메리카 땅을 미끄러져 다녔습니다. 진정한 원시뱀인 마드트소이아과*Madtsoiidae*에 속하는 마드트소이아*Madtsoia*_화석이 발견된 아르헨티나의 Cañadón Vaca(암소 계곡)을 기리고자 파타고니아 원주민어로 '계곡'을 뜻하는 'mad'와 '암소'를 뜻하는 'tsoi'를 합쳐 만든 속명.는 가장 거대한 모식종의 최대 몸길이가 9~10m에 달했고, 같은 과인 사나예*Sanajeh*_인도에 살던 종이라 산스크리트어로 속명을 지었는데, '고대의 입 벌린 것'이라는 뜻.는 몸길이는 3.5m 정도였지만 용각류 둥지를 습격해 새끼를 잡아먹으려다 그대로 화석이 된 것이 발견되어 '역시 제 버릇 개 못 준다.'는 것을 확인시켜 줬습니다. 교활한 둥지털이를 일삼는 상위 포식자의 이미지는 1억 년도 넘게 이어진 가풍이었던 거죠.

북미의 고대 왕도마뱀이었던 팔라이오사니와*Palaeosaniwa* 같이 뱀목에 속하는 도마뱀도 백악기에 살았는데, 표본을 토대로 한 추정치로 중생대에 살았던 도마뱀 중 가장 큰 녀석이 다름 아닌 한국 땅의 백악기 지층에서 발견됐습니다. 전라남도 보성은 공룡 다산지의문명이 된 부경고사우루스나 울트라사우루스, 코리아노사우루스(수각류)를 제외하고 처음으로 정식 학명을 얻게 된 한국산 공룡인 코리아노사우루스(*Koreanosaurus*_한국의 도마뱀. 종명은 코리아노사우루스 보성엔시스(*K. boseongensis*)로, 정식 학명을 얻은 이 녀석은 백악기의 조반목 공룡입니다.)가 발견된 곳이기도 합니다.로 유명한데, 이곳에서 발견된 아스프로사우루스*Asprosaurus*_발견된 화석이 흰색이라 붙은 속명으로 '흰색 도마뱀'이라는 뜻입니다. 종명은 발견된 전남 보성군 비봉리의 지역명을 딴 아스프로사우루스 비봉리엔시스(*A. Bibongriensis*)입니다.가 그 주인공이죠. 이 녀석은 꼬리를 제외하고도 최소 1m가 넘었을 것이라고 해요. 땅덩어리 자체가 좁고 화석 보존 확률이 낮은 화강암 지질인 한반도의 한계를 뚫고 살아남은 몇 안 되는 기특한 친구입니다.

빅희스토리

뱀목에 속하는데 바다로 항로를 변경해 지구의 전체 역사를 통틀어 다섯 손가락 안에 드는 최강의 포식자가 된 녀석도 있었는데, 이 친구에 대한 이야기는 조금 뒤로 미루겠습니다. 지금은 공룡에 집중할 때예요.

다시금 경이, 공룡들

쥐라기의 땅 사이에 웅크린 채 숨어든 '은룡'은 백악기라는 시간의 다리를 통과하고 베링이라는 공간의 다리를 건너며 넓디넓은 종의 스펙트럼을 펼친 후, 세 개의 뿔을 단 얼굴을 내세워 백악기 공룡 역사의 흥행을 주도합니다.

장식물 2

우리가 잘 아는 공룡이 또 나왔습니다. 각룡류Ceratopsia_角龍類, 뿔 공룡이죠.라는 이름을 어느 정도 공유하는 유명한 뿔 공룡, 트리케라톱스Triceratops_세 개(tri)의 뿔(cerato)이 달린 얼굴(ops)는 각룡류를 대표하는 공룡입니다. 트리케라톱스로 대표되는 각룡류의 역사는 인룡의 등장으로 시작됩니다. 그 역사의 시작은 중국과 중앙아시아였지만, 베링 육교베링 육교는 신생대 빙하기 때 몇 차례 모습을 드러낸, 아시아와 북아메리카를 연결했던 육로입니다. 아시아에서 기원한 각룡류가 북아메리카에서 많이 발견되면서 중생대에도 베링 육교가 존재했다는 것이 밝혀졌어요.를 건너 북아메리카로 이주한 뒤 지구의 북반구에서 계통을 폭발적으로 늘리며 백악기 풀을 몽땅 뜯어 먹고 다녔습니다. 우리가 주로 떠올리는 각룡류는 머리에 하트 모양의 넓적한 판때기유식한 말로

'프릴(frill)'를 두르고 얼굴에 뿔이 두세 개씩 나 있는, 코끼리 같은 몸매의 초식동물입니다. 하지만 각룡류 중에도 처음에는 인롱이나 아르카이오케라톱스*Archaeoceratops*_고대의 뿔 달린 얼굴, 프시타코사우루스*Psittacosaurus*_앵무새 공룡, 코리아케라톱스*Koreaceratops*_한국의 뿔 달린 얼굴. 국산이에요! 종명은 발견된 곳인 경기도 화성의 지역명을 따서 화성엔시스(*K. hwaseongensis*)입니다.처럼 두 발로 걷거나 머리에 뿔이나 프릴이 없는 녀석들이 꽤 있었죠. 그러다가 풀을 많이 먹고 점점 살이 찌면서 용각류처럼 네 발로 걷게 되었고, 점차 얼굴에 다양한 프릴과 뿔을 장착한 채 자손을 번식하게 됩니다.

계통이 다양해지고 진화를 거듭하면서 이 녀석들의 프릴은 점점 더 커지고 화려해집니다. 다양한 각도와 모양의 뿔도 그 변화무쌍한 화려함에 가세하고요. 고생물학자들은 생각했습니다. 왜 이래? 너무 화려해. 너무 다양해. 실용적인 용도라면 단순하고 규격화되는 게 정석인데, 분필더미에 묻혀 있던해수면이 높고 따뜻했던 백악기에는 조개와 산호가 많이 번성했기 때문에 얘네들이 함유하고 분비했던 탄산칼슘이 지층의 석회화를 유발했고, 이때의 석회암질 지층은 특유의 흰색을 띠었습니다. 그래서 이 시대의 명칭이 'Cretaceous period('분필'을 뜻하는 라틴어 'creta'에서 유래)', 곧 한자 '흰 백'자와 '흰 흙 악'자를 딴 백악기(白堊紀)가 되었습니다. 프릴은 발견할수록 다양하고 화려하고 큰 것들이 경쟁하듯 쏟아져 나왔죠. 뿔도 보호 용도라고 하기에는 각도도 개수도 제각각이라 별 도움이 안 되었죠. 결론은? 역시 액세서리였던 거예요. 목숨과 맞바꾼 성적 과시와 경쟁상대에 대한 위협이 목적. 결국 이 녀석들도 성 선택의 노예일 뿐이었죠. 가볍게 생각하거나 조롱할 이유가 없습니다. 생물의 삶은 그 목적이 변이되는 클론의 생산, 종족의 생존이니까요. 그렇게 오늘날 가장 강력한 지지를 얻고 있는 성적 과시용 장식물인 프릴과 뿔은 각룡류의 대표적인 특징이 되었죠.

케라톱시아의 다양한 뿔과 광활하게 반죽되고 가죽에 싸여 채색된 두개골은 프로토케라톱스*Protoceratops*_최초의 뿔 달린 얼굴, 주니케라톱스*Zuniceratops*_주니의 뿔 달린 얼굴. 발견된 뉴멕시코 서부의 아메리카 원주민 주니(Zuni) 부족의 이름을 딴 속명., 디아블로케라톱스*Diabloceratops*_악마의 뿔 달린 얼굴. 프릴의 무늬와 다섯 개의 솟아오른 뿔들은 정말 악마를 연상케 합니다., 마카이로케라톱스*Machairoceratops*_굽은 칼 뿔이 달린 얼굴. 프릴 위로 솟아올라 굽어 내려오는 독특한 모양의 뿔 때문에 '굽은 칼'을 의미하는 라틴어 'Machairis'가 이름에 붙었는데, 굽은 뿔과 넓은 프릴의 조화는 신비한 느낌을 연출합니다., 시노케라톱스*Sinoceratops*_중국의 뿔 달린 얼굴. 각룡류는 중국이 원조였으니 이쯤 해서 하나는 나와야죠. 얘는 구부러진 뿔처럼 생긴 돌기가 해바라기 꽃잎처럼 프릴을 둘러싸고 돋아나 있어요. 재미있는 건, 이 친구가 원래 각룡류의 출생지인 중국에서 살았던 게 아니라 베링 육교를 타고 북아메리카로 넘어가 진화한 케라톱스과 공룡이 다시 베링 육교를 타고 중국으로 넘어와 살았다는 사실이죠. 수출 후 역수입된 거예요., 나수토케라톱스*Nasutoceratops*_코가 큰 뿔 달린 얼굴. 진짜 왕코예요. 프릴 반쪽이 코에 박혀 있는 것처럼 생겼죠., 스티라코사우루스*Styracosaurus*_가시 돋친 도마뱀. 프릴 위로 50cm가 넘어가는 가시 같은 뿔이 6개 정도 나 있어 부채처럼 보이는데, 이 같은 구조와 프릴의 화려한 양상 덕에 많은 복원도에 묘사된 이 녀석의 모습은 마치 아메리카 인디언 추장의 화려한 머리장식을 쓴 것처럼 표현됩니다., 카스모사우루스*Chasmosaurus*_열린 도마뱀. 프릴이 무지하게 넓고 길어서 붙은 속명인데, 두개골 위로 솟은 프릴이 얼굴뼈의 1.5배가 넘습니다. 비현실적으로 멋진 프릴 덕에 개인적으로 복원도가 가장 멋지게 나오는 각룡류라고 생각합니다., 토로사우루스*Torosaurus*_구멍 난 도마뱀. 머리가 엄청 커요! 두개골 길이가 최대 2.7m를 넘어가는데, 크나큰 프릴 덕분이었죠. 같은 친구들의 육체에 보는 이의 탄성을 자아내기 충분한 화려함의 극치를 수놓았고, 끝내 결코 단조롭지 않은 삶과 죽음을 선사했을 겁니다.

　각룡류 중에서도 트리케라톱스가 가장 유명한 이유는, 물론 미디어에 가장 많이 노출되었기 때문이기도 하지만, 아무래도 이 녀석의 프릴과 뿔이 단지 성 선택을 위한 장식물로만 활용된 것이 아니라는 의견이 지배적이기 때문 아닐까요? 그나마 공룡에 대한 고증이 현실적으로 이루어진 〈쥬라기 공원〉에 단골 캐릭터로 등장했는데, 이렇다 할 역동적인 활약이 없어 아쉬울 뿐입니다. 애는 영화 내내 배탈이 나서 설사만 푸지게 싸 놓고 누워만 있어요. 실제 백악기 세계에서는 분명히 티라노사우루스와 대치하는 상황이 많이 벌어졌을 텐데 말이죠.

　공룡 영화의 간판인 트리케라톱스는 누가 봐도 공룡의 신비에 끌릴 수밖에 없는, 근사하고 묵직한 외모를 자랑합니다. 우선 몸뚱이 자체만 놓고 봐도 몸길이 최대 9m에 몸무게도 최대 10t에 달하는, 역사상 가장 거대한 뿔공룡이라고 할 수 있습니다. 등의 가장 높은 지점은 오늘날의 코뿔소보다 두 배 가까이 높아요! 심지어 몸의 크기 자체를 놓고 보면 아프리카 코끼리보다 클 정도였고, 몸무게는 경우에 따라 두 배를 넘어가기도 하죠. 엄청 크고 엄청 무거워요. 쉽게 말하면 코뿔소 뿔을 달고 코뿔소보다 키가 1.5배 이상 큰 친구가 코끼리보다 훨씬 두꺼운 다리로 쿵쿵대면서 하루에 50~60kg씩 나무껍질이나 야자수를, 때때로 에너지 보충이 필요할 때는 죽은 공룡의 살점도 뜯어서 씹어 먹고 다니는 거예요. 네, 각룡류의 화석 중 거는 애네가 가끔 고기도 먹었다는 것을 알려 줍니다. 소나 돼지도 가끔씩 동물성 식단을 제공하면 받아먹곤 하는 것처럼, 애네도 잡식성이었다는 거죠.

질긴 식물이나 고기를 먹다 보니 골격 구조를 토대로 재구성한 턱 힘은 티라노사우루스에 뒤지지 않을 정도라고 추정됩니다. 다만, 이는 턱과 뺨, 입술 등 근육 구조에 대한 정보가 제한적인 상태에서 계산된 결과라 그다지 믿을 것은 안 되어 보이고, 2018년에 각각아목 공룡의 두개골 근육을 가상으로 재건한 논문에서는 이 친구의 턱 근육이 두개골에서 뻗어 나와 턱의 전반부에 꽂혀 뺨의 역할까지 대신했다는 결과가 나왔죠. 그러니까 해부학적으로 턱 근육과 뺨 근육이 따로 있어서 볼이 빵빵한 게 아니라, 턱 근육 하나가 얼굴 양옆을 감싸고 있는 형태였던 거죠. 볼이 홀쭉하고 턱 힘이 티라노사우루스보다는 훨씬 약했을 것 같다는 거죠. 사실 이렇게 되면 미학적으로 더 이득을 볼 수 있지 않았을까 싶어요. 턱이 홀쭉하고 날카롭게 빠진 얼굴 위쪽으로 펼쳐진 거대한 프릴과 코끝에 달려 입체적인 포인트를 주는 작은 뿔, 그리고 눈 양옆에서 길게 뻗어 나가는 멋들어진 뿔이 암컷의 흥분을 유발했을 겁니다.

그런데, 이 녀석의 뿔과 프릴은 매력을 발산하고 경쟁자를 물리치고 이성에게 선택을 받는 용도에만 그치기는 너무 아까웠습니다. 다른 친구들과 완성도의 차원이 달랐거든요. 마치 방패와 창 같은 정교함과 내구성을 갖추고 있었죠. 프릴의 경우, 대부분 그 뼈대가 넓적하게 펼쳐진 하트모양 접시 같은 두개골로 이루어져 있는데 다 가운데가 비어 있는 구조였죠. 그러니까, 중간중간 뼈가 비어 있는 부채살 같은 뼈 위에 각양각색의 포장지를 씌워 놓았던 거죠. 공갈빵 같이 속이 비었어도 편리하게 매력적인 모양을 잡아 주는 뼈대와 알록달록한 포장지의 조합은 이성에게 매력적으로 보일 수는 있었겠지만, 포식자의 이빨과 턱으로부터 안전하지는 못했을 겁니다. 하지만 거의 유일하게, 트리케라톱스의 프릴은 통뼈로 꽉 차 있었어요. 뒤쪽으로 목의 경동맥까지 안전하게 보호해 주는 밀도 높고 예쁜 방패였던 겁니다.

　뿔은 어땠을까요? 키가 큰 수각류로부터 사냥당하는 각룡류의 뿔이 효율적인 방어 수단이 되기 위해서는 각도와 길이가 중요합니다. 다른 친구들의 뿔은 보기에는 화려했지만 위로 뒤집어져 있거나 말려 올라가 있기도 하고, 또 아래로 말려 내려가거나 옆으로 뻗쳐 나기도 했죠. 길이도 각도와 조합했을 때 키 크고 덩치 좋은 포식자를 위협할 만한 정도가 아니었습니다. 그저 프릴과 조화를 이뤄서 적당히 화려하고 예뻐 보이는 역할 정도는 했죠. 하지만 트리케라톱스는 달랐어요. 눈 옆에서 대각선 방향으로 앞을 향해 자라나는 뿔은 최대 1m까지 뻗어서 눈앞에 선 키 큰 폭군 수각류의 가슴을 꿰뚫을 수 있는 가능성을 높여 주었습니다. 물론 예쁜 액세서리가 호신용으로도 쓰일 수 있다는 견해는 수많은 과학적이고 합리적인 고생물 해부학적 추정들 중 하나지만, 속이 꽉 찬 프릴과 알맞은 각도의 긴 뿔은 다른 녀석들과는 확실히 차이를 보이는 독보적인 구조였습니다. 트리케라톱스 화석에서 특히 티라노사우루스에게 공격당한 흔적이 많이 발견된다는 사실은 그나마 공존의 테두리 안에서 생존율을 높이기 위해서는 때때로 튼튼한 장식물을 유용하게 써야 했던 그들의 운명에 타당성을 부여해 주는 것만 같습니다.

박치기

　트리케라톱스 같은 각룡류의 자매군으로 각각아목에 속해 있는 후두류 Pachycephalosauria_厚頭類. 직역하면 머리가 두터운 공룡인데, 두개골 두께가 굉장히 두

겹습니다.의 두개골은 각룡류의 변형된 두개골과는 성격이 약간 달랐던 것 같습니다. 하목의 이름을 속명 그대로 물려받은 후두류의 대명사 파키케팔로사우루스*Pachycephalosaurus*_두터운 머리 도마뱀의 머리 윗부분을 볼록하게 채우고 있는 두개골은 빛이 날 것처럼 반질반질하게 드러나 있어서 멀리서 보면 마치 무모하고 모자람이 없는 꼬리 달린 탈모인이 뛰어다니는 것처럼 보일 수 있습니다. 죄송합니다……. 어쨌든 후두류의 이마 위에 불룩하게 솟아 있는 이 두개골 돔은 그 두께가 매우 두꺼워서 파키케팔로사우루스의 경우 최대 30cm의 두께를 자랑하기도 합니다. 머리뼈 두께가 30cm에요. 그래서 그 안에 들어 있는 뇌는 달걀만 했대요! 모발과 뇌 용량을 포기하면서까지 이 녀석은 무엇을 얻으려고 했던 걸까요? 연구 초기에는 두꺼운 두개골이 당연히 천적으로부터 자신을 보호하는 박치기 용도에 안성맞춤이었다는 직관적인 견해가 주를 이루었습니다. 그 정도 두께면 솔직히 다른 생각 할 수 있겠습니까?

그런데 발굴과 연구가 거듭될수록 고생물학의 딜레마가 되살아났죠. 생긴 거랑 달랐거든요. 두꺼운데 잘 깨지는 구조였단 말입니다. 이래서야 무서워서 진심으로 들이받겠습니까? 그래서 여론은 다시 각룡류의 프릴처럼 이성에게 두껍고 윤이 나는 대머리를 성적 과시용으로 활용하지 않았을까 하는, 인간 사회에서 통용되는 '대머리는 뭔가 세다.'는 속설로 양념 친 가설로 기울어집니다. 이게 막 여론이 기울면 '그런가?' 하는 생각에 왠지 매력적으로 보이는 경우가 있지 않습니까? 마동석 배우도 막 귀여워 보이고, 류준열 배우도 막 잘생겨 보이고 말이죠. 죄송합니다……. 어쨌든, 파키케팔로사우루스도 여론의 조종에 따라 대중의 머릿속에서 춤을 추게 됐죠. 두껍고 매끈한 두개골도 뭔가 있어 보이고, 그 주변에 어지럽게 뻗어 있는 뿔 같은 혹과 가시도 정력이 넘쳐 보였던 거예요!

그렇게 대중의 인식이 파키케팔로사우루스를 인간의 속설에 완전히 담궈서 절여 놓을 때쯤, 조금 더 정확한 지적들이 나오게 됩니다. "저게 멋있어 보입니까? 여러분이 파키케팔로사우루스라면, 저걸 보고 반할 자신 있냐는 말입니다. 어째서 눈을 뜨지 않습니까, 여러분? 파키케팔로사우루스가 고개를 숙이면 이 친구의 두개골이 척추와 일자 구조를 이루며 완충 작용을 할 수 있도록 배열된다는 것이 보이지 않습니까? 그리고 목 뒤의 공간을 보세요. 저 공간에 근육덩어리가 들어가 있으면, 저 짱짱한 목 근육과 척추가 일자 구조를 이루며 완충 효과를 거둘 수 있도록 절묘하게 고개 숙인 각도가 시너지를 이룰 때, 대머리는 무엇이든 부술 수 있을 것이라는 생각이 들지 않으십니까? 가끔씩 깨지고 상처 나는 저 머리뼈가 길 가다가 떨어지는 나뭇잎에 맞아서 그런 건 아닐 것 아닙니까? 들이받았겠죠! 그냥 '이거 봐라! 나 매끄럽다! 반질반질하다! 세다!'라고 달고 다니면서 자랑만 하기에는 너무 아까운 거 아닙니까?"라는 식의 축적된 연구 결과가 나오면서 현재까지는 이 후두厚頭가 천적으로부터의 방어와 공격이 가능하고 경쟁자와의 힘겨루기도 필요할 때는 할 수 있도록 도와주는 역할을 수행했다는 고증이 가장 신빙성 있다고 받아들여지고 있죠. 그러니까, 많은 각룡류와 트리케라톱스, 후두류는 상황에 따라 비율을 달리 해서 진화함으로써 자신의 육체를 장식용으로도 호신용으로도 사용할 수 있었던 거예요.

호공호룡呼恐呼龍

포개진 지층 사이에 눌려 있던 암석과 뼈의 조각들이 '공룡'이라는 이름을 얻게 된 것은 언제였을까요? 1824년의 일을 기억하시나요? 인류가 최초로 조우한 공룡, 메갈로사우루스 말입니다. 메갈로사우루스, 그리고 그의 발견 직후인 1825년 영국 학사원 회보에 최초로 소개된 초식공룡그리 •고 1832년 발견된 또 다른 표본인 곡룡하목에 속하는 힐라이오사우루스도 포함해 총 3종이 대상이 되었지만, 힐라이오사우루스는 화석 자료가 불충분해 다른 두 종에 비해 인지도가 확연히 떨어집니다.을 보면서 그동안의 파충류와는 뭔가 다른 특징을 이상하게 생각한 리처드 오언이 '무서운 도마뱀'이라는 뜻으로 'dinosaur', 즉 '공룡'이라는 새로운 생물 계통의 이름을 지은 것은 1842년의 일이었습니다. 그때부터 인류는 드디어 '공룡'을 '공룡'이라고 부를 수 있게 됐어요!

리처드 오언의 입에서 "dinosaur!"라는 말이 나오게 했던 그 최초의 초식공룡은 바로 이구아노돈Iguanodon_이구아나의 이빨이었습니다. 여러분, 왜 우리가 어렸을 때부터 기억하고 있는 공룡들 목록에 스테고사우루스, 트리케라톱스, 티라노사우루스, 브라키오사우루스 같은 녀석들에 비해 별다른 특징도, 생김새도 제대로 알지 못하는 이구아노돈이 끼어들어가 있는지 궁금한 적 없었나요? 저는 그랬거든요. 별로 특징도 없고 인상 깊은 구석이 없는데, 이름은 알고 있어요. 이제 와서 생각해 보니 공룡의 탄생사에 있어 중요한 역할을 했던 조력자였기 때문에 공룡을 처음 접하는 어린 이들에게 다른 개성 있고 인상 깊은 친구들 틈에 껴서 소개되었던 게 그 이유가 아닐까 합니다. 이구아노돈은 조반목 공룡의 다섯 하목 중 마지막 퍼즐 조각인 조각류Ornithopoda_그리스어로 '새의 발'이라는 뜻. 그래서 한자로 鳥脚類, 즉 조각하목을 대표하는 공룡입니다.

조각류 공룡은 각각아목에 속해 있는 하목으로, 말 그대로 이 친구들의 다리가 새의 다리와 닮았기 때문에 이런 이름이 붙었습니다. 새의 골반과 새의 다리를 갖고 있었는데도 정작 새와는 거리가 있는 계통이라는 게 신기할 일이죠. 쥐라기 후기부터 서서히 종류를 늘려 갈 준비를 했는데, 정작 쥐라기에 살았던 친구들은 캄프토사우루스과에 속한 캄프토사우루스 *Camptosaurus*나 드리오사우루스과에 속한 드리오사우루스*Dryosaurus*, 디살로토사우루스*Dysalotosaurus* 정도밖에 없었죠. 검룡류의 자리를 곡룡류가 채우고 각룡류의 번영을 후두류가 겨우 따라가기 시작하는 백악기에 들어서자, 식물이 있는 모든 곳은 폭발적으로 개체를 늘린 조각류의 차지가 됩니다. 조각류는 백악기 들어 드리오사우루스과 외에 이구아노돈과, 하드로사우루스과를 포함해 수많은 가지를 뻗어 개체를 늘렸고, 식물을 뜯어 먹기 가장 적합한 방향으로 진화부리로 이루어진 주둥이는 대개 크고 뭉툭했고 몇몇 종은 날카롭게 튀어나온 케라틴질 부리를 갖고 있었는데, 모든 부리가 식물을 뜯고 쪼아 씹기에 최적화되어 있었습니다. 많게는 수백 개 단위에 달하는 납작하고 울퉁불퉁한 맷돌 같은 이빨은 말 그대로 식물을 갈아내는 녹즙기 같았죠.하며 결국에는 조반목 공룡 가운데 가장 덩치가 크고 널리 분포한 하목이 됩니다. 이들은 남극까지 포함해 7개 대륙 모두에서 발견될 만큼 서식지가 지구 전체를 덮었고, 특히 백악기 후기에 분기해 등장한 하드로사우루스과 조각류의 남다른 몸집은 간혹 초거대 수각류를 능가했으며, 심지어 웬만한 용각류에 필적할 만한 수준까지 자라난 녀석도 있을 정도였죠.

볏

카로노사우루스*Charonosaurus*_카론의 도마뱀는 백악기의 헤이룽장성 지역에서 "니 내 누군지 아니?"라며 풀을 뜯고 다녔을 것 같다는 드립을 꼭 쓰고 싶었습니다. 이 녀석이 발견된 헤이룽장성의 성도가 하얼빈이거든요. 용각류를 제외한 채식주의자 중에서는 체급 깡패로 몸길이 10m에 몸무게가 5t에 달하던 녀석이었기 때문에 하얼빈의 장첸처럼 마블리에게 쥐어 터질 일은 없었을 거라는 드립도 쓰고 싶었습니다. 어쨌든, 카론요즘 말로 쉽게 설명하자면, 그리스 신화에서 저승의 강 스틱스를 왕복하는 독점 페리선을 운영하던 선장에게 뱃삯을 치르고 아무르강흑룡강. 중국어로 '헤이룽장'. 이 강이 흐르는 이 지역이 그래서 헤이룽장성이며, 카로노사우루스의 화석이 이 강의 기슭에서 발견됐기 때문에 그리스 신화의 카론 이야기에서 착안한 이름을 갖게 되었습니다.을 건너 강기슭에 묻힌 이 녀석의 두개골은 뒤로 길쭉하게 뻗어서 속이 텅 빈 긴 볏을 달고 있는 모양새였습니다. 코리토사우루스, 히파크로사우루스, 람베오사우루스, 친타오사우루스, 마그나파울리아 등 많은 하드로사우루스과 공룡의 특징인 이 볏은 뼈로 이루어진 다양한 '골즐'의 형태로 존재했는데, 그 존재의 이유는 역시나 이성에게 어필하기 위한 과시또는 개체 간 소통였다는 게 학계의 주된 분석입니다. 하드로사우루스류 공룡 중 이런 볏을 지닌 친구가 또 있었는데, 카로노사우루스보다 우리에게 친숙한 녀석입니다.

바로 영화 〈쥬라기 공원〉 시리즈 전편에 걸쳐 어떤 식으로든 등장하는 인기 공룡으로 후두부의 볏이 가장 길고 아름다운 파라사우롤로푸스 *Parasaurolophus*인데, 이름의 뜻은 '사우롤로푸스와 비슷한 것'입니다. 이 이름의 유래가 된 사우롤로푸스*Saurolophus*_도마뱀 볏 역시 그 이름처럼 볏을 달고 있었지만 파라사우롤로푸스의 것보다는 훨씬 작고 짧았죠. 대신 이 녀석도 몸이 상당히 컸는데, 아시아에 살던 종은 최대 몸길이가 12m에 몸무게는 11t까지 나갈 정도였습니다. 파라사우롤로푸스는 사우롤로푸스보다 약간 작아 몸길이가 최대 10m였는데, 이 녀석의 매력은 누구보다 돋보이는 볏에 있었죠. 두개골 뒤로 자라난 볏은 그 길이가 1m에 달할 만큼 길게 뻗어나와 아름다운 각도로 구부러졌는데, 그 머리뼈의 모양새를 보고 있자면 영화 〈에이리언〉의 크리쳐인 '제노모프'가 자연스레 떠오를 만큼 기이하고 경이롭습니다. 물론 날카로운 이빨이 박혀 있는 영화 주인공의 스테플러 같은 주둥이 대신 파라사우롤로푸스의 얼굴은 '오리주둥이 공룡'이라는 별명으로 불리는 하드로사우루스과 공룡이라는 것을 알 수 있게 좁다란 세모 모양이죠. 이 녀석과 제노모프의 공통점은 기다란 두개골 말고도 또 있는데, 그것은 바로 놀랄 만큼 빠른 성장 속도입니다. 영화의 주인공은 빨리 성장해 우주 정복의 주도권을 잡는 것이 목적이었을 것 같았지만, 파라사우롤로푸스는 동년배 육식 수각류보다 월등하게 빨리 성장해야 살아남을 수 있었기에 그런 생태 전략을 사용한 것으로 보입니다. 많은 거대 조각류 공룡이 빨리, 그리고 크게 성장하는 전략을 활용함으로써 크기의 우위를 통해 생존하고 번성했죠.

머리에 골즐을 달고 있던 조각류 공룡 중 가장 컸던 녀석의 몸길이는 12.5m였을 것입니다. 이 기록은 '위대한 폴', 마그나파울리아_Magnapaulia_화석 발굴 주도 기관인 LA자연사박물관 위원장 이름이 Paul이라서 위대함을 수식어로 입혀……. 의 몫이었죠. 비로소 조각류 공룡이 두 발로 걷는 초식 공룡 중 가장 큰 집단이라는 수식어가 일상적인 것으로 완성되어 가는 순간이었습니다.

다시, 크기의 미학

매우 드물게 15m까지 기록되는 몸길이를 지닌 에드몬토사우루스_Edmonto-saurus_는 하드로사우루스류 공룡의 특징인 '오리주둥이'를 가장 성공적으

빅히스토리

로 활용한 녀석이었습니다. 하드로사우루스류 공룡들은 대개 입안에 엄청나게 많은 이빨을 지니고 있어서 식물을 부수어 으깰 수 있었습니다. 마치 양파나 무를 가는 강판처럼 말이죠. 이렇게 촘촘히 모인 이빨의 구조를 '치판'이라고 하는데, 에드몬토사우루스는 치판 안에 이빨을 수백 개씩 갖고 있었죠. 다른 조각류 친구들처럼 볏도 갖고 있었는데, 이 녀석의 것은 파라사우롤로푸스나 카로노사우루스 같은 녀석들의 것과 조금 달라 보였어요. 이 녀석의 머리에는 뼈로 된 볏, 즉 골즐이 아니라 연조직의 피부로 이루어진 볏이 달려 있었던 거죠. 닭처럼 말이에요. 이 녀석의 볏은 이후 공룡의 연조직에 대한 다양한 추측과 해석을 가능하게 해 주었습니다.

에드몬토사우루스 정도 되어도 이미 거대 수각류가 도전하기 전에 자신이 정말 그 정도로 배가 고픈지 고민하는 시간을 반드시 가져 봐야 하는 압도적인 몸집을 보여 주지만, 지금 소개할 이 친구야말로 조각류 최대의 사이즈를 자랑합니다. 언제나 놀라운 대륙의 스케일은 조각류의 세계에도 변함없이 적용되었죠. 우리나라에서 물리적으로 가장 가까운 중국 땅, 연태 고량주와 칭다오 맥주, 그리고 짜장면의 원조인 작장면음식과 술에 대한 이야기는 다음에 기회가 되면 많이 해 보겠습니다.의 본고장, 산둥성에서 발견된 산둥고사우루스Shantungosaurus_산둥(성)의 도마뱀의 이야기입니다. 이 친구의 최대 몸길이는 17m에 이르는데, 이 몸길이는 꽤나 의미가 있습니다. 지구상 존재했던 공룡 중에 용각류를 제외하면 가장 거대했던 거니까요. 이 친구보다 작은 용각류도 꽤 많이 있고 말이죠. 몸무게도 최대 16t이나 나가서 어떤 육식공룡이 와도 쉽게 도전할 수 없을 정도로 압도적인 덩치를 보여 줬죠. 사실 산둥 지역에서 가장 큰 포식자라고 해 봐야 주청티란누스Zhuchengtyrannus_산둥성 주청시에서 발견 정도였는데, 이 녀석은 아무리 커도 몸길이가 10m를 넘지 않았습니다. 다른 안전하고 맛있는 고기들이 여기저기 돌아다니고 있는데, 굳이 자기보다 키도 두 배 가까이 크고, 몸무게도 서너 배나 더 나가는 친구한테 덤빌 필요가 없었겠죠? 포식자와의 싸움에서 몸집을 키워 승리한 조각류의 가장 성공한 케이스라고 보면 되겠습니다.

한편, 크기 자체가 매력이자 보호 수단이던 용각류는 쥐라기에 점점 몸집을 부풀렸고 백악기에는 그 명맥을 이어받아 티타노사우루스류 Titanosauria라는 지구 최대의 육상 생물 집단을 구축하게 됩니다. 이 거대한 용각류 공룡의 상위 집단은 티타노사우루스형류Titanosauriformes인데, 앞에서 이야기한 브라키오사우루스나 기라파티탄 같은 브라키오사우루스과 Brachiosauridae 공룡이나 사우로포세이돈Sauroposeidon_도마뱀 포세이돈. 지금까지 발견된 공룡 중에서 키, 즉 몸의 높이가 가장 큰 공룡입니다. 전체 몸길이도 27m로 굉장히 큰 편인데 목길이가 이 몸길이의 절반 정도를 차지하는 12m 정도로 추정되며, 이에 따라 계산된 키가 17m를 넘어갑니다. 이는 현생 기린의 세 배가 넘는 수치로, 아파트 6층 베란다에 서면 이 녀석과 눈을 마주칠 수 있죠. 텅 빈 경추 사이의 공간은 과학자들의 상상력을 자극해 종종 복원도에서 긴 목 전체에 화려한 주머니를 부풀린 환상적인 외양을 뽐내기도 합니다. 이나 부경고사우루스Pukyongosaurus_경남 하동에서 발견된 공룡으로 발견자 백인성 교수의 소속 대학교인 부경대학교의 이름을 따 '부경대학교 도마뱀'이라는 속명이 붙었는데, 화석이 너무 단편적이라 지금은 의문명이 되어 버린 친구입니다. 같은 다공추룡류Somphospondyli 공룡도 여기 속하죠. 그중 백악기에 그야말로 거대한 존재감을 뽐내던 녀석들은 바로 티타노사우루스류였습니다. 크기의 미학은 백악기에도 계속됩니다.

비록 몸길이 12m인 티타노사우루스Titanosaurus_거인 도마뱀. 아이러니 덩어리인 이 친구는 이름 그대로 티타노사우루스류라는 계통을 대표했지만, 정작 몸길이는 12m로 다른 친구들의 반 토막에 불과했고, 화석 표본도 제한적이라 이 녀석의 속명은 의문명이 되고 말았습니다. 나 몸길이 7m인 곤드와나티탄*Gondwanatitan*_곤드와나 거인. 브라질에서 발견되어 이곳의 옛 지리명인 곤드와나를 딴 이름이 붙었습니다. 은 이름만 거대했지만, 이제부터 소개할 친구들은 쥐라기의 거대한 영광을 고스란히 물려받은 마천루와도 같은 존재들이었죠.

닌자티탄*Ninjatitan*_닌자 거인. 아르헨티나 파타고니아에서 발견됐는데 일본식 이름이 붙은 이유는, 현장에서 머리 뒷부분까지 뒤덮는 모자를 즐겨 썼던 발견자 세바스티안의 별명이 엘 닌자였기 때문이에요. 은 1억 4,000만 년 전 지층에 묻힘으로써 티타노사우루스류의 기원이 남아메리카였다는 것을 말해 준 녀석으로, 귀중한 고생물학적 가치를 지닌 친구였습니다. 몸길이는 20m로 꽤나 준수한 편이었죠.

21m입니다. '은 도마뱀'이라는 뜻의 라틴어식 속명으로 불리는 몸무게 26t의 아르기로사우루스*Argyrosaurus*가 그 주인공이죠. 화석의 뼈 색깔이 은색이었다거나 은 산지에서 발굴되었다거나 하는 이유가 아니라, 아르헨티나에서 발견됐기 때문이죠. 아르헨티나, 은. 무슨 관계죠? 그 이유는 '아르헨티나'라는 국가명이 '은'을 뜻하는 라틴어 '아르겐튬*Argentum*'에서 유래했기 때문입니다. 때는 1580년, 스페인은 70여 년 전인 1516년부터 유럽인들이 밟았던 남미 땅을 정복했고 부에노스아이레스에 영구 식민지를 건설하며 이 지역에 스페인어로 '은'을 뜻하는 '라 플라타La Plata'라는 이름을 붙여 줍니다. 부에노스아이레스와 몬테비데오 사이로 흘러나오는, 강인지 바다인지 헷갈릴 만큼 너비50~220km도 위치대서양과 바로 닿아 만이라고 착각할 수도 있는도 애매한 강이 있는데, 이 강의 상류로 쭉 올라가면 우루과이 국

경을 타고 산맥 사이를 거슬러 올라가는 지류가 있습니다. 그 산맥을 계속 타고 왼쪽 볼리비아까지 가면 '포토시'라는 큰 은 광산이 있었죠. 스페인의 식민지는 여기까지 뻗어 있었으며, 이 은 광산이 있는 산맥에서 시작되는 물줄기가 굽이굽이 내려가 부에노스아이레스까지 흘러나가는 강을 스페인어로 '은의 강'이라는 뜻의 '리오 데 라 플라타Rio de La Plata'라고 불렀죠. 그래서 그 지역 식민지가 '라 플라타'라는 이름을 갖게 되었고, 1776년에는 이곳이 아예 '리오 데 라 플라타'라는 이름을 가진 부왕령본국의 왕을 대신해 부왕이 직접 통치하는 식민지이 됩니다. 그렇게 부왕령이던 이 '은의 강' 식민지는 1825년 해체되며, 독립 후 계승된 연합국이 1831년 'La Plata'를 지배국이던 스페인의 언어 대신 라틴어로 번역한 'Argentum'을 반영해 'Argentina'라는 국명을 채택했고, 이것이 그대로 오늘날 아르헨티나라는 국가명이 된 것이죠. 자, 이제 아르기로사우루스의 이름이 왜 아르기로사우루스인지 아셨죠?

중국에는 아르기로사우루스를 능가하는 크기의 티타노사우루스형류가 있었습니다. 크기도 초대형은 아니었고 티타노사우루스류도 아니었지만 이름이 쫌 멋있어서 소개하고 싶어요. 바로 '황하의 거인', 황허티탄Huanghetitan입니다. 사실 황허티탄 속의 모식종인 리우쟈샤엔시스H. liujiaxiaensis는 간쑤성에서 발견됐고, 또 다른 종인 루양엔시스H. ruyangensis는 허난성 뤄양에서 발견됐어요. 간쑤성과 허난성은 직선 거리로도 1,000km 정도 떨어져 있는데, 티베트와 같은 경도의 칭하이성 바옌카라산맥에서 뿜어져 나와 산둥성 보하이만을 통해 바다로 흘러들어가는 5,464km의 긴 몸으로 중국 대륙을 종횡으로 포용하는 흙의 강 황허黃河, Yellow river가 이 두 종 역시도 함께 품어 주었습니다. 따지고 보면 이론상 발원지에서부터 하구까지 1,500km 떨어진 곳 사이의 어디에서 발견됐어도 황허 유역에서 발견됐으면 이름에 '황허'를 붙여 줄 수도 있겠다는 논리가 이 두 종을 연결해 준 거죠. 실제로 몸길이가 12m에 체중도 3t 정도로 왜소했던 리쟈샤엔시스와 뒤에 등장하는 푸수이사우루스나 루양고사우루스를 넘어 파타고티탄에도 필적할 만한 크기에 몸무게도 50t 이상으로 추정되는 루양엔시스는 중국에 살면 어떻게든 겹칠 예를 들면, '우리 집은 황허 유역'이라고 이야기하는 두 사람이 사는 곳이 어쩌면 파리와 부다페스트만큼 떨어져 있을 수 있다는 가능성이 넘치는 75만 2400km²의 거대한 유역 면적을 지닌 '황허'라는 공간을 공유했다는 것 외에 다른 공통점이 없어 보입니다. 그래서 결국, 비교적 최근인 2013년에 이 두 종은 별개의 속으로 분리되어야 한다는 분석이 제시되었죠.

22m, 그리고 25m입니다. 루양엔시스처럼 중국에서 발견된 녀석들의 얘기죠. 푸수이사우루스Fusuisaurus_푸쑤이현의 도마뱀는 티타노사우루스형류 공룡으로 중국의 남쪽 끝, 베트남 국경과 맞닿아 있는 광시 쫭족 자치구 푸쑤이 현에서 발견되었습니다. 발견된 골반 장골과 상완골의 길이가 각각 145cm, 183cm였는데, 이를 토대로 이 친구의 몸길이가 22m라는 결과가 나왔죠. 루양엔시스와 같은 지역에서 발견된 티타노사우루스류도 있습니다. 바로 대퇴골 길이가 서장훈 선수만 했던, 몸길이 25m에 몸무게는 35t에 달하는 루양고사우루스Ruoyangosaurus_뤄양의 도마뱀.입니다. 사실 뤄양은 이렇게 두 종과 속에 이름이 붙을 만큼 지역적으로 의미가 큰 곳인데, 이 뤄양Luòyáng의 한국식 명칭은 '洛陽', 그 유명한 '낙양'입니다. 낙양은 중국 하나라, 상나라를 거쳐 주나라동주, 후한, 조조의 위, 사마염의 서진, 북위, 수나라와 후량 등 고대 13개 왕조가 1,586년간 수도로 삼았던 대도시입니다. 북송의 역사가 사마광이 "고금의 흥망성쇠를 알고 싶다면, 낙양성에

한번 가 봐."라고 했을 만큼 역사적 의미가 깊은 곳이에요. 이 역사의 도시 뤄양에 고대 중국보다 1억 년도 더 전에 역사를 쓴 존재가 루양고사우루스였던 거죠.

24m입니다. 은의 땅아르헨티나에서는 티타노사우루스류가 많이 발견됩니다. 그만큼 거대한 녀석들이 계속 출현하겠죠? 푸탈롱코사우루스 _Futalongkosaurus_거대한 추장 도마뱀는 추정 몸길이가 24m, 몸무게가 30t에 달했습니다. 워낙 괴물 같은 녀석들이 즐비한 '거인 도마뱀'들 사이에서 이 정도야 뭐 대수겠냐고 하실 수도 있겠지만, 이 큰 몸뚱이가 티타노사우루스류 사상 최고인 27%의 보존율을 보이며 온전히 잠들어 있었다면 얘기가 달라지겠죠. 이 녀석은 체격을 확실하게 측정할 수 있는 가장 큰 공룡이었습니다.

26m입니다. 어디까지 커지나 보자고요. 백악기 초기에 살았던 브라질의 거인, 우베라바티탄_Uberabatitan_우베라바의 거인. 우베라바는 브라질 남동부의 도시.과 1920년 뉴멕시코주의 오조 알라모 지층에서 처음 발견된 이후 꾸준히 발견되고 있는 우등생 알라모사우루스_Alamosaurus_알라모의 도마뱀는 나란히 최대 26m의 몸길이를 기록하고 있죠.

같은 몸길이를 기록하고 있는데, 조금 특별한 화석 표본도 있습니다. 이름에서부터 그냥 아우라가 넘쳐 흐르는 드레드노투스_Dreadnoughtus_두려울 것이 없는 것는, 그 이름과는 전혀 어울리지 않았던, 아기 공룡이었습니다. 그, 뭐냐면, 몸길이 26m로 측정된 화석 표본이 아성체, 즉 청소년기의 것이었어요. 그러니까 세계 4대 16세인 마이크 타이슨 군, 브록 레스너 군, 강호동 군, 드웨인 존슨 군처럼, 26m의 드레드노투스 군은 그 어떤 어른 공룡도 두려울 것이 없던 청소년이었습니다. 드레드노투스 군은 푸탈롱코사우루스가 우스워질 정도로 완벽한, 무려 70% 이상의 표본 보존율을 보여 주었는데, 그 과정에서 연조직과 콜라겐 성분까지 발견될 정도여서 골조직 분석 결과 이 녀석이 한창 자랄 나이인 아성체였다는 것이 확인 가능했던 것이죠. 사실 보존율이 열악한 용각류 공룡의 크기 경쟁은 매우 정확한 과학적 계산과 복잡한 시뮬레이션이 개입하는데도 불구하고, 드문드문 발견되는 풍화된 뼈조각을 갖고 현 생물 신체 스펙의 차용을 통해 과학적 상상력이 펼치는 조립의 결과에 지나지 않는다는 대중의 비난으로부터 자유로울 수 없습니다. 그런데 이 대견한 드레드노투스 군은 그런 어른들에게 "이제 아시겠습니까? 진짜라는 걸."이라며 질풍노도의 일침을 가할 자격이 충분했습니다. 이 고마운 친구들이 무럭무럭 다 자라면? 그 동네의 마이크 타이슨 선생님, 브록 레스너 선생님, 강호동 선생님, 드웨인 존슨 선생님이 됐겠죠. 티라노사우루스가 눈에나 보였을까요? 만일 어른이 된 드레드노투스 선생님의 뼈가 발견된다면, 역사상 최대 공룡이라는 타이틀은 두말 않고 이분께 이양될 겁니다.

27m입니다. 백악기에 서서히 영역을 넓혀가던 테티스해 남쪽의 맹그로브 해안가에 살았던 '바닷가의 거인', 파랄리티탄*Paralititan*은 열악한 보존률의 여느 용각류 공룡들과 마찬가지로 다양한 편차에도 불구하고 2020년의 논문을 토대로 평균 몸길이는 27m에 평균 몸무게는 30t에 달하는 스펙을 보여 줍니다.

30m. 자, 이제 앞자리 숫자가 바뀝니다. 역시나 아르헨티나에서 찾아낸 보석이군요. 아르헨티나의 파타고니아에서 파블로 푸에르타와 산티아고 레우일이 발견한 이 거대한 보물은 발견자의 이름을 딴 푸에르타사우루스*Puertasaurus*라는 이름을 얻었습니다. 발굴된 배추_{배추김치 아니에요! 배추골}

(dorsal vertebrae)이라고 하는 등뼈 부위입니다.는 이 녀석의 척추가 지구의 육상 동물 중 가장 너비가 넓다는 사실을 알려 주었죠. 이 배추와 척골, 경추와 미추는 푸에르타사우루스의 몸길이가 30m에 달하고 몸무게가 50t에 이른다는 사실도 알려 줬습니다.

30.5m입니다. 안타르크토사우루스*Antarctosaurus*_남부의 도마뱀는 지금은 남아메리카인 백악기의 남부 곤드와나 땅에 살던 티타노사우루스류 공룡으로, 이름마저 거대한 기간테우스 종*A. giganteus*은 최대 30.5m의 몸길이에 최고 50t의 몸무게를 기록하고 있습니다. 아르헨티나 라 플라타 박물관 역시나 은의 나라 박물관이네요!에 전시된 다리뼈 사진을 보면, 가운데 위치한 설명문이 없다면 오바 조금 보태서 그냥 석조 기둥이 나란히 서 있는 입구처럼 보입니다.

31m입니다. 파타고니아의 거인, 파타고티탄*Patagotitan*이 그 주인공이죠. 역시나 거인 도마뱀들의 거대한 둥지 아르헨티나 파타고니아에서 발견된 녀석입니다. 31m라니, 상상이 되시나요? 이 녀석이 한강대교에 몸을 쭉 뻗고 누우면 왕복하는 모든 차선이 가로막힙니다. 최대 57t이라는 이 녀석의 체중은 우리가 길 가면서 한 번씩은 귀엽다고 쓰다듬어 주는 비숑*Bichon Frise* 중에서 우량한 축에 속하는 녀석들을 11,400마리 모아 놨을 때 비로소 도달할 수 있는 무게입니다. 일단 티타노사우루스류는 대개 크나큰 덩치 덕분에 이렇다 할 천적이 없는데, 그중에서도 이 파타고티탄이 속해 있는 롱코사우루스류*Lognkosauria*는 실로 거대하기 그지없어서 말 그대로 그냥 다른 층의 공기를 먹고 살았죠. 파타고티탄과 더불어 그 구성원인 앞서 말한 푸탈롱코사우루스, 푸에르타사우루스를 비롯해 멘도자사우루스*Mendozasaurus*나 드루실라사우라*Drusilasaura*는 대부분 몸길이가 20m 중후

빅희스토리

반대에 30m를 넘어가기도 합니다. 그리고 이제 등장할, 지구 생물이 육상에서 이룰 수 있는 크기의 미학에 정점을 찍은 이 녀석은 그 어떤 도전자의 존재도 의식하지 않은 채 여전히 육상의 제왕 자리에 앉아 있습니다.

　35m, 그리고 80t. 제왕의 자리에 앉기 위해 도달해야 하는 거리와 무게입니다. 지금껏 지구 역사상 어느 육상동물도 닿지 못한 그 지점의 끝에는 아르헨티나 도마뱀이 기다리고 있죠. 아르겐티노사우루스*Argentinosaurus*. 덩치만으로 경이를 불러일으키는 녀석의 이름입니다. 일단 그 거대함과 육중함에 매료되고 나면, 우리는 이 녀석의 습성, 생태, 생활 양식 따위에 관심을 쏟을 여력이 없습니다. 이 녀석이 어떤 짓을 했고 어떻게 살아갔든, 그 모든 것이 크기의 미학으로부터 파생되는 위대함으로 귀결되겠죠. 사실 이 녀석은 최장신이 아닙니다. 쥐라기 때 번성했던 수페르사우루스 중 가장 몸이 긴 개체는 39m에 달한다는 것을 우리는 알고 있어요. 하지만, 그뿐입니다. 수페르사우루스의 체중은 아르겐티노사우루스보다 20t 이상이나 가볍습니다. '거대함'이라는 개념으로 묶이는 길이와 무게, 부피의 전체적인 조화에서 수페르사우루스는 일찌감치 한 수 아래로 도태됩니다. 누구도 범접할 수 없는 이인자와 그 위에 존재하는 신기루와도 같은 절대적 존재. 아르겐티노사우루스가 더 대단한 이유는 브루하트카요사우루스*Bruhathkayosaurus*_어설프게 발견된 제한적인 표본으로 한때 몸길이 40m에 몸무게 80~220t이라는 비현실적인 추정치가 계속 나왔지만, 남아 있던 표본마저 부식되어 사라져 버리면서 추정치도 의미가 없어졌고, 실물 증거가 부재한 상황에서 표본 자체도 규화목, 그러니까 나무가 아니었나 하는 의심마저 사 버리게 됩니다. 결국 아무런 증거 없이 의문명으로 사라져 버린 비운의 화석이죠. 나 마라아푸니사우루스_쥐라기 편에서 소개했던 스케치만 남은 표본의 추정 몸무게가 수정을 거치면서 110t에서 70t으로 주저앉아 버린

디플로도쿠스상과 공룡. 하지만 주저앉은 몸무게로도 이인자의 자리는 차지할 수 있었죠.

같은 판타지가 아니라, 실체적 표본으로 그 비현실적 거대함을 명확하게 증명해 냈기 때문입니다. 물론, 현재까지는 말이죠.

이처럼 대지를 깊게 울리던 거대 용각류의 발걸음은 백악기에도 계속 이어졌고, 이들의 행진은 멈출 생각이 없어 보였습니다. 지구 위의 그 어떤 존재도 이들에게 대항할 수 없었고 길고 날카로운 이빨을 꽂은 턱과 이들의 절반에도 못 미칠지라도 나름대로 거대한 근육질의 몸과 피에 대한 갈망을 모두 지닌 몇몇 대항마들, 작지만 존재감 넘치던 약탈자들, 그리고 오늘날까지 최강의 존재로 추앙받는 폭군만이 겨우 생태계의 균형을 유지해 나갔죠.

대항마들

티타노사우루스과로 대표되는 백악기의 거대 용각류에게 달려들 만큼 무모하지는 않았겠지만, 그래도 생태계에 날카로운 이빨이나 거대한 근육질의 몸이 몇은 있어 줘야 하지 않겠습니까? 요즘에도 코끼리를 잡아먹지는 못하지만 얼룩말이나 사슴, 카피바라나 거북 같은 친구들을 잡아먹는 사자나 호랑이, 악어 같은 멋쟁이들이 있잖아요.

백악기 늪과 하구에는 악어와 놀랄 만큼 닮은 거대한 고대 악어들이 몇 있었습니다. 사실 정확히는 악어상목이나 악어목에 속하기 때문에 현생 악어의 먼 친척뻘일 뿐이었지만 말이죠. 이 고대 악어들은 대부분 몸길이가 오늘날의 악어 정도였는데, 한두 개 속은 그렇지 않았죠. 백악기 전기 아프리카와 남아메리카의 습지에는 몸길이가 9.5m인 주둥이가 길쭉한 녀석이 살고 있었죠. 많은 사람들이 슈퍼 악어Super croc라는 이름으로 기억하고 있는 이 녀석의 이름은 사르코수쿠스Sarcosuchus_살코기 악어입니다. 오늘날 악어가 보통 3~4m인 걸 감안하면 우리가 동물원에서 보고 놀라 자빠지는 꽤 큰 녀석들보다 두 배 이상 큰 녀석들이 별다른 천적이랄 게 없는 습지를 장악해 우글거렸어요. 몸이 워낙 커서 물가로 접근하거나 불쌍하게도 수원을 공유하며 아예 습지 안에 살던 녀석들은 대부분 이 녀석의 먹이가 될 자격을 갖추었죠. 그나마 이들의 본부에서 경계 대상이 될 수 있었던 녀석은 스피노사우루스과Spinosauridae_대개 수륙 양용의 생태를 영위했던 수각류 공룡들답게 물고기를 주식으로 삼던 수코미무스Suchomimus였는데, 이 친구도 대형 수각류라 한 덩치 했죠. 재미있는 건 이 녀석의 이름이 '악어를 닮았네?'였다는 겁니다. 악어랑 여러모로 비슷했거든요. 비슷한 외모에 서로 맞먹는 덩치에 식성도 비슷하고 출연하는 무대도 같았으니, 캐스팅이 겹치는 날이 꽤 많았을 겁니다. 물론 몸으로 먹고사는 배우들이었으니, 웬만하면 충돌은 피했겠죠?

백악기 후기 북아메리카의 늪지에는 더 큰 녀석이 있었어요. 지금껏 발견된 나일악어 중 가장 큰 개체가 6.45m인 것을 감안하면 두 배의 길이인데, 그러니까, 제 기준으로 키가 보통인 171cm 정도의 성인 남성 7명이 손을 잡고 팔을 쫙 벌려 늘어서면 이 녀석과 길이가 비슷해집니다. 12m. 이것이 복원도에 따라 지금껏 측정된 데이노수쿠스Deinosuchus_'dinosaur'의 어원과 비슷하죠? '무시무시한 악어'입니다.의 최대 몸길이입니다. 다행히도 거북이 제일 입맛에 맞았던 것 같지만, 그래도 물가로 접근하는 덩치 큰 녀석들을 외면하진 않았죠. 간혹 예전 복원도 중 극적인 장면을 뽑아내기 위해 물속에서 튀어 올라 티라노사우루스를 습격하는 이 녀석의 모습을 담은 것들이 있었는데, 공룡 깨나 안다는 사람들은 이런 복원도를 보면 으레 "이거, 이거. 누가 그렸어, 이거? 고생물학 지식이 전혀 반영되지 않았잖아! 데이노수쿠스는 8,300만 년 전부터 7,200만 년 전인 캄파니안절까지 생존했고 티라노사우루스는 바로 그 다음부터 6,600만 년 전까지인 마스트리히트절에 살았는데? 무식한 그림 같으니라고!"라며 친절한 설명조로 분노했을 겁니다. 하지만 유행은 늘 돌고 돌며, 과학은 늘 발견되고, 집단지성은 늘 새로운 사실로 살을 보태거나 심지어 진실의 뼈대 자체를 바꾸기도 하죠.

2024년에 티라노사우루스 렉스의 사촌 격인 새로운 종 티라노사우루스 므크라엔시스*Tyrannosaurus mcraeensis*의 화석이 발견되었습니다. 이 화석의 생존 시기는 7,300만 년에서 7,100만 년 전. 정말 아슬아슬하게 캄파니안절과 마스트리히트절의 경계를 살았기 때문에 데이노수쿠스와 물가에서 마주했을 가능성이 생긴 것이죠. 옛날에 티라노와 데이노수쿠스를 함께 담은 그림을 그렸던 무식한 화가들은 이제 빠져나갈 구멍을 찾게 되었습니다. 당분간은 "이거 므크라엔시스야!"라고 우기면 넘어갈 수 있을 것 같은 분위기이니까 말이죠. 그런데, 적당히 우겨서 빠져나갈 수 있을 줄 알았는데, 난관이 한 가지 더 있었습니다. 그 시절 복원도의 데이노수쿠스 외모에도 문제가 있었거든요. 복원도가 보여 주는 평범한 악어를 닮은 외모와 달리 얘는 원래 왕코예요! 가비알처럼 주둥이 끝에 공처럼 둥글게 코를 달고 있지만, 크기는 가비알의 것보다 훨씬 컸죠. 최대 12m의 몸길이에 주둥이 끝에 볼록 튀어나온 코뼈. 이것이 데이노수쿠스의 외적 특징이며, 그렇게 므크라엔시스와의 조우로 겨우 무마될 것 같았던 이 녀석의 복원도는 이 녀석 자체의 생김새로 인해 다시 그 오류를 지적해야 하는 상황이 되고 말았네요.

　백악기 슈퍼 용각류의 대항마 중에는 코끝에 공을 달고 있던 데이노수쿠스처럼 개성 강한 녀석들이 즐비했습니다. 그중에 단연 돋보이는 작달막한 앞다리를 갖고 있던 녀석이 있었어요. 카르노타우루스*Carnotaurus_고기 먹는 황소*는 이름처럼 고기 반찬을 즐겨 먹던 아벨리사우루스과*Abelisauridae*에 속하는 중대형 수각류였습니다. 아벨리사우루스과 수각류의 가장 큰 특징은 퇴화 직전까지 내몰려 없어지기 일보 직전처럼 보이는 앞다리였어요. 카르노타우루스의 앞다리는 그중에서도 단연 돋보였죠. 앞발가락 관절과 발톱도 없는 수준의 앞다리는 최대 8m에 달하는 몸에 그냥 부러진 나뭇가지 두 개를 폭 박아 놓았다고 해도 아무도 의심하지 않을 것만 같았는데, 이 친구의 앞다리는 실제로 퇴화 과정을 밟으며 흔적기관이 되어 가는 중이었다고 해요. 영화 〈쥬라기 월드: 폴른 킹덤〉에서는 현실감 넘치는 그 외형이 기이하게 묘사되는데, 자신을 멸망으로 몰아가는 화산의 재촉에도 아랑곳 않고 캡슐 안에 들어 있는 간식에 열중하는 모습은 이 녀석의 이름을 다시 한번 되뇌게 만들죠. '살', '고기'를 뜻하는 스페인어 여성형 명사인 'carne'는 이 녀석의 이름 말고도 많은 단어에서 발견할 수 있는데, 브라질의 매혹적인 축제 '리우 카니발Rio Carnival'이 여기 어원을 두고 있죠. 참가자들의 화려한 의상과 관능적인 몸짓은 범인들이 카니발이라는 단어를 브라질의 이 삼바축제와 동일시하는 사고의 흐름을 갖도록 혼을 쏙 빼놓았는데, 사실 브라질이 카니발로 유명한 이유는 이 정열의 나라가 가톨릭 국가이기 때문입니다. 브라질은 지구에서 가톨릭 단일 신자 수가 가장 많은 나라인데, 그 수가 1억 2천만 명을 넘어서고 있어요. 아프리카에서 유래한 브라질의 전통 춤인 삼바를 가르치는 학교와 클럽들을 주축으로 화려하게 거리를 수놓는 리우 카니발이 세계적으로 유명하지만, 사실 카니발은 지구 곳곳의 가톨릭 국가들에서 예수님이 광야에서 40일四旬간 단식하신 것을 기리는 사순절사순 시기 금욕 기간 직전 며칠 동안 고기를 맘껏 뜯고 맛보고 즐기는 문화에서 유래한 축제입니다. 그래서 카니발을 한국어로 번역하면 '사육제謝肉祭'예요. '고기를 사례하는 축제' 혹은 '고기를 (나에게) 양보하는 축제' 정도 되겠죠?

'Taurus'는 '황소'를 뜻하는 라틴어인데, 별자리 중 하나인 '황소자리' 역시 이 표현을 그대로 씁니다. 그리스 신화에서는 테세우스가 크레타의 공주 아리아드네의 도움을 받아 실타래를 몸에 묶은 채 미궁으로 들어가 자신의 조국 아테네의 제물을 받아먹고 살던 반인반우半人半牛 괴수를 때려잡고 영웅으로 거듭나는데, 이 괴수의 이름이 미노타우로스Minotauros_미노스의 황소였습니다. 자, 지금 설명부터는 어린이 친구들은 건너뛰세요! 미노스는 크레타의 왕으로 아리아드네의 아버지입니다. 하지만 아리아드네의 형제인 미노타우로스의 친아버지는 아니었는데, 그의 친아버지는 미노스의 아내인 왕비 파시파에와 정을 통한 황소였습니다. 미노스는 형제들과의 경쟁에서 이기고 크레타의 왕위를 차지하는데, 이때 그에게 도움을 준 포세이돈 신이 도움의 대가로 약속한 제물을 바치라고 독촉합니다. 채권자 포세이돈은 약속 받은 정당한 권리를 행사했는데, 채무자였던 미노스가 약간 막 나갔다는 게 문제였어요. 그는 악성 채무자였고, "황소가 없는데 어떻게 제물로 바칩니까? 그냥 배 째세요."라며 드러누웠죠. 포세이돈은 혼란스러웠어요. '이상하다. 분명히 내가 신이고 쟤가 인간인데. 분명히 내가 채권자고 쟤가 채무자인데. 분명히 내가 뭐라고 해야 되는데.'

빅희스토리

이런 생각을 하면서 입으로는 뭔가 이상한 의견을 내기 시작합니다. "미노스 너 좀 못됐다. 그렇게 뻔뻔하게 나오면 안 되지, 이 사람아. 진짜 소가 없어? 그러면 내가 파도로 황소를 한 마리 만들어 줄게. 그걸 나한테 바쳐. 그럼 되겠어?" 채권자로부터 자신이 받아낼 채권을 직접 제공한 후에 그걸 받아내겠다는 획기적인 제안을 들은 후에 미노스가 어떤 생각이었는지는 모르겠지만, 어쨌든 포세이돈은 파도 거품으로 하얀 황소를 정성껏 만들어서 미노스의 손에 쥐어 줍니다. 이제 이 멋진 소만 받으면 포세이돈의 희한한 계산으로는 모든 게 끝날 것이었죠. 포세이돈은 잔뜩 기대에 부푼 채 자신이 만들어 준 소를 제물로 받을 날을 기다렸어요.

그런데 미노스는 무슨 용기가 있었던 건지, 한 걸음 더 선을 넘었습니다. "여보, 있잖아요. 얘 이거 황소 너무 멋진데? 이거 돌려주기 너무 아까워. 이거 나 줘요. 제물은 저기 있는 늙은 누렁이 바치면 되잖아. 어차피 같은 소니까 괜찮을 것 같은데?" 아내의 이 말을 들었죠. 두 번 선 넘는 건 못 참았던 포세이돈은 "꼭 그렇게 네가 다 가져야만 속이 후련했냐?"라면서 넓어진 콧구멍 밖으로 분노의 콧김과 함께 "그렇게 멋지면 그냥 사랑해 버려!"라는 저주를 내뿜었죠. 포세이돈이 머리가 없지 능력이 없습니까? 결국 파시파에는 이 황소를 사랑하게 되었어요. 이 황소를 취하기 위해 파시파에가 계획한 변태적이고 기발한 작전까지 말하기는 조금 그렇고, 어쨌든 이차저차 해서 생략하고 그녀가 머리는 황소, 몸은 사람인 괴물을 출산했다는 것만 이야기하겠습니다. 얘 이름에 붙는 'tauros'도 '황소'를 뜻하는 그리스어입니다. 이 친구를 때려잡은 아테네의 테세우스는 스파르타의 헤라클레스와 쌍벽을 이루는 그리스의 영웅이었는데, 참 말도 많고 탈도 많고 그에 대해 할 말도 많은지라 나중에 기회가 되면 더 자세히 얘기해 보겠습니다.

어쨌든, 이 '고기 먹는 황소'는 생애 전체가 사육제인 듯이 미친 듯이 고기를 먹어 댔고, 그중에는 도둑질하기 쉬운 용각류의 새끼도 있었을 거예요.

알로사우루스는 쥐라기를 끝으로 이 땅 위에서 사라져 버렸지만, 이 녀석과 계보를 공유하는 알로사우루스상과에 속하는 많은 녀석들이 턱에 살코기를 베어내는 단도를 가득 꽂은 채 백악기를 활보했습니다. 그중 가장 막강한 세력을 과시했던 녀석들은 카르카로돈토사우루스과 Carcharodontosauridae였죠. 이 녀석들은 알로사우루스상과에 속한 친구들 중 체형이 가장 우람하고 상대적으로 앞다리가 짧은 신체적 특징을 갖고 있었어요. 과의 이름을 그대로 물려받은 카르카로돈토사우루스 Carcharodontosaurus_백상아리 도마뱀. 백상아리의 학명이 Carcharodon입니다.는 니제르, 리비아, 모로코, 이집트, 알제리, 튀니지 등 북아프리카에 주로 살던 녀석인데, 화석 표본의 두개골 크기가 티라노사우루스 렉스보다 큰 경우도 있습니다. 그래서 몸길이도 12m 정도로 추정되지만, 육중한 티라노사우루스에 비해 옆으로 더 납작하고 날씬한 체형이라 몸무게는 7t 정도였죠. 이름에 걸맞은 단검 모양의 멋진 이빨을 위아래 턱에 잔뜩 박아 넣고 큰 몸집을 과시하며 북아프리카 대륙을 활보하고 다녔죠.

하지만 뭐니뭐니 해도 이 과를 넘어 지구상 최대의 수각류라는 별칭을 한때나마 차지했던현재는 아닙니다. 그 주인공이 누군지 여러분은 알고 있죠. 괴물이 있었습니다. 이름만 들어도 대충 알 만한 이 녀석은 '거대한 남쪽의 도마뱀'이라는, 멋들어짐과 거주지의 좌표를 드러내는 속명을 갖고 있습니다. 기가노토사우루스Giganotosaurus는 역시나 공룡의 제국, 남쪽 대륙의 은의 나라, 아르헨티나에 살았습니다. 파타고니아에서 보존률이 70%에 이르는 멀쩡한 화석을 포함해 총 2개의 표본이 발견되었는데, 이를 토대로 이 녀석의 스펙은 해마다 이런저런 측정법을 통해 다르게 측정됐고, 최근까지 밝혀진 현실성 있는 몸길이는 인심 팍팍 써서 최대 13m에 몸무게는 역시 영혼까지 죄다 박박 긁어모아서 최대 8.8t이었습니다. 티라노사우루스처럼 긴 이빨을 갖고 있었지만, 이빨의 굵기와 턱 근육의 부피나 밀도가 턱없이 빈약해서 상대적으로 치악력과 파괴력은 영 쓸모가 없었습니다. 하지만 최강자와 비교해서 그랬다는 것이지, 턱의 메스는 빈약했어도 알로사우루스상과의 특징인 길게 늘린 턱 근육은 면도날 같이 날카로운 이빨로 수많은 희생자를 난도질해 피의 카니발을 즐겼을 겁니다. 비록 영화 〈쥬라기 월드: 도미니언〉에서처럼 티라노사우루스를 냅다 후려갈기고 메다꽂는 통쾌한 챔피언전의 승리는 바나나만 한 이 녀석의 작은 뇌 속에서만 일어날 수 있는 행복한 상상에 지나지 않을 테지만, 그리고 몸길이도, 덩치도, 몸무게도 모두 다른 일인자들에게 최고의 자리를 넘겨줬지만, 그래도 이 녀석은 여전히 백악기 지구 최고의 이인자 수각류라는 흡족한 타이틀을 갖고 있습니다.

'높은 척추 도마뱀'이라는 뜻의 이름을 가진 아크로칸토사우루스*Acrocantho-saurus*는 말 그대로 척추뼈가 높이 솟아 있는 카르카로돈토사우루스과 수각류였습니다. 두개골 뒤부터 꼬리뼈까지 이어지는 이 녀석의 신경배돌기는 높이가 최고 60cm까지 솟아 있어 전체적으로 두툼하고 육중한 몸을 날카롭게 치장해 줍니다. 몸길이가 최대 12m에 이르는 이 녀석에게 백악기의 와이오밍은 별다른 위협이 없는 보금자리였을 겁니다. 간혹 서로 먹고 먹히는 라이벌이 존재하긴 했지만 말이죠.

공룡 르네상스

아크로칸토사우루스와 먹고 먹히는 무한한 경쟁을 벌이던 백악기 최고의 악당은 바로 드로마이오사우루스과Dromaeosauridae 수각류인 데이노니쿠스Deinonychus_'deino'가 또 나왔네요. '무시무시한 발톱'이라는 뜻입니다. 였습니다. 데이노니쿠스는 오늘날 모든 공룡의 모습을 재창조한 업적을 갖고 있는 대단한 녀석입니다. 1969년, 예일대학교의 고생물학자 존 오스트롬John Harold Ostrom은 자신이 발견하고 연구한 이 무시무시한 발톱 공룡을 소개하는 책을 출판합니다. 표지 다음 장에 부록처럼 삽입된 이 공룡의 삽화는 당시 세계대전과 대공황이라는, 인류가 가장 완성에 가까운 지경까지 대멸종의 입구로 스스로를 몰고 들어간 사건들로 인해 침체되었던 공룡 연구에 새로운 생명의 입김을 불어넣었습니다.

삽화에 거칠고 우아하게 아로새겨진 표범만한 덩치의 날렵한 근육질 파충류는 채찍 같은 꼬리를 지면과 나란히 길게 뻗은 채 스프링 같은 다리 근육에서 뿜어져 나오는 역동적인 기운을 가득 머금은 거대하고 뾰족한 아치형 발톱으로 지면을 박차고 금방이라도 책에서 뛰쳐나올 듯한 스프린터의 실루엣을 뒤집어쓰고 있습니다. 이른 바 '공룡 르네상스'로 불리는, 공룡의 몸에 깃털을 입히고 공룡의 걸음걸이를 재촉하고 공룡의 체온을 뒤바꾸고 공룡과 새의 관계를 재정립한, 공룡에 대한 모든 발상의 신기원을 불러일으킨 이 삽화의 주인공이 두 번째 발가락에 달고 있는 아치형 갈고리 발톱의 길이는 13cm였습니다. 지구에서 가장 큰 이빨인 티라노사우루스의 '뼈째 부수는 이빨'은 데이노니쿠스에게 지금의 이름을 지어 준 이 발톱의 두 배 정도밖에 되지 않죠. 만약 데이노니쿠스의 몸집을 티라노사우루스만큼 늘린다면, 이 발톱의 길이는 60cm까지 자라날 겁니다. 무시무시한 이 발톱은 녀석의 주식이었던 테논토사우루스의 등이나 옆구리에 깊이 박힌 채 사냥개처럼 적당히 날카롭고 튼튼한 이빨과 턱이 수십 번씩 이 희생양을 물고 찢으며 무릎 꿇리고 서서히 생명의 마지막 불씨를 꺼뜨릴 때까지 절대 놓아준 일이 없었겠죠. 물론 이 표현은 테논토사우루스의 사체 주변에 어지럽게 뭉쳐진 채 발견된 데이노니쿠스 무리의 화석이 무리 사냥의 증거라고 판단할 때 현실이 됩니다. 그저 쿵쿵거리며 썩어가는 사체에 달려들었다가 화석이 되었던 거라면, 녀석들은 백악기의 하이에나였겠죠. 뭐, 하이에나라고 죽은 것만 먹고 다니지는 않는 것처럼 전문 사냥꾼도, 전문 청소부도 존재하지 않는 것이 야생의 법칙이지만, 공룡의 수많은 문화적 묘사에 크나큰 변화를 준 데이노니쿠스조차도 아직 연구할 것이 산더미인 만큼, 이 녀석이 자신의 간식을 어떻게 얻고 다녔는지에 대해서는 아직 의견이 분분합니다. 하지만 적어도, 이 녀석으로 대표되는 드로마이오사우루스과 수각류가 백악기의 작은이 과의 공룡 중 가장 거대했던 유타랍토르(Utahraptor_유타의 약탈자)의 최대 몸길이는 6m입니다. 골칫거리 악마들이었음은 틀림이 없었죠.

사실 데이노니쿠스는 우리에게 꽤 익숙한 공룡이에요. 영화 〈쥬라기 공원〉 시리즈와 〈쥬라기 월드〉 시리즈 전편에 걸쳐 티라노사우루스와 함께 가장 많이 사랑받는 주인공이거든요. 마이클 크라이튼의 원작 소설이 출판된 1990년의 시대적 한계는 데이노니쿠스를 다른 속의 하위 종으로 묶어 놓았고, 그 속의 더 공상과학적이고 공포스러운 이름은 영화에서도 그대로 계승되어 관객들을 매료시켰습니다. 그 이름은 벨로시랩터. 드로마이오사우루스과의 또 다른 친척인 '날쌘 약탈자' 벨로키랍토르Velociraptor입니다.

수생 수각류의 진실

스피노사우루스*Spinosaurus*_척추 도마뱀를 빼놓을 수는 없습니다. 그냥 지금껏 지구에 살다 간 육상 육식동물 중 가장 몸이 길었다는 타이틀만으로도 언급할 만한 가치가 충분하지 않을까요? 어쨌거나 고생물, 특히 공룡의 매력은 오늘날의 땅에서는 찾아볼 수 없는 거대한 사이즈에 있으니까요. 현재까지 발견된 이 녀석의 화석 표본 중 가장 몸길이가 길게 측정된 것은 14.7m에 이르며, 몸무게는 7.8t이었습니다. 오늘날의 악어와 같은 가늘고 긴 두개골 안에는 고깔콘처럼 생긴 80여 개의 원뿔형 이빨이 촘촘히 박혀 있었고, 그 뒤로 뱀처럼 긴 목이 죽 뻗어 있었죠. 긴 목 너머로 이어지는 등줄기 위에는 이 녀석의 이름이 어떤 이유로 붙여졌는지 알 수 있는 신경배돌기가 높이 솟아 있었는데, 가장 긴 신경배돌기 뼈는 무려 2m에 육박했죠. 참고로 가장 정확하다고 평가되는 골격도에서 이 녀석의 뒷다리 높이가 2m이기 때문에, 말 그대로 다리 길이만큼 위로 솟은 신경배돌기를 등에 짊어지고 다녔던 셈이죠. 신체 비율 상 절반 정도 거리가 이 신경배돌기의 마지막 배열에서 끝나고 몸길이의 절반을 차지하는 꼬리가 그 뒤로 6m 이상 이어지는데, 길게 연결된 꼬리뼈 위아래로 신경배돌기나 가시 같은 뼈가 길게 나 있어서 꼬리 전체가 넓적하고 긴 지느러미 같은 형태를 띠었습니다.

지금까지 묘사된 이 녀석의 외모는 백악기판 〈워터월드1995년 개봉한 케빈 코스트너 주연의 영화로, 물에 잠겨 버린 지구에서 살아남기 위한 인류의 생존 투쟁을 그렸습니다.〉의 주연감입니다. 즉, 수중 생활에 적합한, 화려한 외모의 소유자였다는 거죠. 등 위로 몸통 높이보다 높게 솟아오른 신경배돌기와 유선형으로 뻗어나가 몸길이의 절반을 차지하는 긴 꼬리는 용도가 무엇이었든 화려하고 기이하기 그지없었습니다. 거기에 몸길이의 4분의 1을 차지하는 뱀처럼 긴 목과 악어를 닮은 길쭉한 두개골에 촘촘히 뚫려 있는 작은 구멍들현생 악어의 턱 주변에서도 볼 수 있는 이 작은 구멍은 물속의 생체 신호를 탐지하는 기능을 합니다., 그리고 그 안에 가득 심긴 원뿔형 이빨은 이 어식성 거대 괴물의 아이덴티티였죠. 수각류치고 길게 형성된 앞다리수각류들은 두개골과 턱뼈, 턱힘과 강력한 이빨의 쓸모를 깨닫고 점점 이를 거대하고 강한 무기로 개발하는 방향으로 진화한 결과 마침내 대부분 큰머리 공룡이 되었고, 무게 중심을 맞추기 위해 뒷다리 근육을 강화하고 앞다리는 빗질이나 겨우 할 정도로 소멸 직전까지 퇴화시켰습니다.는 무려 뒷다리와 거의 비슷한 길이로까지 측정되었고, 그 끝에 달린 30cm 길이까지 자라난 날카로운 발톱은 이 녀석이 생선잡이의 달인이거나 사족 보행도 가능했을 것이라는 상상력까지 타당하다고 착각하게 했죠. 하지만 아쉽게도 최근까지 밝혀진 바에 따르면, 이 녀석이 생선잡이로 생계를 유지했다고 해도 그것이 목과 두개골의 길이에 훨씬 못 미치는 앞다리의 도움은 아니었고, 또 앞발바닥을 마주보는 방향으로 뻗은 앞다리는 아무리 길었어도 육지에서 땅을 딛고 다니기에는 어림없었습니다. 중력이 약한 물속에서나 겨우 기어 다니며 물고기를 원뿔형 이빨에 꿰뚫어 먹었겠죠. 그렇다고 물속에서만 지내며 톱상어나 실러캔스, 폐어 회만 먹고 살지는 않았을 거예요. 두 발로 땅 위를 산책하다가 악어에 버금가는 그 치악력으로물론 티라노사우루스의 반의 반 정도 밖에 안 되었지만, 살아 움직이는 것은 닥치는 대로 잡아먹었을 것이라는 추정이 가능합니다. 물론 거기에는 자신과 비슷한 덩치의 용각류였던 레바키사우루스도 포함되어 있었겠죠. 다만, 상대적으로 약한 치악력과 가벼운 체중, 그리고 체급과 힘 때문에 영화

〈쥬라기 공원 3〉에서 티라노사우루스의 목을 꺾어 한 방에 보내 버리는 통쾌한 결말 역시 이 친구의 머릿속에서나 일어날 행복한 상상이었을 테고 말이죠.

낫을 든 귀신의 진실

스피노사우루스가 30cm의 발톱을 단 채 북아프리카의 물가에서 물고기를 먹고 살았다면, 그 세 배가 넘는 길이의 발톱을 단 채 몽골을 배회하며 사방에 보이는 먹이를 닥치는 대로 포식하던 녀석이 있었습니다. 바로 '낫 도마뱀'이라는 범상치 않은 이름을 가진 테리지노사우루스*Therizinosaurus*입니다. 이 녀석은 지구 역사상 키가 가장 큰 수각류였어요. 길이 10m의 몸을 똑바로 세우고 서면 키가 7m에 이르는 이 녀석은 거의 유일하게 아파트 3층에서도 눈이 마주칠 수 있는 수각류였습니다. 7m의 거대한 신장을 깃털로 감싸고 앞발가락에 박힌 1m에 이르는 세 개의 서슬 퍼런 발톱을 깃털 망토 사이로 드러낸 채 귀신처럼 걸어 다니던 이 녀석들의 오싹한 모습과 한 화폭에 담기면, 빛나는 대머리를 숙이고 달릴 준비를 하는 파키케팔로사우루스의 정력적인 질주가 늘 테리지노사우루스를 등진 채 뭔가 초라하고 서두르는 실루엣으로 묘사될 수밖에 없을 겁니다. 그만큼 테리지노사우루스는 오싹하고 거대한 부분이 있습니다. 처음 이 녀석의 발톱이 발견되었을 때 거대 거북의 갈비뼈로 오해해 종명이 켈로니포르미스*cheloniformis*_'거북을 닮았다'는 뜻가 되었다는 일화는 과장이 아니었던 거죠. 이렇게 〈엑스맨〉의 울버린처럼 길고 날카로운 낫을 손 끝에 단 채 테리지노사우루스는 잎사귀를 긁어모았어요. 먹으려고……

귀신 같은 깃털 망토를 걸치고 오싹한 거대 낫을 여섯 개나 들고 다니면서, 얘는 풀을 뜯어 먹고 살았습니다. 초식이었어요. 물론 수각류의 조상이 육식이었으니까 아주 가끔씩은 고기 반찬도 곁들였겠지만 말이죠. 목을 길게 빼고 긴 발톱으로 7m 나무 위의 잎사귀를 긁어모아 입으로 가져가는 모습은 영화 〈쥬라기 월드: 도미니언〉에서 클레어의 숨을 멎게 했던 기괴한 등장이 무색하게 왠지 기린 같은 귀여운 느낌을 불러일으키죠. 하지만 아무리 풀 뜯어 먹고 살았어도 분위기는 무시 못 하죠. 몽골 땅에서 같이 살던 녀석들 중에 가장 무섭고 크고 힘셌던 타르보사우루스조차도 이 녀석이 키를 한껏 드높이고 기다란 발톱을 치켜든 모습을 보았다면, 얘가 그 모습으로 도망을 쳤든 달려들었든 먹고 싶다는 생각은 차마 하지 못했을 겁니다. 그리고 이 키면 목도 못 물어요. 점프도 못하는 주제에 어떻게 5m도 넘는 높이에 있는 경동맥에 구멍을 낼 수 있었겠어요?

폭군들

비록 점프는 못 했지만, 타르보사우루스*Tarbosaurus*_놀라게 하는 공룡 같은 티라노사우루스과 수각류는 육중한 몸과 거대한 머리, 그리고 흉악한 이빨과 압축기 같은 턱의 힘으로 자신이 통치하던 대륙의 수없이 많은 생명체를 고깃덩이로 만들고 다녔을 겁니다. 타르보사우루스는 스쳐 지나가면서 보면 티라노사우루스라고 착각할 만큼 놀라울 정도로 외모가 닮아 있는데, 이 둘이 티라노사우루스과 계통상 가장 가까운 친척 관계라는 사실을 알면 쉽게 수긍할 수 있는 상황이죠. 2010년대 초반까지만 해도 타르보사우루스는 티라노사우루스의 실질적인 조상이었다는 것이 학계의 주류

의견이었습니다. 실제로 타르보사우루스가 티라노사우루스보다 더 일찍 등장했고, 가장 앞선 이 과의 화석이 몽골과 중국 등 아시아 지역에서 발견되었기 때문이죠. 그렇게 티라노사우루스과 족보에서 조상님의 위치는 아시아였고 베링 육교를 건너간 조상님들의 피를 이어받아 아메리카에서 거대한 후손이 태어났다는 탄생 설화가 탄탄한 실질적 화석 증거를 뒷배경으로 갖고 있었죠. 그래서 10m의 몸길이에 5t의 몸무게, 4만N의 치악력, 상대적으로 심하게 나쁜 시력은 사기성 짙은 깡패 후손의 스펙에는 살짝 못 미치지만, 이 친구는 '아시아 최대의 수각류'라든가 '현생 동물은 흉내도 못 낼 치악력'이라는 나름대로 만족스러운 대명사와 더불어 가장 만족스러운 포지션인 '티라노사우루스의 조상님'이라는 타이틀을 즐기고 있었죠. 2013년 전까지는 말이죠.

그해, 북아메리카 땅속에 잠들어 있던 진짜 조상이 나타납니다. 8,100만 년 전, 북미 대륙에 터를 잡고 등장했던 '선명한 피의 군주', 리트로낙스 *Lythronax*였습니다. 작게는 타르보사우루스 최대 크기의 절반을 겨우 넘고 몸무게는 절반에도 못 미쳤던 이 조상님은 지구의 모든 티라노사우루스과 수각류 중 거의 최초로 등장해 누릴 만큼 누리다 간 행복한 친구였어요. 거대 수각류, 특히 티라노사우루스과 1세대였기 때문에 먹이사슬에서 경쟁자가 없었거든요. 그냥 그 동네에 있던 고기 반찬 혼자 다 먹고 돌아다니다가 베링 육교도 건너 보고, 그러다가 몽골 가서 타르보사우루스도 되고 북미에 남아서 티라노사우루스도 된 거죠. 결국 이 조상님의 발견으로 인해 티라노사우루스과 종친회 제사상의 신위神位가 바뀌게 됩니다. 타르보사우루스가 티라노사우루스의 위 항렬에 앉아 있었는데, 리트로낙스 아래 위치하게 되면서 티라노와 같은 항렬로 내려앉게 되었죠. 더불어 티라노사우루스과 아시아 기원설도 완전 폐기되었습니다. 북아메리카에서 기원해 베링 육교를 통해 아시아로 유입되었다는, 기존과 정반대의 이론이 힘을 얻었죠. 여러분, 티라노사우루스과는 북아메리카에서 처음 등장했어요! 물론 더 오래된 화석이 다른 대륙에서 발견되기 전까지만 유효한 말이지만요. 세상의 모든 지식은 새로운 증거가 발견될 때까지만 유효합니다. 이 문장이 완성되는 이 순간에도 앞에서 기술한 내용들이 새로운 증거에 의해 틀린 지식으로 바뀔 수도 있죠. 그래서 집단지성은 언제나 새롭고 언제나 신선합니다.

타르보사우루스가 아시아에서 지식의 속성에 대한 깨달음과 항렬을 맞바꿔 티라노사우루스에게 두들겨 맞기그리고 북아메리카에서는 다스플레토사우루스(*Daspletosaurus*_두려운 도마뱀)가 같은 운명을 맞이하기 2년 전, 같은 대륙 중국 주청에서 그의 친척이 이빨 박힌 턱뼈만 갖고 이름을 얻었습니다. 그 턱뼈의 주인공은 '주청의 폭군', 주청티란누스*Zhuchengtyrannus*였죠. 타르보사우루스와 같은 땅에서 같은 시기를 살다 간 이 녀석은 몸길이, 몸무게, 그리고 외모까지 거의 모든 면에서 타르보사우루스와 닮아 있었습니다. 아시아에서 가장 크고 무서운 이 폭군들을 이길 존재는 없어 보였죠. 지금은 바다가 길목을 막아 만날 수 없는, 북미 땅의 지축을 울리던 제왕 앞에 섰다면 결과는 달랐을 터이지만 말입니다.

제왕

늘 그렇듯 제왕은 마지막에 소개되지만, 역사의 많은 사건에서 은연중에 등장하죠. 이 괴물 역시 앞선 이야기에서 수없이 언급되었습니다. 세어 보니 69번 등장했더군요. 하지만 간접적으로 구전되던 그 모습을 이제 드러냅니다.

하늘 높이 빼곡하게 들어선 소철과 고사리나무 틈으로 간간이 목련이 덧씌워져 있는 북아메리카 아열대림 배경을 가로질러 나비와 꿀벌이 꽃가루를 퍼 나르며 분주히 날아다니는 교차점을 뚫고 제왕이 걸어 나옵니다. 모래가 채 떨어지지 않은 발가락을 보니 근처의 해안가에서 돌아오는 참인가 봅니다. 어쩌면 근처 바다 건너 육지에서 헤엄쳐 온 녀석일 수도 있죠. 적응력이 뛰어난 이 녀석에게는 숲도 늪도, 심지어 사막이나 해안가도 언제나 보금자리가 될 수 있습니다. 한 걸음에 7m씩 앞으로 나아가는 보폭으로 보건데, 3km 떨어진 해안에서 여기까지 숲을 뚫고 등장하는 데 30분이 채 되지 않았겠군요. 물론 굶주림에 눈이 돌아 여기서 풀을 뜯는 트리케라톱스를 쫓아 전력으로 쉬지 않고 내달렸다면, 시간을 평소의 서너 배까지 줄였겠지만 말이죠. 숲을 뚫고 걸어 나오는 녀석의 눈높이에서 여전히 꽃가루를 묻힌 채 비행하는 나비의 고도는 6m입니다.

대부분의 다른 공룡들과 달리 앞을 향해 있는 그의 동공은 전방에서 어지럽게 날아다니는 이 작은 날벌레의 거리까지도 완벽하게 측정할 수 있죠. 어찌 보면 갑작스러운 벌레의 등장은 종종 짜증을 유발하는 사건이지만, 제왕에게는 그리 갑작스러운 사건이 아니었을 겁니다. 안구 구조를 맹금류로 치환했을 때, 5km 상공에서도 먹잇감의 존재를 내려다볼 수 있는 매시력은 최대 8.0나 문맹을 퇴치할 만한 지능이 있었다면 10km 떨어진 곳에 펼쳐져 있는 책도 읽을 수 있는 타조시력은 최대 25.0를 능가하는 이 제왕의 시력은 인간보다 13배 이상 뛰어나거든요. 아마도 우거진 숲의 장막만 아니었다면, 해안가에서부터 이미 벌의 비행을 꽃가루 단위까지 감상할 수 있었을 겁니다. 전방을 주시하는 눈으로부터 70cm 이상 뻗어 나온 주둥이 끝에 뚫린 코는 초정밀 감각 기관과 연결되어 있는데, 대뇌보다 큰 크기로 공처럼 부풀어 오른 '후각망울'이라는 신경다발은 오늘날 화석으로 발견되는 이 제왕의 두개골에 두 개의 커다랗고 둥근 공간을 남겼습니다. 달팽이관 역시 수각류치고는 이례적일 정도로 긴 구조를 갖고 있어, 이 시절 제왕이 시각과 후각, 청각을 모두 최상급으로 활용했음을 알려 주고 있습니다.

그 아래로 코끝부터 눈 뒤까지 1m 남짓 길게 찢어진 거대한 턱관절은 턱뼈에 나란히 뚫린 수많은 작은 구멍들을 똑같이 갖고 있는 오늘날의 도마뱀 같은 파충류처럼 입술로 뒤덮여 있는데, 그 안에는 생김새가 바나나를 닮은 60여 개의 이빨이 박혀 있죠. 최대 지름이 5cm에 달하는 굵은 이빨은 단도라기보다는 정이나 대못에 가까운데, 30cm가 넘어가기도 하는 가장 큰 것은 그 뿌리치근가 20cm 가까이 턱뼈 안쪽에 들어가 있고 밖으로 드러난 치관은 10cm 안팎으로 보입니다. 단순한 대못이 아니라 끝부분에는 스테이크 나이프처럼 촘촘한 톱니도 장착되어 있습니다. 무엇을 물어뜯어도 깊이 박힌 큰 이빨은 절대로 뽑히거나 부러지지 않으며 살아 있는 모든 생물의 뼈는 이 대못의 침략을 견뎌내지 못하고 산산이 찢어지고 부서지게 되죠. 제왕의 강철 같은 이빨은 최상의 컨디션일 때는 1톤 트럭 9대가 한꺼번에 덮치는 힘을 낼 수 있는 강력한 턱의 도움을 받아 눈에 보이는 것은 무엇이든 뼈째 부수어 씹어 삼킬 수 있도록 해 줍니다. 물론 제왕의 공식적인 치악력은 5.7t 정도인데, 오늘날 가장 강력한 치악력을 낼 수 있는 악어의 2t보다 세 배 정도 강력한 수준이죠. 9t의 턱힘이든 5.7t의 치악력이든, 그의 턱은 결국 존재하는 모든 유기체를 부숩니다.

코끝에서 턱 뒤쪽의 단단한 근육까지 이어지는 두개골의 행로는 1.5m를 넘어서는데, 성년이 된 지금, 어린 시절 깃털로 덮여 있던 콧잔등과 이마, 그리고 뒤통수에는 자세히 보아야만 눈에 들어오는 가느다란 솜털이 자리 잡고 있습니다. 두개골 뒤쪽으로는 거대한 몸통이 뻗어나가기 시작하는데, 우선 몸통의 가장 앞쪽 흉곽에 초라하게 매달려 있는 앞다리를 살펴보죠. 제왕의 팔은 여타 친척들과 같은 수순을 밟으며 퇴화하고 있는지라, 그 길이가 발톱 끝까지 겨우 70cm 정도에 지나지 않습니다. 사람 팔과 비슷한 크기인 이 앞다리는 아마도 제왕이 멸종하지 않았다면 카르노타우루스의 것과 마찬가지로 점점 줄어들어 마침내 소멸하는 단계까지 갔을 거예요. 없어진다고 해도 본인조차 신경 쓰지 않을 이 앞다리는 강력한 살해 무기를 장착한 채 점점 크고 육중한 근육덩어리로 진화하는 머리의 무게가 부담을 가중하는 가운데 신체의 균형을 바로잡기 위해 마지막까지 희생하고 있는 중입니다. 그렇다고 무시하면 안 돼요. 제왕의 작은 상완이두근은 200kg의 무게를 들어 올릴 만큼은 힘이 세니까 말이죠. 아, 생각해 보니 무시해도 되겠군요. 제왕의 몸무게는 9t 정도 되는데, 그 몸무게를 90kg의 인간 수준으로 줄여 보면 팔로 2L짜리 물병까지는 겨우 들어 올릴 수 있는 수준이니까요. 그러고 보면, 자신의 몸무게만큼 무는 힘을 발휘하는 제왕의 턱에 대해 더는 할 수 있는 말이 없습니다.

두개골 너머 6m 뒤까지 굽이치는 지름 1.5m의 거대한 몸통의 능선 아래로는 자신을 포함한 9t의 무게를 지탱하기 위해 육중하게 발달한 뒷다리가 기둥처럼 아래로 뻗어 있습니다. 1.5m가 넘는 대퇴골을 중심으로 둘러싼 두툼한 근육은 그 아래로 길게 뻗은 다리에 압도적인 육체미를 더해 줍니다. 온전한 보행을 선명하게 보여 주는 제왕의 다리뼈는 '공룡'이라는 생물이 다른 이궁류나 악어를 닮은 지배 파충류와 근본적으로 차별을 가지는 1억 5천만 년이 넘는 통치의 기반을 보여 줍니다. 공룡의 다리는 이전까지의 다리와 달랐습니다. 공룡 등장 이전의 파충류는 죄다 사지가 몸통 옆에서 뻗어져 나와 'ㄱ'자로 구부러져 지면을 디뎠죠. 하중을 견디기 어려운 사지로 인해 배가 지면에서 높이 떨어지지 못하고, 같은 방향의 앞다리와 뒷다리가 동시에 접혔다가 펴지는 방식으로 보행하면서 폐의 호흡 능력을 절반밖에 활용하지 못했습니다. 대퇴골 상부에 둥글게 튀어나온 부분이 마치 건담 프라모델Plamodel, 'plastic model'의 줄임말을 일본식으로 발음한 것으로, 애니메이션에 등장하는 로봇 등의 캐릭터를 플라스틱 소재의 부품을 조립하여 만드는 장난감처럼 골반뼈의 관절공에 쏙 들어가 수직으로 뻗어내려오는 사지 연결 구조를 가지고 등장한 공룡은 속도와 보행의 효율성, 그리고 폐의 활용도에서 그야말로 혁신적인 신체적 패러다임을 통해 지구를 장악했죠. 제왕은 이 신체 구조를 전적으로 살상과 사냥에 활용한 프레데터의 바람직한 예입니다. 자유롭게 호흡하며 달릴 수 있도록 엉덩이뼈에 장착한 대퇴골은 두 갈래 뼈가 합쳐져 대퇴골과 비슷한 굵기로 묶인 정강이를 거쳐 세 개의 길쭉한 발가락까지 전신의 무게를 전달합니다. 세 방향으로 뻗어 내려가는 발가락은 제왕의 육중한 몸이 지면을 디딜 때마다 가중되는 충격을 감소시키고 속도를 낼 수 있게 도움을 주죠. 제왕이 걸을 때마다 9t의 하중은 7m마다 깊이 패인 낙엽 모양의 발자국을 표식으로 남깁니다.

하지만 제왕의 몸무게를 지탱하는 것은 온전히 다리 근육의 몫은 아니죠. 발자국이 찍히는 순간마다 그 뒤에서 땅에 자국을 남기지 않은 채 엉덩이로부터 꼿꼿하게 뻗어 나와 꿈틀거리는 꼬리는 6m 정도 길게 이어진 뒤 가늘게 수렴하는 두 직선의 만남으로 끝을 맺습니다. 그 과정의 첫머리에서 대퇴골과 꼬리뼈를 연결해 주는 육중한 꼬리대퇴골근caudofemoralis은 높이 솟은 꼬리뼈 가로돌기를 둘러싼 거대한 근육 다발과 함께 발바닥으로만 향하는 하중을 몸의 뒤쪽으로 분산시켜 제왕의 무게를 균형 있게 버티도록 디자인되었습니다. 꼬리 전체 무게의 60%를 차지하는 이 근육은 하중을 분산시킴과 동시에 꼬리의 움직임을 유연하게 조종해 주어 빠른 방향 전환을 도왔습니다. 걷는 듯한 달리기에도 위협적인 포식자일 수 있었던 이유는 바로 이 꼬리의 움직임을 통한 경량급 공룡과 같은 빠른 방향 전환에도 있었을 것입니다.

제왕이 초당 7m의 발걸음에 실려 열대림의 명암을 뚫고, 코끝의 앞니를 덮은 입술에서 시작해 가늘게 뻗어 나가 끝을 맺는 꼬리에 이르기까지, 오로지 살상과 육식을 위해 디자인된 전신을 햇볕에 노출시키기까지 걸린 시간은 2초입니다. 14m가 넘는 몸길이를 지닌 이 제왕의 이름은 '수Sue'. 지금껏 발견된 가장 육중하고 온전한 '폭군 도마뱀 왕', 티라노사우루스 렉스Tyrannosaurus Rex 종 개체의 이름입니다.

푸른 세계

육지의 통치자, 공룡의 이야기는 여기까지입니다. 백악기의 마지막 순간까지 제국을 통치한 티라노사우루스. 하지만 티라노사우루스의 영역은 육지에 한정됩니다. 지구 표면의 나머지 70%, 그리고 머리 위의 푸른 세계를 통치하던 제왕은 누구였을까요?

백악기 바다는 특정 목과 과를 떠나 최상위 포식자들이 득실대던 곳이었습니다. 조기어류 중에서 눈에 띄었던 녀석은 몸길이가 6m까지 자라는 크시팍티누스*Xiphactinus*_'칼 광선'이라는 뜻였죠. 외모가 산갈치와 매우 흡사했는데, 산갈치를 위아래와 양 옆으로 두 배 정도 늘려 놓은 것 같은 부피감을 갖고 있습니다. 온몸을 둘러싼 피부는 여타 경골어류의 갑옷처럼 단단했습니다. 식탐이 엄청나서 먹이를 통째로 삼키는 경우도 허다했는데, 호기롭게 삼킨 먹이가 감당이 안 되어 죽는 경우도 있었나 봅니다. 4.2m 길이의 표본 뱃속에 2m에 이르는 먹이이 경우는 근연종인 길리쿠스가 골격을 그대로 유지한 채 들어앉아 있는 경우도 있었거든요. 하지만 이 녀석만 남의 살로 배를 채운 것은 아니었습니다. 하늘 위에는 더 높은 하늘이 있는 법. 더구나 크시팍티누스 정도면 서열 경쟁에서 아직 하늘과 가까워지기에는 갈 길이 먼 친구였죠. 크시팍티누스를 질겅질겅 씹어서 배 속에 고이 넣어 놓은 채로 발견되곤 하는 녀석이 있거든요. 바로 크레톡시리나*Cretoxyrhina*_백악기의 날카로운 코입니다.

크레톡시리나는 백악기를 대표하는 판새아강, 그러니까 상어예요. 이 녀석의 트레이드 마크는 다름 아닌 날카로운 이빨인데, 학명을 부여받지 못하던 떠돌이 시절에 학계에서 별명으로 불리던 '긴수 상어Ginsu shark'라는 표현을 아직도 쓰는 학자들이 많다고 해요. 'Ginsu'는 칼을 전문으로 만드는 기업의 이름인데, 실제로 인터넷 검색창에 이 이름을 검색해 보니 날카로운 회칼부터 가정용 과도까지 판매하는 기업이더군요. 더 재미있는 건, '피싱 마스터Fishing master'라는 낚시 게임에서 희귀한 어종 중 하나로 이 크레톡시리나를 '긴수 상어'라는 이름으로 등장시킨다는 겁니다. 이 친구의 이빨이 얼마나 날카롭고, 또 그래서 이 명칭이 얼마나 통용되는지 알 수 있겠죠? 게임 개발자가 고증에 진심이었는지 이 녀석의 스펙을 꽤나 정확하게 반영한 듯하더군요. SSS급 어종으로 '긴수 상어'를 등장시키며 몸길이 707cm라고 소개하는데, 실제로 크레톡시리나는 몸길이가 최대 8m까지 자랍니다. 몸무게 역시 연골어류임에도 5t에 달하는데, 어느 책에 실린 비교도를 보더라도 현생 상어들의 큰 형님인 백상아리가 꼬마처럼 보이죠. 턱 안쪽에 위아래로 34개씩 돋아나 있는 날카로운 '긴수 칼'은 7cm까지 자랄 수 있으며, 오늘날 상어들과 마찬가지로 이가 노화되거나 부러질 경우를 대비해 새로운 이빨 세트가 줄줄이 대기하고 있습니다. 무시무시한 이빨과 커다란 턱으로 어룡이든 장경룡이든 경골어류든 거북이든 8m보다 작은 것은 뭐든 집어삼킬 준비가 되어 있던 이 녀석은 백악기 최상위 포식자의 자리를 넘보기에 충분해 보였죠. 하지만, 우리는 알고 있습니다. 하늘 위에는 여전히 더 높은 하늘이 있다는 것을 말이죠.

이 녀석보다 적어도 2m 이상 긴 친구도 있었습니다. 바로 플레시오사우루스상과에 속하는 장경룡인 엘라스모사우루스*Elasmosaurus*입니다. 최대 몸길이가 10m에 달하는 이 녀석은 목 길이가 7m로 전체 몸길이에서 차지하는 비중이 70%입니다. 에드워드 드링커 코프가 화석을 보고 목뼈가 너무 길어서 처음에 꼬리인 줄 알고 엉덩이 뒤에 목뼈를 놓았다가 공룡 수집계의 라이벌 오스니얼 찰스 마시에게 된통 지적당해 얼굴 붉혔다는 일화로 유명한 이 장경룡은 긴 목을 지탱하기 위해 목뼈를 72개나 달고 있죠. 긴 목이 그리 유연하지는 않았지만 이빨은 꽤나 튼튼해서 먹을 수 있는 게 꽤나 많았다고 해요. 하지만, 긴수 상어를 뜯고 삼키기엔 무리였죠. 그런 위험한 역할을 맡은 배우는 따로 있었습니다. 역시나 배역은 플리오사우루스과의 몫이었죠. 같은 장경룡이라도 내구도가 다르잖아요!

크로노사우루스*Kronosaurus*는 그리스 신화에 등장하는 티탄 신, 즉 그리스 1세대 신 크로노스의 이름을 딴 플리오사우루스과의 거대 장경룡이었습니다. 크로노스는 가이아의 아들이며 제우스와 헤라, 포세이돈, 데메테르와 하데스의 아버지예요. 앞서 잠깐 다뤄 봤던 그리스 신들의 기가 막힌 가계도가 떠오르죠? 크로노스도 가계도가 꽤나 복잡한데, 다음에 기회가 되면 더 자세히 다뤄 보도록 하죠. 지금은 농경의 신이었던 크로노스가 대지의 여신 가이아의 아들로서 어머니를 도와 농사일 열심히 하고 싶어서 추수도 하고 밭도 맬 겸 엄청나게 큰 낫을 들고 다녔다는 것만 알면 됩니다. 그 낫으로 아버지 우라노스의 거시기를 거세해서 바다에 던져 버렸고 그 지점에서 거품이 일어나며 미의 여신 아프로디테가 태어났다는 건 몰라도 돼요. 그런데 잠깐 들어도 뭔가 무시무시하죠? 크로노사우루스가 그랬습니다. 물론 거시기 어쩌고 하는 얘기 말고, 무시무시한 포식자였다는 겁니다. 아니나 다를까, 플리오사우루스류답게 목이 짧았는데도 몸길이가 최대 11m에 달했어요. 가느다란 목이 몸의 7할을 담당했던 비실비실한 엘라스모사우루스와 달리 11m의 몸 전체가 두툼하니 아주 튼실해서 몸무게가 12t 이상이었을 것이라는 연구도 있을 정도였죠. 물론 3t 정도로 추정되던 과거도 있었지만, 어쨌든 플리오사우루스의 친척답게 가리는 음식도 따로 없이, 심지어 크레톡시나까지 눈독 들이며 백악기 바다를 헤엄치고 다니던 강력한 왕위 후보였습니다. 물론 잠시 후 이야기할 이 친구가 등장하면 상황은 달라지지만 말이죠.

다양한 계통에서 도전자가 쏟아져 나와 아수라 같은 왕위 쟁탈전이 벌어지던 백악기 바다를 정리한 건 뱀이었습니다. 영화 〈쥬라기 공원〉 시리즈의 바다에는 언제나 이 녀석이 주연으로 등장했죠. 〈쥬라기 공원〉은 참 신기해요. 정작 주인공은 거의 다 백악기 고생물이란 말이죠. 어쨌든, 우리 모두가 아는 그 녀석, 모사사우루스*Mosasaurus*입니다. 여러분, 모사사우루스는 어룡이나 장경룡이 아니에요. 뱀이에요! 계통분류상 뱀목 독뱀류 비단뱀양류 모사사우루스상과 모사사우루스과 모사사우루스아과 모사사우루스족에 속하니까 뱀이 맞습니다. 그러니까 엄밀히 말하면, 오늘날 뱀이나 왕도마뱀 같이 뱀목에서 분기된 녀석들과 친척 관계라고 할 수 있죠. 그런데, 그냥 뱀이 아니었어요. 영화 보셨죠? 영화에서는 다소 덩치가 뻥 튀기 되어 나오긴 하지만, 모식종인 호프만니*M. hoffmannii*는 실제로 최대 15m에 달하는 덩치를 갖고 있고, 몸무게는 6~10t에 심지어 최대 15t까지 추정한 연구도 있을 만큼 육중하고 거대한 포식자였습니다. 참고로 속명은 '뫼즈Meuse 강의 도마뱀'이라는 뜻인데, 이 녀석의 화석이 최초로 발견된 곳이 네덜란드 뫼즈 강 근처 탄광이었기 때문이죠. 강의 이름인 네덜란드어 'Meuse'는 켈트어 'Mosã'에서 유래했고, 이것이 모사사우루스의 이름이 됩니다.

이렇게 발견된 가장 거대한 모식종은 화석 수집가였던 의사 양반 호프만의 손에서 연구되었고, 그렇게 호프만니라는 종명을 얻게 되었죠. 이 모사사우루스 호프만니는 그야말로 백악기 바다의 깡패 군주로 군림했습니다. 같은 모사사우루스과 형제인 틸로사우루스*Tylosaurus*_혹 도마뱀도 몸길이 13m에 몸무게 7t에 육박하는 깡패에 돌고래처럼 나름 귀여운 외모에 걸맞지 않게 고기를 씹어 먹고 다녔지만, 호프만니는 외모도 체급도 원천적으로 다른 차원에 있었어요. 삼각형의 악어 같은 아가리 안에는 40여 개의 뱀니가 찌를 듯이 솟아 있었고, 상대적으로 날씬한 체형의 틸로사우루스와 달리 15m의 거대하고 육중한 몸뚱이는 고래의 것과 닮은 꼬리지느러미를 포함한 다섯 개의 지느러미를 꿈틀대며 날렵하게 추진해 강력한 턱이 상어나 장경룡, 암모나이트, 심지어 동족까지도 씹어 부수고 삼킬 수 있도록 도왔죠. 백악기의 핏빛 바다는 호프만니의 영역이었습니다.

이렇듯 아무리 강력한 모사사우루스과의 혈통을 대표하는 호프만니라도 저마다 힘과 본능에 도취된 포식자들의 반란을 정리하는 데 애를 먹었겠지만, 같은 푸른빛의 다른 세상인 하늘은 상황이 달랐습니다. 그곳의 통치자는 이미 하늘이 명확하게 점지해 준 듯했죠. 크기에 국한된 기준이지만, 다 같이 비슷한 부리와 날개, 피크노 섬유와 근육을 갖고 있던 고생물들 사이에서는 크기가 곧 힘이며 권력이었습니다. 이미 태생이 압도적으로 거대했던, 백악기의 현실판 '토루크_{영화 〈아바타〉에 등장하는 거대한 날짐승으로, 세계관 내에서 독보적인 최상위 포식자로 설정되어 있습니다.}'는, 적어도 지금까지 인류가 아는 한, 단 한 개의 혈통 밖에 없었습니다.

다양한 대중매체의 영향으로 우리는 흔히 익룡이라 하면 프테라노돈 *Pteranodon*_이빨 없는 날개이나 오르니토케이루스*Ornithocheirus*_새의 손를 떠올리는 경향이 있는데, 진짜 제왕은 애들이 아니었어요. 그나마 이 둘도 잘 모르는 사람들이 많은데, 대개는 종이와 연필을 주고 "익룡을 그려 보세요."라고 하면 앞뒤로 뾰족하고 날카로운 부리와 뒷머리를 달고 막으로 된 날개를 펼친 채 발톱으로 나무를 움켜쥔 거대 박쥐를 그리거나, 표주박을 양옆에서 눌러 놓은 듯한 노란 부리에 날카로운 이빨, 온몸을 하얀 털로 뒤덮은 비행체를 그릴 거예요. 아니면 최소한 머릿속에 이미지를 떠올리기라도 하겠죠? 첫 번째 그림이 프테라노돈이고, 두 번째 그림이 오르니토케

이루스입니다.

가장 유명한 프테라노돈의 경우에는 묘사에 고증 오류가 많은 편이에요. 사실, 날개가 있다는 것 빼고는 거의 오류투성이라고 할 수 있죠. 물론 요즘에는 덕후 분들의 검열이 워낙 빡세기 때문에 매체들도 선택압을 받아서 자료를 철저히 참고해 고증하지만 말이죠. 과거의 경우를 보자면, 우선 많은 매체에서 프테라노돈을 묘사할 때 주로 날개를 펴고 나무에 앉아 가시 같이 촘촘히 난 이빨을 드러내며 포효하는 모습으로 표현합니다. 그러면 멋있거든요. 그런데, 얘는 이빨이 없었어요. 뾰족하고 매끈한 부리만 있었죠. 이름은 '이빨 없는 날개'라고 해 놓고 이빨 보이면 고증을 위해 강냉이 털어야 할 것 같아서 슬퍼집니다.

그리고 나무에 똑바로 앉을 만큼 움켜쥘 힘이 발과 발톱에 없었어요. 하체가 부실했던 익룡은 대신 힘이 센 앞다리 근육을 이용해 절벽 같은 데 매달릴 수는 있었죠. 행여나 이 녀석이 큰 먹이를 발톱으로 움켜쥐고 비행하는 모습으로 묘사된다면, 생판 거짓말이거나 다른 동물일 가능성이 높습니다. 발톱의 움켜쥐는 힘이 약하다는 점에 근거해 오늘날의 몇몇 새처럼 부리로 수면을 가르며 물고기를 잡아먹는 모습으로 묘사하는 매체는 그나마 노력 좀 했지만, 여전히 부족하죠. 과학자들은 주로 바닷가 절벽에서 지내던 이 녀석의 가장 현실적인 사냥법은 오늘날의 가넷이나 가마우지처럼 물속으로 빠르게 다이빙하는 것이었다고 추측합니다.

그리고 꼭 드라마나 영화에서 입 크게 벌리고 소리 지르는 장면이나 공연장에서 감격을 주체 못 하고 "끼아아악!" 하며 팬심을 표현하는 현장의 외침이 익룡 발성이라는 그릇된 표현으로 대명사화 되어 대중 사이에 만연한 것을 보면 안타깝습니다. 아직까지 익룡의 발성에 대해서는 연구된

적이 없어요. 더구나 같은 조상을 둔 공룡의 경우도 찢어지게 포효하기보다는 쉭쉭거리면서 거칠고 낮게 속삭였다는 설이 유력합니다. 뭐, 일단 확정은 아니니까요. 그래도 열이면 아홉 익룡을 "끼아아악!" 하며 날아다니게 했던 옛날 매체는 조금 자제할 필요가 있었습니다.

어쨌든 작게는 날개를 쫙 펼쳐도 길이가 한 뼘_{만약 당신의 한 뼘이 25cm가 될} 만큼 손이 큰 편이라면도 되지 않는 녀석_{네미콜롭테루스(*Nemicolopterus*_숲속의 숨겨진 날개)}부터 날개 폭이 6m 후반에 이르기까지 다양한 익룡의 세계에서 이 유명한 프테라노돈_{7m 미만}이나 오르니토케이루스_{5m}는 오랫동안 가장 거대한 포식자로 이름을 드높였습니다. 어쩌면 그래서 대중에게 가장 인기 많고 유명한 나날을 보낸 것이었는지도 모르죠. 하지만 1800년대부터 한 세기를 이어 오던 그 명성에는 1975년부터 균열이 가기 시작하더니 결국 새롭게 드러난 압도적인 왕가의 규모에 파묻혀 버렸습니다. 왕가의 이름은 아즈다르코과_{Azhdarchidae}였으며, 그중에서도 의심의 여지없는 왕 중의 왕, 로열 패밀리는 케찰코아틀루스아과_{Quetzalcoatlinae}였습니다.

많은 고생물의 속명은 그 신비함과 비현실적인 크기나 생김새에 매료된 명명자의 영향인지 뭔가 거대하다거나 굉장하다거나 하는 수식어가 포함되거나 혹은 전설의 주인공이나 신화의 신 이름이 포함되는 경우가 많습니다. 하늘을 날아다니던 거대한 고생물, 익룡은 그중에서도 가장 신비로운 영역에 가까웠기 때문에 일찍이 그런 트렌드에 충실했으며, 심지어 설화나 영화, 드라마 같은 매체에서 매력적인 소재로 등장시키는 날짐승의 이름까지 역으로 활용해 속명에 반영되기도 했습니다. 한때 오르니토케이루스속에 속했던 바이덴로티_{*O. weidenrothi*}라는 종이 있었는데, 이 종은 드라마 〈왕좌의 게임Game of Throne〉의 용의 가문 타가리엔Targaryens을 기리기 위해 2019년에 타가리엔드라코*Targaryendraco*_타가리엔의 용라는 새로운 이름을 갖게 되었죠. 영화 〈아바타Avatar〉에서 절벽에 서식하며 나비족과 교감하는 비행 생물체로 등장하는 이크란Ikran의 이름을 딴 이크란드라코 *Ikrandraco*_이크란 용라는 속명을 가진 익룡도 있습니다. 화석으로 복원된 표본의 아래턱에 볏이 있었는데, 제임스 카메론 감독의 이크란도 턱 아래 볏이 있었거든요. 그런가 하면, 중국 랴오닝성의 퇴적층인 지우포탕九佛堂_구불당에서 발견된 익룡의 속명에는 중국 황제의 이름이 들어가 있습니다. 누르하치우스*Nurhachius*. 그 이름 안에는 청태조, 즉 청나라 초대 황제의 이름, 아이신기오로 누르하치愛新覺羅 努爾哈赤_애신각라(금의 여섯 부족) 노이합적 (멧돼지 가죽)가 있습니다.

메소아메리카 문명 중 가장 찬란한 세계를 일군 아즈텍인들에게 가장 인기 있는 신은 자신들을 재활용해서 창조하고 옥수수와 용설란Agave. 고대 아즈텍인들에게 필수적이던 멕시코산 다육식물. 아즈텍인은 용설란의 가시를 자신들의 주요 의식이던 인신공양에 사용하고 그 잎의 섬유로 끈과 천을 만들어 썼습니다. 무엇보다 용설란의 수액을 발효시켜 '가장 중요한' 술, 풀케를 만들었는데, 이 풀케를 밑술로 삼아 만든 술이 그 유명한 데킬라입니다.을 내려 준 케찰코아틀Quetzalcohuātl. 영어로는 Quetzalcoatl. 이었습니다. 비록 형이랑 치고받고 싸우다가 최초의 대지를 멸망시켜 몽땅 죽어 버린 인간들에게 미안해서 저승세계에 내려가 그렇게 죽은 인간의 뼈를 받아 가지고 와서 자신의 피와 버무려 되살려 낸 것그래서 재활용으로 창조했다고……. 이었지만, 그래도 어쨌든 살려는 줬고, 게다가 직접 개미로 변신해 개미들에게서 빼앗아 온 소중한 옥수수도 주고 풍요의 신 마야우엘이 그녀의 할머니에게 죽임을 당하자사연이 긴데, 이것도 따지

빅히스토리

고 보면 같이 술 만들자고 꼬드겨서 가출 시킨 케찰코아틀 때문이에요. 그 뼈를 묻어 꽃 피운 용설란까지 아낌없이 내어 줬으니, 과거야 어쨌든 추앙할 수밖에요.

케찰코아틀은 메소아메리카의 유명한 건축물인 피라미드에 직접적인 영향을 주기도 했습니다. 이 피라미드는 무덤으로 쓰인 이집트의 것과 달리 그 주목적이 하늘에 인간을 제물로 바치는 인신공양을 위한 재단이었는데, 그 대상이 비의 신이기도 했던 케찰코아틀이었거든요! 그러니까, 케찰코아틀은 인간을 멸종시킨 뒤 다시 살려내서 상계처리했고 마야우엘의 희생으로 생겨난 용설란을 선심 쓰듯 던져 준 거죠. 그렇게 따지고 보면 인간 입장에서 고마워할 것은 옥수수 하나뭐, 먹고사는 문제였으니 이건 조금 커 보이긴 합니다. 뿐인데, 그걸로 그렇게 죽고 못 살아서 최고라고 추앙하고, 거기다가 자기들 논리대로면 유일하게 고마운 옥수수는 줘 놓고 비도 안 내려 줘서 말라비틀어지게 만드는 이 고약한 신에게 비를 내려 주십사 동족을 바치려고물론 당시 메소아메리카에는 마땅히 제물로 바칠 가축이 넉넉지 않았고, 또 공양이 끝나면 평소 부족한 단백질 공급원인 동족을 섭취할 수 있었다는 주장도 있는데, 쓰고 보니 더 기괴하군요. 그 신이 준 용설란을 살해 도구로 활용하고. 극적으로 써 놓고 보니 신기한 문명으로 왜곡될 여지가 다분하군요. 케찰코아틀, 당신이 이런 왜곡된 서술로 오해받기 싫은 너그러운 신이라면 저는 건들지 말아 줘요! 쓰다 보니 무서워졌거든요. 여러분이 이 대목을 읽는 순간까지 제가 무사하다면, 제가 할 일은 둘 중 하나입니다. 피라미드를 짓든, 미신은 믿지 않는 지금까지의 제 신조를 유지하든.

어쨌든, 메소아메리카 문명권에서 두루 추앙받는 이 신은 기원전 2세기부터 시작된 테오티우아칸멕시코시티 근처에 위치한 고대 피라미드 유적지. '신의 도시'라고도 불립니다. 시절부터 풍요와 대지의 상징인 뱀의 형상에 날개를 단

모습으로 묘사되기 시작하죠. 그로부터 22세기가 지난 1975년, 케찰코아틀을 숭배하던 아메리카 대륙정확히는 케차코아틀을 숭배한 곳은 중앙아메리카였고, 케찰코아틀루스의 화석이 발견된 곳은 북아메리카였지만에서 뱀의 형상에 날개를 달고 6,600만 년 전의 창공을 날던 신화 같은 짐승의 흔적은 이 신의 이름으로 거듭나게 됩니다. 케찰코아틀루스*Quetzalcoatlus*는 뱀의 목을 지닌, 지구 역사상 가장 큰 날짐승입니다. 모식종인 노르트로피*Q. northropi*는 양쪽 날개를 쫙 펴면 그 길이가 최대 11m 이상에 달합니다. 뱀처럼 긴 목은 아즈다르코과의 특징인데, 케찰코아틀루스는 목의 길이가 2.5m에 달하고 부리를 포함한 머리 역시 길이가 2.5m에 달했습니다. 그러니까 만약 이 친구가 날아다니는 모습을 땅에서 올려다봤다면 5m의 긴 목을 지닌 뱀이 폭이 11m에 길이 3m에 달하는 거대한 날개를 달고 다니는 것처럼 보였을 것이란 말이죠. 케찰코아틀의 현신이라고 말할 수 있겠죠. 다리를 포함한 몸통이 3m에 목이 2.5m였기 때문에 똑바로 서면 키가 6m에 달하는데, 기린의 키가 최대 5.5m니까 기린보다 키가 컸다는 말이죠.

보통 익룡이나 조류 같은 날짐승은 날기 위해 뼈 내부를 텅 비우고 체내를 공기주머니로 가득 채우며 장 같은 소화관을 일자로 짧게 만들어 수시로 배설을 해서 날개로 들어 올려야 하는 무게를 극한까지 끌어내리는 전략을 사용합니다. 그래서 작은 익룡은 몸무게가 5g 정도밖에 되지 않았고, 익장이 7m인 녀석들도 대개 15kg을 넘지 않았습니다. 오늘날 날 수 있는 동물 중 가장 큰 새인 나그네알바트로스도 날개폭이 3.5m에 달하는데 몸무게는 최대 12kg을 넘지 않습니다. 그런데 케찰코아틀루스는 몸이 꽤 무거웠어요. 정론은 이 녀석의 몸무게를 80kg으로 보고 있고, 최근 연구들은 최대 200kg 이상이었다고도 추정하죠. 이렇게나 무거운데 하늘로 떠오른

날짐승은 이 녀석이 거의 유일무이했습니다. 사실 그 비결은 몸의 크기에 비례해 점점 튼튼해지는 앞다리에 있었어요. 익룡은 앞다리에 견고한 비막을 달고 하늘을 납니다. 결국 날개의 뼈대 역할을 하는 앞다리가 발달할 수밖에 없겠죠? 그런데 힘 센 앞다리는 활공에만 그 목적이 있지 않았습니다. 예전에 과학자들은 케찰코아틀루스 같은 익룡이 높은 절벽에서 뛰어내려 활공하는 방식으로만 날 수 있다고 생각했어요. 그런데, 2008년에 밝혀진 실상은 그렇지 않았죠.

많은 동물들은 대퇴골이 가장 튼튼합니다. 이를 활용해서 걷거나 뛰거나 심지어 오늘날 새는 뒷다리로 땅을 박차고 날아오를 수 있죠. 익룡들은 하체가 부실했지만 우리 몸의 상박골에 해당하는 위앞다리뼈가 통뼈였습니다. 한마디로 이두근과 삼두근이 비현실적으로 강한 힘을 갖고 있었던 거죠. 이 위앞다리뼈와 여기 붙은 근육은 뜀박질하는 우리의 다리나 땅을 박차고 날아오르는 새의 다리 같은 힘을 갖고 있어서 이걸로 땅을 디디며 걷고 또 땅을 박차고 날아올랐습니다. 우리로 치면 팔꿈치로 땅을 박차고 날아오르는 식이었던 거죠. 이것이 익룡이 하늘을 나는 방법이었으며, 몸이 커지고 몸무게가 늘어나도 그에 비례해 힘이 세진 위앞다리를 사용해 몸무게가 200kg인 케찰코아틀루스는 하늘 높이 날아올라 자신의 세계를 통치할 수 있었습니다. 하지만 여전히 하늘에서 사냥하기에는 하체가 부실했고, 그나마 걸을 힘은 있었기에 학다리처럼 긴 다리로 걸어 다니며 악어나 거북, 공룡을 통째로 삼키고 다녔어요. 2m가 넘는 부리로 마치 펠리컨처럼 웬만한 먹이는 그냥 통째로 집어삼켰죠. 뱀처럼 긴 몸에 경비행기보다 큰 날개를 펼친 채 하늘을 돌다가 땅에 내려앉아 천천히 걸어 다니며 기린보다 큰 키를 순간순간 숙여 큰 부리로 뭐든 집어삼키는 이 녀석들은 백악기의 공포 군주였을 겁니다. 왕가의 핏줄인 하체곱테릭스 *Hatzegopteryx*_루마니아의 하체그 분지에서 발견되어 '하체그의 날개'라는 속명을 갖게 되었습니다.와 아람보우르기아니아*Arambourgiania*_'아, 람보르기니 아니야!' 뭐, 이런 뜻이 아니라 이 친구를 처음 연구한 학자 까미유 아람부르그의 이름을 딴 속명입니다. 역시도 비슷한 크기로 그 시절 로얄 패밀리는 아즈다르코가 유일했음을 증명해 주고 있습니다. 확실히 하늘을 다스린 혈통은 단 하나였습니다.

돌

지층의 단면으로부터 도무지 무엇인지 알 수 없어 보이는 무엇인가를 발견하고 재구성하는 탐정 수사 같은 과정에서 화석 증거를 토대로 그 시절의 주인공을 찾아내는 작업은 일반인의 눈에는 지리멸렬해 보이기도 하고 한편으로는 터무니없어 보이기도 합니다. 뒤죽박죽 엉켜 버린, 문자도 아닌 것들로 기록된 암석의 이야기를 읽고 역사를 재현해야 하는 작업이니까요. 하지만 고생물학자들과 지질학자들, 그리고 물리학자들이 이 지루하고 난해한 작업 끝에 정리해 준 결과물을 보면, 우리는 수억 년 단위의 역사를 한눈에, 그리고 이상하리만큼 명확하게 이해할 수 있게 됩니다. 동위원소 측정과 더불어 알 수 없는 정교한 기술과 마술 같은 과정들이 개입되면 어느 시기의 지층에서 멀쩡하게 짓눌려 잔뜩 찍혀 있던 생물의 유해가 다음 시기에서 전혀 발견되지 않는다면 멸종을, 또 어느 번성했던 동물의 내장 화석에서 갈가리 찢기고 부러진 채, 간혹 멀쩡한 채로 발견되는 조각들은 피식자의 지위를, 그런 내장 화석을 품고 멀쩡한 형태로 발견되는 뼈대라든가 피막의 화석은 지배자의 흔적을 보여 주며, 어설픈 형태의 살

빅희스토리

덩어리나 부리, 이빨, 생기다 만 것처럼 보이는 뼈와 가시의 흔적은 분기와 변화의 방향을 명확하게 보여 주니까 말이죠. 그와 더불어 지층의 빛깔과 그 층마다 아로새겨진 화석 양상에 따라 어느 때 물에 잠겨 있었고 어느 때 물 밖으로 자신의 피부를 드러냈는지 알려주는 호수 퇴적물이나 대륙붕의 흔적 같은 지형물 자체까지 가세하면, 우리는 그야말로 수억 년 역사를 손 안 대고 코 풀며 배우고 있는 것입니다.

수많은 용의자로 낙인찍히는 대멸종의 범인 역시 이런 과정들을 통해 진범으로 밝혀지며, 심지어 이 과정에서 과학자들은 단일 대멸종 사건이 단일범의 소행인지, 혹은 거기에 공범이 존재했는지까지도 프로파일링하는 통찰력을 보여 줍니다. 이들의 프로파일링 기법은 수많은 경험과 축적된 지질학적 집단지성을 통해 다양한 노하우를 보유하고 있는 듯하죠. 예를 들어 광범위하게 범람한 현무암의 흔적은 억눌려 있던 분노의 화형을 집행한 화산활동을, 일순간 변화하는 탄소 동위원소 기록이나 화석화된 식물의 기공 개수 급감은 탄소이산화탄소가 무리를 지어 대기를 압살했다는 증거를 나타내며, 이 두 범인은 대멸종에서 많은 경우 공범이기도 하고 언제나 유력한 용의자가 됩니다. 고지자기 역전이나 지자기 이동 경로, 대륙 간 화석이나 대륙붕 경계의 일치는 초대륙과 대륙 분열을 드물게 범인으로 지목하죠. 이렇듯 단순한 공식이지만 명확하게 보여 주는 그 증거들을 찾아 헤매며, 과학자들은 대멸종의 범인을 심판대에 세웁니다. 하지만 백악기와 페름기, 트라이아스기 같은 특별한 경우를 제외하면, 이 범인들은 이미 수억 년 단위로 한참 지나 버린 공소 시효와 함께 주로 바위 안에 어지럽게 뒤엉켜 있는 다른 범인들의 흔적에 교묘하게 파묻힌 채 '공범'이라는 지위만을 희미하게 주장하며 은닉해 있습니다.

그중에서도 가장 드라마틱한 증거는 이리듐입니다. 충돌구나 특정 지역 지층의 어느 면에서 폭발적으로 증가하는 이리듐 함유량, 그리고 충격을 받은 석영 알갱이는 우주에서 날아온 돌덩이를 확정적인 피의자로 기소합니다. 그리고 이 범행은 그 원리와 범행에 걸리는 상상을 초월하는 짧은 시간, 거대한 규모와 깔끔하고 잔혹한 범행 수법이 대중의 흥미를 끌기 충분하기 때문에 이따금 영화의 단골 소재가 되기도 하죠. 사실 이 경우는 충돌구가 발견되면 범인이 운석이라는 증명이 완벽하게 가능한데, 여기에는 약간 우스운 꽁트가 될 수도 있는 상상이 존재합니다. 충돌구가 살아남아 발견되려면 수많은 변수를 통과해야 하는데, 우선 지구를 들이받는 외계의 돌멩이가 성층권을 통과해 지각에 충돌할 때까지 소각되어 사라질 정도로 작지 않으면서도 지구 자체를 날려 버리지 않을 정도로는 크지 않아야 한다는 범위가 첫 번째입니다. 두 번째는 충돌구가 발견되기 전까지 존재해야 한다는 것입니다. 여기에는 판구조론이 심각하게 개입합니다. 즉, 연 5~15cm씩 판의 가장자리를 씹어 삼키는 수렴 경계가 지구 곳곳에 빈틈없이 자리 잡고 있기 때문에, 충돌구가 어느 순간 지구의 입속으로 씹어 삼켜졌다면, 그래서 이미 맨틀의 컨베이어 벨트를 타고 지하세계로 들어가 버렸다면, 우리는 충돌의 흔적을 영영 찾지 못할 것입니다. 이 과정이 성공적으로 마무리되면 지각판의 범인은닉죄는 너무나 오랜 시간 자연스럽고 완벽하게 진행되어 우리는 지각판도, 운석도 법정에 세울 수 없게 되죠. 백악기 성층권을 관통한 우주 미아 돌멩이는 다행히 이 두 치명적인 변수를 피해 살아남아 멕시코 유카탄 반도 칙술루브를 둘러싼 지름 177km의 거대한 증거를 남겼고, 이 거대한 분화구는 6,600만 년 동안 맨틀 속으로 숨어들지 않고 잘 다져진 뒤 멕시코인들의 안락한 거주 분지가 된 메리다라는 도시의 기반이 되었습니다.

루이스 월터 알바레즈는 업적이 상당한 물리학자였습니다. '그 오펜하이머'와 함께 맨해튼 프로젝트에 참여해 팻 맨을 설계하기도 했고, 1968년에는 수소 거품 상자 기술의 개발을 통한 기본입자물리학 연구와 공명 상태의 발견으로 노벨 물리학상을 수상하기도 했죠. 이집트 피라미드의 숨겨진 방을 찾기 위해 우주선宇宙線을 활용하기도 한 창의력을 통해 40건 이상의 특허도 등록한 물리학의 천재였어요. 그런데, 알바레즈를 누구보다 유명하게 만든 가장 위대한 업적은 K-Pg 멸종Kreide-Paläogen extinction event_백악기-팔레오기 멸종, 즉 백악기 대멸종의 용의자를 밝혀낸 보고서를 공개한 일이었죠. 1980년 6월 6일, 알바레즈는 아들이자 같은 업계에 종사하던 과학자였던 월터 알바레즈와 함께 학술지 《사이언스》에 〈백악기-제3기 멸종의 외계 원인Extraterrestrial Cause for the Cretaceous-Tertiary Extinction〉이라는 제목의 논문을 발표했는데, 이 당시 백악기 대멸종을 가리키는 용어는 'K-T 멸종'이었는데, International Commission on Stratigraphy(ICS), 즉 지질학 국제 위원회가 층서학의 발달에 따라 '제3기'라는 용어를 권장하지 않으면서 현재는 '제3기' 대신 '팔레오기'를 사용해 'K-Pg 멸종'으로 씁니다. 발표 직후부터 지금까지 지구 역사상 가장 거대한 발견으로 회자되곤 하는 이 논문의 해시태그는 바로 #이리듐 #운석 #공룡 #멸종 정도였죠.

알바레즈 부자는 지층의 특정 지점 표본에 이리듐이 폭발적으로 많이 발견예상치의 무려 100배되자 여러 연구와 합리적 추론 끝에 경계의 시점에 지구 생물 종의 75%를 지옥으로 보내 버린 범인이 이리듐이라는 우주 물질을 한꺼번에 퍼 날라서 철푸덕 하고 지층에 던져 버린 운석이었다는 결론을 내렸죠. 이 진취적이고 앞뒤 가리지 않았지만 진실에 가장 가까웠던 논리는 그 직후부터 추종하거나 반대하는 두 진영의 날 선 논박을 10년 넘게 부추겼죠. 핵심은 충돌구였습니다. 마치 빅뱅이론은 구축이 됐는데 오랫동안 우주배경복사가 발견되지 않았던 것처럼, 이리듐의 대량공급자가 자신을 내던진 흔적이 좀처럼 발견되지 않았던 거죠. 수렴 경계가 충돌구를 집어삼켜 분쇄했을 것이라는 회의론마저 고개를 들던 1991년, 이 충돌구는 학술 기자 카를로스 바이어스에 의해 발견되어 모두가 이 사실을 알 수 있었음에도, 심지어 카를로스가 유카탄 반도라는 지역을 특정해 기사를 쓰게 만든 학회 발표가 분명히 존재했음에도 불구하고, 10년 동안 카를로스 말고는 누구도 충돌구의 위치를 인지하지 못했습니다. 지질학과 고생물학, 그리고 물리학계를 넘어서 공룡에 대해 꾸준한 열광과 관심을 갖고 있는 광범위한 인구가 지켜보는 법정에서 공룡 살해 피의자로 운석을 지목하는 결정적인 증거로 등장하게 되죠.

공룡의 치세는 그 전성기만을 따져 봐도 쥐라기에서 백악기에 이르기까지 1억 3,500만 년 이상 지속되었습니다. 지금껏 지구 역사상 이렇게 오랫동안 찬란한 권력을 움켜쥐고 있던 종족은 찾아볼 수 없었죠. 권력 이양기였던 트라이아스기까지 포함하면 2억 년이 넘는 시간 동안 600여 개의 종을 생산해낸 결과 몸길이는 800배, 몸무게는 4억배에 이르는 광활한 스펙트럼을 갖게 된 이 지배생물은 그야말로 모든 대륙을 움켜쥔 채 절대로 끝나지 않을 것 같은 성공 가도를 달리고 있었습니다. 그들이 먹고 먹히며 달아나고 쫓아가고 산책하고 짝을 짓고 시련 당하고 잠들던 땅은 어느새 물감을 풀어놓은 듯 다양한 색감의 배경이 녹아들어 다채로운 세상이 되어 있었죠. 그 이전까지는 상상도 할 수 없었던 다양한 동식물이 삶의 방식 자체를 진화시켰고, 중생대는 말 그대로 날이 갈수록 꽃피는 다양성에 파묻히고 있었습니다. 내일은 오늘보다 반드시 더 다채로운 시간들이었습니다. 어느 6월이 오기 전까지 말이죠.

6,600만 년 전 정확히는 기원전 6,600만 년 전 어느 6월, 고식물학자들의 지층 분석에 따르면, 이 사건 직후 꽃이 피는 연의 씨를 찾을 수 없었다는 점은 이 사건이 6월 초에 일어났음을 시사합니다. 비조류 공룡의 시대는 급작스럽게 끝났습니다. 사실은 공룡의 입장에서 그 전부터 서서히 병들어 가고 있던 지구에 외계의 돌덩이가 날아들어 끝장내 버렸죠. 우주 공간을 초속 30km의 속도로 직선 운동하며 배회하던 지름 12km의 이 운석은 너무나 빠른 나머지 성층권에 모습을 드러내자마자 0.3초 만에 지구 표면에 닿아 있었습니다. 영화 〈딥 임팩트〉를 보셨나요? 매우 충격적이고 사실적인 운석 충돌 장면이 그려지는데, 멕시코 유카탄 반도의 칙술루브에 떨어진 이 백악기의 학살자를 조금 더 사실적으로 보고 싶다면 영화의 재생 속도를 20배 빠르게 설정하면 됩니다. 또 에베레스트산이나 샌프란시스코 정도 크기였던 이 운석은 너무나 거대한 나머지 충돌하는 순간에도 다른 면이 성층권 위에 있을 정도였죠. 어쨌거나 우주가 온 힘을 다해 집어 던진 이 외계 바위는 순식간에 오늘날 100만 인구를 품은 유카탄의 주도 메리다가 쏙 들어가고도 남는, 깊이 30km, 폭 177km에 달하는, 지구 역사상 그 무엇과도 비견될 수 없을 만큼 거대한 상흔을 남겼죠. 아마도 그 안에서 일상을 보내던 몇백 몇천 종의 수십만 내지 수백만 마리의 생명체는 그날 이후 수백 년간 지속된 백악기 대멸종의 희생자 중 가장 평화롭고 깔끔한 최후를 맞이했을 겁니다. 그 중 대부분은 자신에게 무슨 일이 일어나는지도 모른 채 흔적 없이 사라졌을 테니까 말이죠. 0.3초. 아무리 되새겨 봐도 세상을 끝장내기에는 너무나 경이롭도록 짧은 이 순간을 누가 목격할 수 있었을까요?

동영상의 재생 화면이 일시정지한 듯한 그 찰나 동안 177km 지름의 구덩이는 순식간에 불타올랐는데, 단순 계산하면 74만 km^3의 부피, 즉 한 면이 90.5km인 정육면체에 해당하는 $4.4*10^{12}$t의 지각 물질이 그 안에 살고 있던 수많은 생명들과 함께 공중으로 튀어 오르며 열과 함께 불타고 녹고 분해되었습니다. 재미있는 사실은, 많은 과학자들이 운석이 떨어지는 속도가 너무 빨라서 그 움직임이 갈라낸 지구의 공기층이 미처 닫히기도 전에 그 진공의 틈을 타고 충돌의 파편들 중 일부가 우주 공간으로 튀어 올라 흩어졌을 가능성이 농후했다고 계산한다는 것이죠. 그러니까, 만에 하나라도 이 거대한 재앙의 압살에서 형체를 유지할 수 있었던 공룡의 뼈가 있었다면, 불덩이가 되어 녹아들어 갔을지라도 그 흔적 중 일부가 우주로 날아갔을 수도 있었다는 겁니다. 우주에서 날아든 물질로 몸의 일부를 형성해서 살아가던 생명체가 우주에서 날아든 돌로 인해 분해되어 다시 우주 공간으로 돌아갔을 수도 있었다는 시적인 계산이 가능하다는 거죠. 물질 차원에서 윤회가 실현되는 순간이었을 겁니다.

　자, 이제 충돌의 규모를 다른 시각에서 살펴볼까요? 30km라는 깊이를 생각해 봅시다. 지표면에서 삽으로 땅을 파고 30km 들어가 봅시다. 뭐가 나오죠? 삽으로 땅 파서 그 깊이를 들어가는 데 동반되는 시간이며 압력이며 관절병이며 삽의 마모, 뭐 이런 현실적인 생각 따위는 집어치우고 깊이에만 집중해 보자는 말입니다. 백악기의 우주 괴물은 칙술루브의 대륙 지각과 해양 지각을 동시에 강타했으니, 보수적으로 잡아도 이 운석은 지각 아래층에서 들끓고 있던 용융된 불덩어리 암석, 즉 맨틀을 그대로 끄집어냈을 겁니다. 또 그 위에 끓고 있던 플룸과 마그마, 그리고 그 위에 잠들어 있던 백악기의 선조들, 그러니까 쥐라기 때까지 묻히고 쌓여 고이고 압축된 화석연료를 파내면서 엄청난 충돌에너지가 일부 치환된 뜨거운 지옥의 열기로 한순간에 점화시켰죠. 일차적인 물리 타격에서 겨우 벗어난 생명체는 곧이어 뜨거운 열기의 먹잇감이 되고 말았죠. 충돌구로부터 수천 km 안에서 풀을 뜯거나 고기를 뜯거나 사랑을 나누거나 시련을 당하거나 달아나거나 쫓아가던 모든 약동하던 것들은 아무런 보호장비 없이 노출된 시신경을 통해 타들어 가는 종말을 목격함과 동시에 실명을 경험했을 것이고, 잠시 뒤에는 어둠 속에서 불길에 구워지고 말았을 테죠. 칙술루브로부터 수천 km 반경에 있던 생물들은 이렇게 원인 모를 종말로 증발했습니다. 숲도 나무도 꽃도, 그걸 뜯고 씹던 용각류나 조각류도, 그리고 그런 초식공룡을 사냥하던 수각류도 불타올랐고 수면 아래서 솟구쳐 올라오던 어룡과 장경룡, 모사사우루스도 그을렸으며, 꽃가루를 달고 비행하던 벌과 나비, 그것을 사냥하던 더 큰 곤충들, 그리고 그것들 위로 활공하며 날아들던 익룡과 크고 작은 새들은 불꽃이 되어 남은 비행을 마감했겠죠. 그렇게 이 에메랄드제 생일인 5월의 탄생석을 운석에 빗대어 표현해 봤는데, 멸종의 직접 행위자에게 갖다 붙이려니 모순적이긴 하네요.는 충돌과 열기로 일차적 살상을 끝마쳤습니다.

이번에는 바다라는 공간에서 일어난 멸망의 단계를 들여다볼까요? 잔잔한 파도만이 지구의 거대한 욕조에 담긴 물의 집단이 '에너지를 가지고 있다는 관점에서 살아 있음'을 증명하던 칙술루브의 앞바다에 총알보다 20배 빠른 속도로 운석이 날아와 꽂히던 순간, 그 생명의 욕조는 끓어오르는 지옥의 용광로로 순식간에 탈바꿈했습니다. 이 억세게도 재수가 없었던 동네가 지옥으로 변한 것은 순식간이었지만, 800km 반경의 육지에 살던 거주자들이 익사하는 수순이 몇 시간 만에 뒤따랐다고 말해 준다면 칙술루브 주민들은 위안 속에 눈을 감았으려나요? 사실 운석은 수시로 지구를 향해 날아옵니다. 무게로 환산하면 하루에 100톤씩 지구에 떨어지는데, 그중 지름 1mm 정도 되는, 모래보다 약간 큰 알갱이는 1초에 두어 개씩 지구의 영역에 부딪히죠. 지름 1m 정도 되는 큰 바위는 1년에 하나씩은 꼭 떨어지고 말이죠. 그런데, 6,600만 년 전 누군가 우주에서 칙술루브를 향해 던진 돌은 너무 컸어요. 너무 빠르고 너무 크고 떨어지는 각도까지 절묘해서여러 연구들이 가리키는 이 운석의 낙하 각도는 충돌로 인한 물질의 방출량이 가장 많아지는 30~60° 사이입니다. 지구의 표면과 접촉하는 순간 방출된 에너지는 1억 메가톤100조 톤 규모였습니다. 그러니까, 히로시마에 떨어진 리틀보이의 10억 배 정도라든가, 강도 8의 지진이 한꺼번에 천 번 발생한 정도라고 말한다면 실감이 될까요? 그냥 엄청나죠?

이 에너지는 잔잔한 수면에 엄청난 파동을 불러일으켜 300m연구에 따라 최소 50m에서 최대 1,500m 높이의 해일을 일으켰고, 칙술루브에서 일리노이 주 사이만큼의 반경에 살던 모든 생명체가 수장되었습니다. 물론 그 전에 운석의 지구 대기권 진입 시점부터 이미 운석의 전반부를 감싸는 열에너지는 지구 전체로 범위를 퍼뜨려 봐도 평균 기온을 2℃ 상승시켰을 정도로 엄청났고, 충돌 직후 녹아 부서지고 데워진 초고온의 암석과 물방울의 구슬이 수십 km 이상의 높이로 튀어 올랐다가 자유 낙하하며 1,500km 떨어진 곳의 나무에까지 불을 붙였습니다. 이 시기 지층에 전 세계적 규모로 검댕의 흔적이 발견되는 데는 그만한 이유가 있었던 거죠. 칙술루브에서 땅이 튀어 오르고 24시간이 지난 시점에는 지구 반대편의 해안가에도 5m 높이의 높은 파도가 여전히 밀어닥쳤죠. 이것이 충돌 1일째 그라운드 제로어떤 사건이 일어난 바로 그 지점가 겪은 일입니다.

충돌 자체와 그로 인한 해일, 그리고 산불로 인한 파괴가 국소적인, 그러니까 반경 1,500km 범위의 상대적으로 소소한 범위의 살상이었다면, 그 뒤에 일어날 일은 이제 장기적이고 전방위적이고 연쇄적인 지옥의 나날들이었습니다. 말하자면, 어떤 스파이가 핵보유국의 최고 결정권자를 총으로 쐈는데, 총살당한 최고 권위가 쓰러지면서 핵 발사 버튼을 누른 것이죠. 백악기 말의 핵폭탄은 황산이었습니다. 지각의 암석이 큰 에너지에 의해 녹아내리든 물리적으로 깨져 버리든 어떤 형태로든 분해되면 그 구성 성분인 황산칼슘$CaSO_4$이 황SO_2 혹은 SO_3으로 변신하죠. 일련의 과정으로 만들어진 삼산화황SO_3이 10km 이상의 성층권까지 올라가 그곳의 수분H_2O과 결합하면 다시 황산H_2SO_4으로 변신합니다. 이 황산이 작은 입자, 즉 에어로졸의 형태로 성층권을 떠다니게 되는데, 백악기 말의 황산 에어로졸은 말 그대로 지구의 상공을 전부 뒤덮을 정도로 성층권을 빼곡하게 채웠습니다. 강제로 우리 지구를 태양빛으로부터 격리시킨 것이었죠.

자, 이제 먹이사슬의 붕괴가 시작됩니다. 햇빛을 보지 못하는 식물부터 충돌의 여파에서 살아남은 티라노사우루스까지, 지구 종말의 식단을 공유하는 모든 먹이사슬 구성원이 아사합니다. 그 기간 중에 햇빛이 차단된 지구의 땅덩어리가 일시적으로 얼음장같이 차가워졌다는 과학자들의 작은 외침은 덤이었고 말이죠. 대부분의 시뮬레이션에서 먹이사슬의 붕괴로 결착되는 종말과 함께 일관되게 묘사되는 과정은 역시나 죽음의 칵테일입니다. 황산을 머금은 비는 산성이 되어 지상으로 낙하하죠. 그로 인한 결과를 우리는 앞선 여러 멸종 사건에서 이미 목격했습니다. 백악기 산성비의 낙하 사건은 수년간 지속되었는데, 이 사건은 2020년 덴마크의 지층에서 발견된 은과 구리를 가득 머금은 입자들이 증명하고 있죠.

문득 생기는 의문은, 행성과 운석의 조우가 아무리 격렬했다고 해도, 그렇게 출산된 황산이 양적 측면에서 태양광을 통째로 막을 수 있었을까 하는 것입니다. 팔다리가 다 떨어져 나간 채 너덜너덜해진 지구의 생태계가 자기 운명의 대주주를 결정하면서 돌덩이 하나에 모든 지분을 할애했다는 데 의심을 품은 과학자들은 이 의문에 대한 답을 찾기 위해 페름기와 트라이아스기의 공식을 그대로 적용하고자 했고, 인도 서고츠 산맥의 땅을 파헤치며 그 증거가 여기 있다고 외칩니다. 이 시점에서 우리는 데칸 트랩을 대면해야 할 필요가 있죠.

트랩, 버튼과 미사일

백악기 대멸종의 주주총회가 열릴 때마다 칙술루브 충돌구에 반대표를 던지는 주주들의 연구에 따르면, 지구가 돌덩이와 부딪히기 전부터 분명히 어떤 징조가 있었습니다. 그것은 신비롭게도 우주의 섭리를 가장 뿌옇고 그럴싸하게 그려 내는 《베다》의 땅, 인도와 관련이 있었죠. 1억 년 전, 판게아가 전성기를 지나 거대하게 결집된 몸뚱이를 끊어내면서 인도 역시 곤드와나와 이별하게 됩니다. 서둘러 길을 떠난 인도는 훗날 유라시아 대륙이 되는 어떤 지점을 향해 연간 15cm씩 내달렸죠. 그렇게 인도 땅이 부지런히 아시아를 향해 달려가던 어느 시점에 이 땅은 다섯 번째 지구 멸망사에 있어 중대한 의미를 가진, 해저의 한 지점 위를 지나가게 됩니다. 지구본에서 마다가스카르가 오른쪽 옆구리에 떨어뜨린 수박씨처럼 작게 위치하고 있는, 프랑스가 알뜰히 모아 갖고 있는 섬나라 중 하나인 레위니옹 La Réunion. 국제 사회에는 주로 영어식 발음으로 '리유니온'이라고 소개되곤 합니다. 은,

빅히스토리

그 자체로 부글부글 끓어오르는 용암이 피어나 만들어진 화산섬입니다. 지금도 이 섬의 오른편 풍경에서는 여전히 문제의 레위니옹 열점이 해저에서 맨틀로부터 퍼 올리는 플룸을 재료로 화산이 솟아오르고 있으며, 지난 350년간 300번 이상 해저는 화산을 뿜어냈죠.

약 300만 년 전 레위니옹을 만들어 내고 그 레위니옹 땅에 53만 년 전 피통드라푸르네즈 화산Piton de la Fournaise을 더 높이 쌓아 올린 이 열점은 백악기 말 소행성이 지구를 방문하기 15만 년 전, 인도 대륙이라는 손님을 맞이했습니다. 아시아와의 격렬한 만남으로 히말라야 산맥을 밀어 올리기 전, 레위니옹 열점 위를 지나면서 맨틀의 세례를 받은 인도는 시베리아 트랩과 마찬가지로 안팎이 뒤집어지는 경험을 하게 됩니다. 히말라야 산맥보다 2,000만 년 정도 앞선 서고츠 산맥과 데칸고원Deccan Plateau의 나이는, 아시아 대륙과 만나기 2,000만 년 전부터 인도가 용암덩어리가 되어 뒤집혀 끓어오르기 시작한 이동식 용광로였다는 것을 의미합니다. 데칸고원은 뭄바이를 주도로 하는 마하라슈트라를 포함해 인도의 네 개 주에 걸쳐 돋아나 있는 화산암 지대입니다. 이 고원의 북서부 지역 대부분을 아우르는 이른바 데칸 트랩Deccan traps으로 불리는 인도판 지옥의 곤죽 언덕은 2,000m 높이의 용암을 50만km^2 면적에 흘려 놓고 처발라 굳힌, 1백만km^{3}에 달하는 어마어마한 부피를 자랑하는 파괴적인 기념비입니다. 과학적 추산은 레위니옹 열점을 지나면서 전체 트랩의 4%에 해당하는 용암을 분출했다고 말합니다. 여기서 오늘날에 이르러 과학자들이 머리를 싸매고 고민하는 물음표가 생겨나죠. 데칸 트랩이 풀어놓은 나머지 94% 용암의 파괴적 행렬이 지구 반대편 칙술루브에 반경 177km짜리 구멍이 뚫린 시점과 일치했거든요. 녹아서 끓어오르는 몸뚱이의 4%만을 표피로 질질 흘려 내보내던 땅덩어리가 어디선가 꽝 하고 철퇴를 맞는 소리가 들리자마자 폭발하듯 지옥의 곤죽을 뿜어 올렸습니다. 어떤 과학자들은 이 용암 퍼레이드가 데칸 트랩에만 국한된다고 생각하지 않습니다. 이 시나리오대로면 직경 12km의 운석이 히로시마에 투하된 원자폭탄의 10억 배에 달하는 충격파를 행성 전체에 퍼뜨려 지구 곳곳의 판 경계에 설치되어 있는 부비트랩을 작동시킨 것이었죠. 그러면 태양빛을 빈틈없이 틀어막은 황산 에어로졸의 규모가 충분히 설명됩니다.

시간이라는 과학적 증거가 최근 들어 학계를 합의에 도달하도록 중재하고 있는 모양새입니다. 그러니까, 인도라는 이동식 용광로가 화산성 이산화탄소를 내뿜어 급격한 온난화, 해양 산성화, 탄소 순환 시스템의 고장을 불러일으키며 멸망의 징조를 보였습니다. 맛보기였죠. 그렇게 세계의 멸망이 언젠가는 고개를 들 것만 같던 기운이 수십만 년간 서서히 대기와 대지와 해양을 말라 죽이던 어느 날, 한순간의 멸망이 하늘에서 대륙의 크기를 한 채로 떨어진 것이죠.

백악기의 비극은 앞선 네 차례의 대멸종과 더불어 운명과도 같은 교훈을 우리에게 던져 줍니다. 칙술루브 충돌의 여파는 너무나 격렬하고 거대해서 그야말로 숨을 수 있었던 몇몇을 빼고 공기 중에 노출돼 있던 지구 거주자를 몽땅 누르고 찢고 구워 죽였습니다. 칙술루브의 비극을 시뮬레이션한 연구들 중 한 사례라도 읽어 봤다면, 여러분은 신의 뜻이라든지 우주의 섭리, 운명 따위의 개념에 마음 속 깊이 동의할 수 있을 것입니다. 우리는 이제 에베레스트산보다 더 큰 돌덩어리가 총알보다 20배 빠른 속도로 날아와 꽂히는 일정이 성층권을 통과한 지 0.3초만에 마무리되었다는 사

빅희스토리

실을 알죠. 5억 4천만 년의 생명 역사를 돌아보아도, 그리고 앞으로 천년의 미래를 내다보아도, 이렇게 거대하고 필연적이며 우연이 겹겹이 만난 듯한 말도 안 되는 충돌은 없습니다. 6,600만 년 전의 생물들은, 그러니까 그냥 그럴 수밖에 없는 운명이었다는 겁니다. 그렇게도 끈질기게 버텨 오던 암모나이트를 포함해 당시 행성 거주자 중 75%의 종도 그 운명에 편승해 사라져 버렸죠.

칙술루브에 떨어진 샌프란시스코만 한 돌덩이가 서서히 끓어 넘치던 데칸 트랩, 아니 전 지구적 규모로 분포하는 경계들에서 발로 밟은 케첩통에서 케첩이 뿜어져 나오는 것처럼 맨틀 성분을 폭발적으로 분출하게 했을 것이고, 그로 인해 공기 중에 흩뿌려진 유황 성분, 즉 황산은 에어로졸이 되어 지구를 태양으로부터 격리시켜 얼마간 이 땅을 얼음으로 만들었을 겁니다. 그 사이 햇빛을 쬐지 못하고 시들어 버린 꽃과 나무의 가지는 차게 식어 영영 생명을 잃게 되었겠죠. 또는, 혹은 한편으로, 그렇게 시작된 먹이사슬의 붕괴가 절정을 넘어갈 무렵, 지구를 덮은 에어로졸은 산성을 띠고 하늘에서 쏟아지는 죽음의 비와 다시금 천 년 단위로 지속되는 불지옥 같은 열을 지구 전체에 과잉공급했을 것입니다. 이 상반되지만 연쇄적일 수도 있고 아직은 밝혀야 할 것이 많은 미스터리들이 일관되게 가리키는 것이 있습니다. 칙술루브는 버튼, 데칸트랩은 미사일이었다는 것. 이것이 최근 외계 돌덩이의 단독 범행에 대한 굳건한 믿음을 뚫고 서서히 고개를 들고 있는, 공룡을 쓰러뜨린 대멸종에 대한 최신의 절충안이죠.

물론 운명론도 과학을 피해갈 수는 없습니다. 여기에는 기초적인 통계학이 가미되지만 말이죠. 공룡은 그 누구도 가질 수 없었던, 1억 3,500만 년이라는 절대적인 통치 기간을 가졌습니다. 너무 오랫동안 잘나갔다는 뜻이죠. 그렇게 오래 살다 보면 언젠가는 분명히 죄다 죽어 버릴 만한 안 좋은 사고를 겪을 수밖에 없다는 확률론이 불가피합니다. 100만 년밖에 살아 보지 못한 우리는 절대로 알 수 없는 까마득한 앞날 역시, 우리가 지금껏 살아온 날의 130배만큼 더 살다 보면 필연적인 멸종으로 귀결되지 않을까요?

7.

마지막 준비

_____

잿빛 세계로부터, 잿더미를 뚫고

지구 외부에서 날아든 태산 같은 돌덩이와 지구 내부에서 뿜어져 나와 태산을 만든 마그마 곤죽이 행성의 다섯 번째 종말을 알리는 메신저로 초빙된 순간부터, 모이라이그리스 신화에서 운명을 관장하는 세 자매 여신. 노파의 모습을 한 이들 세 자매 클로토, 라케시스, 아트로포스는 각각 운명과 생명을 결정하는 실을 짜고 감고 끊는 역할을 맡고 있으며, 신화의 최고 신인 제우스조차 이들의 실이 결정한 운명을 거스를 수 없습니다.는 이미 다음 정권을 포유류에게 넘겨줄 실을 짜고 있었습니다.

트라이아스기의 단궁류로부터 시작된 포유류의 신화는 공룡과 악어, 양서류, 조류, 심지어 어류에 이르기까지 다양한 천적을 피해 도망 다녀야 했습니다. 오늘날까지 흔적을 남긴 색맹정확히는 색맹과 색약을 포함하는 색각 이상이라든가, 백악기 말까지는 모습을 잘 드러내지 않던 덩치 큰 포유류의 화석, 혹은 상위 포식자의 배 속에서 조각조각 흩어진 채 발견되는 몸덩어리의 흔적은 그때까지의 비참했던 우리 지위를 보여 주죠. 인간을 포함한 영장류나 유대류를 제외하면 대부분의 포유류는 어떤 의미로 이색시입니다. 즉, RGB빛의 삼원색인 빨강(Red), 초록(Green), 파랑(Blue)을 가리키는 말 중 두 가지만을 구분할 수 있다는 말이죠. 이렇게 얼룩말이나 고양이, 개가 색맹인 이유는 눈에게 "이건 ○○색이니까 그렇게 생각하고 봐."라고 명령해 주는 원뿔세포가 뭔가 다른 선택을 해서 진화했기 때문입니다. 진화의 개념을 담아 다시 말하자면, 포유류 중 다른 선택을 해서 진화한 원뿔세포를 갖고 있는 녀석들이 자연의 선택을 받아 생존했다는 말이 되겠죠.

원뿔세포cone cell_원추세포. 이 세포의 바깥 부분, 즉 뉴런의 입장에서 연결부의 반대쪽에 위치해 망막색소상피층에 콕 박혀 있는 부분이 원뿔 모양입니다.는 시신경에 존재하는 시각세포의 한 종류인데, 색깔을 감지하는 역할을 하죠. 원뿔세포와

빅희스토리

막대세포rod cell_간상세포. 정말 막대 모양으로 길쭉하게 생겼으며, 빛의 밝기를 감지하는 역할을 합니다.는 함께 일을 하며 '천 냥 중 구백 냥에 해당하는' 우리 눈의 기능을 담당합니다. 원뿔세포는 세 종류가 있는데, 각각 빨강, 초록, 파랑을 담당하고 있죠. 우리 눈에 원뿔세포는 약 600만 개, 막대세포는 약 9,000만 개가 있습니다. 세포의 개수만 해도 15배 차이가 나는데, 신생대 이전까지 미천한 신분이었던 포유류의 조상들은 겁에 질려 도망 다니고 피해 다니느라 이 두 세포의 기능까지도 본능적으로 차별한 듯해요. 초기 포유류의 한참 전 단계인 수궁류이던 시절, 메가조스트로돈*Megazostrodon*이나 모르가누코돈*Morganucodon*이 포식자를 피해 먹이를 사냥하고 배회할 수 있었던 유일한 시간은 모든 것이 어둠에 잠긴 때였습니다. 자연스럽게 이들의 눈은 색깔을 구분하는 것보다 조금이라도 더 빛을 감지하고 어둠에 적응해 천적이나 먹이의 움직임을 파악해야 했겠죠. 그러니까, 원뿔세포의 기능을 단순화하는 대신 막대세포의 기능을 최대로 키워야 했습니다. 그렇게 우리 조상들의 눈에서 다채로운 세상은 사라졌습니다. 조류를 포함한 다른 동물들 중에는 3원색을 넘어 4원색, 심지어 5원색을 감지하는 종도 있다는 것을 감안하면, 우리는 여전히 색맹이라고 할 수 있겠죠. 상징적으로 표현해 보자면 잿빛 세상을 선택한 우리 조상들은 무지개의 아름다움을 만끽하는 것보다 기어 다니는 바퀴를 발견하는 것에 더 큰 의미를 부여함으로써 생존할 수 있었죠. 먼 훗날, 사냥도 하고 과일도 따 먹으며 비교적 다양한 경로로 식생활을 영위할 수 있게 된 인류를 포함한 주행성 태반포유류는 DNA 차원에서 봉인된 원뿔세포의 기능을 되살림으로써정확히는 적원추세포를 변형해 녹원추세포를 되살렸습니다. 무지개와 맛있게 익은 과일을 눈에 담을 수 있게 되었습니다. 이 두 세포는 비슷한 염기서열을 가진 채

성염색체인 X 염색체에 나란히 놓여 있는데, 오늘날 여성보다 훨씬 많은 남성전체 인구의 8%이 적녹색맹을 포함한 이색시인 이유가 여기 있습니다.

다채로운 세상을 포기하면서까지 살아남기에 급급했던 포유류의 조상들은 지구 최대의 통치자들이 그 무거운 발걸음을 이끌고 쿵쾅대며 걸어다니던 행성의 풍경에서 배경으로라도 나오지 않기를 희망했죠. 보이지 않는 존재로서 조용히 숨죽여 지내던 이들은 지구의 안팎에서 날아들고 뿜어져 나온 멸종 집행자들이 절묘한 협동을 구사하며 세상을 라그나로크 Ragnarok_북유럽 신화에서 예언되는 세계 종말의 날의 손아귀에 던져 주던 날부터 멸망한 잿더미의 신생 통치자로 부활합니다. 언제나 그렇듯 세상 끝까지 찾아가서 세포 하나까지 소멸시키지 않은 다음에야〈드래곤볼〉의 빌런 '셀'이 에네르기파를 맞고 마지막 세포 하나까지 소멸된 것처럼 죽음 뒤에는 생명이, 멸종 뒤에는 재생이 뒤따르죠. 행성의 마지막 라그나로크가 공룡과 암모나이트를 전멸시키고 셋 중 둘의 나무를 종의 단위에서 없애 버리고, 전체 식물과 심지어 포유류마저 그 종 중 4분의 3을 존재론적으로 거세시킨 현장에는 텅 빈 종의 광장이 남겨졌습니다. 그 광활한 지옥의 틈새는 결국 비굴했지만 비틀대면서도 살아남은 종이 부지런히 메꾸게 됩니다. 이 뒤집어지는 멸망과 번영의 판도에는 뒤죽박죽 섞인 채 무작위하게 나타나 마치 운명처럼 보이는 공식들의 입김이 어김없이 작용하죠. 바로 대멸종의 철퇴마저 감당하지 못할 만큼 수많은 개체, 지옥의 대기근을 끝까지 버텨낼 수 있는 신체 조건, 그리고, 무책임한 발언 같지만 대부분 운입니다.

• 작은 것들을 위한 시

　많은 개체 수는 생존에 유리합니다. 다만, 압도적으로 많아야 합니다. 압도적으로 많은 수가 다른 모든 것들의 개입을 봉쇄할 수 있다는 데 대한 적절한 예시는 거의 모든 생존 투쟁에서 찾아볼 수 있습니다. 단적인 예로 압도적으로 많은 인구는 나라의 시스템이나 국민성의 선진화와 관계없이 국력이나 기술, 생존에 유리할 수 있습니다. 지금 여러분의 머릿속에 떠오르는 곳, 바로 중국의 증언에 주목할 필요가 있는 대목이죠. 중국은 송나라960년 2월 4일~1279년 3월 20일 이후 2023년 2월까지, 그러니까 천 년의 세월 동안 지구에서 국가라는 울타리 안에 거주하는 입의 개수가 가장 많은 나라였으며, 2024년 기준으로 통계에 집계된 인구만 14억 2,517만 명입니다. 2024년, 거주자 대부분이 통계에 산입된 우리나라 인구가 5,150만 명이라는 걸 감안하면, 28배가 넘게 차이 나는 셈이죠. 많이 차이 나! 죄송합니다……. 어쨌든, 이렇게 압도적인 인구는 국력과 경제, 산업, 외교 등 수많은 분야에 영향을 미쳐 과거의 달력율리우스력이든 그레고리우스력이든 상관없이 어느 날짜를 찍든 대부분 일관되게 중국을 세계에서 두 손가락 안에 꼽히는 나라로 만들어 주었습니다. 특히 몸이 맞붙는 생존 투쟁에서 압도적인 수가 모든 것을 이겨낸다는 것을 보여 주었는데, 이 실례를 보려면 저 옛날로 멀리 갈 필요 없이 우리에게 익숙한, 다시 존재해서는 안 될 비극의 1950년 6월 25일, 한반도로 시계를 돌려 보면 됩니다. 책으로 수십 권은 써도 끝나지 않을 것이 분명한 이 극동의 그리스6.25 전쟁이 발발하자 철수했던 미군을 다시 한반도에 투입하며 해리 트루먼 대통령은 자유민주주의 진영에 공산사회주의 진영이 침략한 한반도를, 마치 식민주의 제국이 민주정의 요람을 침략한 기원 전 지중해의 상황을 떠올리게 할 요량인 듯, '극동의 그리스'로 표현합니다. 신기하게도, 북한은 정부 수립 때부터 지금까지 계속해서 민주주의 선거 시스템을 유지하는 민주주의 공화국인데 말이죠. 문제는 시스템의 키를 잡고 있는 정부에 있습니다. 이상한 이데올로기와 정치 체계를 갖춘 이 나라의 공식 국호는 '조선민주주의인민공화국'인데, 실질적으로 나라의 상황을 종합해 보면 주로 '의도적으로 왜곡된 시스템의 독재 파시즘 국가' 정도로 표현할 수 있겠다는 평가가 잇따르죠. 중우정치(현대판 전체주의의 단점이 극대화된 사례)를 경계하며 철인정치(현대판 엘리트주의의 장점이 극대화된 사례)를 주창하던 소크라테스가 무덤에서 일어나 "저거랑 히틀러는 내가 얘기한 거랑 달라!"라며 분노의 생떼를 부릴 일입니다. 에 대한 이야기는 나중에 기회가 있을 때 더 다뤄 보도록 하고, 지금은 숫자에만 집중해 보겠습니다.

전쟁이 발발하고 남한군과 북한군이 대리전쟁을 하며 쫓아 내려오고 쫓아 올라가기를 반복하던 4개월이 지난 1950년 10월, 압록강과 두만강이 맨눈으로 보일 지경까지 쫓겨 올라온 북한군의 상황을 가만히 지켜보던 마오쩌둥毛澤東_중화인민공화국 초대 주석. 김일성처럼 차려 입었으되, 변발을 짧은 스포츠 머리로 다듬은 듯한 헤어 스타일을 한 초상화의 주인공은 고민합니다. 분명히 두어 달 전까지만 해도 낙동강까지 인공기를 꽂았으니 곧 아무 문제 없이 아우네 나라가 땅끝까지 날름 먹어 치우고 전쟁이 끝날 줄 알았는데, 난데없이 맥아더에 UN까지 나타났더란 말이죠. 마오쩌둥은 말했습니다. "얘들아, 입술북한을 뜻함이 없으면 이중국을 뜻함가 시려." 그렇게 결국 중국도 발을 들여 놓습니다. 당시 인구의 0.26% 정도 되는 병력만 살짝 보냈죠. 6.25 전쟁 당시 UN군 진영의 전투 병력은 집계된 최대병력을 기준으로 전쟁 당국인 대한민국 국군 약 60만 2천 명과 대리전쟁의 진짜 주인공인 미군 약 32만 6천 명을 포함해 UN군에 속한 병력을 전부 합쳐 총 17개국에 100만

명이 조금 넘었습니다. 반대편 공산군의 경우 북한과 소련의 병력을 합쳐서 30만 명이 채 되지 않았죠. 그러니 낙동강까지 밀고 내려왔다가 백두산 코밑까지 쫓겨 올라간 게 당연했습니다. 중국은 1950년 10월 25일부터 인구 1만 명 중 26명 꼴의 미미한 병력을 계속해서 압록강과 두만강 너머로 밀어 넣기 시작했죠. 1950년 당시 중국 인구가 5억 5,000만 명 정도였으니까……, 한 145만 명 정도였습니다. 네, 중국 인구의 0.26%에 불과한 병력이 UN군 17개국 병력 전부를 합친 것보다 많았습니다. 당시 서울 인구가 140만 명이었는데, 두 숫자가 비슷했던 건 마오쩌둥의 변태스러운 유머였던 걸까요? 어쨌든, 그 결과만 살짝 보겠습니다.

10월 말 중공군이 한반도에 첫 발을 디디자마자 UN군은 밀려나기 시작해 일주일 뒤에는 평안남도 개천, 한 달 뒤인 12월 초에는 평양, 그리고 또 한 달 뒤인 1951년 1월 4일에는 서울까지 다시 내주게 됩니다. 1.4 후퇴는 상징적으로 천만 명이라고 표현되는 남북 이산가족의 대부분을 양산한 최악의 피난 사태였죠. 단 두 달 만에 서울까지 내려온 중공군은 UN군이 다시 정신 차리고 겨우 밀고 올라가 대치 상태에서 1953년 7월 27일 정전협정을 하기 전까지 북위 37도선까지 북한의 영토를 확장했습니다. 이 모든 게 병력의 규모만으로 만들어 낸 결과였죠. 압도적인 머릿수는 투쟁과 전투, 그리고 생존 게임에서 어떻게든 이길 수 있게 해 줍니다. 중국의 인해전술은 전투와 전쟁에서도 늘 빛을 발했고, 세계 경제와 기술 경쟁에 있어서도 늘 지구의 운명을 좌지우지하죠. 열심히 입을 늘리는 옆 동네 인도는 2023년 2월 마침내 중국을 앞지른 뒤, 2024년에는 14억 4,171만 명의 머릿수를 앞세워 모든 부분에서 자신들을 압도하는 중국에 거침없이 달려들고 있습니다.

이런 규모의 승리는 백악기에 불타 버린 지옥의 골짜기, 헬크릭에서도 일어났습니다. 운석이 나타나기 전 이곳에는 최소 12종의 도마뱀이 살고 있었는데, 운석이 부딪힌 뒤 살아남은 건 단 4종뿐이었습니다. 전체 도마뱀 머릿수의 95%를 이 4종이 차지하고 있었다고 하면, 규모의 승리 공식이 어느 정도 타당하다고 인정할 수 있을까요? 결국, 감사하게도, 그리고 죄송하게도 6.25 전쟁에 참전했던 UN 국가들은 "우리 잘 싸웠어. 멋지게 자유주의를 수호했어."라는 말을 잊힌 서로에게 던질 뿐입니다. 반면, 깡패처럼 불법으로 대규모 군사 개입을 했을지라도 중공군은 반대 진영에게도 반드시 기억됩니다. 악당으로라도 말이죠. 헬크릭에서 살아남은 4종의 도마뱀 중 에티오피아 제국이나 남아프리카 연방은 없을지 몰라도, 중국은 제외될 일이 절대로 없었겠죠. 대멸종이 모든 것을 쓸어버리려고 작정했어도 감당 못 할 정도로 어떤 종이 흔하고 많으면, 단 한두 마리라고 할지라도 반드시 그 파멸의 그물망에서 벗어날 수 있게 됩니다. 생존하는 거죠.

대멸종의 손아귀에서 벗어나는 또 하나의 방법은 운입니다. 이 경우는 매우 단순한 공식이 성립하는데, 그냥 화염과 마그마, 모든 형태의 산acid 이 쓸어버린 땅 위에서 남은 생을 이어 갈 조건이 운 좋게 맞아 떨어지면 됩니다. 이를 테면, 얕게라도 땅을 파고 생활하는 습관을 가졌다든지 메소드마(*Mesodma*_백악기에서 팔레오세 사이에 생존했던 원시 포유류인 다구치류의 한 속), 좁은 틈새를 파고드는 버릇이 있었다든지 바퀴벌레, 물가에서 살아왔기 때문에 우연히 때를 맞춰 적절한 피난이 가능했다든지 희한하게 대부분 살아남은 도롱뇽 등의 양서류나 거북이, 유별난 식습관에 딱 맞춰서 때마침 그 음식만

빅히스토리

남겨졌다든지 나방이 살아남을 수 있었던 유일한 이유는 전체 나무 종 중 25%에도 못 미치는 극악의 생존율 가운데서도 용케 살아남은 월계수가 나비목의 주식이었기 때문입니다. 하는 것들이죠. 적어도 생존과 진화에 있어서 운은 모든 것에 우선합니다.

하지만 뭐니뭐니 해도 대멸종의 칼날을 피할 수 있는 가장 완벽한 전략은 작은 몸입니다. 작은 녀석들은 지배하지는 못해도 살아남는 데는 도가 텄죠. '화무십일홍花無十日紅'이라는 말이 있습니다. 꽃은 열흘을 넘어 아름다운 붉은 빛깔을 낼 수 없다는 뜻이죠. 남송 시인 양만리의 시〈납전월계〉의 한 구절인데, 후대에 전해지며 권불십년權不十年이라는 말과 합을 맞춰 관용구를 이루어 '권력은 영원할 수 없다.'는 뜻으로 널리 쓰입니다. 같은 의미로 서구권에서는 'memento mori.', 즉 '죽음을 기억하라.'라는 말이 있죠. 그러니까, 오소콘도 둔클레오스테우스도, 고르고놉스도 영원히 권력을 쥐고 왕좌를 깔아뭉개고 있을 수는 없었다는 말이죠. 심지어 1억 3,500만 년의 영원과도 같던 시간을 통치하던 공룡조차도, 우주가 싫증을 내자 단 0.3초만에 왕좌에서 떨어져 심연의 화석으로 묻혀 버렸죠.

대멸종의 끊어진 고리를 재빠르게 연결한 것은 작은 녀석들이었습니다. 트라이아스기에 등장한 공룡도 처음에는 모두 작은 종들이었어요. 매서운 생명체들이 일시에 사라져 버린 권력의 공백기에는 주로 웅크리고 땅을 파고 숨고 밤에 조용히 다니던 작은 것들이 영웅시의 주인공이 되곤 했죠. 거대한 지배자가 사라지면 작은 피지배자가 빈 권좌를 차지하고, 작았던 피지배자는 왕좌에 오르자마자 기존의 지배자처럼 몸집을 불려 권력을 다집니다. 언제 다시 지구의 변덕으로 내동댕이쳐질 지 모를 이 권력의 자리를, 살아 있는 동안만은 조금이라도 더 효율적으로 꿰어 차고 있을 심산이기 때문이죠. 그런데 권력 공백기 직전의 아마겟돈에서 작은 것들은 어떻게 어김없이 살아남을 수 있었을까요? 거기에는 여러 비결이 숨어 있지만, 주요한 단 두 가지 조건 값만 입력해도 이 생존 공식은 어김없이 들어맞습니다.

우선, 작으면 덜 먹어도 된다는 것입니다. 몸의 크기와 섭취량의 상관 관계는 한 뿌리에서 진화해 온 친척들을 간단히 비교해 봐도 금방 알 수 있습니다. 코끼리와 땃쥐죠. 트라이아스기에 최초로 등장한 포유류는 땃쥐나 생쥐 정도 되는 크기였고, 이후로도 메가조스트로돈이나 아델로바실레우스 같은 야행성 식충 포유류는 10cm 남짓한 쥐의 형태였죠. 그러니까, 코끼리나 인간이나 모두 땃쥐같이 생긴 조상으로부터 진화했던 겁니다. 어쨌든, 이 땃쥐와 코끼리를 단순 비교해 보면 재미있는 생존 공식이 드러나게 됩니다. 키가 3m가 넘고 몸무게가 최대 8t에 이르는 코끼리는 그 몸집을 유지하기 위해 평균 150kg, 최대 200kg이 넘는 풀때기물론 저는 풀보다 고기를 좋아하니 비하의 의미를 담은 '때기'를 풀 뒤에 붙였지만, 코끼리 입장에서는 그 큰 몸을 유지하는 데 더할 나위 없이 소중한 양식이니까 코끼리에게는 개인적인 평가라는 것을 말해 주고 싶습니다.를 씹어 먹고 다니죠. 물론 코끼리가 몸집이 꽤나 크긴 합니다. 지상에서 가장 거대하고 가장 무거우니까요. 그런데 그걸 감안한 다손 쳐도 이렇게나 많이 먹는 데는 무슨 이유가 있어 보입니다. 코끼리의 소화 능력이 여기 빚지고 있죠.

코끼리의 소화 기관은 실로 거대합니다. 마치 그 옛날 코틸로링쿠스나 용각류 공룡들처럼 거대한 몸뚱이 안에는 위장과 소장이 가득 들어차 있죠. 문제는 이 녀석의 위장과 소장은 그저 곡식 저장고silo 역할을 주로 하

빅휘스토리

며 소화에 그닥 도움을 주지 못한다는 데 있습니다. 대신 위위장와 작은창자소장만큼 거대한 막창자맹장와 큰창자대장가 몸 안으로 꾸역꾸역 들어오는 200kg의 채소 샐러드를 부지런히 소화해 내죠. 이런 이유로 코끼리의 에너지 전환율은 먹은 양의 절반도 안 됩니다. 그래서 코끼리는 남들보다 훨씬 더 많이 먹어야 돼요. 소화하기도 힘든 풀을 막 먹고 다니니까 하루에 250kg을 먹는다 치면 그중 50kg이 그냥 똥으로 나오죠. 어마어마하죠? 더 충격적인 것은 이 녀석들은 소화가 적당히 되다 만 섬유질과 소화에 도움을 주는 박테리아가 잔뜩 들어 있는 서로의 똥을 나눠 먹는다는 사실이죠. 때로는 옆집 아저씨 항문에 긴 코를 집어넣어서 아직 나오지도 않은 똥을 빼 먹는대요! 이 얘기는 여기서 그만……. 똥 얘기도, 코끼리 얘기도요. 하늘에서 운석이 떨어지던 날에는 코끼리보다 더 많이 먹고 더 많이 싸던 녀석들이 있었죠.

자, 그럼 이제 땃쥐 얘기를 해 볼까요? 땃쥐는 신진대사가 빠르기로 유명합니다. 그러니까, 몸에서 에너지가 금방 소모된다는 뜻이죠. 종마다 다른데, 보통은 분당 심장이 900번 정도 뛰고, 가장 심장이 빨리 뛰는 종인 사비왜소땃쥐는 분당 1,500회를 넘는 심박수를 보입니다. 시계 초침이 한 번 찰칵 하는 동안에 심장이 스물다섯 번 펌프질을 하는 거죠. 그래서, 얘네는 엄청 부지런히 뭔가를 먹고, 교미하고, 번식합니다. 신진대사가 빨라서 일찍 죽거든요. 심지어 어떤 녀석들은 뭔가를 먹지 못하면 3시간 만에 굶어 죽기도 해요. 그런데, 다행스럽게도 하루 동안 자신의 몸무게보다 더 많은 양의 음식을 먹는 동물은 세상에 존재하지 않죠. 그래서 몸무게가 최대 25g인 이 친구들이 아무리 쉬지 않고 많이 먹어도 절대량으로 따지면 코끼리의 0.01%밖에 먹을 수 없다는 계산이 나옵니다. 그러니까, 이런 친구들이 백악기에 코끼리만큼 먹는 용각류나 조각류와 함께 살았다면, 먹을 것이 씨가 말라 버린 대멸종 직후의 환경에서 초목 몇 그루를 구하지 못해 죽는 경쟁자와 달리 바퀴벌레 서너 마리만 먹으면서 보릿고개를 넘길 수 있었던 거죠.

종의 생존 비결 중 두 번째 조건은 역설적이게도 몸이 작으면 더 일찍 죽고, 크면 더 오래 산다는 데 있습니다. 일찍 죽는 종이 오래 사는 종보다 생존 확률이 더 높다? 자, 잘 들어야 돼요. 이번에는 쥐와 우리 인간을 예로 들어 볼게요. 앞서 5장에서 짧게 언급했던 인간과 쥐를 비교한 연구를 기억하신다면, 그 사실이 이 조건에 그대로 들어맞는다는 것을 알 수 있을 겁니다. 5장의 원문을 그대로 옮겨오면 내가 인용한 글을 내가 다시 인용하다니! 이렇습니다.

"2023년 영국 웰컴생어연구소의 보고에 따르면, 인간에서는 연간 약 47개, 쥐에서는 약 800개의 돌연변이가 발생한다고 합니다. 신기하게도 인간의 평균 수명은 83년, 쥐의 평균 수명은 4년으로, 평생 발생하는 돌연변이는 약 3,200개 정도로 동일합니다. 이들을 포함해 연구 대상 포유류 대부분이 전체 수명 동안 동일한 횟수의 돌연변이를 축적한다는 사실은 매우 흥미롭습니다."

네, 무척 흥미롭습니다. 이번에는 다른 관점으로 말이죠. 자, 지금 운석이 지구에 떨어져서 모든 환경이 선캄브리아기의 막장 수준으로 회귀했다고 칩시다. 이 막장의 기간을 단순히 인간의 평균 수명 정도인 80년으로 어림잡고 물론 백악기 대멸종 이후에 그런대로 제대로 된 환경이 갖춰지려면 수백만 년의 시간이 필요했지만 말이죠. 이 기간 동안 두 개체에서 일어나는 돌연변이의 수를 계산해 봅시다. 두 개체에서 일생 동안 발생하는 돌연변이는 약 3,200개 정도지만, 80년의 기간을 놓고 보면 어떻게 되죠? 인간은 80년이 일생이니까 3,200개에 머물지만, 쥐는 평균 수명이 4년이니까 그 20배인 64,000번이 되겠네요. 물론 이것도 평균 수명으로 단순 계산한 한 개체 내에서의 결과입니다. 연 1회 번식을 하는 쥐와 80년 동안 1~2회 번식을 하는 인간이 후대에 물려주는 돌연변이의 확률은 더 말할 필요가 없겠죠? 오늘날 우리 인류는 고도로 발달한 과학과 의료 기술, 양질의 영양을 지닌 식단, 자기 관리를 할 수 있을 정도로 생겨난 여유 등의 혜택에 힘입어 평균 수명이 코끼리나 고래처럼 거대한 동물과 비슷해졌지만, 자연 상태 그대로의 유인원이나 구인류는 그렇지 않았죠. 그렇게까지 멀리 가지 않더라도 근대까지만 해도 인류 전체의 평균 수명은 지금의 반 토막이었습니다. 그러니까, 어떠한 인위적인 활동이 개입되지 않는다면, 포유류의 몸 크기와 수명은 거의 비례한다고 볼 수 있습니다. 어쨌든, 80년이라는 비교적 짧은 기간을 놓고 보더라도 쥐만 한 동물은 고래 만한 동물보다 최소 20배 이상 많은 돌연변이를 거치죠. 우리는 앞서 진화를 돌아본 장에서 돌연변이가 많이 일어날수록 생존에 유리한 결과를 가져올 수 있다는 사실을 알았습니다. 더욱이 선택압이 절정에 달했던 지구 멸망 이후의 재건기에는 돌연변이의 유익성은 더할 나위 없이 폭증했을 것입니다.

결국 하늘에서 산만 한 운석이 날아들어 백악기와 팔레오세를 가르던, 중생대와 신생대의 세대 교체의 날에 생존에 딱 들어맞게 이 두 값의 조건을 충족했던 이들은 바로 포유류였습니다. 백악기의 끝물까지도 숨어 지내며 몸집도 키우지 못한 채 밤의 외진 땅 안팎을 배회해야 했던 그 땃쥐 같던 족속들 말이죠. 쥐라기 때부터 조용히 지내 오던 작은 친구 다구치류다구치목(多丘齒目). Multituberculate_작은 혹이 많이 나 있는 것 같은 어금니로 인해 붙은 이름가 살아남았고, 백악기 시절부터 명맥을 유지한 단공류單孔類. Monotreme_알을 낳는 포유류. 현재 남아 있는 단공류는 그 유명한 오리너구리와 가시두더지목에 속한 단 5종밖에 없습니다.가 멸망의 불길과 얼음장을 피해 살아남았습니다. 그렇게 신생대의 새벽을 알리는 팔레오세는 유대류와 태반류가 태동한 상징적인 시대이기도 했습니다.

• 아, 신생대. 6,600만 년 전

신생대의 시작은 녹록치 않았습니다. 운석과 트랩이 하늘로 쏘아 올린 탄소와 황산은 지구를 차가운 얼음 지옥으로 만들었고, 겨우 살아남은 포유류나 파충류, 양서류, 곤충, 양치식물, 은행나무 같은 끈질긴 생명력의 소유자들까지도 춥고 황량하고 메마른 시기를 위태롭게 버텨내야 했죠. 하지만, 언제나 강자는 버티고 살아남는 자이고 시간은 모든 것을 해결해 줍니다.

신생대는 크게 팔레오기와 네오기, 제4기로 나뉩니다. 지질시대가 멀쩡하게 잘 나가다가 갑자기 끝부분에서 제4기가 튀어나오니까 독자님 많이 당황하셨어요? 갑자기 숫자가 나오는 이유는 앞선 지질시대인 선캄브리아기, 고생대, 중생대가 예전에는 다른 이름이었기 때문입니다. 1700년대 이탈리아의 지질학자였던 조반니 아르뒤노Giovanni Arduino는 처음으로 독학을 통해 채굴과 측량 기술을 터득해 지질학을 연구하고 지질시대를 구분했습니다. 이 분은 그림에도 욕심이 있었는지 본인이 캐내고 파낸 지층을 직접 삽화로 그려 자신이 쓴 책에도 넣죠. 그렇게 삽화를 통해 수직으로 쌓인 지층을 설명하면서 '제1의' 지층이니 '제2의' 지층이니 하는 용어를 썼는데, 이게 지질시대를 구분하는 용어로 사용되기 시작합니다. 그러니까, 250년 전에는 선캄브리아기와 고생대를 제1기, 중생대를 제2기, 신생대의 팔레오기와 네오기를 제3기, 그 뒤의 시대를 제4기라고 불렀던 거죠. 그 뒤에 지질학이 더 발전하고 여러 새로운 화석이나 증거들이 보완되면서 지금의 지질시대 명칭이 새롭게 부여되었고, 아직 별다른 개명의 필요성을 못 느낀 제4기만 여전히 숫자로 불리고 있습니다. 팔레오기는 다시 팔레오세, 에오세, 올리고세로 세분되고, 네오기는 다시 마이오세, 플라이오세로 세분됩니다. 제4기는 플라이스토세, 홀로세, 그리고 최근 유별난 지능과 이기심과 폭력성을 가진 한 종으로 인해 시대의 구분이 불가피하다는 학계의 주장에 따라 '인류세'로까지 세분되죠. 전체적으로 정리하자면 고생대는 캄브리아기, 오르도비스기, 실루리아기, 데본기, 석탄기, 페름기로, 중생대는 트라이아스기, 쥐라기, 백악기로, 그리고 신생대는 팔레오기, 네오기, 제4기로 이루어져 있습니다.

우주가 탄생한 138억 년 전부터 백악기가 운석과 트랩으로 대단원의 막을 내린 6,600만 년 전까지의 지질시대는 사실 워낙 머나먼 과거였기 때문에 아무리 시대별 사건을 늘어놓는다고 해도 피부로 느끼기 불가능한 시간의 체계를 담고 있습니다. 군이 계산해 보자면, 2023년 국가통계포털 자료상 평균 출산 연령인 33.67세로 단순 계산해 봐도 백악기에 운석이 떨어진 직후부터 현생 인류가 존재했다고 가정했을 때, 현생 인류는 1,960,261세대를 거쳐 왔을 것입니다. 말해 놓고 보니 이것도 별로 피부로 와닿지 않네요. 사실도 아닌 데다가 이마저도 비현실적으로 늘어선 수의 단위인 듯합니다. 신생대부터는 상황이 미묘하게 달라질 것이라고 기대했던 분들에게는 유감이지만, 아쉽게도 신생대 역시 대부분은 우리에게 까마득히 먼 과거입니다. 우리가 흔히 유인원이라고 부르는, 사람과와 긴팔원숭이과를 아우르는 사람상과가 원숭이로부터 분기해 처음 등장했던 시기만 하더라도 약 3,300만 년 전인 팔레오기 후반입니다. 이것 또한 상상이 안 됩니다. 그럼에도 불구하고 이때부터 지금까지 흘러온 시간은 지구 나이의 0.24%에 불과하죠.

우리가 얼마나 보잘것없는 존재인지 확인할 수 있는 방법은 아주 많은

빅히스토리

데, 가장 편해 보이는 방법은 방금 제가 말한 연대표를 스케치북에 연필 한 자루로 그려 보는 것입니다. 또는 동그란 우주 연대 그래프를 그리고 저 연대를 동그란 시계 틈에 끼워 넣어 보는 거죠. 우주의 나이를 하루로 그려 놓고 빅뱅을 하루의 시작, 즉 자정으로 설정하면, 유인원이 탄생한 시각은 오후 11시 56분 43초 정도 됩니다. 침팬지와 분리된 인류가 처음 등장한 시각은? 오후 11시 59분 17초. 하루의 끝을 단 43초 남겨 놓고 태어난 우리 인류가 우주가 어떻고 신이 어떻고 산이 어떻고 바다가 어떻고 하면서 까불고 있습니다. 몇몇 기막힌 돌발적 우연이 선물해 준 두뇌 용적과 뉴런, 그리고 자유로운 손발 덕분에 말이죠. 아주 그냥 귀여워 죽겠습니다.

이야기가 또 잠깐 진지해졌네요. 어쨌든, 여전히 까마득한 옛날부터 시작됐지만, 그래도 현재로 이어지는 지질시대이니만큼 신생대의 연대 구분 정도는 해 줍시다, 우리. 신생대의 첫 기인 팔레오기는 백악기 종말의 산통을 마중물 삼아 기원전 6,600만 년 전에 시작되었습니다. 팔레오기가 약 4,300만 년 지속되다가 두 번째 기인 네오기가 기원전 2,303만 년 전에 시작되었죠. 그렇게 약 2,000만 년을 지속되던 네오기 끝에 얼음이 몰려오자, 빙하기를 매달고 기원전 258만 년 전에 신생대의 마지막 기인 제4기가 시작됩니다.

이야기한 대로 신생대 역시 고생대나 중생대처럼 '기'와 '세'를 갖고 있지만, 대개는 그냥 '신생대'라는 명칭으로 싸잡아 퉁 치곤 하죠. 뭐, 누군가 "그냥 퉁 칩니다!"라고 말한 건 아니었지만, 만약에 배우 주진모 아저씨가 지질학자였다면 가장 높은 확률로 이 프로젝트를 주도하며 "신생대 통합 작업에 개입하려 합니다. 아, 신생대. 신생대 프로젝트입니다."라는 대사를 치고 최민식 아저씨를 쳐다봤을지도 모르죠. 바로 뒤에 나올 동물들을 소개할 때도 역시 흥미 위주로 전개할 예정이라 따로 신생대를 쪼개지 않을 작정이지만, 그래도 소소하게 교양을 쌓자는 의미로 간단하게 신생대의 각 시대가 어떤 기준으로 나뉘는지 "설명 한 번 정도는 괜찮잖아? 어이, 거기. 누구 노트 있으면 하나씩 꺼내라. 거 설명하기 딱 좋은 날씨네. 신생대한테 축하한다고 전해 줘라. 거 조그만 놈들만 살아남아서 빌빌대더니……. 출세했네, 신생대." 죄송합니다. 영화 〈신세계〉 팬이라서요.

어쨌든, 신생대의 팔레오기와 네오기는 생물학적 변화와 지질학적 사건을 경계로 구분됩니다. 팔레오기에는 포유류와 조류가 빠르게 분기하고 진화하며 보다 현대적인 형태의 동식물이 등장하죠. 대체로 따뜻한 기후가 계속됐는데, 팔레오세와 에오세 시기에 세상은 놀랍도록 따뜻해지기 시작합니다. 얼마나 따뜻해졌냐면, 지구 평균 기온이 17만 년 사이에 5℃ 상승했어요! 지구를 둘러싼 기온이 오늘날보다 4℃ 높은 약 18℃까지 치솟은 거죠. 원인은 다양하게 지목되는데, 어쨌든 이 시기를 전후해서 포유류와 조류가 폭발적으로 분기하고 종을 늘렸고, 특히 미친 듯이 진화의 질주를 멈추지 않았던 포유류는 오늘날까지 이어지는 자신들의 지구를 만들어가기 시작합니다. 그러다가 기온이 뚝 떨어집니다. 지구 평균 기온이 4℃ 떨어져서 오늘날의 기온 정도가 되죠. 그렇게 네오기가 시작됩니다. 키 작은 풀들이 많이 번성해 곳곳에 초원이 생겨났고, 초원에서 풀 뜯어먹고 사는 말, 소, 코끼리 같은 대형 초식 포유류가 이때부터 번성하기 시작하죠. 네오기에 온도계의 수은을 떨어뜨린 기온은 이제 수은을 얼려 버릴 기세로 곤두박질 쳐서 이 지구에 빙하기를 불러오죠. 제4기의 주요 사건은 바로 이 전지구적 빙하기입니다. 거기에 우리에게는 큰 의미가 있는 사건이 이 시기를 제4기라는 이름으로 따로 부르게 만들었습니다. 바로 인류의 출현이었죠.

　인류가 출현하기 전에도 신생대는 포유류의 전유물이었습니다. 물론 조류와 석형류, 파충류 무리들과 간혹 권력 다툼을 벌이긴 했지만, 결국 지구를 움켜쥔 것은 포유류였죠. 재미있는 사실은 포유류가 왕위 쟁탈전의 난투를 매듭짓는 동안에도 백악기 지옥에서 살아 돌아온 세력들은 자연의 섭리에 따라 몸집을 키웠고, 대중들의 마음속에 공룡 이후에는 왜소하고 소소할 것만 같은 신생대의 육지와 바다에는 백악기만큼 심한 녀석들이 득실댔다는 것입니다. 괴물의 시대가 다시 도래한 것이죠.

• 다시, 괴물의 시대. 땅

파충류

티타노보아*Titanoboa*_거대한 보아뱀는 팔레오세에 잠시 득세했던 지구 역사상 가장 큰 뱀입니다. 사실로 확인된 가장 큰 개체가 각각 6.27m와 7.67m인 오늘날 지구의 **최대 종** 그린아나콘다와 그물무늬비단뱀8m를 넘고 심지어 10m에 달한다는 주장도 많이 제기되는데, 개체의 사후 가죽이나 허물의 길이는 최대 50%까지 늘어나 버려 오차가 큽니다.과 비교해 봐도, 2014년 측정된 화석 표본의 추정치인 14.3m는 그야말로 입이 딱 벌어지는 사이즈입니다. 재미있는 사실은 해당 화석 외에도 비슷한 크기의 추정치를 지니는 표본이 여덟 점 더 나왔다는 데 있죠. 그러니까, 야생 상태에서는 최대 크기로 자랄 정도로 생존하는 개체가 극히 드문데, 이런 야생 상태에서 살던 개체의 표본 다수가 이 정도 크기라는 것은, 이 크기가 최대일 가능성이 낮다는 것이죠. 물론 뱀답지 않게 뻣뻣한 턱 관절 구조는 이 녀석을 덩치와 무관하게 거의 생선만 먹고 산 유일한 종으로 만들었다고는 하지만 말이죠. 같은 지층에서 발견된 폐어 같은 친구들 말입니다. 당시 폐어의 몸길이는 뭐, 한 2.1m 정도였습니다. 가끔 그림에서 그냥 그려만 봐도 멋있는 티타노보아를 완벽한 주인공으로 만들기 위해 거대 악어를 몸으로 돌돌 말아 움켜쥔 모습으로 표현하곤 하는데, 이건 거짓말이라는 뜻이죠. 움켜쥐고만 있다면 위협을 받은 티타노보아가 악어를 물리치기 위해 옥죄고 있다는 것 정도로 양보 가능하지만, 만약에 입까지 찢어지게 크게 벌리고 있다면? 그림에 대고 속삭여 주세요. "응, 거짓말!"

신생대 전반에 걸쳐 악어들도 자신만의 영역에서는 방귀 깨나 뀌었죠. 팔레오기 베네수엘라 바리나스 지역에는 신생대 역사에서 가장 거대한 육지악어인 바리나수쿠스*Barinasuchus*_바리나스의 악어가 살았습니다. 얘는 이름에도 악어가 들어가고 계통도 분명 악어상목인데, 악어와 전혀 다른 것이 하나 있었어요. 바로 공룡 얘기하면서 소개했던 '프라모델 다리'였죠. 대표적인 파충류인 악어는 사지가 'ㄱ'자로 땅을 딛고 있어서 배가 땅에 끌리고 호흡에 제한이 있었는데, 이 친구는 공룡처럼 프라모델 다리를 하고 있어서 다리가 몸에서 수직으로 땅을 딛고 있었습니다. 사냥에 최적화된 사지 구조에 몸길이는 7m 정도로 신생대 육상 육식동물 가운데 거의 다섯 손가락에 꼽히기 때문에 늪지대의 최상위 포식자로 군림했을 거예요. 마이오세에는 중생대의 데이노수쿠스에 버금가는 어마어마한 녀석이 남미의 푸루스강_아마존강의 지류로서 페루에서 발원해 브라질까지 뻗어 가며, 지류인데도 길이 3,210km에 총 면적이 36만km²에 이릅니다.을 기어 다녔습니다. 푸루스사우루스*Purussaurus*_푸루스강의 악어였죠. 최대 몸길이가 12m로 추정될 만큼 거대한 이 녀석 옆에 오늘날 초대형종인 나일악어를 데려다 놓으면 푸루스사우루스 손에 이끌려 유치원에 가야 될 지경까지 축소되고 맙니다. 아무튼, 예나 지금이나 늪지대가 나타나면 악어 떼가 슈퍼스타입니다.

호주 땅에는 육상에서 가장 거대했던 왕도마뱀이 살았죠. 앞발 크기가 사람 손만 하고 몸길이도 사람보다 긴 코모도왕도마뱀보다 큰 메갈라니아*Megalania*_배회하는 거대한 자라는 뜻. 리처드 오언이 붙인 이름은 메갈라니아였지만, 이제는 왕도마뱀속(*Varanus*_왕도마뱀을 뜻하는 아랍어 방언 '와란(ورل)'에서 유래)에 종속되면서 정식 종명이 '*Varanus Priscus*'가 되었습니다.는 꼬리를 제외한 최대 몸길이가 4m에 육박하고 꼬리를 포함하면 7m에 이르며 몸무게는 200~1,800kg범위가 크죠? 연구 추정치가 그렇습니다.에 달하는, 왕도마뱀과 중 단연 최대종이었습니다. 오늘날 소순다 열도인도네시아 동남부에 동서로 늘어선 섬들의 군집 열도. 자바, 발리, 코모도, 티모르 섬 등을 포함합니다.에서 대장 노릇을 하고 있는 코모도왕도마뱀Varanus komodoensis의 몸길이가 2.5m최대 크기 개체는 3.1m 정도이고 몸무게는 70kg인데, 이마저도 플라이스토세에 호주에서 메갈라니아와 맞짱 뜨느라 키운 몸집이고, 결국 메갈라니아에게 쫓겨나 인도네시아에 정착할 수밖에 없었다는 것이 학계의 정설입니다. 그리고 코모도왕도마뱀이 침에 포함된 박테리아나 독을 이용해 먹이가 감염돼 쓰러질 때까지 천천히 뒤쫓다가 잡아먹는 잔인한 사냥법을 사용한다고 알려져 있는데, 이건 오해예요.

물론 얘 침에 박테리아가 있기는 해요. 양치질을 안 하니까요. 그리고 이빨에 응혈독도 있어요. 그리고 그 박테리아가 감염성이 있고 독이 꽤나 강하고 입장이 먹이냐 코모도왕도마뱀이냐에 따라 운이 좋게도, 혹은 운이 나쁘게도 먹이를 죽이기도 합니다. 하지만 코모도왕도마뱀이 먹이를 사냥할 때 쓰는 주무기는 다름 아닌 큰 덩치와 상어의 것처럼 날카로운 톱니날 이빨입니다. 거기에 목 근육도 센 편이라 이빨을 계속해서 먹이의 몸에 박아 넣고 흔들어 빠르게 치명상을 입힐 수 있죠. 그리고 때로는 꼬리를 휘둘러 물리적으로 후려쳐서 사냥감을 쓰러뜨리기도 하죠. 응혈독은 강백호의 왼손처럼 그저 거들 뿐입니다. 특히 박테리아는 가장 쓸모없고 지저분한 부속물일 뿐이죠. 치명적인 주무기가 있는데 굳이 박테리아를 쓰면서 몇 시간씩 먹이가 감염되고 쓰러질 때까지 기다리고 따라다닐 필요가 없잖아요.

일반인들이 잘못 알고 있는 이 오해는 최초로 코모도 섬에서 이 녀석들을 연구하던 월터 어펜버그 박사님의 우연한 목격담에서 비롯된 것입니다. 코모도왕도마뱀이 물소를 사냥하다가 놓쳤는데, 그 물소가 시름시름 앓고 있는 걸 보게 된 것이었죠. 하필 연구 중에 포착한 장면이 우연히 놓친 물소였던 거예요. 얘가 시름시름 앓다가 죽어 가니까 코모도왕도마뱀은 다른 먹이를 찾아다니며 힘 빼는 것보다 손쉬운 음식에 다시 손을 댄 것뿐이었죠. 그러니까 코모도왕도마뱀에 대한 집단지성, 이제 바로잡읍시다!

조류

익룡이 사라져 버린 하늘은 조류의 세상이 되었습니다. 그런데, 사실 익룡이 있었어도 얘네는 케찰코아틀루스와도 맞짱 뜰 수 있었을 것 같아요. 지구 역사에서 비행 조류 중 날개가 가장 길었던 두 황제가 신생대에 나타나 하늘을 지배했죠. 마이오세의 아르겐타비스와 올리고세의 펠라고르니스가 그 주인공입니다. 아르겐타비스_Argentavis_은의 새는 이름에서 알 수 있듯, 역시나 거물들의 고향 '은의 나라' 아르헨티나의 하늘을 날아다녔죠. 몸길이는 최대 3.5m에 날개 폭은 6.5m, 몸무게는 80kg으로 현재까지 우리가 알고 있는 한 가장 큰 조류입니다. 그리스어로 바다를 뜻하는 '펠라고스 πέλαγος, pelagos'와 새를 뜻하는 '오르니스ὄρνις, ornis'를 합친 '바다의 새'라는 이름의 펠라고르니스는 이름 그대로 바다새였어요. 바닷가 절벽에 둥지를 틀고 톱니가 달린 부리를 이용해 물고기나 오징어 같은 해산물 뷔페를 챙겨 먹으며 살았죠. 덩치가 독보적인 산데르시종_P. Sandersi_ 화석 중에 1983년 발견된 표본의 경우 날개를 쭉 펴면 그 길이가 깃털까지 포함해 7.4m에 달한다고 측정되었습니다. 이게 사실이라면 아르겐타비스를 뛰어넘는 거대종이 되는 거죠. 사실 익장이 10m가 넘어가는 케찰코아틀루스 같은 익룡에게 덩치로 함부로 비빌 수준은 아니었겠지만, 저 오바한 거 아닙니다. 왜냐하면 캘리포니아 콘도르나 로얄 알바트로스 같은 현생 대형 조류를 살펴봐도 중소형 피식자의 목뼈를 단숨에 부러뜨릴 수 있을 만큼 발톱의 잡는 힘이 어마어마하거든요. 독수리는 산양처럼 자신과 덩치가 비슷한 동물까지도 발톱으로 낚아채 들어 올려 공중에서 떨어뜨리는 방법으로 사냥을 하기도 합니다. 날개 길이가 2m를 겨우 넘는 이 현생 조류들보다 세 배이상 컸던 고대 거대 조류의 발톱이 대형 익룡에게 입힐 수 있는 피해는 결코 작은 것이 아니었겠죠. 물론 이것은 제 상상이고, 역사에 만약은 없으니까 우리는 그저 이 두 무리가 하늘을 지배하던 시기가 겹치지 않아 아수라장을 거치지 않은 온전한 화석을 캐낼 수 있었음에 감사합시다.

에오세에는 우리가 흔히 '공포새Terror bird'라고 이야기하는 공포새과 Phorusrhacidae가 아메리카 대륙에서 번성했죠. 아뇨, 정정하겠습니다. 공포새과 자체는 에오세에 등장했지만, 얘네가 몸을 2m 넘게 키워서 진짜 공포스러운 새로 탈바꿈해 재등장한 것은 훨씬 뒤인 올리고세였습니다. 에오세에 처음 등장한 공포새과는 크기도 닭 정도밖에 되지 않았고 먹이사슬에서의 위치도 보잘것없었죠. 거대해진 후기의 모습은 오늘날의 타조나 화식조에 가까울 것이라는 예상을 불러일으키는데, 사실 분류상으로 얘네보다는 참새나 앵무새 쪽과 더 가까운 친척이에요. 신생대 초창기부터 대륙을 장악한 포유류 때문에 기를 못 펴고 살던 이 친구들은 올리고세 때부터 덩치를 키웠고, 때로는 2m가 훌쩍 넘는 눈높이로 두리번거리고, 독수리처럼 끝이 멋지고 효율적으로 휜 거대한 부리로 먹이를 내리찍거나 집어던지고, 또 데이노니쿠스의 발처럼 길쭉한 갈고리발톱을 단 가운데 발가락을 한껏 세운 채먹잇감에게 모욕감을 주기 위해서가 아니라 이 강력한 발톱과 발로 먹이를 걸어차 부드러운 연육으로 만들기 위해 한때 남아메리카 땅을 장악했습니다. 특히 포루스라코스아과Phorusrhacinae가 가장 거대하고 위협적이었는데, 티타니스Titanis_그리스 신화의 거인족 Titan에서 유래, 켈렌켄Kelenken_파타고니아 지방 원주민 떼우엘체족 전설에 등장하는 맹금류 모습의 영물에서 유래, 데빈켄지아Devincenzia, 포루스라코스Phorusrhacos가 대부분 2m의 키에 300kg 정도의 다부진 근육질 몸을 자랑했죠. 특히 켈렌켄의 경우 두개골 길이가 무려 70cm에 달해서 키가 3m가 넘을 것이라는 측정 결과도 있으며, 티타니스는 화산 활동으로 솟아오른 파나마를 거쳐 북아메리카까지 진출해 그 유명한 검치호 스밀로돈과도 맞짱 떴던 진정한 공포새였죠.

포유류

뭐니뭐니 해도 신생대는 포유류 세상이었습니다. 식육목Carnivora_카니발과 같은 어원을 가진지라 이 食肉目을 육식동물로 쉽게 오해할 수 있는데, 식육목에 속하는 포유류가 전부 육식동물은 아닙니다. 오히려 잡식성 동물이 더 많죠. 하지만 우리가 대개 맹수라고 하면 떠올리는 동물이 모두 식육목에 속하는 것은 사실입니다. 식육목을 다른 분류군과 구분 짓는 특징은 고기를 찢는 이빨인 열육치(裂肉齒, Carnassials), 즉 송곳니입니다. 이 공룡의 빈 자리를 메꾸면서 덩치를 키웠어요. 지구 역사상 가장 거대한 육상 육식 포유류였던 거대 곰 아르크토테리움Arctotherium은 모식종의 경우 키가 4m에 육박하고 몸무게는 2t에서 아주 약간 모자랄 정도로 거대했죠. 공포새 티타니스가 남미에서 태어나 북아메리카 드림을 이룬 것과 반대로 이 친구는 북미에서 태어나 정열의 남미까지 이주한 경력을 보여 줍니다.

빙하기로 유명한 제4기에는 우리가 책에서 한 번씩은 봤던 전형적인 고대 식육목인 스밀로돈, 다이어늑대, 아메리카사자 같은 녀석들이 이 땅을 뒤덮었습니다. 칼처럼 긴 송곳니를 가진 호랑이 무리인 검치호의 대명사 스밀로돈*Smilodon*_양날의 칼 이빨은 티라노사우루스에 필적하는 최대 28cm의 길이까지 자라는 송곳니가 아래 방향으로 뻗쳐난 입을 벌려 포효하며 라 브레아 타르 웅덩이에 가라앉는 콜롬비아 매머드의 시체 위에 올라탄 채 다이어늑대와 경쟁하며 침몰하는 죽음의 공동체를 형성하는 그림으로 유명합니다. 검처럼 길고 날카롭게 뻗어 내려오는 아름다운 송곳니는 사실 두개골 범위 안에 있는 구강 구조와 턱 관절로부터는 별 도움을 받지 못합니다. 유려한 미관 말고는 영 쓸모가 없을 뻔한 이 두 자루 검의 효용성을 높여 준 것은 바로 억세고 우람한 목덜미였죠. 그러니까, 스밀로돈의 사냥법은 알로사우루스나 티라노사우루스보다는 티타니스에 가까웠던 겁니다. 강력한 턱으로 부수기보다는 강력한 목 힘으로 내리찍었던 거죠. 지구 역사상 가장 크고 무거운 고양이과 동물이었던 스밀로돈은 최대 450kg에 달하는 몸무게가 담보하는 억센 힘과 날카롭고 긴 송곳니로 덩치 큰 먹이까지도 단숨에 경동맥을 절단해 고통 없이 보내 줬을 겁니다. 사냥하면서 먹이의 머리를 메카로 향하게 하고 "알라의 이름으로!"를 외쳤다면 완벽한 다비하ذبيحة_날카로운 칼로 도축 대상의 목 깊숙이 단숨에 내리친 후 피를 완전히 빼내어 육질을 원형 그대로 오래 보존하는 이슬람식 도축법였을 거예요. 신생대식 할랄 푸드였던 거죠.

뿌리가 깊어 내리 찍는 동작에서는 강한 위력을 보이는 이빨도 그 길이를 감당할 만큼 엄청나게 단단했던 건 아니어서 턱으로 앙다물어 먹이의 살집이나 뼈를 잡고 좌우로 흔들었다가는 멋지고 길고 약한 송곳니가 부러질지도 모를 일이었죠. 최근에는 스밀로돈이 이 소중한 치아를 보호하기 위해 '마찬가지로 최근 들어 티라노사우루스의 외모를 조금 더 유하게 만들어 준' 입술로 덮었다는 가설이 점점 힘을 얻고 있습니다. 같은 검치호에 속하는 호모테리움*Homotherium*이 스밀로돈보다는 짧지만 여전히 긴 검치를 입술로 덮고 있는 복원도가 유행하기 시작했거든요. 다만, 아직은 입술이 스밀로돈의 28cm나 되는 긴 이빨을 덮기에는 무리라는 의견이 더 많지만 말이죠. 만약 미래에 실제로 스밀로돈 역시 입술로 검치를 덮었다는 확실한 증거가 발견된다면, 우리는 날카롭고 우람하고 맹수다운 외모의 무시무시한 검치호를 잃는 대신 불독처럼 윗입술이 늘어지고 언제나 울상을 짓는 멍청한 표정의 귀여운 거대 고양이를 얻게 될 겁니다.

앞서 말한, 스밀로돈이 승리감에 도취된 채 먹이와 경쟁자를 동반자 삼아 타르 늪에 가라앉는 그림은 빙하기 북미 대륙을 한 폭에 온전히 담아냈다고 할 수 있을 만한 멋진 그림입니다. 그림의 배경이 되는 라 브레아는 캘리포니아의 로스앤젤레스에 위치한 부자 동네 행콕 파크를 대표하는 곳입니다. 지금도 고급 단독주택이 즐비한 이 동네 곳곳에서는 수만 년 전부터 그곳에 자리 잡고 있던 타르가 여전히 끓어 넘치고 있으며, 이 랜드마크의 이름이 '행콕 파크'의 '라 브레아 타르 웅덩이La Brea Tar Pits'인 이유 역시 1900년대 초반에 집안과 지역을 일으켜 세운 행콕 가문의 돈벌이 수단이 라 브레아 일대의 타르 지역에서 채굴해 낸 석유 자원이었기 때문이죠. 스페인어 라 브레아La brea가 바로 '타르'라는 뜻입니다. 공교롭게도 이 타르 늪 근처 로스 앤젤레스 광역권의 오렌지 카운티요즘 들어 한국인 부모님들의 엄청난 교육열을 등에 업고 성장하는 UC 어바인 대학교가 자리한 어바인이 속해 있는 지역인데, 실제로 거리에 오렌지 나무가 많다고 해요. 에도 석유와 함께 성장한 '브레아'라는 도시가 있네요.

어쨌든, 수만 년 전부터 스며 나온 이 타르 늪에는 신생대의 동식물들이 타르 코팅에 힘입어 온전한 빙하기 화석으로 잠들어 있는데, 이곳에 살던 다이어늑대는 남미에 살던 스밀로돈의 모식종인 포풀라로트*S. populator*_최대 몸무게 450kg보다는 덩치도 작고 몸무게도 반 정도였던 파탈리스*S. fatalis*와는 그나마 견줄 수 있을 정도로 덩치가 큰 편이었죠. 사실 다이어늑대*Aenocyon dirus*는 2011년 이후 많은 사람들에게 이미 널리 알려진 종입니다. 웨스테로스 대륙 북부 스타크 가문의 상징이며, 가문의 아이들이 새끼 개체들을 주워 키우는 설정으로 나오죠. 네, 그 유명한 〈왕좌의 게임Game of Thrones〉 이야기입니다. 집필에 심혈을 기울이느라 마감을 좀처럼 지키지 않는다고 악명이 자자한 조지 R. R. 마틴이 1996년에 출판을 시작해 아직도 진행 중인 원작 《얼음과 불의 노래A Song of Ice and Fire》에서부터 죽 그 설정을 이어온 스타크 가문의 상징이 바로 이 다이어늑대입니다. 같은 개과 내에서 가장 거대했던 에피키온*Epicyon*_최대종은 몸길이 2.4m에 몸무게는 170kg에 버금갈 정도의 덩치를 자랑했던 다이어늑대는 제4기의 라 브레아에서 스밀로돈과 함께 최상위 포식자로 군림했고, 같은 시대를 살다 간 고대 표범인 아메리카사자*Panthera atrox*_이름은 사자인데 표범 속에 속하는 고대 육식동물와는 먹이를 놓고 자주 티격태격했을 겁니다.

초식 포유류도 거대했죠. 라 브레아의 희생양이었던 콜롬비아매머드나 털매머드 같은 거대한 코끼리는 모두 제4기에 인류와도 함께 숨 쉬며 살았습니다. 매머드*Mammuthus*는 우랄어족에 속하는 만시어로 '흙의 뿔'이라는

빅히스토리

뜻의 '망 온트Манг онт'에서 유래했습니다. 러시아에 사는 만시인들이 빙하기에 어슬렁어슬렁 걸어 다니다가 얼음으로 뒤덮인 땅에 묻힌 매머드의 상아가 땅 위로 길게 솟아나 있는 것을 봤다지 뭡니까. 그래서 이 사람들이 "어이, 표도르! 이리 와서 좀 봐. 흙에서 뿔이 솟았네?" 하면서 "망 온트! 망 온트!" 하고 다녔던 거죠. 이것이 러시아어 '마몬트Мамонт'로 변형되어 오늘날 전 세계가 이런 비슷한 어떤 발음으로 자기들 입맛에 맞게 부르고 있는 거예요. 우리나라는 한때 이 동물을 일본식 발음인 '만모스マンモス'의 외래표기를 차용해 '맘모스'라고 부르다가 이제는 영어식 발음인 '매머드mammoth'라고 바꿔 부르고 있죠. 하지만 아직도 우리에게 푸짐한 정감을 선사하는 빵집의 맛있는 딸기잼 크림 곰보빵에는 이 '맘모스'라는 이름이 남아 있죠. 여전히 전 국민이 빵집에서 "사장님, 맘모스빵 어디 있습니까?"라고 물어봅니다. '매머드빵'이라고 안 하죠.

어쨌든, 우리가 그림이나 영화에서 보는 털이 무성한 빙하기의 매머드는 털매머드인데, 사실 얘네는 매머드 중에 작은 축에 속해서 오늘날의 아시아코끼리 정도 사이즈입니다. 황제매머드라고도 불리는 콜롬비아매머드는 어깨 높이가 4m에 몸무게는 최대 12t에 달했죠. 그야말로 공룡에 필적하는 '매머드급'의 포유류였던 이 녀석들은 하루에 오늘날 코끼리가 먹는 양의 1.5배인 300kg의 풀을 씹고 다녔습니다. 그리고 라 브레아 그림에 어떻게든 아주 약간 고증 오류를 잡아 보자면, 초원에 주로 살던 콜롬비아매머드는 숲에서 서식하던 스밀로돈과 마주칠 일이 별로 없었을 것이라는 사실입니다. 뭐, 스밀로돈은 주로 새끼를 노렸을 테니 그림의 콜롬비아매머드는 철없이 돌아다니다 길을 잃은 새끼 정도 된다고 합시다. 라 브레아 타르 구덩이에서 실제로 스밀로돈과 다이어늑대, 콜롬비아매머드가 함께 발굴된 건 사실이니까요.

매머드가 엄청나게 거대했던 건 사실이지만, 얘네가 지상 최대의 포유류는 아니었어요. 이 타이틀의 주인공은 올리고세에 살았던 코뿔소의 친척, 파라케라테리움*Paraceratherium*입니다. 뭐, 콜롬비아매머드가 "아메리카 대륙에서는 내가 제일 컸어……."라고 말할 수는 있겠지만, 유라시아 대륙에 살았던 파라케라테리움의 압도적인 몸집은 지구 최대의 육상 포유류의 것임이 확실했죠. 이 친구보다 키 큰 육상 동물은 몇몇 용각류 공룡을 제외하고는 유난히 목이 길었던 수각류 공룡 테리지노사우루스가 유일합니다. 파라케라테리움의 몸높이는 가장 큰 종의 경우 최대 4.8m로 가장 큰 개체의 기린과 거의 같습니다. 하지만 몸길이는 최대 7.4m로, 위로만 높이 솟은 기린과는 차원이 다른 몸집을 보이죠. 그래서 이 녀석의 몸무게는 가장 무거운 수컷 개체가 2t이 채 되지 않는 기린의 다섯 배가 넘는 10t 이상이었으며, 큰 개체들은 그 열 배인 무려 20t에 달했을 것으로 추정됩니다. 웬만한 공룡에 버금가는 거대함이었죠. 덩치가 워낙 컸고 게다가 유라시아 대륙에는 위협적인 큰 식육목이 전무했기 때문에 갓난아기 때만 벗어나면 웬만한 천적은 없다시피 했으니까, 생존에 있어 유일한 걸림돌은 역시나 먹거리였을 테죠. 비록 코에 뿔은 없었지만 코뿔소와 근연종인 이 녀석도 코뿔소와 마찬가지로 장내 미생물 발효가 주로 막창자와 큰창자에서 이루어지기 때문에 소화 효율이 떨어져서 무지하게 많이 먹어야 했습니다. 또 코끼리나 용각류 공룡처럼 몸집이 커서 몸을 덮는 긴 털을 모조리 없애고도 몸 밖으로 열을 발산하는 데 어려움을 겪었기 때문에 낮에는 꼼짝없이 쉬어야 했죠. 결국 이른 아침과 밤에는 쉴 새 없이 풀을 뜯어먹고 돌아다녀야 했습니다. 아사 아니면 과로사 둘 중 하나를 선택해야 하는 기

빅히스토리

구한 운명이 이 녀석의 멸종 원인은 아니었지만, 어쨌든 삶의 질이 엄청나게 떨어지는 일생이었던 건 분명하겠죠?

빙하기가 다가올 무렵에는 사촌쯤 되는 고대 코뿔소가 나타납니다. 이번에는 정말로 코에 뿔을 달고 말이죠. 그것도 특대 사이즈로요. 아, 물론 이 긴 뿔은 2021년까지만 유효했습니다. 엘라스모테리움*Elasmotherium*의 전통적인 복원도는 하나같이 2m 길이에 밑동 둘레가 90cm에 육박하는 긴 뿔이 이마에서 높이 솟아 있는 멋들어진 그림이었죠. 몸길이가 5m에 달하고 몸무게가 5t으로 지구상 코뿔소 중 가장 큰 녀석이었음에도 불구하고 '시베리아 유니콘'이라는 깜찍한 별명이 붙은 이유는 바로 이 상상 속의 길고 우람하고 멋진 뿔 때문이었습니다. 그런데, 2021년의 연구 결과는 이 모든 게 상상의 산물이었음을 입증했습니다. 별명처럼 정말로 '시베리아 유니콘'이 되고 말았죠.

엘라스모테리움의 뿔은 오늘날 코뿔소의 뿔처럼 단백질의 일종인 케라틴 성분이 각화된 구조였어요. 이 녀석의 이름이 '엘라스모스*elasmos*_'laminated', 즉 '코팅된', '법랑질과 같은'의 뜻을 지닌 그리스어와 테리움*therium*_'동물', '야수'의 합성어인 이유가 여기 있습니다. 단백질이 단단하게 겹겹이 코팅된 구조였으니 살아 생전에는 단단한 뿔이었지만, 죽고 나면 분해되기 때문에 뼈처럼 화석으로 남기 어려웠죠. 그래서 엘라스모테리움의 뿔 화석은 단 한 점도 발견되지 않았습니다. 고생물학은 이 녀석의 뿔을 되살려내는 데 약간의 상상력을 동원해 왔죠. 그런데 2021년, 복원한 목 근육과 척추 구조가 긴 뿔을 달고 있기 어려운 상황이었음을 연구진이 알아내고 말았습니다. 결국 보다 실제적인 모습의 복원도는 엘라스모테리움의 뿔을 이마 위에서 생명을 다해 무너져 내린 촛농더미로 만들어 버렸죠. 내 근육질 유니콘, 돌려줘, 이것들아! 하지만 희망을 잃기엔 아직 이릅니다. 프랑스의 그 유명한 루피냑 동굴에 버젓이 뿔이 하나 길게 솟은 코뿔소의 벽화당시 뿔이 하나 달린 거대 코뿔소는 엘라스모테리움밖에 없었다는 사실과 이 벽화가 원시인들의 상상도였을 수도 있다는 가능성은 물론 별개입니다.가 그려져 있고, 다른 연구들에서는 같은 척추 구조를 놓고 등쪽에 이 뿔을 짊어질 수 있을 만큼 커다란 근육 덩어리를 붙여 주었기 때문이죠. 아직 엘라스모테리움에게는 2m 길이의 뿔을 되찾을 기회가 있다는 뜻입니다.

지금은 늘보가 나무 위에 올라가 있지만, 얼마 전까지만 해도 늘보는 땅에서도 걸어 다녔습니다. 나무를 타기에는 덩치가 너무 컸거든요. 땅늘보였던 메가테리움과 에레모테리움의 이야기입니다. 메가테리움Megatherium_'찰스 이야기'에서 리처드 오언에 보자마자 놀라서 펄쩍 뛰었던, 다윈이 탐험 중에 주워 온 화석 샘플의 주인공은 이름 그대로 '거대한 짐승'이었죠. 몸길이가 6m에 일어서면 키가 2m를 넘었고, 몸무게는 6t까지 나가는, 코끼리 만한 늘보였습니다. 큰 덩치에 걸맞게 역시나 풀을 뜯어먹으며 다녔는데, 몸이 워낙 큰 데다가 피부 안쪽에 뼈 조직이 분포해 마치 갑옷 같은 역할을 했기 때문에 별다른 천적이 없었던 것 같아요. 되새김질하면서 이 동네 저 동네 슬슬 돌아다니는 게 일상이었을 겁니다. 에레모테리움Eremotherium은 메가테리움과 흡사하게 생긴 땅늘보였는데, 메가테리움보다 조금 더 크고 조금 더 무거워서 가장 크고 무거운 땅늘보의 타이틀은 이 녀석이 챙겼죠. 오늘날 나무 위에서 정지화면처럼 느릿느릿 움직이는 귀여운 늘보가 얼마 전까지만 해도 코끼리 정도의 몸집을 가지고 땅을 배회했다는 사실이 놀랍지만, 더 놀라운 것은 이 녀석이 왜 없어졌는가 하는 것입니다. 바로 인류가 그 원인인데, 이 이야기는 잠시 후에 다시 하도록 하죠.

• 다시, 괴물의 시대. 바다

도마뱀이라고 소개된 포유류

육지가 포유류의 왕국이었던 신생대에는 바다에서도 포유류가 높은 지위를 차지하고 있었습니다. 바실로사우루스*Basilosaurus*는 지금은 사라져 버린 테티스해에서 에오세 후기에 압도적으로 가장 거대했던 해양 포유류였습니다. 리처드 할란은 처음 이 녀석이 발견했을 때 표본으로 추정한 그 엄청난 크기에 놀랐습니다. 추정 몸길이가 무려 30m에 이르던 이 괴물은 플레시오사우루스 같은 수장룡과 흡사한 척추를 갖고 있었기 때문에 할란은 이 해양 파충류에게 자신이 붙일 수 있는 가장 근사한 수식어를 동원해 속명을 지어 주었죠. 공룡마저 능가하는 이 거대한 녀석에게 모사사우루스를 닮은 길쭉하고 거대한 외모의 초상화를 그려 주면서 말이죠. 하지만 할란의 바람과는 달리 '황제 도마뱀'바실레우스(βασιλεύς, basileús)'는 그리스어로 '황제'라는 뜻입니다.'은 파충류도 아니었고, 몸길이도 그렇게까지 길지는 않았어요.

우선, 이 녀석은 고래 사촌이었죠. 포유류였어요. 이제는 식상해질 만큼 지겹게 등장하는 리처드 오언이 또 할란 앞에 등장해 이 사실을 알려 주었습니다. '고래를 닮았다.'는 뜻으로 '케토이데스*cetoides*'라는 학명을 붙여 주자는 절충안을 내밀면서 말이죠. 그렇게 '고래를 닮은 황제 도마뱀' 정도로 합의를 본 이 모식종의 종명은 바실로사우루스 케토이데스*Basilosaurus cetoides*가 되었고, 몸길이 역시 보다 정확한 자를 갖다 대어 20m로 줄었죠. 몸길이가 줄어들었지만 여전히 향유고래만큼 거대했던 이 고래 사촌은 네 마리가 모여야 겨우 향유고래 한 마리와 저울추의 균형을 맞출 수 있을 만큼 가벼웠습니다. 비만이었어도 15t 정도밖에(?) 되지 않았던 이 녀석들의 몸무게는 비슷한 크기의 다른 해양 동물들에 비해 상대적으로 가느다랗고 속이 텅 빈 척추가 크게 한몫했죠. 골격이 묘기를 부린 이유는 부력을 더욱 키워 발버둥 치지 않고도 유유히 적당한 깊이의 바다를 누비기 위해서였다고 해요. 결국 할란이 예상했던 길쭉한 몸뚱이의 초상화는 얼추 들어맞았습니다. 할란은 30m의 길이 때문에, 현대 고생물학은 여러 생물학적 증거를 토대로 이 녀석의 몸을 길쭉한 유선형의 모사사우루스로 복원했지만, 모로 가도 서울로 가긴 했죠.

유한한 신, 고래

"당신은 권능으로 바다를 뒤흔드시고 물 위에서 용의 머리를 부수셨나이다.

당신은 레비아탄의 머리를 깨뜨리시어 바다의 상어 떼에게 먹이로 주셨나이다."

《시편》74편의 하나님은 괴수 레비아탄을 박살냅니다. 성경의 또 다른 편인 《욥기》는 이 괴수를 더 자세히 소개하는데, '무지막지한 다리가 달린 억센 체구에 턱에 줄을 지어 선 무서운 이빨을 달고, 방패 사이사이로 고랑진 등가죽에 단단한 돌인장으로 봉인한 것 같은 등을 겹겹이 갑옷으로 무장했으며, 재채기 소리에 불이 일고 아가리에서 횃불과 불꽃을 내뿜고 목구멍에서는 숯불이 이글거리며, 힘이 도사리는 목덜미 앞에는 절망만이 드리우고, 바위같이 단단한 심장, 맷돌 아래짝처럼 튼튼한 염통을 칼이나 창, 표창, 화살, 쇠와 청동 따위는 뚫을 수 없는, 뗄 수 없이 마구 뒤엉켜 피둥피둥한 살덩어리로 감싼 채 날카로운 질그릇 조각과 같은 뱃가죽을 질질 끌고 땅바닥에 할퀸 흔적을 남긴 채 기어 다니면서 바닷물을 기름 가마처럼 부글거리게 만들고 손바닥으로 만져만 봐도 전의를 상실하게 만드는', 그야말로 끝판왕으로 묘사하죠. 하지만 답 없어 보이는 이 해양 괴수를 《시편》 104편은 '하나님이 손수 빚으신 그분의 장난감'에 불과하다고 선언하는데, 앞서 언급한 《시편》 74편과 더불어 《이사야서》 27장 1절의 줄거리에서 하나님은 손수 만들어 놓으신 애를 자꾸 뚝배기를 깨뜨리시고 날 서고 모진 칼로 푹푹 찔러 죽이십니다. 하나님, 다 뜻이 있으시겠지만, "레비아탄, 내가 열심히 빚어서 너를 만들어 줄게? 그리고 뚝배기를 깨고 칼로 찔러서 죽여 줄게? 흐흐." 같은 의식의 흐름은 무서워요⋯⋯. 이 레비아탄은 종교적 교과서인 성경에서 소개하고 다루었기 때문에 다양한 문화 콘텐츠에 등장하고 활용됩니다. 심지어 그 유명한 철학자 토머스 홉스Thomas Hobbes의 굵직한 업적 중 하나인 저서 《Leviathan, or the Matter, Forme, and Power of a Commonwealth, Ecclesiasticall and Civil줄여서 《Leviathan》》에 말 그대로 뜨거운 감자로 '이름 나게' 되죠.

홉스는 존 로크, 장 자크 루소와 함께 사회계약론의 선구자로 평가받습니다. 자, 지금부터 약간 지루한 교과서적인 이야기가 등장할 텐데요, 생각만큼은 지루하지 않도록 노력해 보겠습니다. 우선, 우리가 이름 정도는 들어 봤을 이 세 철학자는 모두 개인이 서로 계약을 맺어 주권자, 즉 정부를 세운다는 사회계약의 개념을 추구했습니다. 그런데, 이 셋 모두 인간의 본성에 대한 입장이 달랐다는 게 재미있었죠. 어쨌든 개인이 생존하기 위해 기댈 수 있는 가장 효율적인 수단은 정부인데, 문제는 개인과 정부의 관계를 어떻게 보냐는 것이었어요. 이 셋의 관점은 신기하게도 동양 철학자들 사이에서도 똑같이 논란의 대상이 되었습니다. 우리는 다 배웠어요. 순자荀子 선생님은 성악설性惡說_인간의 본성은 기본적으로 악하다는 개념을, 맹자孟子 선생님은 성선설性善說_인간의 본성은 기본적으로 선하다는 개념을, 고자告子 선생님은 성무선악설性無善惡說_인간의 본성은 백지와도 같아서 애초에 선하거나 악하지 않고 욕구만 지닌다는 개념. 욕구가 인간 본성이라는 개념을 펼치신 분의 성함이 '고자'였다니 조금 참신하지만, 더 나가면 안 될 것 같습니다. 한자어가 다르니 여기서 그만.을 주장하셨죠. 이미 한참 전에 세 분이 이 주제로 배틀을 붙으셨는데, 지구 반대편에서 1,500년도 더 지난 시점에 똑같은 주장을 하는 세 철학자가 나타난 거예요.

홉스는 "자연 상태에서 인간의 본성은 이기적이라 개인의 삶은 '만인에 대한 만인의 투쟁'이 될 것"이라는 명언을 던졌습니다. 대충 개념적으로 순자 선생님을 계승했군요. 맹자 선생님을 계승한 루소는 "자연 상태에서 인간의 본성은 이타적이었는데, 오히려 문명이 불평등을 야기하면서 인간을 이기적으로 만들었다."고 말했습니다. 그러자 '서양의 고자' 로크는 "인간 본성은 이기적이지도, 이타적이지도 않은 백지 상태tabula rasa_라틴어로 '깨끗한 석판'인데, 내가 서양의 고자라니!"라고 외쳤죠. 물론 인간 본성에 대한 기본 개념이 신기하게 맞아 떨어졌을 뿐사실 잘 따져 보면 신기하지도 않아요. "인간의 본성은 선, 악, 중립 중 하나야."라는 당연한 얘기였으니까요., '브라운 아이드 오리엔탈'들이 열다섯 세기도 더 전에 펼친 이 논리를 한참 어린 '벽안碧眼_푸른 눈의 코쟁이'들이 그대로 계승했다는 얘기는 아닙니다.

어쨌든, 이런 논리에 따라 홉스는 자연 상태의 개인은 자신의 생존을 위해 모든 것을 할 수 있는 자유가 있다고 말합니다. 이를 '자연권'이라고 해요. 그런데, 그렇게 되면 개인은 생존을 위해 남을 죽일 수도 있는 권리를 갖게 되는 거죠. 실제로 홉스의 자연권에는 '생존을 위해 남을 죽일 수 있는 권리'도 포함됩니다. 어느 개인이나 무방비로 취약해질 수 있는 시점이 있습니다. 잠을 자거나 볼일을 보거나, 주로 욕구에 충실한 시간을 보낼 때는 누구든 그 사람을 공격하고 죽일 기회가 생기죠. 그래서 자연 상태에서 만인은 죽음 앞에 평등합니다. 이런 무법, 무정부 시대는 누구에게나 위험할 수 있죠. 그래서 홉스는 모두가 안전하기 위해서는 모두가 평등하게 자연권을 포기해야 한다고 말합니다.

그럼 나는 누가 지킵니까? 홉스는 여기서 개인이 포기한 자연권을 회수하고 양수하는 주체로 특정 주권자를 내세웁니다. 즉, 우리 모두가 한 명도 빠짐없이 동의한다는 전제하에 스스로를 다스리는 권리를 포기하고 어떠한 합의체에 이 권리를 양도하는 계약에 동의하면, 우리의 권리가 한 합의체로 통합되는데, 홉스는 그 합의체로서의 주권자를 'commonwealth공공의 재산' 또는 'Civitas도시'라고 이름 붙입니다. 여기서 국가가 탄생하는 거예요. 홉스는 주로 군주, 즉 왕이 국가를 대신하는 주권자라는 주장을 펼칩니다. 홉스의 사상은 절대 왕정을 기본값으로 설정했지만, 사실 논리적으로 보면 왕정 체제에서는 왕이, 귀족정 체제에서는 귀족이, 민주정 체제에서는 다수 시민이 주권자가 되는 것이죠. 이렇게 주권자가 대리하는 국가가 정하는 법을 '시민법'이라고 하며, 국가에 속한 개인 모두가 이 시민법을 따르겠다고 사회적으로 계약하는 행위를 '자연법'이라고 합니다.

막 복잡해 보이는데 홉스의 이 국가관을 쉽게 정리해 보면, "자연 상태의 인간은 생존을 위해 어떤 짓이든 저지를 권리를 가지는데, 그러면 우리 삶이 너무 위험하고 팍팍해지니까 생존을 위해서 골치 아픈 권리들과 그로부터 받을 위협을 모두 국가에 넘기고 국가가 정해 주는 법만 지키면서 살자. 뭐, 국가가 까다롭게 굴면 짜증 나겠지만 그래도 죽거나 위협받을 일도, 내가 국가를 통치해야 되는 골치 아픈 일도 없을 테니까 나름 괜찮은 것 같아. 대신, 내가 법을 지키고 있는데도 누구든 내 삶을 위협하면 다 가만 안 둬."가 됩니다.

자, 우리는 이제 홉스의 저서가 말하고 있는 그의 주요 사상을 다 배웠습니다. 그의 저서명을 영어식으로 번역해 보면 《리바이어던》이 됩니다. 레비아탄의 영어식 표현이죠. 홉스는 개인의 모든 권리를 양수하는 절대적 합의체인 국가를 '불멸의 하나님Immortal god_홉스는 기독교 유신론자였으니 '하나님'이라고 하겠습니다.'의 가호 아래, 우리의 평화와 방위를 보장하는 '유한한 신Mortal god'인 레비아탄Leviathan이라고 표현합니다. 그러니까, 신의 역할을 대신하는 절대 권력으로서의 국가를 종교적이고 철학적으로 묘사한 것이죠. 기독교의 시대였으니까, 이해를 돕기에는 적격인 표현이었겠죠?

이렇게 기독교의 교과서에서 탄생한 괴물은 현대의 국가관을 정립하는 철학 사상의 전파 재료로도 쓰였는데, 우리는 이 '권리의 양수자이자 질서를 관장하는 주권자' 레비아탄이 성경에서 묘사하는 겉모습을 그럴싸하게 두른 채 홉스의 제안과는 정반대로 우주의 질서를 파괴하는 이기적 투쟁에 착취당하는 모습을 아주 유명한 헐리웃 영화에서 목격하게 됩니다. 아마 안 보신 분 없을 걸요? 이 레비아탄의 이름과 외모를 그대로 물려받은 'Leviathan'은 영화 〈어벤저스Avengers〉 시리즈에서 '이기적이게도' 지구를 파괴할 목적으로 침략하는 외계 종족 '치타우리'들이 수송선과 전함으로 이용하는 거대한 사이보그 생명체로 등장합니다. 성경에서 묘사한 것과 마찬가지로 고층 건물만큼 거대한 살덩이 전부를 갑주로 휘감은 채 모든 것을 파괴하면서 하늘을 '헤엄쳐' 다니죠. 'MCUMarvel cinematic universe_마블 시리즈의 세계관'에서 이 레비아탄이 치타우리 족의 손에 이끌려 뉴욕을 침공한 2012년으로부터 2년 전, 우리 현실 세계관의 고생물학계에는 이 이름을 선수 친 괴물이 등장했죠. 이 괴물은 2010년 정식 학명을 얻었지만, 실제로 이름 없이 이 세계의 바다를 마지막으로 '헤엄쳐' 다닌 건 약 500만 년 정도 전이었을 것으로 여겨집니다. 네오기의 시작점인 마이오세 바다는 이 녀석의 나라였습니다. 그러니까, 절대권력을 휘둘렀다는 점에서 보면 마이오세 바다의 주권자는 이 녀석이었던 셈이죠. 리비아탄 멜빌레이Livyatan Melvillei, 이 절대군주의 학명입니다. 학명이 '레비아탄'과 사소하게 차이가 있어 보이는 이유는 인쇄가 잘못되어서도, 여러분 눈이 침침해서도 아닙니다.

1841년에 앨버트 코흐라고 하는 미국 고생물학자 아저씨가 미주리주에서 마스토돈 화석을 발견했습니다. 사실 마스토돈Mammut은 이미 1700년대 후반에 활발히 연구되어 정식 학명을 받은 동물이었죠. 그런데 이 아저씨는 정말로 그렇다는 믿음이 있었던 건지, 아니면 관심이 필요했던 건지, 자신이 발견한 마스토돈 화석을 어찌어찌 이어 붙여서 새로운 동물을 창조해 내고 전시도 하고 이에 대한 책까지 떡하니 내놓습니다. 아직도 검색 창에서 찾아보면 책이 검색돼요. 이 아저씨가 마스토돈의 화석을 재창조해 붙인 이름은 바로 '미주리 레비아탄Missouri Leviathan'이었어요. 뭔가 단단히 착각한 이 아저씨의 미필적 고의 같은 사기극으로 인해 이상한 이름을 갖게 된 마스토돈의 고충은 이후 고생물학자들에 의해 바로잡혔지만, 이 아저씨가 이런저런 근거를 대며 바다에서 살던 매머드 닮은 고생물이라며 이 화석에 붙여 준 이름은 마스토돈의 동물이명이 되면서 다른 생물의 학명으로 영원히 사용될 수 없게 되었죠. 학명은 자비가 없어요. 지금까지 한두 가지 경우—티라노사우루스 렉스와 브론토사우루스 정도?—를 제외하고는 먼저 뱉어 놓은 이름은 바꿀 수도 재활용이 될 수도 없었죠. 그래서 이 세상 어느 무엇보다 레비아탄이라는 이름이 잘 어울리는 마이오세 바다의 주권자였던 거대 바다 포유류는 약간의 꼼수에 힘입어 '레비아탄'이라는 이름을 성경의 원어민이었던 히브리족 말로 살짝 바꿔서 '리비아탄Livyatan'이라는 속명을 얻게 되었습니다.

이 녀석의 종명인 '멜빌레이Melvillei'는 역사상 최소 다섯 손가락 안에 꼽히는 미문학 명작인 소설 《모비 딕《Moby-Dick; or, The Whale》》의 저자, 허먼 멜빌Herman Melville의 이름에서 따 왔죠. 뭔가 남우세스럽지만 실제 사건을 모티브로 한 멜빌의 이 소설의 제목이자 주인공의 이름인 '모비 딕'moby'는 '거대하다'는 뜻이고 'dick'은 '남성의 성기'를 뜻합니다.'은 실제로 몇 년간 포경업에 종사했던 멜빌이 페루에서 포경선 에섹스 호를 침몰시킨 것으로 악명 높았던 늙고 포악한 알비노 이빨고래 '모카 딕'으로부터 영감을 받아 지은 이름이었죠. 네, '모비 딕'은 거대한 흰머리 향유고래였고, 《모비 딕》은 이 모비 딕과 포경선 피쿼드Pequod 호의 선장 에이허브Captain Ahab의 사투를 둘러싼 각종 이야기를 들려주는 소설입니다. 우리나라에 처음 소개되었을 때는 《백경》이라는 제목으로 번역되었죠. '흰 고래'라는 뜻입니다.

모비 딕과 마찬가지로, 멜빌의 이름을 종명으로 받은 '리비아탄 멜빌레이' 역시 향유고래이빨고래소목 향유고래상과였습니다. 마이오세의 바다를 주름잡던 이 이빨고래는 모비 딕만큼이나 크고 무거웠어요. 머리 길이만 3m에 이르고 몸길이는 최대 17.5m, 몸무게는 최대 57t으로 추정되죠. 수염고

빅히스토리

래들이 몸집을 키우기 전인 마이오세 바다에서 감히 이 몸에 대항할 수 있는 피식자는 없었습니다. 특히 이 녀석의 이빨 길이는 36cm. 티라노사우루스 이빨의 두 배입니다. 더 오바해 볼까요? 이런 이빨이 3m 길이의 머리를 가로질러 죽 찢어져 있는 턱에 가득 차 들어가 있었다는 말로 끝낼 수는 없겠네요. 오늘날 전투력이 반감돼 아래턱에만 이빨을 꽂고 대왕오징어 정도밖에 씹어 먹고 다니지 못하는 향유고래와 달리 이 '마이오세의 모비 딕'은 위턱과 아래턱 모두에 빼곡히 36cm 길이의 억센 이빨을 장전했으니까요. 그야말로 성경이 눈앞에 펼쳐지는 바다의 풍경은 피식자들에게는 지옥도 이상이었을 겁니다. 이 이상 무슨 말이 필요할까요? 당시 5m 정도 길이에 불과했던 수염고래류들은 이 수중 분쇄기에 의해 해체될 운명에 몸서리치며 공포의 바다를 조심스럽게 배회했을 테죠.

불멸의 신, 멸종

고생물에 관심이 조금이라도 있는 사람이라면 역사상 수염고래가 몸집을 줄인 때가 두 번 있었다는 농담을 알고 있을 겁니다. 우선 가깝게는 얼마 전까지 인류의 무분별한 포경업이 성행했을 무렵이었다고 하죠. 제 정보력으로는 객관적인 자료를 찾아볼 수 없지만, 어쨌든 이 농담은 인간의 어리석음을 돌아보게 만드는 통뼈가 들어간 말인 듯해 낯 뜨거워요. 이 우스갯소리에서 수염고래의 몸집이 작았던 다른 한 시대는 바로 마이오세였습니다. 앞서 말한 리비아탄 멜빌레이의 영향이었을까요? 농담은 다른 후보자를 지목합니다. 자, 우리가 마지막으로 만나 볼 고생물입니다. 아직이 괴수가 등장하지 않았다는 사실에 의아했던 분들은 이제 레드카펫 깔면 돼요. 리비아탄이 마이오세 바다의 주권자, 즉 현신hierophany이었다면, 같은 시기의 바다를 공유했던 이 괴물은 불멸의 원조 신immortal god이라고 소개하는 것이 맞을 것 같습니다. 메갈로돈Otodus megalodon입니다. 워낙 유명해서 이름을 모르는 사람은 없을 것 같지만, 우선 이 친구의 호적 변천 사를 간단히 짚고 넘어가야 될 것 같아요.

메갈로돈은 1843년 종명을 얻게 되었습니다. 발견된 지 꽤 오래 된 편이죠? 그도 그럴 것이, 마이오세 초기에 해당하는 2,300만 년 전부터 플라이오세 초기인 360만 년 전까지 꽤 오래 생존해 왔고 이제 살펴보겠지만 워낙 돋보이던 포식자라 지구 어디에서나 살았기 때문에 과장 조금 보태서 암모나이트만큼 흔하게 화석이 발견되거든요. 연골어류라서 남는 건 이빨과 아주 가끔 존재하는 추체가 전부임에도 불구하고 전 대륙에서 발견됩니다. 심지어 세계에서 가장 깊은 마리아나 해구 밑바닥에서 발견되기도 했고, 우리나라 포항과 제주도에서도 발견됐어요. 어찌나 흔한지 지금 책상에 앉아서 온라인 사이트를 열어 보면 암모나이트와 메갈로돈 이빨 화석은 오늘 당장 사고팔 수 있을 정도죠. 어쨌든, 이렇게 발견된 이빨을 보고 있자니 크기만 다르지 백상아리 이빨과 아주 흡사했죠. 단순했던 당시 과학자들은 "응, 얘는 백상아리 쪽이네."하고 메갈로돈이라는 종을 백상아리속에 포함시켰습니다. 그래서 초기 이 친구의 학명은 '카르카로돈 메갈로돈Carcharodon megalodon'이었어요. '카르카로돈'은 백상아리속을 말합니다. 1997년 출간된 스티브 앨튼의 해양 소설《메그Meg: A Novel of Deep Terror》에서도 주인공 메갈로돈을 카르카로돈으로 소개하고 있습니다.

그러다가 계속 이빨이 발견되고 중간에 낀 세대의 상어들이 화석으로 발견되면서 과학자들은 점점 어지러워집니다. "이것 봐라? 이빨도 계속 보니까 백상아리랑 별로 안 닮았어. 오히려 오래 전에 분기한 카르카로클레스속이랑 비슷해."하면서 메갈로돈은 카르카로클레스 메갈로돈*Carcahrocles megalodon*이 됩니다. 카르카로클레스는 백상아리나 청상아리와 함께 악상어목Lamniformes에 속하지만 악상어과Laminidae로 분류되는 백상아리나 청상아리와는 다른 분류군인 오토두스과Otodontidae에 포함되는 거대상어의 속 중 하나였죠. 매체에서 줄곧 세계에서 가장 섹시한 대머리 배우로 소개되곤 하는 제이슨 스타뎀을 주인공으로 내세운, 소설《메그》를 영화로 만든 〈메가로돈〉의 시놉시스에는 메갈로돈이 카르카로클레스속으로 소개됩니다.

그렇게 분류 체계에서 표류하던 메갈로돈은 결국 최근 또 다시 분류 체계의 변화에 따라 이름을 한 번 더 바꾸게 되죠. 원래 오토두스과는 카르카로클레스와 파로토두스 등의 속을 포함하는 고대 상어과로 앞서 말했듯 현생 상어과인 악상어과와 악상어목 다음 단계에서 분기된 자매과가 됩니다. 그런데 얼마 전 최신 학설에서 제시된 계통 분류법에 따라 카르카로클레스는 오토두스과의 직계인 오토두스속*Otodus*과 통합되었습니다. 이제는 모두 멸종되어 사라져 버린, 오토두스과에 속한 고대 상어들의 속은 오토두스 단일 계통이 된 것이죠. 그래서 이제 메갈로돈의 이름은 오토두스 메갈로돈*Otodus megalodon*입니다.

메갈로돈은 천적이 없었습니다. 메갈로돈은 별다른 무기도 없었습니다. 독물이나 독침, 보호색이나 은폐 또는 엄폐 같은 조잡한 수는 쓰지 않았죠. 그저 크기 자체가 무기였어요. 큰 몸, 큰 이빨, 그리고 거기서 비롯되는 거대한 힘. 그게 다였는데 너무 압도적이었죠.

　우선 20cm가 넘어가는 이빨은 손바닥에 올려놓기도 버거운 크기입니다. 그리스어로 '귀 모양의 이빨'이라는 뜻의 '오토두스ὠτόδούς'라는 속명에 걸맞게 삼각형의 단면을 지닌 이 삼각뿔 모양의 거대한 이빨은 백상아리의 이빨을 평면 차원에서 같은 크기로 늘려 놓아도 세 배나 두꺼운 묵직함을 자랑합니다. 이빨 끝에는 여느 상어들처럼 절단을 목적으로 톱니를 달고 있었는데, 이런 이빨을 위아래 턱에 300개 가까이 박아 넣고 헤엄쳐 다녔죠. 측정치가 최대인 개체의 경우 입을 벌리면 그 너비가 2m에 육박합니다. 입 안에 성인 다섯 명이 사이 좋게 들어갈 수 있었죠. 최대 몸길이는 키가 1.8m인 성인 남성의 딱 열한 배 정도 됩니다.

　학계는 13~30m로 요동치던 이 거대한 상어의 몸길이를 여러 측정법과 시행착오를 거쳐 가장 정확한 값인 최대 20m로 결론 내렸죠. 같은 시기에 왕권을 놓고 싸워 본답시고 위아래 턱에 이빨을 꽂아 넣은 채 돌아다니던 비슷한 덩치의 리비아탄 멜빌레이에겐 미안한 얘기지만, 선 넘지 못할 차원이었어요. 물론 얘네가 직접 싸울 일은 없었을 겁니다. 하지만 어떻게 재어 보고 따져 봐도 도무지 같은 사이즈의 고래가 상어를 이길 수 있는 길은 보이지 않습니다. 간발의 차이였지만 생존 기간 경쟁에서도 메갈로돈이 더 오래 살아남아 패권을 유지했죠.

　지구 역사상 독보적으로 가장 거대했던 어류인 이 상어는 몸무게는 삼차원 물체의 부피가 세제곱으로 늘어나는 당연한 수학 공식에 의해 사이즈가 1m 커질 때마다 기하급수적으로 무거워집니다. 대개 16~20m 사이에서 측정한 몸무게는 48t~103t까지 나갑니다. 최대 몸무게가 역사상 가장 무거웠던 공룡인 아르겐티노사우루스의 최대치보다 20% 이상 더 무거웠

빅히스토리

던 거죠. 리비아탄, 도망쳐!

리비아탄은 어찌어찌 살아남는다 쳐도 남은 바다 생물들을 모조리 해산물 뷔페로 만들어 버리는 절대 권력의 원천은 따로 있었어요. 바로 지구에서 가장 강력한 이 녀석의 치악력이었습니다. 우선 비교를 위해 동물 몇 종의 치악력을 살펴볼까요? 먼저 사람입니다. 사람의 치악력은 약 68kg 정도입니다. 그러니까 건장하고 치아가 튼튼한 성인 남성이 마음먹고 갈비를 앙 물면, 갈비는 이 남성이 자신을 깔고 앉는 것과 비슷한 충격을 받는다는 뜻이죠. 늑대의 치악력은 184kg, 대표적인 맹견인 도사견의 치악력은 252kg입니다. 무시무시하죠. 백상아리는? 303kg. 호랑이는 450kg입니다. 대왕오징어인 훔볼트오징어는 510kg이고, 고릴라는 700kg이며, 하마는 816kg입니다. 훔볼트오징어한테는 까불 기회가 없겠지만, 기회가 된다고 해도 고릴라나 하마한테 까불면 몇 분 뒤에 여러분이 일어날 때 눈앞에는 병풍이 있을 거예요.

이제부터 상상할 수 없는 영역으로 들어갑니다. 나일악어의 치악력은 2.268t입니다. 현존하는 동물 중 가장 강한 힘이죠. 그러니까, 2톤 트럭이 떨어져 내리는 것보다 더 큰 충격이 턱에서 이빨을 통해 전달된다는 뜻입니다. 이 이상의 치악력은 이미 저 세상으로 떠난 녀석들에게서만 발휘됩니다. 최대 6t. 티라노사우루스의 성적표입니다. 10t. 앞 장에서 소개한 적 있는 데이노수쿠스의 턱이 낼 수 있는 최대의 힘입니다. 메갈로돈의 경우, 단순히 현존하는 백상아리의 크기를 늘려만 놓은 채 치악력을 계산해 보았습니다. 결과는? 압도적이었죠. 나일악어를 초라하게 만드는 티라노사우루스가 고개를 떨구게 되는 데이노수쿠스를 절망스러운 수준까지 끌어내리는 그의 치악력은 최소 11t으로 이미 데이노수쿠스를 아래에 놓았고,

최대 치악력은 18t으로 측정되어 '메갈로돈 미만'은 잡스러운 턱주가리로 추락시켜 버렸죠. 여기서 우리가 간과해서는 안 될 점은, 백상아리의 치악력이 대형 상어들 가운데 약한 축에 속한다는 것입니다. 그러니까 이미 단순 계산만으로도 다른 전사들을 까마득하게 압도해 버리는 이 결과는 메갈로돈의 능력치를 거의 바닥 수준으로 놓고 봤을 때의 것이라는 말이죠.

이빨, 턱, 몸무게, 덩치. 모든 것이 압도적이었던 메갈로돈은 왜 이렇게 컸을까요? 이 역시 선택압의 결과였습니다. 앞서 말했던 농담과는 상반된 결과로 당시 5m 내외였던 고래들은 메갈로돈과 같은 오토두스속 상어들로부터 살아남기 위해 몸집을 키웠다는 것이 학계의 정설입니다. 그러니까 제가 이 책에서 주구장창 써 온 표현대로라면, 적당한 크기의 녀석들은 모두 사라지는 동안 몸집이 커진 녀석들만 자연의 선택을 받게 된 거죠. 그렇게 몸집을 꾸준히 키운 고래는 오늘날 30m가 넘는 대왕고래의 경지에까지 다다르게 되었습니다. 공룡들아! 다시는 포유류를 무시하지 말라! 어쨌든, 이렇게 고래가 30m 가깝게 몸을 키우자 메갈로돈도 20m까지 몸을 키우게 된 겁니다. 다 잡아먹으려고 말이죠. 욕심쟁이네요. 그런데, 이런 이기적인 진화의 결과는 이 녀석을 멸종으로 이끌게 됩니다. 마이오세가 끝나자 기후가 변하면서 5m 언저리의 중소형 고래들이 사라져 버린 거예요! 그 몇 배로 덩치를 키워서 20m를 넘어가는 대형 고래들은 메갈로돈의 훌륭한 식사 후보였지만, 그림의 떡이었죠. 왜냐하면, 얘네는 지구 온열대 해양 곳곳에 빠짐없이 살고 있던 메갈로돈이 유일하게 진출을 망설이던 극지방으로 가 버렸거든요. 그렇게 지구의 모든 시절을 통틀어 가장 거대하고 강력했고 누구보다도 성공적으로 번영했던 이 무시무시한 바다의 황제는 어김없이 기후와 생태계가 조종하는 각본의 희생양이 되어 이

베이의 거래 목록을 도배하는 수천만 개의 이빨만을 남긴 채 씨가 말라 버렸습니다. 이제 그가 사라져 버린 지옥의 바다는 조금씩 평온을 되찾았고, 메갈로돈과 리비아탄이 사라져 버린 해저 로얄층의 공실을 채운 녀석은 오늘날까지 바다를 장악하고 있는 귀여운 악동이었죠. 바로 웃는 낯으로 해양 생물들을 집단 린치하는, 악랄한 천재형 사냥꾼으로 평가되는 범고 래입니다.

8.

지성의 서막

• 영장류

　하늘과 땅에서 동시에 계시가 내려진 백악기의 아포칼립스apocalypse_종말는 비조류 공룡을 모조리 쓸어버렸습니다. 그 거대한 생명체들이 눈이 멀고 구워지고 짓눌리고 튕겨져 오르고 굶주리며 쓸려 내려가는 동안, 작은 포유류는 땅을 파고 숨거나 나무의 열매에 의존하는 현명한 길을 택했죠. 땅에 남았던 포유류는 그 뒤로 파라케라테리움도 되었고 스밀로돈도 되었으며, 매머드의 길을 선택하기도 했습니다. 피난처로 나무 위를 선택했을 때 쥐 모습을 하고 있던 포유류는, 처음 모습 그대로 투파이아Tupaia_나무땃쥐가 되기도 하고 날아다니는 원숭이날원숭이_Cynocephalidae로 변신하기도 했어요. 날원숭이목은 사지의 피부를 늘려 날개 삼아 날아다니는데, 그 덕에 아주 멋진 분류명을 얻게 되었죠. 피부를 날개로 바꾼 동물, 피익목. 분류학적 명칭은 'Dermoptera', '피부'를 뜻하는 'dermo-'와 프테라노돈의 이름에도 있는 '날개'를 뜻하는 'ptera'를 합친 말입니다.

　나무 위로 올라간 쥐들 중 투파이아나 날원숭이와는 달리 점점 팔다리가 길어진 포유류가 있었습니다. 바로 영장목, 즉 영장류였죠. 이들은 나무 위에서 생활하기에 최적화된 형태로 몸을 진화시켰습니다. 길어진 팔다리로 나무를 더 손쉽게 타고 옮겨 다닐 수 있게 되었고 손발은 세 개 속을 제외하고 모두 엄지가 나머지 손발가락과 마주보게 되어 나무나 물건을 움켜쥘 수 있게 되었습니다. 그리고 손발가락에 지문이 생겼죠. 두 발로 한참을 일어서 있거나 때때로 걸을 수도 있었습니다. 또, 나무를 타야 했고 맛있게 먹어 배는 채울 수 있지만 죽을 정도로 상하거나 독을 가지지는 않은 열매를 선별해야 했기 때문에 공간 지각력과 입체 인지력이 발달

빅희스토리

할 필요가 있었습니다. 그래서 뇌와 눈이 더 발달하게 되었어요. 영장목 대부분은 다른 동물보다 뇌가 크고 두개골이 발달했으며 사회생활을 하고 도구를 효과적으로 활용할 줄 알죠. 또 앞 장의 도입부에서 이야기한 것처럼 적원추세포를 변형해 녹원추세포를 되살림으로써 색깔을 더 많이 구분할 수 있게 된 대신 밤눈이 어두워졌고, 이에 따라 밤낮이 바뀌었습니다. 즉, 야행성이었던 녀석들이 이제 밤에는 자고 낮에 활동하게 되었다는 거죠. 이제 그럴 때도 됐어요. 나무 위에서 먹고 자면 밤에 도망 다니지 않고 잘 수 있었거든요. 우리는 아무리 험하게 잠을 자도 웬만하면 침대에서 떨어지지 않습니다. 나무 위에서 자기 시작한 이때부터 떨어지면 죽는다는 것을 알고 나무 위에서 떨어지지 않는 메모리를 DNA가 물려줬기 때문이죠. 하지만 우리도 가끔씩 침대에서 떨어지는 경우가 있는데, 원숭이도 나무에서 떨어질 때가 있죠. 지금으로부터 3백여만 년 전, 에티오피아 아파르 삼각지역에 살던 한 소녀도 그렇게 10m 높이의 나무에서 자다가 떨어져서 죽고 말았습니다. 그리고 1974년, '루시'라는 이름을 얻게 되었죠. 루시에 대한 이야기는 뒤에서 조금 더 해 보죠, 우리.

영장류는 얼굴도 바뀌었어요. 뇌가 커지면서 머리통이 둥글게 변했고, 입이 작아지고 이목구비가 앞쪽으로 모였죠. 양옆으로 흩어져 있던 눈이 얼굴 앞쪽으로 몰리면서 육식동물처럼 양안시가 발달하게 됩니다. 두 개의 눈이 함께 사물을 감지하면서 거리나 공간에 대한 입체감을 더 활용할 수 있게 되어 이 나무에서 저 나무 사이의 거리라든가, 나무에 매달린 채 손을 뻗으면 저 열매가 닿을 수 있을지 없을지라든가, 가끔씩은 먹이와의 거리를 가늠한다든가어느 순간부터 포식자의 위치에 올라서게 된 영장류는 오늘날에도 사냥과 싸움을 즐겨하죠. 하는 문제들을 보다 명확하게 해결할 수 있게 된 거죠. 얼굴에 털이 없어지고 입술이 턱과 분리되면서 표정이 더 다양해졌어요. 일종의 대화가 가능해진 거죠. 일련의 변화들이 뇌와 사지의 발달, 집단생활의 장점과 같은 요소들과 결합해 사회를 이루게 되었습니다. 다만 아직 이때까지는 엉덩이 뒤에 꼬리를 달고 있었습니다.

이게 영장류입니다. 영장목靈長目은 이명법을 창안하고 생물 분류학을 정립했던 우리의 린네 선생님이 사람이 속한 이 분류 계통을 가리켜 "캬, 최고야. 역시 인간이 만물의 영장이지. 엄지 척!", 뭐 이런 느낌으로 '으뜸'이라는 뜻의 라틴어 *primus*로부터 파생된 'Primate'라는 명칭을 붙인 것을 한자어로 옮긴 것입니다. 그런데 연구하다 보니까, 사람은 원숭이나 유인원이랑 꽤나 비슷한 구석이 많은 거예요. 그래서 이 영장목에 앞서 말한 특징을 갖고 있는 포유류를 몽땅 편입시켜 버렸죠. 앞의 특징들을 갖고 있는 동물을 모두 모아 놓으면, 우리는 얘네를 보고 이렇게 말할 겁니다.

"어? 원숭이네?"

네, 맞아요. 영장목은 원숭이입니다. 여우원숭이, 안경원숭이, 거미원숭이, 개코원숭이, 긴팔원숭이, 오랑우탄, 고릴라, 침팬지, 사람까지 포함하는 이 분류군은 열거한 순서대로 서서히 가지를 뻗으며 분리되어 나와 각자의 길을 가게 되죠. 그리고 우리가 유인원이라고 이야기하는 사람상과도 이 중 한 가지로 분리되는 기로에서 발생하게 됩니다.

빅히스토리

• 원숭이의 역사

문헌에 따라 차이가 있지만, 현재까지 발견된 영장류는 약 16과 79속 495종입니다. 영장목 중 곡비원아목Strepsirrhini에 해당하는 원숭이가 약 6,300만 년 전, 그러니까 신생대 극초기인 팔레오기에 생명의 나무에서 우리 인류와 가장 먼저 이별합니다. 분류명인 'Strepsirrhini'는 그리스어 'strepsis회전하는 굴곡'와 'rhis코(구멍)'의 합성어입니다. '曲鼻猿亞目'이라는 표현 역시 이 분류명을 그대로 옮겨 적은 것이죠. 회전하는 콧구멍을 가진 원숭이, 그러니까 콧구멍이 쉼표 모양으로 구부러진 원숭이를 뜻하는 말입니다. 이 아목의 원숭이는 쉼표 모양 콧구멍과 함께 늘 코끝이 젖어 있다는 특징을 갖고 있죠. 불과 천 년 전, 그러니까 한반도에 통일신라가 존재하던 때까지만 해도 고릴라 정도 크기의 종도 살고 있었던 마다가스카르에 지금은 같은 계통의 더 작고 귀여운 친구가 마스코트가 되어 있습니다. 바로 여우원숭이죠. 가장 초기 버전의 영장류라고 볼 수 있는 여우원숭이는 인류의 조상과 가장 먼저 분기된 영장류입니다.

로리스Loris_네덜란드어로 '광대' 역시 여우원숭이와 함께 곡비원아목에 속해 있는, 즉 인류의 조상과 가장 먼저 분기된 원시적인 영장목입니다. 이 친구들은 모두 작은 고양이만 한 몸집에 놀란 듯이 커다란 눈을 갖고 있어요. 놀란 눈을 하고 똥을 떨어뜨리거나 오줌을 여기저기 갈기고 바르며 날마다 자신의 영역을 돌아다닙니다. 반려견들도 산책할 때마다 저지르는 이런 표지행동marking behavior은 포유류를 포함해 자신의 세력권을 영위하는 동물의 특징이죠.

여우원숭이와 로리스가 쉼표 콧구멍을 단 촉촉한 코를 갖고 우리 조상과 이별한 뒤, 안경처럼 큰 눈을 가진 성질 더러운 원시 원숭이가 다음 차례에 다른 가지로 뻗어나가게 됩니다. 바로 안경원숭이과Tarsiidae입니다. 이 녀석은 영장류 중 유일한 육식동물입니다. 그러니까, 고기반찬만 먹고 산다는 뜻이죠. 이 녀석의 몸길이는 꼬리까지 합쳐도 15cm에 지나지 않고 몸무게도 100g을 겨우 넘습니다. 하찮은 스펙이지만 동글동글하고 큰 눈이 둥근 얼굴과 작은 몸집을 도와 이 녀석의 귀여운 매력을 한껏 끌어올려 주죠. 안경처럼 동그랗고 큰 눈은 포유류 중 몸집 대비 가장 큰 비율을 자랑해서 이 녀석을 사람 크기로 키워 놓으면 눈이 사과나 자몽만한 크기가 되어 버리죠. 순정만화 주인공에 가장 가까운 후보입니다. 이 큰 눈의 야간 시력은 어마어마합니다. 사람보다 천 배, 고양이보다 백 배 어두운 곳에서도 사물을 인지볼 수 있는 빛의 한계가 사람은 1lux, 고양이는 0.125lux인 데 비해 안경원숭이는 0.001lux의 빛만 있으면 됩니다.할 수 있죠. 이 미친 시력으로 이 녀석은 자신만 한 크기의 곤충이나 양서류를 발견해 잡아먹고 다닙니다. 우리 사람으로 치면 캥거루나 조랑말을 때려잡아 씹어 먹는 거죠. 귀여운데 무서워지는 이 녀석의 스펙은 수 틀리고 열받으면 벽에 머리를 박고 자살할 정도로 더럽고 포악한 성질머리로 완성됩니다. 귀여운 이 녀석이 멸종 위기라는 것은 슬픈 일이지만, 미운 사춘기 같은 행동과 성격을 보면 '그럴 수도 있는 건가?'라는 못된 생각이 떠오를 수도 있을 거예요. 어쨌든, 이 안경원숭이 단계부터는 여우원숭이와 로리스와 달리 콧구멍이 일자로 뚫리고 끝이 메마른 코를 갖고 있어서 직비원아목直鼻猿亞目_Haplorrhini으로 분류됩니다. 하지만 안경원숭이까지는 아직 진정한 원숭이가 되기 전이었기 때문에 여우원숭이와 로리스, 안경원숭이를 원시적인 원숭이라는 뜻으로 원원류原猿類_Prosimians라고 부르죠. 이제 진짜 원숭이, 그러니까 원숭이하목과 유인원을 포함하는 진원류가 등장할 차례입니다.

　진원류眞猿類_Simian는 비로소 원숭이라고 할 만한 외모를 가진 원숭이하목의 계통으로 우리 사람도 영장목 직비원아목 다음 하위 계통으로 묶여 있는 분류군입니다. 분류명 그대로 '진짜 원숭이'죠. 진원류는 코의 생김새에 따라 코가 납작하고 넓으며 콧구멍이 겉으로 뚫려 있는 계통과 코가 입체적이고 좁게 내려오며 콧구멍이 몰려서 아래로 뚫려 있는 계통으로 분류됩니다. 전자는 광비원소목(광비원류)廣鼻猿類_Platyrrhini, 후자는 협비원소목(협비원류)狹鼻猿類_Catarrhini이라고 부르죠. 진원류 중 광비원류가 가장 먼저, 그러니까 약 4,000만 년 전에 또다시 가지를 분리해 협비원류와 다른 길로 나아갔습니다. 광비원류는 신세계혹은 신대륙원숭이New world monkey라고도 부르는데, 주로 멕시코나 중앙아메리카, 남아메리카 같은 동네에서 살아왔습니다. 그러니까, 인류의 시각에서 보면 중앙 이남 아메리카는 신세계가 되는 거죠.

　비단원숭이과, 꼬리감는원숭이과, 올빼미원숭이과, 사키원숭이과, 거미원숭이과가 여기에 속하는데, 그중 거미원숭이Ateles가 영장류 삽화에 자주 등장하는 대표적인 광비원류예요. 왜냐하면, 얘가 엄청 똑똑하거든요. 외모는 평이합니다. 영장류의 기원이 어쩌고저쩌고하는 책이나 글을 읽을 때 순서대로 원숭이 몇 마리 그려 놓고 인류가 짠 하고 등장하죠. 그중에 몸길이의 반을 차지하는 꼬리가 위로 올라간 채 물음표를 그리며 말려 내려가는, 지극히 머리가 작아 한 13등신 정도 돼 보이는 친구가 있을 텐데 그게 이 친구예요. 거미원숭이는 여우원숭이나 로리스, 안경원숭이보다는 조금 크지만, 그래도 아직 작은 축에 속하는 원숭이입니다. 꼬리까지 합쳐서 재어 봐도 몸길이는 65cm를 넘지 않죠. 몸통이 두 뼘도 안 되는 거죠. 머리통은 더 작아요. 아마 한 손으로 동그라미를 만들면 그 안을 머리통이 넉넉히 들락날락할 겁니다. 그런데 머리는 또 엄청 좋아요! 신세계원숭이 중에 지능이 가장 높고, 어떤 종은 고릴라보다 똑똑하다고 해요. 그런데 딱히 도구를 막 활용하거나 하지는 않죠. 앞서 영장목은 세 개 속을 빼고 모두 엄지가 나머지 손발가락과 마주보게 진화했다고 했죠? 얘가 그중 하나입니다. 얘는 엄지가 없어요. 대신 나머지 손가락이 갈고리처럼 길게 뻗어 있습니다. 나무를 잘 타기 위해 도구를 포기했다고 하면 될까요? 아직까지는 안전이 최고인 단계였던 거겠죠.

진원류 중 광비원류가 갈라져 나갔으니 이제 협비원류만 남았습니다. 네, 코끝이 메마르고 콧구멍이 일자인 녀석들 중 코가 조금 더 오똑한 녀석들이죠. 이번에는 이 녀석들 중 구세계혹은 구대륙원숭이old world monkey가 인류의 조상과 이별합니다. 구세계원숭이는 긴꼬리원숭이과Cercopithecidae를 통칭합니다. 즉, 긴꼬리원숭이과가 다 구세계원숭이라는 거죠. 진화생물학적 기준으로 구대륙인 아프리카에 주로 서식하는 이 친구들은 원숭이 무리 중 가장 많은 지분을 갖고 있는 대주주예요. 여덟 개 과로 구성된 원원류는 모두 합쳐 28속 158종이고 다섯 개의 과로 구성된 신세계원숭이는 모두 합쳐 20속 160종인데, 이 구세계원숭이, 즉 긴꼬리원숭이 단 한 개 과가 23속 151종을 이루고 있습니다. 그래서 그런지 꽤 유명한 원숭이들이 여기 많이 속해 있어요. 우선 얘네는 크게 긴꼬리원숭이아과Cercopithecinae와 콜로부스아과Colobinae로 나뉘는데, 콜로부스아과에는 콜로부스속에 속하는 아프리카 무리와 랑구르 무리, 그리고 코주부원숭이로 대표되는 들창코원숭이 무리가 있습니다. 긴꼬리원숭이아과에는 긴꼬리원숭이족 Cercopithecini과 비비족Papionini이 있는데, 가장 인지도가 높은 무리는 비비족입니다. 이 무리에는 개코원숭이와 맨드릴, 드릴 원숭이 같은 덩치 크고 사나워서 강한 인상을 주는 녀석들이 속해 있거든요. 게다가 옆 동네 일본 원숭이도 이 비비족의 한 종입니다.

일본원숭이는 계통상 긴꼬리원숭이과 긴꼬리원숭이아과 비비족의 하위 계통인 마카크속Macaca에 속하는 종M. fuscata입니다. 일본이라는 북위도 국가에 서식하는 이 녀석은 원숭이 가운데 지구의 가장 북쪽에 살고 있죠. 신기하게도 원숭이 대부분이 아열대 또는 열대 지방에 사는데 말이죠. 긴꼬리원숭이과인데 꼬리가 짧아 특유의 빨간 엉덩이를 드러내고 다니는 이 녀석들은 지구 북쪽에 사느라 맞이할 수밖에 없는 추운 겨울을 온천욕으로 극복한다고 알려져 있습니다. 그래서 일본이라는 나라의 홍보에 있어 불패의 공식을 가진 상징처럼 자리매김했죠. 우리가 일본의 노천탕을 세 번 정도 떠올린다면, 그중 한 번은 꼭 일본원숭이가 등장할 가능성이 높은 이유입니다. 많은 영장목이 그러하듯 긴꼬리원숭이과도 무리를 지어 생활하는데, 일본원숭이는 무리 짓는 규모가 상당합니다. 대개 100마리 정도가 모여 사회를 이루며 살아가죠. 원숭이 대부분이 성질이 고약한 편인데, 일본원숭이 역시 한 성질 해요. 그래서 관광객들의 몸과 마음을 상하게 하는 경우가 종종 있습니다. 그럴 때는 고구마를 준비해 가세요. 특히 여성이나 노약자의 경우 강약약강의 신조가 몸에 밴 이 녀석들의 공격 대상이 될 수 있으니 만약 불상사가 생길 것 같으면 "호! 박! 고! 구! 마!"를 외치며 준비해 간 고구마를 뿌리면 녀석들은 이걸 주워 바닷물에 씻어 먹느라 정신 없을 겁니다.

개코원숭이*Papio*는 예전에 동양권에서 비비원숭이라고도 불렸습니다. 비비족을 대표하기도 했고, 또 한자로 비비狒狒라고 썼거든요. 협비원류에 속하는 영장류부터는 덩치가 조금씩 커지는데, 그중 개코원숭이는 대형 유인원을 제외하고 체구가 세 손가락 안에 듭니다. 큰 종은 몸길이가 1.2m에 달하기도 하죠. 개코를 연상시키는 주둥이 안에는 최대 5cm까지 자라는 송곳니가 심어져 있습니다. 몸도 커지고 이빨도 날카로워졌고 무리를 이루어 협동할 수 있으니 무엇을 하겠습니까? 사냥을 하죠! 고기! 고기! 평소에는 한가하게 풀 뜯어먹고 살다가 며칠에 한 번씩 피의 축제를 벌입니다. 사자의 무리를 프라이드*Pride*라고 부르는 것은 다들 아실 텐데, 얘네 무리도 이름이 있습니다. 이들 무리의 이름은 트룹*Troop*, 그러니까 보병, 부대라는 뜻이죠. 자부심 넘치는 사자 무리와 달리 얘네는 곧 죽어도 임무를 완수하는 보병 집단입니다. 수십 마리가 무리를 이루면 평소에는 대적할 수 없는 표범에게도 성질 한 번씩 부릴 정도로 강력한 위력을 낼 수 있죠. 물론 표범은 고독한 스타일이니까 덤비거나 해치는 게 가능한 정도이고, 악어나 사자, 하이에나처럼 개체도 훨씬 크고 무리를 이루는 맹수들한테서는 멀리 떨어져 있어야죠.

어쨌든, 이렇게 한 덩치 하고 이빨 달고 모이면 얘네는 영양이나 가젤, 홍학처럼 약한 먹이를 사냥합니다. 빈번히 영양 섭취나 정치적 목적으로 약한 원숭이들까지도 잡아먹곤 하죠. 충격적인 사실은 이들이 사냥할 때 가장 먼저 먹는 부위는 뇌와 간이라는 겁니다. 물론 많은 고양이과 맹수와 대형 포유류나 조류의 식단에서도 마찬가지로 철분과 영양이 풍부한 내장, 뇌, 간이 최고급 부위로 취급되지만, 우리를 닮은 영장류가 뇌와 간을 집어 들고 카니발을 즐기는 모습은 상상만 해도 그로테스크하죠. 거기에 더해 인간 사회와 서식지가 겹칠 때면 떼를 이루어 사람의 어린 개체를 공격하거나 심지어 매우 드물게 어린 아이를 잡아먹는 만행까지 일삼는 탓에 이들이 서식하는 아프리카나 아라비아 반도의 국가들에서 이들은 혐오의 대상이 되곤 합니다. 그리고 얘네는 나무를 잘 못 타요. 아, 물론 다른 원숭이들에 비해서 말이죠. 일본원숭이보다 체구도 크고 성질도 더 더러워서 공격받을 확률이 적어지게 되니까, 나무 위에 오래 머물 필요가 없어졌겠죠? 그래서 나무 타는 솜씨가 예전만 못해졌답니다.

맨드릴은 일본원숭이보다 크고 사나운 개코원숭이보다 더 크고 더 무서워요. 대형 유인원을 제외한 영장목 중에 가장 큰 몸을 갖고 있는 이 녀석은 개코원숭이 같이 길게 뻗은 얼굴 한가운데를 가로질러 내려오는 빨간 콧날 양옆에 위장크림을 바른 것 같은 파란 뺨이 전사나 주술사 같은 이미지를 풍깁니다. 수컷의 경우 키가 최대 80cm 정도에 몸무게는 최대 60kg에 근접하는 우람한 덩치를 지녔고, 날렵하게 잘려 나간 짧은 꼬리는 전투를 준비하는 도사견 같은 분위기마저 드러내죠. 도사견과 다른 점이 있다면 최대 6.5cm에 달하는 송곳니를 갖추었다는 겁니다. 나무 따위 타지 않아요. 그냥 땅에서 무리를 이루어 생활하죠. 얘네 무리에도 이름이 있어요. 떼로 뭉친 무리를 뜻하는 호드Horde라는 이름을 가진 이 무리는 100마리가 넘어가는 경우는 다반사고, 관찰된 것 중 가장 많은 경우는 840마리를 넘었다고 하니 기절초풍할 노릇이죠. 뭐, 무서워서 지나다니겠습니까? 사실 억센 수컷 개체는 무리 짓지 않아도 될 만큼 강력한 스펙을 갖고 있어서 컨디션 좋은 날엔 표범과도 일대일이 가능할 정도입니다.

전투력에 비해 식단은 소박해서 주로 풀때기, 곤충, 작은 척추동물 따위로 구성된다는 게 약간 의외입니다. 아마도 이 덕에 디즈니의 역작 〈라이온 킹The Lion king〉의 주술사 '라피키' 역할에 캐스팅될 수 있었던 게 아닐까 싶습니다. 개코원숭이가 아니라 맨드릴을 캐스팅한 것은 박수 칠 만합니다. '라피키'는 스와힐리어로 '친구', '벗'이라는 뜻인데, 막 뇌 먹고 간 먹고 행패 부리는데 남들 앞에서 "얘 우리 친구야."라고 하긴 조금 그렇잖아요. 전투력도 높은데 식단도 소박하고 외모도 남다르니 친구 같은 제사장, 얼마나 찰떡입니까? 재미있는 건, 〈라이온 킹〉 1편 때까지만 해도 맨드릴의 얼굴을 한 이 라피키가 개코원숭으로 소개되었다는 겁니다. 그때까지만 해도 맨드릴과 드릴 원숭이가 개코원숭이속에 속해 있었거든요. 속이 따로 분류된 것은 나중 일이긴 하지만, 그것과는 별개로 제작진의 초기 컨셉에서 '심바'의 아버지인 '무파사' 왕의 고문 역할만을 맡는 동물의 캐릭터가 치타였다가 개코원숭이로 바뀌었는데, 제작 단계에서 '미친 듯이 유쾌한 무당' 역할까지 추가되면서 얼굴을 맨드릴로 바꿨다고 해요. 어차피 그때는 개코원숭이나 맨드릴이나 같은 속이었을 테니까 '이 정도면 대세에 영향 없겠지.'라고 생각했겠죠? 그래서 라피키는 개코원숭이의 꼬리에 맨드릴의 얼굴을 하고 있습니다. 어쨌든, 정체성은 맨드릴임이 분명하니, 결과적으로 '전투력이 만렙이지만 식단은 소박한 우리의 친구 제사장 라피키'의 캐스팅은 성공적이라고 할 수 있겠습니다.

　이렇게 성질 더럽고 몸이 커진 비비족 일본원숭이와 개코원숭이, 그리고 우리 친구 라피키, 그러니까 맨드릴을 포함한 긴꼬리원숭이과는 유인원과 가장 마지막으로 이별한 영장목이었습니다. 이제 이들이 떨어져 나간 가지에는 사람을 닮은 원숭이, 유인원만이 남게 되었죠.

빅희스토리

●유인원

유인원類人猿_Ape은 말 그대로 '사람과 유사한 원숭이'라는 뜻입니다. 계통분류학적 명칭은 사람상과Hominoidea입니다. 앞서 우리와 길을 달리한 다른 계통과의 역사를 토대로 계통 구조를 보면 영장목 중 직비원아목이자 진원류에 속하는 원숭이하목 중 협비원소목 하위에서 긴꼬리원숭이를 제외한 과입니다. 유인원을 다른 원숭이와 비교하는 방법은 간단합니다. 꼬리가 없으면 유인원이에요! 이것이 유인원이 다른 동물과 비교되는 가장 큰 특징으로서 척삭동물 중 관련된 근육까지 퇴화되어 꼬리뼈라는 흔적기관만이 남은 과는 사람상과, 즉 유인원이 유일합니다. 그리고 손처럼 자유롭게 쓸 수 있을 정도로 앞발이 발달했죠. 지능도 높고 표정도 다양하며 도구를 잘 활용할 줄 압니다. 이런 특징들을 갖는 유인원은 계통상 다시 긴팔원숭이과Hylombatidae와 사람과Hominidae로 나뉩니다. 인도와 중국, 동남아시아에 서식하는 긴팔원숭이과는 키가 1m 안팎으로 사람과에 비해 몸의 크기가 작아서 소형유인원lesser apes이라고 부르기도 합니다. 이 녀석을 제외한 유인원은 대형유인원에 속하며, 이제 서서히 인류와 비슷한 유전적 유사성을 지닌 녀석들이 등장하고, 또 가지에서 떨어져 나갑니다.

1,500만 년 전까지 오랑우탄과 고릴라, 침팬지, 인류는 하나였습니다. 대형유인원이라는 이름 아래 하나로 묶인 채 말이죠. 오랑우탄Pongo은 말레이어로 '숲Hutan의 사람Orang'이라는 뜻인데, 이름 그대로 사람과 비슷한데 숲, 즉 나무 위에서 삽니다. 주로 동남아시아 열대우림에서 사는데 그 동네 숲에는 호랑이나 구름표범, 악어, 그물무늬비단뱀처럼 굉장한 포식자

들이 우글거리거든요. 아마 이런 포식자들이 우글거리는 곳에 산다면 성질 더럽고 다부진 맨드릴도 나무에서 안 내려왔을 거예요. 오랑우탄은 맨드릴보다 더 크고 힘도 훨씬 셉니다. 유인원 중에는 고릴라와 사람 다음으로 큰 과인데, 키는 최대 1.7m에 몸무게는 최대 100kg까지 나갑니다. 나무 위에서 생활하는 포유류 중 가장 크죠. 수컷의 평균 악력은 200kg 가까이 되는데, 사람의 평균 악력이 50kg 정도라는 사실을 떠올리면, 숲에서 이 녀석을 마주치면 무조건 뒤돌아보지 말고 뛰어야 합니다. 다행히 이 녀석은 하체가 살짝 부실해서 전력질주를 해도 시속 8km 정도라고 하는군요. 어쨌든 사람보다 힘이 세지만 다른 유인원에 비해 온순한 성격이라 가만 놔두면 시비 걸릴 일이 없죠. 우리가 사진에서 보는 얼굴이 넓게 퍼진 개체는 수컷입니다. 수컷은 성장하면서 호르몬의 영향으로 얼굴에 기름주머니가 형성됩니다. 중학생이 되면 2차 성징 때문에 늘 거울 앞에 앉아 얼굴에서 뭔가를 짜고 거울을 닦는 청소년과 비슷한 현상을 겪는 것이죠. 이 기름주머니는 수컷 오랑우탄의 얼굴을 부풀어 오르게 만들어 "나 남자!"라고 모두에게 보여 줍니다.

고릴라는 인간과 DNA가 97.7%연구에 따라 적게는 95%에서 많게는 99% 유사한 유인원으로서, 침팬지 다음으로 인간과 가까운 동물입니다. 사실 DNA의 경우, 생물 간 유사성이 꽤 높기 때문에 바나나도 사람과 DNA가 60% 일치하고, 같은 계통인 쥐와 사람은 85%, 고양이와 사람은 90%가 일치하며 원숭이와 사람의 DNA는 93% 일치하는데, 그래도 95% 이상 DNA가 일치한다는 것은 그만큼 계통상 가까운 지점에 있다는 것을 의미하겠죠? 어쨌든, 이렇게 사람과 무척 가까운 곳에 있는 고릴라는 유인원 중 가장 거대합니다. 키는 가장 큰 개체가 195cm였는데, 몸무게는 가장 무거운 야생 개체가 267kg였고, 동물원에서 호의호식하면서 빈둥대던 개체 중 가장 무거운 녀석은 310kg이었대요. 사람 중에도 이보다 더 무거운 경우가 있지만, 고릴라의 평균 체중은 200kg 정도로 사람의 평균 체중의 두 배가 넘죠. 힘도 어마어마해서 평균 악력이 320kg 정도입니다. 얘는 숲에서 만나면 도망도 못 쳐요. 전력질주하면 시속 40km까지 속도를 낼 수 있거든요. 우사인 볼트의 최대 시속이 44km입니다……. 하지만, 죽으란 법은 없습니다. 고릴라는 유인원 중 온순하기로 오랑우탄과 최고 존엄 자리를 놓고 다투는 고마운 녀석이거든요. 그래서 합의만 잘되면 연구진들이 관찰하기에 가장 편한 동물이기도 합니다. 사이다나 물도 없이 삶은 달걀 먹다가 목에 걸린 것처럼 주먹으로 가슴을 마구 두드리며drumming 이빨을 드러내고 "사이다 줘!"라고 말하듯 무섭게 달려드는 모습은 우리 상상 속에서나 가능한 일이라고 해요. 실제로는 자기 영역을 침범했다고 판단되는 경우에만 공격하는 대신 경고하는 차원에서 손바닥으로 가볍게 가슴을 두드릴 뿐이며, 그마저도 '또또로또로동' 하는 귀여운 소리가 난다고 합니다. 그리고 고릴라는 유인원 중 유일하게 거의 완벽한 초식동물이에요! '덩치에 안 맞게 웬 풀떼기야?'라고 생각하시겠지만, 이 녀석의 몸이 큰 이유는 초식공룡을 포함한 거대 초식동물이 풀만 먹기 때문에 소화기관이 길고 커져서 몸이 커진 것과 같습니다. 어쩌다가 아주 가끔 "엄마! 왜 우린 풀만 먹어요? 난 단백질 섭취할 거야! 말리지 마!"라며 집을 나가면, 호기롭게 흰개미 같은 벌레 몇 마리 꿀꺽하고 돌아오는 게 전부입니다. 하지만 이렇게 온순하고 귀엽다고 해서 체중이 200kg 넘고 악력이 우리의 여섯 배가 넘는 이 친구에게 섣불리 다가가면 안 됩니다. 이 녀석은 "어, 왔어?" 하고 악수를 했을 뿐인데 우리는 어느새 오른쪽 손목의 의수를 돌리는 신세가 될 수 있을 테니까요. 호의 어린 터치도 받는 입장에서는 죽음을 선사할 수 있으니, 책으로만, 눈으로만 이 신비한 동물을 배웁시다.

　고릴라와 오랑우탄이 온순함으로 대결 구도를 보인다면 침팬지는 개코원숭이와 흉폭성과 난폭함으로 자웅을 겨룹니다. 인간과 유전자가 98.4%DNA 서열은 약 95%, 코딩 DNA 단백질 서열은 약 99% 일치한다는 것 때문인지, 유인원 중 인간 다음으로 흉포한 면을 보이죠. 우선, 집단 사냥에 집단 린치에 동족 살해, 근연종 살해를 합니다. 이 중 많은 행위는 집단 사회생활을 하며 지능이 높은 침팬지의 특성상 정치적으로 일어납니다. 심지어 다른 무리와 패싸움을 하는 일이 잦고, 어떤 경우에는 상대 진영의 개체를 납치하고 고문하거나 동족포식을 일삼기도 합니다. 그리고 인간을 제외하고 지능이 가장 높은 동물에 속하는데도 다른 유인원에 비해 사회적인 대화나 의사소통을 많이 하지 않는다고 해요. 난폭해서…… 문제가 생기면 말로 해결 안 합니다. 일단 싸대기 때리고 보는 거예요. 말보다 주먹으로…… 성격 급하고 폭력적인 그들의 문제 해결 방법입니다. 하지만 인간과 유전적으로 가장 가까워서 사회와 지위 체계가 잘 발달해 있는데, 사냥한 고기작은 원숭이, 영양, 멧돼지, 심지어 (실제로 탄자니아에서) 어린 아이에 이르기까지를 지위에 따라 공평하게 나눠 먹습니다. 흥미로운 사실은 침팬지 역시 포악함 지수 경쟁자인 개코원숭이처럼 먹이의 뇌와 간을 가장 먼저 찾아 먹는다는 것이죠.

　신기하게도 개코원숭이와 침팬지는 서식지가 어느 정도 겹치는지라유인원 중 오랑우탄과 긴팔원숭이는 아시아에, 고릴라와 침팬지는 아프리카에 서식합니다. 영역 내에서 집단끼리 부딪히는 경우가 꽤 있으며, 서로의 새끼를 잡아먹는 경우도 있다고 합니다. 묘사할수록 그로테스크한데, 이러니 저러니 해도

빅희스토리

앞서 말한 장면들은 지구상 그 누구보다 인류와 가까운 모습입니다. 결국 침팬지는 우리 인류와 계통적으로 가장 가까이 붙어 있다는 걸 부정할 수 없는 일이죠. 그로 인해 지능과 언어 습득력, 기억력, 사회 구성 양상계급도 있고 조직적으로 근처의 세력을 포섭해 쿠데타를 일으키는 경우도 있습니다., 심지어 성적 생태유인원 중 오랑우탄과 침팬지가 생식 외에 쾌락을 목적으로 성교를 합니다. 침팬지 속의 한 종인 보노보는 90분에 한 차례 꼴로 성교할 정도로 성욕이 왕성하고 심지어 동성이나 가족, 고연령대와 저연령대끼리도 성교와 자위를 즐긴다고 하는데, 더 신기한 일은 특히 보노보의 경우 화해나 정치적 목적으로도 성교를 활용합니다. "우리 악수나 합시다." 뭐, 이 정도의 표현인 것 같아요. 인류와 비슷한 수준을 넘어가네요. 어쨌든 생식 외의 목적으로도 섹스를 하는 것은 이들과 우리가 유일한 듯합니다.까지도 비슷한 점을 공유하고 있습니다.

유전학적 이야기로 다시 돌아가 보면, 인간과 침팬지는 DNA 측면에서 단 1.6%의 차이만을 보일 뿐이며, 염색체 수는 단 두 개사람은 46개, 침팬지는 48개밖에 차이 나지 않고, 실험실에서 밝혀낸 표본상의 아미노산 차이는 총 1,271개 가운데 단 다섯 개그마저도 중요한 것은 근육질을 만드는 미오글로빈 하나뿐이고 나머지 네 개는 헤모글로빈과 탄산 탈수 효소 같은 부수적인 아미노산입니다.뿐입니다. 이렇게 단 1.6%의 차이를 만들어 낸 인류와 침팬지의 이별은 약 700만 년 전에 일어났죠. 진원류 중 약 4,000만 년 전에 신세계원숭이와, 약 3,200만 년 전에는 구세계원숭이DNA 상이율은 약 7%와, 약 2,000만 년 전에는 긴팔원숭이DNA 상이율은 약 5%와, 그리고 1,500만 년 전에는 오랑우탄DNA 상이율은 3.6%과 이별한 인류는 700만 년 전600~800만 년 전부터 다른 친척들과 영영 이별해 홀로서기를 시작하게 됩니다. 그것도 아주 잔인하고 위대하게 신의 영역에까지 도발의 손을 내뻗는 수준으로 말이죠.

• 인류

700만 년. 인류가 유인원으로부터 떠난 뒤 종의 꽃을 피우고 서로 따르고 존중하고 교류하고 싸우고 전쟁하고 죽이고 잡아먹고 서로의 유전자를 조금씩 긁어모으고 같은 아족의 다른 속과 종을 모두 멸종시키며 단 한 종으로 수렴시켜 오늘의 괴물을 길러낸 시간입니다.

인류人類 또는 인간人間_Human은 계통분류학적으로 이 700만 년 전 사람과에서 침팬지속과 마지막으로 분기한 사람아족Hominina에 해당하는 모든 속과 종을 말하는데, 인류사 700만 년을 통틀어 지구에 살았던지금까지 화석으로 발견된 인류는 최소 일곱 속에 약 서른 종에 이릅니다. 이 가운데 오늘날 지구에 남아 있는 인류는 바로 우리, 호모 사피엔스 사피엔스Homo sapiens sapiens_지혜롭고 지혜로운 사람 단 한 종뿐입니다. 현생인류 빼고는 죄다 멸종하고 말았죠. 왜일까요?

오래된 인류의 화석은 대부분 케냐나 탄자니아 같은 동아프리카에서 발견되었습니다. 이런 이유로 인류의 기원이 동아프리카라는 데 이의를 제기하는 학자는 아마 찾아보기 힘들 거예요. 그런데, 다양한 인류의 속과 종의 기원을 두고는 시대적 차이만이 분명할 뿐, 몇몇 명확한 계통을 보이는 화석 증거와 DNA 분석 결과를 제외하면 각 인류의 이동 경로, 조우와 교배의 양상이 복잡하게 얽히고설켜 있기 때문에 지금 이 순간에도 여전히 많은 주장이 의문에 의문을 낳으며 대립 중이죠. 머리 아픈 건 뇌두고 우리는 명확한 사실 위주로 살펴봅시다.

빅히스토리

유인원에서 인류로

현재까지 발견된 인류는 사헬란트로푸스*Sahelanthropus*에서 오로린*Orrorin*, 아르디피테쿠스*Ardipithecus*, 오스트랄로피테쿠스*Australopithecus*, 케냔트로 푸스*Kenyanthropus*, 파란트로푸스*Paranthropus*, 호모*Homo*에 이르기까지 총 7 개 속입니다. 이건 발견된 화석이 가장 오래된 순서, 즉 등장한 시기가 오 래된 순서로 열거한 거예요.

사헬란트로푸스는 차덴시스*S. tchadensis* 단일종만 발견되었습니다. 투마 이*Toumai*라는 별명으로 더 잘 알려져 있는데, 발견된 나라인 차드 현지어 로 '삶의 희망'이라는 뜻입니다. 다른 인류 화석과 달리 아프리카 중앙에 위치한 차드에서 발견된 이 화석을 통해 초기의 인류가 그동안 우리가 생 각했던 것보다 더 넓게 분포해 살고 있었다는 사실이 밝혀졌죠. 약 700만 년 전부터 600만 년 전, 그러니까 마이오세 후기를 살다 간 이 종은 여러 특징들 때문에 인류의 조상인지 명확하지 않습니다. 오히려 침팬지와 인 류의 공통조상이거나 침팬지속에 속한다는 견해도 많고, 심지어 일부 주 장에서는 고릴라까지 그 계보가 올라가기도 합니다. 여러 모로 명확하지 않은 정체지만, 중요한 것은 이때까지 침팬지와 인류의 특징을 가진 이 종 이 아직 나무 위에서 생활하는 것을 더 자연스럽게 여겼다는 것이죠.

오로린은 두 개 종이 발견되었고 모식종인 투게넨시스*O. tugenensis*는 케 냐 투겐 지역tugen hills에서 발견되었습니다. 아직은 가계도가 연결되어 있 지 않지만, 약 600만 년 전의 이 인류오로린은 사람아족, 즉 인류로 명확히 분류됩 니다.가 사헬란트로푸스와 연결되는 날이 온다면, 사헬란트로푸스는 인류 의 최초 조상으로 인정받을 수 있을 거예요. 오로린 때에도 인류는 나무 타기의 달인이었지만, 이때부터 인류는 조금씩 수직 보행이 가능했습니다.

아르디피테쿠스는 580만 년 전부터 420만 년 전까지, 그러니까 마이오세 후기에서 플라이오세 초기까지 동아프리카에 살았는데, 오스트랄로피테쿠스보다 더 아래 지층에서 발견되어 '바닥 유인원'이라는 뜻의 이름을 얻었습니다. 현재까지의 연구 결과만으로는 이 속과 현생 인류를 연결선으로 이어 주기 어려운 상황입니다. 카다바A. kadabba와 라미두스A. ramidus 두 종이 발견되었는데, 카다바는 580만 년 전에, 라미두스는 440만 년 전에 출현했습니다. 라미두스의 손뼈를 분석한 결과, 이때까지도 인류는 아직 나무 위에서 생활했고, 고릴라 같은 다른 유인원들처럼 세 번째 손가락 마디로 땅을 짚고 걷는 너클 보행을 주로 했다는 의견이 지배적입니다. 하지만 일각에서는 직립보행을 했다는 견해도 있습니다.

분명한 것은 아르디피테쿠스의 출현으로부터 70만 년 뒤의 발자국은 분명히 한 쌍씩만 땅을 밟았다는 거죠. 1976년, 고인류학자 메리 리키인류 발생사에서 빼놓을 수 없는 유명한 리키 가문의 일원. 남편은 루이스 리키, 아들은 리처드 리키입니다. 남편 루이스는 침팬지 연구로 세계적인 명성을 얻은 동물행동학자 제인 구달의 스승이며, 아들 리처드는 인류학 연구를 위해 케냐로 국적을 바꾼 영국인 부모님 아래서 태어나 함께 고인류학을 연구하며 인류 진화사의 시각을 바꿔 놓는 고인류 화석을 대거 발굴합니다.는 탄자니아 북동부 라에톨리Laetoli 지역에 이때 찍힌 선명한 역사적 지문을 발견합니다. 응회암 위에 새겨져 화산재에 덮인 채 보존된, 370만 년 전의 것으로 밝혀진 이 발자국은 분명히 이때부터 인류가 두 발로 걸었다는 것을 명확하게 보여 주는 증거였죠. 이 '라에톨리 발자국'은 아마도 인류에게 '암스트롱의 달 발자국'만큼이나 의미가 깊고 유명한 발자국일 겁니다.

케냔트로푸스는 360만 년 전에 출현한 인류로, 종명인 플라티옵스*K. platyops*는 '납작한 얼굴의 케냐인'이라는 뜻입니다. 케냐의 투르카나 호수에서 발견된 이 종은 동시대에 살던 오스트랄로피테쿠스와 전혀 다른 계통상의 특징을 갖고 있어서 인류가 300만 년 전 단일가지로부터 분기해 진화한 것이라는 단일 가지설을 보기 좋게 깔아뭉개 준, 인류 발달사에 있어 깊은 깨달음을 던져 준 인류입니다. 라에톨리에 발자국이 새겨진 때와 비슷하게 출현한 케냔트로푸스 역시 확실히 두 발로 걷기 시작했습니다. 비록 라에톨리에 발자국을 남긴 건 이 종이 아니었지만 말이죠.

발자국

라에톨리에 발자국을 남긴 것은 오스트랄로피테쿠스였습니다. 현생 인류의 직계 조상이죠. 사실, 현생 인류의 직계 조상으로 가장 유력한 것은 오스트랄로피테쿠스이고, 케냔트로푸스와 파란트로푸스도 어렴풋이 가능성을 갖고는 있습니다. 사헬란트로푸스와 오로린, 아르디피테쿠스는 호모 속, 그러니까 사람속이 출현하기 전에 그 명맥이 끊겼거든요. 케냔트로푸스와 파란트로푸스도 사는 시기가 겹치거나 생물학적 특징이 비슷하다는 점 때문에 후보지만, 현재까지의 화석 증거나 DNA 분석 결과로 놓고 보면 관계도에서 그나마 가장 명확히 상호 간에 선을 그어 줄 수 있는 것은 오스트랄로피테쿠스뿐입니다.

400만 년 전 나타난 오스트랄로피테쿠스는 생각했어요.

'우리 많이 기어 다녔잖아. 얼마 전부터는 어설프게 몇 걸음씩 두 발로 다니기도 하고. 이제 좀 걷자.'

그렇게 걷기 시작했죠. 사실 오스트랄로피테쿠스가 나타나면서 인류가 갑자기 두 발로 '짜잔!' 하고 걷게 된 건 아니었어요. 700만 년 전 인류가 마지막으로 침팬지와 다른 길을 '걷기머리말에서 던진 떡밥을 이제 회수합니다.' 시작했을 때는 아프리카가 지상낙원이었어요. 초원과 삼림이 우거지고 나뭇잎과 열매 같은 풀떼기가 천지에 가득했죠. 물론 포악한 천적들로부터 몸을 피할 나무도 넉넉했고 말이죠. 그러다가 지구의 변덕 사이클이 가동되면서 기후가 점점 건조해졌죠. 이때는 마이오세 후기였거든요. 삼림이 계속 줄어들었고 남극을 제외한 지구의 모든 대륙이 초원지대인 사바나가 되었죠. 안락한 거주지가 줄어들면, 힘없는 주민이 가장 먼저 쫓겨납니다. 바로 뾰족한 이빨도 없고 강한 완력도 없고 힘차게 '또또로또로동' 두드릴 갑바도 없는 우리 인류였죠. 그렇게 쫓겨난 인류는 나무가 듬성듬성 심겨진 초원을 떠돌며 위태롭게 생존했습니다. 앞서 말한 사헬란트로푸스 차덴시스, 오로린 투게넨시스, 그리고 나무에서 잘 살고 있던 아르디피테쿠스 카다바가 그 비운의 종들이었죠.

이들은 사바나에 간간이 솟아 있는 나무들 사이를 이동하기 위해 초원을 지나야 했습니다. 그래서 네 발과 두 발을 번갈아 사용하며 이동했죠. 또 맹수들처럼 억센 턱이 없었기 때문에 음식이나 어린 새끼 개체를 손에 들고 이동하기 시작합니다. 이른 바 '음식물 운반가설.' 사실 어설픈 이족 보행Bipedalism은 초원에서 더 느리고 눈에 잘 띄기 때문에 최근 인류의 이족 보행의 원인으로 이 음식물 운반 가설이 일각에서 힘을 얻고 있죠. 어쨌든, 이런저런 이유로 조금씩 두 발로 걷는 훈련을 하던 인류의 발바닥은 점점 아치형을 이루고 하체는 지구력을 길러 오스트랄로피테쿠스 때부터 인류의 주요 이동 형태는 이족 보행이 됩니다. 이외에도 이족 보행의 원인은 효율적 보행자 가설, 환경 가설 등 여러 가지가 있는데, 원인은 복합적이니까 영원한 미스터리로 남는다고 쳐도 그 장단점은 분명했죠.

이족 보행의 장점은 엄청 많아요! 우선 두 손이 자유로워졌습니다. 시야도 높아져서 포식자를 더 효율적으로 발견할 수 있죠. 또 작렬하는 불볕을 위에서나 아래서나 받아내야 하는 면적을 줄여 줌으로써 어느 정도 체온 유지에도 유리하죠. 또 이족 보행은 에너지 효율이 높은 편입니다. 네 발로 걷는 것보다 두 발로 걷는 게 덜 힘들다는 뜻이죠. 그 덕에 인류는 오늘날까지 육지에서 가장 지구력이 뛰어난 러너runner입니다. '마라톤'이라는 종목을 죽지 않고 소화할 수 있는 생물은 사람밖에 없죠. 하지만 반대로 치명적인 단점도 있습니다. 이쪽에서 눈높이를 높이면 저쪽에서도 나를 쉽게 발견할 수 있죠. 게다가 추격전에서 지구력은 우선 서로의 속도 차이가 크지 않아야 이길 확률이 높은 능력입니다. 제대로 오래 달리기도 전에 잡혀 버릴 만큼 인류의 달리기는 네 발로 뛰는 맹수에 비해 하찮았죠. 아마도 초기 이족 보행을 시도한 인류는 얼마 못 가서 수도 없이 사바나 한가운데 떨어진 고깃덩이가 되고 말았을 거예요.

하지만 생존에 유리한 방향으로 일어나는 진화는 언제나 risk-benefit ratio위험-편익 비율를 따집니다. 결국 두 발로 걷는 게 여러모로 더 좋았던 거예요. 지금까지 오스트랄로피테쿠스는 아나멘시스*A. anamensis*_420만 년 전~370만 년 전, 아파렌시스*A. afarensis*_390만 년 전~290만 년 전, 가르히*A. garhi*_300만 년 전~200만 년 전, 바렐가잘리*A. bahrelghazali*_360만 년 전~300만 년 전, 아프리카누스*A. africanus*_330만 년 전~210만 년 전, 세디바*A. sediba*_200만 년 전~178만 년 전, 데이레메다*A. deyiremeda*_350만 년 전~300만 년 전. 데이레메다는 아직 아파렌시스에 속하는지 별개 종인지 모릅니다.의 총 7개 종이 발견됐는데, 전부 다 두 발로 걷기 시작했죠. 그래서 루시Lucy도 걷는 집안에서 태어났어요. 오래 걷진 못하고 죽었지만.

　루시는 아파렌시스 가문에서 태어났습니다. 잘 먹고 잘 자고 잘 걷고 살던 그녀는 어느 십대 때 10m 높이의 나무 위에서 떨어졌어요. 자다가……. 그리고 죽었죠. 세월이 지나 1974년. 시카고대학의 대학원생 도널드 조핸슨은 없는 살림에 알뜰살뜰 받은 후원금으로 연구팀을 꾸려 에티오피아행 비행기에 몸을 실었고, 11월 24일 아파르 삼각주Afar Triangle에서 이 가엾은 소녀의 주검을 발견했습니다. 하지만 연구팀은 환호성을 질렀죠. 인류의 조상을 발견했거든요! 그렇게 아파르 삼각주에서 최초로 발견한 인류의 조상에게는 아파렌시스라는 이름이 붙었습니다. 연구팀은 발굴한 이 소녀에 대해 밤새 연구와 논의이 주검이 소녀였다는 것도 포함해서를 이어 나갔죠. 비록 돌이 되어 버렸지만, 주검과 함께 하는 밤의 스산함을 달래려 했는지는 모르겠지만 아무튼 밤새 음악을 틀어 놓고 말이죠. 때는 1974년. 1, 2차 세계대전과 냉전에 이어 베트남전까지 줄지어 젊은이들의 반항심을 자극하고 있었고, 때마침 탈사회화를 주창하는 포스트모더니즘의 모토가 반항하는 군중심리와 맞물리며 히피 문화가 세계를 강타하고 있던 참이었죠. 연구팀의 테이프 레코더에서 당시 히피 문화에 가장 많은 영향력을 행사하고 있던 비틀즈의 노래가 흘러나오는 건 그냥 일상적인 일이었습니다. "Lucy in the sky with Diamonds~!" 노래를 흥얼거리던 연구팀의 파멜라 앨더만이 말했죠. "오! 조상님 이름 바로 짓는다. 루시! 콜!" 그렇게 소녀의 이름은 '루시'가 되었습니다.

　여담으로 오랜 기간 최초의 인류로 상징되었던 이 루시에게 이름을 준 비틀즈의 명곡 〈Lucy in the Sky with Diamonds〉에 대해서도 재미있는 사

빅히스토리

실이 있습니다. 당시 히피 문화를 이끌던 그룹이었던 만큼 비틀즈는 히피의 상징 마약과도 끊을 수 없는 인연을 이어 갔습니다. 그런데, 사람들 사이에서 어느 순간부터 재미있는 소문이 돌기 시작했죠. "이 곡은 LSD를 했을 때의 느낌을 표현한 노래야. 가사가 몽환적인 게 딱 마약을 암시하잖아. 비틀즈도 마약 좋아하고." 노래 제목의 대문자만 따서 읽어 보세요. LSD향정신성 의약품의 일종인 강력한 환각제. 정식 명칭은 Lysergic Acid Diethylamide가 되죠. 비틀즈도 난리가 났습니다. 마약은 하지만 자신들 명곡이 마약 찬양가가 되면 곤란하잖아요. 1971년, 존 레논이 〈딕 카벳 쇼〉에 출연해 말했죠. "이 노래는 말이죠, 제 아들 줄리안 얘기예요. 얘가 그림을 한 점 그려서 갖고 왔는데, 유치원 반 친구 루시루시 오도넬가 다이아몬드를 가지고 하늘을 날고 있지 뭡니까? 그거 노래한 건데요." 2004년, 폴 메카트니가 말을 뒤집습니다. "그거 LSD 얘기 맞아요. 그 곡뿐이겠어요? 마약에 필 받고 쓴 게 몇 곡 더 있어요." 〈L.S.D〉는 LSD 찬양가였어요!

도구, 고기, 불, 그리고 뇌

어쨌든, 이 가엾은 소녀 루시를 비롯해 일곱 종의 오스트랄로피테쿠스는 모두 걸었고, 점차 두 손을 자유롭게 해방했습니다. 중간중간 발견돼 존재감을 드러낸 파란트로푸스260만 년 전부터 60만 년 전까지 살았으며 아에오티피쿠스, 로부스투스, 보이세이 세 종이 있습니다. 풀만 먹고 살았기 때문에 소처럼 늘 먹고 씹고 다니느라 턱과 소화기관이 호화스러울 정도로 발달했지만, 기회비용으로 뇌에 투자할 에너지를 날려 버려 멸종되었다는 슬픈 가설의 주인공입니다.도 걸었죠. 그렇게 손을 가지고 이것저것 해 보던 인류는 또 생각했죠.

'두 발로 걸으니까 처음엔 살기 팍팍했는데, 이제 살 만해졌어. 손장난도 꽤 할 수 있게 됐고. 어이, 기자 양반. 난 내 손이 좋아요. 응? 어……, 어쨌든. 나 소근육도 꽤 발달한 것 같으니까 뭐 좀 해 볼 수 있을 것 같은데?'

그렇게 어느 순간 인류는 '도구'라는 것을 만들어 사용하기 시작했습니다. 300만 년 전 출현한 오스트랄로피테쿠스 가르히가 그 혁신의 포문을 열었죠. 우리가 학창시절 '구석기 시대'라고 배웠던 플라이오세 말기가 바로 이때입니다. 돌로 돌을 내리쳐서 뾰족한 파편을 사용했던 석기인 올도완oldowan은 인류가 고기를 뼈에서 분리하거나 뼈를 쪼개어 그 안의 골수까지 빼낼 수 있게 해 줬고, 우리는 체계적으로 고열량의 미식을 시작할 수 있었죠. 인류 최초로 도구를 만들어서 사용했다니! 놀랍죠? '가르히garhi'는 '놀랍다'는 뜻입니다.

가르히와 비슷한 시기에 사람속, 그러니까 호모Homo가 드디어 처음 등장합니다. 230만 년 전 출현한 이 첫 호모는 약 80만 년간 동아프리카에서 살았습니다. 그래서 가르히와 마찬가지로 원시적인 석기를 만들어 사용했던 흔적이 발견되었죠. 이 첫 호모는 1959년, 탄자니아에서 루이스 리키메리 리키의 남편이자 제인 구달의 스승인 그 리키가 발견했습니다. 그래서 인류 최초로 도구를 만들어 썼다는 의미로 능력 있는 유인원이라는 뜻의 '호모 하빌리스H. habilis_'habilis'는 라틴어로 '유용한', '편리한'이라는 뜻인데, 여기서 자음 'h'가 빠지면서 '능력 있다'는 뜻의 영어 'able'이 만들어졌습니다.'라는 이름이 붙었죠. 그런데 1996년, 더 먼저 출현한 가르히의 화석이 발견되면서 '최초로 도구를 제작한 유인원'이라는 타이틀을 뺏겨 버렸죠. 하지만 재미있게도, 비슷한 도구를 써서 비슷한 식생활을 영위했음에도 하빌리스는 자신이 사람속의 시작이라는 것을 알리기라도 하는 듯 뇌를 키워 등장했습니다. '풀만 뜯어 먹고 살 때는 하루 종일 소화시켜야 되니까 뇌한테 에너지를 쏟을 기회가 없었는데, 고기를 썰고 찢어 먹으니까 소화에 편중되어 있던 에너지가 여유를 갖고 뇌 쪽으로도 기웃거리기 시작한 거예요. 사헬란트로푸스 때는 침팬지보다 작았고 오스트랄로피테쿠스 때는 550cc였던 뇌가 600~800cc까지 커져 버렸죠! 역시 고기!'라는 사실에 기반한 드립을 치고 싶은데, 가르히랑 똑같이 먹고 살았는데 왜 차이가 나 버린 건지 조금은 미스터리군요.

돌로 돌을 내리쳐 대충 뾰족하게 만들어 쓰던 올도완을 보며 인류는 또 생각했습니다.

'올도완 이거 나름 괜찮긴 한데, 조금 없어 보여. 왠지 그냥 실수로 돌에 떨어뜨려서 깨진 걸 주워 쓰는 것 같잖아. 나중에 후손들이 유적 아닌 줄 알면 나 억울해서 못 살아. 좌우 대칭으로 뽀개 버리자. 양날로 쓰면 더 편할 것도 같고?'

이렇게 돌을 정교하게 떨어뜨리고 내리쳐서 양날 주먹도끼를 만들기 시작했어요! 왜냐하면 자신감이 생겼고 뇌도 더 커졌거든요. 뇌가 더 커진 데는 우연히 산불 난 동네에 놀러 갔던 이 가문의 개구쟁이가 멧돼지 바비큐를 발견한 공이 컸습니다. 불에 익은 돼지 통다리를 뜯어먹은 인류는 또 생각했죠.

'이거 뭐야? 구우니까 맛있잖아! 소화도 더 잘되는 것 같고? 육즙 보소? 마이야르…….'

번개가 치고 산불이 나면 다른 동물들처럼 도망치기 바빴는데, 이제 번개 치고 산불이 나면 쫓아다니면서 불을 갖고 와서 고기 구워 먹었죠. 혁명이 시작됐습니다.

사람의 뇌는 에너지 효율 측면에서 가장 골치 아픈 부속품입니다. 우리 체중에서 차지하는 비중이 단 2%인데, 사용하는 에너지는 무려 20%를 넘어가죠. 그러니 풀떼기나 생고기가 소화가 잘될 리 없죠! 하루 종일 먹고 씹어야 돼요. 익힌 고기는 혁명이었습니다. 산업혁명? 증기기관, 펌프, 면직물? 뒤로 가 있어. 살아 있는 증기기관인 인간이 진정한 구조적 혁신을 이룬 것은 이때였습니다. 두뇌 용량이 1,000cc를 돌파했습니다! 두뇌가 진심으로 에너지를 빨아들여 증기기관에 연기 나게 생각하기 시작한 거죠. 그리고 소화가 더 잘되는 것 같은 건 착각이 아니었습니다. 익힌 고기는 소화흡수율이 생고기와는 비교도 안 되게 좋아지니까요. 풀이나 육회만 먹던 시절에는 비대했던 인류의 장이 익힌 고기를 먹게 된 후로 더 작고 짧아졌습니다. 소화관이 길 필요가 없어진 거죠. 그래서 몸통이 더 날씬해졌고, 더 곧은 자세로 설 수 있었어요. 호모 에렉투스_*H. erectus*_'똑바로 선 인류'라는 뜻. 오스트랄로피테쿠스 때부터 인류가 이족 보행에 익숙해졌다는 걸 우리는 모두 알지만, 에렉투스의 화석이 발견된 1890년대에서 1900년대 초까지는 이족 보행하는 인류가 발견된 적이 없었거든요. 그리고 진정한 의미의 직립 보행은 몸통이 날씬해진 호모 에렉투스 때부터가 맞죠.가 똑바로 서기 시작한 거예요.

물론 두뇌가 커지고 똑바로 서게 되면서 부작용도 있었죠. 이때부터 아직 완전한 직립형 신체를 갖추지 못한 오늘의 우리까지 인류는 모두 추간판 탈출증이나 관절염에서 자유롭지 못합니다. 또 엄마들은 머리가 커진 아기를 직립 보행으로 좁아진 골반과 산도를 통해 출산해야 했기 때문에 다른 동물들은 상상도 못할 산통을 겪게 됩니다. 그래서 아기의 머리가 더 커지기 전에 출산해야 했죠. 이때부터 인류는 다른 동물에 비해 상대적 미숙아로 태어나게 됩니다. 그래서 어린 개체가 더 약하고 성체들의 보살핌

빅히스토리

이 더 절실해졌죠. 그럼에도 불구하고 인류가 똑바로 서서 걸음으로써 종의 생존 확률을 높인 것은 분명합니다.

이제 털도 별로 필요 없어졌어요. 그 전까지는 낮에 아무리 더워도 밤에는 추우니까 땀 뻘뻘 흘리면서 온몸이 털로 덮여 있었는데, 이제 불이 있으니까 털은 덥고 거추장스러운 존재가 됐죠. 햇볕을 받는 머리랑 걷거나 달릴 때 쓸리는 겨드랑이랑 사타구니에만 있으면 돼요. 그래서 털이 싹 없어지기 시작합니다. 인류의 체모가 사라진 시기는 이렇게 논리적인 해석이 아니라 과학적인 측정으로 명확해졌어요. 우리 몸에는 이가 삽니다. 머리에는 머릿니가, 그리고 사타구니에는 사면발니가 말이죠. 사면발니는 머릿니와 달리 굵은 모발에 기생하죠. 길고 굵은 체모가 사라지고 난 후, 원래 사람의 몸에 살던 이는 모두 머리카락으로 이동했습니다. 그리고 사타구니의 음모와 비슷한 굵기의 체모를 갖고 있던 고릴라에게서 고릴라사면발니가 옮겨붙어 오늘날의 사면발니가 되었습니다. 여기서 분자시계가 또 한 번 가동합니다. 진화유전학자 마크 스톤킹은 분자시계를 이용해 인간의 사면발니와 고릴라사면발니의 유전자 거리를 분석했습니다. 분석 결과, 이들의 공통 조상은 약 200~300만 년 전이었죠. 호모 에렉투스가 불을 사용하고 털을 벗기 시작한 시기와 얼추 맞아 떨어집니다.

이렇게 탈모와 대두大頭와 짧은 장, 디스크와 산통, 그리고 날씬한 몸을 얻은 호모 에렉투스는 180만 년 전부터 불로 무장한 채 무더운 아프리카를 떠나 여정을 시작합니다. 인류의 이동이 시작된 거죠. 유럽으로 간 에렉투스는 토타벨인, 중국으로 간 에렉투스는 베이징 원인, 위안머우 원인, 인도네시아로 간 에렉투스는 자바 원인으로 불리고 있죠. 이들이 정교하게 깨뜨려 만든 양날 돌멩이는 토타벨인의 터전 중 하나였던 프랑스 북부의 생아슐Saint-Acheul에서 처음 발견되어 아슐리안Acheulean 석기라고 부릅니다.

이제 모든 것을 얻은 우리의 호모는 더 거리낄 것이 없었습니다. 여기저기서 삶의 터전을 잡고 다양한 종을 꽃피웠죠. 케냐에서는 케냔트로푸스인지 호모인지 아직 논쟁 중인 루돌펜시스H. rudolfensis_호모 하빌리스보다 먼저 출현, 동아프리카와 남아프리카에서는 에르가스테르H. ergaster, 서유럽에서는 안테세소르H. antecessor, 이탈리아에서는 세프렌시스H. cepranensis, 잠비아에서는 로데시엔시스H. rhodesiensis, 남아공에서는 날레디H. naledi와 가우텐겐시스H. gautengensis, 인도네시아에서는 플로레시엔시스H. florensiensis가 발견되어 현생 인류 외에도 많은 호모들이 살았다는 사실을 보여 주죠. 그리고 하빌리스와 에렉투스또는 아프리카의 에르가스테르로 이어지던 계보에서 안테세소르와 가까운 가지에 있던 현생 인류와 다른 동반자들의 공통 조상이 출현합니다.

집, 창, 매장

1517년 10월 31일, 독일 비텐베르크성 교회 대문에는 장문의 고발장이 붙었습니다. 고발장이 지적하는 부조리는 95개였고, 고발 대상은 당시 모든 것을 가능하게 할 만큼 서슬 퍼런 권력을 쥐고 있던 가톨릭 교회였죠. 마르틴 루터는 생각했어요.

'해도 너무하네⋯⋯.'

당시 가톨릭 교회가, 더 정확히 말하면 독일 도미니코회 수사 요한 테첼이 "연보궤 안에 던진 돈이 딸랑 소리를 내자마자 영혼은 연옥에서 벗어 나온다."라는 헛소리를 신성하게 해대며 돈 받고 신자들에게 면죄부를 팔아

제끼던마르틴 루터의 입장에서 생각해 본 겁니다. 종교의 자유와 유일신 사상, 각 종교의 교리와 해석을 존중하지만, 종교계도 잘못했으면 혼나야죠……. 것에 분노를 느껴 온 그는 교회의 신학적 오류를 바로잡기 위해 바로 95개조 반박문을 써서 교회 대문에 붙여 버렸죠. 이 95개조 반박문은 요약본이었어요. "이렇게 목차를 드릴 테니 읽어 보시고 저랑 토론해 보시죠. 포럼 한번 열어 보자고요. 다 덤벼."라는 제안서였죠. 마르틴 루터는 할 말 많았거든요. 반박문을 읽은 가톨릭 교회 측은 나지막이 중얼거렸겠죠. "재미있네. 재미있어. 이런저런 계산, 고민 없이 우리만 보고 달려들잖아." 그렇게 만성절萬聖節, 또는 모든 성인 대축일(Sollemnitas Omnium Sanctorum), 가톨릭에서 천국에 있는 모든 성인을 기리는 축일 바로 전날성인 대축일 전날이라 성스러운 기운을 담아 귀신을 쫓는 할로윈 데이이기도 한 이 날은 훗날 개신교의 종교개혁 기념일이 됩니다. 교회를 대차게 들이받은 그는 그로부터 반년 뒤인 1518년 4월 26일, 지금의 하이델베르크 대학에서 공개 청문회에 초청되죠. 하이델베르크는 그때를 기점으로 종교개혁의 보루가 됩니다. 1908년에는 인류사의 전환을 이끈 보루가 되기도 했고 말이죠.

1908년 이곳에서 한 고등학교 교사가 발견한 아래턱뼈는 호모 하이델베르겐시스H. heidelbergensis의 것이었습니다. 70만 년 전 출현한 이 인류는 확실히 계측된 개체들로만 평균을 내 봐도 키가 180cm 이상에 체중은 100kg에 달했죠. 지금보다 80kg은 무거운 얼룩말이나 지금보다 뿔이 두 배 이상 긴 물소같이 거대한 동물들 틈에서 악착같이 살아남고 잡아먹고 버티기 위한 생계형 스펙이었다고 추측됩니다. 그래서인지 때로는 던지는 게 더 나을 수도 있었을 법한 호모 에렉투스의 정교한 돌도끼에 만족하지 못하고 돌날 창을 만들어 사용했죠. 무기를 더 효율적으로 진보시킨 거예요.

이들은 시체를 매장하는 풍습을 영위한 최초의 인류이기도 합니다. 동굴에서만 살던 자연인의 삶에서 벗어나 동물의 뼈나 코끼리 상아로 집을 지었던 흔적도 발견되죠. 불의 혜택을 이어받고 요리에 더 능숙해졌던 걸까요? 이들의 두뇌 용적은 최대 1,400cc로 현생 인류의 1,350cc와 거의 같습니다. 호모 하이델베르겐시스는 다른 의미로 인류사에 획기적인 인류였는데, 그것은 바로 이 인류가 거의 이견 없이 유력한 호모 네안데르탈렌시스, 데니소바인, 현생 인류인 호모 사피엔스의 공통 조상이었다는 것이죠.

공존, 그리고 멸종

다수 학설에 의하면 아프리카에서 발생한 하이델베르겐시스는 유럽으로도 건너갔는데, 그곳에서 진화한 인류가 네안데르탈렌시스였고, 아프리카에 남아서 진화한 인류가 현생 인류인 호모 사피엔스였습니다. 네안데르탈렌시스는 43만 년 전, 호모 사피엔스는 30만 년 전 출현했고, 최후의 네안데르탈렌시스가 멸종한 2만 8천년 전까지 이들은 세계를 공유했죠. 그리고 러시아에는 호모 사피엔스와 같은 시기에 출현해 불과 2만 5천년 전까지 데니소바인이 살았죠. 이 세 인류는 함께 살았습니다. 교류도 했고 서로 싸우기도 했고 사랑도 나눴죠. 이 세 인류는 교배가 가능한 아종이었습니다. 현생 인류의 유전체 중 1~6% 정도는 네안데르탈렌시스의 것이고, 멜라네시아인은 데니소바인의 유전체를 4~6% 갖고 있죠. 최근에는 네안데르탈렌시스와 데니소바인의 혼혈 1세대 화석도 발견되었다고 해요. 그러니까, 정말 "We are the world."였던 거예요. 그리고 마지막 순간 살아남은 건 이들을 모두 흡수한 우리였죠.

네안데르탈렌시스는 독일 네안더 계곡Neanderthal에서 발견됐습니다. 호모 사피엔스였던 크로마뇽인Cro-magnon_발견된 동굴 이름과 똑같습니다.도 프랑스에서 발견되었으니 이들은 같은 세계관을 공유했던 거죠. 네안데르탈렌시스는 우리보다 키는 약간 작았지만 근육이 남달랐어요. 두뇌 용적도 1,600cc로 우리보다 컸고, 인류 중 가장 컸죠. 그러니까, 힘도 세고 머리도 좋았어요. 보편적인 편견과 달리 네안데르탈렌시스는 사냥도 우리보다 잘했다고 합니다. 육식맨들이었기 때문에 사냥에 진심이었거든요. 우리랑 얘네랑 둘 다 잡식성이긴 한데, 우리는 풀때기 먹다가 너무 심하다 싶으면 고기 구하러 다녔고, 얘네는 사냥하고 고기 뜯어 먹다가 고기 못 구하면 풀 뜯어 먹었어요. 그러니까 근질이 달랐겠죠. 생존과 관련해 얘네가 우리보다 부족했던 것은 두정엽과 발성기관이었습니다. 표면적으로만 보면 신체적 스펙에서 열세였던 우리는 기억력과 언어 덕에 살아남았다고도 볼 수 있죠.

멸종해 버린 네안데르탈렌시스는 그 망령의 그림자를 주입시키고 싶었다는 듯이 우리에게 꽤나 치명적인 유전자를 몇 개 선물해 주었습니다. 우선 대표적으로 SLC16A11이 있습니다. 이것 때문에 우리는 평생 다이어트를 해야 하죠. 네, 비만 유전자예요. 정확히 말하면 야생에서 살아남기 유리하게 해 주는 지방 축적 유전자인데, 이게 과도한 영양 섭취와 운동 부족이 앙상블을 완성하는 현대사회를 살아가는 우리에게 비만과 당뇨의 공포를 선사하고 있죠. 자폐 스펙트럼 장애Autism Spectrum Disorders_ASD도 네안데르탈렌시스가 남겨 놓은 유전자로 인해 발생합니다. 2023년의 한 연구에서는 이러한 유전자를 갖고 있던 네안데르탈렌시스가 소통과 교류를 기반으로 하는 사회성과 동족 간 결속력이 현생 인류보다 약해 생존 경쟁에서 도태되었다는 결론을 던지기도 합니다. 마찬가지로 2023년의 연구에서는 네안데르탈렌시스가 물려준 밤낮 생체리듬과 관련된 유전자가 '아침형 인간'을 만들 수 있다는 결과도 나왔죠. 아마 저에게는 이 유전자가 없는 모양입니다. 네안데르탈렌시스가 물려준 가장 치명적인 저주는 탈모입니다. 남아프리카 칼라하리 사막에 사는 코이산족에게는 탈모 유전자가 없는데, 이들에게는 네안데르탈렌시스의 유전자가 전혀 없습니다. 본질적으로 사하라 이남 토착 인구들에게서는 네안데르탈렌시스 유전자가 없는데, 그건 이 지역에서는 하이델베르겐시스가 그대로 현생 인류로 진화했기 때문이라고 하죠. 어쨌든, 대한민국 천만 탈모인 분들! 조상 탓입니다. 더 빡치는 건, 그 조상이 이제는 우리 족보에 없다는 거죠.

시베리아 알타이 산맥의 데니소바 동굴에서 발견된 데니소바인 역시 네안데르탈렌시스처럼 신체적으로 엘리트 운동선수 같은 스펙을 타고났다고 합니다. 역시 러시아. 에밀리아넨코 표도르의 나라. 10만 년 전을 전후해 현생 인류가 아프리카에서 이주를 시작했을 때 뉴기니 같은 멜라네시아에 데니소바인이 살고 있었으며, 이로 인해 현재 멜라네시아에 데니소바인의 유전자가 남아 있다고 추정됩니다. 현재까지 게놈이 완전히 분석된 고인류는 네안데르탈렌시스와 데니소바인 뿐인데, 아프리카 지역의 현생 인류는 게놈이 분석되지 않은 고인류의 유전자를 2% 정도 갖고 있다고 합니다. 동시대에 살았던 아종들과 끊임없이 교류했던 현생 인류의 개방성을 볼 수 있는 지표입니다. 그런데, 언제나 우리의 교류는 단순한 친목으로 끝나지 않습니다.

파괴자

우리와 함께 했던 호모들은 이제 지구에 없습니다. 네안데르탈렌시스, 데니소바인, 섬나라에 고립되어 살던 플로레시엔시스, 그리고 유전자가 밝혀지지 않은 아프리카의 이름 모를 구인류까지. 전부 사라져 버렸죠. 이제 이 행성에 인류라고는 호모 사피엔스 사피엔스호모 사피엔스에 속한 우리의 친척 호모 사피엔스 이달투와 크로마뇽인이 있었지만, 이들 모두 멸종했습니다. 단 한 종만이 외롭게 남겨졌습니다. 더욱이 7만 년 전 호모 사피엔스를 멸종 직전까지 몰고 간 불의 심판으로 인해 우리의 유전자가 매우 제한적이라는 사실은 우리의 존재를 더욱 고립적이고 외롭게 하는 것만 같죠. 약 7만 년 전 수마트라에서 폭발한 토바 화산은 자신의 머리 위에 대전광역시 만한 섬을 품을 만큼 거대한 칼데라호를 남겼을 뿐 아니라 거대 화산 폭발의 고약한 탄소 시스템으로 6년 넘게 인류를 태양으로부터 가둬 버려 현생 인류의 개체 수를 만 명 아래연구마다 다른데, 최소 추정치는 40명입니다. 즉, 최소 추정치가 사실이었다면, 당시 지구에는 호모 사피엔스가 단 40명 밖에 남지 않았다는 뜻이죠.로 떨어뜨렸죠. 그렇게 곤두박질 친 개체 수가 멸종의 문턱까지 간 이후 인류는 80억 명이 넘게 수를 불렸지만, 여전히 유전자 병목 현상의 후유증으로 우리의 유전자는 지극히 제한적입니다. 폭발적으로 늘어나는 인구는 유전자의 다양성이 담보되지 않으면서 식량만 축내는 개체 수의 증가일 뿐이죠. 제가 너무 비관적인가요? 그렇다면 다음 문장을 보고 함께 비관적이 되어 봅시다. "탈모나 코로나 바이러스로부터 우리가 자유로울 수 없는 이유는 바로 이 때문입니다." 이렇게, 우리는 모두 아프리카에서 온 호모 사피엔스의 후손입니다. 그런데 재미있는 것은 그렇게 살림이 거덜날 지경까지 경험했던 우리의 조상이 아프리카에서 이동한 이후 새로운 곳을 찾아갈 때마다 그 지역 살림이 거덜 났다는 점이죠.

우리와 한솥밥 먹던 고인류, 그중에서도 특히 네안데르탈렌시스의 멸종에 대해서는 다양한 학계의 의견이 있습니다.

우선 도태설은 멸종된 개체라면 누구에게나 붙는 책임론입니다. 네안데르탈렌시스의 경우에는 라이벌이었던 현생 인류보다 의사 소통 능력, 주행 능력, 무기와 같은 생존에 치명적인 요소들이 발달하지 못해 도태되어 멸종되었죠. 이들은 우리보다 신체적으로 우월했지만, 신체 능력이 부족했던 우리가 오히려 모자란 부분을 채우기 위해 악착같이 문화를 발전시키고 사회를 구성해 똑똑한 집단을 이루었다는 거죠. 4만 년 전 출현한 우리 호모 사피엔스 사피엔스는 몇백km 떨어진 곳의 구성원과도 무역을 했다는 증거가 발견되기도 했죠. 게다가 네안데르탈렌시스의 육체는 성능은 좋지만 연비가 좋지 않았어요. 뇌도 더 크고 근육도 더 많아서 우리보다 30% 이상 더 먹어 줘야 했죠. 거기에 플라이스토세였던 약 11만 5,000년 전부터 10만 년간 지속된 마지막 빙하기는 마땅히 옷도 제대로 지어 입지 못하고 식량만 축내던 이들을 죽음으로 내몰게 되었습니다. 사실 이 빙하기 부적응에 대한 가설은 약간 구닥다리인데요, "이미 불을 사용할 수도 있었고 비만 유전자의 원조였던 이들이 날씨 추워졌다고 멸종했다는 게 조금 이해가 안 되는데요?"라고 손 들고 질문하는 학자들이 많았거든요.

그래서 전염병에 걸렸다, 날 것을 너무 좋아해서 영양 흡수가 딸렸다, 반려동물을 안 키워서 그랬다눈의 흰자위는 호모 사피엔스에게만 있었는데, 이것이 동물과의 아이 컨택트에 유리해 늑대 같은 동물과 소통하고 협력할 수 있었던 것이 사냥과 자기 보호에 있어 유리했다는 가설이 있습니다. 등 이래저래 입 터는 분들이 많지만, 가장 유력한 학설은 흡수설과 학살설입니다. 흡수설은 꽤나 자연스러운 흐름으로 전개됩니다. 그냥, 호모 사피엔스가 이동해 와 네안데르탈렌시스와 교류하고 교배해서 자연스럽게 호모 사피엔스에 흡수되어 개체수가 줄어드면서 사라졌다는 말이죠. 이에 대해서는 이견이 좀처럼 없습니다. 하지만, 단 한 개체도 남지 않고 씨가 말라 버렸다는 사실에 대해서는 보충 설명이 필요하죠. 여기에 학살설이 살을 보탭니다. 현생 인류가 네안데르탈렌시스와 말 그대로 싸워서 이겼다는 거죠. 중세와 근대에 열강들이 식민지를 개척하며 원주민들을 멸족시키거나 노예로 만들었던 것처럼 말이죠. 무정부 상태에서 워낙 대륙에 넓게 분포되어 있던 종 간의 경쟁이라 단기간에 이루어지기는 어려운 일이었지만, 이 둘 사이에는 10만 년이라는 지루한 시간이 있었기 때문에 이것이 가능했다는 주장을 제러드 다이아몬드를 비롯한 많은 학자들이 지지합니다. 하지만, 인류는 잔인하긴 해도 지능이 뛰어납니다. 공감도 잘하고 정치도 하죠. 같은 인류 계통의 아종을 상대로 전 지구적 말살 작전을 작정하고 감행하는 바보짓은 하지 않았을 거란 말이죠. 결국 이 많은 학설들이 제기하는 사실 관계들이 복합적으로 작용한 결과, 조금 더 생존에 유리했던 현생 인류가 살아남게 되었다는 게 맞는 이야기가 되겠죠. 하지만, 적어도 다른 계통의 동물들에 대해서는 학살설이 꽤나 설득력 있어 보입니다.

30만 년 전 출현한 호모 사피엔스는 빙하기가 시작된 10만 년 전부터 이동하기 시작했습니다. 그리고 700년 전 뉴질랜드에 마오리족이 입도할 때까지 꾸준히 지구 곳곳에 침투했죠. 10만 년 전에 아라비아 반도를, 5만 년 전에 인도를 포함한 아시아와 호주를, 4만 년 전에 유럽을 점령했고, 1만 5천 년 전에 빙하기의 베링 육교를 건너 알래스카 땅을 밟은 뒤 1만 2천 년 전에는 북아메리카를 지났고, 1만 년 전 칠레 땅을 밟았습니다. 그리고, 그 행로에 있던 동물들은 멸종했죠. 특히 대형 종들은 대륙별로 목록을 작성할 수도 있을 정도로 명확하게 인류가 멸종시켰습니다.

아프리카는 인류가 기원해 땅에 떨어진 것만 주워 먹을 만큼 하찮았을 때부터 오랜 기간 토착종들과 공존했기 때문에 크게 영향을 받은 동물이 많지는 않았습니다. 어디에서나 살고 어디에서나 멸종했던 스밀로돈이나 타조를 닮은 거대한 조류 파키스트루티오*Pachystruthio dmanisensis* 정도가 인류의 영향으로 멸종했죠.

유럽에서는 유럽코뿔소*Stephanorhinus*, 동굴곰*Ursus spelaeus*, 스밀로돈, 매머드*Mammuthus primigenius*, 아이리시 엘크*Megaloceros giganteus*, 모스바흐 사자*Panthera fossilis*가 인류의 진출 시점에 맞추어 멸종을 맞이했습니다. 스밀로돈은 모든 대륙에서 각기 다른 시기에 인류의 정착과 맞물려 자취를 감췄죠.

아시아를 볼까요? 엘라스모테리움, 스텝매머드*Mammuthus trogontherii*, 거대 판다*Ailuropoda microta*, 플라이스토세 호랑이*Panthera tigris acutidens*, 아시아 검치호랑이*Smilodon populator*, 그리고 인도에서는 아시아곧은엄니코끼리*Palaeoloxodon namadicus*가 절멸합니다.

아메리카의 경우는 더 드라마틱합니다. 현생 인류가 베링 해협을 걸어서 알래스카를 거쳐 북아메리카에 도착하면서 다이어울프, 아메리카 사자, 호모테리움, 컬럼비아매머드, 스밀로돈, 아메리카 치타*Miracinonyx*, 거대 맹금류인 테라토르니스*Teratornis*, 짧은얼굴곰*Arctodus simus*과 아르크토테리움을 포함한 거대 곰, 큰뿔사슴*Cervalces scotti*, 북아메리카 낙타*Camelops*, 북아메리카 말*Equus ferus*, 거대 땅늘보*Megalonyx jeffersonii*, 곰포테리움*Gomphotherium*, 거대 아르마딜로인 글립토돈트*Glyptodont*, 거대 비버인 카스토로이데스*Castoroides*가 이 땅에서 사라집니다. 남아메리카에서는 메가테리움, 스밀로돈, 남방매머드*Mammuthus meridionalis*, 남방코끼리*Macrauchenia*, 그리고 거대 아르마딜로인 도에디쿠루스*Doedicurus*가 사라졌습니다.

호주에서는 거대 캥거루인 프로콥토돈*Procoptodon*과 디프로토돈*Diprotodon*, 메갈라니아, 대형 조류 게니오르니스*Genyornis newtoni*, 주머니사자*Thylacoleo carnifex*, 토착 악어 쿠인카나*Quinkana Molnar*가 멸종했습니다.

호모 사피엔스는 플라이스토세에 지워져 버린 생태계의 주범으로 끊임없이 지목되지만, 이게 끝이 아닙니다. 뉴기니 섬을 비롯한 오세아니아, 레위니옹, 모리셔스 같은 곳의 토착종은 대부분 인류 상륙과 함께 명맥이 끊겼고, 4,000년 전에 인류가 유라시아 북부로 진출하자 티라누스 북극곰이 멸종했습니다. 700년 전 인류가 뉴질랜드에 정착하자 멀쩡하게 잘 살던 모아 새*Moa*와 하스독수리*Haast's eagle*가 사라져 버렸고, 북아메리카에 위대한 독립 국가가 건설되고 백 년을 갓 넘긴 1902년에 발견된 로키산메뚜기 개체는 마지막으로 살아 있던 녀석이었죠. 그리고 이 목록에 절멸한 네안데르탈렌시스와 잉카인, 마야인, 아즈텍인, 그리고 강제 이주와 사회적 거세의 역사를 겪은 아프리카인과 아메리카 원주민, 수많은 식민 지배의 피해자가 차곡차곡 이름을 올렸습니다. 오늘날까지 호랑이, 사자, 표범, 악어, 치타, 재규어, 퓨마, 늑대, 코끼리, 기린을 비롯한 수많은 멸종위기종은 인류의 책임에 크게 빚지고 있죠.

결론 내리자면, 인류는 파괴자입니다. 어찌 보면 이것은 지난 수십억 년간 억눌려 오던 생태계의 하위 계층포유류으로서의 경험과 보호 본능이 살기 위해 파괴해야 한다는 무의식으로 작용했는지도 모르죠. 수많은 멸종의 원인이 단순히 탐욕과 이기심의 결과라고 한다면, 멸종한 그들에게나 살아남은 우리에게나 씁쓸하잖아요. 그렇게 인류는 오랜 세월을 거치며 두 발로 서고 도구를 만들고 지성을 키우고 불과 언어를 사용하며 진화하고 살아남았습니다. 그리고 이제, 생존을 넘어선 정신적, 지적, 탐구적 추구의 결과물인 집단지성이 문명이라는 이름으로 동을 틔우려 하고 있습니다. 문자로 기록되지 않은 생존과 파괴의 역사를 뒤로 한 채 인류가 깨어납니다. 문명의 발기가, 지성의 축적이, 문화의 태동이 비로소 시작됩니다. 오늘날 우리를 이토록 풍요롭게 해 주고, 더불어 자멸로 잡아 이끄는 문명과 기술, 문화와 정치, 종교와 전쟁의 역사가 이제 시작됩니다.

문명, 지성, 회복

얼마 전 메이저리그 최초로 50(홈런)-50(도루)을 달성한 오타니 선수의 홈런볼을 두고 소송이 제기되었죠. 18세 소년이 자신이 먼저 집은 공을 빼앗겼다고 주장하고 나섰습니다. '야구공 하나 갖고 웬 소송?'이라고 생각할 수 있겠지만, 다른 야구공과 똑같이 생긴 이 공에는 120년 역사의 메이저리그 최초 50-50 달성이라는 의미가 부여되어 최소 60만 달러의 경매가를 기록했으며, 만일 즉시 구입을 하려 한다면 최소 60억 원을 지불해야 합니다. 소송이 걸릴 만하죠?

인류는 이렇습니다. 세상의 야구공은 모두 똑같이 생겼지만, 인류는 지름 74mm의 똑같이 생긴 수많은 야구공 중 유독 하나에 의미를 부여해 30만 배의 값어치를 달리 매깁니다. 그것도 인류가 임의로 부여한 화폐라는 단위의 가치를 말이죠. 부와 편리, 권력과 물질의 영위에 가치를 두지 않는 생물에게는 종이쪼가리나 숫자에 지나지 않는 그 단위 말입니다. 인류는 생존만을 위해 살지 않습니다. 만일 그렇다면, 어째서 독립운동가나 환경운동가, 혁명가들은 유전자의 존속을 위한 삶 대신 숭고한 죽음을 선택하겠습니까? 돌에 눌러 붙은 뼈조각의 흔적에도 고고학적 사건을 그리고 고생물학적 역사라는 의미를 부여하죠. 그저 지구에 잠시 살다 갔을 뿐인 생명들에게 그들 자신조차 생각해 본 적 없었을 역사적 가치를 부여하는 사고 체계와 의식이 우리 인류를 이 세계의 정점으로 등장시켰습니다.

그럼에도 불구하고 인류는 아직 자신의 위치를 모르는 것 같습니다. 그건 이 우주도, 그리고 이 세계를 운영하는 물리 법칙도, 그리고 그 모든 것을 창조했다고 많은 인류가 믿어 의심치 않는 신조차도 모를 것입니다. 사회와 교류, 문화, 부, 종교, 정치, 경제, 국가, 기업, 주권, 학문과 같은 상징적인 체계에 무한한 가치를 부여하면서도 다른 생물과 환경에 대해서는 어떤 형태로든 직간접적으로 거세와 살해를 멈추지 않습니다. 그와 동시에 죄책감과 동정심을 발휘하면서 말이죠. 인위적 교배를 통해 유전병을 양산하며 반려동물을 '만들어' 놓고, 그들을 아끼고 사랑하며 식단과 생활 습관을 관리함으로써 망가뜨려 놓고 시작한 그들의 건강을 챙겨 주려 노력하죠. 이런 모순은 우리 스스로에 대해서도 자행되고 있습니다.

우리는 페름기 이후 2억 년도 넘게 진화해 왔지만, 머지않은 언젠가 지금의 진화된 모습 그대로 페름기의 멸망 상황에 다시 노출될 수 있습니다. 그때와 다른 점이라고 한다면, 페름기에는 우리의 어머니 지구가 무슨 이유에서였든지 스스로 한 순간에 스위치를 누른 것이었고, 오늘날에는 어머니 행성에 기생하는 한 종이 2억 년간 배운 것이 없었다는 듯 매일매일 계단 오르는 것처럼 파멸의 마일리지를 차곡차곡 쌓아가고 있다는 것이죠. 이 파멸은 내가 아니라 플라스틱을 개발하고 합성물질과 환경호르몬, 탄소를 배출하는 다른 누군가의 책임이라고 말하고 싶겠지만, 우리는 모두 사이 좋게 손을 잡고 책임을 나눠 진 채 플라이스토세 멸종 목록에 우리

빅히스토리

의 이름을 새기려 하고 있습니다. 목록의 제목을 '인류세 멸종'이라고만 바꿔 쓰고 말이죠. 그럼에도, 우리는 깨닫지 못합니다.

우리가 우리 자신과 환경을 되살리고 보호할 수 없을 것이라는 어두운 전망이 더 높은 확률로 현실이 될 수밖에 없는 이유는, 이 세상 어느 누구도 손해를 보고 싶어 하지 않기 때문입니다. 에어컨과 자동차, 비행기, 화석연료가 결코 좋은 영향을 주지 않는다는 것을 알지만, 모두가 일시에 이용을 멈출 수는 없죠. 편리하니까요. 진실한 환경운동가와 NGO를 비롯한 절대 소수의 전적인 희생과 외침을 통해 환경이 그나마 유지된다고 해도 과언이 아니죠. 물론 일제히 각성한 엘리트들이 합의해 제도를 만들고 협약을 강제한다면 어느 정도 우리의 멸종을 늦출 수 있겠지만, 불가능한 일이죠. 그렇기 때문에 지금까지 배운 빅히스토리를 비롯한 역사와 현장의 이야기, 그리고 진실을 가르치고 배우고 교훈을 얻는다면, 같은 실수를 반복하는 빈도는 서서히 줄어들 겁니다. 사회적 존재로서 집단 학습할 수 있는 대규모 공동체를 이루고 살아가는 인류가 집단지성을 쌓고 학습한다면, 당장 손해라고 생각하는 귀찮고 이타적인 행위들이 결국에는 인류를 보호하고 생존할 수 있게 하는 일이라는 것을 거부감 없이 받아들일 수 있게 될 것입니다.

우리는 너무 짧은 시간 동안 너무 눈부시게 발전해 왔습니다. 138억 년이라는 우리 우주의 역사의 0.0001%도 되지 않는 시간 안에서 99.9%가 넘는 시간 동안 유유히 흘러온 지구와 우주를 지배하려고 합니다. 어쩌면 너무 짧은 시간을 살아왔기에 더 열정적으로 모든 것을 불태우고 있는지도 모릅니다. 문화도, 음식도, 예술도, 심지어 실제로 서로의 이웃도, 그리고 탄소와 화석도 말이죠. 아니, 어쩌면 그것은 앞으로 살아갈 날이 얼마 남지 않았다는 막연하지만 충분히 예측 가능한 필연적인 미래에 대한 몸부림일 수도 있습니다.

그렇기에, 우주의 탄생으로 시작해 인류의 등장으로 마무리되는 이번 권에 이어서 앞으로 펼쳐질 인류의 문명과 파괴와 번영과 전쟁, 그리고 그 안에서 꽃피우는 종교와 예술, 건축, 음식, 과학, 기술, 정복과 해방의 이야기는 138억 년이 넘는 거대하고 지루한 인류 이전의 이야기보다 분명 더 얕지만 더 생동감 넘치고 복잡하며, 의도와 목적이 있지만 불규칙하게 뒤엉킨 인과 관계를 보여 줄 것입니다. 자연의 역사는 의도 없이 거대하고 당연하지만, 인위의 역사는 명분과 의지를 가진, 다양한 관점에서 볼 때 전혀 당연하지 않고 오히려 황당할 수 있는 이야기일 것입니다. 문명 이전의 역사는 138억 년간 이어져 왔지만, 문명 이후의 역사는 이전 역사의 0.00007%에 지나지 않죠. 일만 년 전부터 인류가 벌여 놓은 역사는 그보다 138만 배 더 길게 이어져 온 사건들보다 우리에게 들려줄 이야깃거리가 훨씬 많을 것입니다. 얻을 수 있는 집단지성과 교훈도 다양할 테죠.

메소포타미아와 바빌론, 이집트와 피라미드, 황하, 아리아인과 바이킹, 베다, 꾸란, 십자군, 성경, 금융, 시오니즘, 대항해, 르네상스, 식민지, 삼각무역, 노예, 몇 차례의 혁명, 두 차례의 세계대전, 기술, 냉전, 이데올로기, 감염, 의학, 마약, 술, 커피, 차, 음식, 핵, 과학처럼 인류가 개입하고 스스로에게 축복과 저주를 실타래처럼 뭉쳐 던져 준 수많은 이야기들은 우주와 별, 지구, 생명의 시작, 진화와 생존, 멸종과 파괴로 이어진 1만 년 전까지의 원초적인 역사로 정리된 빅히스토리라는 이번 책의 집단지성보다 더 짧지만 폭발적이고 다양하게 펼쳐질 것입니다. 이런 이야기들을 다음에 다시 만날 때까지, 오늘까지 배운 빅히스토리를 기억하고 각자의 입맛에 맞는 교훈을 찾고 계시길 바랍니다. 중간에 어디선가 저와 마주치면 여전히 진화 중일 이 책의 내용에 대해 돌을 던질 준비를 하고 말이죠.

~ The End ~

참고문헌

1. 샤워를 하고, 넥타이를 매고, 생각을 하고

1) "한반도 면적 7배의 쓰레기섬, 플라스틱 섬" 교육부, 2021. 03. 12., https://post.naver.com/viewer/postView.nhn?volumeNo=30929119&memberNo=15194331&vType=VERTICAL

2) 유발 하라리, *사피엔스*. 조현욱, 역. 서울: 김영사, 2023.

3) 대런 애쓰모글루, 사이먼 존슨, *권력과 진보 : 기술과 번영을 둘러싼 천년의 쟁투*. 김승진, 역. 서울: 생각의힘, 2023.

4) 김영미, *세계는 왜 싸우는가*. 서울: 김영사, 2019.

5) "앰네스티, '증오·혐오 방관한 페이스북, 로힝야족에 배상해야'" 경향신문, 2022. 09. 29., https://www.khan.co.kr/world/asia-australia/article/202209291618001

6) 마이클 셔머, *음모론이란 무엇인가*. 이병철, 역. 서울: 바다출판사, 2024.

7) 미야자키 마사카츠, *처음 읽는 음식의 세계사*. 한세희, 역. 서울: 탐나는책, 2021.

8) 윤덕노, *음식이 상식이다*. 서울: 더난출판사, 2015.

9) 권대영, *한식 인문학*. 서울: 헬스레터, 2019.

10) Kim, S., Park, M., Yeom, S. I., Kim, Y. M., Seo, E., Kim, K. T., … & Choi, D., "Genome sequence of the hot pepper provides insights into the evolution of pungency in Capsicum species." *Nature Genetics*, 46(3), 270-278., 2014.

2. 우주

1) "망원경으로 관측 가능한 별의 숫자는…", 경향신문, 2003. 07. 23., https://n.news.naver.com/mnews/article/032/0000025559?sid=105

2) 이광식, *잠 안 오는 밤에 읽는 우주 토픽*. 서울: 들메나무, 2022.

3) 사이먼 싱, *우주의 기원 빅뱅*. 곽영직, 역. 서울: 영림카디널, 2015.

4) Zemeckis, Robert, director. Back to the Future. Universal Pictures, 1985., 1hr., 56min. https://www.amazon.com/Back-Future-Michael-J-Fox/dp/B00439FUYA

5) 브라이언 그린, *엔드 오브 타임*. 박병철, 역. 서울: 와이즈베리, 2021.

6) 채사장, *지적 대화를 위한 넓고 얕은 지식: 제로 편*. 서울: 웨일북, 2019.

7) 니시자와 노부타카, 은하철도 999, 일본 토에이 애니메이션 제작·한국MBC 방영, 1981-

1983.

8) C. W. Chou, D. B. Hume, T. Rosenband and D. J. Wineland. *Optical Clocks and Relativity*. Science, Sept. 24, 2010.

9) 제레미 번스타인, *아인슈타인 : 생애 · 학문 · 사상*. 장회익, 역. 전파과학사, 2024.

10) 제임스 글릭, *아이작 뉴턴*. 김동광, 역. 서울: 승산, 2003.

11) 폴 핼펀, *아인슈타인의 주사위와 슈뢰딩거의 고양이*. 김성훈, 역. 서울: 플루토, 2016.

12) 맥스 테그마크, *맥스 테그마크의 유니버스*. 김낙우, 역. 서울: 동아시아, 2013.

3. 지구

1) 빌 브라이슨, *바디 : 우리 몸 사용 안내서*. 이한음, 역. 서울: 까치, 2020

2) Cameron, James, director. The Terminator. Orion Pictures, 1984. 1hr., 47min. https://www.amazon.com/Terminator-Arnold-Schwarzenegger/dp/B00153ZC8Q

3) Cameron, James, director. Terminator 2: Judgment Day. Tri-Star Pictures, 1992. 2hr., 17min. https://www.amazon.com/Terminator-2-Judgment-Arnold-Schwarzenegger/dp/B000JNN0SM

4) IAEA, *IAEA COMPREHENSIVE REPORT ON THE SAFETY REVIEW OF THE ALPS-TREATED WATER AT THE FUKUSHIMA DAIICHI NUCLEAR POWER STATION*. IAEA, 2023.

5) 칼 세이건, *코스모스*. 홍승수, 역. 서울: 사이언스북스, 2010. (원저_1980년)

6) 토마스 헤르토흐, *시간의 기원*. 박병철, 역. 서울: 알에이치코리아, 2023.

7) 오후, *믿습니까? 믿습니다!*. 서울: 동아시아, 2021.

8) 한국지구과학회, *지구과학사전*. 서울: 북스힐, 2009.

9) 존 판던, *화학 영재를 위한 원소 지도 주기율표*. 이진선, 역. 서울: 위즈덤하우스, 2022.

10) Abbas, Yavar, director. Earth: Making of a Planet, 2011. 1hr., 36min. https://www.youtube.com/watch?v=gTsJubN68WE&ab_channel=AmethystStone

4. 생명

1) 토머스 벌핀치, *벌핀치의 그리스 로마 신화*. 인윤기, 편역. 서울: 창해, 2009.

2) 오후, *우리는 마약을 모른다*. 서울: 동아시아, 2023.

3) 데이비드 크리스천, 신시아 브라운, 크레이그 벤저민, *빅 히스토리*. 이한음, 역. 서울: 웅진지식하우스, 2023.

4) 플라톤, *소크라테스의 변명 : 크리톤, 파이돈, 향연*. 황문수, 역. 서울: 문예출판사, 1999.

5) 이재호, *알고나면 쉬워지는 해부학 이야기*. 서울: 범문에듀케이션, 2019.

6) Phelps, E. A., & LeDoux, J. E., "Contributions of the amygdala to emotion processing: From animal models to human behavior." Neuron, 48(2), 175-187., 2005.

7) 대한지질학회, *지질학백과*. 서울: Naver, 2024. 10. 20. 검색

8) 김병민, *거의 모든 물질의 화학*. 서울: 현암사, 2022.

9) 존 M. 헨쇼, *세상의 모든 공식*. 이재경, 역. 서울: 반니, 2015.

10) 이억주, *초등학생을 위한 양자역학 2*. 서울: 해나무, 2020.

11) "*가시광선*." 위키백과. 2 5 2024, 06:00 UTC. 17 10 2024, 11:39.

12) "*적외선*." 위키백과. 4 7 2024, 07:27 UTC. 17 10 2024, 11:41.

13) "*자외선*." 위키백과. 22 8 2024, 02:48 UTC. 17 10 2024, 11:42.

14) 장 마리니, *흡혈귀: 잠들지 않는 전설*. 장동현, 역. 서울: 시공사, 1996.

15) 엘리자베스 코스토바, *히스토리언*. 조영학, 저. 서울: 김영사, 2005.

16) "*Vampires - Top 10 Famous Mysterious Monsters*". Tone.com. 14 August 2009. Archived from the original on 17 August 2009.

17) Lizzie Dearden (20 May 2014). "Radu Florescu dead: Legacy of the Romanian 'Dracula professor' remembered". The Independent. Retrieved 9 November 2018.

18) Del Toro, Guillermo, director. Blade II. New Line Cinema, 2002. 1hr., 57min. https://www.amazon.com/Blade-2-Bloodhunt-Wesley-Snipes/dp/B000YFYOAS

19) Perry, Jordan Andrew, director. Day Shift. Netflix, 2022. 1hr., 54min. https://www.netflix.com/tudum/day-shift

20) 서울아산병원 _의료정보_ 검사/시술/수술정보_칼슘https://www.amc.seoul.kr/asan/healthinfo/management/managementDetail.do?managementId=76

21) 알프레드 베게너, *대륙과 해양의 기원*. 김인수 역. 서울: 나남, 2010.

22) 샘 밀러, *이주하는 인류*. 최정숙, 역. 서울: 미래의창, 2023.

23) 체리 루이스, *데이팅게임*. 조숙경, 역. 서울: 바다출판사, 2002.

24) Frederick K. Lutgens, Edward J. Tarbucks, *지구 시스템의 이해*. 김경렬, 김동희, 박창범, 전종갑, 조문선 역, 서울: 박학사, 2009.

25) 오후, *나는 농담으로 과학을 말한다*. 서울: 웨일북, 2019.

26) B. HOFMANN WELLENHOF, H. Lichtenegger, J. Collins, *GPS 이론과 응용*. 서용철, 역. 서울: 시그마프레스, 2009.

5. 진화

1) John Van Wyhe(편집), "DARWIN ONLINE," 2024년 8월 20일 검색, https://darwin-online.org.uk/.

2) 찰스 다윈, *종의 기원*. 장대익, 역. 서울: 사이언스북스, 2019.

3) 존 그리빈, *과학을 만든 사람들*. 권루시안, 역. 서울: 진선BOOKS, 2021.

4) 아이작 뉴턴, *프린키피아*. 박병철, 역. 서울: 휴머니스트, 2023.

5) 윤실, *청소년을 위한 중요 과학법칙 169*. 서울: 전파과학사, 2024.

6) Robert Hook, *Micrographia : Tabled & Illustrated*. E-Kitap Projesi & Cheapest Books, 2019.

7) Alberts, Bruce, Karen Hopkin, Alexander Johnson, Morgan, David, Martin Raff, *필수 세포생물학*. 김균언, 김문교, 김영상, 역. 서울: 라이프사이언스, 2019.

8) 싯다르타 무케르지, *세포의 노래*. 이한음, 역. 서울: 까치, 2024.

9) 린 마굴리스, *공생자 행성*. 이한음, 역. 서울: 사이언스북스, 2014.

10) 브렌다 매독스, *로잘린드 프랭클린과 DNA*. 진우기, 나도선, 역. 서울: 양문. 2004.

11) 제임스 왓슨, *이중나선*. 최돈찬, 역. 서울: 궁리, 2019.

12) 리처드 도킨스, *이기적 유전자*. 홍영남, 이상임, 역. 서울: 을유문화사, 2023.

13) 티모시 C. 와인가드, *모기 : 인류 역사를 결정지은 치명적인 살인자*. 서종민, 역. 서울: 커넥팅, 2019.

6. 멸종과 생존

1) "지구 생명체 공통조상 'LUCA' 45억년 전 출현", 연합뉴스, 2018. 08. 21., https://www.yna.co.kr/view/AKR20180821137900009.

2) Mary Shelley, *Frankenstein*. Vintage Classics, 2016.

3) 마이클 J. 벤턴, David A.T. Harper, *고생물학개론*. 김종헌, 고영구, 김정률, 역. 서울: 박학사, 2014.

4) 리처드 포터, *삼엽충 : 고생대 3억 년을 누빈 진화의 산증인*. 이한음, 역. 서울: 뿌리와이파리, 2007.

5) 피터 브래넌, *대멸종 연대기*. 김미선, 역. 서울: 흐름출판, 2019.

6) 가이우스 플리니우스 세쿤두스, *플리니우스 박물지*. 서경주, 역. 서울: 노마드, 2021.

7) 장순근, *실러캔스의 비밀*. 서울: 지성사, 2022.

8) 김도윤, *만화로 배우는 멸종과 진화*. 서울: 한빛비즈, 2024.

9) 이강민. "3억 5천만 년을 살아남기 위해 바퀴벌레가 시도한 혁신들." 이강민의 잡다한 지

식 사전. 2024. 08. 08. 39:06. https://www.youtube.com/watch?v=QODcHLSV5Cc.

10) 이강민. "핵이 터져도 바퀴벌레는 산다? 바퀴벌레, 오해와 진실 (이정모 전 국립과천 과학관장)." 이강민의 잡다한 지식 사전. 2023. 03. 30. 26:59. https://www.youtube. com/watch?v=i041SOOYcv0.

11) 츠치야 켄, 실물 크기로 보는고생물도감(고생대 편) : 고생대 생명체 3억년의 화려한 역 사. 김소연, 역. 서울: 영림카디널, 2019.

12) 마이클 J. 벤턴, 대멸종의 지구사. 김미선, 역. 서울: 뿌리와이파리, 2024.

13) 무비콘 애니. "월트 디즈니 (Walt Disney) - 판타지아 (Fantasia) 1부." 무비콘 애니. 2016. 06. 07. 1:06:34. https://www.youtube.com/watch?v=QzEyE0hEJ0k.

14) Trevorrow, Colin, director. Jurassic World Dominion. Universal Pictures, 2022. 2hr., 26min. https://www.amazon.com/Jurassic-World-Dominion-Chris-Pratt/dp/ B0B5KXT1LL

15) 루이스 다트넬, 오리진 : 지구는 어떻게 우리를 만들었는가. 이충호, 역. 서울: 흐름출판, 2020.

16) 토머스 할리데이, 아더랜드. 김보영, 역. 서울: 쌤앤파커스, 2022.

17) 존 우드워드, 공룡 백과 : 시아노박테리아에서 호모 사피엔스까지. 이한음, 역. 서울: 비 룡소, 2020.

18) 존 우드워드, 공룡 대백과사전!. 이한음, 역. 서울: 비룡소, 2022.

19) 에릭 마티베, 공룡 : ZOOM 동물백과. 이충호, 역. 서울: 보림, 2021.

20) Hammond, Paul, 공룡 : 놀라운 생명의 역사 탐험. 엄지연, 역. 서울: 담터미디어, 2011.

21) 스콧 샘슨, 공룡 오디세이. 김명주, 역. 서울: 뿌리와이파리, 2011.

22) 김도윤, 만화로 배우는 공룡의 생태. 서울: 한빛비즈, 2019.

23) 덩컨 매든, 여행자의 어원 사전. 고정아, 역. 서울: 월북, 2024.

24) Ostrom, John H. Osteology of Deinonychus antirrhopus, an unusual theropod dinosaur from the Lower Cretaceous of Montana. New Haven: Peabody Museum of Natural History, Yale University, 1969.

25) 박진영, 신비한 익룡 사전. 서울: 씨드북, 2020.

26) L W Alvarez, W Alvarez, F Asaro, H V Michel. "Extraterrestrial cause for the cretaceous-tertiary extinction." Science. 1980 Jun 6;208(4448):1095-108. doi: 10.1126/ science.208.4448.1095.

7. 마지막 준비

1) 이양구, 통계로 본 6. 25 전쟁. 서울: 국방부 군사편찬연구소, 2014.

2) Xiaobing, Li. "A History of the Modern Chinese Army Lexington. p. 105." University Press of Kentucky, 2009.

3) Ryan, Mark A.; Finkelstein, David M.; McDevitt, Michael A., "Chinese Warfighting: The PLA Experience Since 1949." Armonk, New York: M.E. Sharpe, 2003.

4) 피터 브래넌, 대멸종 연대기. 김미선, 역. 서울: 흐름출판, 2019.

5) 토머스 할리데이, 아더랜드. 김보영, 역. 서울: 쌤앤파커스, 2022.

6) "[영상] 다른 코끼리 대변 꺼내먹는 코끼리… '충격'" 서울신문, 2015. 01. 09., https://www.seoul.co.kr/news/newsView.php?id=20150110500013.

7) "인간 수명 80살 정도인 이유는… 'DNA 오류 한도까지 쌓여서'" 한국경제, 202. 04. 14., https://www.hankyung.com/international/article/202204146842Y.

8) Coxall, H. K., & Pearson, P. N., "The Eocene-Oligocene Transition." *Nature Geoscience*, 2007.

9) Harland, W. B., et al. "A Geologic Time Scale 1989." Cambridge University Press, 1990.

10) Zachos, J. C., Dickens, G. R., & Zeebe, R. E., "An early Cenozoic perspective on greenhouse warming and carbon-cycle dynamics." *Nature*, 451(7176), 279-283., 2008.

11) Head, J. J., Bloch, J. I., Hastings, A. K., Bourque, J. R., Cadena, E. A., Herrera, F. A., ⋯ & Jaramillo, C. A., "Giant boid snake from the Palaeocene neotropics reveals hotter past equatorial temperatures." *Nature*, 457(7230), 715-717., 2009.

12) Fry, B. G., Wroe, S., Teeuwisse, W., van Osch, M. J., Moreno, K., Ingle, J., ⋯ & Norman, J. A., "A central role for venom in predation by Varanus komodoensis (Komodo Dragon) and the extinct giant Varanus (Megalania) species." Proceedings of the National Academy of Sciences, 106(22), 8969-8974., 2009.

8. 지성의 서막

1) 엘리자베스 콜버트, 여섯 번째 대멸종. 김보영, 역. 서울: 쌤앤파커스, 2022.

2) 도널드 R. 프로세로, 화석은 말한다. 류운, 역. 서울: 바다출판사, 2024.

3) Richmond, Brian G., David R. Begun, and David S. Strait. "Evidence that Humans Evolved from a Knuckle-Walking Ancestor." *Nature* 404, no. 6776 (2000): 382-85. doi:10.1038/35006045.

4) Kay, Richard F., John G. Fleagle, and Brenda R. Benefit. "Anthropoid Origins and the

Fossil Record." *American Journal of Physical Anthropology* 132, no. S43 (2007): 137-72. doi:10.1002/ajpa.20756.

5) Fabre, Pierre-Henri, Jean-Christophe Romiguier, Johannes A. Douzery, Anne Hugot, François Delsuc, and Emmanuel J.P. Douzery. "A Molecular Supermatrix for Primate Classification and the Role of Ancestral Area Reconstructions in Understanding Primate Biogeography." *PLOS ONE* 10, no. 12 (2015): e0143084.

6) Whitehead, Paul F., and Clifford J. Jolly, eds. Old World Monkeys: *Evolution, Systematics, and Behavior.* Cambridge University Press, 2000.

7) *The Lion King.* Directed by Roger Allers and Rob Minkoff. Produced by Don Hahn. Burbank, CA: Walt Disney Pictures, 1994. DVD.

8) Hartwig, W. C., ed. *The Primate Fossil Record.* Cambridge: Cambridge University Press, 2002.

9) Leakey, Mary D., and J. Michael Harris. Laetoli: *A Pliocene Site in Northern Tanzania.* Oxford: Clarendon Press, 1987.

10) Johanson, Donald C., and Maitland A. Edey. "Fossil Hominid from the Hadar Formation, Ethiopia." *Nature* 270, no. 5633 (1977): 331-33.

11) Meisfjord, Eric. "The Hidden Meaning of The Beatles 'Lucy In The Sky With Diamonds.'" *Grunge*, August 10, 2020. https://www.grunge.com/235094/the-hidden-meaning-of-the-beatles-lucy-in-the-sky-with-diamonds/

12) Kimbel, William H., et al. "Australopithecus garhi: A New Species of Hominin from the Late Pliocene of the Afar Region, Ethiopia." *Science* 323, no. 5918 (2009): 135-38.

13) Leakey, Louis S. B. "The First Tool-Making Man." *Nature* 189, no. 4750 (1961): 240-42.

14) Cortés-Sánchez, M., et al. "Human Brain Expansion during Evolution Is Independent of Fire Control and Cooking." *Frontiers in Human Evolution* 7 (2011): 1-8.

15) Marshall, Peter. *Martin Luther and the Invention of the Reformation.* New Haven: Yale University Press, 2017.

16) Hublin, Jean-Jacques, Elena Zavala, and Sarah Pederzani. "Humans and Neanderthals Lived Side by Side in Northern Europe 45,000 Years Ago." *Nature Ecology & Evolution* 7 (2023): 1-12.

17) Green, Richard E., et al. "A Draft Sequence of the Neandertal Genome." *Science* 328, no. 5979 (2010): 710-722.

18) Prothero, Donald R. *When Humans Nearly Vanished: The Catastrophic Explosion of the Toba Volcano.* Smithsonian Books, 2006.